兒童輔導原理

（第三版）

王文秀、田秀蘭、廖鳳池　著

作者簡介

王文秀（第三、四、五、六、九、十四章）

- 現職：國立清華大學教育心理與諮商學系兼任教授
- 學歷：美國賓州州立大學諮商師教育博士
- 經歷：社團法人中華民國諮商心理師公會全國聯合會理事長
  台灣輔導與諮商學會理事長
  台灣遊戲治療學會理事長
  國立新竹教育大學教育心理與諮商學系副教授、教授
  國立新竹教育大學教育心理與諮商學系系主任、教務長、副校長

田秀蘭（第七、十、十一、十二、十四、十五章）

- 現職：國立台灣師範大學教育心理與輔導學系教授
  兼任學務處副學務長、學生輔導中心主任
- 學歷：美國愛荷華大學諮商師教育哲學博士
- 經歷：美國馬里蘭大學心理學系諮商心理學程 Fulbright 訪問學者
  國立台灣師範大學健康中心心理衛生組組長
  國立屏東師範學院初等教育學系教授、副教授
  國立屏東師範學院學生輔導中心主任

廖鳳池（第一、二、八、十三、十四、十六章）

- 現職：台南市微笑永康心理諮商所諮商心理師兼所長
  中國心理學會心理諮詢師繼續教育標準建設項目
  （1879 計畫）課程總督導兼授課教授
- 學歷：國立台灣師範大學教育心理與輔導研究所（輔導組）博士
- 經歷：國立高雄師範大學輔導與諮商研究所副教授兼所長
  國立台南師範學院初等教育學系副教授兼學生輔導中心主任
  教育部委託國立台南師範學院附設兒童諮商中心主任
  高雄市政府社會局兒童青少年與家庭諮商中心主任督導
  台灣諮商心理學會副理事長兼養成教育委員會主任委員

序

本書於 1997 年出版至今已逾十年，這十餘年來國內在政治、經濟、社會與教育等方面，均有極大之變化。而對教育以及兒童輔導工作影響最鉅者，應為家庭婚姻結構以及少子化現象所帶來的衝擊。雙生涯家庭的夫妻雙方都忙於經營事業或是謀生，而無暇管教子女；隔代教養或是新移民子女的家庭也漸漸成為常態；再加上不同教育理念與法令規範的介入，不准教師體罰，教師也動輒怕被家長提告，變得不知該如何管教學生。因此有愈來愈多老師慨嘆：學生一年比一年更難管教、老師難為。

學校的輔導與諮商工作，旨在透過預防的概念，協助學生經由初級預防、次級預防與三級治療的介入，認識自己、接納自己、學習尊重他人、學習如何有效學習，以及規劃自己的生涯。家庭教育是兒童人格養成與良好習慣培養的基石；而學校輔導工作則能讓學生各方面的適應與發展更為順利。這些均有賴於從事輔導工作者具備充足的知能，方能妥善規劃與推動。

兒童有其發展潛力，然而受限於認知能力、口語表達能力與社交技巧的未臻成熟，情緒管理、問題解決能力以及挫折容忍力均待培養；再者，兒童在法律上屬於「未成年」，無法自行行使諸多權利，生活上亦需成人的照顧與教導，因此與兒童有關之輔導或教育工作者，更應竭盡心力為兒童營造適合其成長與發展之環境。本書之目的即在協助兒童輔導工作者、教育者，以及家長，強化其對兒童的了解，並提供必要的協助。

本書第三版之內容已大幅改寫，除了相關法規、制度、心理測驗與統計數字均加以更新外，諸多章節均統整最新之理論架構、研究發現與作者本身之實務經驗。

本書探討四大主題，共計十六章。和二版不同的章節包括：「兒童輔導的基本理念」一章增加了社區諮商模式之介紹；「兒童諮商與心理治療之理論」一章增加了後現代取向及家族治療取向之介紹；「兒童諮商的歷程與技術」一章增加了不同諮商階段的技術；「兒童遊戲治療」一章增加了親子遊戲治療；「團體諮商、班級輔導與班級經營」一章增加了領導者的養成訓練、不同領導技巧；「兒童學習輔導」一章加強了許多認知學習與認知策略之介紹。因應社會變遷，新增加一章「特殊處境兒童的發現與輔導」，內容包含目睹家庭暴力兒童、受虐兒童，以及遭受性侵害兒童的介紹。相信讀者閱讀完本書之後，對於兒童輔導工作必有全面性的了解，且對於如何進行兒童輔導工作，也必有更深刻的體認。

本書第三版得以完成，要感謝心理出版社林敬堯總編輯的耐心催促，以及編輯同仁無怨無悔地協助編排、校對。整本書篇幅甚多，疏漏在所難免，尚祈讀者不吝指正，以供修改為荷。

王文秀、田秀蘭、廖鳳池 謹識

2011 年 1 月

目次

索引 561

第一章 兒童輔導的基本理念

廖鳳池

對於所有關心兒童成長發展的成人而言，他們所關心的主要課題就是兒童輔導工作的重點——想要培養出能力出眾、具有責任感、積極進取、樂於與人合作、健康快樂的兒童。但問題是，有優異能力且行為良好的兒童並不是天然生成的，他們需要成人付出許多愛心、耐心和尊重，具備足夠與兒童發展有關的知識及適切有效的教養技能，在先天正常的遺傳及許多人長時間的努力下，才能培養出健康活潑的兒童。如果不幸因為遺傳或環境發生問題，造成兒童的部分發展受阻或形成不適應的行為，就容易成為家長和老師們困擾的問題。

兒童教養的理念和方法，自古即為哲學家和教育心理學者所重視，然而現代兒童輔導的理念卻是在20世紀初才萌芽，且直到近30餘年才算確立（Kratochwill & Morris, 1993; Miller, 1990）。而我國小學輔導工作的推展雖然也有40餘年的歷史，但社會對於兒童保護工作的重視，以及學術界對於兒童輔導理論及實務普遍加以深入研究的時間，卻僅有20餘年的歷史；國人對於輔導工作的性質仍有所混淆，兒童輔導的基本理念也尚待釐清。

本章擬以輔導工作的性質為基礎，進一步就兒童輔導工作的基本觀點、實施方式，及其與小學教育的關係加以闡述，期能使讀者對兒童輔導的理念有基本的認識。

第一節 輔導工作的性質

「輔導」（guidance）是一種專業的助人工作，也是一種科學化的助人方式，具有可靠的助人效果。雖然對於專業輔導工作的定義至今仍屬分歧，但多數人均同意它是一種「幫助他人了解自己」（helping people understand who they are），可以「協助他人實現其潛能」（actualizing your potential）的工作（Kottler & Brown, 1992: 12）。

從字面上來看，「輔導」具有引導、帶領、指導、管理等意涵。事實上，從 1968 年我國開始大量引進輔導的理念，全面在國民中學推展輔導工作時，即將此一專業工作稱之為「指導工作」。後來學者認為，「指導」二字與輔導工作強調對個體尊重、接納的基本精神並不相符；尤其心理輔導學界的大師 Carl R. Rogers 特別強調，輔導人員應以「非指導」（nondirective）的態度和方式從事輔導工作的必要性，並且在這種尊重與接納當事人，以當事人為中心的觀點廣為各心理輔導學派所接受後，更使得「輔導」與「指導」出現明顯的差異；因此在 1984 年修訂課程標準時，即將「指導」一詞改為「輔導」，並沿用至今。

一、輔導專業的基本概念

究竟「輔導」是什麼？Shertzer 和 Stone（1981）認為：「人們常將輔導視為是一種觀念、一種教育理念，或是一種教育措施」（p. 40）。當我們將輔導視為一種觀念時，強調的是對個體的協助；當我們視之為一種教育理念時，強調的是教師除了提供學生知識性的教育之外，亦應提供學生增進對自我的了解；當輔導被視為是一種教育措施時，則是指學校應該設立組織或編制人員，以提供學生達成教育目標及個人成長必要的協助。

事實上，輔導不但是一種觀念，而且已經發展成為一種對個體提供協助的專業。對一種觀念，我們需要加以明確的定義；而對於一種專業，我們更應該釐清它的基本假定、工作目標，及其和相關專業的關係，說明如下。

（一）輔導的定義

Shertzer 和 Stone（1981）曾對輔導做了一個明確的定義：「輔導是協助個體了解自我及周遭環境的一種過程」（p. 40）。在此一定義中有幾個關鍵詞：首先，輔導是一種「協助」（helping），協助不是強迫矯正，而是應求助者的邀請，所提供的一種幫忙、輔助或助力，以助人為職業的人除了輔導人員之外，還包括精神科醫師、心理學家、社會工作師等；其次，輔導協助的對象是「個體」（individuals），輔導人員應將每一個人視為是獨一無二的個體，尊重個別差異的存在，認為人可以自行決定自己所要抱持的價值觀及選擇自己想要的生活方式，並為自己的抉擇負責；第三，輔導協助個體的方式是幫助他們「了解自我及周遭環境」（to understand themselves and their world），輔導人員應協助個體了解自己的個性和需求，增進對自我的覺察，進而建立個人的自我統合形象（ego-identity），同時輔導人員也應協助個體體驗其所生存的周遭環境，和周遭的人、事、物進行深入且完整的互動，以便能夠對環境有正確而深入的了解；最後，輔導是一種「過程」（process），意指個體行為的改變需要一段相當長的時間，而不是奇蹟式的突變，輔導過程中輔導者和受輔導者必須合作完成一系列的行動和步驟，才能達成受輔導者所欲達成的目標。

（二）輔導工作的基本假定

上述對心理輔導的定義，事實上隱藏著心理輔導工作的基本假定及目的。輔導工作的基本假定是：「一個了解自我及周遭環境的人，生活會過得更有效率、更富有創設性，而且更快樂」（Shertzer & Stone, 1981: 40）。對自我和周遭環境有正確深入的覺察，可以使人有正確的判斷力，對自己及環境抱持適切的期許，行為將是適切且有效率的，工作也會有成就感，日子當然會過得踏實愉快。相反的，如果一個人對自己的特質和能力沒有足夠的了解，對自己的期許過高，則將導致連連挫敗，期許過低則會使潛能無法充分發揮；如果對周遭的人、事、物沒有深切的認識，不能適時掌握時機，充分運用資源，或是對周遭的人、事、物抱持著過度樂觀或悲觀的看法，就會經常遇到挫折失敗。

（三）輔導工作的目的

輔導工作的目的是什麼呢？Rogers（1962）認為：「包括輔導和諮商在內的大多數助人專業工作的目的，就是要促進其當事人的個人發展，使其心理朝向社會化的成熟性成長」（p. 428）。Smith（1974）則進一步指出，無論助人者的理論取向為何，助人專業工作都是在「情感性—創設性—慈悲性的連續向度」（passionate-productive-compassion continuum）上面，催化當事人增加正面的體驗。這種體驗將使個人朝向：(1)對自己更富有情感：對自己更接納、愉悅、了解與自我開放；(2)和環境建立更具建設性的關係：有效能，功能完全發揮，能夠適應工作環境，聰明、有創造力、具有人際魅力，並且具有良好的生產力，以及(3)對他人更具有慈悲心：具有利他、愛人、關懷、敏感、真誠助人的心，並且能夠催化他人的成長。

二、輔導和相關專業的關係

有幾種助人方式和輔導很相近，經常會被一般人混為一談，以下分別對這些相關的專業名詞加以界定，說明如下。

（一）教導（instruction）

教導通常是指知識經驗較豐富者（如教師或師父），將其知識或經驗傳授給知識經驗較貧乏者（如學生或徒弟）的過程。在傳統的教導方式中，教人者具有崇高的地位，可以採用任何必要的手段，以達成傳授知識或經驗傳承的目的。教導經常是以知識或經驗（或稱之為課程與教材）為中心，學習者通常被要求接受那一套知識或經驗；如果在知識或經驗上和教人者有所歧異，常會被要求改正。

（二）諮商（counseling）

諮商是指由受過專業訓練、具有專業知能且得到對方信賴的諮商師，對於有心理困擾的來談者，採取連續且直接接觸的方式，以協助其改變情緒、想法和行為的過程。通常來談者是心理健康的人，談話的主題是個人性的問題（如個性、人際關係、感情或生涯規劃等）；諮商師對來談者的態度是關懷、真誠、接納、開放的，並且承諾對來談者所談及的個人隱私會嚴格加以保密。廣義的諮商和輔導幾乎是相同的概念，因此這兩個名詞經常被交替使用；不過就較狹義的觀點而言，輔導常係指對一般人所進行的個人協助，而諮商則專指由受過專業訓練的人對有困擾的人所提供的特定協助而言，兩者間仍略有區別。

（三）心理治療（psychotherapy）

心理治療是指由臨床心理學家對患有心理疾病的患者，以心理測驗、談話或具有治療性的活動（如工作、繪畫、舞蹈等），進行心理診斷及行為矯正，使其知覺重組，去除過度防衛的自我狀態，重建自信，恢復適應能力的過程。它的對象是病人，從業人員是受過心理學專業訓練的專家。由於人類心理行為異常的原因有時與生理因素有關，而心理師並未接受過完整的醫學訓練，因此必須和具備醫學背景的精神科醫師合作，對病患的病因進行診斷，確定患者的異常行為不是生理因素所形成，也不需要藥物治療後，才可以單獨對病人進行心理治療。

（四）精神醫療（psychiatry）

精神醫療是指精神病院或醫院精神科針對精神病患所進行的醫療工作。精神病患通常有較嚴重的知覺扭曲（如幻覺、幻聽）、過度防衛及行為異常的情形，嚴重者甚至會失去日常生活及照顧自己的能力。精神病院裡通常以團隊方式（成員包括精神科醫師、心理師、職能治療師、社會工作師及護士等），經由行為觀察、心理測驗、生理檢驗等過程進行診斷，視需要實施藥物控制、物理治療、心理治療、職能復健等綜合性的醫療活動。

（五）社會工作（social work）

社會工作是指由受過專業、半專業或志願工作者，結合社會資源與政府的力量，對於社會弱勢需要救援或協助的個人、家庭或社區所提供的協助。社會工作者可以運用社會調查、訪視、面談、會議、活動或團體工作等方式，達到助人的目的。它的工作方式有時和輔導工作相近，但它協助的方式則更為廣泛，包括結合社會資源以提供弱勢者金錢、生活及就業安置，運用社會運動及法律力量制止加害者對弱勢者的侵害行為等，而這些並不是輔導人員的主要工作內容。

由於一般人對於輔導與上述概念常會有所混淆，以下分別就幾個較重要的觀點來加以釐清。

（一）不同專業雖然可能作相同的工作，但焦點卻有所不同

教導雖然有時也被採用做為輔導、諮商或心理治療的方式之一，但其基本精神仍然是有所區別的。教導通常是以知識經驗為中心，而輔導和諮商則比較是以個人的成長發展為中心。即使有時會在輔導和諮商過程中運用教導的方法（如行為和認知取向的助人者較常如此進行），其內容及方式仍然以符合求助者當下的需求，且能為求助者所接受為前提。諮商師或心理師通常會以晤談或測驗衡鑑的方式幫助求助者，但對於生理病因的檢驗及藥物治療的工作，則為精神科醫師所關注的重點。社會工作師常關注弱勢族群所遭受的壓迫，經常運用公權力或民間團體的力量，主動介入個案的救助與保護工作，而諮商師和心理師則通常是被動的受理主動求助或家庭、學校及社會工作人員轉介的個案，並聚焦於個人內在情緒或外顯行為的改變上。

（二）不同困擾程度或困擾問題不同的人需要不同的協助

教導與輔導是有成長發展需求的人（可說是所有的人）都需要的，諮商的對象則是有困擾的人；每個人在日常生活中多少都會面臨一些苦惱，有些輕微的困擾只需要自我留意或經過一些時日就可以自行化解，但有些則得向師長或朋友傾訴，或者尋求一些勸導和建議即可化解。當困擾較大時，學校的輔導老師或社區裡的諮商師和心理師則是很好的求助對象。但是如果一個人的困擾大

到導致其人格扭曲或行為偏離常態，例如：嚴重焦慮、過度憂鬱、廣泛或特定的恐懼症狀、疑心過重、知覺扭曲、思考有跳躍現象、缺乏邏輯、有強迫思考或強迫行為，甚至是人格解離或行為失序等，就需要接受進一步的診斷，以確定是否有必要接受心理師或精神科醫師的心理治療或精神醫療。少數個體的行為明顯偏離常態，不但失去自我控制及照顧自己的能力，甚至會對自己或他人的生命或財產產生立即而明顯的威脅，則可視之為嚴重病人，依《精神衛生法》規定應送交精神醫療機構施以精神醫療。而一個人如果面臨長期經濟的困窘，或是弱勢族群，例如：兒童、少年、婦女、殘障人士、老人等，若未能獲得適當的照顧或受到家庭或社會不當的迫害時，則應依相關的社會福利法規向社會工作人員或社會福利機構求助，較能獲得適切的幫助。

上述區分有的是強調對正常人的成長發展之協助（如輔導與諮商），有的是強調對精神疾患的矯正與治療（如心理師與精神科醫師），有的則著重在弱勢族群的扶助（如社會工作）。雖然各自負責的範圍有所區隔，在政府部門中分屬教育、衛生及社會福利部門，但彼此間之業務不免有所重疊，需要相互了解合作，才能使求助者獲得最佳的協助，例如：由於身心疾患和弱勢照顧之業務常有重疊，在《行政院組織法》修正後，部分社會福利業務即將併入衛生行政單位，成為衛生福利部統整管轄的範圍。

（三）不同的專業具有不同的專長，並非專業程度有高低之別

雖然各個專業的從業人員所受的訓練不同，所處理的對象困擾程度也有所差異，但這並不代表他們的專業程度不同，例如：精神科醫師教學的能力通常不如教師，談話的能力不如諮商師，施測及解釋心理測驗的能力不如心理師，對社會問題的了解及掌握社會資源的能力不如社會工作師，因為藥物治療才是他們的主要專長；而社會工作師雖然也會進行個別晤談或進行團體工作，但他們在諮商與心理治療的專業訓練就沒有心理師紮實。因此，這是專業服務領域與方式上的不同，不能說哪一個專業的專業層級完全高於另一個專業。專業間需要相互尊重及合作，共組有效率的工作團隊，適當的分工及緊密的合作，才能發揮最佳的助人專業績效。

（四）適度收費有助於諮商專業化的發展

輔導工作者除了少數義工外，通常是靠提供專業服務賺取薪資、維持生活，因此他們的服務通常是要公部門提供薪資或由求助者付費，這和慈善事業積極提供救助，不收取服務費用的作法是明顯不同的。諮商和輔導收不收費可能造成求助者求助動機上有所差別，對求助者收費會讓求助者較主動表露，因而有較佳的協助效果。適度收費也涉及諮商人員有更明確的專業責任，求助者也會因為繳費而對於諮商輔導人員更能要求其協助效益，諮商機構也會因為收費，而在服務設施、人員訓練及服務品質上更上層樓。因此，專業的諮商工作者必須取得執照，所提供的服務應適度收費。社會工作師的服務方式則與此不同，因其服務對象通常是弱勢族群或受迫害者，不易由求助者付費，因此通常由政府發給薪水，或由慈善機構資助。

第二節 兒童輔導的基本觀點

兒童輔導工作是心理輔導工作的先鋒，早在 1912 年時，個體心理學家 Alfred Adler 創立個體心理協會的同時，便已開始在歐洲推展兒童輔導工作，先後創立了 30 餘所兒童諮商中心；個人中心學派大師 Carl Rogers 在開始從事諮商工作之始，即以兒童為對象。這些大師的理論對後來輔導工作的深遠影響，有許多是根源於兒童諮商實務工作的體驗及啟發。

一、兒童輔導的思想根源

兒童輔導之所以受到如此重視，實在和人類重視培育健全下一代的期望有密切關係。為了要培養身心健全發展的下一代，需重視良好的營養、完善的教養，並透過積極性的輔導，使兒童的潛能得以充分的發展，進而成為一個健全有用的未來公民。基於協助兒童健全成長發展的思想，兒童輔導工作深受下述三方面因素的影響（廖鳳池，1993）。

（一）對兒童健全發展所需條件的理解

要想有健全的兒童，必須要有正常的遺傳、豐裕的飲食與居住環境、健康的身體及外貌、良好的家庭氣氛、適當的教養方式，以及安全的社會（人際）環境。這些是兒童健全發展的基本條件，如有缺失，勢必造成其發展的障礙，必須及早加以排除或補救，才不致於妨礙兒童正常的成長發展。從更積極的層面來說，兒童輔導工作者必須對這些條件的重要性加以探討，呼籲政府、社會及為人父母師長者，負起提供兒童健全發展環境條件的責任，以保障兒童健全成長的基本環境。

（二）對兒童基本人權的強調

兒童應受到充分照顧與關愛，這是不證自明的真理。根據聯合國「兒童權利宣言」指出，兒童的基本人權包括：被關愛和被了解的權利、獲得充足營養和醫療照顧的權利、免費接受教育的權利、享有遊戲及娛樂機會的權利、擁有姓名及國籍的權利、殘障兒童有受到特殊照顧的權利、急難時擁有優先被救助的權利、發展個人能力及貢獻社會的權利、在和平友愛的環境中成長的權利，且不分種族、膚色、性別、宗教信仰、國籍和社會階級等，都享有以上的權利。兒童輔導工作者應熟知兒童應享的基本人權，積極創造良好的環境，鼓吹尊重、接納、關愛、照顧兒童的基本理念，如兒童在家庭、學校或社會上受到不必要的打罵、傷害、騷擾，或不公平的對待時，兒童輔導工作者應結合其他關心兒童權益的個人或團體加以聲討，並對受到不當侵害的兒童加以協助，協助其復健，使其能重新獲得正常快樂的童年。

（三）了解社會變遷與兒童問題之關係

兒童是脆弱的嫩芽，社會變遷所造成的不良適應對兒童的健全成長是極大的威脅，例如：台灣地區近二、三十年來的經濟起飛，造成吃過苦的父母以暴發戶的心態提供兒童過度受溺愛的成長環境，造就了許多脆弱易受傷害的兒童；雙生涯家庭父母均在上班工作，致使幼兒多寄養於祖父母家中，隔代教育者的價值觀不能適應時代潮流及兩、三代間的觀念岐異，對兒童的人格成長可能造成不利的影響；民主時代個人主義思潮的衝擊，使得未曾接受民主式教養的父母與教師，不知如何對待動輒爭取自主權的小孩；網路世代「御宅族」的出現，導致沉迷網路世界、價值觀改變及不事生產的「啃老族」出現；外籍配偶大量進入台灣的離島與農漁村，生下了許多「新台灣之子」，他們的適應與發展所面臨的課題，引人關注；亞洲第一的離婚率，導致離婚及單親家庭倍增，造成兒童情感上的創傷及生活處境上的困頓；少數異常成人對兒童施以身心虐待，甚至攜子自殺等問題，都是社會變遷之下發生在兒童身上，急待成人關心、協助其面對及處理的課題，也是兒童輔導工作者必須加以關注、探討，提出對策及採取行動的主題。

二、兒童輔導的基本觀點

兒童和成人有顯著的不同，兒童尚處於人生發展的初期，他們的認知和行為都尚未成熟，情感亦極為脆弱，表達的方式也明顯和成人有所不同，因此從事兒童輔導工作者對於下列四項兒童輔導的基本觀點應有特別的認識（廖鳳池，1993）。

（一）兒童的身心成熟程度決定兒童的行為方式

要了解兒童，必須先對兒童身心發展的階段屬性及成熟程度加以探討，才能確定兒童的哪些發展是正常的現象，而哪些行為則為發展障礙或發展過快所造成的異常現象，從而探討該如何教養或輔導。

（二）兒童的行為受環境的影響極大

由於兒童的認知未臻成熟，行為缺乏自制力，對環境較處於受制的狀態，缺乏改變環境的能力，因此，兒童輔導工作者對於兒童的不適應行為，應先了解其環境背景的因素，在排除不良的環境影響及安排妥善的環境後，經常可以直接消除兒童的不良行為。換言之，兒童個案的輔導，改變兒童所處的環境和改變兒童本人是同等重要的。

（三）家庭氣氛及父母管教的方式決定了兒童的基本生活型態

家庭對於兒童的影響是極其深遠的，父母常依自己的需要來塑造他的子女。不同家庭氣氛下所教養出來的子女有其不同的個性，例如：威權式的家庭可能造就乖巧、焦慮、外控、害羞的小孩；壓抑情緒的家庭所造就的小孩，經常難以表達自己的感受，無法與人建立親密的人際關係；拒絕式的家庭易使小孩灰心喪志、垂頭喪氣；管教不一致的家庭易使小孩缺乏自制力及成就動機；過度保護的家庭易使小孩無助、依賴、常常尋求褒揚。兒童在大約 4、5 歲時受家庭氣氛及父母管教方式的影響，便已逐漸發展出對環境加以組織、了解、預測及控制的信念，這些信念構成了他們的基本生活型態，而這種型態一經形成便很難改變。兒童輔導工作者對兒童的行為應從整體性加以了解，並且對兒童基本生活型態和家庭氣氛與父母教養方式之間的關係加以留意。

（四）兒童的自我觀念與人際態度影響其未來的發展

在教養及輔導兒童時，不能只以改變行為為目標，當兒童不再出現不良行為，或是獲得較佳的學業成就時，並不代表這位兒童未來一定可以有正向的發展。真正會深遠影響兒童未來發展的因素有二：一是兒童對他自己的看法，如果兒童覺得自己是個有能力、善良、受到關愛的人，他便會表現出正向的行為，並且追求更符合社會期許的正向行為發展；反之，若是兒童認為自己很差勁、不善良、不受關愛，便可能變得自暴自棄，表現出令人痛心的行為。兒童的人際態度是影響兒童未來發展的另一個重要因素，但在兒童待人及與人合作時，是否認為能夠有所隸屬及參與即是好的？也就是如 Adler（1936）所說的，具有社會興趣（social interest），是未來兒童能夠發展良好的人際關係及融入正常和諧的社會生活基礎。建立兒童良好的自我觀念與人際態度，可說是兒童輔導的基本目標。

三、兒童輔導的定義

綜合上述的探討，可知兒童輔導的根源在於人類對於培育健全下一代的重視。科學的研究使得兒童健全發展的條件日漸清晰，人權觀念的發展使得保障兒童基本人權的思潮勃興，而社會變遷對於尚屬幼苗嫩芽階段的兒童極易造成傷害。兒童輔導工作者是照顧未來主人翁的第一線工作者，他們會基於兒童身心發展的專業知識背景，了解健全環境及父母適當教養方式對於兒童順利成長發展的必要性，並採取各種可以和兒童建立關係、了解兒童內心世界的輔導技術，積極介入兒童成長發展的歷程，以排除障礙，催化正向的發展力量，促使兒童增加對自我的了解與自信，培養其建立和兼具建設性人際的能力和興趣，達到支持兒童順利成長發展的最終目的。

基於上述兒童輔導的思想根源及基本觀念的探討，雖然一般接受的「輔導」定義是「協助個體了解自我及周遭環境的歷程」（Shertzer & Stone, 1981），較偏重個體自我的覺察與改變，但是筆者認為，兒童輔導較合宜的定義是：「兒童輔導是輔導工作者配合兒童身心發展的狀態及社會的變遷趨勢，採用諮商的原理與方法，對兒童本人及其家庭或所處的環境與相關人員，實施個別晤談、小團體諮商或家庭諮商活動，以促使相關人員提供良好的環境與照顧，讓兒童建立積極正向的自我觀念及人際態度，使其身心得以正常成長發展，且其潛能得以充分發揮的歷程。」這個定義兼顧兒童正常成長發展所需的條件、輔導的目標及協助的方式，較為廣泛周到。

第三節 兒童輔導的實施方式

要釐清什麼是兒童輔導的另一個方式，則要從具體的輔導實施方式來加以界定，兒童輔導的實施方式可依輔導的人數、輔導媒介及輔導對象等三個層面加以區分，說明如下。

一、依輔導人數區分

若純粹以輔導人數區分，兒童輔導的實施方式可區分為個別輔導、小團體輔導、班級輔導活動，以及演講座談活動等四種方式。

（一）個別輔導

通常是針對適應欠佳或主動前來求助的兒童為之，透過建立關係、了解及診斷問題，採取某些介入策略，企圖改變兒童的行為或態度。

（二）小團體輔導

係指同時以 5、6 位至 15、16 位兒童為對象，在輔導人員的催化下，透過團體成員的互動，使參與團體的兒童增加體驗與覺察，或學習人際互動技巧。

（三）班級輔導活動

係指以全班為對象，透過討論、角色扮演、填答問卷或測驗等方式，協助兒童增進其對於自我的認識與人際關係的成長。

（四）演講座談活動

此種大型活動如果能以兒童身心發展的課題做為主題，並且採取多讓兒童參與的方式來進行，即可視為輔導人數最多的一種輔導方式。但是此類活動若流於說教，或很少兒童參與，就很可能脫離輔導工作的本質，而淪為教學或宣導活動。

二、依輔導媒介區分

兒童由於年紀小，語言表達能力較欠缺，因此各種輔導媒介物的運用就顯得特別重要。若依輔導工作的途徑來區分，其媒介管道甚多，說明如下。

（一）諮商晤談

由輔導人員與兒童在隱密的環境中晤談，輔導人員透過諮商技巧，協助兒童增進自我了解、體察自己的處境、發洩情緒、釐清價值觀念、做出明智的抉擇，或是能解除自己的困境、計畫自己的未來、練習適應的行為等。

（二）團體互動

由成員在團體中的互動及輔導員的催化，幫助兒童從互動中覺察與了解自己，練習及發展人際技巧，進而解除自己的困境。

（三）遊戲治療

透過遊戲式的活動，例如：娃娃家的擺設、連接語句活動等，觀察兒童的反應，與兒童建立關係，協助兒童表現其困擾及增進覺察改變之能力。

（四）閱讀治療

透過提供兒童閱讀、聆聽或觀看和其處境相近的文字或音樂CD、VCD、DVD 及圖片，協助兒童投射自我的狀態、宣洩情緒，並獲得領悟，以解脫困境。

（五）藝術治療

透過美術或勞作的創作性活動，協助兒童投射其自我狀態，以進行分析診斷，協助兒童修通其情緒，並獲得領悟，進而改變其行為。

（六）音樂治療

透過音樂欣賞、樂曲創作及樂器演奏的方式，協助兒童宣洩情緒、增強自我控制能力與自我效能，進而建立自信心。

（七）舞蹈治療

透過身體的活動及音樂節奏的協調配合，使兒童表達其情感，並協調統整其身心狀態。

（八）測驗診斷

輔導人員透過各種標準化或自編的文字、非文字或投射測驗、問卷等，對個別或全體兒童施測，並根據測驗或調查的結果，分析兒童的能力、興趣與個性，或是診斷兒童個人或環境的問題。

三、依輔導對象區分

成年人的輔導通常以來談的當事人為主，但兒童的輔導則通常不能只侷限於和兒童本人晤談。兒童輔導工作者經常要和兒童的父母與教師進行接觸，如果父母或教師亦感到困擾，則對父母或教師進行諮商或提供諮詢，亦有其重要性。如果兒童處於異常的家庭環境，宜對兒童的整個家庭進行諮商，若有成人對兒童有身體虐待、精神虐待、性虐待，或疏忽遺棄等不當的教養行為，則應報請社政單位給予裁罰，並進行強制的親職教育，或在必要時將兒童帶離原生家庭另行安置，此亦為保護兒童必要之舉措。

第四節 兒童輔導與學校輔導工作

一、輔導理念與學校教育

大多數人都會同意，教育對人類的發展具有重要功能，無論是學校所實施的正規教育，或是家庭、社會、宗教等都能夠教化人心，開發個人的潛能。在傳統威權社會中，教育曾經被視為是控制人民思想及鞏固極權領導的手段，但到了自由開放的年代，則較強調個人潛能的開發。

Shertzer 和 Stone（1981）認為正規的學校教育至少應具備下列三項功能：(1)發展的功能：教育工作者有責任協助每一個受教育的個體發展其獨特的特質，使個體有機會擴大其特殊的興趣、能力和天份，以獲得滿意的生涯；(2)分化的功能：在個體成長的過程中，其能力、興趣和生活目標會逐漸分化，教育工作者應正視學生個別差異的存在，不應將學生一視同仁，課程設計及教材教法要多樣化，以配合學生分化的狀況，協助他們發展個人特有的專長；(3)統整的功能：教育的重要目的之一是文化的傳承，個體生存在人群社會中，必須能夠了解人類社會共同核心的信念、態度、價值，和隱藏其間的知識。上述這三項功能並非單獨存在，而是彼此相關的；它們也不是學校教育所能獨力承擔的，家庭、社會及宗教也一樣具有相等的責任（p. 43）。

Van Hoose（1975）指出：「在自由社會中，教育的目的在使年幼者能夠獲得知識和技能，以便可以成為一個有能力負起責任的人」（p. 27）。事實上，「美國白宮兒童委員會議」早在 1970 年即曾聲明：「兒童的學習權利是我們在 21 世紀所要追求的目標，我們要讓我們的兒童有最寬廣的學習機會去發展他們無限的天份。我們要讓兒童了解他們自己，並且由於有了這種知識的保障，使他們能夠對他人開放。我們要擁有自由，並且要擁有秩序、正義與和平，以使他們的自由得以長存」（United States Department of Health, Education, and Welfare, Office of Child Development, 1970: 75）。

Worzbyt 和 O'Rourke（1989）認為上述的教育目標如果要實現，學校必須：(1)提供每一個兒童有創造力的成長、學習和生活的機會；(2)重新設計教育環境，使個別化、人性化、以兒童為中心的學習環境得以存在（p. 8）。在這樣的要求下，學校不只要在規模上講求小班小校，以關注及滿足兒童的個別需求，更重要的是要建立人性化、以兒童為中心的學習氣氛，在教導讀、寫、算等學科時，也必須兼顧兒童學習自我了解、價值澄清、增強自尊、和他人互動、在工作環境中表現自己、建立積極的學習態度，以及願意終生持續學習等方面的技能和態度。「全人學習」和「終生學習」的理念即落實在這樣的教育情境中。

總之，當社會接納強調輔導的教育理念時，就表示這個社會和教育體制開始對個體的成長發展優先的加以關心。學校若對輔導的精神加以重視，會表現在：(1)尊重並鼓勵學生發展及表現其個別差異；(2)仔細的研究每一個學生；(3)用心建立和維護對學生的協助關係；(4)對於學校和社區的資源，用心加以協調和管理，以方便學生運用。教育體制中的輔導精神是協助學生了解個人的體驗，接納各種不同的經驗，並使其自我了解能夠更加深、加廣。協助他們認識自己的長處和資源，能夠正確的解釋並妥善的加以應用，以把握他們所擁有的機會及面對自己可以做的抉擇，其最終目的是增進學生的個人成長（Shertzer & Stone, 1981: 44）。

我國社會歷經長期戒嚴的創痛，如今雖已解除戒嚴 20 餘年，並經教育改革的提倡，但學校教育至今仍難脫離體罰問題的糾葛，訓導餘毒未解，輔導理念尚未落實。學校輔導工作要上軌道，仍待基本輔導理念之建立，而對於兒童人權之倡導，仍待有識之士持續努力。

二、教育體制內的輔導措施

當我們把輔導視為一種教育措施時，即表示學校除了在精神上認同輔導的教育理念外，更具體的是，應成立輔導工作單位、設置輔導人員，並提供以協助學生成長發展為主要目的之輔導服務。目前我國的兒童教育體系尚未成熟，長久以來幼稚園與托兒所分屬教育及社政單位，學前階段兒童輔導工作雖然重要，但尚未受到足夠的關注；小學階段雖有輔導室（處）的設置，但各縣市均未依《國民教育法》的規定，聘用受過專業訓練的輔導老師，導致小學輔導工作無法上軌道。未來若要規劃完整的兒童輔導體系，可參酌 Shaw（1973）的學校輔導工作三級預防模式，以及 Lewis、Lewis、Daniels 和 D'Andrea（2007）的社區諮商模式加以建構，說明如下。

（一）學校輔導工作的三級預防模式

Shaw（1973）將學校可以提供的輔導服務做了系統性的組織，並將學校輔導計畫區分為三級：第一級稱為初級預防（primary prevention），係以一般正常健康的全體學生為對象，直接提供他們適當的輔導活動，或間接對他們的老師或家長提供發展心理學、班級經營或親職教育訓練活動，以增加他們解決問題的能力，其目的在使學生能經由自我了解而提升其自我調適的能力，建立心理健康的家庭和學校氣氛，防患問題於未然。

第二級稱為次級預防（secondary prevention），係以在教育、職業、生活等方面有較高可能性會出現適應困難，或是已經出現較輕微適應問題的學生為對象，藉著直接提供個別或團體諮商協助，或間接對其父母和老師提供諮詢服務，以合作消除或減輕學生的適應困難情形。

第三級稱為診斷治療（remediation and therapy），對象是那些適應已經出現問題，或是問題已經頗為嚴重的學生，學校將其安置在特殊班級或提供特殊的課程，或是轉介給精神科醫師或心理學家進行個別、團體或家族治療，以幫助他們早日恢復健康，能夠正常的在學校接受正規的教育。

Shaw（1973）的學校輔導工作計畫之架構，可用圖 1-1 來表示（改編自吳武典，1985：43）。

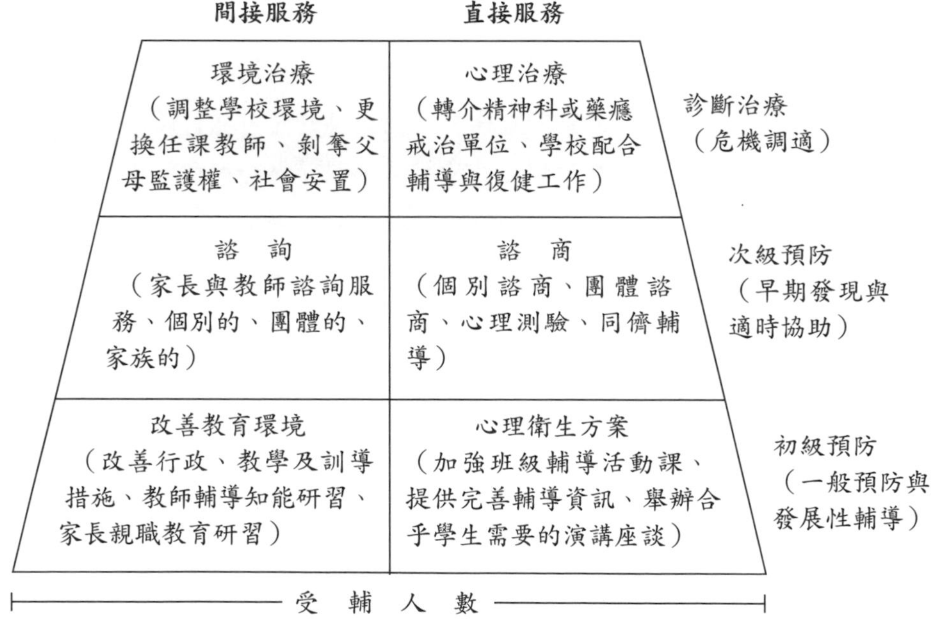

圖 1-1　學校輔導工作的基本架構

資料來源：改編自吳武典（1985：43）

Shaw（1973）並主張各級學校設置輔導人員的理想人數，是每 250 位學生設置 1 位專業輔導人員，而且除了專業工作外，也需要有一些半專業或非專業的人員協助事務性的工作。理想上，初級預防工作宜由輔導室（處）規劃，讓導師及科任教師實施；次級預防工作宜由具專業背景的輔導教師或心理師擔任；診斷治療工作則宜由精神科醫師、心理師，或社會工作師主導。不同的專業訓練人員分就其專長針對不同課題，提供完整的協助。

Shaw（1973）認為學校可以提供的輔導服務包括下列十項（引自陳若璋，1980）：

1.諮商：係針對個人或10個左右的人所組成的小團體或數位家庭成員，所進行面談、問題解決、個案研究或心理治療的活動而言。其服務對象包括學生、教師、家長、學校行政人員等。

2.諮詢（consultation）：對教師、家長或學校行政人員提供知識、資料或建議，以協助其幫助第三者（通常係指學生）。

3.測驗：針對學生的學習能力、個人特質、生涯興趣、學習成就及適應狀況，以標準化的教育或心理測驗、問卷、評定量表或社交計量工具，進行團體或個人的衡鑑或診斷。

4.課程設計：直接從事輔導活動課程的設計，或是提供發展心理學、人類能力、學習原理、學業表現等方面的專業知識給教師或教務單位，以做為課程設計的依據。

5.在職訓練：對學校教師、行政人員及家長提供輔導知能、班級經營、親師溝通、親職教育等訓練，以協助改善學生的學習或家庭環境。

6.建立學生資料：蒐集學生的家庭背景、自傳、心理測驗、學業成績、社會計量等方面的資料，以供輔導運用。

7.資料提供：提供學生心理特質及生涯發展的各種資料給學生，做為增進自我了解或進行升學、就業抉擇的參考，或提供給家長或學校行政單位，以做為協助學生抉擇或改善教育措施之依據。

8.協助學生轉移：在學生入學、升級、轉班、轉學時，除了提供或建立學生基本資料外，並協助學生做轉移的準備及適應新環境的說明。

9.學生轉介（referrals）：為使學生獲得更好的協助，教師會把學生轉介給校內輔導人員，或輔導人員將學生轉介到校外的醫療或社會機構。

10.評鑑與研究：輔導人員對於所服務對象的輔導需求、環境特質、輔導方法進行研究，並對所提供輔導服務的過程與績效進行評鑑，以期能夠提升服務品質及提高專業聲望。

Shaw（1973）所提出的學校輔導工作三級預防計畫模式，對學校輔導工作有完整的理念與詳盡的內容，經吳武典（1985）的引介，多年來已成為我國教育行政單位與學校輔導單位對學校輔導工作最常引用的基本架構。但此一模式仍有其缺失，其中過度強調預防與矯治的觀點，隱含著預防個人適應偏差的負面觀點，其與對兒童時期輔導工作應強調發展性及積極性的觀點略有出入。此外，環境因素對於尚不具備完全行為能力的兒童發展具有決定性的影響，此模式僅以對兒童的間接協助稱之，似乎與當代主張對於兒童虐待家庭應該由公權力直接介入以保護兒童權益的精神，略有差距。因此，以社區諮商理念建構兒童教育機構與學校輔導計畫的模式，即可做為輔助與補充的參考。

（二）社區諮商模式

傳統的諮商輔導工作強調的是專業人士受私人委託，從事協助個人自我改變及實現其願望的私人服務，其工作重點常聚焦於個人內在經驗的統整與轉化。近年來，諮商理論已經有了大幅度的轉變，系統論強調系統衡定狀態對於個體適應的決定性影響，一般被認定適應困難的案主，在系統論的眼中，真正有問題的是其所處的系統（如家庭）；這個被辨識出來的案主（identified patient），其實是在有問題的系統動力中受到嚴重擠壓，而成為較為弱勢的個體，它的發病其實是系統生病的結果。因此，需要治療的是系統本身，而非是那個弱勢受壓迫的個體。基於系統論，家族治療理論因而興起並廣被重視。

除了系統論與家族治療理論的興起之外，另有生態諮商及脈絡主義（contextualism）的興起，其認為個體生存於其所生存的社會—文化—歷史脈絡中，要對個體行為及適應問題有真正的了解，必須以其所處的社會—文化—歷史脈絡來進行解讀，適應的標準應以多元文化的觀點訂定之，而諮商的目標也從矯正個體偏差行為轉向個人建構的統整，除了更加尊重多元價值與本土文化之外，更強調案主權益的倡導，以及對案主充權賦能（empowerment）。

基於上述理念，Lewis等人（2007）提出了社區諮商的理念架構，他們認為社區諮商是一種為促進個人發展及社區所有人的福祉，所提供的一種介入策略和服務。社區諮商對於個人成長與適應問題提出了下列六項基本假設：(1)人的成長發展可能受到環境的滋養和限制；(2)諮商工作的目的是在促進個體和環境釋能；(3)多面向的協助較單一面向的協助有效；(4)在計畫及實施諮商協助時，應留意並重視當事人的文化和種族背景；(5)預防總是比矯治有效；(6)社區諮商模式適用於不同類型的人類服務、教育工作及商業組織環境。

Lewis 等人（2007）的社區諮商模式認為，諮商工作的架構應包含對社區和個人的直接和間接服務（如表 1-1 所示）。其中對社區的直接與間接服務（如進行心理衛生預防教育與影響公共政策），應優先於對個人的直接與間接服務（如諮商或諮詢服務）。且對個人的服務應強調對弱勢者主動提供外展（out reach）服務，並應對案主的權益積極倡導。

表 1-1　社區諮商模式

	社區服務	個人服務
直接服務	預防教育	諮商 對弱勢者提供外展服務
間接服務	影響公共政策	案主權益的倡導 諮詢

資料來源：Lewis 等人（2007）

依照 Lewis 等人（2007）的社區諮商模式，對社區直接服務（預防教育）的主要工作項目包括：(1)關心個體的壓力狀態，提供壓力管理教育；(2)關心社區的生活實況，提供心理健康促進方案；(3)提供正向適應所需的生活技能訓練（living skills training）；(4)關心社區居民的職涯發展，提供生涯規劃訓練；(5)提供親職教育方案，以改善親子關係；(6)關心少數族裔的處境，提供降低族群偏見的方案；(7)建構預防兒童和少年受虐及照護方案。

對社區的間接服務包括參與社區總體營造與影響公共政策。助人者應分頭從生態中的微系統（指個人或家庭）、中間系統（指家庭與學校和社區間的互動）、外在系統（指社區環境），以及大系統（指歷史、文化、政治、經濟等狀況）切入，參與社區總體營造，並透過支持社會運動，影響公共政策的制訂與修正。

社區諮商對當事人的直接服務，是以採取主動將服務輸送給弱勢族群的方式來進行，因為弱勢族群通常較退縮畏懼，較少主動求助。其諮商的進行方式亦可能和傳統的諮商方式不同，其強調灌注希望、提供正向生活技能的訓練，以增進個人的權能感與責任感，有能力突破環境的困頓，開展新生活。諮商師特別重視系統和環境的影響，希望對環境和個人同步進行改變，以確保在個體權能提升之後，環境不再壓迫個體的進展。

在對當事人的間接服務部分，是以案主權益的倡導及提供諮詢服務為主。諮商師特別重視社會烙印、種族文化偏見，以及個人權能被剝奪的議題，諮商師以社會改造執行者的角色自居，協助組織弱勢族群，建構有效的社區協助網絡，改善社區環境，使案主能從中獲得權能感，以確保個人成長發展的基礎。

社區諮商的理念對於當前我國學前教育及小學輔導工作頗具有啟發性的意義。在經濟衰退、失業問題嚴重、外籍配偶與新台灣之子人數漸多，兒童虐待及家庭暴力問題廣受重視等議題，漸漸成為兒童輔導工作者不能逃避的重要工作時，此一諮商模式對兒童輔導工作更為適切，亦應成為兒童輔導計畫不可或缺的概念。

我國在小學推展輔導工作多年，但至今仍難看到真正專業的輔導工作在小學裡獲得實踐。許多人把輔導和訓導混為一談，錯把輔導人員當做是代替其它老師或父母管教兒童的專業人員，因此往往把不好管教的兒童往輔導室（處）送，要求輔導人員發揮「專業知能」把小孩「管好」！輔導人員被設定成代替教師或父母管教小孩的工具，功能難以發揮實不難想像。輔導工作之所以不能推展，另一個重要的原因是輔導人員自己未能弄清楚兒童輔導的基本理念與方式，沒有建立完整的兒童輔導理念系統，因此容易人云亦云，遇到別人不當的角色設定時，自己也百口莫辯。

兒童輔導工作者絕對不是父母或教師可以用來代替遂行其管教目的之工具，相反的，兒童輔導工作者對於如何讓兒童健全成長發展，應有一套完整的理念及作法。做為一個兒童輔導工作者，應了解兒童輔導工作的基本理念，不輕易附和部分理念不清的家長、教師或訓導人員之不尊重兒童基本人權的言論或作法，能夠隨時隨地倡導兒童輔導理念，推展尊重、接納及支持兒童尊嚴與發展的觀念和作法，進而能組織學校或機構中理念相同的人，進行校園次文化的改造，還給兒童一個良好成長發展的環境。兒童輔導工作者要具備相關的專業知識，更要擁有友善易親近的個性，以及熟練各種兒童諮商技術與輔導實施方式，才能夠真正被兒童所接納，進入兒童內心的世界，協助其脫困而出，朝向健全成長發展之路邁進。此外，兒童輔導工作者要能夠洞悉兒童發展的危機和環境的障礙所在，積極倡導兒童的權益，削弱社會烙印的不利影響，排除不適當的公共政策、家庭教養或教育措施，才能真正對於適應困難兒童提供有效的協助。

在學校體系工作的兒童輔導人員，其工作必須不斷地和校長、各單位行政人員、教師、家長、學生及社區民眾互動，對於自己的基本理念、角色定位、主要工作任務及專業技術，應建立明確的自我身分認同（ego-identity），能夠經常性地利用各種公開或私下的場合，正確周詳的闡揚理念，發揮自己的專長，這才能釐清身分，以獲得校內外有關人士的尊重。

關鍵詞

教導	輔導	諮商
心理治療	精神醫療	社會工作
兒童權利宣言	基本生活型態	自我觀念
個別輔導	小團體輔導	班級輔導活動
遊戲治療	閱讀治療	藝術治療
音樂治療	舞蹈治療	諮詢
測驗診斷	轉介	初級預防
次級預防	診斷治療	環境治療
社區諮商	系統論	生態諮商
脈絡主義	弱勢族群	社會烙印
充權賦能	外展服務	

問題討論

1.試舉三個例子，說明輔導工作的基本假定：「一個了解自我及周遭環境的人，生活會過得更有效率、更富創設性，而且更快樂！」
2.試從「輔導」的基本定義，探討教導、訓導與輔導等三項工作的基本理念和作法有何不同？
3.試針對聯合國「兒童權利宣言」所宣示兒童的十項基本人權中，挑出台灣地區最易被違反的三項，並說明違反的情形及改進之道。
4.試說明當前社會中哪些兒童權益如何受到侵害？兒童輔導工作者要如何進行兒童權益的倡導？
5.試舉周遭的實例，說明社會變遷導致兒童適應的新課題，並討論兒童輔導人員的因應之道。

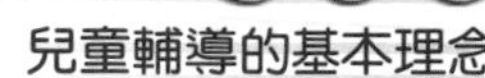

▶中文部分

吳武典（1985）。**青少年問題與對策**。台北市：張老師文化。

陳若璋（1980）。學校輔導的計畫。載於吳武典（主編），**學校輔導工作**（頁135-172）。台北市：張老師文化。

廖鳳池（1993）。兒童輔導的基本理念。**諮商與輔導，91**，22-25。

▶英文部分

Adler, A. (1936). *Social interest: A challenge to mankind*. London: Faber & Faber.

Kottler, J. A., & Brown, R. W. (1992). *Introduction to therapeutic counseling* (2nd ed.). Pacific Grove, CA: Brooks/Cole.

Kratochwill, T. R., & Morris, R. J. (Eds.) (1993). *Handbook of psychotherapy with children and adolescents*. Boston, MA: Allyn & Bacon.

Lewis, J. A., Lewis, M. D., Daniels, J. A., & D'Andrea, M. J. (2007). *Community counseling: Empowerment strategies for a diverse society* (4th ed.). Pacific Grove, CA: Brooks/Cole.

Miller, D. F. (1990). *Positive child guidance*. New York: Delmar.

Rogers, C. R. (1962). The human relationship: The core of guidance. *Harvard Education Review, 32*, 428.

Shaw, M. C. (1973). *School guidance systems*. Boston, MA: Houghton Mifflin.

Shertzer, B., & Stone, S. C. (1981). *Fundamentals of guidance* (4th ed.). Boston, MA: Houghton Mifflin.

Smith, D. (1974). Integrating humanism and behaviorism: Toward performance. *Personnel and Guidance Journal, 52*, 513-519.

United States Department of Health, Education, and Welfare, Office of Child Development (1970). *Report to the president: White house conference.* Washington, DC: Government Printing Office.

Van Hoose, W. H. (1975). Overview: The elementary counseling in the 1970's. *Virginia Per-*

sonnel and Guidance Journal, 3, 17-30.

Worzbyt, J. C., & O'Rourke, K. (1989). *Elementary school counseling: A blueprint for today and tomorrow.* Muncie, IN: Accelerated Development.

第二章

兒童的身心發展與輔導

廖鳳池

培育健全且傑出的兒童是為人父母者共同的願望，而如何協助兒童成長發展則是兒童教育與輔導人員所共同關心的課題。能力出眾的兒童當然受人喜愛，但這必須要有充足的營養、豐富的文化刺激，及適切的教養方式，才能培育出如此人見人愛的兒童。相反的，因為先天或後天環境不佳而發展受阻的兒童，儘管其能力表現不佳、行為令人困擾，兒童輔導人員更需以完備的發展心理學知識做為標準，進行衡鑑診斷，找出其發展異常之處，提出適切的介入處理策略，以期能夠早期發現、及早矯正，使其回到正常發展的軌道來。

發展心理學對人類成長發展的研究，發現人類從受精卵形成，在胚胎期時即依循從頭到腳、由軀幹到四肢的順序來發展，而且早期的發展對兒童之後的發展具有更重要、決定性的影響。因此，從事兒童輔導工作者在診斷兒童當下的身心適應狀況時，通常要蒐集該名兒童身心發展史的資料，包括：母親懷孕期間的身心健康狀況、生產過程是否正常、幼兒時期身心發育的情形，以及是否曾遭遇重要的身體疾病或家庭、社會事件等，以做為研判其目前不適應程度及原因的依據。兒童輔導工作者對於兒童適應問題通常不願以異常或病態的觀點來看待，而是以發展受阻的觀點看待，除了是對於兒童早期發展影響力的重視外，也是基於對兒童受到衝擊後所具備快速強勁的復原能力之信心，及希望避免異常病態行為觀點所可能產生「標籤」作用的不良影響。

究竟小學階段的兒童有哪些重要的發展特徵？是否有一些適切的措施或活動能有效的增進兒童特定層面的發展？本章即擬從發展心理學的知識及發展性輔導（developmental interventions）的觀點，針對兒童身體與動作技能、認知能力、情緒及社會能力，以及自我觀念等層面的發展情形、面臨的課題，及可用的教育或輔導措施等，一一加以探討。

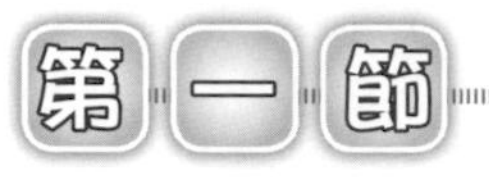

第一節 兒童發展與發展性輔導

一、「發展」的意義

一個人只要活在這個世界上，就會持續地改變自己，不論是外表容貌上的改變，或是心理特質與行為方式的變化，都表現其生命力的展現。「發展（development）一詞係指個體在生命期間，因年齡與經驗的增加，所發生的有規律、有層次的行為變化過程」（蘇建文等，1991：3）。而人的成長發展，除了受生理、生物的個體內在因素之影響外，也受到心理、文化及其它環境外在因素的衝擊。在內外在各種複雜因素不斷的互動影響下，個體出現持續的蛻變，某些新的外表或行為技能出現，部分外表或舊的行為技能衰退。發展心理學便是研究這些發展現象，試圖進行客觀的觀察，以形成理論加以解釋說明，進而對個體的發展加以預測和控制的一種科學。發展心理學者和心理治療師都希望對兒童的成長改變加以觀察和協助，但前者較強調對正常健康環境下個體經常性存在的行為、自我和關係加以探討，希望建立正常發展的模式，找到最佳的成長發展條件，以增進個體更充分的成長發展機會；而後者則通常是在兒童無法獲得正常健康的環境，對其發展受阻後所出現異於常態的長期或暫時性行為、自我或關係加以分析，以協助個體早日回到正常的發展軌道。

（一）兒童發展的歷程

兒童各方面的發展究竟是怎樣的歷程？發展是否有明確的目標？兒童在其本身的發展過程中扮演著什麼樣的角色？這些都是發展心理學者關心的課題，

而且觀點各有不同：有些學者認為發展是一種連續不斷、承先啟後的過程，每一個先前的發展階段都奠定了未來發展的基礎，視發展為一累積性的影響，此為「連續發展觀」；另外有些學者則認為發展是呈階段式而非連續的過程（如Freud的心理分析論和Piaget的認知發展論），他們認為每一發展階段行為的特徵和前一階段是本質上的差異，是新的行為或思考方式，而非舊行為或思考方式的延續，此稱為「階段發展觀」；傳統的學習論者認為個體在發展歷程中受制於環境，兒童被動的受環境制約，其行為表現端視環境中種種條件及經驗的事件所決定，是為「被動發展觀」；Piaget則認為兒童在其本身的發展過程中扮演主動的角色，發展的變化是兒童與環境互動的結果，在日常生活中，兒童一方面吸取外在的經驗以豐富其原有的認知結構（同化），另一方面改變其認知結構以適應環境的要求（調適），兒童以此種主動和環境互動的方式，認知能力得以發展，此一觀點則稱為「主動發展觀」（蘇建文等，1991）。

此外，過去發展心理學家習慣將人類的發展，自然的分為身體的、認知的、情緒的，以及社會的發展等領域，採微觀的觀點辨認認知或社會的發展因素，這種分割片面式的研究取向有時會產生誤導作用。近年來，學者開始採取整體性的觀點來探討發展的過程，強調人類身體、認知、情緒、社會各領域相互依存、互相影響的關係，並將個體視為一個與環境密切互動的開放系統，個體現有的行為表現可說是其生物性與經驗統整的結果。這種「整體發展觀」一方面可以更完整的窺見個體發展的整體性，和「主動發展觀」前後相呼應，為「發展性輔導」的可能性開啟了一扇窗。

（二）影響兒童發展的因素

決定兒童發展的兩個主要因素是生物性的成熟（maturity）和對環境的適應（adjustment）。

就成熟因素而言，生理年齡相當程度決定了一個小孩的行為能力和方式，5個月大的嬰兒通常還不會說話及行走，而多數一年級的小朋友只能用數具體的物品（蘋果或手指頭）來計算數字，三、四年級的小孩則大多能很快地學會加減法及其它四則運算問題。生理成熟和心理成熟決定了兒童學習新的行為技能之準備度（readiness），足夠成熟的身心狀態使得學習更快速紮實，不夠成熟狀態下的強制學習不僅事倍功半，而且會導致不良的學習態度，影響日後的成長發展。青春期通常在小學高年級以後出現，而且女生通常較男生早出現進入該階段的身心特徵。母親產前充足的營養，尤其鈣質和維他命的攝取，有助於胎兒的骨骼和智力的發育，產前營養不足、出生後幼兒營養不良，或是生理的創傷，都可能造成身心發育方面的遲滯，嚴重影響其後的成長發展。

環境適應因素包括：周遭環境的品質、文化的內涵及其它可能影響身心發展的外在事件。在都市成長的小孩和鄉村長大的孩子，其外表和行為特質有明顯的差異；高社經水準、充滿文化刺激家庭成長的兒童，其認知能力和自尊自信較在低社經階層文化不利家庭長大的兒童為佳，事實上文化刺激的剝奪有可能使兒童的認知能力發展受到嚴重的阻礙，甚至出現文化家族性智能不足的異常狀態。文化刺激的影響也出現在不同文化對不同年齡或性別兒童明顯的差別期望和對待方式中，「小孩有耳沒口」（台語）、「男兒有淚不輕彈」等觀念，對於兒童行為方式和性別角色行為有相當深遠的影響。戰亂、天災或家庭變故，對兒童的身心發展也會造成相當程度的影響；整天生活在恐懼無助的環境（如父母酗酒、虐待或亂倫的家庭），對兒童心理和情緒的發展都將造成難以磨滅的創傷。

二、「發展性輔導」的意義

傳統上對於心理輔導的界定，除了 20 世紀初期輔導工作剛萌芽時期侷限於職業輔導（後來演變為全人終生的生涯輔導）外，一般都以 1960 年代強調治療性輔導為圭臬，然而治療性輔導通常是等到當事人面臨嚴重的困擾主動求助時才有機會實施，其進行較有急迫性，治療通常及於全人格的各個層面及整個生活型態的調整，當事人和治療者需要有較長時間深入的接觸。治療性輔導固然頗為神奇、令人著迷，但它畢竟是一種消極性的協助，而且協助的成效不一，因此醫學上「預防重於治療」的觀念便被引進到心理輔導體系來。

Shaw（1973）所提出的學校輔導計畫三級預防架構，便對預防性介入策略特別加以強調，這種策略著重在困擾問題尚未發生時就先行介入，提供協助，由於此時當事人尚未感覺到困擾，不會主動求助，因此輔導者通常需要運用篩選的技術找出高危險群，並設法克服當事人的抗拒，才能真正發揮事前防範問題發生的功能。鑑於治療性輔導和預防性輔導均有其缺失，1970 年代助人專業工作者產生了一種擴張性的心理輔導新觀念，稱之為「發展性輔導」。

（一）發展性輔導的起源和目的

發展性輔導觀念的興起和下列因素有關（Drum & Lawler, 1988: 1）：

1.心理健康實務工作者發現，現代人面臨多元社會對個人不斷成長，以及增加企圖心、相互信賴與獨立性生活型態的要求，對於立即獲得必要協助的渴望極為殷切。

2.他們逐漸體認到，傳統助人方式要求已經陷入困境的當事人付出密集的時間、昂貴的費用來接受長期性的治療，是一種極不合乎經濟效益的作法。而事實上，愈來愈多證據顯示，在個體正在發展新的行為或心理特質時，及時介入提供協助的成效，顯然更為快速又有效。

3.當時醫學界提出的個人全整性健康觀念，強調教育一般人在他們的健康出問題之前先做好各種保健預防的措施，要比等健康出了問題再進行急救或醫療措施要容易且有意義的多。這種看法和發展性輔導的意義價值一樣被肯定。

發展性輔導便是基於要協助面對更多、更高要求的現代人成為一個潛能能夠完全發揮的個體，所設計的一種積極的輔導方式，其目的可以具體的歸納為四項（Drum & Lawler, 1988: 6）：

1.提升現代人的生活品質。

2.預防發展歷程出岔。

3.增加成功的解決發展任務及挑戰的機會。

4.減少發生心理病變的機會。

（二）發展性輔導實施的時機和作法

由於發展性輔導主要是透過協助個體面對發展課題的挑戰，來強化自我系統的特定元素，因此適時儘早介入是最好的實施時機。但「適時」所指的時間為何？首先輔導人員應先辨認個體在各個階段可能會面對的發展課題，以及可能面對的時間。如果所將面臨的課題是多數人難以成功地自行克服，輔導人員應該在當事人單獨陷入困境「之前」便先行介入，提供必要的協助；如果所面臨的課題是多數人可以成功地單獨面對，輔導人員則應讓當事人先行自行面對，只有在當事人出現無法應付的情景「之後」，確認當事人需要他人協助才能度過難關的情況下，才介入提供必要的協助。這樣的介入時機正符合當事人的需要，可使當事人較有意願接受協助，協助的成效亦較明確且易於評價。

實施發展性輔導應考慮下列五個問題（Drum & Lawler, 1988: 48）：

1.應該選擇什麼樣的主題或課題做為介入協助的焦點？

2.哪些人需要此種協助——即需求群體的特徵為何？

3.就發展的觀點而言，何時是最適當的介入時機？就當事人的接納性而言，何時是最適當的介入時機？

4.什麼樣的場合是向當事人推介此種協助的最佳場合？

5.輔導者應如何做好事前的準備？如何介入最可能被所欲協助的對象所接納？

發展性輔導可以採用專題演講、參與式座談、發展性課程、專題研討會、分送資料、參觀訪問、小組討論、小團體互動，及個別諮詢或諮商等方式進行。每一個計畫都有明確的目標，實施的時間不必太長，而且對於對象的篩選及成效的評量都可以用相當客觀的方式進行，是一種較容易被上級行政單位及所服務對象接受的積極性輔導工作。

三、小學階段兒童的主要發展課題

兒童於 6 足歲後進入小學就讀，當他們剛進入小學時，各方面的能力發展水準應達到何種程度？在其小學 6 年期間將面臨哪些發展課題？這是輔導工作者必須具備的兒童發展基本知識，有了這些知識，才能發現發展遲緩的兒童，並對正常發展兒童在其面臨發展課題的當下，提供適時必要的協助。

在嬰兒期（0～1 歲），個體的行為反應多為無意識或特定意圖的感覺反應，其行為或為反射反應，或為環境制約下的反應動作，較少需要後設認知能力才能預期及控制的行為。嬰兒在發展掌控自己的動作過程，並無能力應付環境中的各種挑戰，如果未能獲得照顧者的協助，會有很多的挫敗經驗，也可能會有習得的無助感（learned helplessness）。Erikson（1968）認為信任感是此一階段最主要的發展任務，在其無助哭泣時，一個了解細心的照顧者能夠適時的提供滿足其需要的協助，有助於嬰兒發展對周遭人、事、物可預期及信賴的感覺，這樣的感覺對於發展其終生健康的情緒態度極為重要。一個安全可信賴的照顧者，將成為嬰兒可以安全依附的對象，嬰兒和成人間穩定安全的依附關係，則將進一步成為他克服無能無助與分離焦慮、發展正面的自我價值及人際關係的基礎。

在幼兒期（1～3 歲），個體開始具備語言及行走的能力，認知方面對於周遭事物的因果關係也開始有概念，對於周遭環境極為好奇，但對個人安全也開始焦慮；會很自我中心，對於物品有占有慾，較難和他人分享。此階段幼兒開始發展其自我覺察，尋求獨立自主，如何協助其培養自主性及建立正向的自我形象，成為此階段的主要發展課題。

在學前期（3～5 歲），兒童開始有明顯的個人意圖，意識到要為自己做決定與行動計畫，並發展更好的語言溝通能力，用以表達情緒感受及個人的需求，練習如何成為他人的朋友，學會負責任及遵循規則。此一階段如能協助兒童發展各方面的技能，將有助於提升其自尊，建立清晰正向的自我觀念。

在學齡期（5～12 歲），不僅身材較學前兒童高大，他們的思考和語言能力也有大幅度的進展，對於周遭人、事、物的觀察和判斷能力也有不少的進步，因此當他們感到不滿時，成人無法像對待幼兒一樣，以權威的口吻或外在的強制力迫使他們服從，必須用更大的耐心和清楚合乎邏輯的論述來加以勸導。學齡兒童雖然多數仍未具備抽象運思的能力，他們對事情的判斷也還停留在單純的「好—壞」、「對—錯」二分法的思維模式，但他們對具體事物的觀察卻常頗為細緻，例如：學前時期成人規定其不得邊走邊吃，他們可能完全接受，但到了學齡期他們則會說：「你說不可以邊走邊吃，那你剛才為什麼邊走邊喝飲料？」學前期成人可以用「吃糖會蛀牙」的說詞拒絕讓兒童吃糖，但到了學齡期他可能會說：「那我吃完糖後馬上去刷牙！」和成人爭論是普遍的現象，由於認知和觀察能力的發展，他們變得愛講話，而且不再那麼容易被成人矇騙或打發。

學齡兒童對於被成人公平對待及受到成人的了解與關愛非常在乎。手足間由於年齡的差異，常會對父母不同的要求標準有所不滿，學校裡老師若偏愛某少數兒童，很容易造成其他兒童認定老師有所偏私。經常感受到被不公平對待或得不到成人的了解與關愛，對於兒童的自信與自尊會有嚴重的負面影響。因此，成人應對兒童的抗議或不平的心聲多加關心，透過細心觀察、仔細傾聽及耐心的說明，讓兒童感受到關心和諒解。靠外在引誘、談條件或粗暴的言詞威迫來處理兒童對公平與歸屬感的追求，將使兒童的品格受到污染或造成情緒的困擾；相反的，一個公平、講理、有幽默感、在乎兒童需求與感受的成人，通常能夠贏得兒童的友誼與忠誠，並且更有能力透過內在的控制，使兒童樂於成為一個合作的團體成員。

學齡兒童進到學校就學，課業學習的壓力與同儕的競爭成為其生活的重心。Erikson（1968）認為此時兒童面臨了勤勉努力與自卑消極的情緒危機，如果兒童在課業學習或人際關係上有所成就，獲得成人和同儕的愛護與敬重，會使其投注更多的心力與時間在追求學業或人際等行為上，成為一個勤奮努力的人；相反的，如果兒童在課業或人際行為方面的能力成就均不如人，將使其產生自卑感，自尊自信無法建立，行為變得消極負向。因此，此一階段的教師和家長均應留意兒童各方面的能力表現，設法為每一位兒童找到其長處，讓其有所發揮。對於面臨挫折失敗的兒童，則應以關心、信任、鼓勵的方式為其打氣，切忌用批判懲處的方式落井下石，造成對兒童自尊嚴重的傷害。不但懲罰的方式不宜多用，即使是國人慣常運用的獎勵制度，亦可能在過度強調競爭而未鼓勵合作學習的情況下，造成兒童人際間的問題，妨礙兒童的群性發展，造成品格發展上的偏差。獎懲制度對兒童行為固然為一時有效的外在控制方式，但若以一個兒童長遠發展的觀點來看，其副作用之大且負面影響之深遠實得不償失，值得兒童輔導工作者認真加以省思（廖鳳池，1993）。

第二節 身體與動作技能的發展與輔導

兒童身體的成長是一件既奇妙又影響深遠的事情，由於肢體的成長變得更有力氣，使得兒童可以獲得許多原本得不到的經驗，身材和面貌也影響了兒童的自我觀念和自尊；動作技能的增進，使得他們可以學得新的行為，放棄較無效且舊的行為方式。除了外顯的身高、體重、身材和肌肉的成長外，內在的神經系統、內分泌系統及性方面的成熟也在無形中增長。

一、兒童身體與動作技能的發展

小學階段兒童身體的成長並非等速平順的進行，6 歲時其身高、體重的增長已經過了幼兒時期的高峰期，成長速度趨緩，但到了 11、12 歲逐漸進入青春期時，身體的成長又將加速，而且伴隨著性徵出現，內分泌有實質的改變。在 6 歲時，男童和女童的平均身高、體重相近，但大約在 9 歲時，女童的平均體重開始超越男童，11～12 歲間女童的平均身高亦暫時超越男童，而且此時女童也開始出現性發育的第二性徵，男童則通常在過了 12 足歲才出現第二性徵。小學高年級時可說是女性平均身高、體重均明顯優於男性的唯一時期，待男性多數進入青春期後（13～14 歲），男性的身高、體重就又重新超越女性。

除了身高、體重以外，學齡兒童的口腔也有一些發展，上下顎骨變大，稚牙脫落，恆齒長出。肌肉也比幼兒時期強健結實，力氣加大，但男、女生的力氣大小並無明顯差異，到青少年期後，男生的力氣才明顯大過女生。女童肌肉中的脂肪較男童略多，到青春期時則脂肪更明顯增加，且胸部開始發育，並長出陰毛，最明顯進入青春期的象徵是第一次月經——初潮的來臨，此刻象徵該名女童已經進入性成熟的階段，成為一個有生育能力的女人。事實上半數以上的小學六年級畢業女生均已進入青春期，而男生則通常在六年級才開始長陰毛，畢業之際才有第一次陰莖勃起射精的經驗。

學童的身體健康受其飲食習慣、營養衛生，及遺傳和環境等多方面因素的影響。身體的成長對其心理層面具有相當程度的影響力，身材矮小的人會有明顯的自卑感，過度肥胖會造成行動不便及健康的顧慮，口腔保健不佳會造成明顯蛀齒或畸形牙，女童過度早熟身材突出等，都可能引來他人的嘲諷，導致負面自我觀念的形成。女童若在未有充分心理準備下面對初潮突然來臨，可能出現驚慌、無助、出醜等情緒，若加上月經來期不穩定、量太多或伴隨腹痛不適等症狀，甚至很容易造成對女性性別角色的排斥。因此，兒童時期的飲食、衛生、運動等和身體健康有關的生活習慣之培養，及充分的身體及性知識的教導至為重要。

小學低年級階段，兒童精細的肌肉協調能力快速的增長。在學前階段，大肌肉的發展雖然快速，小肌肉的協調能力尚不夠完善，因此有些學前兒童對於如何用鉛筆寫字有明顯的困難，到小學階段這方面的問題就明顯的減少了。6 至 9 歲，兒童的遊戲與運動技能穩定的發展，手眼協調能力與日增進。到了 12 歲時，多數兒童都具備了極佳的動作技能，無論跑、跳、擲遠或平衡感均同時發展。早期運動技能較佳的兒童，通常後期的運動技能亦較傑出，而且男童的運動技能略優於女童。

兒童期的動作技能發展對兒童的自我觀念及人際關係有密切的關聯。積極參與體能訓練或平衡練習活動，對於兒童的體能狀況、情緒愉悅、人際關係、問題解決能力、身心健康、壓力承受能力，以及生活滿意度均有正面的幫助（Carlson, 1990）。兒童對於自己的動作技能表現亦經常耿耿於懷，值得輔導人員留意，宜加以傾聽與協助。

二、運動取向的輔導方法

Worzbyt 和 O'Rourke（1989）歸納有關兒童動作技能發展的研究文獻，提出小學階段應特別強調兒童動作技能發展的五個主要原因為一（pp. 163-164）：

1.兒童在學校的各種活動，需要具備基本的動作技能及身體的協調性。

2.兒童在和同學進行合作的學習活動時，需要運用良好的動作技能。

3.為了發展特定的身體協調技術，兒童需要經常可以練習的體能活動。

4.優異的體能提供兒童積極投入學習活動所需的能量。

5.透過共同從事體能活動，可以培養兒童樂於和他人合作完成工作的興趣與價值觀。

Worzbyt和O'Rourke（1989）認為小學階段兒童需要發展的動作技能，包括：基本的粗大與精細動作技能、手眼協調技能、視知覺技能、聽知覺技能，以及合作技能等五項。他們並提出 14 種促進兒童動作技能的活動（pp. 167-183），以下僅介紹其中數種供兒童輔導工作者參考。

（一）人群機器鏈

讓學生5人排成一列，手牽手，第一個人做出一些動作（如彎腰、蹲下再站起來、張開嘴巴再閉起來等），在他完成某一動作之際，第二個人再模仿第一個人做同一個動作，做完換第三人做，依次傳遞至第五人，就像是一個機器在運轉一般。

（二）氣球不著地

將學生分成4至5人一組，每組發給一個氣球，哨音響起後各組將氣球拋高，除了用手去碰氣球之外，不得以身體其它部位接觸氣球，比賽看哪一組可以讓氣球騰空不落地的時間最久。

（三）鏡中人

學生兩人一組，面對面站立，一人指定對方做出某一動作，在對方緩緩做出該動作時，自己隨即做出相同的動作，猶如鏡中人一般。

（四）尋找另一半

要求學生一、二、一、二地報數，並為所有學生準備半數的棉線（約4至5公尺長），讓報一的學生先抓住一條棉線的一頭，領導者將綿線從中間捻在一起後，另一頭由報二的同學各抓住一條線。哨音響起，讓同學設法解開綿線，找出和自己拉同一條線的人。

三、感覺統合訓練

感覺統合（sensory integration）原來是一種職能治療的概念，由 Ayres（1972）加以發展成為一種處理兒童知動不協調所造成學習及行為適應問題的理論和治療方法。這是一種用大腦感覺統合功能失調的觀點，來解釋兒童動作不協調及情緒行為問題的理論，所謂「感覺」是指由外在刺激促發神經元及神經系統的過程，而「統合」則指個體的中樞神經系統—特別是大腦—對於無數神經元所傳遞的感覺訊息，加以組織成為一個統整的經驗功能而言。如果兒童在 7 歲以前的感覺—動作發展階段接受充分的感覺刺激，而且能夠成功的統合這些感覺訊息的話，就能夠發展出成熟而複雜的感覺統合，良好的感覺統合能使兒童變得活潑、喜愛活動、有創意和滿足感。感覺統合並非一種「全有或全無」的能力，有些人統合功能良好，有些人則統合情況較差。大約有百分之五到十的兒童感覺統合功能較差，他們在嬰幼兒時期便已出現無法翻滾、爬行或坐立的情形，之後他們會出現無法單腳站立穿鞋子、學不會騎單車、跑步姿態不良、常常跌倒等問題。這些兒童若非運動神經或肌肉發育有問題，就可能是大腦的感覺統合功能失調所致。

Ayres 指出感覺統合失調的四種類型如下（參見廖文武譯，1990）。

（一）大腦前庭系統失調

這是大腦前庭對於繁多雜亂的感覺訊息無法統合的狀況，將使兒童在做一些動作（如攀爬）時，容易有不平衡暈眩的感覺，這類兒童對於身體離地時，會有所謂「地心引力的不安全感」，害怕一些需要平衡感的運動。

（二）運動神經失調

這類兒童的肌肉協調性甚差，但其智力和肌肉的生理組織並無問題，而是兩者間的協調聯繫狀況不佳。這些兒童不能做出一般同年齡兒童都能做到的一些動作，做事沒有效率，常有意外事件發生，例如：弄翻牛奶、從腳踏車上摔下來等，比較敏感、情緒化，固執不合群，讓父母感覺他很難「長大」，比別的小孩更需要保護。

（三）觸覺防衛

是指對觸覺加以抗拒且以情緒化方式加以反應的傾向。這類兒童對於皮膚所傳來的的觸覺非常敏感，無法加以抑制，因而即使是上課中，大腦仍不斷接收皮膚傳來的感覺（包括衣服和皮膚接觸的感覺），使其無法專心注意於聽講和思考。他們對洗澡、穿毛衣、赤腳走在沙地或草地上、他人的擁抱、搔癢都非常敏感，害怕與他人做身體上的接觸。

（四）視覺與聽覺（語言）失調

這類兒童的視覺和聽覺的基本傳遞和統合功能失調，使他們對於空間的知覺能力及語言運用的能力受到影響。它們無法像一般兒童那樣玩積木，爬樓梯時感到猶豫，在分辨兩種東西的異同時有困難，到 2、3 歲時仍不會說話。

感覺統合的治療方式完全是自然的，治療者提供豐富的環境刺激，增加兒童看、聽、聞、體驗重力、受到觸摸的機會，以增進神經傳遞及大腦統合神經傳來訊息的活動，使大腦及神經系統失調的功能獲得矯正。治療者經過診斷後，運用肌膚按摩、以漢堡型器材重壓、馬達振動兒童的顏面或身體、提供嗅覺刺激等方式進行治療。此外，滑板、搖動的長枕墊、讓兒童盪鞦韆、翻滾、轉動、攀爬、匍匐前進、騎乘等全身運動的器材都可能派上用場。兒童除了定期接受治療師的診治外，家長亦需配合督促兒童從事相關的治療活動。

感覺統合訓練雖然有一套言之成理的理論，而且 Ayres 也舉出了許多看似有不小治療成效的案例，但它始終不是美國特教或兒童臨床工作的主流，其所發展的評量工具之信效度及治療成效亦遭學界強烈的質疑（參見曾世杰，1995），國內因為有心人士的大力提倡及媒體的推波助瀾，不少家長投注大量時間、金錢，卻未必獲得他們所渴求的神效，但對感覺統合訓練卻仍有不少人趨之若鶩。或許曾世杰（1995）下面這段話很值得兒童輔導工作者省思：

「為什麼家長在未經正式鑑定之前，就懷疑孩子有感覺統合的問題呢？為什麼有智障、自閉症、注意力缺陷、偏食過動、閱讀困難、拒學、情緒困擾、社會退縮……等問題的孩子，都有感覺統合的問題，都必須進行感覺統合治療呢？認知科學上的訓練使筆者相信，生物因素是人類學習、情緒和行為的必要條件，但絕非充分條件。人類的學習、情緒、行為不可能僅從生物的層次來解釋。」（頁 12）

如果我們停留在以感覺統合訓練的理論和方法，來幫助動作協調發展不佳的兒童改善其動作技能，而不要過度誇大地認為單純的運動技能訓練或神經系統的刺激，對於兒童的各方面發展與適應有決定性神奇的功效，才是合乎事實且具備專業良心的說法。

第三節 認知能力的發展與輔導

在兒童身體與動作技能發展的同時，他的認知能力也會同時大幅增長，而且認知能力的發展和其生理成長、動作技能、社會情緒、自我觀念、道德意識等方面的發展是緊密結合在一起的，只有各方面平衡發展，才能夠使兒童的潛能充分的開發出來。

一、基本運思能力的發展

瑞士心理學家Piaget對兒童認知能力的發展有深入的探討，他認為認知發展是個體的認知結構和外在世界互動的結果，個體受到外在刺激的衝擊，他的認知基模會以「同化」（assimilation）和「調適」（accommodation）的方式，將外在資訊以原有認知結構加以吸收（此為同化），或改變自己的認知結構，以整合新接觸到的資訊（此為調適）。個體的認知系統即利用此一吸收調節的過程，由原有協調統整的平衡狀態，改變達成另一種更圓滿平衡的狀態。

因此，個體的認知發展，實為上述動態平衡機制（equilibration）的結果。

Piaget基於上述平衡機制的觀點，認為個體的認知發展具有階段性，不同的認知發展階段，不僅其思考速度和處理資訊的數量上有所不同，其認知結構和運思方式亦會有質的差異。他將個體的認知發展分為感覺動作期（sensory-motor stage，大約 0～2 歲）、運思前期（preoperational stage，大約 2～7 歲）、具體運思期（concrete-operational stage，大約 7～11 歲），以及形式運思期（formal-operational stage，大約 11 歲之後）等四個階段。

兒童在感覺動作期的認知能力，尚缺乏語言的輔助，多為生理上味覺、嗅覺、視覺、聽覺、觸覺等方面知覺能力的發展，對外在客體的刺激反應方式多為反射反應或模仿，較少能將客體概念化，運用客體的表徵來運思。

到了運思前期，兒童的語言能力迅速發展，對於其認知能力的發展產生強烈的影響，兒童由原本對一個情境只能做單向度的思考及自我中心式的人際溝通方式，逐漸能夠不只從一個向度去思考問題，變得較不自我中心，但此時兒童對人際情境的了解仍然比較憑藉直覺的印象，無法做較多的邏輯推理。

進入具體運思期，兒童已經具備根據具體事物去做邏輯推理及抽象思考的能力，語言溝通能力更為精進，並且能夠建立數量及容積守恆的概念，會將概念加以補充、倒反及交互運轉。

到了形式運思期，個體能夠超越當下時空進行運思，思考能力也由邏輯推理和單純抽象化的思考，進展為更具變通性與創造力的運思方式，其認知內容能夠在腦海中轉換重組，能夠不必有具體的行為或客體，而透過純粹的思考來運作，並且能夠以假設演繹的方式進行推理思考。

二、生活與學習所需的認知能力

Piaget的認知發展理論所提供的是兒童基本認知能力發展的概念，事實上一個兒童在家庭和學校中要能夠學習及適應良好，除了上述有效運用思考技術及處理資訊的能力外，較佳的傾聽能力和解決問題或做決定的能力亦極為重要。

Worzbyt 和 O'Rourke（1989）認為兒童應該發展下述五種認知能力：

1.傾聽能力：能專心聽別人講話，並正確了解對方意思的能力。

2.思考能力：在面對生活及學習問題時能分析、推理及解決問題的能力。

3.處理訊息的能力：能獲得適切訊息並經過組織轉換後成為有用資料的能力。

4.自我表達的能力：能透過語言及文字表達自己意見和感受的能力。

5.設定目標和做決定的能力：能根據自己的能力和需求，設定合理的目標或做出明智決定的能力。

三、認知能力的訓練

Thompson 和 Rudolph（1983）曾指出兒童思考能力發展過程中可能存在的四種阻礙如下：

1.自我中心式思維的阻礙：兒童常常缺乏了解他人觀點的能力，習慣用自己的觀點去解釋周遭的所有事務。

2.偏頗式思維的阻礙：兒童常常只能從某一面向去了解問題，而無法注意到問題的多面向。

3.反向式思維的阻礙：兒童常常只能從正面顯著的線索去思考問題，較難將與線索相反的狀況列入考慮。

4.轉換式思維的阻礙：兒童常常無法將事件訊息重新排列順序，或加以組織以形成和原有不同的概念。

有許多活動可以促進兒童認知發展，例如：一般家長和老師常要兒童接受心算訓練、練習看圖說故事、造句、作文等，對於兒童的數學和語文能力均有所助益。此外下列活動也可以促進兒童認知能力的發展。

（一）摘述他人談話的活動

讓兒童圍坐成一圈，指導者提供一個大家感興趣的主題，例如：「發生在我身上最有趣的一件事」、「我最喜歡的電視節目」、「最快樂的一天」等，要求每一位同學以一到兩分鐘做分享，但第二位以後分享的同學必須先簡要而且正確的摘述前一位同學的分享內容，然後才分享自己的經驗。這樣的活動若能經常進行，可以使兒童逐漸培養注意力集中、傾聽他人敘述的能力。

（二）發問與概念獲得活動

教師拿一個紙箱，在箱內放置某種物品，要求學生猜測裡面所裝的物品為何。在猜答案之前，學生可以問問題，但教師只回答「是」或「不是」，不多做說明，看學生能否在問 20 個以內的問題前猜對答案。這個活動可以訓練兒童構思問題及形成概念的能力，活動形式也可以改由同學輪流主持，請主持同學先將生活中常用的物品或現象寫在紙上，然後由其他同學提問題猜答案。

（三）旅遊地點促銷活動

請同學就其曾經前去旅遊的風景名勝地區選出一個其認為最好玩的地方，設法以圖片展示、言詞描述等方式說明該地點的特色及好玩的原因，再分組輪流促銷不同的風景區，圖片及說詞應力求明確生動，最後全班表決選出公認最好玩的風景區。這個活動也可以改成促銷休閒活動、食品、學習祕訣等，活動過程可以增進兒童完整表達概念及說服他人的能力。

（四）班級戶口普查活動

教師可要求同學計算或調查班上同學共有幾個耳朵？幾支手指頭？幾副眼鏡？哪一個月出生的人最多？全體同學共有幾個兄弟姊妹？排行老大和老么的有幾個人？全班（包括老師）加在一起共幾歲？……這個活動除了使算術變得生動有趣外，也可以增進人際互動與了解，教師除了要核對答案的正確性外，活動後亦應讓學生分享追尋答案過程中，同學互動的經驗感受。

（五）隔牆有耳活動

教師事先準備一些繪有幾何圖形的卡片，將同學分為兩組，每組同學再分為兩半，各持米達尺及量角器分立於紙牆兩側，其中一邊同學看到卡片上的圖形後加以測量，並以口語說明的方式指導另一邊同學繪製完全相同的幾何圖形。重繪之圖形必須完全和原圖同樣大小才算正確，所提供的題目圖形由簡而繁，由平面圖到立體圖，在 20 分鐘內比賽哪一組可以正確重繪最多張圖。此活動可訓練兒童以口語傳達空間概念及專注傾聽的能力。

第四節 情緒與社會能力的發展與輔導

一、情緒的發展與輔導

兒童的情緒發展對於其個人與社會適應有明顯而深遠的影響。心情愉悅笑臉迎人的兒童，通常較容易獲得父母師長的喜愛，也較容易贏得同儕的友誼；經常發脾氣或哭泣的小孩，則容易受成人的嫌棄甚至懲誡，也會使同儕敬而遠之；嚴重的情緒困擾則將對兒童的學習成長帶來極大的阻礙，需要專業人員的協助才能平復。

兒童的情緒發展受生理成熟及環境影響雙重因素所決定，但成熟因素的影響力顯然不如環境的影響來得大。兒童的腺體發育導致情緒分化，使其情緒由單純的愉快和痛苦，逐漸分化出更細膩的各種正負向之情緒類別。Plutchik（1980）即指出兒童擁有八種情緒分化的面向，並依其強度的不同由強至弱列出以下層次來：

1.狂喜—快樂—恬靜（ecstasy-joy-serenity）。

2.渴慕—喜愛—接受（adoration-liking-acceptance）。

3.恐怖—害怕—擔心（terror-fear-apprehension）。

4.驚愕—訝異—困惑（amazement-surprise-distraction）。

5.哀傷—傷心—憂愁（grief-sadness-pensiveness）。

6.厭惡—討厭—厭倦（loathing-disgust-boredom）。

7.憤怒—生氣—困擾（rage-anger-annoyance）。

8.專注—好奇—期待（vigilance-curriosity-anticipation）。

兒童的情緒發展受其學習經驗的影響甚大，他們最初採用嘗試錯誤（trial and error）的方式設法表達其情緒，當某種表達方式能夠滿足其需求時，那種方式便會被保留下來，若該種方式無法滿足其需求，則加以捨棄。此外，環境刺激的制約作用（conditioning）也是讓兒童學得某些情緒的重要途徑，早在1930年代，行為學派的先驅Watson就以實驗證明，幼兒可能因為刺激的同時出現產生連結而形成恐懼反應。待兒童的認知能力提升，成人表達情緒的方式也會受到注意，並成為其模仿學習的對象。尤其是他周遭權威人士（如父母或年齡較大的長輩）經常表達情緒的模式，也會成為他認同學習的對象。經常以發脾氣或打人的方式發洩情緒的父母或老師，他們的孩子或學生也將會學到以高壓暴力的方式解決情緒問題；見到小動物動輒恐慌尖叫的媽媽，也會使其小孩對這些小動物產生嚴重的恐懼逃避反應。

兒童的情緒發展剛開始可能是偶發性的連結學習，但當其反應受到環境中他人的增強或懲罰時，會使其反應出現的頻率隨之增減，經常出現的反應就會逐漸成為其習慣，而形成較固定的表達方式。如果發脾氣才能得到糖果（被增強），久而久之發脾氣便成了他遂行意志滿足需求的慣用手段，父母和成人便必須不斷地面對他的情緒性反應。假若父母受不了此種無理取鬧的反應方式，並以高壓嚴厲懲罰的方式加以壓制，過度嚴重的懲罰可能造成兒童的焦慮恐懼，卻未必能夠真正讓兒童學會如何處理其情緒。因此，希望兒童能夠主導他自己的情緒而不是被情緒主導，成人需要對兒童的情緒技巧訓練有所了解。

（一）情緒技巧的訓練步驟

Smith曾提出適合3至8歲兒童的情緒技巧訓練之四個步驟（參見呂翠夏譯，1988：158-160），如下：

1.知道感覺的存在：協助兒童辨識、描述與接受和快樂、喜歡、害怕、驚訝、悲傷、厭惡、生氣、好奇有關的感覺。

2.了解情緒與社會行為之間的關係：協助兒童辨識會影響情緒經驗及情緒性反應的可能後果。

3.建設性的溝通感覺：包括學會以直接指明、運用比喻或說出因為該感覺而引出的行動等方式描述自己的感覺，以及對該情緒採取不會對自己和他人造成傷害的行動。

4.發展出對別人感覺敏銳覺察的能力：訓練兒童能夠辨識他人的感覺，並且能夠將此了解溝通讓對方知道。

（二）透過關係幫助兒童了解情緒

可以提升兒童情緒覺察及控制能力的途徑很多，Smith認為成人與兒童的關係便是幫助兒童學習情緒技巧最有效的工具。成人可以透過下列方式對兒童產生影響：

1.成人可以談論自己的悲傷、快樂、憤怒、害怕等情緒經驗，為兒童示範情緒能透過語言做適當的表達，不一定要掩藏起來。

2.在兒童表達情緒時，成人可以透過言語上的接納，表達對兒童情緒經驗的尊重與了解兒童心聲的渴望，同時適當的情緒接納與反映，也有助於兒童覺察了解自己。

3.成人可以透過和兒童晤談，協助兒童探討他們和情緒相關的想法或信念，找出其不合理的想法或信念，適時加以討論修正。

4.在和兒童討論人際問題時，成人可以藉著引導兒童注意他人的情緒反應，以增加他們對他人情緒的敏感性，進而提升其社會觀點取替（social perspective taking）的能力。

（三）其它相關的活動

除此之外，仍有許多活動對於提升兒童的情緒管理能力有幫助，例如：

1.情緒臉譜：製作好各種情緒臉譜，教師唸出一個情緒形容詞，讓兒童找到並舉起適當的情緒臉譜做為答案。

2.情緒故事：讓兒童聽一段童話故事後，辨認故事中各個角色的情緒並說出情緒形容詞加以描述，訓練兒童辨認情緒的能力。

3.情緒辨識：以兒童日常生活的經驗為例（如過生日、考試、親人過世、與好友重聚等），請兒童辨識並描述當下的可能情緒。

4.情緒事件：教師舉出一個情緒形容詞，要求兒童舉出自己生活中曾經發生造成該情緒的事件，並說出當時自己的感覺、想法及行為反應。

二、社會發展與輔導

社會發展（social development）是指兒童學得以合乎社會期望的方式表現其行為的過程。兒童隨著年齡的增長，逐漸了解他不是所有人、事、物的中心，而且也不可能脫離他人而生活，因此學習到以他人贊同的方式和人互動，嘗試扮演能夠被他人接受的社會角色，並且發展出樂於與人交往及參與人際活動的態度。兒童的社會發展和其社會化（socialization）程度有關，充分社會化的兒童能夠和他人和睦相處，會參與團體活動，和他人合作共事，分擔責任，獲得團體的歸屬感，並感受到自己在他人和團體中的重要性。社會化不夠充分的兒童可能會成為「非社會」（asocial）或是「反社會」（anti-social）的人，這樣的人可能無視他人的存在，逃避和他人互動，或是容易以破壞性的方式（如攻擊、報復）造成對自己和他人的傷害。

兒童早期的社會發展和其人際經驗有關，尤其是他和家人或褓姆的互動經驗，更具有決定性的影響。成人如何和幼兒互動、照顧者的人際行為與態度、如何對待他和其他年齡略長或較小兒童的爭寵行為等，都會影響兒童對於人際互動的基本態度。如果成人是可靠的、樂於與人交往的，能夠公平對待不同的兒童，且鼓勵合作互助行為並抑制敵對競爭行為的，那麼兒童較可能形成積極正向的人際態度。如果成人經常示範關懷協助他人的利社會行為，並對他人的敵對行為表現出理性的因應而非報復的態度，則兒童亦將學得較佳的人際技巧，能夠從人際互動中獲得成就與樂趣。

到了小學階段，兒童開始有自己的朋友，並且有機會和較多的同儕一起互動，他們開始學習從大人身旁獨立出來，學著爭取友誼並忠於朋友，在團體活動中培養合作、遵守規則、表現被他人接納的人際行為。此一階段同儕團體的影響力逐漸和家人的影響力拉近，到後來則日漸取代家人影響的決定性地位，因此，兒童利社會行為（prosocial behavior）的發展是這個階段發展性輔導應強調的重點。所謂利社會行為是指能夠做出有利於他人的行為，包括：幫助他人、利他行為（altruism）、和別人合作、分享等。

在探討兒童的利他行為時，兒童同理心（empathy）的發展是一個經常被提及的重點。Huffman（1979）將兒童同理心的發展分為四個階段：在嬰兒期，兒童對他人的悲痛情緒有反應（如看到他人哭，自己也跟著哭起來），但分不清楚究竟哪一個人在悲痛；在幼兒期，雖然可以知道哪一個人在悲痛，但並不了解那個人有他自己的感受和想法，以為他和自己有完全相同的感受和想法；到了學前期與進入小學的階段，兒童逐漸能夠了解不同的人在不同的情境會有不同的感受和想法，而且漸漸覺知對不同對象有不同的適切反應（如給爸爸擁抱以安慰爸爸，給弟弟玩具以安撫弟弟）；到了兒童後期，兒童才能真正了解他人的內在感受及生活經驗和他人情緒感受之間的關係，能夠對他人目前的處境及長期狀況給予關注（如捐款給慈善機構以幫助不幸的人）。

兒童同理心的發展和其認知能力的發展及對他人情緒反應的辨識能力有密切關係，因此，讓兒童練習摘述他人的談話或辨識他人的情緒，並以「你的意思是說……」或「你是不是覺得（情緒形容詞）……」的句子，練習陳述對他人的了解和關懷，對於提升其同理能力將有所助益。

三、人際關係與社交技巧訓練

在人生的各個階段發展中，兒童後期（6～13 歲）的主要發展任務是能與同儕友伴相處，發展適切的社交能力（張春興，1991；Havighurst, 1972）。兒童的社交能力決定其人際關係，而良好的人際關係不但可以增加兒童愉悅的情緒經驗，更能夠提供兒童練習各種社會角色及了解社會規範的機會，獲得人際關係的知識及建立廣闊人際關係的技巧。Furman 和 Buhremester（1985）即指出良好的同儕關係可以提供兒童八個層面上的助益：(1)親密關係；(2)愛或喜歡的情感；(3)建立可靠的結盟關係；(4)工具性的協助；(5)受到關愛照顧；(6)擁有同伴；(7)提高自我價值感；(8)人際涉入的感覺。人際關係欠佳的兒童，包括受到他人排斥拒絕或漠視忽略兩種類型，通常伴隨具有外向性行為問題及內向性行為問題。這些兒童不僅在兒童時期表現出較多的適應困難行為，到了青少年期亦較多發生輟學、犯罪或心理疾病等問題。可見對於兒童的人際關係發展加以關注，並提供必要的協助，是對兒童個人及社會發展至為重要的一環。

所謂「社交技巧」（social skill）是指個人在一特定的社會情境中，能夠組織其認知和行為成為一個整體，朝向被社會文化所接納之社會性或人際性目標的行動而言。這種能力事實上牽涉到許多層面能力的綜合，例如：Angyle（1978）在所提出的社交技巧模式中，將人際互動過程個體的反應動作視同一種動作技能，個人需先覺知他自己希望從與他人互動中獲得什麼（動機、目標），個體接著將其動機或目標轉譯成一種動作反應（包括口語與非口語的反應），然後觀察外在世界的反應，並將結果回饋到個體的知覺系統中，判斷目標是否達成，並決定是否需要進一步做出動作反應；而Dodge（1986）所提出的社會訊息處理模式，則是將兒童的社交行為依認知取向區分為編碼、表徵、搜尋反應、決定反應方式、採取行動等五個階段。

有關兒童社交技巧訓練的方式相關文獻頗為繁多，大致可區分為操作制約、示範學習、直接教導，以及社會認知等四類。蔡麗芳（1992）仔細比對相關文獻後，歸納出四種社交技巧訓練的方法，並發展出下列四種社交技巧訓練方案，值得兒童輔導工作者參閱。

（一）社會知覺訓練

透過活動及影片，教導兒童使用自我教導的方法，提醒兒童注意互動過程中各種口語、非口語的線索，做為判斷他人行為意圖的參考，避免太快做判斷以致於誤解他人。

（二）正向自我教導訓練

以兒童經常產生社會焦慮的人際情境做為練習情境，拍成影片或寫成故事，反覆讓兒童練習使用正向的內在語言，以減輕其與人互動時所可能產生的社會焦慮。

（三）因應衝突技巧訓練

係以同儕衝突情境做練習，讓兒童可以學習以適切的行為來面對同儕批評、表達自己的不滿、面對他人故意阻礙、處理同儕間的意見不一致、面對同儕壓力，以及給予同儕正向回饋等技巧。

（四）建立友誼技巧訓練

透過角色扮演及給予家庭作業方式，練習自我表露與傾聽、應用開放式問句及對方已呈現的談話內容、主動加入談話或活動、主動引發交談、主動提出邀請或請求，以及給予他人正向回饋等技巧。

第五節 自我觀念的發展與輔導

一、嬰幼兒期自我意識的發展

幼兒在成長的過程中，除了身體動作、認知能力及人際關係的成長之外，他的自我意象（self-image）也日漸清晰確定。由於自我覺察能力的增進，對自我的了解日益增加，這些訊息將成為其自我評價、形成動機及決定行動方向的重要依據之一。

根據 Stern（1989）對嬰幼兒自我意識的研究，嬰幼兒階段的個體便已具備自我意識，並且逐漸發展成窄化明確的自我觀念。他將嬰幼兒自我意識的發展分為以下五種。

（一）出生——感受到自我的出現（sense of emergent self）

嬰兒剛出生的第 1 個月，已經能夠對周遭固定不變的環境組織有基本的認識，並且需要做部分心理的調節，以因應周遭的環境。在此階段，嬰兒極度需要他人（客體）的協助，以調節其心理需求並獲得適切的滿足。

（二）2～7 個月——感受到核心的自我（sense of core self）

嬰兒逐漸覺察到自我個體性（self-coherence）及自己的情感狀態，能夠區分自己和他人是分開來的實體。此階段的嬰兒極度需要他人的協助，以進行情感狀態及心理需求的自我調節，並且需要他人不斷重複的指導，以使其具備建構周遭世界秩序之能力。

（三）7～18 個月——感受到主觀的自我（sense of subjective self）

認知到自我和情感狀態的可分享性（shareability），透過他人和其分享的注意力、意圖和情感狀態，發展其內在的主觀性。此時的嬰兒特別需要有人願意和他分享其情感、意圖和注意力，也特別需要能夠調適情感的成人陪伴。

（四）18 個月～3 歲——感受到口語上的自我（sense of verbal self）

發展出與體驗性的自我經驗相反的客觀性自我（或概念性自我）、順從性的模仿、象徵性的遊玩及語言能力。此時幼兒需要在遊玩及日常活動方面的榜樣供其模仿，需要有人可以促進其語言的發展，且能夠專注傾聽其言語及分享個人知識的人。

（五）3～4 歲——感受到敘說的自我（sense of narrative self）

將自我及他人放進歷史的脈絡中看待，能夠考慮到個體的過去和未來。此時兒童需要的是一個有興趣願意傾聽兒童生命故事的人。

二、全人生自我認證的發展

Stern（1989）的自我發展階段說所描述的，是 Erikson（1950）心理社會發展論所描述人生八大階段的前兩個階段，即基本信任感的發展與自主性的出現；這兩個階段的發展順遂的話，幼兒將成為一個懷抱希望、充滿意願、積極學習探索的個體。到了 4～5 歲時，學前兒童變得更加好奇，對環境以有目的性的方式積極的探索發問；學齡兒童（6～12 歲）面對學校的課業及群體的生活，會勤勉的學習各種做事做人的技能，發展多方的興趣，認真的充實自己的能力。如果一切發展順利，到了青少年階段，他將能統整自己的技能和興趣，形成獨立感和個人的效能感，有明確的自我認定，並願意忠於自我。這樣的統整確認，正是其後能夠愛人、照顧人，對社會有積極貢獻，個人擁有自我價值及能夠奉獻社會的重要基礎。

有關 Erikson（1950）心理社會論所描述的人生八大階段之年齡、心理衝突、成功發展的特徵，以及發展結果，詳見表 2-1 所示。

表 2-1 人生八個發展階段

年齡	心理衝突	成功發展的特徵	發展結果
0～1 歲	基本信任對不信任	學會信任他人並視他人為可依賴及值得信賴的；同時也變得敢於信賴自己。	懷抱希望
2～3 歲	自主對害羞懷疑	學到自我確信與發展尚未完整的獨立性；對自己的行動感到驕傲，並練習做判斷。	充滿意願
4～5 歲	自動自發對罪疚感	變得好奇並有目的性地參與環境互動；進行探索且愛問問題。	懷有目的
6～12 歲	勤勉對自卑	學習如何做事及如何完成任務；嘗試發展新的技能及擴展興趣。	具備能力
13～19 歲	統合確認對角色混淆	具有獨立感、個人效能感；統整技能和興趣成為一個整體，即其自我認定。	忠於自我
20～24 歲	親密對孤獨	進入與他人的關係中，學會妥協犧牲；能夠照顧自己以外的他人。	鍾愛他人
25～64 歲	生產暢旺對停滯不前	建立個人生涯及有意義的生活；引導下一代的生活；創造觀念、工作及教養小孩。	關懷照顧
65 歲到死亡	自我統整對失望頹喪	回顧一生，感到滿意成功；持續奉獻社會或家庭。	智慧滿盈

三、兒童積極性自我觀念的建立

傳統的學校教育很少注意到如何透過經驗的提供以增進兒童的自我了解，進而建立積極正向的自我觀念。Morgan 和 Jackson（1980）認為提升自我觀念的教育活動可以幫助兒童：(1)發展未來的目標和計畫；(2)信任自己和他人；

(3)了解自由必須要有限制；(4)建立更穩定的自我意象；(5)經由信心和自尊感而建立起自信心和安全感。

兒童積極性自我觀念的建立絕非學校諮商師有能力可以獨立完成的，它需要學校全體教職員工的投入配合，尤其需要所有任課老師的協助，以建立適切的教育氣氛。Dinkmeyer 和 Caldwell（1970）即指出兒童應該在下列方式下建立其自尊自信：

1.對於自己所擁有的資質和能力有所了解，並透過這種自我了解，發展出對於個人能力、興趣、成就和機會有進一步的認識，以及足夠的自我覺知。

2.發展自我接納、自我有價值的感覺，能夠肯定自己的能力之信念，信賴自我並建立自信心，同時也發展出對他人的信賴和接納。

3.在遭遇到工作或人際問題時，能發展出解答生命發展任務的方法。

4.發展自我導向、問題解決及做決定的能力。

5.發展出做抉擇和行動的責任感，能夠覺知行為的目的導向，在做決定時能夠考慮到可能的後果。

6.能夠釐清個人的情緒感受，對自我及個人行為有足夠的敏感性。

7.能夠修正錯誤的觀念和行為，以發展出對自我和他人的全整性態度和觀念；能夠覺知他人所界定的現實（p. 98）。

Beane、Lipka 和 Ludewig（1980）亦指出在兒童或青少年前期，成人仍然是他們的重要他人，較有機會對兒童的自我觀念進行影響；到了青少年期，同儕的影響力便會超過成人。然而由於兒童擁有和成人不同的價值感，他們對自己的看法可能和成人的想像有所不同。不過他們的自我觀念仍有相當程度的穩定性，因此持續一致的給予正向的回饋，遠比偶爾隨機性的刺激有效。學校若認真的想要對提升兒童的自尊有所助益的話，應該營造民主的氣氛，讓學生參與決策，受到尊重，有機會自治自律；透過團隊學習的教學方式，讓學生增加成功的機會和經驗，並且以不同能力水準，甚至不同年齡層兒童混合編組的方式，增加兒童和他人互動及互助的經驗；教師應容許學生參與校規的擬定、學習目標及學習計畫的建構，以及學習進展的評量工作。學校也應該舉辦研習營或舉辦演講座談活動，以協助家長增進他們對兒童自我觀念的了解。

Worzbyt和O'Rourke（1989）認為兒童自我觀念的發展重點在於：(1)兒童需要覺知自己的優缺點和好惡；(2)兒童需要覺知生活的體驗，以促進個人的成長；(3)兒童需要學會辨認及表達個人的感覺；(4)兒童需要覺知自己的希望、夢想和期待；(5)兒童需要具備確認個人價值和優先順序的能力。而兒童需要發展的相關技術包括：(1)自我描述的技術；(2)價值評定的技術；(3)做決定的技術；(4)辨識感覺的技術；(5)預想未來的技術。

可以促進兒童發展積極自我觀念的活動很多，例如：

1.超級巨星：讓兒童使用印有星星形狀的卡片，在中間貼上自己的照片，五個角內則邀請班上同學寫出該生的五個具體優點或長處，互相分享，並護貝後擺在書桌前做為個人留念。

2.生活大事：請兒童在紙上列出最近一個月內生活中所遭遇到最重要的三件大事，列出時間、地點、相關人物及所發生的事件內容大概狀況。再請兒童說明他認為這三件事重要的原因，然後問他如果由他的父母或朋友來決定，他們選擇的重要事件會有什麼不同？

3.時光隧道：沿教室牆邊布置成一個隧道，隧道分成四段，分別布置四個舞台，再貼上「五年前的我」、「現在的我」、「五年後的我」，以及「十年後的我」等字樣，讓學生逐一穿越隧道，站到舞台上表演他當時的模樣及說明他預期那時候的工作、生活狀況。

積極自我觀念的建立是發展性輔導工作的核心，也是兒童輔導不可或缺的部分，實在值得兒童輔導工作者多加了解探討。

關鍵詞

發展	連續發展觀	階段發展觀
主動發展觀	整體發展觀	發展性輔導
發展課題	動作技能的發展	感覺統合訓練
同化	調適	感覺動作期
運思前期	具體運思期	形式運思期
情緒分化	社會化	非社會化
反社會化	利社會行為	同理心
人際關係	社交技巧	社會訊息處理模式
自我意識	自我認證	積極性自我觀念

問題討論

1. 對於身體發展太快或太慢的兒童，其人際關係及自我觀念可能會受到何種影響？要如何輔導才可以減輕其困擾？
2. 學界對於感覺統合訓練有何爭議？你認為這種訓練是否會有某方面的效果？何種效果？其效果的限制如何？
3. 對於認知能力發展落後的兒童，要如何給予協助？
4. 對於被拒絕和主動自我孤立兩類兒童，其人際關係性質有何不同？分別應給何種協助？
5. 教師如何協助兒童建立積極正向的自我觀念，試舉出五種具體方法來。

參考文獻

▶中文部分

呂翠夏（譯）（1988）。**兒童的社會發展——策略與活動**。台北市：桂冠。

張春興（1991）。**現代心理學**。台北市：東華。

曾世杰（1995）。談感覺統合——一點不同的聲音。**特殊教育季刊，54**，10-12。

廖文武（譯）（1990）。**兒童與感覺統合**。台北市：心理。

廖鳳池（1993）。鼓勵與獎勵——輔導工作者對於學校獎勵制度的省思。**諮商與輔導，89**，20-23。

蔡麗芳（1992）。**社交技巧訓練策略對國小兒童社交技巧、問題行為及同儕接納之影響效果實驗研究**。國立台灣師範大學教育心理與輔導研究所碩士論文，未出版，台北市。

蘇建文等（1991）。**發展心理學**。台北市：心理。

▶英文部分

Angyle, M. (1978). *The psychology of interpersonal behavior*. London: Cox & Wyman Ltd.

Ayres, J. (1972). *Sensory integration and learning disorders*. Los Angeles, CA: Western Psychological Service.

Beane, J. A., Lipka, R. P., & Ludewig, J. W. (1980). Synthesis of research on self-concept. *Educational Leadership, 38*.

Carlson, J. (1990). Counseling through physical fitness and exercise. *Elementary School Guidance and Counseling, 24*, 298-302.

Dinkmeyer, D., & Caldwell, E. (1970). *Developmental counseling and guidance: A comprehensive school approach*. New York: McGraw-Hill.

Dodge, K. A. (1986). A social information processing model of social competence in children. In M. Perlmutter (Ed.), *The Minnesota symposia on child psychology* (pp. 77-125). Hillsdale, NJ: Lawrence Erbaum Associates.

Drum, D. J., & Lawler, A. C. (1988). *Development interventions: Theories, principles, and practice*. CO: Merrill.

Erikson, E. H. (1950). *Children and society*. New York: W. W. Norton.

Erikson, E. H. (1968). *Identity: Youth and society*. New York: W. W. Norton.

Furman, W., & Buhremester, D. (1985). Children's perceptions of the personal relationships in their networks. *Development Psychology, 21*, 1016-1024.

Havighurst, R. J. (1972). *Development tasks and education*. New York: McKey.

Huffman, M. (1979). Development of moral thought, feeling, and behavior. *American Psychologist, 34*, 958-966.

Morgan, C., & Jackson, W. (1980). Guidance as a curriculum. *Elementary School Guidance and Counseling, 15*.

Plutchik, R. (1980). *Emotion: A psychoevolutionary synthesis*. New York: Harper and Row.

Shaw, M. C. (1973). *School guidance systems*. Boston, MA: Houghton Mifflin.

Stern, D. N. (1989). The representation of relational patterns. In A. J. Sameroff & R. N. Emde (Eds.), *Relationships and relationship disorders*. New York: Basic Books.

Thompson, C. L., & Rudolph, L. B. (1983). *Counseling children*. Monterey, CA: Brooks/Cole.

Worzbyt, J. C., & O'Rourke, K. (1989). *Elementary school counseling: A blueprint for today and tomorrow*. Muncie: Accelerated Development, Inc.

第三章

兒童輔導工作者與專業倫理

王文秀

近幾年，嬰兒出生率逐年降低，少子化的趨勢愈來愈明顯，在 1998 年的總人口數（21,928,591 人）當中，0～18 歲的兒童占總人口數的29.16%；0～12 歲的兒童占總人口數的 18.75%；一直到 2009 年的統計，總人口數（23,119,772 人）雖有所增加，但是 0～18 歲的兒童卻減少，只占總人口數的 21.90%；0～12 歲的兒童更少，占總人口數的 13.54%（內政部，2010b）。由這些數據可以看出兒童人口數的逐年降低。

但是，若以高風險家庭的統計數據來看，2005 年的開案兒少人數是 2,843 人，到了 2010 年則是激增到 18,853 人，增加了 6.63 倍；至於兒少受虐人數，亦是從 2004 年的 7,837 人，增加到 2009 年的 13,400 人，增加了 1.71 倍（內政部，2010a）。從這些數據可以看出，近幾年的兒童人數逐漸減少，但是處於危險境遇的兒童數反而增加，這些現象除了造成許多兒童的身心困擾，若不及時介入，未來社會恐將付出沉重的代價。這些現象令人憂心，也需要更多家長、教育工作者、輔導工作者與政府的有關部門加以重視。

所謂兒童輔導工作者指的是專以兒童為輔導及協助對象的工作者。兒童由於其各方面的發展情形、法律上的地位，以及需求均與成人迥異，因此從事兒童輔導工作者，不論在所受的訓練、所要求的資格、所需具備的一些特質，以及所需特別注意的專業倫理規範，均與服務其他年齡層的對象有所不同。本章分就不同層級的助人者，在國內現行的教育體制下，可能扮演兒童輔導工作者的角色定位、所應接受的專業訓練、所應具備的人格特質，以及常常涉及的專業倫理規範等加以說明。

何謂兒童輔導工作者

一、不同層級的助人者

不同學者將助人工作者分成不同的層級，例如：Okun 和 Kantrowitz（2008）將助人工作分為三個層級：第一個層級是「非專業的助人者」（non-professional helper），這是指我們日常生活中舉目所見的助人者，例如：親戚朋友之間或甚至是陌生人的相互幫忙，其所牽涉的協助可能是基於人性中的「利他性」，或是基於血緣或是朋友之間的情誼。他們多半提供自己的個人經驗或個人看法給求助者參考，這樣的助人者並不需要任何的專業訓練，亦不需負任何法律上的責任。

第二個層級是「一般人類服務工作者的助人者」（generalist human services worker），這些人本身的工作可能伴隨或是獨立於專業的助人工作者之外，例如：在學校、養護機構、戒毒中心、監獄或軍隊等機構服務，這些人可能擔任教師、教誨師、觀護人或機構主管、督導等，他們有其本身的專業，其專業的訓練與要求則和諮商專業不盡相同。

至於第三個層級「專業的助人者」（professional helper）則是指，受過某個領域完整訓練（包括課程和實習）、具有實務工作經驗、有被督導的經驗，並且通過某些資格檢核或檢定考試而取得證書或執照者，這些人通常會隸屬於某個（些）專業團體或公會，其專業行為自然須受這些專業團體或公會的約束，例如：在美國的學校輔導人員（一般稱為學校諮商師）若要取得學校輔導人員的證書，必須至少擁有諮商碩士學位，修習過至少 48～60 小時的「諮商與其他相關教育方案認證委員會」（Council for Accreditation of Counseling and Related Educational Programs, CACREP）規範之八大核心領域課程，以及 600

小時的實習與被督導經驗，取得執教該州學校諮商師證照，且一般還規定要有2～5 年的教學經驗。若是隸屬於「美國心理學會」（American Psychology Association, APA）或是「美國諮商學會」（American Counseling Association, ACA），則在專業行為方面，均須遵守該學會之倫理規範，否則一旦違反，小則被警告，重則被撤銷會籍，這對該輔導人員的名譽或生計均影響甚鉅。

除了 Okun 和 Kantrowitz（2008）所提及的三種助人者，Nelson-Jones（2003: 3-4）則分得更細，共分成六個層級，分別是：(1)非正式的助人者（如家人或同事間的協助）；(2)同儕協助或支持團體（如同志團體）；(3)志願工作的助人者（如生命線、張老師）；(4)在其工作中有運用到諮商或助人技巧者（如教師、律師、牧師、社會工作人員或醫療人員等）；(5)半專業（paraprofessional）或準專業的助人者（quasi-counselors），他們雖然已經接受過許多的專業訓練，但是並未獲得任何專業證照，以及(6)專業的助人者。

許多半專業的助人者一旦隸屬在某些社會服務機構，其服務範圍及品質的把關，受其隸屬的服務機構所規範，自然也要為其助人工作承擔起部分的倫理或法律責任；但是，由於其所接受的助人專業訓練並不完整，加上其本身在助人領域的專業背景不足，且服務時間有限，通常不適合處理較棘手或較複雜的個案，且在整個提供服務的過程中，均應有充分的被督導經驗，如此才不致於造成對其本身、求助者與機構的傷害。

總而言之，不同層級的助人者，其服務對象有所不同（愈專業的助人者所協助的當事人，其困擾情形往往愈嚴重）、所受的專業訓練深淺完整性不同、所受之規範或約束以及所隸屬的專業團體均有所不同。要充分發揮助人工作的有效性，助人者必須了解自己是屬於哪個層級、所應擔負的責任，以及所應具備的知能與技巧各為何，例如：身為小學的導師或任課老師，若是在求學期間或畢業後未曾修過足夠的輔導課程專業學分，在校服務期間被賦予重責大任要去輔導較嚴重的適應不良學生，即為不適當之處理方式。因為這些老師的專長是教書而非專業的輔導工作，且在輔導學生的過程中又缺乏專業人員的督導，因此很容易造成一些反效果，如此對提供服務的教師以及受輔導的兒童而言，可能會造成兩敗俱傷的窘境。

二、國內從事兒童輔導工作者

輔導工作一般分為初級預防（primary prevention）、次級介入（secondary prevention）與三級治療（tertiary intervention）的層級。Caplan（1964）是最早提出三級預防（tertiary prevention）概念者，但是後續有學者提出批判（Baker & Shaw, 1987），認為除了初級層次可以稱作預防，另外兩級均已有補救的概念。國小的輔導工作，比較著重初級預防，亦可謂是「發展性輔導」，服務的對象為全體學生，透過各科教學、班級輔導活動、演講、演劇或放映影片等方式，協助學生自我認識與自我接納、建立良好的人際關係，以及習得良好的學習習慣及方法，藉以達到身心健全之發展。

所謂的次級介入，亦可說是「預防性輔導」，主要針對在自我概念、人際關係或學習上，呈現適應困難或正遭遇一些創傷事件的兒童，進行個別或團體的諮商或輔導，期望其困擾情形能有所改善。至於三級治療的「治療性輔導」，通常是針對身心適應困擾程度較嚴重，或伴隨其他生理、心理障礙的兒童，透過觀察、晤談與心理測驗等工具，進行個別或團體心理治療、家族治療及／或藥物治療，俾以協助兒童因應與達到最大化的發展。

以上述的三級預防概念而言，目前國小的初級與次級預防主要是由輔導室（處）負責規劃與執行。在初級預防方面，依照《國民教育法施行細則》第13 條規定：「國民小學……之……輔導工作……校長及全體教師均負學生之……輔導責任」（教育部，2004）。故廣義的兒童輔導工作者，包括校長、導師、任課教師、修過 10 或 20 個輔導學分者，或是接受過生命線、張老師等機構助人技巧訓練，或是擔任教育部推展之「認輔制度」或「攜手計畫」等工作之教師或家長們。這些教師或家長或多或少具備輔導知能，且與學生之接觸相當頻繁，能發揮陪伴及傾聽等功能，亦能協助輔導室（處）辦理相關的輔導活動；但是若服務的兒童之困擾問題已經較為嚴重，則其具備的諮商專業知能顯然有所不足，此時應進行下一階段的處理（如轉介），否則對自己或受輔導的學生均可能是事倍功半，甚至有後遺症。

若以次級介入處遇而言，輔導工作者應具備更完整的專業知能，其工作性質應為專職的兒童輔導工作，例如：輔導室（處）的輔導主任、組長與老師，負責規劃及執行有關學生生活、學習與生涯方面之輔導工作，本身應具備更嚴謹與完整的專業性。依據《國民教育法》第 10 條：「國民小學……應設輔導室或輔導教師。輔導室置主任一人及輔導教師若干人，由校長遴選具有教育熱忱與專業知能教師任之。輔導主任及輔導教師以專任為原則。輔導室得另置具有專業知能之專任輔導人員及義務輔導人員若干人」（教育部，2008）。

依上述之規定，應可看出政府對於輔導人員專業性之重視。可惜自 1995 年開始，依據《國民中小學教育人員甄選儲訓及遷調辦法》（1997 年已更名為《國民中小學校長主任教師甄選儲訓遷調及介聘辦法》）第 6 條規定：「國民小學現職合格教師，服務滿五年以上，其間曾任組長二年或導師三年或組長一年導師二年以上，成績優良，得參加國民小學主任甄選。」亦即依照此規定，國小的輔導主任只要具備數年之組長與導師資格，即有資格參加甄選，不必考慮其是否為輔導本科系或具備多少的輔導專業知能，因此極有可能造成「外行領導內行」之情形，這對輔導工作的專業性要求是一大諷刺，亦與《國民教育法》對「專業知能」之規範有矛盾之處。

有鑑於國中小學生的困擾問題有逐漸增多的趨勢，學校輔導人力亟需加強，《國民教育法》第 10 條（教育部，2011）於焉修正，大幅提高輔導人員之編制。以專任輔導教師而言，國民小學 24 班以上者，置一人。國民中學每校置一人，21 班以上者，增置一人。若以諮商心理師、臨床心理師和社工師的專任專業輔導人員而言，亦規定中小學班級數達 55 班以上者，應至少置專任專業輔導人員一人，各直轄市、縣（市）政府應置專任專業輔導人員，視實際需要統籌調派之；其所屬國民小學及國民中學校數合計 20 校以下者，置一人，21 校至 40 校者，置二人，41 校以上者以此類推。這些增置的輔導人力對教育現場的導師或行政人員而言，有極大的助力。

除了上述法令與實務的現狀之外，吳芝儀（2005）亦提出一些制度或法令的推動，例如：「輔導工作六年計畫」、「建立學生輔導新體制」實驗方案、「學校社會工作試辦方案」、「九年一貫課程綜合活動學習領域」、《心理師法》、「國民中小學組織再造及人力規劃試辦方案」，以及《國民教育法》第

10 條的修正草案爭議等，在在均對學校輔導人員的專業角色與定位帶來更嚴峻的挑戰。

至於三級治療之專業人員，例如：醫院的兒童心智科或兒童心理衛生中心的工作者、精神科醫生、遊戲治療師等專業性較高的兒童輔導工作者，協助兒童身心症狀的診斷及治療，必要時亦需由社會工作者介入，協助兒童及其家屬之安置、經濟補助與社會救助等工作。目前台北市正在進行「諮商心理師國小校園駐區服務方案」（趙曉美、王麗斐、楊國如，2006），其運作模式是由體制外的諮商心理師到各國小協助輔導室（處）進行個別諮商，並提供家長與教師之諮詢。此種合作模式或許可以突破目前國小缺乏二級介入與三級治療或危機處理之人力資源的困境，值得推廣。

第二節 兒童輔導工作者之養成訓練計畫

美國的諮商師培育制度很早即建立，在 1940 年代，大約已經有 80 多所大學及學院開設訓練學校諮商師的課程（Sweeney, 2001）；英國也是約在 1960 年開始有負責培育諮商人員的大學（Johns, 1998: 5），目前培育的機構為因應市場需求，均蓬勃發展中。我國最早培育中等學校輔導人員的訓練機構，是台灣師範大學的教育心理學系（1968 年），之後彰化師範大學輔導學系與高雄師範大學輔導研究所陸續成立；至於培育小學輔導師資的部分，歷來係由 9 所師範學院負責，自 2005 年開始，除了 3 所師範學院已陸續改為大學之外，6 所師範學院亦已更名為教育大學，這些學校也有針對在職之中小學教師提供正式的碩士學位課程或是短期的學分班課程，供其進修。因應《心理師法》的通過，目前國內約有 20 多所大學開設具有諮商心理師應考資格之系所。

為強化中小學專任輔導教師之輔導知能，教育部（2012）亦規範國小教師需加註輔導專長 26 學分才具有專任輔導教師之資格。

輔導工作要能落實，除了健全的組織與制度，輔導人員素質的良窳亦是相當重要的一環，而稱職的輔導人員之培育，又視整套養成訓練計畫的規劃至執行與考核是否確實且有效。輔導諮商工作在國內受到重視並有較完整的訓練是近年來的事，《心理師法》的通過與推動，對於提升諮商工作者的素質有極大的影響，但對於國小或學齡前層級的助人工作者而言，仍有許多待探討之處。

以對兒童的輔導或諮商工作而言，在各學校層級的輔導工作推動中，國小輔導工作的起步最晚，也最被忽視（王文秀，1999；王麗斐，2002）。在先天不足的情況下，要逐漸上軌道本屬不易，再加上目前由於少子化的影響，國小教師的需求愈來愈少，國小輔導室（處）之專業人力又普遍缺乏（王麗斐、趙曉美，2005；林美珠，2000），除了原本的師資培育機構，前幾年又有許多大學廣設國小或中等教育學程，在僧多粥少的情況下，造成許多想當國小教師的大學畢業生不得其門而入，無法完成當教師的夢想；另外，再加上對於心理師的要求是碩士層級以上，在這些情況下，許多大學的諮商相關學系對於是否要培育小學的專職輔導諮商工作人員均有疑慮，因而更難以上軌道。

本節除了說明一般養成機構之職責及專業證照制度，並介紹美國的CACREP 的核心課程要求，以及相對應於國小輔導諮商工作者的相關要求。期望不久的將來，能看到國內有專職培育兒童輔導工作者之養成機構與計畫。

一、養成訓練機構之職責

誠如英國諮商學會（British Association for Counselling, BAC）對於開設諮商人員訓練機構所強調的（Dryden, Horton, & Mearns, 1995），為了培育專業的諮商與輔導人力，各養成訓練機構除了必須確立本身之訓練宗旨及目標，並需在此前提下妥善規劃整個訓練過程之課程、實習與其他訓練計畫。準諮商師進入這個機構前，該機構必須知會準諮商師有關機構的性質、歷史發展、整個訓練方向、課程內容及要求、完成訓練後的展望，以及甄選的標準或程序等；機構的整套訓練計畫須同時兼顧學科能力的養成、諮商技巧的訓練、測驗與評估診斷的能力、自我省思與成長的機會、研究能力的培養，同時要能孕育一個良好的諮商師訓練環境，以及充分的被督導經驗，讓準諮商師在此環境的薰陶下，具備良好的專業知能與素養。準諮商師必須清楚了解自己所具備的知能是否符合機構的要求，如果未能達到這些要求，是否有任何補救教學的計畫，以及對於其升級或是被淘汰的影響各是如何。

除此之外，機構尚須明確遵守有關這個專業領域內，所有的專業倫理守則規範及責任，需要針對準諮商師、教職員以及機構本身設計一套完整的評鑑計畫，以考核這套系統的有效性，進一步達到績效責任的要求。

在整個機構的運作方面，首先要確定機構的政策和理念，例如：是要以在學學生或社區人士為服務對象？是要培育輔導人員、諮商人員、學校心理學家或是社會工作者？是以大學部、碩士班、博士班、在職進修教師或社會人士為主要培育對象？在機構的廣度方面，除非此機構專門培育某種人才（例如：家族治療、藝術治療或遊戲治療工作者），否則應該提供不同的理論取向，讓準諮商師有所浸淫與選擇。

再者，機構所延聘的師資要能在理論、實務、研究與推廣方面各有所長，要能依機構之宗旨與準諮商師未來就業市場的需求提供適切的訓練課程；最後亦是相當重要的一環，即是在整套的訓練計畫中，要有許多讓準諮商師能自我整理和自我省思的機會，而且這些訓練的內容不宜列入成績的考核範圍之內，以免準諮商師因為要博取授課教師的好感及考慮被評的等第，而有失真之情形，如此即喪失整套訓練計畫的意義。

二、訓練計畫之內容

在培育兒童輔導工作者的養成訓練計畫中，師資、課程、學生、實習及督導等環節均是缺一不可。Hazler和Kottler（2005: 7）指出在諮商師的訓練計畫方面，無論是以能力本位（competency-based）或是以體驗為本位（experience-based），均應包含以下幾個要素：(1)知識的獲得；(2)透過系統化的示範與督導發展技巧；(3)有小團體互動的經驗；(4)透過團體或個人省思的作業，以獲得情緒與個人成長的發展；(5)透過督導發展出個人的諮商風格，以及(6)透過錄影影片的回饋，修正諮商處遇能力。本節所強調的是知識性及技巧性的課程、實習及督導的連貫性。

（一）在知識性方面

美國最具規模的審核諮商機構資格的團體是由美國諮商學會所創立的CACREP所負責。CACREP（2009）與其他認可委員會大致同意有八大領域為核心課程的範圍，這八大領域若套用在兒童輔導工作的範疇，分別介紹如下。

1. 專業定向與合乎倫理的實務

每一個領域均有該領域的一些特有文化，在諮商與輔導中，為了讓準諮商師有充分的準備以進入此殿堂，整套訓練計畫一定要涵蓋諸如歷史延革、哲學理念、專業角色、功能以及和其他專業之關係、在全國性或地方性的災難事件中所扮演的角色與責任、專業倫理、證照資格、進修管道及專業組織、法律規範等有關此專業之概念，藉此讓準諮商師具備（與各專業連結的）橫向與（歷史）縱向的寬廣視野，理解此專業與自己的關聯，以及對自己未來的重要性。

就兒童輔導工作者的培育而言，訓練機構必須讓受訓者了解國內外兒童輔導工作的發展源流與脈絡、兒童人權的概念與歷史演變、與兒童輔導諮商相關聯的其他專業特色、與兒童有關的專業組織、專業倫理、證照資格、進修管道以及法律條文等。

2. 社會與文化的多元性

了解不同的文化脈絡底下的關係面向、其他議題或是多元文化社會之下的趨勢，讓受訓者熟悉相關之理論、認同發展或社會正義等概念，體驗不同文化之態度、價值觀，具備與不同文化族群工作之能力等。此領域即在協助準諮商師熟悉有關社會或文化的有關議題，以期準諮商師能對個案的背景有所認識並試著接納。就兒童輔導來說，如理解來自單親家庭、不同族群、新移民家庭、隔代教養家庭，或是由同志組成的家庭等的兒童，其所經歷的世界，以及具備能與這些家庭兒童及其家屬共事的能力。

3. 人類成長與發展

這方面的課程強調的是了解個體一生中各個階段的發展過程，以及各個階段的特色，例如：行為、情緒、認知、道德等方面對個體所造成的影響。以兒童輔導來說，所涵蓋的課程包括：發展心理學、兒童的（行為、情緒、認知、道德）發展心理，以及有關創傷事件與兒童腦部發育關聯的相關知識等。準諮商師學習這些課程有助於一方面了解兒童各層面的特性，另一方面便於提供處遇的策略，以促成兒童潛能最適當的發展。

4. 生涯與生活型態的發展

近年來，有鑑於職業分工愈來愈精細，以往「克紹箕裘」的傳統職業觀念已不再適用，許多人逐漸重視生涯探索與生涯規劃之概念，期望讓自己的才能和興趣充分發展，並為自己的生命歷程負責。在此趨勢下，即使是針對小學生，準諮商師亦宜確實了解與生涯發展有關領域的知識，在適當的機會下協助小學生從自我探索、自我了解，認識整個社會環境與其未來生涯發展之關聯，並能具體協助小學生處理有關之問題。

5. 助人關係的技巧

這個領域自然是要協助準諮商師，熟悉地運用所學到的諮商理論與技巧於助人關係中，因此非常強調技巧的演練與來自授課教師、同學或督導的回饋。在學習過程中，必須透過多種方式以便確實掌握對技巧的精熟度，例如：錄音、錄影、謄寫逐字稿、角色扮演、觀看影片光碟或個案討論等；除此之外，對於危機處理、諮詢之嫻熟或是採用系統觀看兒童所處的世界等，均為此範疇之重點。

6. 團體工作

對小學生而言，透過小團體或班級輔導的方式來從事輔導工作，是相當經濟又有效的媒介，因此準諮商師應經由團體輔導、兒童團體諮商，或是班級經營等課程，學習如何規劃、進行與評估有關團體工作的技巧。

7. 評估

診斷及評估個案的困擾程度、蒐集個案的相關資料、決定評估工具、會運用並解釋評估工具，以及運用這些資訊形成對個案的假設和處遇計畫等，這些均是準諮商師在兒童輔導工作者的養成訓練計畫中，非常需要具備的知能。

8. 研究和方案評量

在學術領域中，理論與實務的配合相當重要，例如：一位國小輔導教師經由某位導師轉介其班上的同學來輔導室談話，發現這位同學因為經常被其他同學欺負，並被恐嚇不得聲張而日漸退縮消沉。這位輔導教師決定教導這位同學自我肯定的技巧，之後這位同學之人際行為有顯著改善；輔導教師決定以此類似情形從事「自我肯定」的有關研究，以嘉惠更多有類似困擾之小朋友，此即理論與實務配合之實例。因此，身為準諮商師應具備與研究有關的專業能力，以讓自己在此專業上能不斷求進步。

（二）在技巧性方面

準諮商師所應精熟的個別與團體諮商專業技巧，除了一般諮商師應具備的，例如：場面構成、同理心、引導、問題解決與面質等之外，面對表達能力及認知思考能力等尚未發展成熟的小學生時，準諮商師尚需特別具備之能力包括：藝術治療、讀書治療、遊戲治療、說故事、行為改變技術、診斷、蒐集與個案有關之相關資料、與小朋友溝通的能力、親師溝通與諮詢、家族治療、對特殊個案之診斷及處遇、運用同儕輔導、生涯輔導、低成就學生輔導、轉介、危機處理、社區資源網絡之建立和運用等。這些技巧不但能增進準諮商師之諮商效能，亦可提升國小輔導人員的專業性。

（三）在實習及督導方面

實習及督導是準諮商師邁向專業的最重要關鍵之一，實習可以讓準諮商師將課堂上的所學在實習場所實際驗證並調整之；督導則是一方面可以確保個案之福祉，二方面能協助準諮商師個人及專業上的成長，三方面更是能為此專業工作把關，以確保專業品質。一般而言，實習可分為校內課堂之實習（例如：諮商實習或團體工作實習），以及校外場所之駐地實習；不同場所之實習工作內涵不盡相同，例如：校外場所之駐地實習，所著重的是實習者能在專業人員的督導下，將課堂上的所學與實際情形相驗證。

以 CACREP（2009）的要求而言，諮商專業實習（practicum）的實習生必須在督導之下完成一學期至少 10 週，總共至少 100 小時的實習。實習內容包含：至少 40 小時與真實個案互動的直接服務；每週平均 1 小時，來自課堂授課教師、實習場所督導的個別或三人督導；每週平均 1.5 小時，來自課堂授課教師、實習場所督導的團體督導；提供接案的錄音帶或錄影帶以供督導用；課堂授課教師亦需在整個實習過程中提供適時的回饋，期末並需提供完整的實習評量。

至於駐地實習（internship）的實習要求，則必須先完成諮商專業實習，之後完成 600 小時的實習，內容包括：至少 240 小時的直接服務（包括帶團體）；每週平均 1 小時，來自課堂授課教師、實習場所督導的個別或三人督導；每週平均 1.5 小時，來自課堂授課教師、實習場所督導的團體督導；熟悉其他諮商專業工作（如做記錄、使用測驗與評量工具、接受督導、轉介、提供資訊、在職訓練及參加實習機構的內部會議等）；最後則是提供接案的錄音或錄影資料以供督導時之用。

三、專業證照制度

任何專業要能成熟穩定的成長，相關之專業倫理規範，以及相關之證照制度，均是不可或缺。專業證照制度有助於清楚界定從事該領域工作之專業人士其角色與功能，讓社會大眾對此專業有清楚合理的期待，並且能規範和保障該領域之專業人士。我國的諮商專業證照制度可謂從 2001 年通過《心理師法》展開新的里程碑。《心理師法》主要在規範臨床心理師與諮商心理師之應考資格、執業範圍、開業、停業與歇業之程序、違反各項規定之罰則，以及成立公會等相關規定。

《心理師法》通過至今，到 2011 年已經滿 10 年，歷經 17 次考試，就諮商心理師而言，通過考試者已近 2,000 人。此制度對於國內諮商師專業養成機構之課程規劃、實習制度之安排，以及學校、社會福利機構之用人有極大的影響。但由於《心理師法》的規範，其執業範圍不包括中小學生之學校輔導工作，因此造成目前諮商心理師的執業範圍多環繞在大專校院及社區或醫療系統的諮商為主，學校的部分，尤其是中小學的諮商輔導人員（須具備教師及諮商專業背景），其訓練及培養還有待加強。

誠如劉惠琴、翁開誠（2006）主編〈心理師法的衝擊與反思〉的一文時所提出的幾個議題，例如：專業的提升必須依賴證照制度嗎？即使採用證照制度，必須只有唯一權威的證照嗎？專業的證照必須要由政府來辦理嗎？諮商心理專業應該歸屬在醫療體制之下嗎？處罰需要動用《刑法》嗎？《心理師法》中將四種專業階層化為：精神醫療—臨床心理—諮商心理—心理輔導，如此的階層化合理嗎？促進心理健康的助人專業性質，應該被科技理性與商品經濟所主宰，並藉由法制化用公權力壓迫人民接受嗎？以及價值理性、哲學、道德、藝術、宗教、教育、民俗、人倫感情、社會結構、歷史、文化、天人之間、人性、最素樸的人與人的相待等，在助人專業中要如何安放？這些議題均值得深思、對話、討論與論證，讓此專業之發展更穩健，造福更多需要協助的人。

第三節 兒童輔導工作者之自我省思

輔導人員所面對的是一個個真實的個體，是極有潛力尋求自我實現，但是此時此地面臨一些困境的個體，為了讓這份助人工作更有效，使輔導人員與受輔導者均受益，輔導人員首先要能對自己有充分的了解與覺察，除了了解自己是屬於哪一個層級的助人者、了解自己的助人動機、了解影響助人效果的因素有哪些外，更要清楚自己所具備的特質對於助人工作會有哪些影響。以下分別說明之。

一、助人者的動機

「為善最樂」，這是我們常常掛在嘴上的話，但是有沒有想過自己為什麼要從事助人工作？是如孟子所言「惻隱之心，人皆有之」？或是基於其他因素的考量？想從事輔導工作的人，不妨花些時間整理一下自己的助人動機。大體上來說，助人者的動機可分為以下數端（Corey & Corey, 2006），每一種動機均有其特點，但是亦可能有其盲點，因此有興趣從事輔導工作的人，宜仔細地自我整理與省思。

（一）想拯救生靈，是一種利他主義

這種人或許是受到某種宗教信仰的感召，或是天生即有悲天憫人的襟懷，因此極願以助人工作為職志；有此胸懷者當然是很好，但是要小心不要過度投入當事人的困境中，而使自己亦深陷不可自拔，或是汲汲營營於想解除當事人之困境，而強迫其接受自己的宗教信仰或價值觀，甚至養成當事人的依賴感。

（二）受精神感召，起而效之或是想回報

這種人通常是受歷史上的偉人或名人傳記（如國父孫中山先生或是史懷哲）的影響，或是在最脆弱困頓時，曾經受過某些人的及時協助而度過難關，因為心存感激遂起而效之或是想回報。如此的動機自是無可厚非，只是通常我們指的助人若是一種專業，所憑恃的絕不只是這種感激之心，尚須接受許多的訓練，亦須衡量自己的人格特質是否合適而做決定；再者，要回報的方式有許多種，不一定只能從事助人工作。

（三）習慣扮演助人者的角色

在我們的日常生活中，不乏聽到有些人時常扮演「傾聽者」的角色，大家有什麼不如意的事均習慣性地找他（她）們傾吐，而這些人亦能恰如其分地讓傾訴者能夠一吐胸中塊壘。這些人其實是天生的助人者，但是若不會區分自己與他人的界限何在，很可能會讓自己透支太多，即使自己亦須別人的協助時，也無法向別人求助（一來不願增加別人的麻煩，二來會認為自己應是扮演助人者的角色，怎麼可以表現出脆弱的一面，且別人不見得像自己這麼能助人），或是當自己無法幫忙時，會覺得有虧職守而自責；另一個後遺症即是易剝奪他人解決自己問題的能力。

（四）想透過助人來解決自己的問題

每個人的成長經驗不同，有的人曾經經歷過一些不愉快的事件而影響其人格發展，例如：一位幼年時被性虐待或生長在父親酗酒家庭的孩子，長大後欲力求突破，想從自己所接觸的助人專業訓練中，使自己不再活在這些陰影下；一旦解決了這些問題後，進而去協助其他有類似困境或其它不同困境的人。

這些人可以想見的是，對許多求助者的經歷都能夠感同身受，亦因為已經從自己的經歷走出來，因而較能說服求助者；但若是在助人過程中，因為自己的問題並未完全釐清，而干擾到整個助人歷程，督導又未能及時介入，除了易使這份助人工作變得無效外，更易傷害到助人者與個案雙方。

（五）需要「被需要」

「隸屬感」是人類的基本需求之一，經由與他人的互動關係，可以增進個體對自己的信心，以及學習在團體中的人際技巧。大部分的人其實都有「被需要」的需求，期望被所屬團體的人認可與接納，藉此證明自己的重要性與在人群中的相對地位；但是一位助人工作者若是在諮商過程中對此需求的要求過於強烈，渴望得到個案的接納與讚美，不能忍受個案表達出對諮商師的失望、不滿或是忿怒，可以想見這份諮商關係若是繼續發展下去，會有多少的暗流出現，比如諮商師可能會百般討好個案，或是一直不讓個案終止這份諮商關係，這些現象對諮商過程均可能造成傷害。

（六）想證明自己的能力

就像有的汽車修理人員對顧客所誇口的：「沒有什麼故障是我不能修理的！」持這種心態的助人者勇於接受各種挑戰，碰到愈棘手的個案問題愈興奮，躍躍欲試地想從解決個案的疑難雜症中肯定自己的能力；值得注意的是，個案並非助人者實驗用的「白老鼠」，可以讓助人者為所欲為，若助人者同意個案有其基本人權，需要被尊重，需要被施以最適當的處遇，則身為助人者首先必須清楚地了解自己的專長與極限各在哪裡；若是個案的問題性質已超過自己能力所及，則應迅速與督導討論或是謀求適當的轉介，以免「延誤病情」而造成對個案的傷害。

除了上述六種動機之外，另外有人的動機是認為從事這樣的工作可以名利雙收，或是想藉此工作抬高自己的身價，以此揚名立萬或是光耀門楣；有人希望藉此工作交到許多志同道合的朋友；有人一方面是基於對人性的好奇，另一方面是因為就讀此科系而學以致用：或是聯考考上，既來之則念之；或是想藉此工作自我實現；甚至許多人是融合上述數種動機而來助人。這些動機本身並沒有對或錯的區別，各種動機均有其推動的力量，亦有值得小心之處，「水能載舟，亦能覆舟」，端看各人如何敏覺於自己的動機何在，並隨時檢視這些動機對自己的助人工作是助力或是阻力。

二、影響助人效果的助人者因素

「助人」是一項專業而複雜的工作，研究諮商或心理治療效果的學者通常從幾個方面來看助人工作是否有效：一是探討與助人者有關的變項；二是探討與個案有關的變項；三是涉及整個諮商歷程的有關變項；四則是整體了解上述諸多變項對當事人所造成的影響，例如：當事人的困擾行為是否得到改善等。以下僅限於探討與助人者有關的變項。

由於諮商工作牽涉到助人者與個案的互動關係，助人者需要自我省思的部分，包括以下幾個重要問題（Okun & Kantrowitz, 2008）。

（一）我的「最愛」與「最不愛」分別是什麼？

亦即你最喜歡的個案是哪種人？是老年人或是小學生？是有行為困擾或是羞怯孤僻的人？你有沒有特別厭惡處理某類個案問題，例如：毆打太太的丈夫或是說謊偷竊的小孩？澄清自己的「最愛」與「最不愛」分別是什麼，有助於釐清自己與不同困擾類型的個案可以將關係建立到何種程度，以及自己是否容易產生「反移情」的現象。

理論上我們應該對個案一視同仁，若能如此做當然是很好，但是鑑於每個人的成長背景與價值觀均不相同，對每種類型的個案在接受度上或多或少會有程度之別，因此諮商師若能了解自己對個案的真實態度，再進一步去面對並處理之，將有助於諮商工作的進行。

（二）我的「逃避」策略為何？

有沒有哪些議題是你通常不願意面對或持續探究，因而當個案談到時，你會顧左右而言他，或是不斷詢問個案一些問題以掩飾你的不安？例如：你很怕處理有關「性」方面的議題，當個案憂心的告訴你，她的月經已經 2 個月沒來，你覺得很不安，不知如何接續這個話題，於是跟她說：「妳們這個年齡的女孩，月經本來就不太準時來，妳下個禮拜的段考準備的怎樣了？」一旦你覺察自己對於某些議題難以坦然面對，請誠實面對自我並自我整理，看看究竟擔心什麼？對什麼不安？以及如何坦然面對，否則將會很難與個案真誠共事。

（三）我的價值觀為何？

每位諮商人員所持的價值觀會影響其行事準則，更會影響到其與個案之諮商歷程，不妨設想一下，若你是一位重視生命價值與尊嚴的天主教徒，目前在處理一位 15 歲未婚少女正在掙扎於要不要墮胎的衝突情境，你所做的考慮是基於什麼？是基於你自己的宗教觀？還是基於這位未成年少女的健康？或是尚未出生嬰兒的生存權？還是社會道德觀？或是其他的考量？

其他的情形，例如：面對一位同志、一位 AIDS 患者、一位吸毒者，或是碰到一位逃學逃家的小學生、一位習慣說謊的學生、一位很容易與師長起衝突的學生，或是一位喜歡巴結討好老師的學生時，你能心平氣和接受這些個案的程度各是如何？亦即你對於不同的性取向者、性別、種族、年齡、宗教或社經地位等的個案，所持的價值觀分別為何？

上述這些假想情境在在牽涉到諮商人員所持的價值觀，且勢必會影響到整個諮商流程，因此值得諮商人員仔細檢視自己所持的價值觀，了解這些價值觀的由來，對於諮商或輔導可能產生的正向或負向衝擊，以及若有需要，可改變的可能性；若是會因為這些價值觀而干擾諮商工作的進行，則必須正視並處理之，甚至進行轉介。

（四）我處理人際關係的策略為何？

通常一個輔導人員處理人際關係的策略，會反映在他（她）與個案的關係上，你是屬於討好型或是刺蝟型？在面對不喜歡的個案時通常是如何處理？是積極的因應或是逃避視而不見？你是否能真誠的面對你的個案或周遭的人？你在跟個案共事時，是否想要掌控整個諮商過程？如果個案的表現不如你的預期或是對你有所不滿，你的反應會是如何？你是否覺得自己必須無所不能，要求自己是萬能的，這樣才能夠滿足個案（或其他人）的期待，以幫助個案？在諮商的微妙關係中，你的這些信念、價值觀或策略，均會影響到諮商的進行與成效。

（五）我對人性的看法為何？

自古以來，不同的哲學家或教育家紛紛提出對人性的看法，有人認為「人性本善」，有人主張「人性本惡」，有人相信「人性不善不惡」，或是「非善非惡」，或是對人性還有其他的看法。在從事輔導工作時，助人者宜清楚自己的人性觀為何，因為這些看法會影響到自己所採取的態度及策略。

（六）我對人的「可改變性」看法為何？

同樣的，若是一位輔導人員堅信「江山易改，本性難移」，或是「三歲看老」的本性論者，而另一位輔導人員則是持著「蓬生麻中，不扶而直」的環境論，則兩位輔導人員在處理同一位自幼有偷竊習性的國小學生時，可能使用的輔導策略及對這位學生所持的態度，即會大異其趣，因此輔導人員有必要整理出自己對此議題的觀點如何，再看要如何面對自己的個案。

（七）我對一個人「犯錯」的看法為何？我的挫折容忍力或對曖昧情境的忍受程度如何？

有的人一生兢兢業業不允許自己在人生的旅途上犯錯，若是一旦「誤入歧途」，往往不願原諒自己或是令其犯錯的人，可能會讓自己陷入自責或自卑之境，亦可能更奮發圖強避免再犯錯；另有一些人則是對自己所犯的錯持較寬容的態度，能從失敗挫折中淬取經驗以求成長，對於當初所謂的「失敗」，能以較樂觀的態度面對之。另外，有人要求周遭的一切均要在自己的掌控之中，不能忍受任何的曖昧不明情境，否則極易不安、恐懼甚至忿怒；相反的，有些人似乎較有彈性，能因應生活中各種可能的變數而隨遇而安，這些特質均會影響到輔導人員與個案的諮商關係與過程。

（八）我對自己的接納與喜歡程度如何？

你最喜歡自己的哪些層面？最不喜歡自己什麼？你喜歡自己比較多，還是討厭自己比較多？你能否接納自己的不完美之處？你對自己的態度是比較持批判否定，或是接納肯定的？一個不喜歡自己的人，很難真正接納和喜歡他人，也很難讓他人真正的喜歡與接納自己。

（九）我的成長經驗為何？這些經驗對我目前的影響為何？

一個人的成長很難不受到過去的影響，我們的道德價值觀、對人對己的看法，以及對愛、友情、工作或親密關係等的看法和感受，有許多是從成長過程中學習到別人對待我們的方式，一旦察覺這些經驗對自己所造成的影響為何，將有助於釐清輔導雙方的界限，亦較能尊重當事人各種成長的可能性及其所做的抉擇。

（十）我對所協助對象所具備有關的知識及工作經驗為何？

「知己知彼，百戰百勝」，輔導人員宜對自己經常要協助對象的有關背景資料有基本的認識，例如：兒童的想法、對世界的看法以及與人的溝通能力都和大人有所不同，輔導人員在面對兒童時，要自問是否具備與兒童有關的知識以及知能，是否了解兒童各方面，例如：語言、認知、道德、情緒、社交技巧能力的發展情形，以及是否清楚與兒童有關的法律、醫學、心理學和倫理知能等，如此才能適切地協助兒童。

（十一）我對所協助對象所持的態度為何？

同樣的，雖然社會上普遍認為「兒童是國家未來的主人翁」，認為小孩子是天真無邪，是有無限潛力待開展，但是無可否認，由於兒童在許多方面的表現不如大人，也往往處於「自我中心」的發展階段，因此從事兒童輔導工作者更應清楚自己對兒童的「喜好度」和「忍耐度」各是如何，如此才不致於對自己或個案不夠真誠，陽奉陰違而損及與個案的關係。

除了以上的因素外，還有其它無數的因素亦可能影響諮商雙方之關係及諮商效果，例如：諮商雙方之文化背景等。身為輔導人員終其一生均應隨時不斷自我省思，省察自己的一切內在、外在特質及這些特質對這份助人關係的影響，如此才能使諮商雙方真正的獲益。

三、兒童輔導工作者之個人特質

曾有人質疑從事輔導工作者是否只要具備一些諸如耐心、信心、恆心及善意、樂意等「三心二意」的特質即足夠，還是要加上別的特質或技巧；亦有人探討輔導人員是「天賦異稟」，或是即使先天不足亦可靠後天的訓練加以培養？要回答這兩個問題，須考慮到，這裡所謂的輔導工作是指前面所介紹的哪個層級之工作，愈專業的輔導工作，當然需要愈多的專業知能，但即使是專業的助人工作者，亦須擁有一些基本的人格特質，而非僅憑大量的訓練即可，亦即，人格特質是成為輔導人員的必要但非充分條件。

Skovholt 和 Jennings（2004）以 10 位在諮商與心理治療領域公認的大師為訪談對象所做的一系列研究，整理出大師級的治療師（master therapist）在認知、情緒與關係等向度具備了下列特質，在認知方面：(1)永遠求知若渴，不斷學習；(2)不斷累積的經驗變成其豐富的資產；(3)珍視人類情境的認知複雜度以及曖昧性；在情緒方面：(1)具備情緒的接受性（receptivity），亦即較能自我覺察、反思性強、較不防衛且對他人的回饋保持開放的態度；(2)較為心理健康與成熟，能關照自己的情緒幸福感受；(3)清楚知道其情緒健康的程度會影響其工作品質；在關係方面：(1)擁有極佳的人際關係技巧；(2)能善用他們極佳的人際關係技巧於治療情境中。

Hackney 和 Cormier（1996）整理學者們透過研究或實務經驗累積，所歸納出來輔導人員宜具備的特質，如下：自我覺察與了解、良好的心理健康、對於自己與他人的種族與其他文化因素具有敏感度與了解、開放的態度、客觀、專業能力、值得信任與人際吸引力。與這些特質相似的，例如：Okun 和 Kantrowitz（2008）歸納的：能自我覺察、對性別與其他文化因素具有敏感性、誠實、表裡一致、有能力與人溝通、具備專業知識，以及倫理的統整性等。

除此之外，Corey 和 Corey（2006）、Corey（2009）、Patterson 和 Welfel（2000），以及 Corey、Corey 和 Callanan（2008）亦提出輔導人員在諮商過程中宜具備以下的一些特質，通常這些特質並非全有或全無，也不是每位輔導人員一定都要全部具備才可以從事輔導工作，重要的是知道自己擁有哪些或缺乏哪些特質，在可能的範圍內自我增進，並對自己的限制知之甚詳，不致因此盲點而傷害到個案。

1.能夠自我認定，知道自己是誰，來自怎樣的背景，希望成為怎樣的人，以及如何為自己安身立命。

2.能夠尊重自己、欣賞自己與接納自己。

3.不戴面具，能真誠面對自己與個案，能擴展對自己及他人的覺察程度。

4.能夠將助人工作視為藝術與科學的結晶，不致於太過匠氣，完全依循前人的作法，又能參考相關領域的最新知識靈活運用。

5.不沉緬於過去，願意活在此時此地，亦願意冒險做一些改變。

6.願意相信個案要有所改變不容易，願意陪伴他們一起度過這改變的過程：助其逐夢以及築夢踏實。

7.能夠妥善運用自己在諮商關係中所擁有的權力（power），既不濫用亦不忽視自己的權力或影響力，更不會利用個案來滿足自己的需求。

8.能夠容忍生活中或諮商情境中的曖昧情境，以增進自我功能和強度。

9.能夠努力的跳進個案的內心世界去感受其所經歷的一切，但是亦能跳出其世界，以較客觀冷靜的態度處理個案的困擾。

10.有幽默感，能夠自我解嘲，亦能以較輕鬆的方式面對生活及工作中有形或無形的壓力。

11.能夠允許自己犯錯，不但能正視自己所犯的錯誤，亦能自錯誤中學習。

12.能了解、欣賞並尊重來自不同文化、社經地位或背景的個案；能鼓舞個案建立真誠信賴的關係，進而提升自信心，以解決自己的困擾問題。

13.能夠照顧好自己的生理、心理、社交與靈性等各方面的層次。

14.對於兒童的成長與發展有興趣，亦有基本的了解，願意尊重並相信兒童有自己解決問題的能力；同時也具有系統觀，能從個案內在的身心系統，以及其周遭的各種系統來了解與協助個案。

兒童輔導工作者之專業倫理

一、專業倫理（professional ethics）之重要性

歷來學者對於倫理的定義各異，但是大體上均認為倫理是哲學的範疇之一，關切的是人類的行為與道德所做的決定，是判斷人類行為是非對錯的準則（Remley & Herlihy, 2001）。Kitchener（1986: 306）所定義的倫理是：「在社會中針對人們以及其互動所涉及的道德本質所做的決定。」VanHoose和Kottler（1985: 3）的定義則是：「哲學的學科領域，涉及人類品行與道德所做的決定。」

每個心理健康專業機構都有自己的倫理準則，專業工作者必須熟悉自己專業領域的倫理守則與相關的倫理實務。當面臨倫理兩難情境或爭議時，這些規範不見得能提供特定解答或是標準答案，但是它們可提供普遍性的指引；了解自己專業領域的倫理內涵是對專業工作者最基本的要求。多半的專業團體均有建立其專業倫理守則，以供該團體成員遵守。

專業倫理之所以重要，消極方面是因為它可規範輔導工作者的行為，並讓其在從事輔導工作時，若遇到兩難情境，可以有所依循；積極方面則是它可保障個案及一般社會大眾的福祉，並可提升這個領域的專業性，亦即是專業認同及專業成熟的指標（Huey & Remley, 2003）。多數的倫理準則均是依據五項倫理原則而訂定：自主性（尊重個案的自由選擇權）、免受傷害性、獲益性、公正性，以及忠誠信實（Kitchener, 2003）。

鑑於上述的考量，諮商專業倫理所揭櫫的，即是盡可能的以個案的最大福祉為優先考慮；但是無可諱言，輔導工作者與個案並不是活在真空的環境中，輔導工作者除了對個案負責，同時還必須對其父母、同事、所處機構、社會大眾、所屬的專業領域，以及對自己負責，因此輔導工作者常要不斷自省，其所作所為是否符合專業倫理，誠實面對自己與自己的專業，一切以個案的福祉為最大考量，若遇有困境亦須與督導討論，或是與較有經驗的同儕商討，要確保自己所做的倫理決定是可以攤在專業同行面前，是專業同行普遍的共識以及會做的最終決定（Gladding, 2007），如此才能確保對個案的服務品質與本身的專業性。

身為學校的輔導或教育工作者，你有沒有處理過或聽說過以下的情形？請想像以下的情境：

1.你班上的同學阿明常常不來上課，即使來了也常是帶傷上課，不是四肢有瘀血或被香菸燙過的痕跡，就是鼻青臉腫的。你曾問過阿明這是怎麼回事，但他總是閃爍其詞，總說是自己不小心弄傷的。你懷疑他有被「兒童虐待」的傾向，這時你要如何做？

2.你朋友的小孩文萍就讀你任教的學校，朋友有一天來找你，神情焦急的表示，文萍的導師（男）常公然或私下性騷擾班上一些女同學，例如：隨意觸摸她們的身體或以言語挑逗，或是要求這些女同學撫摸其下體。文萍已嚇得常做惡夢而不敢上學。你的朋友不願得罪這位導師，但又不希望此情形繼續惡化，故求助於你，這時你要如何做？

3.這學期你擔任一年級的導師，學校規定要給小朋友作智力測驗，以做為分班的依據，班上一位小朋友國豪的父母打電話來表達其關切之情，並解釋國豪因為小時候發燒，現在反應較慢，希望你在施測時能對其特殊照顧，這時你要如何做？

上述這些情形所牽涉到的如兒童虐待、性騷擾、與同事的關係，以及有關心理測驗等議題，即是輔導工作者常面臨的倫理困境，每個困境牽涉到的人或考慮的因素均相當複雜，因此需要輔導工作者充分考量後，再做出最適當的決定與處理。

任何領域的工作者，其專業性若要能夠被社會所認可，該領域對所屬的工作人員必須要有一套完整且具體可行的規範，例如：台灣輔導與諮商學會、美國的 APA、ACA、ASCA 或英國的 BAC 等，均有其專業倫理守則要求所屬會員遵守。

我國諮商輔導界迄今僅有台灣輔導與諮商學會（前身為中國輔導學會，2008 年更名）於 2001 年所發展出來的「諮商專業倫理守則」，其目的在於：(1)提供輔導人員專業行為的標準，使其在衝突情境中對自己行為之取捨有所依據；(2)使當事人了解諮商師的責任，並保障當事人免受傷害；(3)使輔導的功能與目的得到保障；(4)向社會保證輔導人員的工作符合並尊重社會之道德期望標準；(5)保障輔導人員的自我權益，並維持其自我統整（台灣輔導與諮商學會，2008）。守則涵蓋的範圍甚廣，例如：諮商關係、諮商師的責任、諮詢、測驗與評量、研究與出版、教學與督導，以及網路諮商等，可供國內輔導工作者參考與遵循。目前並已成立專業倫理委員會，接受倫理問題之申訴，提供倫理疑難之諮詢，並處理違反諮商專業倫理守則之案件。

二、與兒童輔導工作者有關的倫理議題

兒童由於其在法律上是屬於未成年，須受其法定代理人保護與約束，從事兒童輔導工作者或是在中小學從事輔導工作者，所須面對的倫理議題通常包括以下各項（Gersch & Dhomhnaill, 2005; Henderson & Fall, 1998; Lawrence & Kurpius, 2000; Nelson-Jones, 2003; Remley & Herlihy, 2006; Richards, 2003; Sommers-Flanagan, Bodenhorn, & Sommers-Flanagan, 2007; Thompson & Henderson, 2007; Thompson, Rudolph, & Henderson, 2004）。

（一）輔導工作者的專業能力

兒童的身體、心理、情緒、認知、語言以及社交能力等方面的發展，均是循序漸進且與成人不同，要能確實協助兒童解除其困境，兒童輔導工作者除了釐清自己對兒童或是人性所持的觀點之外，更須具備足夠的專業知識以及豐富的與兒童接觸之工作經驗，甚至更需要擁有被資深兒童輔導工作者督導的經驗。其所需具備的知識背景包括：能夠與兒童建立良好的諮商關係、具備與兒童工作的諮商技巧、能評估與診斷兒童的困擾，並能提出有效的介入策略，例如：絕對不能光是憑只修幾門相關課程或是數天的短期進修，即貿然對兒童進行「遊戲治療」。身為兒童輔導工作者務必對自己在專業上的「能」與「不能」有所體認，並加強自己的專業進修，以保障自己及個案的權益。持續的繼續教育或在職進修，以及持續閱讀專業領域書籍，將有助於具備專業知能。

（二）輔導人員的價值觀、信念、決定或個人影響力的介入

就像所有的教師或家長一樣，輔導人員也希望自己輔導的孩子能在學校、家庭與社會適應良好，以及兒童的潛力能得到充分的發展，但是要達到此目的，不宜透過輔導人員強加自己的信念或價值觀在兒童身上，強迫其接受；因為輔導人員的價值觀或信念不見得放諸四海皆準，兒童與輔導人員身處不同環境，要考量的面向可能與輔導人員的截然不同，因此不太可能也無義務一定要承接這些想法或決定。輔導人員要做的，是透過談話或其他介入方式，與兒童建立良好關係之後，了解兒童面臨的處境，再和其一起探討可能的解決方式，以及各種解決方式的利弊得失，最後由兒童自己做決定。

（三）知後同意權（informed consent）

輔導人員對於個案有關諮商的一切，有事先告知並徵求其同意的義務，例如：諮商即將進行的時間、次數、目的、進行方式與是否付費等。兒童為未成年，故應由其法定代理人行使知後同意權。即使如此，基於對兒童的尊重，以及強化彼此的諮商關係，輔導人員對於未成年者，亦需尊重其同意權（assent），亦即以兒童能理解的方式與語言，告知與其有關的相關訊息，確知兒童了解並獲得其同意。

（四）未成年人的權力、家長監護權、父母的溝通與離婚等的衍生問題

諮商的當事人雖未成年，但教育到某種年齡（例如：12 歲），在某些議題上，已逐漸有能力為自己做決定（例如：父母離婚後希望跟父親或母親住）。但在我國法律上，不同年齡即有不同之法律權利及義務，諮商師應知悉《民法》上對「父母子女」和監護之相關規定。家長由於合法的監護權責，對於有關子女之重大抉擇及生命安危之議題，例如：有意私奔、逃家、墮胎（這又涉及《優生保健法》）、自殺、嚴重犯罪行為或濫用藥物等，有權知道諮商之內容，以採取適當的保護措施。諮商師亦有倫理及法律責任向家長提供相關資料，若諮商師違反上述之原則，知情不報而導致當事人或其他人受到傷害，諮商師將違反專業倫理責任，甚至涉及法律訴訟。

（五）輔導關係以及雙重或多重關係

輔導工作要能奏效，良好的輔導關係是充分兼必要條件。一份溫暖真誠且接納的輔導關係，能讓個案在低潮沮喪之際，有力量再站起來重新出發；要達到這種程度並非一蹴可幾，端賴輔導人員的引導與協助。輔導人員首先要清楚輔導雙方在整個輔導階段中，輔導關係所可能產生的變化，例如：個案的抗拒、過度依賴、移情，以及輔導人員的反移情或過度投入等。

其次要遵守專業倫理，避免產生除了輔導以外的雙重關係，以免彼此關係的分界更混亂，甚至形成對個案更大的傷害。這點在國小的環境中，由於輔導人員常常扮演不同角色，很難完全不跨越各種角色的界限，例如：同時擔任兒童的班級授課教師、球隊教練或輔導組長，甚至擔任班級導師。目前許多專業團體對於輔導人員的雙重（或多重）角色標準已經放寬，最主要的仍是需要輔導人員評估，並做出對於兒童最大福祉與最小傷害的專業判斷。

（六）保密與通報的義務

雖然兒童是未成年人，認知、理解與表達能力尚未完全發展成熟，但是輔導人員對個案談話內容的保密是對個案最基本的尊重，即使是幼小兒童，亦希望大人能對其所說的祕密守口如瓶。許多人到成年時對人仍難有基本的信任，究其原因之一，多半是幼年時有因為信任他人而被傷害過的慘痛經驗。

輔導人員在面對兒童時，要抱持謹慎的態度，適當的時候要讓個案知道保密的原則與例外，通常當個案敘述的內容，有危及自己或他人的生命之虞時，以及有觸犯法律（如《兒童及少年福利法》、《優生保健法》）或涉及虐待、性侵害時，輔導人員有義務向有關單位或人士報告（最好在徵求個案同意之後）。此外，若個案是未成年者，除非有特殊原因考量（例如：被父母虐待或是被性侵害），否則在與個案做較重大決定時，應知會其法定代理人。輔導人員若因特殊需要（例如：被法庭傳喚當證人）需透露與個案的談話內容，亦應挑選對個案有利的部分陳述，凡此種種均在保障個案的基本隱私權。

當家長強烈要求想知道自己未成年子女的諮商內容時，Remley 和 Herlihy（2005）提供一些處理原則：

1.諮商師和兒童討論父母的期待或要求，看兒童是否同意。若兒童不同意，則進展到下一步。

2.嘗試說服家長有關諮商的性質、諮商關係的重要性，以及保密對兒童福祉的重要性；向父母保證與強調，若是有危害到兒童權益或是必須通報的內容，一定會告知父母。若家長仍堅持，則進展到下一步。

3.邀請兒童和家長一起進行一次諮商會談，諮商師扮演協調者的角色，期待有一方妥協。若仍無解，則進展到下面兩步。

4.先預告兒童，之後告知父母有關諮商的內容；或是進展到下一步。

5.在跟督導討論過後，拒絕向父母透露諮商內容。

（七）心理測驗

心理測驗是輔導人員協助個案了解自己智力、性向、人格特質、興趣，或是學業成就等方面的工具之一，通常在實施或運用心理測驗時所牽涉的專業倫理議題，包括：在施測前要清楚地讓受試者（未成年者尚包括其法定代理人）知道測驗性質及施測目的；受試者有權利拒絕接受測驗；施測者一定要受過實施心理測驗之完整訓練，如施測過程標準化、對施測時的突發狀況能加以處理；做完測驗務必讓受試者有機會知道自己的測驗結果所代表的意義（針對未成年者，甚至須包括告知其法定代理人）；最重要的是測驗的保管及運用，保密性要妥善兼顧（尤其目前多半是電腦化的施測或解釋，對於電腦駭客入侵之防範），以及不得因受試者之測驗結果，而對其有不利之作為（例如：為其貼標籤、稱其為白癡、笨蛋，或是因此對其有歧視或不平等之待遇等）。

（八）紀錄的保存與使用

紀錄的保存與使用所牽涉到的專業倫理，部分與心理測驗類似，例如：誰有資格查閱個案的哪些資料？以一般學校碰到的情形而言，校長或行政主管所擔任的角色是行政督導，而非諮商專業督導，不宜查閱個案之諮商紀錄。

其次，個案本身即使未成年，是否有權利決定要不要合作填答某些資料，例如：是否有罹患過精神疾病？父母婚況或是親子關係等問題？另外則為紀錄的保存問題，例如：學生離校多久後，校方才可銷毀其資料；若校外其他單位，例如：少年感化院、法院、軍校或學生之就業單位等，要求調閱某生在校之各項成績及獎懲紀錄，校方是否要提供？若答案為「是」，則資料內容要詳細到什麼地步？是否需學生本身或其法定代理人授權同意？

這些問題的處理方式是有一些原則，但非一成不變，基本上仍是要以個案本身之最大福祉為最大考量，並參考所屬專業團體之相關倫理守則。因此學生平日各項紀錄的保存即相當重要，所留之資料要儘量客觀清楚，校方對欲使用資料之單位必須詳加了解其動機與運用方式；若輔導工作者對個案之談話內容有自己之假設（例如：懷疑個案有憂鬱症之傾向），則須考慮是否要將其假設亦放到個案資料袋內，或只是當成輔導工作者個人之筆記。

（九）團體輔導

團體輔導近幾年在國內的學校體系相當盛行，其最大的優點是時間經濟、成員可透過團體輔導之方式練習社交技巧、較有現實感、較有「同病相憐，吾道不孤」之感受，但是要有效的帶領好一個團體，團體領導者的專業訓練非常重要，若團體領導者處理不當，除了可能對團體成員沒有幫助，也有可能造成對團體成員的傷害。因此身為團體領導者，更應謹慎於自己所具備的專業知能，除了具備本章前面所述之知識與技巧外，更須了然於團體之發展歷程及各時期之特色、領導團體之技巧、自己本身亦有豐富經驗之團體成員、觀察員、協同領導者，以及伴隨督導之團體領導者等經驗。

整體而言，Lawrence 和 Kurpius（2000: 135）提出針對未成年兒童進行諮商時，要注意的幾點倫理守則：

1.僅提供你專業能力範圍的服務，所謂的專業能力，係受你所接受的教育、訓練與督導而決定。

2.知悉你所屬地區有關「溝通特權」的相關規定。

3.初次晤談時，即跟個案及其家長清楚說明你對於保密的定義與作法，並以口頭及書面之方式，徵求其同意。

4.如果你決定在沒有法定代理人同意的情況下對未成年者進行諮商，要求個案簽署書面的知後同意書，並了然所擔負的法律責任與風險。

5.保持正確與客觀的接案紀錄。

6.購買足夠的專業責任保險。

7.遇到倫理困境時，向資深或有經驗的專業同僚及律師尋求諮詢。

關鍵詞

非專業的助人者　一般人類服務的工作者的助人者　三級預防
半專業的助人者　專業的助人者
專業證照制度　諮商專業倫理守則

問題討論

1. 不同層級的助人者包括哪些層級？其特色各是如何？
2. 國內從事兒童輔導工作者包含哪些人？其服務範圍與專業性各是如何？
3. 請說明一套完整的兒童輔導工作者之養成訓練計畫，應涵蓋哪些層面？其內容各是如何？
4. 請就本章所提的各項「助人者的動機」，說明你的助人動機有哪些？以及這些動機對你的影響？
5. 請說明要成為一位有效且稱職的兒童輔導工作者，所須具備的特質與專業知能，比例各應占多少？為什麼？
6. 下列各項倫理困境，若你是輔導人員，將會如何處理？理由各是為何？
   (1) 你班上一位六年級的女同學已確定懷孕 5 週，她很害怕，要你帶她去墮胎，並要你答應不告訴她父母此事。
   (2) 你服務學校的輔導處，邀請一位義工媽媽針對害羞兒童帶一個團體，你班上的一位小朋友詠芳亦被邀請參加。但詠芳在第三次團體結束之後，告訴你她不想再繼續參加，因為那位義工媽媽強迫他們對其他小朋友說故事，否則要罰錢，但是她實在不敢在眾人面前說故事，卻又沒有錢可以被罰。

▶中文部分

內政部（2010a）。**高風險家庭統計數據**。2010 年 12 月 4 日，取自 http://www.cbi.gov.tw/CBI_2/

內政部（2010b）。**歷年人口年齡分配**。2010 年 12 月 4 日，取自 http://sowf.moi.gov.tw/stat/year/yoz-01

王文秀（1999）。國小輔導相關人員對學校輔導工作者角色知覺與角色衝突之研究。**中華輔導學報，7**，1-30。

王麗斐（2002）。**國小個案處理工作內涵之研究——實務經驗與未來方向**。台北市：學富。

王麗斐、趙曉美（2005）。小學輔導專業發展的困境與出路。**教育研究月刊，134**，41-53。

台灣輔導與諮商學會（2008）。**台灣輔導與諮商學會諮商專業倫理守則**。2010 年 12 月 4 日，取自 http://cga.myweb.hinet.net/ethic.shtml

吳芝儀（2005）。我國中小學校輔導與諮商工作的現況與挑戰。**教育研究月刊，134**，23-40。

林美珠（2000）。國小輔導工作實施需要、現況與困境之研究。**中華輔導學報，8**，51-76。

教育部（2004）。**國民教育法施行細則**。2008 年 9 月 15 日，取自 http://law.moj.gov.tw/Scripts/Query4A.asp?FullDoc=all&Fcode=H0070008

教育部（2008）。**國民教育法**。2008 年 9 月 15 日，取自 http://law.moj.gov.tw/Scripts/Query4A.asp?FullDoc=all&Fcode=H0070001

教育部（2011）。**國民教育法**。2011 年 11 月 30 日，取自 http://law.moj.gov.tw/LawClass/LawContent.aspx? PCODE=H0070001

教育部（2012）。**國民小學教師加註領域專長**。取自 http://www4.inservice.edu.tw/EPaper/ep2/indexView.aspx? EID=532

趙曉美、王麗斐、楊國如（2006）。臺北市諮商心理師國小校園服務方案之實施評估。

教育心理學報，37（4），345-365。

劉惠琴、翁開誠（主編）（2006）。心理師法的衝擊與反思。**應用心理研究，30**。

▶英文部分

Baker, S. B., & Shaw, M. C. (1987). *Improving counseling through primary prevention*. Columbus, OH: Merrill.

Caplan, G. (1964). *Principles of preventive psychiatry*. NY: Basic Books.

Corey, G. (2009). *Theory and practice of counseling and psychotherapy* (8th ed.). CA: Brooks/Cole.

Corey, G., Corey, M. S., & Callanan, P. (2008). *Issues and ethics in the helping professions* (8th ed.). CA: Brooks/Cole.

Corey, M. S., & Corey, G. (2006). *Becoming a helper* (5th ed.). CA: Brooks/Cole.

Council for Accreditation of Counseling and Related Education Programs [CACREP] (2009). *Standards*. Retrieved September 20, 2008, from http://www.cacrep.org/2009standards.html

Dryden, W., Horton, I., & Mearns, D. (1995). *Issues in professional counselor training*. London: Cassell.

Gersch, I. S., & Dhomhnaill, G. N. (2005). Professional and ethical considerations when working with children and adolescents: An educational psychology perspective. In R. Tribe & J. Morrissey (Eds.), *Handbook of professional and ethical practice for psychologists, counselors and psychotherapists*. NY: Brunner-Routledge.

Gladding, S. T. (2007). *A guide to ethical conduct for the helping professions* (2nd ed.). NJ: Pearson.

Hackney, H. L., & Cormier, L. S. (1996). *The professional counselor: A process guide to helping* (3rd ed.). Boston, MA: Allyn & Bacon.

Hazler, R. J., & Kottler, J. A. (2005). *The emerging professional counselor: Student dreams to professional realities* (2nd ed.). Alexandria, VA: American Counseling Association.

Henderson, D. A., & Fall, M. (1998). School counseling. In R. R. Cottone & V. M. Tarvydas (Eds.), *Ethical and professional issues in counseling*. NJ: Prentice-Hall.

Huey, W. C., & Remley, T. P. (2003). *Ethical and legal issues in school counseling* (2nd ed.). Alexandria, VA: American School Counselor Association.

Johns, H. (1998). On the tightrope. In H. Johns (Ed.), *Balancing acts: Studies in counseling training*. London: Routledge.

Kitchener, K. S. (1986). Teaching applied ethics in counselor education: An integration of psychological processes and philosophical analysis. *Journal of Counseling and Development, 64*, 306-310.

Kitchener, K. S. (2003). *Foundations of ethical practice and research in teaching psychology*. New York: Lawrence Erlbaum Associations.

Lawrence, G., & Kurpius, S. E. R. (2000). Legal and ethical issues involved when counseling minors in non-school settings. *Journal of Counseling and Development, 78*, 130-136.

Nelson-Jones, R. (2003). *Basic counseling skills: A helper's manual*. London: Sage.

Okun, B. F., & Kantrowitz, R. E, (2008). *Effective helping: Interviewing and counseling techniques*. CA: Brooks/Cole.

Patterson, L. E., & Welfel, E. R. (2000). *The counseling process* (5th ed.). CA: Brooks/Cole.

Remley, T. P., & Herlihy, B. (2001). *Ethical, legal, and professional issues in counseling*. NJ: Prentice-Hall.

Remley, T. P., & Herlihy, B. (2005). *Ethical, legal, and professional issues in counseling* (2nd ed.). Upper Saddle River, NJ: Merrill.

Remley, T. P., & Herlihy, B. (2006). *Ethical, legal, and professional issues in counseling* (2nd ed.). Upper Saddle River, NJ: Merrill.

Richards, D. F. (2003). The central role of informed consent in ethical treatment and research with children. In W. O'Donohue & K. Ferguson (Eds.), *Handbook of professional ethics for psychologists: Issues, questions, and controversies*. London: Sage.

Skovholt, T. M., & Jennings, L. (2004). *Master therapists: Exploring expertise in therapy and counseling*. Boston, MA: Pearson.

Sommers-Flanagan, J., Bodenhorn, N., & Sommers-Flanagan, R. (2007). Counseling in the schools. In R. Sommers-Flanagan & J. Sommers-Flanagan, *Becoming an ethical helping professional: Cultural and philosophical foundations*. New York: John Wiley & Sons.

Sweeney, T. J. (2001). Counseling: Historical origins and philosophical roots. In D. C. Locke, J. E. Myers & E. L. Herr (Eds.), *The handbook of counseling*. NY: Sage.

Thompson, C. L., & Henderson, D. A. (2007). *Counseling children* (7th ed.). CA: Brooks/Cole.

Thompson, C. L., Rudolph, L. B., & Henderson, D. (2004). *Counseling children* (6th ed.). CA: Brooks/Cole.

VanHoose, W. H., & Kottler, J. (1985). *Ethical and legal issues in counseling and psychotherapy* (2nd ed.). San Francisco, CA: Jossey-Bass.

第四章 兒童諮商與心理治療之理論

王文秀

所謂的理論是針對某些觀察到的現象，形成一套經過驗證的隱含之原理原則（Nelson-Jones, 2006: 6）。Nelson-Jones 同時指出，好的諮商與心理治療理論，能針對個案的困擾問題提出引導的架構，作為個案與治療師各自內在以及和彼此溝通的語言工具，以及引導後續研究的探究。Corsini（2008: 6）則認為，所有的心理治療（學派）都是一套學習的方法，都是嘗試改變個體的認知、情緒或行為，也都是學習的過程。

從事兒童輔導工作者，除了需了解與兒童身心發展有關的知識，以及對自己的專業工作經驗做一統整外，更需有理論為基礎來做為引導；若能先有理論的引導，除了能夠有系統地組織從個案，或是其他地方所獲得有關個案的資訊，繼而提出一套行動的架構，也可以藉此讓他人信服（Kottler, 2000）。除此之外，亦能依此架構了解個案的問題重點及處理方向，因此較能預測及評估個案之情形，並且較能產生對這個專業的認同感，進而發展出自己的風格。

諮商與心理治療理論之發展，約可溯至 20 世紀初之心理分析學派，其次是行為學派，繼而為存在一人本主義學派，這三大領域分別被稱為第一、第二及第三勢力；之後，Ivey、Ivey 和 Simek-Morgan（1993）及 Pederson（1991）宣稱，第四勢力是以多元文化為基礎；近年來，後現代主義的崛起亦可與其相互呼應。

目前已知約有 400 多個諮商理論與派別（Corsini, 2008），每個學派各有其興起的時代背景，各有其對人性之假設及運用在兒童（或其他年齡層）的特殊之處，例如：心理分析學派強調人的行為受潛意識和本我、自我、超我，以及早期經驗等的影響，是決定論者；行為學派重視外在環境及學習歷程對人的影響，認為所有的行為都是由學習而來的，所以可以重新學習，是環境論者；至於存在一人本主義學派則突顯人的意識層面，認為人有自由與尊嚴，更有自我實現的潛力。之後的學派發展，大體上仍以這三大勢力為基礎加以延伸或修正。

近 10 年來，基於下列幾點原因，諮商理論又經歷極大的變化（Sue & Sue, 2008: 1）：(1)照護管理（managed care）制度，要求提供心理健康的服務者，要提出其治療有效之證據；(2)愈來愈多以證據為基礎的研究報告發表，以及(3)出現更多具有文化敏感或是強調對多元文化敏感的治療取向。這些轉變都愈發強調短期諮商或心理治療的重要。也因此，前述幾大勢力的理論取向亦經過修正，例如：心理分析學派之後續發展為客體關係理論；以自我為觀點的理論也轉為核心衝突關係主題法（Core Confictual Relationship Theme Method, CCRT）與人際理論（Interpersonal Therapy, IPT）；個人中心學派也調整為動機晤談理論（Motivational Interviewing）。

本章將針對諮商與心理治療的主要派別，個別簡要地加以介紹，分別是心理動力、存在一人本、認知行為以及後現代主義等。每個主要派別底下，均參考 Okun 和 Kantrowitz（2008）、Thompson 和 Henderson（2007）以及 Nelson-Jones（2006）等的分類方式，並考慮與兒童較有關係的，簡要介紹其中主要的理論。各理論分別說明其創始人、人性觀、理論重點、諮商技巧，以及對兒童工作者的啟示。本章的「理論」、「取向」及「學派」等名詞交互運用。讀者若有興趣深入探討各理論，可再參考其他相關書籍及相關資料。

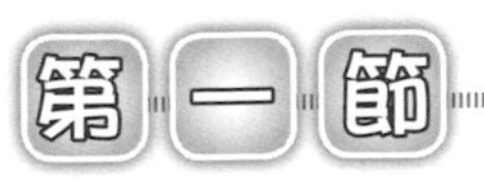

第一節 心理動力取向

心理動力指的是人類心靈或心理能量在不同人格結構，或是不同意識層次之間流動轉移的過程與結果，此取向特別強調潛意識對人類行為的主導性，因此諮商或心理治療的目的即是透過移情、動力性的分析或是夢的解析等技巧，協助個案擴大意識層面的功能（Nelson-Jones, 2003: 17）。心理動力取向（Psychodynamic approach）是以 S. Freud 所創的心理分析理論為基礎。Freud 的理論，無論對心理學界、藝術界、醫療界或是文學界等領域，均有極大的影響；許多諮商學派的創始者（例如：Adler、Ellis、May 和 Perls）均是直接或間接受到其理論的影響，其他如 Rogers 和 Skinner 之理論，即因反對 Freud 的論點而自創一格；另外亦有學者係依據 Freud 之理論再加以修改而成自己的學派（例如：Jung、Erikson、Sullivan、Horney 和 Kohut）。以下分別簡要說明心理動力學派的理論。

一、Freud 的理論

Freud 認為人性處於一種動態的狀態，其所需的能量可在人格的各個層面流轉，人性傾向於決定論，受生物本能、驅力、潛意識及過去經驗所影響；至於人格的層面可分為意識、前意識與潛意識。意識（conscious）指的是一個人所知覺到的一切外在刺激，如Freud所言，這只是冰山下的一角而已；前意識（preconscious）是介於意識與潛意識之間，是浮現在意識層面之前的把關者，常會藉著夢或口角溜言（slip of the tongue，即不小心說出口的話）等方式浮現；而潛意識（unconscious）則是潛伏在意識層面之下的想法、記憶或感覺，影響範圍極大卻不易覺察，所有的心理困擾均是在潛意識層面運作。

Freud 以三種層面來形容人格結構：一是本我（id），是一個人一出生即具有的人格狀態，不受道德禮教之約束，具有衝動及不合理性等特質，很符合「只要我喜歡，有什麼不可以」的特性，無法容忍高焦慮或高衝突的情境，只要身處這些情境之下，即會不顧一切設法減低自己的焦慮，通常又稱為「享樂主義」；若不加以約束或控制，可能會對自己或周遭的人造成傷害。本我又含「生的本能」（eros）及「攻擊的本能」（thanatos），Freud 起初將「生的本能」視為等同於「性的本能」，之後擴展其概念，舉凡所有維繫生命與激發生命原動力的力量均屬「生的本能」；至於「攻擊的本能」亦是人皆有之，凡具有攻擊破壞傾向者皆是受「死的本能」所控制。

第二個人格結構是自我（ego），又稱「現實原則」，是在本我之後，超我形成之前所發展出來的，主要任務是協調本我與超我間的緊張與衝突，並能參酌外界客觀環境之限制及要求，而做出對個體最佳的決定並採取行動。自我是在意識層面下運作，一個心理成熟者往往是自我功能發揮得最好，能夠因時、因人、因地而制宜者。

第三個人格結構則是超我（superego），服膺「道德原則」，其形成是自幼受父母或其他主要教養者或社會規範的影響，以追求完美為目標，又可分為二類：一是理想的自我（ego ideal），是當一個人的所作所為符合社會道德或父母之要求，因而自覺快樂及有自尊感；另一層為良心（conscience），則是因為做了不被允許的事，因為受懲罰而引起的罪惡感。本我與超我均是在潛意識底下運作，焦慮即是由於本我、自我與超我的衝突所導致的壓抑情緒。

（一）人格發展的五個階段

如同 Piaget 和 Kolhberg 等人以發展階段為主要論點，Freud 將人格發展分為五個階段，除了第四階段，每個階段各有其感官的滿足區及發展重點，若某階段的發展受阻，則會有固著（fixation）現象，甚至引發日後的精神官能症，說明如下：

1.第一個階段是口腔期（oral stage）：從出生至 1 歲，主要的感官滿足來自口腔的吸吮與咀嚼。此時期主要在發展信任感，若是這個階段發展順利，往後對整個世界均是正向與樂觀；若是受阻，可能會形成口腔性格，例如：貪婪或對人的不信任等。

2.第二個階段是肛門期（anal stage）：從 1 至 2 歲，主要的感官滿足來自肛門的收縮與舒張。若是這個階段發展受阻，可能會形成肛門性格，例如：吝嗇或揮霍無度、有潔癖或是邋遢。這時期的幼兒開始學習獨立自主及體驗權力的滋味，常說「我不要」，會用大小便來控制主要照顧者，所以這時期的大小便訓練非常重要。

3.第三個階段是性器期（phallic stage）：從 3 至 5 歲，主要的感官滿足來自對生殖器官的探索與操弄，主要任務是形成對自己生理性別與性別角色的認定。此時期在小男生方面有「戀母情結」（Oedipus Complex）的現象，即是對母親產生愛戀之情，但是因為父親「從中作梗」而受挫；為了突破此困境，轉而模仿父親的言行舉止，期望有朝一日可以達成與母親發展親密關係的心願。反之，這時期的小女生則有「戀父情結」（Electra Complex），一方面責怪母親沒有給她男性生殖器官，另一方面崇拜父親，因而有「陰莖妒羨」（penis envy）之情形，等到女孩長大之後可能渴望擁有自己的小孩，甚至期望是男孩。若是這個階段發展受阻，可能造成的影響是對自己的性別角色混亂，以及與雙親之關係錯綜複雜。

4.第四個階段是潛伏期（latent stage）：是從 6 歲起入小學的這段時間，並沒有主要的感官滿足地帶，這時期的兒童會將焦點放在學校課業及交友上。

5.第五個階段是兩性期（puberty stage）：從青春期開始，青少年身心發展漸趨成熟，對異性的好奇亦開始萌芽，開始步入成人的生命歷程。

綜觀Freud之發展論，其強調心理及性的成熟與發展，重視 5 歲以前的發展，這套理論亦大大影響日後學前教育，以及父母對孩子出生前幾年管教態度之重視。

（二）一般人常使用的防衛機制

當個體面臨衝動（impulses）與期望（wishes）的衝突而壓抑下來，所引發的焦慮會促動自我防衛機制，亦即自我為了保護自己免受焦慮襲擊之苦，會在潛意識形成一些防衛機制以因應所處的局勢，讓自己覺得好過一些。這些防衛機制通常是以否認或壓抑等方式運作，這對自我的幫助極大，但是如果使用過度，會引發更多的困擾，甚至形成精神官能症。以下說明一般人常使用的防衛機制：

1.投射（projection）：係指個體將自己不願擁有的情緒或特質歸諸於他人，認為是他人所擁有，藉此降低自己的焦慮，例如：林太太自覺肥胖又不願承認，常抱怨她的先生或同事之所以不喜歡她，是因為她太胖，事實上不滿意的是她自己。

2.反向作用（reaction formation）：指的是一個人壓抑自己一些會令其焦慮的想法、感受或衝動，並將其反面表現出來，亦即「此地無銀三百兩」，例如：一位老師很不喜歡班上的一位同學，但是為了表現自己是大公無私，對同學一視同仁，不願承認自己有這種傾向，因此對這位同學加倍的友善；或是一位對性有衝動或幻想的人，可能會對有關性的一切均覺得羞恥、嗤之以鼻與表達不屑。

3.替代作用（displacement）：是指一個人將精力由某人或物轉移到另外較安全的人或物，例如：一位國中生在校被同學欺負，被威脅而不敢張揚，但是難掩心中的怒氣，回家藉題發揮，欺負弟妹。另有一種正向的替代是「昇華作用」（sublimation），即將社會或道德規範不允許的一些衝動，轉移到其他較具建設性的方面，例如：一些藝術家的作品。

4.退化（regression）：當一個人面臨令其有壓力的情境時，若是不自覺的回復到早期的行為模式以求應對，則謂之退化，例如：國小五年級的學童在家裡遭受重大事件之後，有尿床的行為出現。

5.合理化（rationalization）：是指一個人將不合理或不被接受的行為或想法加以重組解釋，使其看來似乎言之成理，通常所採的理由是好的理由（good reason），但不見得是真正的理由（true reason），例如：一般學生在面對不盡理想的成績時，常常用「老師題目出太難」、「我念的都沒考出來」，或是「大家都考得一樣爛」等理由來自我安慰。

6.否認（denial）：當一個人碰到極大的創傷或不愉快的經驗時（例如：被強暴；或與家人出遊而發生重大車禍，而自己是唯一的倖存者），為了使自己不致於感到太痛苦，因而完全否定有這種經驗的存在。這對當事人而言較有安全感，不用一直沉溺在痛苦的回憶或經驗中；但是若一直不願去面對，久而久之即易衍生更多的問題。又例如：有的兒童在學校的人際關係不好，但是在被父母或師長問及時，則以「不會啊，大家都對我很好啊」，來否定這種感覺的存在。

7.認同（identification）：是指一個人基於保護自己或彰顯自己，轉而模仿另一個人的行為舉止或其更深層的內在想法，這與前述的昇華一樣均有其正向積極的因應性質，例如：青少年的偶像崇拜即是某種程度的認同。

8.補償（compensation）：是指以強調某方面的傑出表現來彌補或掩飾自己另一方面的缺陷。常見的如：身體羸弱的學生在體育方面常常受挫，或是家境清寒的學生，二者都會想辦法在學業方面力爭上游。

（三）心理分析學派的主要技巧

傳統的心理分析學派（Psychoanalytic approach）分析師扮演的是較權威的專家角色，會運用一些技巧，例如：自由聯想、移情或催眠，鼓勵當事人盡情表達其內心的想法或感受，尤其是幼年的經驗。分析師的任務是藉著分析解釋當事人的潛意識內容，協助其從過去未完成的經驗加以統整，而得到頓悟與洞察。治療方式是讓當事人躺在長沙發上，治療者坐在當事人的後方以避免干擾當事人。分析師有時會運用投射測驗等工具，以診斷當事人的狀況。

心理分析學派所運用的主要技巧包括下列數項：

1.自由聯想（free association）：Freud 認為一般人的潛意識內容常常想找機會跑到意識層面來，自由聯想即是邀請當事人在不受任何約束的情況下，將浮現在腦海裡的任何念頭或感受全部呈現出來，亦即放鬆對本我的限制，而讓自我及超我暫時退居幕後；分析師即藉著闡釋的技巧，發掘出當事人的潛意識，有時並處理當事人的抗拒。常用於兒童的工具為「語句完成測驗」、「主題統覺測驗」，或是「屋—樹—人測驗」（House-Tree-Person Test）等。

2.夢的解析（dream interpretation）：Freud 認為「夢是通往潛意識的大

道」，透過夢可以將潛意識中的童年經驗、對性的幻想，以及平日壓抑的一些想法及感受呈現出來。分析師將當事人所陳述的夢境大致分為顯夢（manifest content）和隱夢（latent content），前者是指所夢到的即是現實生活的情境（如夢到與同學去玩）；後者是在夢中呈現一些象徵性的代表符號（如夢到自己在廁所裡飛來飛去）。無論夢境為何，通常都反映出當事人內心的想法、擔心或害怕，解夢還需做夢人，若能在平日對自己的一切狀況較敏於了解，即較可解自己的夢，以及由所做的夢來幫助自己。

3.移情的分析（analysis of transference）：在治療過程中，一旦二人的關係開始發展，當事人不自覺的會將他（或她）對於其以往經驗中，對某些人的正向或負向情緒，轉移到治療師身上，這稱為移情（transference），例如：當事人不自覺的將治療師當成其所敬畏的母親，因而在治療過程中表現得非常順從，但私底下卻有許多不滿。當治療師覺察到當事人有這種移情現象產生時，即應透過闡釋讓當事人有所洞察，不致於讓這些複雜的情緒擾亂其生活，進一步可將這些精力投注到其他方面。

4.抗拒的分析（analysis of resistance）：由於治療過程有時會讓當事人必須去面對自己最脆弱痛苦的過去經驗，或是產生對治療師的移情現象，因此可能不自覺的會藉著一些行為舉止來表達自己的抗拒（resistance），例如：遲到、失約、不願與治療師合作、進展遲緩下來，或對治療師的建議均採「是的，可是……」的態度。治療師面對這些現象，要能協助當事人探討其內心真正的想法，進而處理之。

（四）心理分析學派對兒童輔導工作者的啟示

心理分析學派所揭櫫的一些概念，如人格的發展或是客體關係理論所強調的依附關係，對父母親（即主要照顧者）及學前教育者有極大的影響。兒童輔導工作者透過這個理論，可以了解到早年經驗、潛意識或夢等對兒童的影響可能相當深遠；其次是兒童在運用各種防衛機制時並非罪大惡極，而是為了掩飾內心的焦慮或不安，因此可以用比較同理的態度面對之；再者，在治療關係上會面臨兒童的抗拒及移情等現象，這是相當自然的事。由於兒童心智尚未發展成熟，一些技巧（如自由聯想）可加以變通，例如：以「語句完成測驗」、「故事接力」或是運用表達性藝術的媒材鼓勵兒童呈現其內心世界。此外，繼 S. Freud 之後，其女兒 A. Freud 及往後的一些心理分析學家（如 Klein），均以此理論架構從事兒童遊戲治療工作，對兒童輔導工作的影響頗大。

二、Jung 的理論

雖然 Freud 曾將 Jung 視為其精神層次的繼承人，Jung 最終還是發展出與 Freud 的人格理論迥然不同的理論，其「分析心理學」結合歷史、神學、人類學、宗教各領域與東方文化。Jung 強調人類發展過程中「目的」（purpose）所扮演的角色，他較Freud對人性更樂觀，認為人類富有創造力，也較不持決定論，認為人類擁有的能量絕不只是受到性的驅力而已；相反的，個體均有朝向完整性（wholeness）與自我應驗的驅力（此即為個體化，individuation），能夠很有創造性與目的性地運用這些驅力，以達到身心靈的均衡狀態。

Jung用心靈（psyche）表示人的心智與靈魂，將意識分為意識、個人潛意識與集體潛意識[1]等三個層次。Jung基於對集體潛意識的關注，更關心形塑人格發展的文化因素。Jung的理論其他重要概念如原型[2]，其中四個最重要的原型分別是面具（persona，個體在不同場合所戴的公眾面具或是社會上所呈現的外在形貌，用來保護自己）、陰影[3]、陽性層面（animus，男性特質）以及陰性層面（anima，女性特質）。

此外，Jung 所主張的外向性（extroversion，朝向外在客觀世界）與內向性（introversion，朝向內在主觀世界），Myers 進一步將此概念再細分成兩個

---

1 集體潛意識（collective unconscious），亦即基於古老祖先的智慧所埋藏的記憶，例如：對死亡、蛇或黑暗的恐懼或是對母親的依賴，是跨文化、跨時空而有其共同性。

2 原型（archetype），是與生俱來的各種表徵之可能性或是組型，是構成集體潛意識的素材，亦可說是在集體潛意識裡面所蘊含的普遍性經驗之各類形象。

3 陰影（shadow），此類的原型反映出人類的動物祖先，因此含括潛意識的所有歷史觀點，通常是指個體拒絕承認自己的一些人格特質，但是有時也呈現一些好的特質，例如：正常的本能、合適的反應等，有最深沉的基礎，是原型中最危險也最有力量的部分。

向度：心智偏好〔個體是如何知覺各式訊息（分為感官性與直覺性），以及個體如何判斷事情或是做決定（分為思考與感覺）〕，以及心智傾向（能量傾向，分為內向型與外向型，以及外在世界傾向，分為判斷與知覺），再由這四類組合成四種人格類型：思考型、感覺型、感官型，以及直覺型，Myers-Briggs Type Indicator（MBTI，人格測驗的一種），即根據其理論而發展。

和Freud重視幼年經驗不同的是，Jung很重視成人的發展，尤其強調靈性的成長。Jung（1989）將人生分為四個階段：兒童期（出生到青春期）、青年期（青春期到35～40歲）、中年期（35～40歲到老年期），以及老年期，他認為人到了中年期應該有能力統整人格層面的意識與潛意識，進而朝向真誠與具有靈性的個體發展。

Jung 認為，治療的過程是治療師與個案的意識與潛意識在交流，治療師的人格特質甚至比技巧重要（Nelson-Jones, 2006），因此治療師不能躲在專業的面具下，要真實地與個案互動，且要注意自己不要跨越與個案的界限。至於治療的介入技巧，包括：移情的分析、主動想像法[4]，以及夢的分析等。

Jung 學派對兒童輔導工作者的啟示如下：此學派雖然比較重視中年以後的發展，但是因為Jung能在當時以Freud理論為主流的環境下，擴展Freud理論的視野，強調人性的創造面，以及將文化的觀點納入考量，因此對兒童輔導工作者而言，可以重視兒童心靈世界有創意的一面，並且透過一些媒材（如沙盤），協助兒童朝向內在的統整，以達到個體化的目的，使其能夠很有創造性與目的性地運用自己內在的驅力，達到身心靈均衡的狀態。

三、Adler 的理論

Freud 相當重視 Adler 的理論，並邀請他加入由 Freud 發起的「維也納心理分析學會」，但是 Adler 往後一直自認是 Freud 的同僚而非門徒。二者間理論概念的歧異點包括：Adler 反對 Freud 對性的過分重視，較不是決定論者，

4 主動想像法（active imagination），是協助個案與自己的潛意識素材加以接觸，作法是請個案定睛注視一個地方或是一個夢，再允許自己的潛意識創造出一系列的影像，藉以編出一個故事。

對人性持較樂觀的看法，認為人非全然受過去或潛意識的影響；Adler 強調當事人的主觀經驗，而非如Freud所說的「操控一切的是生物性的本能」。正因為二人的理念迥異，1910 年Adler辭掉「維也納心理分析學會」總裁之職，而自創「個體心理學會」。

和Jung類似，Adler對人性持較樂觀的看法，認為人的行為是受意識而非潛意識所掌控，重視的是推己及人、兼善天下的「社會興趣」（social interest），人之作為均朝向成功的目標，所作所為均是有目的而非盲目或是純然受到潛意識掌控，重視人的整體性與潛能的發揮。另外，人的行為是基於其主觀知覺而作用，不僅受過去經驗的影響，最主要的還受自己對未來所設定的目標所左右，亦即 Adler 的理論是社會—目的—分析三元論（Sweeney, 1998）。

個體因為幼小時處處敵不過大人的勢力而產生自卑感，又有先天求好求全的動機，所以生而有自卑情結，若在成長過程中無法克服這些自卑感，終其一生即處在自卑的心態中；反之，若一個人過度補償則會形成優越情結。人類文明不斷的進化，即因人有這種自卑與追求卓越的心態在相互激勵。

（一）出生序的重要性

Adler 頗強調家庭環境與家庭氣氛對人格成長的影響，這其中尤以出生序為最重要。Adler 所指的出生序是一個人在家裡的排行，而且以家人或自己主觀的排行為主，例如：雖然小麗在家裡排行老三，但是因為她一向表現得很負責任又很獨立，她與家人有意無意都將她視為老大。Adler 認為即使在不同家庭中，同一出生序的孩子均有類似的特性（Dreikurs, 1967; Mosak, 1989; Sweeney, 1989）。

以不同的出生序而言，原來集三千寵愛在一身的長子，一出生即享有父母或更多家人的關愛，長子常被教養成要順從長輩、表現乖一點做弟妹的榜樣、要有所成就不能讓家庭蒙羞、當父母不在時要擔負起父母的責任，因此往往較負責任、保守或順從；只是當家中的老二誕生時，長子的地位就被打入冷宮，因此不是變得更會爭寵，就是逐漸體會到權力的重要性。

從來不必擔心會失寵的老二，通常性格較外向開朗、無憂無慮、較長子有創造力及想像力、較不受外界束縛，為了不與長子競爭而令自己更為自卑，往往與長子的發展方向南轅北轍。中間子女很像三明治中間的那一層，自小不像長子或老么的地位那麼討喜，但也因此從小就學會在夾縫中求生存的調適及妥協之道。

一般人都認為老么常是家中的開心果，占盡許多人力或財力的資源，並且常靠撒嬌或耍賴來達到自己的訴求；除了這些好處之外，身為老么者有時反而受此角色的限制，無法表現出自己成熟穩健獨立的一面，終其一生可能為了超越上面的兄姐而汲汲營營，或只是不斷的被寵壞。

Adler 將獨生子女界定為除了真實的獨生子女之外，尚包括下一胎與上一胎的距離超過 7 歲以上的情形。這些獨生子女亦同長子一樣承受了許多的特殊關照，所以也可能過度早熟或是有很高的成就動機，但是這些孩子亦可能因為被寵壞而變得較不替他人著想。

（二）虛構目標的意義

生活型態（life style）是指個體對其生命與生活的基本傾向，基本上是受到私人邏輯（private logic）所影響，為了應付日常生活的各種挑戰，個體形成一套獨有的生活計畫。除了出生序之外，Adler 認為整個家庭環境或家庭氣氛對一個人成長的影響亦不容忽視，這其中又以個人所形成對自己及周遭的主觀看法最具影響。Adler 把這些主觀看法稱為「虛構的目標」（fictional goal），認為自己應該要怎麼做才能受歡迎、覺得安全、有優越感以及歸屬感。這些虛構的目標通常來自三種不良的成長環境，分別是一出生即有身體或心智上的缺陷、被大人過度寵愛，或是在心理或生活上的被忽視，這些成長背景會造成以下的一些謬誤：

1.過度類化：將每件事過度類推，例如：一次考試考不好即認為自己這科永遠不可能考好。

2.尋求永不可能的安全感：一直想取悅他人、順從他人以獲得別人的讚許，進而讓自己有安全感。

3.錯誤詮釋生活及生活的要求：像一個工作狂一樣，有這種虛構目標的人認為，生活只是永不止息的工作，不允許自己有絲毫休息的機會。

4.貶低自己的價值：對自己持悲觀消極的看法，認為自己一無是處，不可能有任何成就。

5.錯誤的價值觀：如「為達目的必須不擇手段」、「人的一生必須無時無刻都追求第一，否則就是一個失敗者」等價值觀均是。

反過來說，Adler 提出一個健康的生活方式（style of life），建議個體應將三個生活任務處理好：一是友誼；二是工作；三則是愛情。其中友誼指的是要能發展出社會興趣，關心周遭的人並能對整個社會有所貢獻；在工作方面要能敬業樂業，從工作中發揮自己的潛力，並能從工作中體認到人與人之間相互依存的關係；至於愛情則是廣義的包括人際關係、親密關係以及性關係的良好狀態。Mosak 和 Dreikurs（1967）再依據 Adler 的理論架構，發展出第四與第五個任務，分別為：第四是個人與宇宙、上帝或更高層權力有關的靈性（spirituality）自我；第五則是個體能夠成功地把自我（self）當成是主體，也可以把自己當成是客體。

（三）兒童行為的目的與需求

Adler 認為一般兒童的行為底下均有其欲達到的目的，他依社會興趣的高低與其活動量（activity）的多寡分為四個類型，分別是：

1.控制型（controlling）：此類型的人既想控制自己，亦想控制他人，是屬於社會興趣低而活動量高者，為了要達到自己的目標，往往不擇手段；若對自己亦採高標準，則會流於僵化，缺乏彈性。

2.取悅型（pleasing）：此類型的人一心一意想博取他人的好感以免被拒絕，是屬於社會興趣高而活動量低者，為了要達到自己的目標，往往擺出低姿態，易依賴別人，久而久之可能阻礙自己的成長，並且形成人際的疏離。

3.舒適型（comfort）：此類型的人不願對自己或他人負責任，無論是社會興趣或活動量均低，為了要達到自己的目標，不會去取悅他人，亦不想重視自己的能力，易喪失自己的生產力，也會遭到他人的鄙視。

4.卓越型（superiority）：這類型的人有能力、有理想與抱負，亦有領導才能，無論是社會興趣或活動量均高，但若是表現太過於突出，可能會對別人造成壓力，自己亦容易因過度的完美主義傾向，而給自己更大的壓力。

此外，Adler 認為兒童的不良適應行為常是為了滿足自己以下的需求：

1.得到別人的注意或認可：常以四種方式達到目的：主動、有建設性（模範生型）；被動、有建設性（乖寶寶型）；主動、破壞性（小搗蛋型）；被動、破壞性（消極懶惰型）。

2.爭奪權力：正如一些家族治療學者所強調的「界限」（boundary），兒童亦想知道自己和周遭的人界限何在，自己有多少權力（power），有多少籌碼可用，藉此肯定自己的存在價值。有的小朋友在家裡或課堂上不斷挑釁權威人物，即是在看看自己有「多厲害」，其動機其實只是希望被肯定、被認可。

3.尋求報復：若一個小孩在前面二項的經驗都很不好〔例如：再怎麼努力表現都不會被父母師長稱讚、每次闖禍（爭奪權力）都是下場淒慘〕，為了讓自己能夠「翻身」，爭取自己所認為的「公平性」，則這個孩子可能會一不做二不休，採取更多更激烈的手段，以「昭告天下」——請注意我，請喜歡我，請相信我是有能力的！

4.表現無能：可以想見，若上述的小孩在前面三項的經驗都宣告失敗，他（她）自然有可能徹底放棄自己及整個社會，當然會表現無能。

上述的這些說明，希望能讓為人師長或父母者，在面對孩子的「不乖」行為時，不要急著疾言厲色的懲戒或是搬出長篇大論來教訓孩子，而是要靜下心來，感受孩子的情緒及思考其行為底下的動機，再做適當的處理。

（四）諮商師與個案的關係

Adler學派（Adlerian approach）強調諮商師與個案應維持平等的關係，雖然諮商師無可避免會扮演教師或診斷者的角色，一方面教導當事人一些技巧，另一方面蒐集有關當事人的一些資料，以形成診斷與處遇計畫，但是諮商師重視的是雙方處於開放坦誠的地位，提升當事人為自己做決定和負責任的態度與能力。在診斷方面，主要是蒐集當事人的家庭星座圖，了解當事人的思考及行為模式所依循的虛構目標為何，探求當事人的早期記憶，諮商師藉此形成一套處遇計畫，必要時諮商師亦得要求當事人完成一些家庭作業，以加速諮商的進展。

（五）Adler 學派的主要技巧

諮商過程的目標是協助當事人發展健康正向的生活方式、克服自卑感、培養社會興趣，以及改變錯誤的虛構目標，故諮商師的角色和目標分別為：

1.發展並維繫諮商雙方平等的關係。

2.分析診斷當事人的生活方式。

3.闡釋當事人的生活方式，以助其有所頓悟。

4.重新引導並教育當事人，以達成行為改變及有關的目標。

Adler 學派很重視諮商雙方的合作關係，諮商師主動積極傾聽當事人的言內與言外之意，共同設定目標，找出當事人的助力與阻力，分析其生活方式，探討當事人的夢及早期回憶對其之影響。Adler 認為常常出現的夢是在預演日後的一些景象，而一個人對早期所回憶到的經驗，其實也反映出此人對目前的自己、他人與周遭世界的看法。至於常用之技巧包括：

1.面質：正如一般諮商的面質技巧一樣，Adler 常以面質挑戰當事人內在私人邏輯的不合理性，或是當事人所呈現不一致的地方。

2.問問題：諮商師有時會藉著問一些開放式的問題，以提醒當事人從不同角度來探討其問題，例如：問一位酗酒多年者：「如果你戒酒成功，你的生活將會有什麼不同？」

3.鼓勵：諮商師藉著肯定當事人的努力，以加強其進一步改變的動機。

4.假如是真的（acting as if）：為了不讓當事人只是坐而言而不願起而行，諮商師會鼓勵當事人身歷其境的表現出他／她想成為的樣子，例如：與其羨慕當事人的同學能在眾人面前侃侃而談，不如讓當事人實地去扮演這位同學數天，讓其對自己的想法或行為有更合理的期待與判斷。

5.潑冷水（spitting in the soap）：這是諮商師為了讓當事人覺察並改變其對某事件所賦予的想法之採用技巧。諮商師要先確定個案的行為目的，以及藉此可以得到的好處，再藉機反映，以降低個案對該行為的固著，並讓其對自己的行為有所覺察，以決定是否持續，例如：

個　案：你上次說我的想法是「除非我考第一名，否則我就是個沒用的人」，我想我應該要放棄這樣的想法。

諮商師：你可以繼續下去這樣的想法與行為啊！

個　案：你說什麼？我被你搞混了，你不是要我有所改變？

諮商師：我的意思是，一向以來你凡事要求第一，因此你的生活中有很多事情你都不敢嘗試；但是你如果還是想要保護自己的話，你就會持續這樣的想法與行為。

在上述的案例中，諮商師強調個案仍然可以選擇凡事要求第一，但是也讓個案知道這樣的想法或行為，會對其造成妨礙，因此個案仍然有權做決定，只是個案會發現做出這樣的決定，並非萬無一失（Dinkmeyer, Dinkmeyer, & Sperry, 1987）。

6.自我警覺（catching oneself）：為了不讓當事人不自覺地陷於自我貶抑或自我毀滅的想法及行為中，諮商師應教導當事人如何警覺到自己正在重蹈覆轍，繼而中斷之。開始時，當事人可能無法立即覺察而需要諮商師的提醒，但習慣之後即可改善當事人的想法和行為。

7.家庭星座（family constellation）：治療者蒐集有關兒童在家庭中的資料，例如：家庭氣氛、出生序、親子關係以及兒童的早期記憶等，以形成對兒童的診斷與了解，並進一步分析其虛構目標，以形成診斷策略。

8.早期記憶（early recollection）：治療者蒐集兒童對自己生命過程中的早期印象與感覺（約 10 歲前），包括 3 至 6 件具體的事件及兒童當時的反應等資料，認為這是造成目前適應困難的主要原因。治療者藉此發現兒童的生活方式、對生命的基本看法，或是一些錯誤的基本目標之由來。

9.鼓勵（encouragement）：鼓勵是對兒童的一種信心和尊重，並非以成人的標準來衡量兒童的價值。鼓勵是對兒童的無條件接納，著重的是兒童努力的過程，不論兒童的表現完美與否，均值得被鼓勵，但這並非贊成或允許兒童的不良行為；相對的，讚美（praise）則是一種條件式的接納，是因為兒童「做了什麼」所以被讚美，若只重視結果，易讓兒童形成外控的人格，所作所為均是為了滿足或取悅成人，一旦外在誘因消失即無所適從，對自己亦缺乏自信。

10.自然合邏輯的結果（natural logical consequences）：Adler 反對懲罰，認為那與讚美一樣，均是來自外在的強制力量；相反的，所謂「自然合邏輯的結果」是在使兒童承受其行為所帶來直接且自然的後果，如此可讓兒童學習判斷自己的行為是否合宜，以及學習為自己的行為負責任，例如：兒童弄壞別人的物品即要負責修復或賠償；不想安靜坐在椅子上上課的兒童即拿掉椅子站著上課。這個原則當然要考慮到兒童的身心安全，最重要的是要讓兒童事前了解「遊戲規則」，成人在執行時態度委婉但堅定，並且在事後與兒童一起討論，以讓其真正學習到如何做判斷，並為自己的行為負責任。

（六）Adler 學派對兒童輔導工作者的啟示

Adler 學派對人性採取積極樂觀看法，強調意識層面、家庭氣氛、當事人主觀感受與自主性、追求卓越以克服自卑，以及社會興趣的重要性等，均有助於兒童輔導工作者從事輔導工作。兒童輔導工作者若能與兒童建立溫暖、關懷與平等的關係，了解兒童不良適應行為底下的可能動機，並蒐集有關兒童早期經驗的有關資料，以形成分析與診斷，並加以善用家庭的資源，進一步擬訂輔導策略，以鼓勵兒童重新定位，對兒童的助益與影響必是正向的。

四、客體關係理論

繼 Freud 之後，陸續有心理學家亦嘗試自不同角度來探討學齡前兒童之人格發展，晚近的心理分析學者（例如：Klein、Fairbairn、Winnicott、Guntrip、

Mahler、Kohut 和 Kernberg 等），均更強調人格發展中自我（ego）與人際關係的重要性，而非 Freud 所提出的本我或是生物性需求。其中，Kohut（1971, 1984）所發展的「客體關係理論」（Object Relation Theory, ORT）迄今有方興未艾之勢。這個理論亦強調兒童透過主要照顧者的教化形成對自我及外界的看法，其中很重要的概念是 Bowlby（1969）的依附理論所強調的「依附關係」（attachment）。

此學派強調個體一出生的基本趨力即是關係的接觸，而非發洩或僅是釋放生的本能與攻擊的本能趨力。所謂的關係是指個體和真實的他人，或是個體與其所幻想的某個（些）真實人物之心智影像或是表徵，以及個體對於早期重要他人的心智影像或表徵與目前重要他人之間的關係。依附理論以及之後的客體關係理論，均是強調自我，若要健全發展，則個體早年與重要他人的安全穩定依附經驗是非常重要的（Bowlby, 1998）。

人格發展始於嬰兒最早期與其重要他人（通常是指母親）的關係，母親成為嬰兒最早的「愛的客體」（love object）。嬰兒最早期還無法分化自我與其他非自我的關係，嬰兒的自我是否能夠建立起其對內在自我與環境安全感的能力，取決於嬰兒認同母親對嬰兒的態度感受，以及母親對嬰兒能同理與滋養的程度。如果嬰兒的這些需求在這個共生（symbiotic）階段未能獲得滿足，嬰兒的自我會分裂，會退縮與隱藏，以逃避因為基本需求未能被穩定且充分滿足而導致的焦慮感受。

嬰兒的自我分裂誠如 Winnicott（1965）所說的真實自我（true self）與虛假自我（false self）間的關係。真實自我是個體存在的本質，可以和自己本身以及外在他人產生連結；虛假自我則是因著被滋養不足或是不夠安全的自我而產生的保護機制，隱藏在外在世界及各種關係之中。因此依照此理論之觀點，早期母親與嬰兒滋養關係的不足或失敗，會導致虛假自我且阻礙完整自我的健全發展。此理論之學者認為，攻擊並非如 Freud 所言的是一種本能，而是由於挫折關係所引發的反應。

客體關係理論對兒童輔導工作者的啟示如下：自我的發展從嬰幼兒時期開始歷經許多階段，從與母親的共生關係一直到分離與個體化的階段。嬰兒早期與客體關係的依附與分離經驗和品質，形塑自我的發展，包括：愛人、愛己，以及和他人產生連結的能力。至於因為錯誤的客體關係而形成的分裂與投射等防衛機制，則會妨礙健康的自我發展，進而可能造成如自戀、人格違常、邊緣性狀態與精神病等心理病態。兒童輔導工作者基於這樣的觀點，可了解兒童幼年與重要他人關係的品質如何，若是不佳，可以想見兒童在各階段的人際關係或是自我概念均會面臨極大的挑戰，若能在此階段透過輔導工作者與兒童的互動，逐漸修復幼年的客體關係，並建立信任的依附關係，將有助於兒童往後的發展。

第二節 存在一人本取向

人本心理學（Humanistic psychology）運動源於 1962 年創立的人本心理學學會，而其代表刊物（《人本心理學期刊》，1961 年創刊）即強調，這一波的運動是倡導實證主義、古典心理分析理論或行為理論所缺乏的一些概念，例如：創造力、愛、成長、有機體、自我實現、責任或是獨立自主性等（引自 McLeod, 2003）。與存在一人本取向（Existential-Humanistic approach）理念相近的現象學取向，其理論強調每個個體內在觀點的獨特性，個人的主觀經驗與知覺決定其所謂的真實、個體的整體大於部分的總和，強調人類的潛能、有成長與自我實現的傾向與能力。此取向重視此時此地而非過去或未來，強調個體對自己與外在環境的知覺或是感受，比去適應外在世界或文化氛圍更重要，嘗試在人類存在的有限性（終極死亡）與無限性（潛能）之間找到平衡；同時也強調個體是個有機體。此取向重視的是情感而非認知或行為層面。

此取向最具代表性的三大學派是由 May、Frankl、Bugental 和 Yalom 等人為主的存在心理治療、由 Rogers 發展的個人中心理論，以及由 Perls 所創的完形治療，以下分別簡要介紹。本節主要是整理 Okun 和 Kantrowitz（2008）的概念並加以延伸。

一、存在理論（Existential Theory）

存在理論是由 19 世紀的歐洲哲學家所發展出來的哲學思潮，再由歐洲的分析師發展成治療性的理論，其理論的出發點是基於對當時精神分析學派及行為學派決定論的反動。其哲學觀點認為人的本質是主觀也是不斷變動的，所謂的意義即是個體獨一無二所覺知或經驗到的一切，而個體永遠在形成的過程（process of becoming）中。個體有能力覺察，有做決定的自由且要為其決定負責任。個體終其一生致力於追求自我認定以及和他人發生關聯的意義。

以「存在與不存在」（being & non-being）的概念而言，存在若是動詞，是指個體在蛻變成某種人的過程狀態；若是名詞，則是指潛力的來源，就如橡樹的種子有潛力成長為橡樹，人類則有潛力自我覺察與自我實現，可以選擇自己想要長成（存在）的樣子（Nelson-Jones, 2006）。

存在主義對人類本質的觀點包括下列各項（Corey, 2009）：

1.有能力自我覺察：因而可以反省與做抉擇，個體愈能自我覺察，也將有愈大的自由度。

2.自由與責任是相輔相依的：人類因為得以自由抉擇，因而可以決定自己的命運；只是大多數的人雖然渴望自由，卻因為要相對付出許多責任，因而也不斷逃避自由。人的出生非可由自己決定，但是我們會變成什麼樣的人，卻是所有我們選擇的總合結果。

3.極力爭取自我認定以及和他人產生關聯：人類一方面想要證明（保存）自己的獨特性，以及想以自己為焦點、為中心；另一方面又渴望與外在的萬事萬物有所連結。在這個過程中，忍受疏離感、虛無飄渺或寂寞感，以及有勇氣展現真實的自我，均是人類不斷要面臨與克服的課題。

4.追求意義：亙古以來，人類不斷自問：我存在的意義是什麼？我為何在此？我生命的終極意義是什麼？既然人都不免一死，我活著的意義是什麼？Frankl（1978）所創的意義治療即是嘗試說明，即使人身處絕望或困境，仍可找出自己活著的意義；只有真實勇敢地面對痛苦、罪惡、絕望及死亡，才能接受這些黑暗面的挑戰，以及戰勝並走出這些生命的幽谷。Yalom（2003）和Frankl基本上都同意，追尋生命的意義是一個人不斷願意投入在創造、愛、工作與建立的過程中，所獲致的附加產品；意義是藉由投入與創造的過程所產生。

5.焦慮是生存的必然狀態之一：存在性的焦慮與生俱來，是因為人類無可避免要面對諸如死亡、自由、選擇、疏離與虛無等存在的真實面，也因為這些往往無可遁逃或閃躲，因而會伴隨必然的焦慮。對於生老病死的焦慮，是屬於正常的焦慮，但若對客觀的威脅有不成比例的焦慮，因而阻礙個體成長或功能的發揮，則為焦慮及神經質的焦慮。

6.體認死亡與不存在的必然性：不知生，焉知死；不知死，焉知生。人類之所以異於其他動物者，在於預知將有死亡的一天，以及知道會有未來。人類能夠以象徵的方式思考言談，因此可以超越時空，可以超越自己，從別人的觀點來看事情。正因為人類終究會離開塵世，如何充分利用活著的時光，不管多長多短，能夠發光發熱，這即是對自己生命的終極關懷。

存在理論的治療目標是促使個案體認到他們做決定與選擇的自由度，並為自己做的最終選擇負責任。人類情境中無可避免的焦慮感受，是來自於對死亡、自由、疏離與虛無等的覺察，這將會導致過度使用防衛機制，並且喪失人的真實性（authenticity，亦即個體自我概念的一致、真誠與統整性以及能夠自我表達）。存在主義治療師即是擔任個案在尋求自我覺察、責任與意義的過程中的楷模與同伴。治療關係非常重要，此取向不重視治療技巧，會視需要選擇其他學派的一些技巧。因此此取向最重要的是治療關係以及強調人本的觀點。

存在主義學派對兒童輔導工作者的啟示如下：此學派著重的是哲學性的思維，強調個體對其存在本質所賦予的主觀意義，個體是不斷在變動與形成的過程中，有朝向自我成長的驅力與自我覺察的能力；個體終須面對生命的終點，在自由與責任當中，個體要尋求自己生命的意義，並在二者之間找到平衡，且對自己的所有選擇負責任。兒童輔導工作者可以協助兒童體會並實踐自由與責任的意義，助其充分開展自己的潛能，積極面對萬物的生與死，並助其體會要為自己的決定負責任的真實意涵。

二、個人中心學派（Person-Centered approach）

個人中心學派是Rogers在1930～1940年間所創，主要是基於當時美國受到心理分析學派宰制的反動。

與Freud對人的觀點不同，Rogers（1961）認為人性基本上是善的，換言之，人性是積極向善、具建設性、現實感且值得信賴的（Rogers, 1959）；每個人從出生開始即具有覺察的能力，能夠自我引導，並朝向自我實現的境界。Rogers（1959）更進一步將人自嬰兒時期開始所具備的特質描述如下：

1.不管嬰兒所知覺到的是什麼，均是他／她的真實世界（reality）。其知覺是內在的過程，無人可以了解。

2.所有嬰兒生來即具有自我表現傾向，透過自我引導之行為而得到滿足。

3.嬰兒與周遭的互動具有整體組織性，嬰兒之所作所為均互有關聯。

4.嬰兒所經驗到的是正向或負向的經驗，端視這些經驗是有助於或有害於自我實現傾向的實現。

5.嬰兒保留有助於自我實現的經驗，而逃避有害於自我實現的經驗。

由Rogers的自我實現觀點可看出，其人性觀是以整體觀點，來看一個人與所處環境的互動下，所產生的經驗與自我指引之力量，強調人之主動性及主觀世界的重要性，因此每個人所知覺到的「自我」（self）均是獨一無二的。Rogers認為自我實現是人類最普遍且最具趨力，並涵蓋整個人的所有行動力。與自我實現有關的概念是自我，要培養健康成熟的自我，需要讓一個人處於正向積極關注的環境中，即是有愛、溫暖、關注、尊重與接納的環境中。

若一個人一直處在「被有條件接納」的環境中，其所經驗到的及周遭對其之要求有可能不一致，亦即若一個人以為不順從他人的意思即不會被接納、被尊重，則這個人面臨到的兩難是要忠於自己的真實體驗或是順從他人。通常這種理想我與現實我的差距愈大，則表示此人愈不一致、愈有適應不良的傾向。其主要概念包括下列數點：

1.自我概念涵蓋個體對自我的整體知覺，這些知覺是基於和他人的互動而來。

2.個體所處的現象場即是個體的真實世界，包含個體的自我概念與對其周遭世界的概念。

3.個體的所有行為均是竭盡所能地在增進其自我概念。

4.個體的困擾是來自於個體自我概念與令其感受到威脅的生活經驗之不一致，如此將促使個體運用諸如否認或扭曲的防衛機制。如此的不一致亦將導致個體的解組與痛苦。

5.唯有當個體接受到來自另一位重要他人的無條件積極關注與接納，才能讓此個體對自己的所有經驗再度開放，並且在自我概念與其行為間尋求更高的一致性。

個人中心學派中的諮商師，不是光用技巧或理論在處理當事人的問題，而是將自己「整個人」全部投入於這份關係中，最重要的是營造出雙方之間溫暖正向的氣氛，讓當事人能充分探索自我的每一個層面，Rogers 將這種關係稱為「我－汝」之關係（I-Thou）。在這份關係中，諮商師能敏銳地了解當事人的口語及非口語訊息，能將當事人的了解反映回去，雙方並無具體明確的治療方向，但由諮商過程中，諮商師信任當事人有能力自我引導。

由此學派可看出，當事人是被視為完整有潛能的個體，而非具有某種疾病或問題的人，在此關係進展下，當事人逐漸變得能有所改變與成長，能開放更多的體驗，信任自己與他人，並願對此時此地的自我負責，最後能自我統整、自我引導、自我尊重、接納，及至自我實現。

個人中心學派重視的是諮商師對當事人的尊重與接納等態度，而這些又是在諮商關係中呈現出來，因此諮商技巧或是對個案困擾問題的診斷並非其最主要重視的。直到 1980 年以後，此學派致力於擴充其技巧，例如：諮商師有限度的自我表露。Rogers（1957）亦提出一份諮商關係的六個充分必要條件，這六個條件均是連續發展的：

1.兩個人有心理上的接觸。

2.其中的第一個人，即當事人，是處於不一致、無助且焦慮不安的狀態。

3.第二個人，即諮商師，在這份關係中是相當一致且統整的。

4.諮商師對當事人無條件積極的關注。

5.諮商師同理當事人內在的參考架構，並嘗試將這份了解傳遞給當事人。

6.諮商師至少對當事人表達某種程度的了解與無條件積極的關注。

綜而言之，此學派首重諮商態度，而輔以一些技巧，例如：積極傾聽、同理、澄清、總結、引導及立即性等。

正如寒冬之中的暖暖冬陽，Rogers 的理論珍視當事人的性善、向上與自我實現的本質，不認為治療者是專家或權威；相反的，相信在彼此營造出的溫暖安全關係中，當事人有能力自我指引與自我實現。此學派所重視的是一種對人尊重的態度與哲學，而非僅侷限於技巧的呈現。

個人中心學派對兒童輔導工作者的啟示如下：此學派對兒童輔導工作者的啟示是重視諮商關係，治療者真心誠意地喜歡兒童、關心兒童、能蹲下來用兒童的高度來看他們的世界、能夠真誠一致地將自己對兒童的關懷與了解表達出來，並且對兒童的口語及非口語訊息有足夠的敏感度、不用勸告或說教等方式，而是多積極傾聽並反映兒童所言、所行與所感。此學派所要表達的是將兒童視為一個獨一無二的個體，不是只著眼在他們「不會什麼」，而是重視他們「具備什麼」，讓兒童在這份關係的滋潤下充分地成長與茁壯，能自我了解、自我接納、自我指引，進而達到自我實現。

三、完形理論（Gestalt Theory）

完形理論是源自於由 Koffka、Kohler 和 Wertheimer 所發展的知覺學習理論，由 Perls 在 1940 年代發展成諮商與心理治療之理論。

完形（Gestalt）這個名詞在德文的意思是形狀、組型或組織成完整的形狀（configuration）。個體所有的經驗都可以統整為完形或組型，統整之後，全體一定大於部分的整合。Perls 反對當時的身心二元論或是個體內在 vs.外在、認知 vs.情緒、意識 vs.潛意識等二分法，認為有機體的內在與外在應該是以整體看待；同樣的，個體從他們的經驗形成有意義的完整組織，所以不能純以單一經驗來了解個體所經歷到的一切。當個體面臨一些需求時，他們所經驗的將變成是主體（figure），其餘的則變成是背景（background），例如：口渴的人只會注意到哪裡有水可以喝，其他與水無關的事物在當下都變成背景。同樣的，個體及其行為也必須以整體來看待。整個有機體在其所處環境中，是被其自我界限（ego boundary）所涵融（contained）。環境是個體滿足其需求所進行的活動、接觸到的人或是所有經驗的來源。愈能自我覺察的個體愈能負起責任，從所屬環境去追求其所需的一切，終至變成更加自我支持且心理穩定。

此理論就跟個人中心學派一樣是現象取向的，均著重此時此地，強調從個案（人）的觀點，而非從困擾問題的觀點或造成困擾的原因等切入，治療重點在讓個案逐漸增加對自己、對情緒與對身體知覺的了解與覺察，進而減少任何的不一致，終能統整成完整的自我。由此觀之，完形理論是經驗性的（要實際採取行動，而不是坐而言而已）、具有存在的本質性（治療師協助個案做出獨立的選擇並為其選擇負責），以及實驗性的（鼓勵嘗試新的表達感受方式）。

完形理論認為個體可以為自己的行為與經驗負責任，並且可以成為一個充分統整與有效發揮功能的人。個體之所以難以承擔此責任，是因為過去經驗中曾經遇到發展上的困境或僵局，亦即令其難以充分活在此時此地，以及難以了解行為的「怎麼做」及「做什麼」（而非「為什麼」）的阻礙。個體之所以會產生衝突，是因為有機體和所處的環境之間產生僵局或不一致，個體因此避免與外界或內在有接觸，或是否認、扭曲目前的一切，而非接受它，故個體亦會變成只是著眼於此時此地所缺乏的，而罔顧此時此地擁有的一切。

完形理論認為所有神經質反應是基於個體與現實的接觸過程中，透過四個運作機制而形成干擾（Nelson-Jones, 2006），因而阻礙個體的成長與發展。這四個接觸界限的干擾機制分別如下：

1.內射（introjection）：將外在的事件或素材不加思索地照單全收，而非適當加以取捨，例如：老師責備班上某位同學不乖，小明卻以為是在說自己。

2.投射（projection）：與內射相反，投射是把自己擁有的部分扭曲成是環境所擁有，例如：不滿意自己的愛計較個性，轉移成是某同學愛計較。

3.同流（confluence）：個體無法區隔或體驗內在自我與外在環境的分野，

例如：要求自己的配偶或子女要跟他們自己完全一樣，無法忍受這些人與自己有所不同。

4.迴射（retroflection）：個體無法正確區隔自己與他人的不同，因而對待自己如他們當初對待別人的態度，例如：已經精疲力竭的母親，在一天的諸事不順之後，可能將她的毀滅性衝動慾望再用在自己身上，亦即這些人將他們的活動重新導向自己內在。

如前所述，完形理論強調個體的整體性（生理、心理、情緒、認知、行為、意識或潛意識等均視為一體，不是分別獨立的），視個體為對整體環境有所反應的整體有機體。個體可以沉溺過去，也可以幻想未來，但是為了要成為充分發揮功能的個體，必須活在當下。為了要獲致有機體的平衡性，個體必須發展出自我覺察、接納、統整性與負責任。活力的泉源是感覺（feeling）。若個體無法清楚表達自己的感受，或是不斷積壓諸多的未竟事宜（unfinished business），將導致許多的緊繃焦慮與身體反應，且對問題的解決亦無助益。

完形理論的主要概念包括：

1.所謂的成熟（完整性）是指，當個體可以自我支持，而非依靠環境來支持；當他們能夠運用自己的內在資源而有所行動，而非只是支配或駕馭他人，以及當他們能夠為自己的行為與經驗負起責任時。

2.當個體能夠自我覺察時，由於如此將能允許個體面對與接受先前所否認的自我之一部分，將能減少逃避行為，也較能朝向統整。

3.當個體能夠為自己負起責任且處理好未竟事宜時，改變即會發生。

4.治療重點是放在個案此時此地的感覺與想法，充分探索其所有的感官知覺、幻想與夢境，並鼓勵個案「擁有」這些以及為這些負責任，藉此達到統整。

5.鼓勵個體信任自己的直覺性知覺，而非順應社會。

完形學派可以以團體或個別方式進行，即使在團體內，也是以一對一的方式為主。此學派運用許多實驗性的遊戲或技巧，例如：藉由誇大與角色反轉以突顯內心的衝突與掙扎，並讓個案對其感受與行為負責任，藉此連結與統整內在的心理活動、個人感受、身體知覺與行動，或是用空椅的技巧讓個案面對衝突的兩極端，或是用「玫瑰花」的完形活動，讓個案藉由幻遊，擴展自己的體驗；完形學派也非常重視身體語言。

雖然此學派不特別強調治療師的溫暖與同理態度，但是和個人中心學派類似的是，此學派強調治療師與個案之間此時此地、真誠一致的關係；二者有所不同的是完形治療師非常指導性，扮演催化員的角色，引導、挑戰與讓個案挫折，讓個案愈發自我統整（完形），但是如此也常常容易讓個案挫折。治療師不允許個案呈現如理智化（只是談論）的行為、逃避過去或幻想未來等行為模式。治療師也從不問「為什麼」，只是問「什麼」或是「如何」，藉此讓個案對自己負起責任。

完形學派對兒童輔導工作者的啟示如下：此學派重視個體的自我覺察並藉由各種活動，拓展兒童對自己感官知覺的覺察，與自己的內外和外在環境都有良好的接觸經驗。這對於不善於用語言表達，但是有豐富感官知覺的兒童而言，有助於拓展其體驗及知覺，進而統整自我。

第三節 行為與認知行為取向

不像心理動力與存在一人本取向是從實際臨床經驗發展而來，行為取向是因為當時的科學家完全無法測量或驗證前述兩個學派的過程或效果，因此從心理實驗室慢慢發展，期望以具體、可觀察與可測量的行為向度來了解人類的行為。1960 年代的行為治療主要係以古典制約與操作制約理論為基礎，應用在臨床實務工作上，進而納入不同取向，例如：應用行為分析法、刺激反應法、行為改變技術，以及社會學習論等。至今的行為學派則更進一步與認知治療結合成認知行為治療取向。

一、行為學派（Behavioral approach）

行為學派的崛起，主要仍是對心理動力取向的反動，強調以比較客觀科學的方式了解、預測並控制人類行為。理論的發展大致分為以下幾個階段：

1.古典制約（classical conditioning）：最著名的是俄國心理學家 Pavlov 以狗為實驗對象，此派將有機體視為被動的學習者，透過兩個原本不相干的刺激物相繼出現而學得一項新的行為。以人類行為來說，許多恐懼症之形成即依此原理，例如：小莉第一次與男友出去看電影，回家的路上發生嚴重的車禍，電影與車禍原本是不相干之事，但小莉加以連結之後，此後即對電影形成恐懼。

2.操作制約（operant conditioning）：由 Skinner 為主要之立論者，此派強調當學習者因其行為而導致被讚賞或被懲罰之後，其行為很可能因被獎賞而再度出現，或因被懲罰而停止出現，例如：當兒童因在課堂上不斷騷擾同學而被老師制止，若兒童視老師之制止為懲罰，即學會上課不再搗蛋；但若兒童是以為藉此得到老師或同學的注意，則老師之制止對其反而是增強，自然會再重覆出現。與此原理有關的是代幣制度（token economy），即是將一個人的行為標準事先界定好，當達到某些良好的標準時，可以累計點數到某一程度換取一些物質（如糖果）或權利（如可以提早 10 分鐘下課）。

3.社會學習論（social learning）：所謂「殺雞儆猴」即是讓所有人藉著觀察別人的行為，而學習到是否要模仿該行為，例如：當兒童看到同學因某些作為而受獎勵，潛移默化之下亦可學習到該行為；反之，若對方的行為後果是遭受到懲罰，雖然自己並非受罰者，仍可能往後不會出現該行為，以免亦受罰；所謂「見賢思齊，見不賢而內自省」，即是此理。

行為學派認為所有的行為都涵蓋三個階段，分別是前置事件（刺激或線索）、行為（或不採取任何行為），以及行為（或不採取任何行為）的後果。此學派著重的是顯現於外的行為，認為人的行為是受到環境中的立即反應所影響（即增強），個體無法靠內在自我控制其行為，無法自我決定，所有的行為都是受外在環境所主宰，因此價值觀、感覺與思考均不重要，只有外在可觀察的行為才是探究的重點。個體之所以有困擾是因為某些行為過度（如酗酒）、缺乏（如不夠自我肯定）或不適當（如有恐懼症），這些行為均是由學習而來，所以可以經過重新學習的過程而加以改善。

雖然行為學派亦分成不同的理論取向，但大致而言，此派學者皆強調學習的歷程可有效改變一個人的行為，不重視一個人的過去經驗或是內在的思考歷程，亦不重視看不見、摸不著的感受，認為改變一個人的外在行為即可間接改變其內在思考的歷程；認為人是環境論者，不同的環境即會影響一個人的成長。行為學派之主要概念包括下列數端：

1.所有的行為均是受外在環境（刺激）所影響。

2.行為是受到其行為結果（反應）所形塑與維持（行為漸進論）。

3.行為是受到當下而非過去事件所決定。

4.有受到具體增強或是社會增強的行為較有可能再度展現。

5.正增強比負增強更有制約效果。

6.增強必須在行為出現後立即出現。

7.增強必須是具體物質性或社會性。

8.不定時增強的效果比定時的增強效果更大。

9.增強物消失，行為即可能不再出現。

10.透過持續成功地增強期待的行為，行為即可以持續展現。

行為學派非常具有指導性，治療者清楚整理出不適當的刺激—反應連結（亦即標的行為之因果關係），再針對這些不適當的連結加以消滅或改變，並重新建立更適合的連結。這些增強原則繼而會形成刺激的區辨以及類化。

學習的主要方式包括：

1.觀察學習：透過模仿學習（示範）或是透過實際或刺激的方式（錄影或錄音），以示範預期行為、教導新行為，或是消弭不良行為。

2.認知學習：透過角色扮演、行為預演、口語教導或治療者與個案之間建立清楚預期的行為，以及若達到預期目標之增強為何的代幣制度，教導其新的行為。

3.情緒學習：如爆破治療（implosive therapy），亦即以想像方式，強烈大量誇大的暴露在高度不愉快的刺激情境下，以消除連結而來的焦慮感受；系統減敏感法，亦即透過同時呈現負向刺激與正向的放鬆生理反應，讓個案相互抑制之後，消除負向反應；內隱式的敏感法，亦即同時呈現引起焦慮的刺激以及正向的連結。

4.操作制約：事先決定好哪些選定的行為一旦出現，立即提供增強物且逐步有系統的訂定增強計畫。

二、社會認知學派

「自我效能」是行為學派的另一個重要概念，發展此理論的 Bandura（2004: 621-622）說：「當人們遇到困難的時候，除非他們相信可以透過自己的行動達到預期的效果，否則他們幾乎沒有誘因去行動。」自我效能的判斷與刺激反應的期望不同，自我效能的知覺，涉及個體面臨問題情境時，相信自己有能力去組織問題情境並化為具體行動。自我效能的向度包含強度（即所面臨任務的預期困難程度，如對於簡單的工作較有信心）、類推性（即預期對某情境的精熟度，能夠類推到其他情境的程度），以及韌性（即碰到阻礙或挫折時，能夠堅信自己可以掌握的程度）（Bandura, 1977）。要培養良好的自我效能，可透過以下四種方式（Bandura, 1977, 2004）：有成功（掌控）的經驗、社會模仿[5]、社會說服[6]，以及生理和情緒狀態（愈緊張焦慮或是疲憊的狀態，愈難提升自我效能）。

行為學派的治療不特別重視治療關係，治療師比較是扮演行為工程師的角色，冷靜、客觀、專業而疏離，甚至多半只是扮演觀察者、教師訓練者或是諮詢者的角色，亦即其可能提供一套行為改變的計畫供教師或家長協助孩子參考，亦可能實際教導孩子如何重新學習一套新的技巧；或是擔任執行增強的增強員，甚至擔任示範者的角色。治療終止與否即是看預期改變的行為是否有所改進。但是愈來愈多的臨床實務經驗發現，若缺乏良好的治療關係，將會事倍功半，且實驗室的所有研究成果，很難完全類推到真實的生活情境，加上近年

---

5 社會模仿（觀察學習），亦即自我效能的期望可能會因為觀察到別人的行為以及行為之後的正負向結果而改變。

6 社會說服（口語的說服），例如：建議或是鼓勵、勸導，也有助於提高自我效能，但是不能提出太好高騖遠，不切實際的內容。

來神經科學的蓬勃發展，更確定環境因素、學習歷程和生物因素均密切相關，無法偏廢任何一方。

也因為行為學派的客觀、可測量的特性，讓諮商與心理治療從藝術的一端慢慢移向科學的一端；重視治療的行為後果（效果）也讓個案對治療師的依賴較為降低，並助長短期取向的治療模式。一般而言，其諮商過程均包含下列幾個步驟：界定問題→了解與問題有關之背景資料→建立具體可行之目標→確定改變之計畫。治療師可以針對可觀察、可測量的行為加以探討，所採取的目標、策略與測量方式均較為客觀，減少治療師主觀價值觀介入或做過多闡釋的可能性。

行為學派之應用非常廣泛，不論在家庭、學校、矯治機構或精神醫療體系均普遍應用此學派之技巧。最常被運用之技巧，例如：正增強、負增強、塑造、消弱、系統減敏感法、示範法、自我肯定訓練、嫌惡治療法、洪水法，以及懲罰等；近年來，又加上許多結合認知行為學派之技巧，例如：思考中斷法、壓力免疫法等。行為學派針對兒童的諮商技巧包括以下數項（Thompson & Henderson, 2007）：

1.訂契約（contract）：(1)諮商師與兒童共同決定要解決的兒童困擾問題為何；(2)諮商師蒐集有關此不良行為的平常發生頻率；(3)雙方共同決定預期達到的目標；(4)諮商師協助兒童訂定增強契約，確定要改善的行為為何，以及預期行為要達到的次數，接著訂定若有達到預期目標（如每天放學回家先寫完功課再看電視），可以得到的增強物為何（如當天若有達到，可以多看半個小時的卡通節目）；(5)諮商師評量該計畫的執行成效；(6)若成效不佳，重複上述步驟(4)；如有達到預期目標，則可發展後續的維持計畫，以鞏固新學習的預期行為，並循序由外在獎勵轉變為兒童內在自我的增強與獎勵。

2.自我管理（self-management）：此技巧延伸自上述「訂契約」的方式，只是讓個案更能為自己的行為負責。其步驟為：確定要改變的（可觀察、可測量的）行為，例如：吃零食的習慣，要至少連續一週，蒐集有關此不良行為的相關紀錄，如通常發生的情境、前置事件或刺激、行為的頻率與強度、行為的後續結果等→界定預期達到的行為與目標→改變前置事件或刺激→改變先前不良行為出現後所得到的增強結果→正確記錄預期出現的行為次數，不管是成功或是失敗的紀錄→決定若達到預期目標，要給自己的增強，以及若沒達到預期目標，要給自己的懲罰→訂定維持預期目標的計畫。

3.循序形塑（shaping）：就像教導兒童學騎腳踏車或其他技能，此技巧的原則是當兒童產生一點點的預期行為時，很快就能予以增強或獎勵，諮商師要能隨時注意、等待並在最適當的時機予以增強，一開始時一點小小的正向行為出現即需立即增強，如此循序形塑預期的行為。

4.行為動量（momentum）：這是行為學派較新的概念，類似牛頓的第一運動定律，意思是在動作中的個體傾向維持動能，主要是減低兒童或成人的不順從行為。動量的建立方式在要求個體做到比較難順從的行為之前，要求個體先做到 3～5 個很小、很容易達成，個體也很容易服從的要求。每個容易達到的要求，一旦個體服從，即予以口頭鼓勵。此技巧的理念是一旦個體因為達到簡單的要求而獲得增強之後，其產生的動量會循序帶到下一個比較難達到或是個體比較不易服從的行為上。

5.生理回饋（bio-feedback）：透過儀器的協助，例如：測量腦波、肌肉緊張度、體溫、心跳及血壓等，可以觀察、等待及增強個體的行為，即使只是小小的改變，儀器均可透過聽覺或視覺的方式回饋給個體，讓個體對自己的行為能很快得到回饋而持續改進，例如：教導過動的兒童放鬆，一旦兒童愈能放鬆，儀器的嗶嗶聲就愈輕柔微弱。兒童藉由儀器的回饋與輔助，對自己的行為更能掌控。

6.代幣制度：通常是在團體的情境使用，兒童的行為如果合乎預期，可以累積點數或貼紙；如果違反預期，則會失去點數或貼紙。累積到某個數量，兒童可以獲得一些實質的增強物（如飲料、不含糖的糖果）或是權利（如延長下課時間或是多打半個小時的電動玩具）。有的老師會在教室前面的講桌上放一個透明的玻璃罐，一旦小朋友表現良好，即丟進去一顆彈珠，當彈珠累積到某個程度，全班可以有些獎勵，例如：全班可以每個人享受一杯珍珠奶茶，或是週末全班出遊。老師丟彈珠進去的聽覺與視覺刺激，對小朋友而言即會有獎勵作用。但是這些遊戲規則均需在事前跟學生說明清楚，預期的目標也要界定清楚，才不致於造成執行時師生雙方的衝突或困擾。

7.以團體方式進行：兒童在乎同儕關係的影響力，因此透過團體的討論、演練以及相互增強或回饋，有助於改善兒童的行為，例如：減重團體、自我肯定訓練、溝通技巧、讀書習慣或吸菸等。

行為學派對兒童輔導工作者的啟示如下：行為學派的許多概念，對教育工作者影響極大，兒童輔導工作者若能針對兒童的心智發展階段，妥善應用行為學派的諸多原理原則，例如：增強、削弱、社會學習或示範等，並且以客觀、可量化、可操作之方式，界定兒童的行為困擾問題，了解相關資料，建立可行的具體目標並執行改變計畫，將可養成兒童良好的行為習慣，並增進其自我效能。以行為學派而言，由於其強調「蓬生痲中，不扶而直」，即環境的重要，以及「任何不良適應行為均可重新學習」的理念，因此學校及家庭的境教、教師的以身作則，以及提供良好模範的示範法、落實代幣制度等由外控到內控的理念、與兒童一起訂定具體可行的契約、善用行為改變技術的原理原則，以及加強自我肯定訓練等方式，均有助於改善兒童的不良適應行為。

三、認知與認知行為理論

認知與認知行為理論著眼於協助個案處理其理性、思考歷程與問題解決，強調檢視並改變個案的歸因、信念系統、期望，以及這些思考歷程對情緒和行為所造成的影響，非常具有教導性、指導性與口語性。其哲學信念是一旦個體能改變其思考，將能改變其信念系統，繼而改變其情緒與行為。以下介紹其中主要的三個理論。

（一）理性—情緒—行為治療（Rational-Emotive Behavior Therapy, REBT）

此治療取向是由Ellis於 1950 年代所發展，其認為個體須為自己及其一生負全部的責任，雖然會受到環境或生物因素的影響，但是不應該受其控制；相反的，個體的思考歷程可以在這些因素及他們的情緒之間扮演調解者的角色。個體同時具有知覺、思考、感受與行為，所以可以學習控制其感受與行為。個體生而具有理性與非理性，也同時具有自我毀滅與自我實現的能力。個體受到社會制約的影響極大，所以雖然造成理性或非理性思考的原因也有生物或基因因素，但是個體由於與環境的互動，納入社會的諸多非理性觀點，因而讓自己的信念系統愈發不理性。一個人的幼年無可避免會受環境所影響，但年齡漸長，個人逐漸形成的「自我對話」（self-talk）才是主宰其想法、感受及其行為之最大力量。

Ellis將治療技巧分為ABCDE等五個步驟：A是引發之事件（例如：上學遲到）；B是對該事件之想法（例如：「好學生不應該遲到」、「老師一定不再喜歡我」、「我如果被老師罵，其他小朋友一定都會討厭我」）；C為導致之結果，包括：情緒、行為及想法（例如：「所以我決定蹺課，以躲避老師之責罰，但如此又令我覺得罪惡、難過」）；D為駁斥（例如：「一次遲到不表示我就是壞學生」）；E則為新的想法與感受。

在駁斥的技巧上，Ellis 介紹三種方式：一是以認知方式的思辯過程；二是以想像的方式呈現令當事人困擾之情緒，藉此整理其自我內言再加以轉換；至於行為方面的駁斥則是如，用角色扮演或諮商師要求當事人回去做家庭作業等方式，透過實際行動來澄清自己的想法。

Ellis 和 MacLaren（2004）提出四種認知駁斥的類型：

1.功能性的駁斥：讓個案知道他們的信念事實上是會妨礙他們達到自己的目標，例如：「這樣的想法對你的婚姻有幫助嗎？」

2.實證性的駁斥：讓個案評估他們的信念有多少真實性，例如：「哪裡有寫說，不下廚做飯的就不是好太太？」

3.邏輯性的駁斥：讓個案了解他們從「想要」及「希望」，一下子跳到「必須」、「一定得要」的不合理性，例如：「『你想要考第一名』，變成『你非要考第一名不可，否則就表示你是一無是處的失敗者』」，這樣合理嗎？」

4.哲學性的駁斥：讓個案把焦點放到生命的意義或是生活的陽光面，不致於太鑽牛角尖，例如：「的確，父母離婚不是你期望的結果，但是父母離婚是否也帶給你的生活，有一些比較正面的結果？」

Ellis（1998）提出個體往往有四類評價式思考的失功能：(1)要求：對自己、他人與整個世界的要求與「應該」（shoulds）；(2)誇大糟糕化：誇大過去、現在與未來行為的後果；(3)無法容忍不舒服的感受；(4)評價、判斷與過度類化一個人的缺點，因而認為此人是大壞蛋。

Ellis 認為人有十多項不合理性的想法困擾著自己，例如：「每個人一生最重要的，是受到所有自己在乎的人的喜愛及讚許」、「要成為一位有價值的人，一個人必須能幹，在各方面均有成就」、「有一些人很壞，應該受到懲罰或責備」、「當事情不如自己預期時，將是天大地大的災難」、「不快樂是因外在事件所致，因此一個人無法避免這種不幸」、「逃避困難與責任遠比去面對它們容易得多」、「一個人必須依賴他人，而且應該依賴一個更強的人」、「一個人的現在是受過去影響，所以無法改變」、「每個問題應該都有一個解答，若是找不到答案，將是很糟糕的事」、「一個人應該為別人的問題或困難所困擾」，以及「我們應該隨時擔心一些危險或有害的事」。

這些不合理的想法通常涵蓋一些「應該」、「一定」或「必須」等絕對性的字眼，以及「若不如所願，將是個大災難」等災難化的預期。影響所及，個體會讓自己處於「非黑即白」的兩極化思考困境，不能容忍事情的發展不如己意，對人或對己持僵硬、高標準的期待，長久以往即易令自己或他人皆感受到困擾與不快。

整體言之，此學派的主要概念如下：

1.困擾問題是因為非理性信念而起，並會導致失功能。

2.個體有能力藉由學習如何駁斥其非理性信念，而改變其信念系統。

3.人生而具有生物性與文化的本能去選擇、創造、與人發生關聯，以及享樂，但是人生來亦具有自我毀滅、逃避、自私與難以忍受等傾向。

4.情緒困擾是源自於個體持續不斷的非理性思考、不願意接受現實，堅持凡事要順其心意、要依照他們認為應該的才可以，以及太以自我為中心。

Gonzalez 等人（2004）分別整理出兒童、青少年及家長常見的非理性信念，其中兒童的非理性信念包括：

◎如果其他人不喜歡我，那就太糟糕了。

◎我如果做錯一件事，我就是個壞小孩。

◎每件事情都應該照我期望的。

◎只要我想要的，應該都要輕易得到才可以。

◎這個世界應該是公平的，壞人應該要被懲罰。

◎我不應該表現出我的情緒或感受。

◎大人應該要十全十美，不可以犯錯。

◎所有的問題都應該只有一個正確答案。

◎我一定要贏，如果輸了就太糟糕了。

◎只要我想要的，就應該立即得到。

至於父母常見的非理性信念，包括：

◎如果我的孩子不喜歡我，那是非常糟糕的事。

◎我絕對無法忍受有人批評我是個不稱職的父／母親。

◎我要對我孩子做的事情負全部的責任；他們如果表現得很惡劣，我一定會覺得很糟糕。

◎我一定要是個十全十美的父／母親，不管在什麼情境下，我都必須恰如其份的表現（知道怎樣做是最恰當的）。

◎我的孩子永遠都必須遵守我要他們做的。

◎如果我的孩子碰到困難，我也必須覺得很糟糕才行。

◎孩子絕對不能反駁父母親的任何意見。

◎我之所以這麼生氣、沮喪或焦慮，都是我的孩子造成的。

◎如果我的孩子不能依照我的期望去發展，我將是個失敗的父／母親。

◎不管任何時間，為人父母應該都是很有趣的事。

此學派諮商師的角色更加主動積極，致力於教導並駁斥當事人不合理的想法。其目標是讓當事人了解他們有能力過著快樂的生活，因此致力於澄清當事人深信不疑的一些想法，藉由教導以及提供資訊，教導其想像技巧，以及指定家庭作業，治療師即能協助個案改變其非理性信念。

治療技巧包含認知性（如教導）與行為性（如家庭作業、角色扮演等），說明如下。

1. 認知性的作業（Nelson-Jones, 2006）

包含：鼓勵個案把諮商過程錄音下來，回家反覆的聽、填寫自助式的表格（如自己填寫記錄一週當中ABCDE的事件），或是DIBS[7]、提醒卡（指個案在兩次晤談中間準備一些小卡片，提醒自己一些理性的因應句子）、參考對照法（referenting，請個案列出若真的能夠改變自己的非理性想法或行為，各有何利弊？藉此進行利弊得失分析）、練習REBT（鼓勵個案練習跟親朋好友討論自己的困擾）、視覺化（請個案用視覺幻想自己能夠成功因應目前所害怕或焦慮的情境）、圖書治療，以及聆聽或觀賞專家製作的影片光碟與CD等。

情緒性（或體驗性）的介入技巧是用來輔助認知性的介入（Ellis & MacLaren, 2004），例如：理性情緒想像[8]、強烈駁斥（由治療師或是案主自行以強烈的語詞駁斥自己的負向想法）、角色扮演[9]、角色互換（由案主扮演治療師，強烈駁斥扮演案主的治療師所顯現的不合理思考，以改變其感受）、幽默（治療師運用誇大或雙關語、俚語或是詼諧的語調，突顯案主的不合理信念）。

2. 行為性的作業

行為方面的介入，也是輔佐認知性的介入，光是坐而言絕對不夠，一定要

---

7 DIBS（Disputing Irrational Beliefs）：即詢問自己六個問題：我想駁斥的信念為何？這個信念是否可以理性的加以支持？這個信念的證據？這個信念的反證？這個信念如果真的永遠不能達成，最糟糕的是什麼？如果我永遠無法達到我預期的，會有什麼好結果（Dryden & Ellis, 1986）。

8 理性情緒想像：即想像所困擾問題最糟糕的情形會是怎樣，接著去想像伴隨的負向情緒為何，並去體驗之，當真實感受到那些負向情緒之後，再運用認知介入轉換非理性的想法，再逐漸感受較可接受的情緒反應。

9 角色扮演：在諮商過程中，當案主面臨模擬的困擾狀態而呈現出負向感受時，治療師應當場停下來，要案主自己對話，例如：「我剛剛感覺到我很憤怒的時候，我是跟自己說了什麼？我要改變什麼想法，讓我的憤怒程度降到最低？」

能起而行。所用的技巧包括針對案主「絕對」、「必須」等的不合理信念，指派家庭作業，令其重複練習駁斥，例如：一位對於學業表現極為要求的大學生，要求他連續好幾次的報告潦草的寫或是考試只能考到 60 分、洪水法（讓案主處在令其焦慮恐懼的情境一段時間，讓其在此情境下練習自我駁斥不合理信念）、挑戰羞恥[10]，以及技巧訓練（例如：自我肯定訓練、溝通技巧或是社交技巧訓練）。

理性─情緒─行為治療對兒童輔導工作者的啟示如下：依照此學派的觀點，兒童之所以有情緒困擾，是因為其非理性的想法所致，因此除了平日透過班級輔導活動或是團體輔導方案，教導兒童面對挫折或壓力情境時合宜的思考方式，學習辨識非理性信念及駁斥的技巧，亦可協助已經有非理性信念的兒童，透過教導，辨識及練習駁斥自己的負向思考，再透過家庭作業或其他行為介入，讓兒童改變其想法，因而改善其情緒及行為。

（二）認知行為治療（Cognitive Behavior Theory）

認知行為治療結合行為學派的理論，並強調諸如思考、感覺、動機、計畫、目的、意象與知識等概念，是目前最具有實證基礎的治療取向，有完整的訓練手冊；由於目前心理衛生服務與醫療照顧制度的限制，強調要有實證基礎，保險才有可能給付，因此亦是目前最受重視的治療取向。此學派的主要概念包括如下（Nelson-Jones, 2006）。

1. 基模（scheme）

係指包含個體基本信念與推論的架構，是個體主觀賦予意義的認知架構，相當穩定。過其信念，會影響個體如何接收、選擇與統整訊息，是透過從小的學習歷程慢慢形成。Beck 等人（1990）以「基模」說明一個人是如何藉著自己的認知結構來組織起自己的經驗與行為，這些基模協助個體對事物加以分類、命名及解釋。每個人自小到大逐漸形成一整套包含各種公式、標準與假設

[10] 挑戰羞恥（shame-attacking）：即要求案主針對令其覺得羞愧、罪惡、屈辱或糗大的事件與想法，實際身歷其境，藉此挑戰並改變其非理性信念。

的「規範」（law of rules），藉此來約束自己或他人。

2. 模式（modes）

係指個體的認知、情感、動機與行為基模的連結網絡，是人格的基礎，藉此解釋與順應外在的刺激與要求。以往的觀點認為，個體的認知（cognition）是中介變項，藉此推動個體的動機、行為與情感系統，是比較線性的概念。目前認知心理學的觀點則認為，個體的功能運作是以模式的方式進行著，例如：憤怒的模式具有個別差異性，隨著不同人的生物、心理或文化等信念，同時涵蓋不同的心理系統（例如：動機、情感）而透過基模加以運作。

3. 自動化思考

較不易覺察，但是又不像信念或基模那麼根深蒂固，很像 Freud 所說的「前意識」或是 Ellis 的「自我陳述」。個體的自我評價和自我教導是來自更深一層的架構（結構，即自我基模）。自動化思考反映出基模的內容，亦即較深層的信念和推論。正常功能運作的個體可以藉由這些自動化思考運作自己的生活，但是有強烈困擾者，在擷取或解讀訊息時，其自動化思考或是系統性的偏誤會令其生活功能受阻，例如：憂鬱症患者的特徵之一是自我評價低，對所經驗到的一切，以及對未來的觀點均極端負向，而焦慮疾患者則是極端恐懼生理或心理方面的危險。

Beck（1976）的認知治療強調個體之所以有心理困擾問題，是由於理智運作時的系統性謬誤。情緒困擾的二大主因是：

1.干擾個體情緒的負向自動化思考，進而造成後續更多負向思考的惡性循環。

2.根據底下各項系統性的邏輯謬誤而形成扭曲的真實（即認知性扭曲）：

(1)任意的推斷（arbitrary inference）：從不完整的、錯誤的或無關的證據資料做出推論的結論，例如：一位社團社長認真辦活動，勞心勞力，但同學參與度不高，他給自己下的結論是：「我是一個爛社長。」

(2)過度類化（over generalization）：從某一個特殊的負向事件類推到其

他事件亦然，例如：小李這次考微積分的小考不及格，他告訴自己：「我這輩子都不可能把數學搞懂。」

(3)選擇性的抽象化（abstraction）、以偏蓋全：針對整個情境只注意到其中一點而忽略其餘的部分，例如：小明看到媽媽對妹妹笑得很溫柔，就認為媽媽偏心，只疼妹妹。

(4)過度誇大或縮小（over maximize or minimize）：將每件事情都想到最糟的地步或是拒絕承認其重要性，例如：「一朝被蛇咬，十年怕草繩。」或是緊鄰的隔壁失火，卻告訴自己：「沒事，不會燒過來。」

(5)個人化（personalized）：將外在事件在無根據的情況下連結到自己身上，例如：「老闆這次派人出差，沒有派我去，一定是認為我工作不力，接著就要把我解聘了。」

(6)二分化的思考（dichotomous thinking）：總是想到兩極端，例如：「我一定凡事要做到十全十美，否則我就是個徹底的失敗者。」

依照 Beck 的理論，個體之所以有困擾是因為有謬誤的假設或推論，因而形成對現實的扭曲，這些扭曲的評價導致某些特殊的情緒，因此個體的情緒反應是跟扭曲的現實同步，而不是跟真實的現實相呼應。

認知治療的三大階段分別是：(1)引發個案的想法與自我內言，以及個案對這些的闡釋；(2)和個案一起整理有關贊成或反對其闡釋的相關證據；(3)設計一些實驗（家庭作業）以測試個案闡釋的有效性並蒐集更多資料以便討論。

此學派的治療師相當具有主導性與口語性、教導性與結構性（每個治療時段均有設定目標、治療時間固定，一段時間即整理治療的進展情形、問個案問題、指定家庭作業，並要個案針對每個治療過程加以總結），和個案一起合作，亦重視治療師展現正確的同理、溫暖與真誠的態度。相關技巧，例如：認知預演、詰問、尋找替代方案、檢視思考內容、測驗真實（reality testing）、替代思考，以及教導因應技巧與自我控制技巧等。

Watkins（1983）針對兒童的發展階段，改編 Maultsby（1976）的理性自我分析格式，兒童可以依照表 4-1 的九個步驟進行自我分析。

表 4-1　兒童理性自我分析表

步驟 1：	步驟 2：	步驟 3：
寫下發生了什麼事。	假裝自己是一台攝影機，如果把當時的整個事件錄影下來，你會看到及聽到什麼？	寫下有關此事件，你有哪些想法，全部列出。
步驟 4： 你覺得怎樣？ 你當時做了些什麼？	步驟 5： 想想看你的想法是不是夠「聰明」。把步驟 3 你所列出的每個想法，針對步驟 6 的五個問題自己問自己，再　把「是」或「不是」的答案寫在下面。 1.(1)　2.(1)　3.(1) (2)　(2)　(2) (3)　(3)　(3) (4)　(4)　(4) (5)　(5)　(5)	步驟 6： 你怎麼知道你的想法是聰明的呢？自問： 1.我的想法是真實的嗎？如果我是一台攝影機，我看到或聽到的是什麼？ 2.我的這個想法有沒有幫助我過得更快樂？身體狀況更好？ 3.我的這個想法有沒有幫我達到我的目的？ 4.我的這個想法有沒有讓我少惹一點麻煩？跟別人相處好一點？ 5.我的這個想法有沒有讓我變成我想要變成的人？
步驟 7： 你希望有哪些感覺？	步驟 8： 寫下比你前面的想法更聰明的想法。	步驟 9： 現在你想要怎麼做？

資料來源：Watkins (1983)；改編自 Maultsby (1976)

Meichenbaum（1977, 1985）的認知行為改變技巧概念，是基於心理的壓力或困擾，均是自我的內在對話而造成，只要改變這些內在的指令（self-instruction）即可改變行為。藉由示範或是直接教導，教導個案大聲說出內在的思考內容，再辨識出自己的謬誤思考，而後根據重整的認知及學習新的自我內言，再改變其想法。此技巧的自我內言分為四大類：

1.準備迎接壓力源：例如：「明天要上台報告，我知道這很不好玩，但是我就是盡力準備。為此，我已經準備好XXX，以及YYY。別擔心，會很順利的。我知道拿滿分是一件美好的事，但是我的個人價值不是建立在這100分上面。」

2.面對並掌控好壓力源：例如：「下一堂課我就要報告，我已經做好充分的準備，等一下開始報告時，我可能會有點緊張，但是我要記得深呼吸，微笑地看著老師和同學，我也有準備一張紙條，寫一些重點，即使忘記要說什麼，我也可以看一下紙條，所以我可以安心。」

3.因應：例如：「我剛剛報告得不錯，哇，這個部分我漏掉報告了，別緊張，深呼吸，等下找到適當的機會，我再回過頭補充說明。」

4.正向鼓勵的自我內言：例如：「太棒了，我終於完成這個大報告，雖然我當中漏掉一部分，但是我有想辦法補上。這回我表現得很好，我以我自己為榮；下次再有報告時，我可以調整的是 ZZZ，其它的，我都覺得我的表現很好；同學和老師的肯定，我相信他們也是真的這樣覺得。」

認知行為學派對兒童輔導工作者的啟示如下：和理性情緒行為治療法類似的是，兒童之所以有情緒困擾，是因為其諸多負向偏誤的自動化思考內容，以及缺乏良好的社交因應技巧所致，因此除了教導兒童正向的思考模式，尚可教導並讓兒童練習正向的自我內言，讓兒童改變其想法，從而改善其情緒及行為。

（三）現實治療

和理性情緒行為學派的 Ellis 一樣，現實學派（Reality Theory）的創始者 Glasser 也是相當理性、注重邏輯分析與學習取向。現實治療關心的是個案的價值與行為的抉擇，突顯其不一致性並且要個案為其抉擇負責。Glasser（1998）晚近發展的選擇理論，強調協助個案藉由選擇更有效與負責任的行為，以滿足其生存、歸屬、權力、樂趣與自由等需求，藉此能夠更有效地控制其生活。這五種需求是天生具有，個體的行為即是用來控制自己所處的環境，藉此滿足這些需求。現實治療是基於選擇理論，後者的十大原則分別如下所述

（Glasser, 1999: 332-336）：

1.我們唯一能夠控制一個人的行為就是我們自己。

2.我們能給別人或是從別人那裡獲得的只有資訊。

3.所有的長期心理困擾都是人際關係的困擾。

4.有困擾的關係永遠是我們真實生活的一部分。

5.不斷沉湎在過去痛苦的回憶，對目前的必須行動以改善重要關係，並無幫助。

6.個體受到生存、愛與歸屬、權力、自由與樂趣等五個基因性的生物趨力影響。

7.唯有滿足自己優質世界中的一個或許多圖像，才有可能滿足這些需求。

8.所有的行為都要整體視之，均是由四個不可分割的要素組成：行動、思考、感覺與生理。

9.所有的整體行為均是以動詞的形式存在，例如：「我正選擇要憂鬱」，而非「我正在憂鬱中」。

10.所有的整體行為都是被選擇的，但是個體能夠直接控制的只有行動和思考的要素；個體可以透過決定要如何行動與思考，間接的控制感覺及生理。

此學派強調人與人之間的互動性，如此方能滿足前述之需求。治療目標是協助個體做出負責任的選擇（保持、找出個體價值觀與行為的一致性），且能在不剝奪其他人需求的前提下，滿足自己的基本心理需求。個體有能力為自己的選擇負責且能理性思考與行為，有能力判斷自己的行為對於滿足其需求是否有幫助，也有能力承諾改變。個體沒有藉口不展現這些特質，治療的重點是在於他們願意也有能力做到的，而不是在於他們「可以試試看」的一些目標（行為）。

治療關係相當坦誠直接，治療師協助個案分析其目標、價值觀與行為間的不一致，藉此助其為自己負責。現實治療是指導性且強調目前的狀況，其八大步驟分別是：

1.與個案作朋友，並問個案他們要的是什麼。

2.詢問個案他們正在選擇做些什麼以達到他們要的。

3.詢問其所選擇的行為有沒有效。

4.如果沒有，通常大部分都是沒有效的，協助他們做出更好的選擇。

5.承諾實踐他們在前一階段所整理出來的較佳選擇。

6.不接受未能履行計畫的任何藉口，如果計畫不切實際，就重新計畫。

7.不懲罰，但是要讓個案接受其行為所帶給他們的合理結果。

8.絕不放棄。

由 Glasser（1998, 2000）所創，再由 Wubbolding（2000）發揚光大的 WDEP，清楚勾勒出現實治療的主要程序。其中 W 是指協助個案探索其想要的、需求與知覺；D指的是目前的行為、方向與所作所為；E指的是評估與評價，問的問題如：「你知道我們正在做什麼嗎？」以及「這個行為有可能幫你達到你預期要的目標嗎？」；P則是指治療的最後步驟，做計畫與承諾寫出書面計畫。

現實治療的治療師鼓勵、建議替代方案、誇獎正向行為、公開並直接面質不一致性，且關切個案是否能拒絕那些讓他們達不到目標的行為模式。治療關切的是目前的行為，目前在做什麼以及其他替代選擇可獲致的結果為何。治療師不參與個案有關其症狀或是負向經驗的一些自我詆毀的討論。治療重心即是協助個案找出不負責任的行為並與其訂定契約，轉換成負責任的行為。

治療關係相當重要，治療師展現溫暖、誠實與個人融入的態度，由於治療師強調的是現在的行為，強調的是個案做什麼，而非逃避什麼，因此個案看待的諮商關係亦屬正向。

現實學派對兒童輔導工作者的啟示如下：此學派強調現在與強調滿足個體的五項基本需求，這很符合兒童的發展需求及現況。兒童輔導工作者可透過淺顯易懂的 WDEP 概念以及諮商的八大步驟，逐步協助兒童以合宜的方式滿足其基本需求。

第四節 後現代取向

21 世紀初，許多學者對於前述各理論取向的一些假設或立論基礎，持續發出質疑的批判，例如：這些理論與背後的價值觀是否放諸四海皆準，這些取向似乎都忽視社會文化、經濟與政治因素等對個體發展的影響，究竟何謂「真實」？真實是誰眼中的真實才是真實？或是「意義」是如何被建構出來的？這些疑問均引發對於傳統諮商理論的質疑。本節參考 Nelson-Jones（2006）及 Rigazio-Digilio（2001）等人之觀點，簡要介紹近 20 年來興起的後現代取向（Post-Modern approach）之主要理論。

一、建構取向（Constructive approach）

建構取向是晚近興起的認知行為理論，強調認知一情緒一行為的相互依存性，而非僅重視認知思考的重要性。此取向也相當重視現象取向，重視個體對自我、他人以及世界的主觀知覺；與其他認知行為取向的差別在於，此取向強調個體內在「賦予意義」的歷程，也重視個體早期的依附經驗會影響其認知發展；亦即建構取向認可潛意識的歷程、納入過去發展的重要性，以及探究有關認知、情緒與行為的過去、現在與未來的關係。

建構取向的幾位主要學者，例如：Goldfried（1988）、Greenberg 和 Safran（1989）及 Kelly（1991a, 1991b）均認為，個體是自己主觀真實世界的主動創造者與建構者。此學派著眼於個體如何處理新的訊息以順應環境的要求，以及他們如何從自己的經驗來賦予意義。探討的觀點已經不是客觀的「真實」為何，而是個體所建構的世界觀是否足以讓其因應與適應所處的環境。家族系統的建構主義學者，如 White（2006）亦發展出敘事治療以協助不同的家庭，透過「解構」與「再重新建構」有關這個家庭的新故事。

建構取向的重點是協助個案探索其最基礎的核心推論是源自何處以及如何維持，治療目標是修正與重新統整這些對自我、他人與世界的核心基模。唯有把潛意識、不可言說層次的個人知識結構帶到意識層面，才有可能造成自我深度結構化的改變，以及改變個體對世界的觀點。治療重點是在於探索個體是如何形成，以及如何持續對其生命經驗賦予意義的發展歷程。在此過程中，早期的、持續的以及新的與重要他人的依附經驗，均會影響個體對自我、他人與世界的觀點。建構取向的主要原則包括：

1.個案（而非治療師）才是專家：治療師與個案合作，透過隱喻、敘事及直接詢問等方式挑戰個案的核心假設，藉以對個案加以賦能。

2.考量替代性的結果與選擇：治療師鼓勵個案為自己發聲與設定目標，願意為了達到這些目標而冒險，願意為自己的選擇負責任，並且重視個案的改變的能力。

3.改變的關鍵在於治療師與個案一起合作解構毀滅性的核心推論（假設），再透過溫暖合作的治療關係，一起合作建構出具有賦能性的正向架構。

治療師會同時兼顧個案的主觀與客觀、意識與潛意識的思考以及訊息處理歷程。由於治療重點同時放在個案的認知、情緒與行為，個案對這三者相互影響的覺察度較高，因而可以選擇如何改變其思考、情緒與行為。治療師鼓勵個案檢視影響其目前架構的過去經驗，例如：個案的早期或目前環境、性別、種族、社經地位、年齡、宗教信仰與性取向等的影響力。

二、焦點解決短期治療（Solution-Focused Brief Therapy）

焦點解決短期治療是從美國「心理研究機構」（Mental Research Institute）的策略學派家族治療逐漸發展而成（Corey, 2009），最早是由 Shazer 和 Berg 及其他治療師所發展。

焦點解決著重的是現在與未來，而非過去；不關心造成困擾問題的成因或是個案的診斷，而是著重個案想要解決的問題；對人性抱持樂觀的態度，認為人有能力解決自己的問題，因此不是病理取向，而是強調人的優勢；也因此，看重的是個案做得到的是什麼，或是困擾問題的例外在哪裡（何種情況下，困擾問題不會出現或是較少出現）。

Walter 和 Peller（2000）整理出焦點解決治療的基本假設，如下：

1.來求助的個案即使其效能目前暫時被負向的認知所阻撓，但都還是有能力有效的表現；把思考焦點放在問題上，反而會阻礙個案想到有效解決自己問題的方式。

2.把焦點放在解決問題以及放在未來，有其優點。一旦個案透過問題解決的談話，把心思重新導向自己的優勢，治療的時程便可以縮短。

3.每個問題皆有其例外，藉著談論這些例外，個案對於原本束手無策的困境會有多一些掌控感；這些例外將可持續創造出問題解決的可能性，一旦個案清楚找出問題的例外情形，即有可能快速改變。

4.個案通常只展現自己的其中一面，焦點解決讓個案有機會看到自己困境的另外一面。

5.小改變可以為接下來的大改變鋪路；有時候個案真正需要的，只是他們帶來治療情境的這些小改變。

6.個案是想改變、有能力改變，而且已經盡其可能讓改變能奏效，因此治療師要和個案維持平等合作的治療關係，而不是要想方設法去控制其抗拒的一些行為模式；一旦治療師能與個案維持合作的治療關係，個案的抗拒即會煙消雲散。

7.要相信個案是願意解決自己困擾問題的。世界上沒有哪一個「正確的」問題解決方式可以適用於所有的人；正因為每個個體都是獨一無二的，因此，每個解決方式也是。

焦點解決治療的處理原則包括（O'Connell, 2005）：東西（人）如果沒有損壞，就不要修它（他）；小改變能逐漸帶來大的改變，如果這樣做有效，就繼續做下去；如果無效，停止再做；治療過程愈簡單愈好。

De Jong 和 Berg（2008）將焦點解決治療的過程大致分為以下幾個步驟：(1)請個案描述其問題，當個案回答治療師的問題：「我對你可以有什麼幫助？」或是：「你今天離開這裡時，想要獲得什麼？」時，治療師應專注傾聽；(2)治療師和個案盡快確定具體可行的目標。治療師問的問題如：「當你的問題解決時，你的生活將會有何不同？」(3)治療師請個案整理在哪些情況下，個案的問題不會出現或是比較不嚴重；治療師協助個案找尋問題出現的例外情境，重點放在個案做了什麼（或不做什麼），因此讓問題不出現；(4)每次晤談結束時，治療師摘要談話過程、予以鼓勵並建議個案在下次晤談前做些什麼或觀察些什麼；(5)治療師和個案一起用評量表評估治療的進展情形。

焦點解決治療強調平等的治療關係，相信個案才是解決自己問題的專家，治療師在採用以下所介紹的各種治療技巧時，均需依照個案的個別差異性加以調整運用（de Shazer, 1985, 1988; Macdonald, 2007; Milner & O'byrne, 2002）：

1.治療前的改變：光是個案做了預約的動作，往往就是開啟改變的契機。在第一次晤談時，治療師往往會問個案：「你從上次打電話來預約到現在，你做了些什麼，讓你的問題有所不同？」藉由個案的陳述，治療師可以強化、突顯個案所做的任何些微努力，讓問題解決成為可能；這些改變都不能歸功是治療的成效，因此讓個案對治療師的依賴降低，進而提高對自己問題解決能力的信心。

2.例外的問題：在治療過程中，治療師常常詢問個案這樣的問題，藉此，個案比較不會覺得問題無所不在，並可以逐漸整理出自己擁有的優勢或資源，這又稱之為「改變的談話」（change-talk）（Andrews & Clark, 1996）。

3.奇蹟的問題：詢問個案：「如果現在有奇蹟出現，你所困擾的這個問題突然消失，你怎麼知道問題真的解決了？整個狀況會有什麼不同？」藉著這樣假設性的問題，讓個案有機會化幻想於實際行動，實地演練一些正向行為，進而改變其知覺，繼而解決其問題。

4.量尺的問題：針對人類較不容易目測或觀察到的一些經驗，如感受、情緒或溝通情形等，透過量尺的方式，可讓個案更具體領悟與感受，例如：針對在班上過得很不快樂的小朋友，詢問如果以「0～10」來看，他現在在班上的快樂程度是多少（如回答 3），繼而詢問個案他怎樣能做到 3 的程度，以及要怎樣能夠讓自己從 3 變成 4；如果個案有所進展，也要跟個案討論，他做到什麼，讓自己的快樂指數有進步。透過這樣的方式讓個案更能掌控自己的問題。

5.問題外化：此技巧是協助個案將其困擾問題和他（她）這個人分開，如此一來，個案可以從比較超然的立場來看待其問題，並較能掌控問題情境，而非全然受限，例如：小英很討厭自己過度肥胖的身材，將這些多餘的肥肉取名為「小惡魔」，治療師接著和小英一起討論她和小惡魔共處的情形，何時需要它，何時不想要。治療師常問的問題如：「妳是什麼時候讓小惡魔跟妳住在一起的？」「小惡魔通常都跟妳說些什麼？」或是「妳曾在什麼情況下讓小惡魔遠離妳一陣子？」

三、女性主義取向（Feminist approach）

女性主義是橫跨一些理論的總稱，並非單一的理論。女性主義者強調，若要了解身處男性至上文化當中的女性經驗為何，就要了解到「性別」因素可能是因，也可能是果。女性主義者挑戰與批判多數的心理學理論，認為均是男性發展出來，且是以男性的經驗與視框加以建構，因此是以男性為主的階層社會體制觀點來看待兩性，其主要差異在於女性主義者強調女性的自我（意識）發展是與他人相互連結的關係來看待（相互依存），而非男性所主張之獨立自主的自我發展觀點。強調「個人的即政治的」，對於各種形式的壓迫（例如：性別、種族、性取向），以及身處階層體制內的社會化歷程特別敏感與尋求改變。

早期的女性主義主要重點在於珍視女性的經驗、政治的現實面，以及擁護身處父權制度底下所有女性面臨的議題（Corey, 2009），目前的女性主義則是擴大關懷的焦點，關照到社會權力加諸於不同類型個案身上所造成的傷害，因此更廣的來看待多重壓迫、多元文化覺察與具備多元文化能力，亦即不是只針對女性來探討，凡是與種族、民族、社經地位或性取向有關的議題，均應一併考量。「個人的即是政治的」之論點，是女性主義者的基礎論點（Morrow & Hawxhurst, 1998）；此外，女性主義的主要觀點尚包括強調基於對父權主義的反動，而重視對性別刻板化印象的敏感與批判、以女性為中心、重視權力、無權力（powerless）與獲得權力及賦能（Kagan & Tindall, 2003）。

幾位比較著名的女性主義者，例如：Bem（1993）、Chodorow（1989）或 Gilligan（1982）等，均強調不同的性別對於個體發展與思考的不同影響，這些理論對於社會文化對不同性別個體的衝擊與影響，更加深入探討。

女性主義所檢視的，主要是不同的社會文化脈絡對於個體的自我認定發展、對他人的觀點、自己的目標、期望，以及所謂的心理幸福感之看法有無差異，這也連帶影響往後的多元文化觀點。可以想見，女性主義治療者強調助人者與個案之間平等互惠的關係；婦女的困擾問題，不再只是其個體的問題，而是要從整體的社會文化脈絡甚至壓迫與歧視、不公平對待等觀點來檢視，因此治療過程著眼於社會、政治或經濟的行動。

女性主義理論的主要原則如下（Corey, 2005: 350-352）：

1.個人的即是政治的。

2.個人的認同與社會的認同是相互依存，不可分割。

3.重視女性的知覺與體驗。

4.重新檢視與定義「困擾」與「心理疾病」。

5.以統整的觀點來剖析壓迫與迫害。

6.諮商關係是平等的。

至於女性主義的治療原則，大體上包含六項（Corey, 2009）：(1)體認到個人的即是政治的；(2)承諾願意參與社會改造；(3)婦女及女孩的聲音，以及所知所感的方式均是極為寶貴，且其體驗應被珍惜；(4)諮商關係是雙方平等的；(5)重新定義心理困擾，且重視優勢而非困擾；(6)正視各種類型的壓迫。

女性主義治療者在治療初期即清楚聲明其所持的立場，也會將其價值觀運用於示範與對個案的闡釋上面；重視個案的不同世界觀，即使在做評估與診斷時，亦必須將這些觀點列入考量。主要的治療目標是覺察並鼓勵成為兩性化（剛柔並濟）的個體、兩性之間的權力關係是平等的、尊重不同團體的差異性、接納自己的世界觀、接納自己的身體意象（如其所是），以及訂定的生涯目標或選擇，不受生理性別所影響。整個治療過程是基於平等尊重的基調，重視對案主的關懷與承諾、尊重多元、重視反省（反思：持續回想、分析、評量與做決定的歷程）、治療師的開放與透明（Kagan & Tindall, 2003），以及強調對個案（不同性別者）的「賦能」。

女性主義的哲學觀涵蓋四個主要的面向（Enns, 1993, 2004）：自由的、文化的、激進的與社會的；理論涵蓋層面從文化觀的女性主義，一直到激進的女性主義。前者協助個案檢視性別的差異對其各方面所造成的影響，並因此決定自己所做的任何選擇。至於激進的觀點則將性別差異的重要性減到最低，擁護並倡導積極主動的社會與政治分析及介入，並謀求改進的策略。這些學者均以批判的角度檢視社會文化觀點之下，不同性別者終其一生的各方面發展，以及在父權體制下，權力對兩性的意義。

此取向有助於助人工作者了解個體在整個社會化歷程中，性別角色的社會化歷程對不同性別者分別扮演何種角色，以及有管道或機會追求權力與機會的可能性為何；並對家庭、學校、職場、社會、法律、政治、經濟等不同層面裡，明顯或隱微的性別歧視或性別刻板印象有更清楚的認識，如此將有助於協助個案從較廣泛的觀點檢視其困擾問題。

四、多元文化模式（Multicultural approach）

多元文化模式並非特定指某一個自成一格的完整理論架構，而是基於許多諮商與心理治療理論是以白種且中產階級的男性為中心的思維所建立的，忽略尚有其他不同文化背景的人存在著而形成。此模式的基本理念是：(1)求助者的困擾問題要從整體的社會文化觀點來檢視，社會文化要為其困擾問題負責；(2)每一個不同的文化都有其因應問題的有意義方式；(3)美國與歐洲的諮商及心理治療是西方的文化介入方式（Pederson, 2003）。一些治療取向或介入方式可能可以放諸四海皆準，但是仍有許多治療方式不見得適用於每一種文化，因此助人者必須敏感於自己所處的，以及所協助的個案所處的文化脈絡，了解個案所處的文化對弱勢族群的觀點、社會化歷程、特殊適合或是不適合的處遇方式，並且願意讓自己抱持開放的態度，面對來自不同文化背景的個案及其所帶來的議題。

助人者必須對自己所處的文化有所理解與覺察，理解自己的成長過程、自我認同發展情形、世界觀，以及看待他人的觀點各為何。其次，助人者更須對個案的社會文化脈絡有所理解與尊重，要了解身處不同文化者有不同的文化認同發展階段、自我發展、對人際關係的看法、對成功與失敗的看法、對家庭的看法，對時間、空間、財富、幸福，以及心理健康或困擾的定義，或是對諮商的期待等，均有其不同的看法。除了具備上述的開放多元態度，助人者亦需具備與來自不同文化背景的個案工作之技巧。

五、生態系統觀取向（Ecological Systemic approach）

此取向是從家族治療的理論而興起，強調個體不能獨立於環境，尤其是早年的家庭環境而生存，此取向進而擴大到整個較大的社會環境系統。其主要理念包括：

1.個體本身即是一個系統，包含：認知、情緒、行為或生理等次系統，這些次系統也相互影響。

2.個體也是過去與現在的家庭系統之一份子，進而也是更大的社會系統，例如：學校、社區或職場的一份子。

3.個體的困擾問題可能來自個人內在的病理觀，也可能來自個體與環境的不適配所導致。

生態取向強調多元文化的脈絡，個體的困擾問題，要從更大的社會文化觀點來看待，所謂的「牽一髮而動全身」，個體的所有行為與所處環境，均具有相互性。助人者在探討個案問題的緣起與持續時，必須以全貌性的觀點加以了解，例如：一個小學五年級的男孩在學校惹是生非，讓老師很頭痛，同學更是敬而遠之，若細究其成長背景，會發現其來自暴力家庭，是一位經常目睹家庭暴力的孩子，且其所處社區亦是在各種三教九流人士，出入相當繁雜，警察常來處理爭端的地區；在這個地區要能存活，就是要靠拳頭取勝。因此在探討這個孩子的行為時，除了考量其個人因素（例如：智力、挫折容忍力、身心發展史以及認知或情緒的成熟度等）之外，也要將其家庭與所處社區的因素納入。

生態系統理論是依據 Bronfenbrenner（1979）及 Knoff（1986）的理論，強調兩個重點：(1)不管是個體本身或是較大的環境系統，任何一個環節的改變，均可能造成整個系統的另一個改變；(2)較大系統的需求和目標優先於次系統。也正因為此取向是從較大的生態系統來看，因此如性別、種族、社經地位或是政治、宗教、經濟或文化的影響均需列入考量。

生態取向的助人者所採用的策略，要依照個案的需求而加以彈性調整，例如：針對上述案例的兒童，助人者可能要和班級導師密切合作，了解並協助教師進行班級常規管理以及如何讓這孩子為其行為負責，也要了解其家庭背景，必要時提供家族治療或針對家庭暴力事件提供適當的法律諮詢服務；另外，針對孩童所處的社區，亦需了解其受影響的程度，並與家長討論如何將其負向影響降至最低。亦即整個助人工作變成是團隊工作，針對個案的問題，全面性的予以介入，必要時甚至參與或影響制度的建立或改進。所以癥結不在責備個案或是只從個案的內在心路歷程探討起，要著眼於更大的社會文化脈絡。

六、系統論（System approach）

系統論源起於 1940 年代，最早是源自於組織心理學，進而是家庭系統理論，目前已經進展至以更大的系統觀點來看待個體所處的環境（Bor & Legg, 2003; Stevens, 2001）。此觀點對於一向標榜「個人主義」、強調個體的獨立自主性的西方社會而言，是相當突破性的觀點，對於較為強調「家族主義」或是「集體主義」的東方文化而言，則是較能理解的觀點。從系統觀來看，焦點是放在個體所處的環境，所以不再問：「這個個案有什麼問題？」而是問：「這個個案所處的環境是如何運作的，以致於讓個案製造出一些『症狀』，讓個案變成代罪羔羊？」

家庭是眾多系統中的其中一環，在家庭系統中，各個家庭成員往往相互影響、互相依存。家庭既是生物性的，也具有社會性的結構，雖然二者不一定並存。家族治療各派理論的興起亦有其時代背景，Stevens（2001）歸結其發展的幾個基礎：(1)生物學家 Bertalanfry 的一般系統論；(2)第二次世界大戰之後，許多退伍軍人退役回家，與家裡的運作格格不入，心理衛生工作者致力於解決相關問題，例如：國家訓練實驗室（National Training Laboratory）所發展的人際關係訓練團體（T-groups）即是此時期的產物；(3)引進控制系統迴路理論（cybernetic）的概念，其中 Bateson 針對精神分裂症患者的家庭溝通型態所做的一系列探討即是；(4)探討家庭與精神分裂症的關係，例如：Haley發展出來的溝通之雙重束縛理論，Bowen 亦研究精神分裂症患者與家人的互動，尤其是親子關係。

在這些理論發展的同時，婚姻諮商與兒童輔導運動的興起，也讓家族治療的發展更完備與成熟。後續如Minuchin、Satir、Whitaker、Bowen或是Ackerman 等，均是重要的理論創始人。Corey（2009）即將近一百年來家庭系統理論的發展脈絡分成阿德勒學派的家族治療、Bowen 的代間家族治療（Multigenerational Family Therapy）、Satir 的人類確認歷程模式（Human Validation Process Model）、Whitaker 的體驗性家族治療（Experiential Family Therapy），以及結構一策略取向家族治療。近十年來興起的女性主義、多元文化與後現代的觀點亦讓家族治療有更多元的風貌，更強調尊重不同的家庭結構及重視治療師與個案之間的相互平等性。

家族治療理論的基本概念如下（Stevens, 2001: 184）：

1.所有的系統均在尋求恆定性（homeostasis）。

2.所有的系統均包含回饋的迴路系統，如此才能運作。

3.階層架構是系統功能得以運作的統整部分，其中包括角色、規範與次級系統。界限的存在方得以催化角色、規範與次級系統的存在性。

4.要了解整個系統，絕對不能以化約的方式了解（指只了解系統的其中一個環節）；相反的，必須以統整的觀點來看待各個部分。

5.牽一髮可動全身，系統的一個部分改變，可能造成整個系統的改變。

以下說明幾項模式。

Bowen（1978）的家庭系統論：Bowen是最早有系統探究家庭關係的學者之一，致力於探究家庭成員之間如何「有點黏又不會太黏」、夫妻關係、家庭成員間的自我分化情形、核心家庭在因應危機事件時的情緒歷程、家庭投射歷程[11]、代間傳遞歷程、手足地位以及情緒的阻斷。

---

[11] 即父母如何把發生在他們大人身上或是發生在家庭中的好事、壞事，傳遞到他們的孩子身上。

Minuchin（1974）的結構派家族治療：家庭結構是指看不見的一套功能性要求，將整個家庭成員組織起來並與彼此產生關聯。整個家庭規範的總和即是結構，此結構是用來安排與組織家庭的次級單位或次級系統，因此規範並掌控家庭的日常生活運作。家庭成員間的次級系統是家庭功能運作的基石，強調各次級系統之間的互補與同化（亦即允許系統中的每個個體充分發揮其潛能）；父母親的次級系統負責執行或管理的功能，手足間的次級系統亦是其中的一環。此學派的治療師相當具有指導性，重視現在而非過去，治療時間較短，重視行動，讓個案學習家庭各系統間建立並維持清楚的界限，所有的角色期待、家庭結構與規範均是清楚明白。

Haley（1984）的策略取向家族治療：此學派的理念是來自於 Bateson 的溝通理論以及 Milton 的隱喻性風格（提供間接的建議或直接的指示，並找出解決問題的策略），亦是現在取向、短期、有創造性、指導性與積極性。此學派重視家庭的溝通模式以及與主訴問題有關的互動系列順序。治療目標是改變這些不良適應的行為互動系列為較令人滿意的系列。此學派有兩大治療方向：一個是以問題為焦點的治療；另一個是以解決為焦點的治療。前者的目的是解決家庭成員所認為的問題，不強調提供洞察或理解，因此介入方式可以很特別或有創意，且相當具有指導性，例如：要個案在現實生活當中表現得跟以往截然不同，有時治療師也會在治療期間之外，到個案家中進行治療。至於後者則是強調問題的例外情境，問題何時不發生？其他常用的技巧包括：重新框架（reframing，是將行為賦予不同意義的一門藝術，協助個案以較為積極正向的觀點來行動）等。

Whitaker 的體驗性家族治療（Whitaker, 1976; Whitaker & Bumberry, 1988）：這或許是最為非理論性的取向，重視的是治療師與整個家庭間的互動關係，源自於現象學，強調個體的主觀真實方為真實，重視自由意志、選擇及人類自我決定與自我實現的能力。治療師非常主動、自我坦露、強調此時此地，真實、透明且自發性地與個案家庭同在。治療目標是協助家庭成員成長，以及學習用有創意的方式因應困境。

跨世代的家族治療：此學派強調現在是過去的延伸，唯有了解過去，才能了解現在。常用家族圖（genogram）的方式協助個案了解其過去三到四代家族成員間的互動情形，並藉此協助個案的自我與家庭能有所分化。治療目的是協助個體與整個家庭了解代間的行為模式，以及了解哪些模式對目前的行為仍有影響。通常不是跟整個家庭成員一起工作，而是跟最分化的或是夫妻雙方。治療師與整個家庭的關係是比較疏離的，強調中立與客觀性。

後現代主義對兒童輔導工作者的啟示如下：本節所介紹的後現代主義各家觀點，強調從當事人的觀點來看其所處的世界，強調要從整體大的環境脈絡來了解兒童，以及強調輔導工作者要能了解與尊重多元文化，而非純然以自己的世界觀或價值觀來看待兒童及其所處的環境。同樣的，當兒童輔導工作者從家庭整體的系統來了解兒童呈現的適應困擾問題，再透過不同的家族治療理論與策略時，將可協助兒童鬆動其家庭系統帶來的困境；對家長提供諮詢，亦可協助兒童所處的家庭朝向正向的發展。

關鍵詞

心理動力取向	心理分析學派	Adler 學派
客體關係理論	存在一人本取向	存在理論
個人中心學派	完形理論	行為與認知行為取向
行為學派	認知與認知行為理論	現實學派
認知行為治療	後現代取向	建構取向
焦點解決短期治療	女性主義取向	多元文化模式
生態系統觀取向	系統論	

問題討論

1. 請說明心理動力取向之主要概念及其對兒童輔導工作者的啟示。
2. 請說明存在一人本取向之主要概念及其對兒童輔導工作者的啟示。
3. 請說明行為與認知行為取向之主要概念及其對兒童輔導工作者的啟示。
4. 請說明後現代取向之主要概念及其對兒童輔導工作者的啟示。
5. 在本章所介紹的諸多理論中，你認為對你最有幫助的理論是（些）什麼？為什麼？
6. 在本章所介紹的諸多理論中，你認為最適用於國小低、中、高年級的各是哪個（些）理論？為什麼？

Andrews, J., & Clark, D, J. (1996). In the case of a depressed woman: Solution- focused or narrative therapy approaches? *The Family Journal, 4*(3), 243-250.

Bandura, A. (1977). *Social learning theory*. Englewood Cliffs, NJ: Prentice-Hall.

Bandura, A. (2004). Swimming against the mainstream: The early years from chilly tributary to transformative mainstream. *Behavior Research and Therapy, 42*, 613-630.

Beck, A. T. (1976). *Cognitive therapy and the emotional disorders*. New York: International Universities Press.

Beck, A. T., Freeman, A., & Associates (1990). *Cognitive therapy of personality disorders*. New York: The Guilford Press.

Bem, S. (1993). *The lenses of gender*. New Haven, CT: Yale University Press.

Bor, R., & Legg, C. (2003). The systems paradigm. In R. Woolfe, W. Dryden & S. Strawbridge (Eds.), *Handbook of counseling psychology* (2nd ed.). London: Sage.

Bowen, M. (1978). *Family therapy in clinical practice*. New York: Jason Aronson.

Bowlby, J. (1969). *Attachment and loss (Vol. 1): Attachment*. London: Hogarth.

Bowlby, J. (1988). *A secure base: Parent-child attachment and healthy human development*. NY: Basic Books.

Bronfenbrenner, U. (1979). *The ecology of human development*. Cambridge, MA: Harvard University Press.

Chodorow, N. J. (1989). *Feminism and psychoanalytic theory*. Berkeley, CA: University of California Press.

Corey, G. (2005). *Theory and practice of counseling and psychotherapy* (7th ed.). Belmont, CA: Brooks/Cole.

Corey, G. (2009). *Theory and practice of counseling and psychotherapy* (8th ed.). Belmont, CA: Brooks/Cole.

Corsini, R. J. (2008). Introduction. In R. J. Corsini & D. Wedding (Eds.), *Current psychother-*

apies (8th ed.). Belmont, CA: Brooks/Cole.

De Jong, P., & Berg, I. K. (2008). *Interviewing for solution* (3rd ed.). Belmote, CA: Brooks/Cole.

de Shazer, S. (1985). *Keys to solution in brief therapy*. NY: W. W. Norton.

de Shazer, S. (1988). *Clues: Investigating solutions in brief therapy*. NY: W. W. Norton.

Dinkmeyer, D. C., Dinkmeyer, D. C., Jr., & Sperry, L. (1987). *Adlerian counseling and psychotherapy* (2nd ed.). NY: Merrill.

Dreikurs, R. (1967). *Psychodynamics, psychotherapy, and counseling*. Collected papers. Chicago, IL: Alfred Adler Institute.

Dryden, W., & Ellis, A. (1986). Rational-emotive therapy (RET). In W. Dryden & W. Golden (Eds.), *Cognitive-behavioural approaches to psychotherapy* (pp. 129-168). London: Harper & Row.

Ellis, A. (1998). *REBT diminishes much of the human ego*. NY: Institute for Rational-Emotive Therapy.

Ellis, A., & MacLaren, C. (2004). *Rational emotive behavior therapy: A therapist's guide* (Rev. ed.). Atascadero, CA: Impact.

Enns, C. Z. (1993). Twenty years of feminist counseling and therapy: From naming biases to implementing multifaceted practice. *The Counseling Psychologist, 21*(1), 3-87.

Enns, C. Z. (2004). *Feminist theories and feminist psychotherapies: Origins, themes, and diversity* (2nd ed.). NY: Haworth.

Frankl, V. (1978). *The unheard cry for meaning*. New York: Simon & Schuster (Touchstone).

Gilligan, C. (1982). *In a different voice*. Cambridge, MA: Harvard University Press.

Glasser, W. (1998). *Choice theory: A new psychology of personal freedom*. New York: HarperCollins.

Glasser, W. (1999). *Choice theory: A new psychology of personal freedom*. NY: HarperPerennial.

Glasser, W. (2000). *Counseling with choice theory*. NY: HarperCollins.

Goldfried, M. R. (1988). Personal construct therapy and other theoretical orientations. *International Journal of Personal Construct Psychology, 1*, 317-327.

Gonzalez, J., Nelson, J., Gutkin, T., Saunders, A., Galloway, A., & Shwery, C. (2004). Rational emotive therapy with children and adolescents: A meta-analysis. *Journal of Emotional and Behavioral Disorders, 12*(4), 222-235.

Greenberg, L. S., & Safran, J. D. (1989). Emotion in psychotherapy. *American Psychologist, 44*, 19-29.

Haley, J. (1984). *Ordeal therapy*. San Francisco, CA: Jossey-Bass.

Ivey, A. E., Ivey, M. B., & Simek-Morgan, L. (1993). *Counseling and psychotherapy: A multicultural perspective* (3rd ed.). Pacific Grove, CA: Brooks/Cole.

Jung, C. C. (1989). *Aspects of the Masculine*. Princeton, NJ: Princeton University Press.

Kagan, C., & Tindall, C. (2003). Feminist approaches to counseling psychology. In R. Woolfe, W. Dryden & S. Strawbridge (Eds.), *Handbook of counseling psychology* (2nd ed.). London: Sage.

Kelly, G. (1991a). *The psychology of personal constructs (Vol. 1): A theory of personality*. London: Routledge. (Original work published 1955)

Kelly, G. (1991b). *The psychology of personal constructs (Vol. 2): Clinical diagnosis and psychotherapy*. London: Routledge. (Original work published 1955)

Knoff, H. (1986). *The assessment of child and adolescent personality*. NY: The Guilford Press.

Kohut, H. (1971). *The analysis of the self.* New York: International Universities Press.

Kohut, H. (1984). *How does psychoanalysis cure?* Chicago, IL: University of Chicago Press.

Kottler, J. A. (2000). *Nuts and bolts of helping*. Boston, MA: Allyn & Bacon.

Macdonald, A. (2007). *Solution-focused therapy: Theory, research and practice*. London: Sage.

Maultsby, M. (1976). *Rational self-analysis format*. Lexington, KY: Center for Rational Behavior Therapy and Training, University of Kentucky.

McLeod, J. (2003). The humanistic paradigm. In R. Woolfe, W. Dryden & S. Strawbridge (Eds.), *Handbook of counseling psychology* (2nd ed.). London: Sage.

Meichenbaum, D. (1977). *Cognitive-behavioral modification*. NY: Pergamon Press.

Meichenbaum, D. (1985). *Stress inoculation training*. NY: Pergamon Press.

Milner, J., & O'byrne, P. (2002). *Brief counseling: Narratives and solutions*. NY: Palgrave.

Minuchin, S. (1974). *Families and family therapy*. Cambridge, MA: Harvard University Press.

Morrow, S. L., & Hawxhurst, D. M. (1998). Feminist therapy: Integrating political analysis in counseling and psychotherapy. *Women and Therapy, 21*(2), 37-50.

Mosak, H. (1989). Adlerian psychotherapy. In R. J. Corsini & D. Wedding (Eds.), *Current psychotherapies* (4th ed.) (pp. 65-116). Itasca, IL: F. E. Peacock.

Mosak, H. H., & Dreikurs, R. (1967). The life tasks III, the fifth life task. *Individual Psychologist, 5*, 16-21.

Nelson-Jones, R. (2003). *Basic counseling skills: A helper's manual*. London: Sage.

Nelson-Jones, R. (2006). *Theory and practice of counseling and therapy* (4th ed.). London: Sage.

O'Connell, B. (2005). *Solution-focused therapy* (2nd ed.). London: Sage.

Okun, B. F., & Kantrowitz, R. E. (2008). *Effective helping: Interviewing and counseling techniques* (7th ed.). Belmont, CA: Brooks/Cole.

Pederson, P. B. (1991). Multiculturalism as a generic approach to counseling. *Journal of Counseling and Development, 70*, 6-12.

Pederson, P. B. (2003). Increasing the cultural awareness, knowledge, and skills of culture-centered counselors. In F. D. Harper & J. McFadden (Eds.), *Culture and counseling: New approaches* (pp. 252-284). Needham Heights, MA: Allyn & Bacon.

Rigazio-Digilio, S. A. (2001). Postmodern theories of counseling. In D. C. Locke, J. E. Myers & E. L. Herr (Eds.), *The handbook of counseling*. London: Sage.

Rogers, C. R. (1957). The necessary and sufficient conditions of therapeutic personality change. *Journal of Consulting Psychology, 21*, 95-103.

Rogers, C. R. (1959). A theory of therapy, personality, and interpersonal relationships, as developed in the client-centered framework. In S. Koch (Ed.), *Psychology: A study of science* (Vol. 3) (pp. 184-256). New York: McGraw-Hill.

Rogers, C. R. (1961). *On becoming a person*. Boston, MA: Houghton Mifflin.

Stevens, P. W. (2001). Systems theories. In D. C. Locke, J. E. Myers, & E. L. Herr (Eds.), *The handbook of counseling*. London: Sage.

Sue, D., & Sue, D. M. (2008). *Foundations of counseling and psychotherapy: Evidence-based practices for a diverse society*. NY: John Wiley & Sons.

Sweeney, T. J. (1989). *Adlerian counseling* (3rd ed.). Muncie, IN: Accelerated Development.

Sweeney, T. J. (1998). *Adlerian counseling: A practitioner's approach* (4th ed.). London: Taylor & Francis.

Thompson, C. L., & Henderson, D. A. (2007). *Counseling children* (7th ed.). Belmont, CA: Brooks/Cole.

Walter, J. L., & Peller, J. E. (2000). *Recreating brief therapy: Preferences and possibilities*. NY: W. W. Norton.

Watkins, C. E. (1983). Rational self-analysis for children. *Elementary School Guidance and Counseling, 17*, 304-306.

Whitaker, C. A. (1976). The hindrance of theory in clinical work. In P. J. Guerin Jr. (Ed.), *Family therapy: Theory and practice*. New York: Gardner Press.

Whitaker, C. A., & Bumberry, W. M. (1988). *Dancing with the family: A symbolic-experiential approach*. New York: Brunner/Mazel.

White, M. (2006). *Narrative practice with families and their children*. Dulwich, Australia: Dulwich Center.

Winnicott, D. W. (1965). *The family and individual development*. London: Tavistock.

Wubbolding, R. E. (2000). *Reality therapy for the 21st century*. London: Routledge.

Yalom, I. D. (2003). *The gift of therapy: An open letter to a new generation of therapists and their patients*. NY: HarperCollins (Perennial).

兒童諮商的歷程與技術

王文秀

「老師，我去接小朋友個案的時候，幾乎都照書上說的原則去進行，可是小朋友的表現跟書上寫的差好多，害我都不知道該怎麼接下去才對，有時候就愣在那裡。」

「老師，我們一直強調對孩子要有愛心和耐心，可是那天看到我的個案又再度躲著我，不肯和我談，而我又已經花了那麼多心力在這個孩子身上，那個時候我真的好想把他抓過來痛罵一頓，罵他怎麼那麼不識好歹！難怪大家都不喜歡他。老師，我還要再跟我的個案這樣耗下去嗎？我還要怎麼做他才願意跟我好好談話？」

「老師，我兩週前就已經預告我的個案這個禮拜要結束，她一直跟我討價還價要再延三次，這樣可以嗎？」

「老師，我的個案在跟我談的時候，好像都好好的，沒什麼問題，但是他的老師和家長，一直跟我說他在班上或家裡不斷闖禍，讓他們快要受不了了，問我究竟在跟他談些什麼？這樣的談話到底有沒有用？這是怎麼回事？我要相信誰？還有，老師和家長希望我告訴他們談話內容，我應該怎麼回答他們，才不會違反保密原則？」

上述例子是許多實際從事兒童輔導工作者，在初期進行諮商工作時常碰到的困境，其中牽涉到的是如何將教科書上的理論融合而成自己的個人風格，再實際運用於真實的個案、當諮商工作碰到瓶頸時，如何覺察並加以處理、如何結案，以及在諮商過程中，和家長及老師的關係，或是諮商的保密問題。

至於其他在兒童諮商實務工作中常面臨的難題，包括：不知如何完整地和兒童經營一份諮商過程，不知如何協助有特殊困擾（如有 HIV 帶原者，或是目睹家庭暴力，或是有考試焦慮）之兒童，或是不知道適用於成人的一些諮商技巧，若轉移到兒童身上，其相通或相異之處各是如何。

本章即透過對於影響諮商歷程及效果因素的探討，介紹兒童諮商之一般歷程，以及常用之兒童諮商技巧（包括：運用不同媒介之輔導策略），期待實務工作者能將兒童諮商工作視為藝術與科學之結合，進而能真正有效進入兒童的內心世界，以落實這份助人工作。

第一節 影響諮商歷程與效果之因素

無論個別諮商或團體諮商，由於其所牽涉的是有個別差異且相當複雜的個體，因此在探討其諮商歷程時，不能單獨只看某個面向（如個案的問題），必須同時考慮一些因素，以及這些因素的交互作用。本節主要討論諮商情境內的一些因素，例如：有效諮商師之特質、個案之特質、個案（或諮商師）所處情境之特質，以及個案與諮商師之關係等，至於與個案有關的其他外圍因素，例如：個案的家庭、學校、社區或所處的社會文化等較大的脈絡因素，則只是簡要提及，另在本書其他章節另行探討。

一、有效諮商師之特質

諮商師與個案之互動相當複雜（Okun, 1987: 22），包括：雙方之態度、需求、價值觀及信念，所不同的是諮商師具備了助人的專業知能，而個案則是帶著令其所困擾的問題前來求助。

以諮商師而言，由於諮商工作是「人對人」的工作，是一種密集的互動歷程，因此除了技巧的運用是否純熟外，對諮商效能更有影響的是諮商師個人的人格特質（Hackney & Cormier, 2008），尤其是諮商師所表達出來的關懷之心（caring），更具關鍵。

Brammer 和 MacDonald（2002）將有效的助人者特質分為八大類：(1)能覺察自我與價值觀；(2)對文化的差異具敏感性；(3)能夠分析自己的情緒感受；(4)能夠作為一個示範者與影響者；(5)具有利他主義與悲天憫人的襟懷；(6)有強烈的倫理觀；(7)能夠對自己及個案負起責任；(8)能夠賦予個案能力。在這八類特質中，一部分是與諮商師本身有關，另一部分則是和其服務的對象有關。Okun 和 Kantrowitz（2008）認為有效的助人者應具備的特質、行為或知識背景，包括：能夠自我覺察、具備對文化及性別的敏感度、坦誠、真誠一致、專業知識，以及倫理的統整性。至於 Hackney 和 Cormier（1996: 15）則整理出另外八項：(1)能夠自我覺察與自我了解；(2)具備良好的心理健康情形；(3)了解並敏感於與自己或他人有關的種族、文化特色；(4)具備開放的心；(5)客觀；(6)有專業能力；(7)值得信任；(8)具有人際吸引力。

綜觀這些特質，均強調助人者在「知己」方面，要能夠自我了解與覺察、真誠一致、客觀開放、心理健康、有吸引力與值得信任；在「知彼」方面，則是對個案所處的文化深具敏感度，也具備足夠的知識與技巧與其共事，以促進個案之成長。除此之外，需具備的專業性包括：能夠對自己及個案負責，以及遵守專業倫理規範等。

以兒童諮商工作者而言，如本書第三章所強調的，要能夠不斷省視自己的價值觀及助人動機，了解自己在諮商工作中是扮演價值中立的催化者？或是負有教化使命的教師？對兒童的生理、動作技能、認知、社交、道德與情緒發展是否具備足夠的概念？對「兒童」這個特有的族群，持的是什麼態度與信念？是否能夠相信「兒童有能力為自己做決定」？以及是否能夠以兒童能理解的語彙及肢體動作與兒童溝通？

另外，由於諮商工作蘊含了「社會影響」（social influence）之力量（Sommers-Flanagan & Sommers-Flanagan, 1993; Strong, 1968），兒童諮商工作者如何發揮自己的影響力，讓兒童及其師長、親人感受到其專業性（expertness）、吸引力（attractiveness），以及值得信任（trustworthiness），亦是不容忽視之課題。

由於兒童諮商工作者的理論取向及諮商風格之不同，對上述各特質的重視程度亦有差異（Brown & Srebalus, 1996），例如：行為學派及認知學派認為，諮商師之真誠、同理及一致性有助於諮商歷程之發展，但非諮商之重點；而存在一人本學派則強調其為充分必要之條件。再如「社會影響力」之三特質（專業性、吸引力與值得信任），不論認知、行為或心理分析學派均十分看重，但是存在一人本學派更強調的，反而是個案的自由意志及做抉擇的能力。

二、個案之特質

理論上來說，無論老師對學生、父母對孩子，或是諮商師對個案均應一視同仁，但是從實際生活經驗或從無數心理學的研究均發現，人與人接觸之第一印象會影響彼此的關係。以個案而言，最受諮商師歡迎的個案是 YAVIS 的個案，即年輕（Young）、有吸引力（Attractive）、口語表達力強（Verbal）、聰明（Intelligent），以及成功（Successful）（Schofield, 1986: 133）；而令諮商師敬謝不敏的個案如「HOUND」（意指野狗），即是平凡無奇（Homely）、年紀大的（Old）、不夠聰明（Unintelligent）、不擅言語（Nonverbal），以及先天不足或後天失調的（Disadvantaged）（Allen, 1977）。

這些描述或許太過現實或殘酷，但無可否認，這些個案的外在特質有可能在有形或無形中影響諮商師，進而影響諮商關係與諮商效果；因此諮商師須誠實檢視自己是否易受這些不可改變的外表或智能等特質之影響，因為諮商師一旦形成這些主觀之刻板印象，極易干擾諮商關係之發展，例如：有些諮商師相信外觀姣好的個案心理較健康，較易有所改變；相對的，對於有身心不適症狀之個案極易忽視其改變之可能性（Ponzo, 1985）。又如 Goldstein（2007）之研究發現，被諮商師視為較具吸引力的個案，相較於較無吸引力的個案，在諮商過程中有較多的表露，亦更具自發性。此即心理學中所指的自我應驗的效應（self-fulfilling prophecies）。

兒童諮商工作者須誠實檢視自己最喜歡或最無法忍受的個案類型，如此才有助於覺察並處理自己的正向或負向反移情。一般而言，口齒表達清晰、反應靈敏、自省性高、懂事有禮貌或是楚楚可憐的兒童，會比外表邋遢、過度沉默、調皮搗蛋、充滿敵意或陽奉陰違的個案來得討好；但是後者的成長環境也許是更為不利，在成長過程中，這些兒童學習到必須用這樣的行為模式保護自己或防衛自己以不受到傷害，因此更需要周圍的大人理解與包容接納，讓這些兒童在溫暖安全的環境下，重新學習與別人的應對方式，以及更加接納自己、珍惜自己。亦即諮商師除了應以「發展」的觀點，評估所面對的兒童與同年齡兒童比較起來，在發展的質與量等情形是否有異常，更宜多培養自己對人的敏感度及開放性，不宜以主觀的刻板印象來評價所面對的個案。

再從另一個角度來說，一般來求助的個案不論是志願或非志願，其所具備的特質亦不太相同。志願的個案通常較有病識感、體認到自己已有一些困擾想尋求協助，但即使如此，由於所要面對的諮商師對其而言仍是陌生的，因此常有「既期待又怕受傷害」之矛盾情緒，既期待諮商師能有效解決其所困擾之問題，又擔心須在諮商師面前赤裸裸地剖析自己，去面對連自己都不想面對的內在陰暗面；有時又擔心自己的問題會不會太嚴重（「萬一諮商師亦解決不了，怎麼辦？」）或是太不嚴重（擔心會耽誤諮商師的寶貴時間來處理自己雞毛蒜皮的小問題，或是怕被諮商師嘲笑「這麼簡單的小事都要來求助！」）。

至於非志願的個案，除了可能有前述志願個案的疑慮之外，更多的情緒是不滿與抗拒，尤其是被法院、學校學務處或家長強制送來接受輔導的個案，對輔導人員常是充滿敵意，可能採取不合作或陽奉陰違的消極抵抗等態度。有的個案會認為真的有問題而必須來接受諮商的應該是別人（如同儕、老師或父母），而不是他／她；或是有的兒童個案很擔心，一旦跟諮商師談到家裡的一些祕密，就是對家人不忠；提及自己被性侵害的經驗，是違背對性侵者的承諾（「你／妳發誓不可以把這些祕密告訴別人喔！」），擔心會受到懲罰。這些抗拒或疑慮，均可能影響兒童個案在諮商過程中的安適自在與開放程度，進而影響諮商關係與諮商效能。

許多兒童在諮商初期對諮商會有些抗拒（Thompson & Henderson, 2007），可能是因為對此情境或人陌生，亦可能是大人傳遞錯誤的訊息或態度（「你有問題，所以要去找○○老師談一談」）；兒童常常問的問題，例如：諮商是什麼？為什麼我要去那裡？我做錯什麼事嗎？去那裡是被懲罰嗎？我是不是有問題？爸媽認為我哪裡有問題嗎？他們還愛我嗎？我朋友會不會以為我有問題？如果他們發現我去那裡，會不會嘲笑我？去那裡會痛嗎？是像去看醫生一樣嗎？要去很久嗎？我什麼時候可以回家？會不會影響我等一下下課（或上體育課）？如果我去了不喜歡，我還是得再去嗎？在那裡我應該說什麼或做什麼？我如果說錯話了要怎麼辦？我應該說我家人的壞話嗎？那位諮商老師會把我說的話告訴別人嗎？這些問題是一般兒童初次接受諮商輔導的內心疑慮，若助人者未能敏感的辨識出來，兒童即可能對諮商過程有所抗拒。兒童表達抗拒的方式有：拒絕說話、拒絕說出較有意義或較重要的話、否認自己有問題、言不及義、避免眼神接觸、遲到或缺席、表達負向的身體語言或是出言不遜、身體力行表達拒絕（如躲在某家具後）。

針對不同背景或不同特質，以及對諮商過程陌生而有疑慮的個案，兒童諮商工作者均須有心理準備，能同理其處境及心態，透過真誠接納與同理的態度，再運用諮商理論及適當技巧，化解其抗拒，以期順利建立諮商關係。

不過對某些兒童諮商工作者而言，另一個常須面對且較棘手的問題是決定「誰是我的個案？」例如：一位母親將 7 歲孩子帶到諮商師的面前，陳述孩子諸多的不適應症狀，如尿床、咬指甲、拔頭髮、說謊及偷竊等。詢問之下，諮商師得知兒童之父母長久婚姻失和，父親常毆打或辱罵母親，母親不被父親家族諒解，近日更在爭取離婚後對孩子的贍養權及監護權。提到這些事件時，母親不斷自責啜泣，但又責備孩子不夠懂事，令其在校方、工作場所及家裡之間疲於奔命……，在此情況下，諮商師要協助的究竟是施暴的父親？無助的母親？或是受害的孩子？不同層次的個案即代表不同的處遇方式，若諮商師仍決定將孩子視為自己的個案，則母親為協助個案之有力人士，諮商師可以建議母親尋找其他之專業協助（例如：法律或婚姻諮商），但是諮商師的焦點則仍應放在孩子身上。

三、情境特質

雖然諮商工作不論何時何地均可進行，但是一些物理環境的安排將有助於諮商工作的進展。進行諮商時應以較有催化作用之空間安排及布置，例如：場地不受外界干擾、安靜、隱密、燈光照明及座椅安排均是舒適溫暖，牆壁的色澤、壁飾及茶几或桌子上的擺設均較溫馨，但又不會令雙方分心。

對兒童個案而言，以下參考 Thompson 和 Henderson（2007）以及實務工作者的建議加以說明。為避免其太過分散注意力，有關空間的安排、室內之擺設、掛鐘，甚至諮商師之衣著打扮均要注意。空間的安排不要太大也不宜太小，例如：有的小學以特教班的知動教室作為個別諮商的場所，裡面的空間通常有一間普通教室那麼大，且放置許多感覺統合或是訓練特殊兒童之設備，兒童進到裡面，很容易受到這些設備的干擾而分心，且空間太大，兒童比較不容易很快建立起對環境的安全感；若個案想要逃避諮商師，則有太多角落可以躲藏，甚至在裡面跑動，讓諮商師疲於奔命；若是空間太狹窄，可能會讓彼此都有拘束感。一般而言，適宜的空間約是一般教室的四分之一大小。

有的學校由於空間有限，或許只有一間「多功能」諮商室，作為個別諮商、團體諮商、志工訓練、小型圖書室、遊戲治療室或是個案研討會等場所。在此情況下，諮商師仍可設法隔出一個適當大小的空間作為個別諮商室，例如：用屏風、書櫃、收納箱或是在地上鋪地毯或巧拼，藉著有形的邊界，形成專屬的個案空間。若須藉助某教室一角，則應注意通風與隱密性，為了減低干擾，可在門口張貼或懸掛「使用中，請勿打擾」的牌子，必要時可帶些溫馨的海報懸掛；若必須在室外，儘量在安靜隱密通風處，勿有太多吸引兒童的遊樂器材，除非目的即在引發兒童的活動性（例如：打籃球邊投籃邊聊、一邊盪鞦韆一邊聊）。若是現實環境不許可，無法找到「標準」的個別諮商室，亦須因地制宜，例如：利用團體輔導室、空教室、圖書館的一角或操場。若是利用這些場所，仍須注意隱密及不易讓兒童分心之原則，例如：諮商師要面對門口，或是利用上課或午休時間到空教室及操場進行諮商。除了空間的大小之外，諮商室不宜太靠近學校行政單位或是教室（以免相互干擾）、宜安靜不被電話、手機或其他人出沒之干擾、諮商室內的布置不被色彩太鮮豔之物品、會移動的物品、滴滴答答的鐘聲，或是水族箱的魚或水聲所影響。

為了讓兒童有被尊重及被關懷的感覺，家具應是讓大人及小孩均舒適為宜，諮商師不宜坐在桌子後面（兒童會視這種人為權威人物），亦即諮商師及兒童之間儘量不要有桌子或其他擺設阻礙，通常諮商師及兒童之座椅成90度，座椅是兒童的腳可以碰觸到地板的高度，且不致因太大，讓兒童似乎被椅子「吞沒」，而令其坐立不安。此外，最好能讓雙方之視線有平行的接觸，而非諮商師高高在上；兒童最好不要坐在有輪子的椅子（因為若兒童不想談話，常常會一直旋轉屁股下的椅子或是不斷地前後滑行，讓諮商師也逐漸被影響）；必要時諮商師面向門，較能掌握門外的狀況，兒童也比較不會受外面的動靜干擾。一般而言，若環境許可，諮商室可舖設地毯，放置一些玩偶、娃娃屋、玩具、畫圖用具或軟墊，一方面讓兒童覺得舒適自在，另一方面亦可適時用來當做談話時的媒介，不過也要注意，要確定兒童不會對這些東西過敏。

在諮商師方面，包括不能遲到或早退，若有不可抗拒的因素必須遲到、早退或缺席，則須盡早讓個案知道，且謀求補救；諮商師絕對不能有電話或手機干擾、勿穿著太鮮豔或暴露的服飾、不宜戴太鮮豔的領帶或是大的首飾，以免讓兒童分心。諮商師的個人物品（如背包、皮包、隨身物品等），盡可能不要放在諮商室內，讓諮商室愈單純愈好，以免有的個案對諮商師的這些物品有興趣而不斷詢問，或是藉機挑釁，或是製造個案「不告而取」的機會。

四、助人關係

人與人之間的任何一層關係均非處於真空的狀態，而是藉著彼此及周遭環境的特色而產生交互作用。助人關係包括了一些關係的特色，例如：社交關係、朋友關係、家人關係、師生關係以及親密關係，但是又不完全是其中任何一種的關係。這份助人關係要能持續，須靠彼此共同經營，但是其存在的主要目的是在滿足一方（即個案）之特殊需求；雖然雙方均須具備一些特質（如互相信任、分享及開放），但二者間的交流均係在增進個案之福祉，故雙方的界限（boundaries）勢必是存在的（Cormier & Hackney, 1993）。因此諮商關係不

等於朋友關係，助人關係亦絕不是在滿足諮商師本身的需求。

一份良好的諮商關係，至少可以發揮四個功能（Hackney & Cormier, 2008）：(1)為個案創造出信任、安全與溫暖的氣氛，個案因而能降低焦慮與壓力，進而願意坦誠面對自己的困擾問題；(2)可以提供個案探索或表達強烈情感的管道，在此安全的氣氛與關係下，個案較能真實勇敢探索，並表達出內心的強烈情緒，進而有較佳的自我掌控感；(3)藉此讓個案能經驗到良好與健康的人際關係，類似矯正性的情緒經驗，也因為這樣的正向關係（例如：個案在此關係中可以坦誠面對自己、可以坦然跟諮商師溝通、不怕被嘲笑或被傷害、可以表達出自己的真實感受及需求，或是想法），讓個案能夠進一步嘗試運用到其真實的人際關係當中；(4)這樣的關係促使個案有勇氣與動力去開展其他的關係。

一般而言，隨著諮商階段不同，助人關係亦會有所變化，這涉及前面所提諮商師之人格特質、諮商風格、個案特質，以及諮商師之專業技巧，若是關係經營得宜，有助於諮商的進行以及個案目標之達成。所謂諮商目標，例如：個案開始正視自己的問題（而非推卸責任、責怪他人）、對自己的困擾問題有不同的思考觀點及行動計畫、對自己有不同的體認與感受，更可能的是經由與諮商師的這份關係，令其更有信心在踏出諮商室之後，與其他的重要他人建立更安全溫暖的關係。

諮商師與兒童個案之間關係的特質包含下列數端（Geldard & Geldard, 1997）：諮商師和兒童所知覺的世界之間有所連結；諮商關係具有專屬性，讓兒童覺得自己在諮商師面前是獨一無二的、是安全的；諮商師是真誠表裡如一的；除了一些例外的情況，諮商關係應該是全然保密的；諮商師不宜過度介入個案的隱私，不宜一直砲轟兒童的許多問題；諮商關係應該是有目的性的，因此若是個案知道整個諮商的目的或是狀況，諮商進展會更快。

誠如Gelso和Carter（1985）所指的「真正的關係」（real relationship），其內涵包括五個前提，分別是：(1)這種正向關係在諮商初期即已真實存在；(2)這份關係的重要性關乎諮商師之理論架構，但是對個案而言，不必具有任何理論性；(3)不論任何理論取向均須致力於這種真正關係；(4)這層關係的質與量會隨著諮商的歷程而遞增；(5)諮商雙方也許對「真正的關係」有不同的期望及作法，但二者均相信其為成功諮商的核心因素。

Corsini（2008: 8-9）整理出造成個案改變的九個治療因素，分別是：

1.認知因素：(1)普同感：個案體認到自己的處境並不孤單，也有別人跟其遭遇一樣的困境；(2)洞察：當個案逐漸了解自己與他人，且對自己的動機與行為有不同的體認或觀點；(3)示範作用：見賢思齊，個案會從模仿他人受益，例如：模仿治療師。

2.情感因素：(4)尊重與接納：個案感覺被無條件尊重與接納，尤其是來自於治療師的這份積極關注；(5)利他主義：當個案體驗到自己得到來自治療師或是團體中其他成員的愛與協助，或是個案發現自己有能力給別人愛，幫助別人時，改變於焉發生；(6)情感轉移：這是指個案能與治療師或團體內的其他成員產生情感上的連結。

3.行為因素：(7)真實情境的試驗：當個案能在安全的個別諮商情境或是團體情境實驗或演練新的行為，且獲得支持與回饋時，較有可能改變；(8)宣洩情緒：透過治療情境內的哭泣、大聲叫喊、表達憤怒或藝術性媒材等方式，宣洩自己的情緒，而仍然確定自己是被接納的；(9)互動：當個案能勇於在團體內坦然承認自己所作所為或是自己這個人是有要檢討之處。

第二節 兒童諮商之歷程與階段

「諮商」對諮商師與個案而言，均是充滿期待、神祕與不安的心路歷程，在彼此密集深入的互動過程中，雙方的想法和感受往往會隨著諮商階段的不同而有不同的風貌。Prochaska、DiClemente 和 Norcross（1992）將一般個案的改變分成五個階段：

1.醞釀期（Precontemplative stage）：此階段的個案並無意改變，可能根本未意識到自己有問題，通常都是周遭的人認為其有問題，因此可能用一些方式讓此人來求助，可以想見，此人改變的動機或意願皆弱；若此人 6 個月內都沒有進一步想改變的意願，則只能一直停留在此階段。

2.沉思期（Contemplative stage）：此階段的個案已經意識到自己的困擾問題，可能也想要有所改變，但是尚未下定任何決心，常常會在改變或不改變的利弊得失之間徘徊；這個階段可能持續好幾年，諮商師可藉由鼓勵、面質、教育或提升意識等方式，促其願意有所改變。

3.準備期（Preparation stage）：個案在此階段，會願意做些改變並採取行動。諮商師可以和個案一起討論有哪些行為的替代方案，且個案要改變的行為，是和其價值觀相呼應，也能顧及其情緒感受。

4.行動期（Action stage）：個案在此階段，已經逐步展開各項行動；不管是個案或是其周遭的人，都可以看得出來一些改變，此階段很重要的是讓欲改變的行為能持續；諮商師在此階段可以透過鼓勵、支持、增強個案改變的動機，與個案討論影響改變的助力與阻力。

5.維持期（Maintenance stage）：個案在此階段的改變更持續與穩定，要造成持續永久的改變，可能要重複經歷前面的一些階段，諮商師在此階段即是努力與個案設法維持改變的穩定度。

上述的幾個改變階段（Prochaska et al., 1992），對多數兒童而言亦可適用，尤其兒童個案通常都是由大人轉介而來，兒童本身並未意識到自己有什麼困擾問題，加上對於諮商情境的陌生（以為諮商師跟老師或父母的角色一樣，甚至像醫生，可能會給小朋友打針或開處方吃藥），再加上此時期兒童的口語表達或認知能力均在成熟發展中，因此諮商師除了敏感於這些改變的心路歷程，更要對整個諮商歷程有所理解與掌握。

一般而言，兒童諮商的整個完整流程通常包含如圖 5-1 所示（Geldard & Geldard, 1997），大致上包含初期診斷階段、進行兒童諮商、將兒童周遭之重要人士納入諮商系統，以及結束與評估諮商效果。每個階段各有其工作任務，以下分別簡要說明。

在初期診斷階段，諮商師會接到來自家長、老師、社會服務機構，或是司

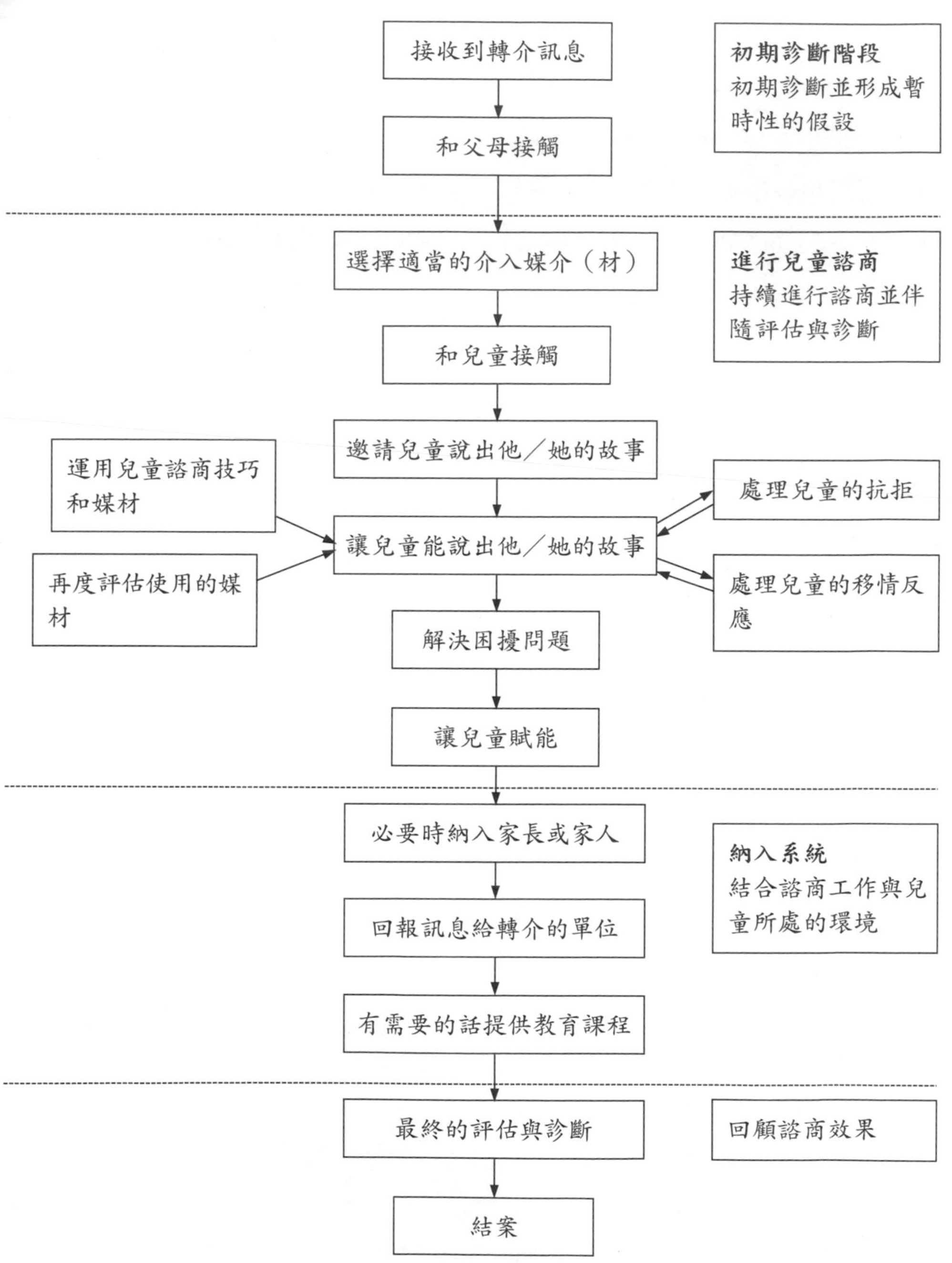

圖 5-1　兒童治療歷程

資料來源：引自 Geldard & Geldard (1997: 36)

法、醫療單位的轉介通知。諮商師一方面要透過晤談、觀察或診斷評估工具等，蒐集有關個案的相關資料，另一方面也要和家長（或是法定代理人、監護人）接觸，了解其對個案的看法及期望，透過此階段，諮商師形成暫時性的假設，並安排與兒童的正式接觸。

諮商師在此階段所蒐集的相關資料，通常包含兒童的基本資料、主訴問題、認知、行為、人格、語言與動作的發展情形、文化背景、所處環境、目前的生活情形、家庭狀況、個人的健康與醫療史、學業狀況，以及在校的人際關係等，藉此逐漸形成初步的假設。

諮商師對於轉介單位的陳述，要保持客觀中立的態度，轉介者對於這位兒童或許已經束手無策，因此對兒童的描述可能只是站在他們無助、憤怒或絕望的立場。諮商師與轉介者，或是兒童的家屬與師長接觸時，除了要傾聽轉介者對兒童的敘述，同理其在照顧兒童的過程中所經歷的萬般情緒，亦要了解並溝通其對兒童的期待、對兒童困擾問題的看法、曾經嘗試過的有效或無效策略；除此之外，也要跟轉介者大致說明未來的諮商重點或方向、保密的原則與例外，以及轉介者需要配合的地方。

一旦進入與兒童進行諮商的階段，諮商師需依據之前蒐集到有關兒童的資訊，根據其主訴的困擾問題，以及其年齡、性別和身心發展階段，決定採用哪些媒材以及進行方式，例如：以個別諮商、遊戲治療、讀書治療，或是以團體諮商為主等。不論是個別諮商或是個別遊戲治療，諮商師可以先跟家長單獨晤談，之後跟兒童單獨工作，隔一陣子之後，再與家長進行諮詢工作，如此較能了解兒童在諮商情境外的情形。

初次晤談時，為了讓兒童對於諮商情境的陌生感與焦慮度降低，諮商師可以帶領兒童與家長，對「接待室」及個別諮商場所做些導覽；諮商師也要對兒童進行場面構成，讓兒童對諮商師、諮商的進行方式以及保密的原則與例外等，均有基本的理解。

在諮商關係中，諮商師透過各種媒材，透過諮商環境的鋪陳，以及透過諮商師所展現的同理、接納與嘗試理解的態度，讓兒童基於對諮商師以及對自己的信任，有機會逐步說出屬於他／她自己經歷的故事，表達出內心的各種情緒，例如：快樂、悲傷、困惑、憤怒、沮喪、恐懼與無助等；能夠統整自己的思考，整理自己過去的有效或無效的行為模式，進而嘗試解決困擾問題，最終的目的是讓兒童自覺有能力、有自信去面對並處理往後的各類問題。在整個諮商過程中，諮商師要能處理兒童的抗拒以及對諮商師的移情反應。

諮商師在與兒童工作時，必須謹記在心的是兒童受限於年齡與發展程度，身處各個系統中，很難忽視各系統對其的影響力，因此在與兒童工作時，必須將兒童所處的家庭、學校或是養護機構等，納入整個諮商計畫內。也因此諮商師要定期或是不定期地與轉介單位聯繫，在不違反保密原則的前提下，提供兒童目前的進展或是所需協助的資訊給轉介單位，多管齊下，亦即從生態的觀點來進行個案輔導，這樣對兒童的協助才能落實；必要的話，也要提供一些心理一教育的相關課程，提升兒童對於各發展階段可能面臨議題的因應能力。

在最終的評估與診斷階段，諮商師、兒童與轉介單位一起評估兒童的目前適應情形，評估其是否需要進一步的介入策略或是轉介至其他相關單位，和兒童回顧整個諮商過程，以及回顧諮商效果，進行結案，之後再進行追蹤輔導，了解兒童之適應情形。

這整個過程的起承轉合，不一定得拘泥在這樣的流程，例如：有的個案可能必須先跳過初期完整蒐集資料的過程，直接進展到諮商工作，或是兒童的主要照顧者無法適時發揮照顧者的功能，這時諮商師即需採取別的介入策略（例如：請社工人員介入），因此諮商師以兒童為焦點，著重諮商關係的發展，並且能夠針對兒童的狀況彈性介入，才能對兒童提供最適切的服務。

除了上述與兒童進行諮商的流程，亦有諸多學者針對諮商的整個過程提出不同的發展階段。較為單純的分類，大抵分為諮商初期、中期及結束階段，每個階段均有其特色與任務（Corey & Corey, 2006; Cormier & Hackney, 1993; Egan, 1998; Hackney & Cormier, 2008; Hill, 2009; Ivey, 2006）。諮商初期主要是協助個案陳述其主訴問題、找出阻力及助力，以及處理諮商師的焦慮、處理個案對這份關係的擔心及害怕。到了第二階段（中期），雙方的關係已趨穩定，即邁入確定諮商目標及擬定處遇計畫，在此階段既要強調諮商師之專業技巧及理論架構之引導，更要重視雙方之合作關係，否則只會流於一廂情願的「灌輸」，很難對個案有所助益。至於第三階段，即行動及結束階段，所著重的是延續前二階段的基礎，將個案之洞察（insight）轉化為具體行動並落實之，並且要處理個案對即將結束諮商關係的諸般感受。另外，Nelson-Jones（2003）將諮商或助人歷程分為三個階段：展開關聯（relating）、了解（understanding）與改變（changing），雖然名稱不同，但是各階段的重點與性質類似。

另外，亦有學者將諮商階段區分得較為細緻，例如：Doyle（1998）認為諮商是個發展性階段，將諮商的起承轉合分為五個階段，分別是：關係建立、探索（了解個案及其參考架構）、做決定（訂定諮商目標及決定介入的策略）、工作或執行，以及終結階段。至於Hackney和Cormier（1996）則將諮商階段分為：建立投契與良好關係階段、對困擾問題的評估與定義階段、設定目標、展開介入策略，以及終結與追蹤等五個階段。本節係將兒童諮商之歷程分為初期、探索期、工作期與結束等四個階段，每個階段分別探討該期之特色、諮商師應注意事項，以及身處該期時個案之可能感受和體驗。

一、諮商階段初期（Initial stage）

「好的開始是成功的一半」，雙方之諮商關係及目標若能在諮商初期即有輪廓，將有助於往後之進行。諮商初期之個案大致有二個來源：一是諮商師主動發掘或受轉介之委託，並邀請個案來談；二是由案主自行前來求助。以兒童而言，自行求助的比例較少。

若是個案主動前來，諮商師對個案之主訴重點及目的均不清楚，難免會有所焦慮，因此在晤談時，除了積極專注的傾聽個案之敘述，有時亦要與個案澄清，例如：「剛剛你提到老師對你的誤會，其他小朋友也不斷嘲笑你，甚至爸媽也懷疑你真的偷了錢，不知道你來找老師，主要是想針對什麼來談？」藉此釐清諮商師是否能真正的幫助個案，以及諮商進行的方向為何。

另一方面，若個案是被動而來，大多數的個案心中會充滿疑惑（「為什麼找我來談，我是不是有問題？」），甚至是抗拒，認為自己的隱私權及自主性皆受到挑戰，亦擔心別人會如何看待他／她這個「問題學生」。為避免兩者關係之僵化或惡化，諮商師最好能以坦誠之態度，向個案說明邀請他／她來之目的（「你們導師向我提到你上課的一些行為，像不斷踢前面小朋友的椅子，令她很困擾，所以如果你願意的話，我想跟你聊聊你對這些行為的看法」）。

諮商師在進行初次晤談時，可以依照個案之情形採取下列二者之態度：第一種是以蒐集資訊為主的初次晤談（information-oriented first interview）（Gladding, 1992），此種晤談是以諮商師為主，主要在藉由一些技巧或診斷工具蒐集有關個案及其問題之資料，以評估是否繼續接案、如何進行或是如何轉介。以此方式晤談時，諮商師常用的技巧如「探問」（probe），即以誰、何時、何地、如何或什麼事等問題來對談，例如：「那你打算什麼時候開始每天六點起床？」，另外的技巧，如封閉式問句（「你最近有沒有尋死的念頭或行動？」），以及澄清（「有關你當幹部當得很洩氣的事，能不能再多跟我說一些，好讓我了解？」）

另一個方向則是以關係為主的初次晤談（relationship-oriented first interview），乃是著重在雙方關係的建立，蒐集資訊為輔。諮商師常用的技巧，例如：簡述語意（「你的意思是說第一次被同學勒索時，你怕他們真的報復你的家人，所以不敢聲張，但是現在很後悔這麼做。」）、情感反映（「這麼漫長的路都是你一個人獨自撐過來，你現在覺得很無力、很孤單。」），以及反映非口語訊息（「我注意到每次你提到父親，嘴角就往下垂。」）這些反應均不涉及諮商師之價值判斷或評估，純粹表達對個案真誠的關心並鼓勵個案暢所欲言；在此階段，諮商師亦須評估其能力是否可接此個案或應予轉介。

不管是以何種角度切入，在此階段的諮商師要展現專注、傾聽、無條件接納、同理及真誠一致等態度（Patterson & Welfel, 2000），讓個案的焦慮及疑慮慢慢降低，而能對諮商情境較為熟悉自在；除此之外，Egan（1998）另外提到「具體」的技巧亦很重要，亦即諮商師應用清楚的語言讓個案及諮商師都了解個案目前的狀況。

諮商初期，若個案對此情境全然陌生，因而有許多的焦慮及不確定感，諮商師可以提供個案明確的指引，即「場面構成」，例如：諮商大致進行的流程、個案不願來談的後果，以及收費標準等，讓個案安心進入諮商情境；即使有些個案一進諮商室立即迫不及待想一吐胸中塊壘，待一陣子之後，個案仍有可能面臨對諮商情境及關係的焦慮（Cormier & Hackney, 1993），因此諮商師對於個案的內心狀況均要有適度的敏感性，並適時予以因應。

特別是以兒童而言，要打破彼此間的僵局可能更要讓諮商師費心，諮商師親切的態度、不過於花俏的衣著打扮、就兒童有興趣之主題或輔導室（處）內之擺設、圖書與玩具等拉近彼此距離均是必須。通常諮商師與兒童第一次接觸時，諮商師可以蹲下來到兒童的高度，或是彼此坐下，諮商師可以從個案的穿著打扮切入（例如：「你今天穿的衣服有小熊維尼的圖案，看起來很可愛。」或是「你的這雙鞋子好酷，樣子很別緻。」）

二、探索階段（Exploration stage）

一旦基本的諮商關係建立後，諮商師接下來即要協助個案對自己及其困擾問題有更深一層的了解。在此階段，諮商師之角色轉為積極主動，除了仍是專心傾聽及觀察個案之口語及非口語訊息外，亦要開始評估個案之狀況，例如：其人格特質傾向、適應及不適應行為之情形、個案之挫折容忍度、問題解決之能力、支援系統之強弱、助力及阻力，甚至可以依諮商師之理論架構來評估其困擾之情形。

就如 Egan（1994）所發展出來的助人模式：第一階段在找出並澄清有困擾的情境，並挖掘被隱藏或埋沒之資源；第二階段則在發展出理想的方向，即在確認困擾問題後，諮商師及個案一起探討未來可以如何走，同時個案願意承諾要有所改變；到了第三階段，則是將計畫化為具體實際之行動，自諸多可行性中尋找最適合之行動計畫；若是結果不如預期，再回過頭來重新修訂。

諮商師在此階段常用之技巧，除了前述之同理、具體與引導之外，尚有解釋、面質、立即性，甚至在雙方對個案問題有更新或更深一層體認之後，要再重新界定契約或諮商目標；諮商師在此階段更要小心介入自己之價值判斷，而且不宜過度投入（over-identify）個案之困擾中。

由於此時期已經進入工作期，諮商師往往會碰觸到個案之盲點或脆弱之處，個案想逃避或否認是自然的事，甚至有意無意的抗拒諮商歷程亦是意料中事；事實上，許多個案原本即知自己困擾問題之癥結所在，只是不願承認，或是其實帶著這些困擾問題（例如：過度肥胖或酗酒），可令其免於面對其他更深沉或痛苦之問題（例如：配偶有外遇或婚姻暴力），甚至有的個案在此階段，只是循著「醫學模式」（medical model），急著想找出問題所在，以及「罪魁禍首」是誰，期望如此即能減輕自己的痛苦或罪惡感，並能對症下藥（Cormier & Hackney, 1993）。諮商師在此階段對個案真誠的關懷，輔以自己的專業知能，對個案的協助即在為其因循已久之行為模式，重新開啟另一扇希望之門。

若諮商的對象是兒童，除了上述原則之外，若兒童對自己之困擾問題難以表達或整理清楚，諮商師尚須藉助其他工具（如「行為問題量表」、「語句完成測驗」、「屋一樹一人測驗」及問卷等）或媒介（如繪畫、布偶、黏土或遊戲治療的玩具等），以協助兒童。另外，個案周遭之重要他人對個案之看法及期待，也可能成為協助個案之助力或阻力，因此要多加了解與溝通。

三、工作階段（Working stage）

這個階段與前述之第二階段，界限有時很難區分清楚，大抵此階段的前提是，諮商雙方已建立良好的工作關係，諮商師對個案之困擾問題已有足夠之了解，個案亦有意願面對並克服其困擾問題，諮商師能逐漸形成假設並與個案一起擬定處遇計畫。

「戲法人人會變，各有巧妙不同」，沒有任何一套諮商策略適用於所有情境或是所有個案。事實上，不同技巧對不同個案、不同問題或是不同的諮商目標，可能均會有不同之效果。在此情況下，諮商師首先必須先了解自己的風格、理論背景、對個案「改變」歷程之看法，並且對不同之諮商理論或介入策略有足夠的了解且能嫻熟運用。

一些初學的諮商師在此階段常有「黔驢技窮」之困境，有可能固守書上之知識而不知加以變通，或是極端依賴督導之建議，更怕會因自己之「介入」而傷害個案，因此更加綁手綁腳，施展不開；事實上，個案往往不是像諮商師想像的那麼脆弱，個案也有其復原力，若諮商師建議的方式不適用於個案，個案可能陽奉陰違或只是虛與委蛇，如此正是諮商師深入與其探討之機會；但為了保證個案免於身心受創，諮商師對自己所持之理論架構，或是所運用諮商技巧之理念和作法，應有足夠的認識，一些較「強而有力」的技巧，例如：「空椅法」（empty chair）或「催眠」等，必須由有受過訓練且有經驗之諮商師配合個案之情形加以運用。

大致而言，諮商之策略可分為四大領域，分別是認知的、情感的、行為的，以及以關係或系統為主要取向的。在第四章的諮商理論一章已提過，不同取向之理論與策略，各有其特色及限制，對個案而言，也許會殊途同歸，亦可能是「船過水無痕」，未看到其成效；因此諮商師在運用時，宜考慮個案之問題性質、個案之特色（例如：以認知思考為主的個案，可以以認知學派為主），以及諮商師之風格等方面加以判斷。

Cormier 和 Hackney（1993）融合 Hutchins（1979, 1982, 1984）的 T-F-A 模式（thought、feeling、action，即思考、感覺及行動），與L'Abate（1981）的 E-R-A 模式（emotionality、rationality、activity model，感性、理性、行動模式），整理出不同之諮商介入策略。

例如：以情感（affective）為主之學派為個人中心學派、完形學派、心理動力學派與體驗性學派，其所運用之技巧，包括：同理心、積極尊重、真誠、空椅、幻遊、夢的工作、生理回饋、自由聯想、夢的解析，以及專注（focusing）等；至於個案通常所顯現之困擾集中在情緒的表達、衝動、不穩定，以及對自己或他人過於敏感等。

在認知方面之策略，例如：理性情緒治療法之 A-B-C-D-E 模式、提供訊息的讀書治療策略、問題解決與做決定的策略、腦力激盪、尋找可行的替代方案，以及重新框架（reframing），或是溝通分析學派的腳本分析（script analysis）以及交流分析（transactional analysis）等。

第三大領域是行為方面的，典型的行為學派常用技巧，例如：自我肯定訓練、社交技巧訓練、系統減敏感法、各式的行為改變技術，以及訂定契約等。現實學派強調的是共融關係（involvement）及行動計畫；另一方面，認知行為學派則強調如壓力免疫法（stress inoculation）、自我對話與認知重建等方式。

第四大領域則是日益受到重視的家庭系統論，尤其對兒童輔導工作者而言，造成兒童困擾的來源，除了兒童本身之外，家庭常是影響至鉅的因素，若諮商師想介入個案之家庭系統，所須了解的概念及可用技巧，例如：結構治療（structural therapy）、家庭次級系統（subsystem）、黏著（enmeshment）、三角關係（triangles）、聯盟關係（alliance）等觀念；策略治療學派（strategic therapy）所使用的技巧，例如：重新定義和為問題下處方等。

不論諮商師的風格為何，為了能落實對個案的協助，前面二階段之工作不可或缺，必須皆完備後，進入到第三階段才有可能對個案之困擾問題有所突破，當然這亦是不斷循環可修改之歷程。一旦這三個階段均順利度過，最後一個的終結階段將是水到渠成。

個案在此階段之心路歷程亦是相當複雜，許多個案一開始求助時，對諮商師一方面不抱期望（因積習已久、病入膏肓且周遭人士對其行為均已絕望，因此可能對其冷言冷語），另一方面則又期盼諮商師能助其起死回生、迎向光明。諮商師的介入可能會令個案再度燃起希望之火，但一旦到此階段，有的個案努力形成一些改變，得到的結果反而對其不利（例如：個案變得很用功，每天按時交作業，反而被其他小朋友嘲笑「乖寶寶」而疏遠之）。個案往往在此時會有沮喪退縮之感受，並懷疑自己是否有可能改變。因此，諮商師一來可以對個案打預防針，作心理建設，二來亦可協助個案藉著看到其努力成果，以肯定其付出。亦即此階段是做決定與承諾改變的階段，個案往往會經歷許多痛苦掙扎與猶豫；有時原來的行為雖然看來是不良行為，但弔詭的是，必有其好處（例如：兒童雖然因為上課時不斷干擾教室秩序而受罰，但是因此而得到老師與同學的關注），因此諮商師與個案在討論行為改變的可能性時，要將這些隱微的因素也列入考慮，才能事半功倍。

若個案能順利度過此階段而邁入終結階段，許多個案會擔心自己是否「真的有能力單飛？」以及未來若再遇困難，該如何求助？諮商師對此可能性亦應及早因應，例如：讓個案能將其在諮商中所學的，順利轉換到現實情境，並且要讓個案知道，造成其有所改變的，主要是個案自己的功勞，而非諮商師之功。

四、終結階段（Termination stage）

天下無不散的宴席，諮商過程不論如何的漫長，終究會結束。Gladding（1992）認為終結階段雖然重要，但卻是在諮商研究中最被忽視的部分。主要原因有二（Ward, 1984）：其一是在社會文化傳統中，不願多談有關生離死別之事，而「終結」往往與「分離」劃上等號；其二是因為終結階段並非一個特定技巧，難以在諮商師訓練課程中有系統的教授。雖然如此，最近幾年的諮商工作者已漸漸重視此階段之重要性。

終結階段最主要的功能是讓諮商雙方皆明瞭諮商就像萬物的變化一樣，有開始，亦有結束。尤其對兒童而言，終結階段若處理得宜，一方面能讓其學習到如何與一個陌生人建立關係及至終結關係，另一方面亦學習到如何統整現階段所學，再帶著這份學習經驗與新習得的技巧、想法，重新回到現實生活，這對兒童而言，亦是一種肯定，表示其已更成熟懂事（Dixon & Glover, 1984; Vickio, 1990）。

至於何時是最佳的終結時間，則無定論，過早結束會讓兒童因頓失所依而有悲傷、不捨、忿怒或甚至退化等現象產生；遲遲不結束亦可能令兒童以為自己的困擾問題很嚴重，或是逐漸產生依賴諮商師的心理。

Hackney 和 Cormier（1988）提出四個決定最佳終結時間的考慮因素：首先是看當初雙方是否有建立契約，論及何時或在何種情形下結束諮商關係；其次是看兒童是否已在諮商過程中獲得其想要達到的目標；再者則是看雙方對諮商過程的看法，若至少一方認為諮商對兒童而言並無助益，甚至有害，則應慎重考慮結束；最後則是考慮是否有不可抗拒之因素，例如：畢業、轉學、休學、諮商師離職或工作負擔過重等，則終結是無可避免的結果。

在針對兒童處理有關終結議題時，諮商師首先要了解不同發展階段的兒童，對「分離」的認知概念可能亦有所不同，例如：國小低年級的分離焦慮可能高於其他年齡層的兒童；其次是在諮商初期，諮商師即應針對兒童之待處理問題，若可能的話，與兒童一起決定大約要談幾次，並決定諮商目標。由於兒童對時間的觀念尚未發展成熟，在諮商快要結束的前幾次，諮商師即須逐漸提醒兒童「再過幾次即要結束談話」，藉此觀察並處理兒童對終結的情緒反應。

在最後一次談話中，諮商雙方可以共同回顧整個諮商過程，整理兒童的成長經驗以及處理未完成的事宜。最後，諮商師亦可提醒兒童在結束諮商過程後，兒童回到現實生活可能面臨的困境及可採取的因應之道，並提醒其若未來覺得有必要，可再回來找諮商師或是尋求其他的專業協助。整個諮商過程結束後數週或數月，諮商師可以用信件、電話或面談的方式進行追蹤輔導（follow-up），以了解兒童之適應情形。

不論在任何階段，良好的諮商關係均是不可或缺，即使在諮商歷程中，雙方之關係有所變化或陷於緊張及低潮，均有賴於諮商師之覺察以及運用諮商技巧以因應；此外，由於兒童之口語表達能力較為有限，對內在之各種情緒亦不知應如何表達才能被了解與接受；再者，完全依賴語言的交談對兒童而言，其動機較難待續，會令兒童喪失參與的興趣而生抗拒之心，接下來的第三節即要介紹常用的兒童諮商之技巧，包括運用不同媒介的技巧。

第三節 兒童諮商技巧

諮商技巧可以說是達到諮商目標的工具，而運用技巧所要協助的個案更是包含各式各樣的人，因此諮商師除了熟悉各諮商技巧之意義、使用時機、表達方式及限制外，更須經由自己對個案之了解，以人對人，而非人對動物或機器之態度靈活運用這些技巧，以發揮助人之效果。

一般學者將諮商技巧依不同之系統予以不同分類方式，例如：口語及非口語技巧；或依諮商風格之不同而採用之技巧，例如：建立關係或終結的技巧；或依不同之理論取向而延伸出來之技巧等。以口語及非口語技巧而言，Okun 和 Kantrowitz（2008: 31）整理各學者之論點，歸納有效的口語及非口語行為如表 5-1 所述，至於無效的口語及非口語行為則如表 5-2 所整理。

表 5-1　有效的助人行為

口語行為	非口語行為
使用個案能理解的語詞	維持良好的眼神接觸
能反映並澄清個案的陳述	偶爾點頭示意
適當的闡釋	臉上表情生動
為個案做摘要	偶爾微笑
回應主要的訊息	偶爾用手勢表現
運用口語助詞，例如：「嗯哼」、「這樣啊」、「我了解」	靠近個案
用個案希望被稱呼的名字來稱呼他／她	說話速度適中
適度的提供資訊	身體略向前傾
適當的回答有關自己的問題	適當的時候偶而與個案有肢體接觸
偶爾運用幽默來化解個案的緊張焦慮	保持放鬆、開放的身體姿勢
不批判且尊重個案	語調有自信
讓個案對諮商師的陳述增加更多的理解	
用假設性的方式提出闡釋，讓個案有機會真誠給予回饋	

資料來源：引自 Okun & Kantrowitz (2008: 32)

表 5-2　無效的助人行為

口語行為	非口語行為
打斷個案的話	眼神注視其他地方
給忠告或建議	坐得離個案很遠或背向個案
說教	輕蔑嘲笑的態度
不斷安撫	皺眉
責備	表情慍怒、陰沉
阿諛奉承	嘴唇緊閉
強烈說服	猛搖食指
連續質問或刺探個案，尤其是問「為什麼」	表情是分心的（心不在焉）
	打呵欠
引導、要求	閉上眼睛
擺出以恩人自居的態度	令人不舒服的語調
過度闡釋	說話速度太快或太慢
用個案聽不懂的話或是專有名詞	動作急躁

表 5-2 無效的助人行為（續）

口語行為	非口語行為
離題	不斷重複看鐘或看錶
過度理智化	手裡甩著筆或筆蓋
過度分析	
談論太多關於自己的一切	
貶抑個案或是不相信個案	

資料來源：引自 Okun & Kantrowitz (2008: 32)

為便於說明起見，本節將常用於兒童之諮商技巧分為三大類，分別是催化性、挑戰性及行動性的技巧，每一大類下之技巧除簡要說明其意義以及使用方法外，亦列出一些練習題供讀者自行練習。除了這三大類諮商技巧外，有鑑於兒童本身的認知與表達能力有限，本節並簡要介紹諮商師可以利用的一些輔導媒介，以更有效的進入兒童的內心世界。

一、催化性之技巧（facilitative skills）

所謂催化性之技巧，主要在藉由諮商師口語及非口語的方式，表達對個案之尊重、接納與關注，再藉由澄清及引導等技巧，一方面幫助諮商師對個案及其主訴問題有更完整之了解，另一方面亦協助個案對自己的困擾問題找到焦點，並進一步加以探討。以下是常用之催化性技巧。

（一）場面構成（structuring）

場面構成是指諮商師在諮商的任何階段，透過一些言語，讓個案知道有關諮商的歷程或結果的相關資訊（Patterson & Welfel, 2000）。談話的內容涉及諮商的性質、情境、限制、目標、進行方式、付費方式、可達到的目標，以及可能要付出的風險或代價等，讓個案或其周遭的人對於諮商有正確的了解與期待，如此也有助於諮商的進展。

諮商初期的場面構成可能依據個案的年齡或背景有所不同，但是大體上包括未來預計要進行幾次的諮商、頻率、進行的時間（星期幾的幾點到幾點）、地點、諮商的預期目標、諮商師通常進行的方式、期待個案做到的事、遲到或缺席的處理方式，以及保密的限度及例外等，這些內容若能清楚向個案或其家屬說明，對於諮商關係的發展以及個案的投入，均有幫助。

至於諮商後期的場面構成，主要的內涵包括：再度重申保密的議題、確定時間的架構、提醒個案有關諮商歷程的性質、諮商師與個案各自的角色定位、整理迄今個案的進展，或是讓個案知道諮商已經進展到下一個階段（Patterson & Welfel, 2000）。

〔練習一〕

◎請寫下針對一位國小四年級男童，在第一次諮商初期，你會跟他說的內容：

你的內容：＿＿＿＿＿＿＿＿＿＿＿＿＿＿＿＿＿＿＿＿＿＿＿＿＿＿＿＿

（二）觀察

對兒童真正而深入的了解，可能始於諮商師的觀察。一開始時，諮商師儘量運用非參與式的觀察，了解兒童的行為模式、外表、穿著打扮、表情、認知發展情形、口語表達，以及與周遭人物互動的情形（Geldard & Geldard, 1997）。諮商師需抱持開放不預設的態度進行觀察，之後進一步觀察當兒童與諮商師開始接觸後，兒童對於諮商師這個人、諮商情境、所用的媒材，以及諮商過程所抱持的態度與表現。這些觀察有助於諮商師形成對兒童較為客觀的知覺，再據以進展諮商關係。

（三）專注（attention）

諮商中的專注技巧能發揮幾項功能（Austin, 1999），例如：有助於案主繼續談下去，諮商師同時示範諮商中的合宜行為，傳達對個案的尊重，增加諮商師對個案的洞察，以及對個案的專注。Egan（1994）將專注與積極傾聽（active listening）加以區分，其中「專注」是主動積極地與個案同在，不論是生理或心理的層面均是；而積極傾聽則是指諮商師能夠捕捉並了解個案透過口語或肢體所傳遞出來的訊息。

專注可分為三個層次（Egan, 1998）：第一個層次可以用「SOLER」五字來表示，「S」（Squarely）是指諮商師以 90 度之角度面對個案，如此能讓個案既感到諮商師之關注，又不致太有壓迫感；「O」（Open）是指肢體呈現開放、舒緩、不防衛的方式；「L」（Lean）是指諮商師的上半身略向前傾，以表達對個案及其困擾問題之關心；「E」（Eye Contact）是指眼神自然的接觸；「R」（Relax）則是指以自然舒適而非僵硬的方式呈現在個案面前，如此亦可展現諮商師的專業能力與自信。

除了 Egan（1998）的 SOLER，Ivey 和 Ivey（1999）進一步也提出 V3B，將諮商師的專注技巧加上口語行為，分別是：「V」（Visual Eye Contact），即與個案有適當的眼神接觸，即使在一些不強調眼神直接接觸的文化背景之下，仍有其表達對對方尊重與關注的方式；「V」（Vocal Quality），即是指諮商師除了注意要「說些什麼」，更要注意「如何說」，才能讓個案真切感受到諮商師所要表達的，因此諮商師的語調、音量、抑揚頓挫或是節奏等，對諮商過程均會有所影響；「V」（Verbal Tracking），即是指諮商師的口語反應，讓個案能夠依其步調，逐步呈現其所經歷的事件與世界，不是由諮商師全盤主導；「B」（Body Language），即是指諮商師的整個肢體語言，展現的是對個案的關注、尊重及接納。

專注的第二個層次是以自己的身體語言傳遞訊息，包括：肢體動作、眼神注視、眼球轉動、身體擺動、整體外觀，以及語調等方面，這些均以無聲但有力之方式呈現出來而影響諮商之進行（Egan, 1994; Gladding, 1992; Kottler, 2000; Okun, 1987）。

至於第三個層次則是「人在心在」（social-emotional presence），即是諮商師舉手投足之外，所透露出來的整體訊息是全神貫注、心無旁騖、對個案充分關心，但又不是強制性或壓迫性的呈現在個案面前、敏銳地注意到個案的非口語訊息、不是只有「聽到」，要「聽見」，以及注意到表面與隱藏底下的訊息（Kottler, 2000）。

Egan（1998）及 Patterson 和 Welfel（2000）分別指出諮商師難以專注或是與個案溝通不良的原因，包括：諮商師心有旁騖、太過於評價性、已經有預設或是成見、只注意到事實的層面、太早給建議、對個案說教、問太多問題、太多自我表露、自己內心在練習等下要說的話、過度同情個案，以及打斷個案等。

〔練習二〕

請寫下個案之下列反應對你的意義為何：

◎一個國小五年級的小朋友拒絕說話，並且避免與諮商師有眼神的接觸。

對你的意義：____________________

◎一個國小三年級的小朋友走進你的辦公室，輕輕坐在椅子上，雙腿併攏，身體坐得挺直，雙手不斷在大腿上扭動。

對你的意義：____________________

（四）反映（reflection）

又稱簡述語意（paraphrasing or restatement），此技巧是指諮商師以更簡短但不失原意的方式，重述個案所敘述過的口語內容或反映出個案之情緒反應，此技巧有助於諮商師及個案檢視個案之狀況，亦可檢核諮商師是否有所疏漏或誤解。

〔練習三〕

◎個　案：我再也不相信大人所說的話了，我爸媽已答應帶我出國3次，但是每次都黃牛。

諮商師：____________________

◎個　案：（雙手握拳、咬牙切齒）我們老師竟然不相信我真的沒作弊，而且在全班面前當眾羞辱我。

諮商師：____________________

（五）引導（leading）

雖然某些諮商學派（如個人中心學派）不主張對個案有太多的引導，以免妨礙其潛能的發揮，但是仍有許多學派在諮商過程中運用不同程度的引導技術以協助其當事人。「引導」之詞首先由 Robinson（1950）所用，指的是諮商師有意的運用某些行為以造福其當事人，引導的程度須視個案與諮商師之發展階段而定，過與不及，即引導太多與放牛吃草型，或完全不引導的諮商師，對個案之協助均較有限。

Patterson 和 Eisenberg（1982）以及 Patterson 和 Welfel（2000）整理出諮商師可用之引導行為，從最輕微的引導，到最強烈明顯的引導，例如：沉默（諮商師保持靜默，讓個案感受到壓力而打破沉寂）、接納與口語輕微鼓勵（例如：「嗯哼！」「這樣子喔！」）、簡述語意或微小的鼓勵（例如：「說說看你說的『孤獨』是指什麼？」）等，適合在諮商初期運用，諮商師不預設立場，將主控權交給個案，諮商師只是從旁鼓勵對方表達。

接下來較多程度引導的行為，例如：初層次同理（諮商師設身處地感受個案的狀況並用不同的言語反映出來，藉此求證或澄清個案所言）、澄清（「你剛剛的意思是說老師給你的功課壓力太大，讓你不敢來上學，是不是這樣？」）、高層次同理（「你覺得如果你在學校一直闖禍，爸爸媽媽忙著處理你的問題，就比較不會吵著要離婚？」）、肯定（「你看起來好像要讓自己的生活更上軌道。」）、一般性的引導（「你要不要多談談你在班上的人際關係？」）等方式，均強調諮商師已逐漸有自己欲探討的方向，藉由一些口語反應而將個案帶往該方向。

再深入直接的引導行為，例如：立即性（「今天我們談了一些你的困難和可以解決的方法，你都是說：『是啊，可是……』，好像你對我們的談話內容和方向有點不確定。你要不要說說看你心裡真正在想的是什麼？」）、解釋（「聽起來你和姊姊的關係大部分是你先惹她，她受不了反擊回來，你再反擊回去，所以最後常常是兩敗俱傷，是不是這樣？」）、面質（「你剛剛說不在乎同學不理你，可是我又看到你很難過，去郊遊時沒有人要跟你一組。」）、忠告（「我想你再繼續逃學逃家只是讓情況更糟，要不要試試看至少在家待一個禮拜，我們來看看你的情形會不會有什麼不一樣？」）、再保證（「我接觸過跟你一樣，甚至更害怕考試的學生，他們到最後還是熬過來了，我相信你也可以做到的。」），以及直接提供新訊息或新想法（「我們剛剛談你的學校生活告一段落，現在來談談你的家庭生活……」）。這些技巧的指導性更強，諮商師要考量自己與個案的關係及想達到的目標，而決定運用哪一層次的引導技巧。

（六）初層次同理心（primary empathy）

諮商師若能放下身段，放下自己許多的主觀意識及價值判斷，全心全意進入個案之內心世界，如 Rogers 所言的：「表現得彷彿是個案，但又真的不是個案」的特質，這些即是同理心的意涵。Welch（2003: 136）整理有關同理心的研究，治療師展現的同理反應，能催化溫暖的治療關係，有助於個案信任諮商師、能自由探索與表達、有更深層的自我探索，以及更多的自我接納。

同理心最主要的是一種態度，是一種「我很願意設身處地了解你」的意願，再輔以行動表達出來。通常同理心指的是諮商師一方面清楚反映出個案談話之內容（簡述語意），另一方面又能表達出對個案情緒狀態的領悟（情緒辨識及反映），藉著反映出來的話語或肢體動作傳遞對個案之尊重與了解。Hackney 和 Cormier（1996: 53）認為同理心技巧的內涵包含：非口語及口語的專注、對個案所表達的訊息簡述其語意、反映出個案的情緒感受和更深層的內在訊息，以及能夠跟個案的經驗同步（亦即感同身受）。同理心幾乎是所有諮商關係中最基本但又是最重要的技巧，諮商師要能夠跳進（個案之內心世界）又能夠跳出（以較客觀的態度協助個案）整個諮商情境，例如：「我可以感受到你那種被老師及全班同學誤會冤枉的苦處，這事對你的打擊想必很大，是吧？」

Lauver 和 Harvey（1997: 83-84）指出有兩種狀況會阻礙諮商師正確而具知覺性的傾聽：一個是個人的需求，當個體感覺自尊受到威脅時，通常無法正確的傾聽；另一個則是不良的習慣，例如：問太多問題、太過評價性、急著想要凌駕個案，告訴他／她該怎麼做、向個案認同（「你說的這種事我也發生過！」）、否認個案的困擾問題（「你看起來還好啊！」）、過度沉默或缺乏反應、以專家自居、太制式化鸚鵡式的反應（「看起來你好像……」）、面無表情，或是習慣滔滔不絕，讓個案沒機會表達等。

〔練習四〕

◎個　案：我再也不要當秋華的好朋友了，我這麼護著她，她今天竟然在同學面前不斷罵我，又嘲笑我是單親孩子。

諮商師：＿＿＿＿＿＿＿＿＿＿＿＿＿＿＿＿＿＿＿＿

◎個　案：（一進諮商室即雙手握拳、呼吸急促、衣衫不整，臉上有傷痕）

諮商師：＿＿＿＿＿＿＿＿＿＿＿＿＿＿＿＿＿＿＿＿

（七）問問題（probing）

一般提到諮商技巧時，均不主張諮商師運用「問問題」的技巧，因為如果運用不得當，有可能讓個案覺得像是犯人一樣被連環炮式的審問；有時諮商師問的問題太隱私，或是雙方的諮商信任關係尚未建立穩定，諮商師問的問題會讓個案難堪，不知如何回答；有時個案對自己困擾問題的洞察還不夠，或是還沒有勇氣或意願面對自己的困擾問題，諮商師在此時若是提出相關問題，可能會事倍功半，個案無法從問題中獲益，反而可能因而被激怒，因此讓諮商關係更不穩定。再者，亦有可能因為諮商師不斷的詢問問題，焦點已經完全由個案這個人，或是個案所帶來的困擾問題，轉移到諮商師的問題內容，因而偏離掉諮商的主軸；或是有的個案原本對諮商即已相當抗拒，諮商師的連番問題，會讓個案更不耐煩而更加抗拒回答，或是敷衍亂答。此外，若是個案原本就不太有自己的主見，諮商師若是不斷問問題，會讓個案更加被動而依賴（「反正諮商師會一直問問題，就兵來將擋，問什麼就隨便回答什麼」），如此很可能讓諮商陷入原地空轉的困境。

同樣的，Welch（2003: 207-210）亦認為諮商師不當的問問題，會讓諮商師處於掌控的地位，個案只能順從或逃避，讓諮商師的權力大過個案，對身處不同文化背景之下的諮商雙方，可能對個案是一大傷害；另外，也可能造成不專業的諮商師，不需要做太多工作，只要連番問問題即可。相對的，會讓個案變得依賴諮商師，或是諮商責任歸屬不清，個案或許會以為當諮商師問完這一大串的問題，就可以提供解答（像醫生問診一樣，問完一堆症狀問題，即會開處方），因而對諮商有不切實際的期待，若這些期待都落空，對諮商的情緒反彈即會產生；個案的參與度可能降低，甚至對回答問題也意興闌珊，或只是回答社會認可的反應。

但是在某些情況下，諮商師或是其他的助人工作者（例如：社工人員、教師、醫師、律師等），仍須針對個案的狀況提出一些問題，或是在做初步晤談時，諮商師亦需藉助提問以了解個案的狀況，甚至透過適當的提問，諮商師可以拓展個案對自己問題的覺察，因此諮商師仍需了解問問題的時機、方式與深淺，以及其他的注意事項。

問問題時，應先讓個案有心理準備，例如：「接下來我要問你一些問題，這些問題是針對你和你們家人相處的情形，有些問題可能比較隱私，如果你覺得不舒服或是不想回答，都沒關係，你可以告訴我不想回答」（Welch, 2003: 212-214）；儘量用開放式問句，例如：「請告訴我這件事情（跟同學打架）是怎麼發生的？」而非封閉式問句，例如：「你是不是又跟同學打架了？」可以詢問個案更深入的感受或生理反應（Nelson-Jones, 2003），例如：「你說你很難過，能不能說說看是怎樣的難過法？」或是「你在難過些什麼？」或是「這樣難過的感覺持續多久了？」詢問個案的思考內容，例如：「當同學罵你難聽的綽號時，你心裡想的是什麼？」詢問與事件有關的溝通或行動，例如：「當同學罵你綽號時，你當時的反應是什麼？」

諮商師在詢問這些問題時，不宜太密集，更不宜因為受不了個案的沉默，而硬要不斷想出一些問題來填補沉默的空檔；此外，也要敏感地注意個案對這些問題的反應。問問題是增加個案對自己困擾問題的理解，而非只是滿足諮商師自己的好奇或是填補諮商的沉默時間。

二、挑戰性之技巧（challenging skills）

所謂挑戰性之技巧，強調的是在雙方已建立良好溫暖安全關係之前提下，諮商師嘗試帶領個案更深一層的探索自己、所困擾的問題，以及所處的情境。

（一）自我表露（self-disclosure）

由 Jourard（1958）首先提出的名詞——「自我表露」，指的是一方對另一方坦露有關個人的一些訊息。在諮商情境中，諮商師適時的自我表露可發揮兩層功能：一是示範（讓個案知道他／她並不孤單，因為諮商師亦曾有此類似之經驗）；二方面則是提供另一層次的思考方向以供個案參考。

Poppen 和 Thompson（1974）整理諮商師高度自我表露的行為，對個案會有示範作用，能引領個案亦坦誠表露，尤其對兒童而言，更可藉著模仿歷程，學習可能的因應之道；但是若使用不當，易產生之流弊如變成諮商師在壟斷過程，且易因太投入個案之問題，而喪失自己客觀之立場。

諮商師在諮商初期的自我表露即是一開始之「諮商專業聲明」（professional statement），可以說明諮商師之資歷、諮商理論取向、費用、時間及對危機事件之處理方式等，藉此聲明讓個案不致於對諮商師一無所知。

至於諮商師的自我表露應到何程度才算恰如其分，不致喧賓奪主，亦不致絲毫不回應當事人之好奇心？要拿捏到適當的分寸並不容易，但是諮商師可以隨時自問：「我說這些話的目的為何？主要是為我自己或是為個案？是否能幫助個案對其問題有新的觀點，以及對諮商是否有助益？」

通常諮商師之自我表露，方向及程度均須配合個案之情形。「方向」是指正負性質，例如：個案敘述一件令其悲痛欲絕之事件，諮商師絕不能分享自己興奮得意之經驗；「程度」則是指強弱之程度，若個案敘述之內容令其非常忿怒，諮商師若只提及自己一些不痛不癢之事，則無法令個案感受到自己是「被了解的」。此外，諮商師的分享，務必是自己真實的經驗，而不是引述其他第三者的經驗，或是隨便編造一些內容來鼓勵或威脅個案。

以個案的觀點而言，有的個案會因諮商師之自我表露而更信任，且更願意坦露自己更多的想法及感受（Curtis, 1981），但是亦有個案對諮商師之自我表露覺得很受威脅，擔心如此易令自己不得不比照辦理（Kline, 1986），因此諮商師在運用此技巧時，須相當小心，並隨時檢核個案之反應。

〔練習五〕

◎個　案：我最討厭人家叫我綽號，偏偏玉安今天又趁我心情不好的時候叫我綽號，我實在是氣炸了才忍不住打她的。

諮商師：＿＿＿＿＿＿＿＿＿＿＿＿＿＿＿＿＿＿＿＿＿＿＿＿＿＿＿＿＿＿

◎個　案：爸媽自從生弟弟之後都不再愛我，每天只顧弟弟，有時我好氣弟弟生出來。

諮商師：＿＿＿＿＿＿＿＿＿＿＿＿＿＿＿＿＿＿＿＿＿＿＿＿＿＿＿＿＿＿

（二）立即性（immediacy）

雖然個案是帶著其個人困擾問題進入諮商情境，但是在諮商情境中，個案與諮商師的接觸是最真實直接的，「立即性」處理的即是發生在諮商師與個案之間的一切互動狀態，諮商師藉此技巧可傳遞出他／她所了解發生在雙方之間的互動情形。

立即性通常分為「關係的立即性」以及「此時此地之立即性」（Egan, 1994），前者著重在探討雙方之間關係的品質，後者在探討此時此地正在發生的一些互動狀態。

Egan（1994）認為在諸多技巧中，「立即性」最需要諮商師之勇氣與自我肯定，例如：Turock（1980）所言，「立即性」常蘊含三種危險性，因而常使諮商師裹足不前，不敢充分發揮此技巧：一是諮商師可能會擔心個案會誤解其所欲傳達出來的訊息，例如：跟個案說他常遲到令諮商師很困擾，可能會令個案感受到諮商師的「責備」；二是一旦採用立即性技巧，諮商師不確定是否可達到預期之目標，或是無法掌控個案可能會有的情緒反應；最後一層顧慮是一旦攤開來談，可能會讓有些個案決定提早終止諮商關係。

Egan（1998）建議立即性之適用時機，如雙方之關係已散漫失焦，或已趨緊張，或牽涉到信任之問題，或雙方關係是僵化、過度客氣的、當個案對諮商師有依賴、反依賴及雙方有超越個案—諮商師關係之關係時，均宜適時處理之，否則對諮商之進展將是一大阻礙。

〔練習六〕

◎個　案：我真的覺得每次來這裡談話很煩，又不能出去玩，我好倒楣，為什麼是我要來跟老師談話。

諮商師：＿＿＿＿＿＿＿＿＿＿＿＿＿＿＿＿＿＿＿＿

◎個　案：（聽完諮商師勸她回家向父母說明自己未婚懷孕之情形時，臉部表情是不以為然狀）

諮商師：＿＿＿＿＿＿＿＿＿＿＿＿＿＿＿＿＿＿＿＿

（三）高層次同理心（advanced empathy）

為了讓個案更清楚地了解自己，諮商師應運用高層次的同理心，以協助個案探究其未覺察或未直接表明的意義，亦即我們通常所說的「言外之意」。藉此過程，諮商的進展將更能深入，而非只停留在一般資淺諮商師的「表面同理」而已。

高層次同理心如同初層次同理心一樣，均是指諮商師有能力進到個案的主觀現象場內，去經驗個案所處的世界，能夠感同身受但是又不會喪失「好像」（as if）的特性（Rogers, 1961: 284）。高層次同理心和闡釋不同的地方，在於同理心永遠是從個案的參考架構出發（Egan, 1998; Martin, 1989）。在運用這個技巧時，Egan提醒諮商師不妨自問：「這個個案只說一半的話是什麼？」「這個個案在暗示什麼？」「這個個案在說哪些話的時候是很困惑的？」以及「在個案表達這些明顯訊息底下，我還聽到哪些訊息？」底下的例子即說明針對同一個個案，諮商師的初層次與高層次同理的不同。

個　　案：我過去有太多失敗的慘痛經驗，我活得很痛苦，我很想擺脫這些陰影。

諮商師A：你覺得自己的過去不堪回首，希望有所突破。

諮商師B：想把過去遺忘很不容易，要去面對也是很困難的事，你知道自己已經沒有退路了。

在上面的例子當中，諮商師 A 運用的是初層次同理技巧，簡述個案的語意，用此技巧可以讓個案覺得自己的困境被諮商師聽到且被了解，個案藉此也能進一步想想接下來要怎麼走下去。至於諮商師 B 的高層次同理技巧，諮商師覺察到個案處在進退維谷的心情中，但是已經有意願想要有所突破。

正如自我表露或其他一些技巧，高層次同理心的使用要非常小心，所要考慮的因素如二者之關係對個案而言是否夠安全？諮商師是否已足夠了解個案之癥結所在？以及了然自己運用此技巧之目的何在。一旦表達之後，亦要向個案證實是否未扭曲其所想表達的。

對兒童而言，雖然其情緒經驗均相當直接，但限於其表達能力之不足，諮商師更需敏感於個案所透露出來或不完整之訊息，注意其肢體語言，儘量彎下身來，用兒童的立場設想其狀態，再用成人之角度來感受其未能表達的部分為何，並反映出來，例如：一位個案很悲傷的提到撫養他的外婆去世，家人卻不允許他見外婆最後一面及參加喪禮，諮商師除感受到其悲傷，亦能感受到他擔心外婆去世，再也沒有人能那麼了解或關心他的孤單害怕感，甚至會氣外婆不告而別……，諮商師若能協助個案去探視這樣的心路歷程，將有助於其走過這段傷痛期。

〔練習七〕

◎個　案：我實在是受不了媽媽每天一直在我旁邊嘮叨我功課不好，被唸煩了，我更不想念書。

諮商師：____________________

◎個　案：我好難過，平常作文比賽老師都是派我當班上代表，這次卻叫偉峰去。

諮商師：____________________

（四）面質（confrontation）

面質常被誤解為挑個案之毛病，或是攻擊個案之弱點，事實上面質是項「邀請」（Gladding, 1992），邀請個案並挑戰個案來檢視，或修正、控制其某方面之行為，面質可協助個案更清楚的看到其處境、接下來之後果，以及他們可以為此承擔起的責任，因此有效且建設性的面質會促使個案更佳的成長以及更誠實的自我檢核。

面質通常是指出個案口語及非口語（例如：個案雙手緊緊握拳，卻表示對他的數學老師沒感覺）、口語及口語、行為與行為（「你上次提到回去要和父母溝通有關零用錢的事，這次來卻表示『忘了提』，不知道你對這情形的看法如何？」）、個案的知覺與事實（例如：個案以為男孩子在體外射精，女孩子即不可能懷孕）、個案的期望和可能的事實（例如：父母已經離婚3年，仍期待父母復合）等方面之不一致。另外，諮商師亦可協助個案面對其所扭曲的想法、逃避的心態、推諉的藉口，以及挑戰個案之價值觀等（Patterson & Welfel, 2000）。

與其他挑戰性的技巧相似，面質亦須考慮二者之關係以及諮商之階段；諮商師亦須自省使用此技巧之目的何在？是否對個案確有幫助？以及是否允許個案否認（即保持彈性）。如果諮商師使用此技巧是因為對個案很生氣或不諒解，這應該是諮商師自己的問題；要確定運用此技巧是基於個案的需求或是能協助其正視其困境，而非滿足諮商師自己的需求（Patterson & Welfel, 2000）。

〔練習八〕

◎個　案：（語氣低沉無力）我想我爸媽應該是疼我的，否則他們為什麼要幫我買那麼多東西，他們罵我也是為我好！

諮商師：____________________

◎個　案：（已4次答應諮商師回家不和弟妹吵架，但每次回來個別諮商時均表示「又惹麻煩了」）

諮商師：____________________

（五）闡釋（interpretation）

闡釋是指諮商師針對個案的問題，提供不同的觀點，此技巧同樣也是協助個案更深入探討其問題（Patterson & Welfel, 2000）。要運用此技巧，通常需要有某個理論背景為依據，諮商師針對個案的困擾問題所蒐集到的相關資料，依據某個理論架構，針對問題成因、涉及的相關因素或現象等提出假設，例如：諮商師對個案說道：「當你不斷喝酒鬧事，雖然讓大家都很煩，但是你可以從這樣重複的過程不斷得到大家對你的注意」〔（行為學派「附加的收穫」（secondary gains）〕。透過這樣的技巧，個案可以從不同的觀點來看自己的處境，進而決定是否要持續這樣的行為模式。

正如此階段的其他技巧，闡釋技巧不適合用在雙方的關係還沒有建立得很穩定，且諮商師對個案的狀況還沒有全盤了解的諮商初期，否則容易事倍功半。同樣的，在每次的晤談中或是諮商即將終結時，此技巧也不宜過度運用，以免因為時間的限制，無法深入探討而錯失其效能。

三、行動性之技巧（action skills）

為了讓個案除了坐而言，亦能起而行，諮商師與個案建立關係、設定目標，最終仍要將討論之內容化為具體行動，藉此過程以檢核前面之過程是否對個案確有助益，或做為修改諮商目標之參考依據。以下分別說明相關之技巧。

（一）建立契約（making contract）

諮商關係的建立及效能的發揮繫乎當事人與諮商師之共同努力，契約的建立則是兩者可以共同努力的一個憑藉。契約通常針對兩方面：一是如何讓諮商過程更有效（如在自殺契約中，個案應允在諮商過程中慎重保護自己的生命）；二是針對所欲達到的最終目標（如減肥 3 公斤或多結交 2 位好朋友）。

諮商目標的訂定是雙方之責任，通常要有諮商師的理論背景為引導之藍圖，並且是可以依實際執行之情形加以修改，目標往往是自個案之認知、情緒或行為三方面著手，而且最好是針對個案，而非其周圍的人士（例如：父母、師長）做改變。

契約之訂定有助於雙方對諮商目標有共識感，讓個案有改變的動機，讓個案周遭的人士也能一起協助個案，能讓個案對問題之解決較有信心。Goodyear和 Bradley（1980）提出一些運用契約的原則，例如：讓個案知道訂定契約是讓個案「起而行」，而非只是沉迷在談話中；改變的對象是個案本人，而非其他人士；所訂之契約內容愈具體明確且可行愈好；諮商師要注意個案之措辭，若個案的目標是「我應該……」（例如：「我應該對我同學好一點」），通常都帶有討好他人及貶低自己之傾向，因此諮商師要澄清個案「真正想要的」是什麼？

諮商師在運用契約時，也要注意一些不易落實的不利因素，例如：因為一些契約內容太耗時而變成虎頭蛇尾、無疾而終；或是因為無強制力，難以激發個案內在之改變動機，以及個案易覺不耐或挫折等。

（二）行為預演（behavior rehearsal）以及角色扮演（role-playing）

一旦諮商目標及契約均確定，接下來是如何化為實際行動，為了讓個案回到現實生活時更有信心，諮商師可讓個案在諮商室內預演欲改變之行為。預演可分為隱含式（covertly）及外顯式（overtly），前者是讓個案在內心以引導幻想之方式預想，例如：在腦海內演練要回去與父母溝通之場景；後者則是當場角色扮演或自行預演，例如：練習與男朋友對話，以便回去和他溝通。不論何種方式均強調個案之投入及諮商師之回饋，以及個案回到現實之後的運用情形。

通常遇到以下幾種情況時，諮商師可以教導個案運用角色扮演的技巧（Kottler, 2000: 98-99）：個案在兩個選擇當中取決不下、需要和某個（些）人對質或攤牌、有個人的未竟事宜待處理，以及當個案顯然無法理解諮商師所要表達的，例如：怎樣跟同學據理力爭，或是怎樣向自己心儀的對象表白等。

（三）問題解決（problem-solving）

除了前述之二種技巧外，問題解決技巧係針對個案之問題做一全盤了解後，與個案澄清諮商目標、了解目前的狀況、找出可以解決問題的各種可能性、協助個案訂定相關計畫，找出有效的行動步驟，執行後再加以檢討（Nelson-Jones, 2003）。

一般而言，問題解決之流程是先找出並澄清個案所帶來的困擾問題，讓個案承認這問題是他／她自己的問題，而非因外力所致，個案在諮商過程中對所困擾的問題要能具體敘述，並能化約成可以處理的小單元；其次是依「助力」、「阻力」之觀念決定處理問題之先後順序（例如：選擇是個案自己可以控制、可以改變的問題，或是有時效性、較急迫的問題，或處理之後即可造成全面改善之問題）；接下來是建立個案同意且具體可行之目標，再找出並選擇可達到目標之所有可行方式，具體實施，化為行動之後再來評估整套計畫之效果，必要時再做修正。

問題解決技巧首先植基於個案與諮商師是否已清楚分析個案之問題、雙方是否有共識，以及個案是否有改變之動機，接下來才是一步一步有系統的處理策略。

（四）運用想像技巧（imagery）

有時候行為的預演不一定能真實展現出來，諮商師可以協助個案透過幻想或想像的方式，預演可能的過程或結果。常見的技巧（Kottler, 2000: 99），例如：預演幻想（如協助一位很擔心考試會考砸的學生，一步一步幻想所有的考試情境及可因應的方式）、放鬆訓練（如個案想出能令他／她最放鬆的畫面，像在森林裡漫步，一旦壓力來襲，即以這樣的想像放鬆畫面讓自己的壓力舒緩）、引導式幻遊（如引導一位拒絕上學的兒童，從醒來、起床、梳洗、吃早餐、上學途中到進教室的過程，過程中，諮商師運用口語引導或音樂等方式，讓個案對上學的恐懼逐漸降低）、壓力免疫（協助身處壓力或焦慮情境的個案對於令其不舒服的情境有所因應，如協助即將住院接受手術的兒童）。

四、運用其他媒材之技巧

Gazda（1984）指出所謂的「媒材」廣義而言包括：戶外活動、社會劇、遊戲、玩具、故事書、手指畫、打擊樂器，以及其他能發揮情緒的媒體。這些媒材可以運用於個別諮商或是團體諮商的情境，對兒童而言，更有助於協助其表達內心的想法、情緒以及演出行動。

國小教師及諮商師可以針對兒童之待探討問題及其個性，安排適當之媒材，如布偶及角色扮演，兩者均能提供兒童有機會去扮演不同的角色，體驗自己日常生活經驗外的其他角色（吳秀碧，1991），並藉此演出，表達出自己的想法，或是無須自我防衛的評鑑自己和他人行為；其次，布偶能提供兒童將自己的人格特質有具體表達的機會，且其操作之人物不受年齡、性別等影響。

至於角色扮演，在個別諮商的情境內，可以用類似空椅法的方式，讓兒童自然的呈現內心的情緒及感受；若是在團體內，則可以透過此媒介呈現不同的角色再加以探討。

其他的媒介則如「語句未完成測驗」，讓兒童在一些關鍵字的提示下，例如：「我認為」、「爸爸」、「當我」等，表達內心之想法及感受；「讀書治療」（bibliotherapy），則是用來組織催化者和參與者雙方之間的互動，大體上是基於廣泛性的文章分享，輔導老師可以選擇適當性質的文章，並建議適當使用的時機，例如：不同年齡、性別、個性或發展階段的孩子，所選擇的材料可能有所不同。其他相似的作法，如寫日記、自傳、畫生命歷程、寫遺囑、訃聞或墓誌銘等，均是利用一些素材讓兒童自然展現內心之真實感受和想法。

每一個人都有潛在的能力將內心的衝動投射於可見的事物上，藝術是從潛意識中釋放出的一種自發性的心性（陳鳴譯，1995），繪畫則是孩子內在的語言。「藝術治療」（art therapy）即是用藝術作為治療的媒介，例如：音樂治療、舞蹈治療，以及運用美術器材所進行的治療方式均可謂之。

關鍵詞

催化性之技巧	場面構成	專注
SOLER	反映	引導
簡述語意	初層次同理心	問問題
挑戰性之技巧	自我表露	立即性
高層次同理心	面質	闡釋
行動性之技巧	建立契約	行為預演
角色扮演	問題解決	運用想像技巧

問題討論

1.影響諮商歷程與效果之因素包含哪些？
2.請說明專注的三個層次各為何？哪一個層次對你而言最困難？為什麼？
3.請說明初層次與高層次同理心的意義各為何？並各舉一例。
4.諮商中的面質技巧與一般父母師長常用的責備有何不同？
5.請說明兒童諮商之歷程可分為哪些階段？兒童在各階段可能的心路歷程各為何？

參考文獻

▶中文部分

吳秀碧（1991）。**團體諮商實務**。高雄市：復文。

陳　嗚（譯）（1995）。Tessa Dalley等著。**藝術治療的理論與實務——精神分析、美學與心理治療的整合**（Images of art therapy: New developments in theory and practice）。台北市：遠流。

▶英文部分

Allen, G. (1977). *Understanding psychotherapy: Comparative perspectives*. Champaign, IL: Research Press.

Austin, L. (1999). *The counseling primer*. PA: Accelerated Development.

Brammer, L. M., & MacDonald, G. (2002). *The helping relationship: Process and skills* (8th ed.). Boston, MA: Allyn & Bacon.

Brown, D., & Srebalus, D. J. (1996). *Introduction to the counseling profession*. Boston, MA : Allyn & Bacon.

Corey, M. S., & Corey, G. (2006). *Becoming a helper* (5th ed.). Pacific Grove, CA: Brooks/Cole.

Cormier, L. S., & Hackney, H. (1993). *The professional counselor: A process guide to helping* (2nd ed.). Boston, MA: Allyn & Bacon.

Corsini, R. J. (2008). Introduction. In R. J. Corsini & D. Wedding (Eds.), *Current psychotherapies* (8th ed.). Belmont, CA: Brooks/Cole.

Curtis, J. M. (1981). Indications and contraindications in the use of therapist's self-disclosure. *Psychological Reports, 49*, 449-507.

Dixon, D. N., & Glover, J. A. (1984). *Counseling: A problem-solving approach*. New York: John Wiley & Sons.

Doyle, R. E. (1998). *Essential skills and strategies in the helping process* (2nd ed.). Pacific Grove, CA: Brooks/Cole.

Egan, G. (1994). *The skilled helper: A problem-management approach to helping* (5th ed.). Pacific Grove, CA: Brooks/Cole.

Egan, G. (1998). *The skilled helper: A problem management approach to healing* (6th ed.). Pacific Grove, CA: Brooks/Cole.

Gazda, G. M. (1984). *Group counseling: A developmental approach* (3rd ed). Boston, MA: Allyn & Bacon.

Geldard, A., & Geldard, D. (1997). *Counselling children: A practical introduction*. London: Sage.

Gelso, C. J., & Carter, J. A. (1985). The relationship in counseling and psychotherapy: Components, consequences, and theoretical antecedents. *The Counseling Psychologist, 13*, 155-243.

Gladding, S. T. (1992). *Counseling: A comprehensive profession*. (2nd ed.). New York: Macmillan.

Goldstein, A. P. (2007). Behavior therapy. In R. Corsini & D. Wedding (Eds.), *Current psychotherapies* (8th ed.). CA: Brooks/Cole.

Goodyear, R. K., & Bradley, F. O. (1980). The helping process as contractual. *Personnel and Guidance Journal, 58*, 512-515.

Hackney, H. L., & Cormier, L. S. (1988). *Counseling strategies and objectives* (3rd ed.). Englewood Cliffs, NJ: Prentice-Hall.

Hackney, H. L., & Cormier, L. S. (1996). *The professional counselor: A process guide to helping* (3rd ed.). Boston, MA: Allyn & Bacon.

Hackney, H. L., & Cormier, L. S. (2008). *The professional counselor: A process guide to helping* (6th ed.). Boston, MA: Allyn & Bacon.

Hill, C. E. (2009). *Helping skills: Facilitating exploration, insight, and action* (3rd ed.). Washington, DC: APA.

Hutchins, D. E. (1979). Systematic counseling: The T-F-A model for counselor intervention. *Personnel and Guidance Journal, 57*, 529-531.

Hutchins, D. E. (1982). Ranking major counseling strategies with the T-F-A matrix system. *Personnel and Guidance Journal, 60*, 427-431.

Hutchins, D. E. (1984). Improving the counseling relationship. *Personnel and Guidance Journal, 62*, 572-575.

Ivey, A. E. (2006). *Intentional interviewing and counseling: Facilitating client development in a multicultural society* (6th ed.). Pacific Grove, CA: Brooks/Cole.

Ivey, A. E., & Ivey, M. B. (1999). *Intentional interviewing and counseling: Facilitating client development in a multicultural society* (4th ed.). Pacific Grove, CA: Brooks/Cole.

Jourard, S. M. (1958). *Personal adjustment: An approach through the study of healthy personality*. NY: Macmillan.

Kline, W. B. (1986). The risks of client self-disclosure. *AMHCA Journal, 8*, 94-99.

Kottler, J. (2000). *Nuts and bolts of helping*. Boston, MA: Allyn & Bacon.

L'Abate, L. (1981). Toward a systematic classification of counseling and therapy theorists, methods, processes, and goals: The E-R-A model. *Personnel and Guidance Journal, 59*, 263-266.

Lauver, P., & Harvey, D. R. (1997). *The practical counselor: Elements of effective helping*. Pacific Grove, CA: Brooks/Cole.

Martin, D. G. (1989). *Counseling and therapy skills*. Prospect Heights, IL: Waveland.

Nelson-Jones, R. (2003). *Basic counseling skills: A helper's manual*. London: Sage.

Okun, B. F. (1987). *Effective helping*. Monterey, CA: Brooks/Cole.

Okun, B. F., & Kantrowitz, R. E. (2008). *Effective helping: Interviewing and counseling techniques* (7th ed.). Belmont, CA: Brooks/Cole.

Patterson, L. E., & Eisenberg, S. (1982). *The counseling process* (3rd ed.). Boston, MA: Houghton Mifflin.

Patterson, L. E., & Welfel, E. R. (2000). *The counseling process* (5th ed.). Belmont, CA: Brooks/Cole.

Ponzo, Z. (1985). The counselor and physical attractiveness. *Journal of Counseling Development, 63*, 482-485.

Poppen, W., & Thompson, C. (1974). *School counseling: Theories and concepts*. Lincoln, NE: Professional Educations.

Prochaska, J. O., DiClemente, C. C., & Norcross, J. C. (1992). In search of how people change. *American Psychologist, 47*, 1102-1113.

Robinson, F. P. (1950). *Principles and procedures of student counseling*. New York: Harper and Brothers.

Rogers, C. (1961). *On becoming a person*. Boston, MA: Houghton Mifflin.

Schofield, W. (1986). *Psychotherapy: The purchase of friendship*. Edison, NJ: Transaction Publishers.

Sommers-Flanagan, J., & Sommers-Flanagan, R. (1993). *Foundation to therapeutic interviewing*. Boston, MA: Allyn & Bacon.

Strong, S. (1968). Counseling: An interpersonal influence process. *Journal of Counseling Psychology, 15*, 215-224.

Thompson, C. L., & Henderson, D. A. (2007). *Counseling children* (7th ed.). Belmont, CA: Brooks/Cole.

Turock, A. (1980). Immediacy in counseling: Recognizing clients' unspoken messages. *Personnel and Guidance Journal, 59*, 168-172.

Vickio, C. J. (1990). The goodbye brochure: Helping students to cope with transition and loss. *Journal of Counseling and Development, 68*, 575-577.

Ward, D. E. (1984). Termination of individual counseling: Concepts and strategies. *Journal of Counseling and Development, 63*, 21-25.

Welch, I. D. (2003). *The therapeutic relationship: Listening and responding in a multicultural world*. London: Praeger.

第六章

兒童遊戲治療

王文秀

「遊戲治療」是什麼？遊戲可以拿來當做治療嗎？如果可以，那麼幼兒園或是遊樂場內的小朋友豈不都是有問題的？若是這樣，已經有這麼多遊樂設施，應該就不用再另外設置遊戲治療室了吧！

「遊戲治療」是什麼？大人陪著小孩一起玩就算治療嗎？

「遊戲治療」是什麼？既然是治療，那一般家長或老師，就無法藉此幫助自己的孩子或是學生了嗎？

「遊戲治療」究竟是什麼？

上述問題是一般家長或老師對遊戲治療常有的疑問。本章說明遊戲治療的意義、理論依據、作法，以及學校一般老師或是輔導老師可以參考的方法；除此之外，並介紹親子遊戲治療的理念與進行方式，讓兒童都能在最適合其發展階段的環境中成長，以獲得最有效的協助。一般通稱的「遊戲治療」，本章將「遊戲諮商」與「遊戲治療」之概念混用，「治療師」與「諮商師」亦是交互使用，請讀者多加注意。

第一節 兒童遊戲治療之意義與功能

一、兒童遊戲治療之意義

遊戲（play）是指「任何因為出於樂趣所進行的活動」，也是「自我功能的展現，個體嘗試統整自我的身體與社會的歷程」（Erikson, 1950: 214），是兒童表達自我的自然媒介，就像鳥飛、魚游，一樣的自然；亦是兒童生活的全部（Axline, 1947, 1969; Ginott, 1961; Semrud-Clikeman, 1995）。遊戲也是出自內在，而非外爍的動機，是出自於兒童自己選擇與願意自發性的投入，不一定只有口語性、是主動參與以及有樂趣的。兒童玩遊戲是不學而能、天經地義的事，聯合國聲明中亦明文強調遊戲對兒童的發展及統整的重要性：「遊戲乃是世界性且不可被剝奪的兒童權利。」在臨床實務工作中，遊戲是諮商師與兒童個案的最佳橋樑與媒介。

遊戲的本質是有趣的，但是遊戲治療，或許結果是正向的，然而其過程則不必然如此，對許多受到創傷或失落經驗的兒童而言，兒童遊戲治療是讓活在陰暗角落中的他們所看到的一線曙光。治療者在從事此工作時，對兒童所秉持的概念，包括：兒童並非小大人、兒童也是人、兒童是獨特且值得尊重的、兒童是有復原力的、兒童生而具有成長及成熟的本能、兒童擁有正向自我指導的能力、兒童最自然的語言就是遊戲、兒童有權利保持沉默、兒童會把治療的經驗帶到需要的地方，以及兒童的成長無法加速（Landreth, 2002: 54）。這些信念有助於從事兒童遊戲治療工作者自我檢視及整理與兒童工作的經驗。

與遊戲治療有關的專業組織，在美國有「遊戲治療學會」（Association for Play Therapy, APT, http://www.a4pt.org），成立於 1982 年；英國有「英國遊戲治療師學會」（British Association of Play Therapists, BAPT, http://www.bapt.info），成立於 1992 年；國內的「台灣遊戲治療學會」則是成立於 2005 年（http://www.atpt.org.tw），透過這些專業組織，讓遊戲治療師的教育、訓練、實務經驗的交流與研究成果的分享等均更上軌道。

依照遊戲治療學會（APT, 2009）對遊戲治療（play therapy）的定義，遊戲治療是指：「系統性地運用某種理論模式以建立起的一種人際溝通歷程，在這當中，受過訓練的遊戲治療師運用遊戲的治療性力量，協助個案預防或是解決其所面臨的心理社會困擾，並達到最佳的成長與發展。」這樣的定義，蘊含的幾個要素是：(1)必須是受過訓練的遊戲治療師；(2)有正在面臨，或是未來有可能面臨心理社會困擾的個案；(3)遊戲的治療性力量，包含治療者在理論的引領之下，系統性地運用玩具、遊戲活動、玩偶、繪圖用具等媒介，與個案展開的人際溝通歷程。透過這樣的歷程，讓兒童在遊戲情境中，能自然地表現出其想法、感情和行為，藉著彼此和諧的互動過程，降低兒童的焦慮和防衛，以增進兒童對自己的了解，進而養成解決問題的能力。

遊戲治療主要是根據兒童各方面（心理、智能、人格、道德、動作和語言等）的階段特徵，所發展出來的一種兒童心理治療的型式，其功能可以發揮在生理上、個人內在、人際間與社會文化等方面（O'Connor, 2000）；其最大的功用是讓兒童藉著遊戲活動的進行，將其壓抑在內心很難透過言語表達的許多負向情緒，例如：忿怒、悲傷、嫉妒、恐懼等，透過遊戲的過程安全地表達出來，除了可以達到發洩的功能，並且藉著各種遊戲媒介的操弄，與諮商人員的催化和引導，協助兒童對自己的行為、想法與感受有更多洞察，並能適當地因應其困擾問題。目前的發展，除了個別的遊戲治療，也包括團體遊戲治療、家族遊戲治療與親子遊戲治療。近年來，不論國內或國外，對遊戲治療的重視均是有增無減，不論是理論的發展、實證研究的探討與實務工作的進行均是蓬勃發展，且有方興未艾之趨勢。

遊戲治療適用於3～12歲的兒童，年齡太小者難以用言語表達，太大者可能會覺得玩遊戲太幼稚而有所抗拒，因此亦有針對青少年而發展的「活動治療」（activity therapy）；每次治療時間約40～50分鐘，在小學校園中，考慮諸多現實因素或是兒童的年齡，有時30分鐘亦為可行。在人數方面，若是個別遊戲治療，為一對一的治療方式；若是團體遊戲治療，則約有2～4位小朋友共同參與。

二、兒童遊戲治療之功能

遊戲治療之功能涵蓋甚廣，大致上來說，透過治療過程可讓兒童自由表達心中任何真實的想法與感受，或是幻想，不管是正向或負向的；可以消除或減低其心中的焦慮、抗拒或罪惡感；可以提供兒童發展社交技巧的機會，再將其類化到現實生活中；換言之，遊戲治療可以讓兒童在安全舒適的環境裡經驗成長（Axline, 1947）。

國小或幼兒園實施遊戲治療的適用對象非常廣泛，包括：自制力不足、退縮、依賴、學習障礙、低成就、社交技巧不足、親人或同學死亡、父母婚變、搬家、家中有新生兒、被性侵害和其他形式的虐待，以及情緒障礙等兒童。

Landreth 和 Sweeney（1997: 30）歸納兒童中心學派遊戲治療的目標是在協助兒童：(1)發展更為正向的自我概念；(2)更能為自己負責；(3)更能自我引導；(4)更能自我接納；(5)更能自我倚賴；(6)能夠自己做決定；(7)有自我掌控的感覺；(8)對於因應的過程能更敏感；(9)發展內在的評價；(10)更能信任自己。

兒童遊戲治療之理論背景、治療過程與常用技術

一、兒童遊戲治療之理論背景

將兒童視為兒童本身，而非成人的縮影，是 20 世紀以來的觀念。以前的人會認為兒童「有耳無嘴」（台語），即是將兒童視為不成熟，須依附於大人之下的個體。不論Erikson的心理社會發展論、Piaget的認知發展論，或是Kohlberg的道德發展論，皆將兒童視為獨立的個體，在不同時期有其不同的成長特質，亦有其必須努力突破的障礙，不可用既有的、適用於成人的理論模式套在兒童身上，因此許多有關兒童輔導的理論便應運而生。

遊戲治療之起源大致可溯及幾個學派（Landreth, 2002; O'Connor, 2000; Wilson & Ryan, 2005），第一個以心理學理論運用於兒童的治療者是由S. Freud治療小漢斯（Little Hans）的個案。小漢斯的個案之後，Hug-Hellmuth（1921）開始嘗試在為兒童進行治療的過程中，加入遊戲的一些媒材。Freud的精神分析學派係用遊戲來了解兒童，嘗試用夢和白日夢的報告或自由聯想的分析，解決兒童內在的心理衝突。但是Kanner（1957）指出在20世紀初期，並沒有任何運用於兒童身上的過程可被稱為兒童精神醫學，直到1919年，Klein（1955）開始把遊戲技巧當成一種方法，類似成人的自由聯想，用以分析6歲以下兒童的潛意識；約在同時，A. Freud亦開始使用遊戲做為與兒童建立關係的方式。

遊戲治療的第二波發展為1930年代由Levy（1938）所發展的「發洩遊戲治療」（Release Play Therapy），強調治療者針對經歷特殊壓力情境的兒童，重新將其帶領到當時的情境，激發並發洩其內在的焦慮反應。以Levy為首所發展出來的鬆弛學派是由精神分析學派延伸出來的，整個情境包括：玩具的選擇、主題的決定，以及進行的過程，均是由治療者所主導。常見的形式，例如：透過丟擲物品或是吹氣球，將其戳破，以發洩攻擊行為的慾望；吸吮奶瓶來滿足嬰兒期的慾望；透過將一個小嬰兒放在母親的胸前，促發兒童的手足競爭感受，或是重建兒童以往的創傷情境（如發生車禍），藉此讓兒童的諸般情緒能夠發洩，進而介入治療。McMahon（1995）亦將這樣的取向稱為「有目的的遊戲技巧」（focused play technique），如之後的完形學派遊戲治療亦屬之，即是由治療者居於主導或主動的角色，來協助兒童。

Taft（1933）以及 Allen（1934）的「關係遊戲治療」（Relationship Play Therapy），可謂是遊戲治療第三波理論的重要發展，其乃受Rank（1936）理論的影響，不重視個案過去的經驗或潛意識的重要性；相反的，此派著重在治療者與個案之間的關係，重視此時此地的經驗感受。亦即，Allen所倡導的關係治療學派，重視的是兒童此時此地的一切內外在表現，而非著眼於其過去的生活經驗。

Rogers（1942）繼續擴展此概念，並將其理論稱為「非指導性治療」

（Nondirective Therapy），之後又改為「當事人中心學派」（Client-Centered Therapy），最後再改為「個人中心學派」（Person-Centered Therapy）。

由 Rogers 所發展出來的非指導學派，肯定個體追求自我導向的能力與趨力。以 Axline 的風格而言，此學派認為除了少數需要設限的情況之外，兒童應可在治療情境中為所欲為、暢所欲言，治療者在整個治療期間均表達出溫暖、尊重、關懷與敏感的理解之態度，具通常不會給予兒童指導、建議或暗示，對兒童的口語及非口語訊息均極為敏感並適時反映出來。治療者的主要角色是當成案主的一面鏡子，忠實反映其內在的感受與想法。在此過程中，兒童感受到自己是全然被了解與接納，一方面得以發洩其情緒，另一方面亦可學習掌控其行為、想法或情緒，並能獨自思考、自己下決定，在心理上更為成熟。

至於遊戲治療的第四波，則是依據此學派之核心概念，再由 Axline（1947）的「非指導性遊戲治療」（Nondirective Play Therapy）集大成。顧名思義，此學派相信兒童自有其追求成長與自我引導的能力，治療者所需做的，只是提供案主一個溫暖、安全及接納的情境，反映案主的內心狀態，案主在被完全接納後，即逐漸有能力自我指引與發揮潛能。

近年來，另有一些學派從不同的角度來探討遊戲治療的概念，例如：結合治療者、兒童與其家屬的「家族式遊戲治療」（Family Play Therapy）（Griff, 1983）、強調在治療室中治療者與兒童雙方公平遵守遊戲規則的「公平遊戲治療」（Fair Play Therapy）（Peoples, 1983），或是由治療者與兒童相互說故事的技巧（Mutual Story-Telling, MST）（Gardner, 1983; Goldman, 1995）。

此外，尚有其他依各諮商理論而發展出來的遊戲治療學派，例如：以「個體心理學」（Individual Psychology）的創始人 Adler 理念為主的 Adler 遊戲治療（Adlerian Play Therapy）（Kottman, 2003）、敘事取向（Cattanach, 2005, 2006）、完形取向（Mortola, 2006; Oaklander, 2006）、認知行為取向（Knell, 1997）、容格取向（Allan, 1997），或是生態系統取向（O'Connor, 1997）等的遊戲治療。

總括而言，遊戲治療之理論取向大致可分為指導學派與非指導學派，前者以精神分析學派、發洩學派與認知行為治療學派為主，由治療者負起指引、解釋和說道理的角色；後者則是以Axline學派與Allen的關係治療為要，重視治療關係，強調把大部分的責任和方向留給兒童自己來掌控。許多理論很難全然區隔歸屬哪一大類，例如：Adler 學派或是完形學派遊戲治療，也非常強調治療關係、兒童的自主性與成長潛能，但是在遊戲治療的過程中，治療師基於其專業訓練與對兒童困擾問題的理解，會主動引導兒童進行某些遊戲或活動。

二、兒童遊戲治療之治療過程

一般而言，兒童在遊戲治療中，由於其表達或處理情緒的能力尚未發展成熟，加上口語表達能力亦弱，往往會經歷一些階段。Moustakas（1955: 84）分析有困擾的兒童，由下列階段可看出其進步的情況：

1.遊戲中隨時流露出負面情緒。

2.表現出隱晦不明的情緒，通常為焦慮或敵意。

3.對特定對象（如父母或手足）直接表達出負面的情緒，或表現出特殊的退化行為。

4.對特定對象（如父母或手足）表達出曖昧的情緒（不論是正面或負面情緒均有可能）。

5.能夠以清楚、明白、獨立與合乎現實的方式表達出正面或負面情緒。

至於治療的過程，根據Axline（1947）所倡導的非指導性遊戲治療，可分為以下幾個階段。

（一）導入期

在正式進入治療階段，通常治療者會教導父母（或帶領兒童到治療情境者）如何讓兒童清楚即將來臨的治療經驗，例如：「爸媽都很關心你不喜歡上學的問題，我們已經和一位王老師約好，這個禮拜五會帶你去遊戲室，他會陪著你。王老師幫助過很多小朋友，她人很親切，喜歡和小朋友在一起。」並且嘗試回答兒童內心的一些想像、疑慮或擔心。

一旦治療者和兒童開始第一次的遊戲治療，雙方一起進入遊戲室，治療師讓兒童知道接下來的這段時間，遊戲室內所有的玩具都可以玩，兒童可以決定要不要玩，以及要怎麼玩。若兒童猶豫不決，治療者仍應表現寬容允許的態度，由兒童自行決定下一步的行動。若有必要，治療者可教導兒童使用其所不會用的材料，但是不需要拘泥玩具一定要有固定的玩法，兒童可以充分發揮其創造力與想像力。治療過程中只需提醒結束的時間，通常是在結束前 5 分鐘與最後 1 分鐘提醒，讓兒童有所準備。

治療者在此階段須營造開放、容許及接納的氣氛，和兒童建立良好的關係，如此將有助於兒童自發地探索其內在情緒、想法及行為。治療者的同理、不預設立場、不給建議，以及針對兒童的困擾問題提出初步假設均頗為重要。

（二）接納和鬆弛階段

接納和鬆弛是這個階段很重要的技術，治療者完全無條件的接納會讓兒童更有安全感，更能自由地探索；其次是透過一些玩具的觸媒作用，兒童強烈或深層的情緒，例如：悲傷、忿怒、恐懼等，可趨於緩和而達到鬆弛之作用。由於此階段雙方的關係已建立，若治療者是採取結構性的治療取向，可針對第一階段所形成的假設，選擇最重要或最迫切的問題加以處理。治療者可引導兒童選擇適當的玩具或活動來進行遊戲。

（三）對兒童所表現的感情予以認識和明朗化的階段

當遊戲治療更有進展之後，治療者就需要對兒童所表現出的情感予以認識和明朗化。在此階段，治療者嘗試對兒童的行為及情緒反應提出解釋。由於這段時期可謂是工作期，個案可能會有抗拒改變的情形，或將許多對他／她生命歷程中重要他人（如父母親）的正向或負向情緒轉移到治療者身上，因此治療者更要能夠對此現象加以敏覺及處理。

（四）結束階段

遊戲治療的終了階段需謹慎處理，治療者要及早向兒童及其監護人說明終止的時間和理由，以便讓他們有心理準備。尤其兒童更須處理其可能引起的分離焦慮，以及為了擔心或是不願意結束治療關係，而可能產生的退化或抗拒等行為。在結束前的回顧階段，治療者要記得將兒童的改變歸功於兒童自己的努力，亦須向兒童的監護人說明治療目標的達成情形，以及往後監護人所須注意的事項，必要時並要向他們說明日後若還有需要，可以如何找到包括治療者在內的適當資源。

遊戲治療是否有效？究竟兒童如何看待這樣的過程？除了從治療師或是兒童周遭成人的觀點來看，最重要的還是得要從兒童的觀點來探究。Carroll（2005）在英國訪談 18 位 6～14 歲接受遊戲治療的兒童與青少年，從他們的觀點來看，一開始對遊戲治療多半沒有什麼概念，以為就是跟大人談話，這些受訪者對治療師的描述，以及在治療過程中所注意到的現象，多半非常正向，有些甚至是大人未曾注意的（例如：覺得治療師穿著過於老氣，覺得治療師好神奇，都知道他們心裡在想什麼，或是捕捉得到他們的感受）；愈年幼的兒童印象深刻的是治療過程中的趣味性與輕鬆有趣的感覺，較年長的青少年會捕捉一些治療因子（例如：可以發洩情緒、覺得被接納與了解、雖然提到過去的創傷經驗會很痛苦，但是可以表達出來，覺得很好）；而多半的受訪者都很捨不得與治療師分離。

三、兒童遊戲治療之常用技巧

雖然遊戲治療過程最重要的是治療師展現的態度與治療關係，一些治療技巧仍可有效協助治療師發揮治療功能。治療師常用的技巧包括：反映、結構化、闡釋、設限，以及將一些治療態度展現於外在行為等，分別說明如下。

（一）反映

諮商師藉著口語反應，一方面表達對兒童在遊戲室各種反應的專注與了解，另一方面表達對兒童內心深層世界的關懷與了解。前者稱為反映（reflection）或跟隨（tracking），例如：治療師說：「你很專心的把這些（積木）很小心的排成你要的樣子。」或是「雖然你很難把這些（圖畫紙）放回畫架上夾起來，但你就是不放棄，一直努力試試看。」在這些反應中，諮商師不主動指稱玩具的名稱（積木或圖畫紙），除非兒童自己說出來，因為對治療師而言是積木，對兒童而言，可能是他心目中渴望的家或是他要懲罰壞人的監獄。治療師專注於兒童的一切口語、行為或是非口語表現，並適時反映，除了反映兒童的遊戲行為，更要反映其較為深沉的情緒或想法。後者則是同理心的反應，例如：兒童很忿怒地說：「我們老師太專制，被他教到真倒楣！」諮商師可以反映：「你很不高興老師不尊重你們的看法。」或是兒童在畫「我的家」時，表情非常沉重哀傷，治療師可以反映：「當你畫著爸爸和媽媽分得很開的時候，你看起來很悲傷的樣子。」

（二）結構化

有一些重要的訊息需讓兒童及其監護人有所了解，例如：遊戲治療的時間、頻率、地點、雙方關係、保密的原則與例外，以及所設的限制等。

（三）闡釋

治療者所作的闡釋，主要是透過治療者本身的理論取向，引導兒童去思考及感受其行為，並對其有所洞察，例如：以下的例子即是說明如何運用 Adler 學派的第三個治療目標：「協助兒童獲得洞察」（Kottman, 1997: 336）。

兒　童：（走進遊戲室）我才不做你上個禮拜要我做的那個愚蠢的說故事活動，你今天連想都別想叫我做。

治療師：你一進來就想告訴我，這個禮拜我不能指揮你做什麼事。你聽起來有點生氣，好像你認為我會騙你去做一些你不想做的事（反映兒童的意圖與過去的生活形態）。

兒　童：是的，就像我媽媽老是騙我做一些我不想做的事。

治療師：你認為你媽媽常常用拐騙的方式逼你做一些事，你真的很生氣這樣的事。好像你也很擔心我也會跟你媽媽一樣。你想要讓我知道我不能命令你做什麼事或是拐騙你做什麼事（反映兒童的情緒、意圖與意在言外的訊息）。

（四）設限

兒童和成人一樣，都不是活在真空無菌無塵的社會裡，也有需要遵守的規範。遊戲治療雖然是提供一個溫暖、安全與接納的環境，讓兒童在治療室裡充分探索自我與表現自我，但是在遊戲治療的過程中，並非完全讓兒童為所欲為，這樣反而會讓兒童更加無所適從；設限主要是針對兒童在遊戲室內的行為，若有傷害自己、治療師或是遊戲室的情況下，對兒童所給予的限制。另外的一些狀況，例如：兒童想把遊戲室的玩具帶走、想提早離開，或是想在遊戲室大小便等，都是可以設限的情境。

基於下面幾個理由，治療師必須對兒童的一些行為加以限制（Landreth, 2002; Wilson & Ryan, 2005）：(1)設限能為兒童提供身體與情緒上安全無虞的環境；(2)設限能保護治療師的身心安全與安適狀態，進而才能真正的接納兒童；(3)設限能協助兒童發展出做決定、自我控制與自我負責等能力；(4)設限將治療過程與現實生活連結，並強調此時此地；(5)設限能增進遊戲室情境的一致性；(6)設限能確保治療關係是符合專業性、倫理規範以及社會可接納的關係；(7)設限能保護治療室內的器材與房間的完整性。

在遊戲室內，完全的限制（如「我不是被你用球打的」）比條件的限制（如「你可以用球打我，但是只能輕輕的，不可以把我弄痛」），清楚具體且適當，否則兒童會無所適從。一般而言，設限有三個步驟：當治療師注意到兒童有上述需要設限的情況時，要指出兒童的行為並嘗試同理其感受、期望與想要（Acknowledge the child's feelings, wishes, and wants）採取的行動，例如：「我知道你想拿剪刀刺我」，若兒童仍未停止，治療師可以清楚表達所要設定的限制（Communicate the limit），例如：「但是我不是被你刺的」，若仍未奏效，治療師可以提出替代方案（Target acceptable alternatives），例如：「如果你想刺我的話，你可以假裝那個氣球是我」，這樣的 ACT 三步驟，讓兒童能感受到治療師了解其感受與意圖，也清楚不被允許的行為是什麼，若是仍然想要藉此表達內心的感受，可以採用的其他替代方案是什麼；藉著這樣的過程，兒童學會自我控制。有時兒童的行為發生得非常快速，治療師來不及先進行 A 的步驟，即可以先敘述 C 與 T，適當時機再表達 A。

有時兒童想要挑戰治療師的界限，或是滿腔情緒無法煞車，治療師可以進行第四步驟：說明最後的選擇（State final choice），亦即若兒童持續原來不被允許的行為，治療師應提出接下來的行為後果，若兒童仍然決定持續該行為，則是選擇要接受這樣的後果，例如：「如果你還是要繼續刺我，你就是選擇讓我把剪刀收起來。」或是「你就是選擇今天我們就玩到這裡為止。」在這樣的過程中，治療師要確保自己的情緒是穩定，口氣是委婉與堅定，以同理與就事論事的態度表達對兒童的關切以及對其行為的設限，且確定兒童聽得懂整個遊戲規則；更重要的是，如果兒童持續這樣的行為，治療師提出的選擇要具體落實，不容兒童討價還價，透過這樣的過程，兒童逐步學習控制自己的行為與情緒，並且學習為自己的行為負責任。

（五）治療師之身體姿勢

治療師儘量維持和小朋友相同的高度，如此較能和兒童保持平等的關係；在治療室當中，治療師儘量固定坐在一張椅子上，視線可以看到兒童的行為，且要注意治療師的身體和雙腳是同一個方向，不是只有上半身或是臉部移動，如此才能全神貫注於兒童的狀況。遊戲室的地板也是兒童的領域，除非受邀，否則不宜過度侵犯兒童的領域。在治療過程中，治療者的身體姿勢是輕鬆、不具攻擊性或威脅性，語調緩和，有時要配合兒童的情緒反應而有高低起伏。

（六）對兒童沉默的因應

在遊戲治療情境中，正確地處理沉默問題相當重要，治療者不宜太快或過度打斷兒童的沉默。兒童有權利決定如何運用其治療時間，當兒童真正感受到被尊重（何時說、說什麼以及怎麼說），才有可能學習到如何自主、如何尊重自己與他人。

治療者在面對兒童的沉默時，一方面應觀察其反應模式，另一方面可以適時同理或引導，例如：「小英，你從剛剛到現在一直沒說話，能不能跟我說，你心裡在想什麼？」若是在遊戲治療的情境中，即使兒童是沉默的，亦已經展現許多的訊息（例如：沉默但是很用力、很憤怒的拿彩色筆戳黏土，或是一邊把蔬菜放到鍋子裡，一邊哼歌一邊炒菜），因此治療師的敏銳觀察與適時同理，仍可表達出對兒童的尊重與理解。

（七）寬容

治療者在治療情境中舉手投足所呈現出來的寬容氣氛，有助於兒童逐漸卸下其防衛，真實呈現自己。寬容指的是治療者無條件接納眼前的這位案主，當兒童在治療初期手足無措時，治療者不會馬上指導兒童做什麼或玩什麼；當兒童不小心（或故意）把畫水彩的水翻倒，治療者不會馬上將其擦淨或是予以指責，治療者想表達的是尊重兒童有自己做決定與解決問題的能力，如此的心態方能真正激發兒童成長與發展的潛能。

在治療過程中，最重要的是兒童與治療者之間的關係，技巧是其次，若只會運用技巧，但是治療者的「心」不在兒童身上，則技巧運用得再純熟，與兒童之間的關係仍是遙遠而疏離，如此的治療效果自然不佳。

Landreth（2002）另外提出典型無效的治療者反應，例如：(1)只有反映兒童的行為或口語反應，忽略兒童的感受（如兒童很興奮的發現上週不小心用壞掉的一把剪刀，這週換成新的，而拿起來把玩。治療師說：「你拿起那個東西。」，而非「你很高興的拿起這個東西。」；(2)兒童還沒有指出物品的名稱，即指出其名稱（如兒童拿起一隻恐龍，治療師說：「你把那隻恐龍拿起來。」兒童卻說：「那不是恐龍，那是惡魔。」）；(3)評價或讚美（如兒童完成一幅畫作，治療師說：「你畫得好漂亮。」治療者的讚美或評價，顯示出兒童的存在價值或是成就失敗，是由治療者來決定，長久以往，兒童會愈來愈以他人（包括治療者）的評價來決定自己的價值）；(4)不適當的提問（如兒童在玩伴家家酒，煮了幾道菜，放到桌上，還擺了三副碗筷，治療者說：「你煮了好多菜，是要給誰吃？給你爸爸、媽媽，還有你嗎？可是你不是還有一個弟弟，怎麼沒有他的碗筷？」；(5)把敘述句轉為疑問句（如兒童說：「他（指著小娃娃）很討厭，一天到晚都在哭，都要人家抱。」治療者說：「這個娃娃是誰？他為什麼一直哭？」）；(6)引導兒童（如兒童說：「我要煮早餐了，你要吃什麼？」治療師說：「那我要來一份三明治和一杯牛奶。」

第三節 兒童遊戲治療之運用與注意事項

一、治療之四大要素

正如一般的心理治療，兒童遊戲治療亦包含治療者與求助者雙方，只是遊戲治療更重視環境的布置，亦強調未成年兒童的法定代理人或周遭有關成人（例如：教師）的參與。以下分別就這治療的四大要素，及整個遊戲治療的過程中應注意的事項說明之。

（一）環境的布置

遊戲室布置的原則可分為數方面來談。首先，一間遊戲室的大小以 12 尺×15 尺（約 3.6 公尺×4.5 公尺）最適宜（Landreth, 2002）。在學校中最好能騰出一個房間布置成遊戲室，但若有特殊困難亦不必勉強，在輔導工作者的辦公室內若有小地毯或可拆式的塑膠墊，圍成一個固定的空間亦可，上面擺放畫架和開架式的玩具，或是將玩具攤放在地毯（塑膠墊）上，結束時收起來。

若經費許可，遊戲室可規劃成有隔音設備、有保護安全之措施（如鋪有泡棉之牆壁及裝置欄杆）、有水槽、冷水等，牆壁及地板的材質要耐洗、耐髒及耐敲擊，不宜鋪不利清理的地毯；若能裝設簡單的廁所馬桶，亦可。若要兼顧教學與訓練之用，可裝置單面鏡、錄影與錄音之相關設備，門窗使用可隔音且較厚的材質，電燈最好裝置在天花板中。

為了讓兒童能非常自在地取用遊戲室內的器材，玩具宜放置在開架式架上顯眼的地方，且架子不宜太高，超出兒童的視線與伸手可及之處；房間應色彩明亮，空氣流通，不受干擾。必要時可為兒童準備圍兜，供其繪畫或創作時用，以免影響其放鬆表達之意願。

其次，在遊戲的材料與選擇的原則方面，正如 Winnicott（1968）所提的，透過「第三物」（third thing，亦即除了治療者與兒童之外的第三者，如玩具），治療雙方可以共同分享治療過程中的一切，讓彼此有所連結。由於遊戲治療的治療功能大於娛樂功能，因此不是任何玩具均可拿來運用。在器材的選擇上大致可分為數類：一是模擬真實生活的玩具，例如：扮家家酒的全套設備、玩具屋、奶瓶、電話、醫藥箱、人型玩具[1]；二是發洩攻擊慾望的玩具，例如：氣球、玩具兵、木製或塑膠刀劍、玩具槍、繩索、手銬、飛鏢、凶猛類布偶（如鱷魚、鯊魚、暴龍）、野生動物型玩具、黏土、不倒翁等；另一類則是表現創造力和抒發情緒的玩具，例如：沙和水、組合積木、各式色筆、水彩、畫架及紙張等。

沙箱（sand box）的設置，可允許兒童將整個家庭成員及娃娃屋、玩具兵、各種動物及交通工具等全放置在大大的沙盤中（Axline, 1969: 55）。沙箱對於發洩兒童的攻擊慾望以及發揮創作與想像的慾望有極大助益，沙子可用來埋葬人、動物、交通工具或炸彈；沙子亦可當成是雪、水，可以形塑攻擊或防禦的戰場、城牆、碉堡，也可以展現內心渴望的寧靜世界，這些均可配合兒童的各種想像與內在需求，透過沙箱而展現。可將沙箱置於地板上，或是設計成底下有輪子的裝置，一層當沙箱，一層放置各式媒材，沙箱上面可以設有蓋子，若不用沙箱時，還可用此平面當桌面。若房間大小許可，可以放兩個沙箱，分別放乾沙與濕沙。除此之外，亦可布置一個舞台，以及準備一些道具（例如：各式皇冠、帽子、面具、各種不同造型的服飾、首飾、鞋子等），供兒童呈現其戲劇表現之用；亦可掛置小的白板或黑板。

由上可知，遊戲治療室內之玩具不見得要非常昂貴罕見，最好是安全耐用且有其利用價值；換句話說，只要在家庭或學校中容易取得，能讓兒童感興趣且能發揮治療效果者皆可為之。一般而言，具有多種用途的材料，如黏土、顏料、沙、水；能增進溝通的材料，如玩具電話、手機，以及協助紓解情緒的玩具，如不倒翁等，均頗適合。

---

1 人型玩具最好有家族之代表玩偶，例如：爺爺、奶奶、父母、手足等，也最好有具備多元文化觀點的家族，例如：黑人、白人、原住民等。另外，亦可擺放代表各種職業或身分的玩偶，例如：警察、護士、消防隊員、殘障人士、新娘、新郎；各式嬰兒玩偶亦可多準備一些。

遊療室要避免的是妨害兒童創造力及想像力的遊戲，例如：電動玩具之類，以及太過於複雜，令兒童易有挫折感的，例如：飛機模型的組裝等；另外，尖銳的、玻璃類的、太昂貴的、高結構性的，例如：大富翁以及易有缺片的拼圖均不適合。

由於一間遊戲室可能會讓不同年齡層與發展需求的兒童進來使用，因此玩具的選擇可以稍微多樣化，例如：針對中、高年級的國小學童，可以放一些如撲克牌、棋類或是「闔家歡」、「探索心」等活動性的媒材，以供其運用。

Landreth（2002）認為治療者在選擇玩具時，可以思考幾個問題，如所選擇的玩具或媒材：

1.是否可以催化各種有創造力的表達方式？

2.是否可以催化各種情緒的表達？

3.是否可以激起兒童的興趣？

4.是否可以催化表達性與探索性的遊戲？

5.是否可以不用透過口語表達而達到探索與表達的目的？

6.是否可以不必依照既定的規則而達到成功的目的（獲得成就）？

7.是否可以允許隨興所致的玩法？

8.是否經得起激烈的玩法？

歐滄和（1993）認為治療者在選擇玩具和材料時，應考慮要能達到遊戲治療的七個治療目標，分別是：

1.與兒童建立積極的關係：如家庭式的人形玩偶有助於治療者了解兒童眼中的家庭互動情形。

2.能代表多種的情感：如許多造型的布偶可協助兒童以間接且對話的方式，表達內心真實但不易表達的情緒及想法。

3.探索真實生活的經驗：治療者由觀察兒童操弄反映現實生活的玩具，如醫藥箱、電話、交通工具等，了解其內在世界的想法、擔心或恐懼，並可逐漸增加其掌控的能力。

4.對現實生活限制的試探：由於兒童在現實生活接受到許多的禁令：「不

可打人」、「不可以討厭你的父母親」等，透過遊戲治療，兒童可以盡情探索行為的限制，以了解什麼是被允許或被禁止的行為，並學習尊重人與人之間的界限。

5.發展積極的自我概念：如讓兒童藉由操弄治療室中的器材，建立其自我駕馭和成就感，以培養其積極的自我概念。

6.增進自我了解：經由治療者在治療過程中的接納心態，兒童有機會表達並體驗埋藏在內心深處的負向感受；一旦兒童表達出這些情緒，且不用擔心因此被責備或被拒絕，則其對自我了解和接納統整的能力就會彰顯出來。

7.發展自我控制的能力：如玩沙的遊戲，由於它操作上的簡易性及多樣性，使得它很容易用來表達情感、提供設定行為的限度，以及發展自我控制的能力。

（二）兒童方面

一般醫療單位的治療對象是以嚴重心理困擾者為主，但是在小學校園中的協助對象應包含適應良好與適應不良者。近年來，遊戲治療運用的範圍愈來愈廣，不論是在學校、社區心理衛生機構、臨床、醫療或是社工體系，均有愈來愈多治療師投入，透過遊戲治療協助兒童，或是訓練家長與教師從事親子遊戲治療，有關的著作與個案報告或是研究成果日漸豐碩，例如：Landreth、Sweeney、Ray、Homeyer 和 Golver（2000）的著作完全是針對符合 DSM-IV-TR 診斷的兒童所進行的遊戲治療，如攻擊、依附、自閉症、肢體殘障、聽障、解離、精神分裂、情緒障礙、焦慮、遺尿、遺糞症、學習障礙、語言障礙或是選擇性緘默症等疾患。Landreth（2001）主編的著作亦介紹，如針對攻擊、自閉、慢性疾病、受到創傷、選擇性緘默、解離等之遊戲治療。除了 DSM-5 內所歸類的有關兒童的各類疾患，其他所適用的兒童問題類型包括：

1.行為適應和情緒困擾者：涵蓋所有與適應有關的行為，從十分壓抑、退縮到極富攻擊性，或偷竊行為（Lawrence, Condon, Jacobi, & Nicholson, 2006; Paone & Douma, 2009; Ray, Schottelkorb, & Tsai, 2007）。

2.學習問題：通常和情緒衝突有關（McMahon, 1995）。

3.被虐待或被疏忽者（McMahon, 1995; Ryan & Wilson, 1996; White, Draper, & Jones, 2001）。

4.性虐待、性侵害（Ater, 2001; Homeyer, 2001; Kelly & Odenwalt, 2006; LeVay, 2005; McMahon, 1995）。

5.目睹暴力兒童（洪意晴、賴念華，2008）。

6.住院病童（McMahon, 1995）。

7.父母離婚問題（Camastral, 2008; McMahon, 1995）。

8.失落經驗（Robson, 2008）。

（三）諮商師方面

遊戲治療並非只要坐在一旁看著兒童玩，或是陪著兒童玩就可以，更非只是提供一屋子的玩具供兒童嬉戲。專業的諮商師所需具備的條件（APT, 2009）包括有：助人方面的至少碩士學位（如諮商、心理學、社會工作或臨床醫學等心理健康領域）；至少接受過 150 小時有關遊戲治療的訓練、實務與督導經驗。拿到執照之後，每 3 年換證之前需有至少 36 小時的在職進修時數。

諮商師在遊戲室內絕非扮演監督者、教師或父母的替身，其所具備的特質（Harris & Landreth, 2001; Landreth, 2002）如下：

1.諮商師的角色雖是非指導性為主，但並不是被動的。

2.諮商師不是對小孩施恩、不會敦促他們或表現不耐煩；不會馬上指導兒童該如何做。

3.諮商師具備耐心、幽默感及敏感度，能鼓勵兒童開放其內心世界與諮商師共享。

4.諮商師是個成熟的人，了解自己的職責，知道保密的原則與例外。

5.諮商師必須真正喜歡小孩，真正努力嘗試喜歡與接納小孩，能夠用他們的觀點，而非諮商師自己的觀點來看兒童的困擾問題。

6.諮商師確信兒童有能力解決自己的困擾問題，並能為其行為負責任。

7.諮商師的年齡、外表和性別等均是其次，重要的是對兒童的敏感度要足夠。

8.諮商師是真誠地呈現上述的一切特質，而非虛偽做作。

9.諮商師表裡一致，堅持自己的信念，且有信心與兒童建立友好關係。

10.諮商師能發展自我戒律，約束自己並尊重兒童，不會和兒童有情緒上的糾葛。

11.諮商師有勇氣承認錯誤，有勇氣冒險，有挫折容忍力並且有幽默感。

（四）間接參與者——父母或監護人

對適應困難的兒童而言，有時候父母或監護人反而是使其情況惡化的因素之一，如果成人一方面有自己接受其他諮商師的諮商，另一方面又重新學習或調整對兒童的管教方式及態度，如此應該有助於加速兒童治療的效果。此外，家長是治療者在蒐集個案成長發展史的重要提供者，治療者要能將父母納入整個治療體系，如此才能事半功倍。有的治療師在整個治療過程中，固定或是非固定，每隔幾週就和家長討論與進行諮詢工作，一方面了解兒童在治療室外的表現情況，另一方面在不違反保密的原則下，適時提供兒童在遊戲室的一些訊息，讓家長了解，進一步能在家裡或是學校協助兒童，例如：治療師向家長提到兒童在這兩次玩的過程中，不太敢放心的玩，一直怕弄髒衣物，這和前面幾次的狀況不太一樣，因此和家長討論可能的原因，以及家長可以協助的地方。治療師若能和家長維持良好的關係，不但有助於治療的進展，不致於提早結案，也有助於讓家長因為覺得被了解、被賦能，而更有信心扮演親職的角色與發揮功能。

二、一般老師可進行之遊戲治療

在國小的輔導工作計畫中，若要擬訂與實施遊戲治療方案，對校長、行政主管、輔導教師及一般教師等均是極大的挑戰與突破，但是一旦能落實，對兒童本身的適應與發展、親子關係、班級氣氛與師生互動等方面，均有正面影響。限於目前國小的現況，國小在實施遊戲輔導活動時，常遇到的困境與限制如下（林本喬，1993；葉貞屏，1994）：

1.噪音問題：尤其是以團體方式進行時，在治療過程中難免會因兒童盡興表達而有噪音，因此場地及室內隔音設備的選擇相當重要。

2.費時費心：一般家長或教師都會期望兒童的問題能夠立竿見影，但是治療過程往往不是三、五次之內即可見效，因此遊戲治療的進行不易得到其支持。

3.不易覓得適合的場地：有些學校空間原本就有限，因此要挪用一間教室來布置成治療室會有許多阻礙；克服之道是在教室內或輔導室（處）內闢出一角來進行，或是將團體輔導室規劃成一室多用（可當成團輔室、遊戲治療室、視聽室或上課之教室）。

4.兒童的問題多半與家庭有關，因此非常需要家庭的配合，除了平日做好校內的親職教育工作，加強校方與家長的合作外，若兒童的情形涉及《兒童及少年福利法》的規定，必要時更須請政府單位〔如社會局（處）〕強制介入，以要求家長的配合。

5.保密規定：有鑑於一般人對小朋友的觀念，以為小朋友應無祕密可言，因此不易做到徹底的保密，這點要請從事兒童輔導工作者切實了解，並遵守專業倫理的規範。

6.設備的購置與維修經費：通常包括如顏料、色筆或白紙等的消耗性材料，或是易耗損的器材等，若無一筆固定的維修經費，常有捉襟見肘之憾；不過若能善加運用，支出的經費應可減至最低程度。

7.場地的清潔與維護：可事先將所有玩具的陳列地點與擺放方式拍攝照片並放大，放在遊戲室或其他適當場所，供治療師或清潔維護者事後的檢視與回復原狀。若有需要，亦可安排一些小朋友固定負責打掃這一間，但是要注意對這些小朋友的事前訓練，甚至要預防有的小朋友樂不思蜀，自己在裡面玩起來或是呼朋引伴請別的小朋友進來玩，或是順手牽羊。

具體而言，國小輔導室（處）可布置一間遊戲室，放置各類的遊戲器材，若學校經費拮据，亦可舉辦跳蚤市場或請各班或家長會自由認捐，鼓勵家長或

小朋友將家中不玩但仍完好的玩具，整理後帶到學校，經過仔細檢視與歸類，以充實遊戲室的器材。

輔導老師在受過遊戲治療的訓練後，即可嘗試在遊戲治療的過程中了解並處理兒童之困擾問題，但此時需有專業輔導人員的督導以順利進行遊戲治療；若未能有專業督導，輔導老師最起碼可藉由此過程與兒童建立關係，以及形成對兒童困擾問題的評估與診斷，必要時可轉介給其他的專業人士。

一般之級任導師或科任老師，亦可透過遊戲治療之方式，有效從事班級經營與教學，例如：教師可以在教室的一個角落布置遊戲角，玩具的來源亦可如前述，由小朋友自由從家裡帶來，師生稍加整理後即可派上用場。在此角落中，教師可觀察小朋友互動的型態，亦可藉各式器材引導小朋友表達並發洩其內心的情緒，或是觀察兒童與其他同伴的互動情形，若發現小朋友的行為模式並非教師可處理，必要時再轉介給專業的兒童輔導工作者。

三、遊戲治療的原則

Axline（1969）累積其豐富的遊戲治療經驗，說明遊戲治療若是要真正的對兒童有所助益，須慎重考慮下列的原則與態度。

（一）治療者接納兒童真實的一面

這不表示治療者要全盤接受兒童所有的負向或犯法行為，而是無條件接納其真實存在的價值，尊重其主觀的知覺與感受，不論是多麼的負向；同時，亦尊重其有犯錯的權利與改變的可能性，當兒童發現自己可以不必矯飾、不必防衛，即可自在地呈現自己真實的一面，此亦是治療的終極目標之一。

（二）真實地讓兒童自由表達其感受

寬容是一種中性的態度，不對兒童的行為做任何價值批判或懲罰，也不鼓勵稱讚，治療者猶如一面鏡子反映出兒童的一切。治療時間是屬於兒童的，由兒童自己安排運用；由治療者以口語及非口語的方式，鼓勵兒童真實自由地表達其感受。

（三）建立溫暖友善的關係

從治療者和兒童初次接觸的那一刻起，雙方的關係即不斷地在發展，讓兒童在治療情境中不必防衛，真實地呈現自己的每一面，有助於治療關係的進展以及兒童處理自己的困擾問題。

（四）敏於辨識兒童真實的感受

治療者必須敏感地覺察到兒童所想要表達的情緒及內容，並且適當地反映給兒童，使其有所領悟。在治療初期，治療者對兒童所陳述的內容以及呈現出來的非口語行為做反應，隨著治療過程的進展，治療者可以更深入地理解兒童經歷的一切，並且表達出同理與賦能的態度。有時候連兒童自己本身都理不清自己內在的萬般複雜感受，更要藉助治療者的敏感度，讓兒童不只是逐漸澄清自己內在的諸般感受，而且確知自己的這些真實感受，是被治療者理解與接納、包容的，兒童進而能接納與消化這些感受，產生新的洞察與行動，這對於兒童的療癒極有幫助。

（五）尊重兒童能把握機會解決自己的問題

即使只是兒童，每個人均有能力及權利處理並解決自己的問題，治療者只是引導並促發兒童將解決自己問題的能力顯現出來，不論兒童的年齡多小，做成最後的決定和著手改變是兒童自己的責任。治療者主要是嘗試讓兒童了解，他／她們是有能力解決自己的問題，並且學習為自己的決定負責任。在此過程中，治療者不會對兒童施加壓力，若涉及需要外界的協助（例如：轉學、安置到寄養家庭等），治療者與兒童亦會一起謀求解決。

（六）由兒童帶領行動及談話，治療者跟進

成人或許基於保護的心態，或許是不信任兒童的能力，或是求省事，常常習慣性地幫兒童做決定，或是幫他們處理許多事情，久而久之，兒童愈發不相信自己有能力處理自己的問題，且會變成更依賴而無能。事實上，在治療過程

中，兒童是主導者，治療者主要是營造一個溫暖、安全與接納的環境，讓兒童在過程中學會探索自己、接納自己、理解發生在他／她們身上的一些不幸或困擾的事件，再慢慢找到自己的因應之道；因此治療者並不需要刺探兒童的隱私，或是不斷提問題，不需用讚賞的字眼來誇獎兒童（這樣會讓兒童覺得其所作所為是為了博取治療者的好感，因而喪失其自主性），不需提出諸多建議令其遵從，更無需斥責或挑剔兒童的言行；此外，治療者的個人情緒、主觀價值及說教亦應避免。如果兒童有要求治療者協助，治療者也要視狀況，例如：評估兒童的發展程度應該可以做得到的事情，即可由兒童自己完成，必要時可指引兒童如何使用室內的器材，但是在治療室內，主控權以及決定治療的進度，應是在兒童身上。

（七）不必急著追趕治療的進度

兒童有自己成長的速度，治療者應嘗試以兒童的眼光來看他們所處的世界，而非因為受不了兒童「無甚進展」而對其放棄；或是揠苗助長，急著讓兒童有所突破或改善；或是因為來自家長、教師或外界的壓力，而強迫兒童快快有所進展，這樣對治療關係或治療效果均無助益。

（八）只能訂下一些限制以符合真實世界，及治療關係中應負的責任

設限並不是要證明成人的權威性無所不在，或是對兒童的懲罰；相反的，設限是對兒童的保護與尊重，例如：嚴格遵守時間的限制、不得蓄意毀壞玩具、不得攻擊自己、其他成員或治療者，以及不能將遊戲室的玩具帶回去等，均是讓兒童體會現實生活中應遵守的規範，學習自我控制，並且為自己的行為負責任。治療者在給予兒童一些限制時，態度要一致且委婉而堅定。

林本喬（1993）以及葉貞屏（1994）提到國小在實施遊戲輔導活動時，其注意事項如下：

1.做好校內行政單位的溝通與協調：如利用教師晨會或私下聚會的時間，向校方說明遊戲輔導活動的意義、實施方式、會利用到的時間，以及需要學校內行政單位配合協助之處，以達到雙方溝通之目的。

2.地點的選擇：除了輔導室（處）外，教室角落、圖書館、保健室、餐廳、儲藏室、專科教室及教師休息室等，只要具備安全、安靜、隱密及方便等特性，均可考慮。

3.遊戲時間：可配合學校作息，如上課、下課、聯課活動或午休時間，視兒童與教師可用的時間而定。

4.除非有特殊（如學生在教室內嚴重干擾上課）或緊急情況，否則以不影響學生之上課為原則。

5.考慮父母的參與程度：兒童參與遊戲治療，需事先徵求父母的同意；若有必要，可請父母同時接受其他專業人員的協助。原則上，輔導人員不同時協助父母及兒童雙方面，以避免輔導人員角色的衝突。

6.對不同性別、年齡之兒童，所使用的器材及引導方式可能會有所不同。

7.玩具及材料的選擇要就安全、經濟、可取代性、耐用性、符合兒童的身心發展特性等方面加以考慮，玩具及材料的維護汰換亦須隨時注意。

8.在正式開始接一個個案前，治療者要避免有假期或學校的活動會干擾治療的過程中斷，因此，除非緊急或特殊狀況，治療者可用密集的方式，1 週進行 2 至 3 次的遊戲治療，而學期結束前 2 至 3 週不宜開始接新的個案。

9.若要更加發揮遊戲治療的功能，可將此理念融入一般結構性的小團體諮商活動中，不一定只能在治療室內進行。

第四節 親子遊戲治療

不管是源自於血緣關係或是非血緣關係，親子關係都是影響一個人成長與發展至鉅的關係。絕大多數的父母，從胎兒在母親的子宮裡成長開始，即花費無數心血及經費在照顧自己的下一代，許多父母是從當父母後才開始學習怎樣為人父母，這些在求學期間都沒人教導過，新手父母能憑藉的是自己過往在原生家庭的被照顧經驗、親朋好友的經驗談，或是坊間一些親職教育的書籍或影片。但是每個孩子都是獨一無二的個體，新手父母要從跌跌撞撞與嘗試錯誤中，學習如何和自己的子女建立友善、充滿愛的良好關係，學習如何恰如其分地管教自己的子女，以及學習如何讓子女的成長與發展一切順遂，未來的人生道路走得平穩而能充分發展，這些過程對父母與子女而言，都是充滿挑戰。

現代父母承受的壓力和上一代父母不甚相同。由於家庭結構偏向核心家庭，家裡人口少，少了往昔大家庭相互照顧的優勢，加上經濟結構的改變，多半需要夫妻的雙薪才能應付一個家庭的各種開銷與子女的教育投資；再加上全球性的就業市場競爭與經濟不景氣，讓許多父母忙於生計之餘，又要花費許多心思培養自己子女的競爭優勢，這樣的內外層層壓力，讓父母對子女往往有很高的期望，但是在親子照顧或親職教育的品質方面，有時則會顯得困窘。親子關係一旦緊繃或破裂，對彼此的傷害均大，但是親子關係對兒童的發展影響又是極其深遠，親子之間的相處時間又很長，親子遊戲治療（filial therapy）即基於這樣的社會現象應運而生。

一、親子遊戲治療的意義

親子遊戲治療指的是由受過親子遊戲治療訓練的家長，為自己的子女進行遊戲治療的一種形式。最早的親子遊戲治療形式，應屬 20 世紀初 Freud 間接教導小漢斯的父親如何協助這位 5 歲的小男孩（Landreth, 2002），之後較為特別的，是 Rogers 的女兒 Fuchs（1957）受到父親的鼓勵與指引，加上參考 Axline（1947）的著作，嘗試對其因為如廁訓練而有情緒困擾的女兒，在家裡進行持續的親子遊戲治療，且獲致極佳的效果。Moustakas（1959）也曾經論述親子遊戲治療的理念與重要性，透過這樣的親子互動，孩子會發現自己是個重要的人、被珍愛著，在家庭中有無可取代的地位；透過這樣的過程，孩子愈發自我開放，能充分表達其情緒。父母在過程中，不會給子女任何命令或教導，只是陪伴，表達對孩子的關注。

上述的發展，著眼的是父母在子女心目中的重要地位，由父母直接介入，比其他專家介入都還有效，但是到彼時的發展，父母親並未接受過任何有關的訓練。直到 Guerney（1964）夫婦開始針對有情緒困擾兒童的父母設計結構性的訓練方案；之後再由 Landreth 逐漸發展出 10 週的訓練模式。整個親子遊戲治療模式的發展理念是親子之間的親情無可取代，由父母扮演治療者可以事半功倍，因此將這樣的治療模式命名為「親子」遊戲治療（filial therapy）。其中的 filial（filial piety）指的是子女對父母的孝道或孝順，而延伸成為親子之間自然的血緣關係。

這樣的訓練模式，亦有別於其他的親職教育或親職訓練模式，一般的模式比較偏重於訓練或教育父母一些良好的親職技巧，例如：溝通、同理心訓練等，而 Guerney 夫婦或是 Landreth 的親子遊戲治療訓練模式，除了一開始由專業的遊戲治療師（領導者）以 6～8 位家長組成的小團體方式提供基礎的講授課程，接著要由擔任親子遊戲治療的父母實際針對自己的其中一位子女進行數週的親子遊戲治療，在這過程當中，領導者持續擔任督導者，其他的團體成員均扮演同儕督導者的角色，一直到 10 週（或 10 次）的訓練課程結束。

由 Landreth 和 Bratton（2006）所發展的 10 週「親子關係訓練」（Child-Parent Relationship Training, CPRT）方案，所具備的特色包括：著重的是增進親子間的關係，而非改善兒童的困擾問題；透過遊戲的溝通媒介；敏感於兒童象徵性的表達方式；由兒童引領；父母的態度是接納的，而非批判或糾正錯誤的。至於整個訓練方案的特色，包括：以小團體的方式，重視團體的互動；著眼於未來，而非一直追究過去；強調體驗，而非僅是知識或技巧的傳授；重視的是增進親子關係，而非糾正問題行為；改變兒童（對父母及親子關係）的知覺；著重的是父母的效能，而非要改變兒童；要了解的是親子關係，而非兒童行為背後的目的；強調兒童內在，而非外在的自我控制；要求按部就班結構化的訓練架構；有特定的遊戲媒材；父母所學習到的技巧，只需要在特定的親子遊戲治療時間運用；父母學習到的技巧會慢慢類化到日常生活情境；有專業人員的督導；可適用於各式各樣的父母；以及對提供訓練的遊戲治療師有資格上的要求等。

通常親子遊戲治療的適用年齡約在 2～10 歲之間的子女（Landreth, 2002），每週約進行 30 分鐘左右；針對年齡較長的青少年或是心智發展較生理年齡成熟的兒童而言，可以考慮不用遊戲室的媒材或玩具，而是一起完成一件比較有難度的作品，例如：完成組裝一台遙控飛機、烤一個蛋糕、完成一道菜或是完成一個書櫃等，這些活動的形式，跟遊戲治療室的玩具一樣均只是媒介，重要的是在這個專屬的親子時間內，活動過程中的親子互動，以及父母親展現的同理、包容、接納與理解的態度。

Landreth 和 Bratton（2006: 11）將親子遊戲治療定義為：

> 由受過遊戲治療專業訓練的治療師所使用的一種獨特取向。過程中訓練家長成為自己孩子的治療者。訓練方案的內容，包括：講授、示範遊戲治療過程、要求父母要在家裡為自己的孩子進行遊戲治療，並在支持的氣氛下接受督導。父母學習到的是基礎的兒童中心遊戲治療的原則與技巧，包含：反應性的傾聽、辨識並對孩子的感受加以回應、治療性的設限、建立兒童的自我概念，以及透過特殊篩選過的玩具，與兒童進行每週固定的遊戲治療單元。父母學習到如何營造增進親子關係的非評價性、了解的與接納的環境，藉此增進個人成長並改變家長與兒童。

二、親子遊戲治療的原則與目標

進行親子遊戲治療時的原則包括（VanFleet, 2005: 2-3）：(1)治療師要能體認在兒童的發展過程中，遊戲所扮演的重要角色，且同意遊戲是了解兒童的主要管道；(2)父母有能力學習到為自己的子女進行兒童中心遊戲治療的相關技巧；(3)在進行評估與介入的處遇時，治療師採取的是教育模式，亦即對兒童的困擾問題，比較是從社會、環境、生態與系統的觀點來探討。

親子遊戲治療基本上適用於一般的家長，除非是有嚴重的精神疾患或心理困擾、認知能力無法理解或學習相關技巧，或是有性侵害子女、家暴行為的家長，其並不適合（VanFleet, 2005）。至於兒童方面，由於親子遊戲治療主要是增進親子的關係、提升父母的敏感度與對孩子的接納、同理與理解，並非一定要有嚴重情緒困擾的兒童才能接受親子遊戲治療。

透過一些有關遊戲治療的後設分析可以發現，遊戲治療是有效的，例如：

LeBlanc 和 Ritchie（1999）首度進行遊戲治療的療效後設分析，針對 42 篇有控制組的研究加以比較，結果求出效果值（effect size）是 .66 個標準差（中度到中高度效果），之後 LeBlanc 和 Ritchie（2001）的研究又發現，如果治療中有加入父母的話療效更佳。隨後 Ray、Bratton、Rhine 和 Jones（2001）以及 Bratton、Ray、Rhine 和 Jones（2005）的幾篇後設分析，檢視更多篇的遊戲治療研究，且是採用更嚴格的標準來選取相關研究進行分析，結果求出的效果值為 .80 個標準差（高度效果），但是如果光就親子遊戲治療研究的療效而言，相對更高（1.15 個標準差）。從這些後設分析的資料發現，如果能將受過訓練的父母納入遊戲治療，對兒童的幫助更大。

親子遊戲治療對兒童的治療目標如下（VanFleet, 2005: 4）：

1.促使兒童能辨識並充分與有效的表達自己的情緒感受。

2.讓兒童有機會「被聽到」。

3.協助兒童發展有效的問題解決與因應的技巧。

4.增進兒童的自信與自尊。

5.增加兒童對父母的信任與信心。

6.降低或消除兒童不良適應的行為。

7.協助兒童發展積極主動與利社會的行為。

8.營造開放、和諧的家庭氣氛，藉此助長兒童在社會、情緒、智能、行為、體能與靈性等各方面的健康與均衡發展。

至於親子遊戲治療對父母的治療目標則是如下（VanFleet, 2005: 4）：

1.增進父母對一般兒童各方面發展的普遍性理解。

2.增進父母對自己子女各方面發展的特別性理解。

3.協助父母體認到遊戲及情緒對兒童生活的重要性及對自己的重要性。

4.減少父母對子女的挫折感。

5.協助父母發展一系列的親職技巧，增進親職效能。

6.增進父母親職能力的信心。

7.協助父母敞開與子女的溝通大門，且持續敞開。

8.協助父母雙方並肩合作。

9.增進父母對子女的溫暖與信任感受。

10.提供不具威脅性的氣氛，讓父母得以處理自己與親職教養有關的議題。

第五節 治療中常遇到的問題及其處理

相對於一般成人的個案，兒童在諮商情境中，由於其認知、情緒及行為等方面尚未完全發展成熟，或是過去受創的經驗，在遊戲治療情境中，常會有一些表現令治療者手足無措，治療者除了依自己的治療取向判斷如何處理之外，亦可考慮下列的處理原則。

一、兒童作品的保留問題

為了避免讓兒童將自己的作品有和其他兒童比較的心態，兒童的作品不宜公開一一陳列出來。但是一方面要讓兒童有成就感，另一方面又為了讓治療者能觀察兒童的成長情形，兒童在治療過程中完成或是未完成的各種作品，如果可以的話，最好是能夠保留下來。鑑於一般的治療室無法如此大量供應不同的材料或空間，治療者可採用的變通辦法是將其作品內容以照相或錄影的方式保留，或是為每位兒童準備一個小至中型的收納盒，以保留其作品，到最後治療結束時，讓兒童決定是否帶回去。

二、治療者要不要和個案一起玩的問題

不同的學派對此問題有不同的看法，持贊成立場者認為治療者藉著和兒童直接的互動，更可以同時了解到兒童的行為模式，以及建立與個案的關係，有時更可以彌補或取代兒童生活經驗中的不足之處（例如：個案常是孤獨一人，沒人陪他／她玩）；反之，持反對立場者則認為此種參與易讓兒童對治療者的角色產生混淆，不知應將治療者視為玩伴、父母、老師或治療者，而治療者也容易混淆自己的角色。

一般的原則是視治療者的理論取向為主，其次是區分清楚治療者本身若是以催化者的角色為主，則其介入應愈少愈好，但若個案只是要求治療者協助其進行一項須多人參與的活動（例如：教室上課之情境，或是個案煮好飯，邀請治療者一起吃），則治療者不妨依個案之指示扮演其所指定的角色。

三、在治療過程中的輸贏問題

由於整個社會非常強調輸贏與競爭的觀念，兒童自小即不斷地被要求要和別人比較，小自身高、體重及外表，大至各種學科表現或才藝，年齡愈長要比較的就愈多，有時即使兒童不願意和別人比較，周遭的成人也常常將其表現與別人比較。兒童為了在這種環境中求生存以及肯定自我，對輸贏的計較心態即不難理解。若兒童在治療室中透過遊戲（如玩象棋、撲克牌等）要與治療者一較長短，其心態可能是要藉此肯定與治療者之間的關係，或是在現實生活中正遭遇到挫折，希望在治療情境中獲得自信，因此治療者不宜輕忽個案這方面的心態，尤其當個案為了要贏而採用或表現出耍賴或欺騙等行為，治療者除了對其行為加以反映（例如：「你很想要贏這場比賽，你覺得贏了好像表示你很厲害，不會再被別的小朋友或老師看不起，也不會再被爸媽罵！」）進而可以針對其行為加以反映（例如：「剛剛你訂的規則是『炮』可以死兩次，兩次都死了之後就是死了，而你的『炮』已經死兩次了。」）

四、要如何設限才是既合情又合理的問題

對於這個問題亦不易有放諸四海皆準的答案，本章前面提到設限的目的，因此當個案的表現涉及設限的範圍時，治療者可以用堅定但委婉的態度處理，例如：「我知道你很想把這隻恐龍帶回家，但是這裡的玩具是留在遊戲室的，下次你來的時候，它還會在這裡。」或是「看得出來你很捨不得離開這裡，但是我們的時間已經到了。」至於設限的時機，通常治療者在治療初期會有一些原則性的說明，當治療過程中小朋友出現一些違反原則的行為（例如：開始會以肢體攻擊的方式對待治療者，或是想要破壞治療室的玩具或設備），治療者才需加以設限。

五、保密的問題

保密不論在成人或兒童的個案均是極為重要的倫理守則，只是對兒童個案而言，由於其未成年，在法律及道義上均須尊重其法定代理人，因此治療者在決定將個案之任何情形告知第三者之前，最好以兒童能懂的方式向其說明並徵求其同意，另外對治療情境的處理，如錄音、錄影等，均宜讓兒童知道；除此之外，治療者應嚴格遵守保密的規範，以表示尊重兒童，並獲得其信任。

六、兒童過份依賴的問題

現代父母為了讓兒童無憂無慮地成長，或是自己太忙碌，無暇等待兒童的反應，常有意無意地幫兒童做決定，因而養成兒童依賴的個性，治療者的責任即是把責任交還給兒童，藉此培養其自信、自我做決定與為自己的決定負責任的能力，因此治療者不宜在治療情境中助長案主的依賴。

關鍵詞

遊戲治療　　發洩遊戲治療　　關係遊戲治療

非指導性遊戲治療　　設限　　親子遊戲治療

問題討論

1. 請說明遊戲治療與一般的治療模式有何異同？
2. 請說明遊戲治療理論的演變過程。
3. 請說明遊戲治療設限的理由及內容各有哪些？
4. 請說明遊戲治療在選擇遊戲材料的原則及大致涵蓋的類別。
5. 請說明一般國小的輔導室（處）及班級導師，可以如何運用遊戲治療的概念於學生身上？

參考文獻

▶中文部分

林本喬（1993）。遊戲治療在國小的實施。**測驗與輔導，118**，2405-2408。

洪意晴、賴念華（2008）。目睹父母暴力兒童在遊戲治療中之遊戲主題的改變歷程。**家庭教育與諮商學刊，4**，115-147。

葉貞屏（1994）。小學校園中的遊戲治療。**諮商與輔導，99**，8-13。

歐滄和（1993）。如何為遊戲治療選擇玩具和材料。**測驗與輔導，118**，2414-2416。

▶英文部分

Allan, J. (1997). Jungian play psychotherapy. In K. J. O'Connor & L. M. Braverman (Eds.), *Play therapy: Theory and practice- A comparative presentation*. New York: John Wiley & Sons.

Allen, F. (1934). Therapeutic work with children. *American Journal of Orthopsychiatry, 4*, 193-202.

Association for Play Therapy [APT] (2009). *About play therapy overview*. Retrieved from http://www.a4pt.org/ps.playtherapy.cfm

Ater, M. K. (2001). Play therapy behaviors of sexually abused children. In G. L. Landreth (Ed.), *Innovations in play therapy: Issues, process, and special populations*. PA: Brunner-Routledge.

Axline, V. A. (1947). Play therapy: Race and conflict in young children. *Journal of Abnormal and Social Psychology, 43*, 300-310.

Axline, V. A. (1969). *Play therapy*. New York: Ballantine Books.

Bratton, S., Ray, D., Rhine, T., & Jones, L. (2005). The efficacy of play therapy with children: A meta-analytic review of treatment outcomes. *Professional Psychology: Research and Practice, 36*, 376-390.

Camastral, S. (2008). No small change: Process-oriented play therapy for children of separating parents. *Australian and New Zealand Journal of Family Therapy, 29*(2), 100-106.

Carroll, J. (2005). Children talk about play therapy. In C. Schaefer, J. McCormick & A. Ohnogi (Eds.), *International handbook of play therapy: Advances in assessment, theory, research, and practice*. New York: Jason Aronson.

Cattanach, A. (2005). Narrative play therapy: A collaborative approach. In C. Schaefer, J. McCormick & A. Ohnogi (Eds.), *International handbook of play therapy: Advances in assessment, theory, research, and practice*. New York: Jason Aronson.

Cattanach, A. (2006). Narrative play therapy. In C. E. Schaefer & H. G. Kaduson (Eds.), *Contemporary play therapy: Theory, research, and practice*. New York: The Guilford Press.

Erikson, E. (1950). *Childhood and society*. New York: W. W. Norton.

Fuchs, N. (1957). Play therapy at home. *Merrill-Palmer Quarterly, 3*, 89-95.

Gardner, R. A. (1983). Treating Oedipal problems with the mutual storytelling technique. In C. E. Schaefer & K. J. O'Connor (Eds.), *Handbook of play therapy*. New York: John Wiley & Sons.

Ginott, H. G. (1961). *Group psychotherapy with children*. New York: McGraw-Hill.

Goldman, J. G. (1995). A mutual story telling technique as an aid to integration after abreaction in the treatment of MPD. *Dissociationx, 8*(1), 53-60.

Griff, M. D. (1983). Family play therapy. In C. E. Schaefer & K. J. O'Connor (Eds.), *Handbook of play therapy*. New York: John Wiley & Sons.

Guerney, B. Jr. (1964). Filial therapy: Description and rationale. *Journal of Consulting Psychology, 28*, 57-80.

Harris, T. E., & Landreth, G. L. (2001). Essential personality characteristics of effective play therapist. In G. L. Landreth (Ed.), *Innovations in play therapy: Issues, process, and special populations*. PA: Brunner-Routledge.

Homeyer, L. E. (2001). Identifying sexually abused children in play therapy. In G. L. Landreth (Ed.), *Innovations in play therapy: Issues, process, and special populations*. PA: Brunner-Routledge.

Hug-Hellmuth, H. (1921). On the technique of child analysis. *International Journal of Psychoanalysis, 2*, 287.

Kanner, L. (1957). *Child psychiatry*. Springfield, IL: Thomas.

Kelly, M. M., & Odenwalt, H. C. (2006). Treatment of sexually abused children. In C. E. Schaefer & H. G. Kaduson (Eds.), *Contemporary play therapy: Theory, research, and practice*. New York: The Guilford Press.

Klein, M. (1955). The psychoanalytic play technique. *American Journal of Orthopsychiatry, 25*, 223-237.

Knell, S. M. (1997). Cognitive-behavioral play therapy. In K. J. O'Connor & L. M. Braverman (Eds.), *Play therapy: Theory and practice- A comparative presentation*. New York: John Wiley & Sons.

Kottman, T. (1997). Adlerian play therapy. In K. J. O'Connor & L. M. Braverman (Eds.), *Play therapy: Theory and practice- A comparative presentation*. New York: John Wiley & Sons.

Kottman, T. (2003). *Partners in play: An Adlerian approach to play therapy* (2nd ed.). Alexandria, VA: American Counseling Association.

Landreth, G. L. (2002). *Play therapy: The art of the relationship* (2nd ed.). NY: Brunner-Routledge.

Landreth, G. L. (Ed.) (2001). *Innovations in play therapy: Issues, process, and special populations*. PA: Brunner-Routledge.

Landreth, G. L., & Bratton, S. C. (2006). *Child parent relationship therapy (CPRT): A 10-session filial therapy model*. New York: Routledge.

Landreth, G. L., & Sweeney, D. S. (1997). Child-centered play therapy. In K. J. O'Connor & L. M. Braverman (Eds.), *Play therapy: Theory and practice- A comparative presentation*. NY: John Wiley & Sons.

Landreth, G. L., Sweeney, D. S., Ray, D. C., Homeyer, L. E., & Glover, G. J. (2000). *Play therapy interventions with children's problems: Case studies with DSM-IV-TR diagnoses* (2nd ed.). New York: Jason Aronson.

Lawrence, M. M., Condon, K., Jacobi, K. S., & Nicholson, E. (2006). Play therapy for girls displaying social aggression. In C. E. Schaefer & H. G. Kaduson (Eds.), *Contemporary play therapy: Theory, research, and practice*. New York: The Guilford Press.

LeBlanc, M., & Ritchie, M. (1999). Predictors of play therapy outcomes. *International Jour-*

nal of Play Therapy, 8, 19-34.

LeBlanc, M., & Ritchie, M. (2001). A meta-analysis of play therapy outcomes. *Counseling Psychology Quarterly, 14*, 149-163.

LeVay, D. (2005). "Little Monsters"? Play therapy for children with sexually problematic behavior. In C. Schaefer, J. McCormick & A. Ohnogi (Eds.), *International handbook of play therapy: Advances in assessment, theory, research, and practice*. New York: Jason Aronson.

Levy, D. (1938). Release therapy in young children. *Psychiatry, 1*, 387-389.

McMahon, L. (1995). *The handbook of play therapy*. London: Routledge.

Mortola, P. (2006). *Window frames: Learning the art of gestalt play therapy the Oaklander way*. Mahwah, NJ: The Analytic Press.

Moustakas, C. (1955). Emotional adjustment and the play therapy process. *Journal of Genetic Psychology, 86*, 79-99.

Moustakas, C. (1959). *Psychotherapy with children: The living relationship*. New York: Harper & Row.

O'Conner, K. (1997). Ecosystemic play therapy. In K. J. O'Connor & L. M. Braverman (Eds.), *Play therapy: Theory and practice- A comparative presentation*. New York: John Wiley & Sons.

O'Connor, K. J. (2000). *The play therapy primer* (2nd ed.). New York: John Wiley & Sons.

Oaklander, V. (2006). *Hidden treasure: A map to the child's inner self*. London: Karnac.

Paone, T. R., & Douma, K. B. (2009). Child-centered play therapy with a seven-year-old boy diagnosed with intermittent explosive disorder. *International Journal of Play Therapy, 18*(1), 31-44.

Peoples, C. (1983). Fair play therapy. In C. E. Schaefer & K. J. O'Connor (Eds.), *Handbook of play therapy*. New York: John Wiley & Sons.

Rank, O. (1936). *Will therapy*. New York: Knopf.

Ray, D. C., Bratton, S., Rhine, T., & Jones, L. (2001). The effectiveness of play therapy. Responding to the critics. *International Journal of Play Therapy, 10*, 85-108.

Ray, D. C., Schottelkorb, A., & Tsai, M. H. (2007). Play therapy with children exhibiting

symptoms of attention deficit hyperactivity disorder. *International Journal of Play Therapy, 16*(2), 95-111.

Robson, M. (2008). The driver whose heart was full of sand: Leigh's story- a play therapy case study of a bereaved child. *British Journal of Guidance & Counselling, 36*(1), 71-80.

Rogers, C. (1942). *Counseling and psychotherapy*. Boston, MA: Houghton Mifflin.

Ryan, V., & Wilson, K. (1996). *Case studies in non-directive play therapy*. London: Bailliére Tindall.

Semrud-Clikeman, M. (1995). *Child and adolescent therapy*. Boston, MA: Allyn & Bacon.

Taft, J. (1933). *The dynamics of therapy in a controlled relationship*. New York: MacMillian.

VanFleet, R. (2005). *Filial therapy: Strengthening parent-child relationships through play* (2nd ed.). FL: Professional Resource Press.

White, J., Draper, K., & Jones, N. P. (2001). Play therapy behaviors of physically abused children. In G. L. Landreth (Ed.), *Innovations in play therapy: Issues, process, and special populations*. PA: Brunner-Routledge.

Wilson, K., & Ryan, V. (2005). *Play therapy: A non-directive approach for children and adolescents* (2nd ed.). Edinburgh: Elsevier.

Winnicott, C. (1968). Communicating with children. In R. J. N. Tod (Ed.), *Disturbed children*. London: Longman.

第七章 團體諮商、班級輔導與班級經營

田秀蘭

以兒童為對象進行團體諮商（group counseling），在活動的設計、時間的安排，以及技巧的拿捏方面都並不容易，因而團體諮商相較於其他大型的演講或班級輔導活動，在學校中的實施情形並不普遍。然而，我們常說學校是社會的縮影，人與人之間的互動關係在兒童團體中也能顯現。團體中的人際互動，不論是在小團體諮商或是班級團體中，都讓兒童有機會能朝正向的人際學習，並促進其個人成長。如何引導兒童朝正確方向發展，相關的團體諮商、班級輔導活動，以及有效的班級經營都是相當重要的。本章擬就團體諮商、班級輔導以及班級經營三部分，說明團體輔導活動在兒童輔導工作中的運用情況。

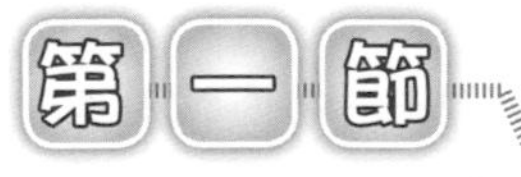

第一節 團體諮商

一、團體諮商的性質及重要性

（一）兒童團體的性質

團體諮商是指由專業人員根據某一主題所設計並帶領的專業服務，它所強調的是歷程。對兒童而言，小團體提供了一個安全的環境，讓他們能夠表達自

己所關心的問題，同時也能冒險嘗試新的行為。通常團體是以一般或特殊學生為對象，大小則是 6 至 8 人，所強調的重點是藉由團體動力來協助兒童了解自己、增進人際關係並發揮潛能。參加的兒童必須能針對自己想探討的行為，為自己訂出改變的目標。團體的領導者及參加的兒童要能互相協助，找出各自要達成的具體目標，同時也顧及整個團體想達成的目標。此外，團體進行的過程也相當重要，兒童必須能在安全的氣氛下學習新的行為，並嘗試在現實生活中表現新的行為。而在每次團體結束後，兒童需完成團體所給予的作業，並在下次團體中與其他成員分享心得。這些重點都是針對兒童，可發現其中「學習」的意味頗濃，足見以兒童為對象的團體相當具結構性。也因此，5 歲以下的兒童並不適合進行團體諮商，因為就發展觀點而言，5 歲以下的兒童仍舊非常地以自我為中心（Havighurst, 1952）。然而若以「前社會學習」（pre-social learning）為目標的團體，則 3、4 歲的兒童是可以適用的（Golden, 1987）。

（二）實施團體諮商的必要性

在校園中，針對有特殊需求的兒童進行小團體諮商，是有其必要的，就目前校園中的輔導工作現況而言，在有限的輔導人力下，無法花太多的時間做個別諮商，因而以小團體方式進行輔導工作即可發揮最大之效益。部分兒童的適應問題在大班級中，其輔導效果亦不及小團體諮商方式顯而易見，因此除了個別諮商及班級輔導活動之外，小團體諮商也有其相當的功能。

對兒童適應問題而言，早期的處理，能使其日後行為發展適應得較好。這些有特殊需求的學生，其所面臨的問題亦有不同層次，較嚴重的包括：受虐兒童、遭遇性侵害兒童、單親家庭中被忽略的兒童，或是性格異常的兒童等。問題嚴重性較為緩和者包括：人際關係的問題、學習遲緩、情緒適應，以及個性過於內向等。這些問題均可藉由團體諮商的方式提供協助，進而在團體互動中促進其問題解決或個人成長。此外，對一般兒童也應當提供預防性的團體諮商活動，例如：自我肯定訓練、社交技巧訓練、生涯探索輔導活動等。這些預防性的輔導工作一方面可預防嚴重問題的發生，另一方面也可提升兒童的發展層次，讓兒童能順利完成其發展任務，並發揮其潛能。

（三）團體諮商的使用時機

小團體在國小階段的實施，可以針對有特殊需求的兒童，也可以針對一般兒童，提升兒童的發展層次、增進其自我概念，與同儕或師長建立適當的關係，而團體進行的時機多半是有計畫、有結構地在學期中配合團體活動實施，或利用課外活動時間實施。有時也可以配合寒暑假的活動進行，必要時，配合社區專業團體進行兒童自我探索團體輔導，也不失為可行的方式。此外，針對家長的父母效能訓練，或是以家長為對象的會心團體，也可以在學校中實施，由具有諮商專業背景的家長帶領，或由輔導室（處）或家長會邀請專家帶領，以增進家長本身的自我成長。而除了兒童及家長之外，教師本身也可以透過團體諮商而得到成長。

二、團體諮商的種類及團體歷程

（一）小團體的種類

1. 依進行方式區分

(1)結構性團體（structured group）：是指在進行團體之前，領導者必須清楚團體的目標，並對團體聚會的內容做詳細計畫。團體的進行則是在領導者的催化之下讓每位成員投入團體，在過程中也多半是以領導者居主導地位，結束時也由領導者或是由領導者請某位成員對該次團體做一結論。

(2)非結構性團體（unstructured group）：這類團體在進行之前不需做內容的計畫安排，成員隨興所至，想到什麼就說什麼。雖然如此，領導者仍必須有相當的經驗，除專業訓練外，也必須熟悉團體的過程以及一般團體中經常發生的問題，例如：成員的抗拒、凝聚力，以及過於依賴團體等現象。

一般而言，以兒童為對象的團體多半是結構性團體居多，領導者在組成一個團體時，就訂定計畫，在進行團體時，也盡可能依計畫進行。

2. 依團體目標區分

(1)成長性團體（growth group）：主要目標是提供兒童在人格方面能有所成長，對國小或幼兒園兒童而言，團體目標主要是針對他們在學校的行為表現或是班上的人際關係等，這方面的團體對兒童的成長幫助很大，是一般學校輔導老師可以積極推動的項目。

(2)學習性團體：這類團體通常是結構性的團體，目的是讓兒童獲得某一特定主題方面的知識，例如：自我肯定訓練團體，教導兒童如何肯定自己；針對日益增多的兒童虐待問題，這方面的問題預防也可以以學習團體的方式進行；針對高危險群的兒童，在團體中可教導他們有關虐待的種類（有些小朋友甚至不知道自己受到虐待）、受虐時或受虐後如何求助，以及如何適當的說「不」等技巧。

(3)人際關係訓練團體：這類團體主要目標是在增進兒童的社交技巧，類似的名詞包括敏感訓練團體及社交訓練團體等。通常人際關係比較差的兒童，在班級活動或日常活動中容易受到其他小朋友的拒絕，因為他們不容易了解他人的感受，也不清楚如何與他人進行有效的溝通，因此有關同理心及社交技巧的訓練團體對這類兒童而言，是會有其預期效果的。

(4)價值澄清團體（value clarification group）：主要目的是讓兒童能夠藉由價值觀念的澄清，而更清楚他們所要的生活目標。對幼兒園及國小兒童而言，價值觀念都還在變化之中，很容易受到大人的影響，價值澄清團體是協助兒童找出自己所重視的想法，在各種不同的觀念中逐漸發現自己所珍視的，並讓日常生活中的行為能依循這些信念。

3. 依所使用技巧之深度來區分（Gibson, Mitchell, & Basile, 1993）

(1)輔導團體（guidance group）：團體人數較多，所使用的技巧主要是提供訊息、分享經驗、教育訓練等，其目標是提供輔導服務，以達成兒童在發展過程中的一般需求，典型的方案，例如：新生訓練或針對某一主題而在全校實施的輔導計畫。這方面的帶領人員必須對方案的主題有清楚的認識，但並不一

定需要諮商方面的專業訓練。

(2)諮商團體（counseling group）：主要是針對兒童在生活適應及人格成長方面所提供的服務，團體的大小以 6 至 8 人左右為主，而領導者亦需經過專業的訓練，熟悉一般團體的歷程及過程中會出現的狀況。

(3)治療團體（therapeutic group）：主要是針對在人格或適應方面遭遇較嚴重問題的兒童所進行的服務，這類服務通常是附屬在兒童醫院裡的一部分；這些兒童在心理健康方面可能有異常的現象，需要較特殊的治療，因此，團體的領導者必須經過嚴格的訓練，團體的大小也不宜超過 10 人。

除了以上的區分之外，也有些團體是依個別諮商理論為依據而設計的，如此一來便有更多不同種類的團體，例如：Adler 團體、溝通分析團體、理情治療團體、完形治療團體等，不勝枚舉。然而各種不同理論取向的團體對兒童的適用性也有所不同，領導者需以淺顯的方式，配合兒童的認知及情緒發展情形而設計兒童所能接受的內容，讓兒童有機會做更多的自我探索及個人成長。

（二）團體諮商歷程

以兒童為對象的團體諮商，在進行時通常有以下四個階段：適應階段、認同階段、工作階段，以及結束階段。在適應階段，由於成員彼此之間互不認識，因此領導者的目標是讓成員由認識活動中互相熟悉，訂定團體規則，並建立起彼此的信任感，如果信任感建立起來，就可以進入第二階段了。

在認同階段，成員彼此間建立起同為一個團體的感覺，能互相分享感受，同時也願意嘗試冒險，說得更多或說得更深。而更重要的是，成員們彼此間能體會出一個共同的目標，而個人目標與這個共同目標是不相衝突的。

在工作階段，領導者可逐漸觀察出兒童的進步情形，甚至兒童本身也可以觀察出自己的成長。在這個階段裡，領導者所給予的支持及成員彼此的分享，仍然是團體朝目標邁進的重要動力。而成員在團體中對自己的探索，也是促成他在團體之外，平時生活行為表現更為成熟的動力之一。領導者的主要任務，除了給予支持之外，最重要的應當是協助兒童探索、發掘並接受自己。

團體諮商的發展，在結束階段，也需要一些結構性的活動來做收尾。主要的目的是讓成員能對參與團體這一段時間以來的收穫做一整理，並學習將團體中的所學應用到日常生活之中，即使沒有團體的支持，也能學習成長。

三、團體的設計、實施與評量

在設計小團體活動時，基本上必須有三點考慮：其一為團體成員的篩選，其次為團體的大小，最後則是團體的目標。在篩選成員時，必須注意適合以團體方式進行輔導的小朋友，才讓他們參加團體，這是基於兒童利益所做的考量；有些情緒過於激動的兒童、攻擊性過強的兒童，或是情緒困擾較為嚴重、個性過於內斂的兒童，個別諮商的方式可能較適合他們。在團體大小部分，對小學生而言，6 至 8 人是較適合的大小（Gibson et al., 1993）。團體過大，諮商師不容易顧及每個成員的需求，有些成員也可能不耐煩聽太多的人說話，而只急著想發表自己的看法；團體過小，成員彼此間可能又有太大的壓迫感。以 5、6 歲兒童為對象的團體，團體人數通常以 4 至 5 人為宜，且每次聚會時間以不超過半小時為原則，每週可以聚會 2 至 3 次（Thompson & Henderson, 2007）。在團體目標的訂定方面，主要是根據常見的兒童問題及兒童的認知情緒狀態，目標的訂定通常也決定了一個團體的活動內容。此外，團體進行的場所以團體輔導室為宜（Muro & Kottman, 1995），否則也不能找太大的教室，以免兒童容易分心，甚至走動或亂跑。若使用遊戲室，需注意重要原則：必須讓兒童清楚團體的進行規則。多數兒童難以忍受玩具就在身旁的誘惑，所以遊戲室中的玩具必須在團體進行之前，就依一般的規則而適當歸位，以便讓他們知道每次團體的進行與那些玩具之間是沒有直接關係的。

（一）如何設計以兒童為對象的團體諮商活動

一般而言，在設計團體諮商活動時，領導者必須思考以下問題：(1)在團體中，兒童適合以何種媒介做溝通；(2)團體的結構性要到如何的程度；(3)團體中會使用些什麼器材；(4)如何招募及篩選成員；(5)團體要持續多久，每次的聚會時間多長；(6)團體的大小如何；(7)團體中男女與年級的比例問題等。

在團體成員的溝通方面，除了文字及口語表達外，彩繪、指印、黏土、布偶、沙包或歌曲等媒介，可能更能引發成員對情緒及想法的表達。在團體的結構性方面，通常在團體的建立之初，結構性的程度相當高，但隨著團體的進行，成員彼此互相熟悉而結構性漸減，很少有任何一個以兒童為對象的團體完全是非結構性的。而器材的使用與團體的結構性也有關係，結構性的團體通常會以適當的器材來配合團體所欲達成的目的。

至於團體成員的招募及篩選方面，與團體的目標及性質有關。常用的成員招募方式是由輔導老師或領導者提供一份書面的說明，告知相關年級的小朋友，由小朋友自行報名參加或由級任老師推薦。為使團體進行順利，領導者必須對報名的成員做一篩選，篩選的程序相當重要，領導者可以以個別或團體的面談方式讓成員知道團體的目的，讓其了解他們可以由團體中獲得些什麼。同時領導者也可以藉此機會了解兒童的參與動機，或兒童是否適合參與團體，讓兒童有機會決定是否真要參加，這些處理對團體日後的發展是有相當影響的，尤其是在凝聚力的形成及成員的收穫方面。

在成員的年級、性別、團體的大小，以及聚會時間的安排方面，也和團體的目標有關。通常對年紀較小的兒童而言，團體的人數較少，聚會的時間較短，持續的次數也較短。在年齡方面，通常是以同年齡或只差一個年級為主，除非是行為偏差較嚴重的兒童，可配以年齡較高但無偏差行為的兒童在同一個團體，效果如何，仍有賴領導者的掌控。在性別的混合方面，更是各家看法不一，有些人認為男女發展狀況不同，所關心的問題也不同，應當分開；有些人則認為團體是讓兒童學習互動最安全的地方，應該讓他們有機會在團體中互相學習。通常愈是中低年級，愈可以男女混合，而高年級，除非團體議題是跟兩性交往有關，否則仍舊以同性別為宜（王文秀，個人交談，2009 年 5 月 7 日）。除此之外，在設計以兒童為對象的小團體活動時，領導者在清楚團體的目標之後，可以循一些既有的模式設計每一次聚會的團體內容，例如：Tyra（1979）提出「結構—投入—處理—覺察」（Structure, Involvement, Process, and Awareness, SIPA）模式。在結構階段，領導者說明該次活動之進行方式及相關規則；之後鼓勵成員積極投入活動，即使不想參與，也做積極的觀察；在處理階段，讓兒童互相分享參與活動的心得或是所觀察到的現象；最後讓成員覺察此次活動的收穫，對自己或對某些人、事、物是否有新的看法。

Dinkmeyer 和 Dinkmeyer（1982）則是將典型的團體諮商活動在每次活動的進行上分為暖身、活動進行，以及討論等三個小階段。在暖身階段，可藉由 5 至 10 分鐘的活動讓兒童進入團體的氣氛裡；之後引導兒童投入正式的探索活動；最後對投入後的心得做一討論，領導者必須留下 5 至 10 分鐘歸納兒童的收穫，並對該次活動做結論。由於小學階段兒童的詞彙發展及耐心、定力均不及成人，因而在活動的設計方面需力求多樣化，像引導式的幻遊、歌曲的使用，甚至布偶玩具等均可使用。

（二）學校實施團體諮商時應注意的特殊事項

針對兒童進行團體諮商，領導者除應具備必要的團體技巧外，需要對兒童發展方面有更多的認識，而且在活動設計方面需要更有結構。在活動設計方面，必須配合他們在智能、體力、社會及情緒各方面的發展情形，例如：因為詞彙方面的限制，他們可能對非口語性的活動有較多的反應，如何藉由非口語性的活動來引發他們對自我的探索，就成為兒童團體輔導活動設計時應注意的事項之一。

團體諮商在學校的實施可以配合有特殊需求的兒童，例如：情緒過於內向、有人際關係方面問題、經常有打架偷竊等問題行為、家庭問題較嚴重者，或是單親兒童等。針對這些兒童進行小團體輔導，領導者必須更注意團體互動的影響，必要時，領導者必須配合個別諮商及家族治療，以協助兒童有更好的發展。由於兒童習慣於天真自然地表現自己，小團體對他們而言也是個很自然的情境，成員們藉由彼此的互動互相學習，在各種自我表露及分享活動中，團體的動力可以照護兒童的需求，但也有可能讓兒童受到傷害，因而領導者的敏感度及處理技巧是相當重要的。

除此之外，帶領以兒童為對象的小團體尤應注意諮商的倫理問題，重要的倫理原則，例如：Kitchner（1984）所提出當事人的受益、當事人的自主性、忠誠、公正，以及不受傷害這五個原則，也同樣適用於小團體的情境。因而在團體訂定契約時，雖然言明團體聚會次數，但成員因故要保護自己或是想提前結束時，必須要有個但書，以滿足成員自主性以及不受傷害的需求。同樣的，保密程度、成員間的分享時間及分享程度，以及彼此學習的機會，都應注意諮商的倫理問題。對年紀較小的兒童，家長的同意也相當重要，一方面是責任問題，另一方面家長也能配合活動中的一些需求。當然，除了家長的配合外，學校相關老師及行政人員的配合也是很重要的。

（三）如何評量團體諮商的實施效果

團體諮商的實施效果如何，可由適當的研究設計加以評估。常用的評量方式是採用實驗設計或準實驗設計方式，比較成員參加團體前後在目標行為方面的改變情形，或是在團體結束後比較有參加團體與無參加團體兒童的行為表現差異情形。多半已發表的研究均顯示，兒童在參加團體後，其目標行為方面均有改善；這些團體有的是以人際關係取向為主，有的是以自我概念的增進為主，有的是針對有特殊偏差行為的兒童，有的是針對轉學生而提供的環境適應方式，而有的則是以學習障礙的兒童為主。

除實驗研究之外，質的分析也是評量團體諮商效果的方式之一。質的評量方式，通常是根據團體某些成員在參與團體之前、參與團體過程中，以及參與團體之後，在某些行為特徵方面的改變情形做一分析，用以說明團體內容或團體動力對參與兒童的影響。通常只要領導者有足夠的訓練背景，並做充分的事前準備，過程中也能覺察成員的感受，則團體的諮商效果會是很明顯的。

（四）影響團體諮商效果的相關因素

團體諮商的實施效果如何，可以由領導者、成員，以及團體進行的過程等三個方面來進行探討。事實上，這些因素彼此間的交互作用對團體諮商效果所產生的影響，可能更甚於單獨一類因素對輔導效果的影響。

在領導者方面，包括：領導者本身的特質、領導者在團體中所扮演的角色，以及他所發揮的功能，這些因素都會影響團體的輔導效果，例如：領導者彈性與開放的態度，會讓兒童覺得自己所表達的能讓領導者接受，便勇於嘗試表達；領導者的成熟與統整對兒童而言，可產生潛移默化的示範作用；另外，領導者本身的自我覺察能力，也可以幫助兒童與成員維持良好的關係，以提供良好的團體氣氛。

在成員方面，包括：成員的特質以及成員在團體中所扮演的角色。能從小團體中獲益的兒童，其參加團體的動機多半較強，在團體中也較願意表達自己的看法，同時會顧及其他夥伴，而家長也能配合，對兒童的參與及收穫較有信心。事實上，兒童在團體中所扮演的角色除了是接受協助之外，同時也是協助其他成員的助人者。而在心得分享的部分也扮演著示範者的角色，兒童所扮演的角色愈有彈性，其收穫也愈多。

在團體進行的過程部分，包括：團體的凝聚力、團體成員問題的共通性、成員彼此的感受分享，以及團體的大小及成員的組合等，都可能對團體的效果有影響。凝聚力與成員的特質及參與互為因果；而問題性質的共通性，能讓兒童覺得在解決問題的路上並不寂寞；至於團體的大小，通常是愈小的團體，大家分享互動的機會愈多，收穫也可能愈多。

（五）兒童團體諮商的優點及限制

影響團體成效的因素相當多，包括：領導者的準備功夫、成員的組成、時間的分配，以及整個團體的焦點情形等。Myrick（1987）曾針對小團體實施的優缺點提出他的看法，在優點方面，他認為：(1)團體具有預防功能，同時能讓老師一次顧及多位兒童的需求，以防嚴重問題的發生；(2)小團體能讓老師同時利用校外社區資源來協助學生幫助自己；(3)小團體能營造安全及溫暖的氣氛，增進兒童互動，並互相學習處理問題的技巧；(4)小團體能讓兒童學習互相支持、接納、嘗試新的行為，並彼此提供資源。這些都是個別諮商所無法提供的情境。

然而，小團體的實施也有它的限制，Myrick（1987）認為團體彼此的信任及親密要花上一段時間，加上團體若過大，難免有些成員會有被忽視的感覺，對某一個主題也較難做深入的討論。此外，在團體必經的歷程中，如果有處理不當的地方，可能會造成成員的流失，而成員的流失不僅是流失者個人的損失，也可能傷及其他成員，因而領導者的敏感度及團體帶領技巧是相當重要的。

四、團體領導者的養成訓練

（一）團體領導者的特質

兒童團體領導者應具備的人格特質，包括：基本的助人特質、學習潛能方面的特質，以及兒童親和特質等三大類。基本的助人特質如第三章所述，例如：領導者必須能真誠接納每位團體成員，能適當運用自己的能力運作團體，能活在此時此地敏感於成員的需求及變化，能容忍團體中的曖昧情境或是某些成員的不確定性，並重視兒童本身解決問題的能力，允許兒童有互相學習的機會。學習潛能方面的特質，包括：謙和、虛心、客觀、成熟、統整、對於模糊性的忍受度、能覺察自己在團體中的表現、開放及彈性的態度，以及在學習上的可塑性等。此外，在兒童的親和特質方面，則包括：對兒童有興趣、讓兒童覺得容易親近、喜歡與孩子接近、能進入孩子的內心世界等。這些都是在帶領兒童團體時的重要特質。

（二）團體領導者應具備的能力

根據「美國團體工作專家學會」（Association of Specialists in Group Work, ASGW）所訂定的標準，團體領導者應具備的能力，包括：團體知識基礎、團體技巧，以及在接受督導之下的團體帶領實務經驗（ASGW, 1983, 2000）。Stockton 和 Morran（1985）則是將團體領導者應具備的能力區分為：諮商理論基礎、個別諮商技術、團體動力專業知識，以及健康的人格特質等四個部分。國內相關研究則發現，兒童團體輔導能力的內涵，應包括：小團體理論基礎、小團體領導技巧、帶領團體常見的問題及因應方式、輔導專業特質，以及輔導專業倫理等五個方面（田秀蘭，2003）。具體而言，一位團體領導者需具備的技巧，包括：反映、澄清、摘要、問問題、支持、同理、催化、解釋與楷模等，這些技巧在個別諮商情境也會使用，但在團體中更重視團體動力的建立及團體的維持及發展，適合做個別諮商的諮商師，不見得能帶領一個成功的小團體，其間的差別即在於領導者對團體動力的掌握，以及須同時照顧到不同成員的情緒及需求。而針對兒童團體的帶領，在面對兒童的親和特質、對教育制度及校園文化的認識，以及兒童團體中特殊事件的處理等方面，又更是帶領兒童團體所應有的能力。

（三）團體領導者的訓練重點

在培育一位諮商師時，我們通常會問這麼一個問題：是特質重要？還是能力重要？當然都重要，沒有技巧只有溫暖的態度，問題不能解決；空有技巧而缺乏適當的特質，也無法將技巧適當地運用出來。Yalom（1985）則提及團體諮商師訓練的四個重點：其一為領導者本身必須有經歷團體的經驗，親身體會團體發展在不同階段時，成員會有的不同感受；其二為足夠的觀察，通常可以透過單面鏡的設備，對某一團體做長期的觀察，而觀察後的討論則是相當重要；第三個重點是嚴密的督導工作，接受訓練的團體領導者在帶領一個團體時，必須有督導從旁協助、指導；最後一個重點是領導者本身的個人成長，個人成長可以與團體經驗無關，但也可以是透過團體或個別的諮商經驗而得的。

第二節 班級輔導活動

班級輔導（classroom guidance）是以班級為單位，以學生需求或問題為中心導向所設計並實施的系統性輔導活動。就預防與治療的觀點而言，班級輔導活動的重點在發揮其預防的功能，有效的班級輔導活動不但能預防問題的發生，同時也能促使兒童朝向健康的心理發展。我國自 1996 年開始實施的新課程標準，規定國小三年級以上的兒童每週有一堂輔導活動課，教師可利用這個時間進行輔導方面的活動。自 2002 年實施九年一貫課程之後，輔導活動與團體活動等其他相關科目轉型為綜合活動，每週占課程總時數 3 小時，教師可利用此段時間實施班級輔導活動，以促進兒童之心理健康。

一、班級團體的性質與目標

班級是由一群同年齡的兒童所組成，它的大小由 10 人以下至 40 餘人不等。近年來，少子化的情況相當明顯，許多市區學校班級人數也幾乎都在 30 餘人左右或低於 30 人。學校分班的目的是為了教學、管理及輔導的方便及效果，所以班級團體的組成有其重要目的，雖是個團體，但團體中有明顯的個別差異。就團體而言，共識、互動及規範三者是用以檢視一個團體是否健康的三個要素（吳武典，1996）。一個班級的成員彼此間共識愈多，成員所持觀念、態度、價值及理想愈一致，則凝聚力愈高；互動愈多，彼此間的照顧也愈多；規範愈明確，彼此間也愈能適時地約束自己。

就個別差異而言，不論學生的生活背景有多類似，類似之中也必有其相異之處，教師必須相信每個學生都有與別人截然不同的故事，因而要適當地了解學生背景、聽他們說話，並適時地滿足他們的需求，讓他們能發揮各自的潛能。這是由個別差異的觀點來看一個班級，對班級教師而言，要顧及團體，又要同時不忽略學生的個別差異，的確不是件容易的事。一般而言，班級團體的目標有以下幾點：(1)在生活輔導方面：協助兒童培養良好的生活習慣與樂觀進取的態度，同時能接納自己、尊重他人，進而達成群性的發展；(2)在學習輔導方面：能適應學校環境，培養主動學習態度，了解個人學習風格，並訓練其思考、創造與問題解決能力；(3)在生涯輔導方面：能協助兒童了解自己的能力、性向、興趣及人格特質，認識各行各業，並培養正確的價值與態度。

而另一方面，過去根據「九年一貫課程綱要」的規定，課程目標包括：(1)增進自我了解，發展個人潛能；(2)培養欣賞、表現、審美及創作能力；(3)提升生涯規劃與終身學習能力；(4)培養表達、溝通和分享的知能；(5)發展尊重他人、關懷社會、增進團隊合作；(6)促進文化學習與國際了解；(7)增進規劃、組織與實踐的知能；(8)運用科技與資訊的能力；(9)激發主動探索和研究的精神；(10)培養獨立思考與解決問題的能力。而為了達成上述課程目標，國民教育階段的課程設計應以學生為主體，以生活經驗為重心，以培養現代國民所需的基本能力。在基本能力方面，也包括與上述十項目標相結合的十點重要基本能力：(1)了解自我與發展潛能；(2)欣賞、表現與創新；(3)生涯規劃與終身學習；(4)表達、溝通與分享；(5)尊重、關懷與團隊合作；(6)文化學習與國際了解；(7)規劃、組織與實踐；(8)運用科技與資訊；(9)主動探索與研究；(10)獨立思考與解決問題（國民教育社群網，無日期）。

2014 年頒訂的「十二年國民基本教育課程綱要」，強調本於全人教育的精神，以「自發」、「互動」及「共好」為理念，主張學生是自發主動的學習者，學校教育應善誘學生的學習動機與熱情，引導學生妥善開展與自我、與他人、與社會、與自然的各種互動能力，以協助學生應用及實踐所學、體驗生命意義，願意致力社會、自然與文化的永續發展，共同謀求彼此的互惠與共好（國家教育研究院，2014）。

至於在課程目標方面，則提出了四項總體課程目標：(1)啟發生命潛能；(2)陶養生活知能；(3)促進生涯發展；(4)涵育公民責任。這些課程目標的重點，是希望培養學生在三大面向的核心素養：自主行動、溝通互動以及社會參與。這些素養的目的是在落實十二年國民基本教育課程的理念與目標，做為課程發展之主軸，以助於各教育階段間的連貫以及各領域／科目間的統整。就小學階段兒童而言，「核心素養」說明了一個人為適應現在生活及面對未來挑戰，所應具備的知識、能力與態度，其所強調的學習內涵，並不宜以學科知識及技能為限，同時也關注於學習與生活的結合，並透過實踐力行而彰顯學習者的全人發展（國家教育研究院，2014）。如何落實這洋洋灑灑的課程目標及基本能力，有賴班級輔導活動或綜合活動方案的設計。

二、班級輔導活動與綜合活動課程的設計

在國小階段，由於班級輔導活動的實施多半是利用綜合活動課程，因而班級輔導活動的內容也可以等同於綜合活動課程的內容。在課程活動的設計方面，可以分為幾個步驟：(1)配合學生的問題及需求進行文獻探討，了解相關理論對學生問題的解釋；(2)訂出目標並設計活動；(3)於適當時間實施；(4)實施之後作評量，以評估輔導活動的效果。以下說明此四項步驟的內涵。

（一）理論基礎

班級輔導活動設計的第一個步驟是發展輔導活動的理論基礎，根據理論基礎了解兒童的心理特質，並由其發展任務中找出兒童可能遭遇的問題，以便針對這些問題設計活動目標。除此之外，兒童所表達的需求以及一般老師、家長的意見，也是在擬定目標時很好的參考來源。

（二）目標的訂定

在了解理論基礎後，應根據理論基礎，將理論中所提及的概念轉化為可行的目標，並將這些目標陳述出來，例如：增進自我概念、學習社交技巧、增進生涯覺察、澄清價值觀念、決定技巧訓練，以及問題解決能力的增進等。

（三）實施輔導活動

在輔導活動的實施方面，與其他課程一樣，家長的配合與學校行政人員的支持是相當重要的。除了與這些人員溝通之外，輔導教師本身必須對活動內容相當熟悉，並顧及學生可能會有的反應，當然，適當的教具也能增進輔導的效果。不同於其他課程的部分，老師必須保持敏感的態度，隨時注意兒童的心理狀態，以增進兒童成長為原則，避免因無心的疏忽而傷到兒童的自尊。

（四）輔導活動的評量

輔導活動實施告一段落或結束後，來自兒童本身、家長，以及行政人員的回饋是相當重要的。輔導老師可以設計問卷，用以評量活動實施的成效，標準化的量表及自編的開放式問卷均為可行的方式。活動實施的評量結果，有助於日後相關活動設計之參考。

三、班級輔導活動的實施方式

（一）實施時教室情境的安排

進行班級輔導活動時，學生座位的安排對活動的進行亦有影響，Myrick（1993）曾提出五種不同的座位安排方式，如圖 7-1 至 7-5 所示。

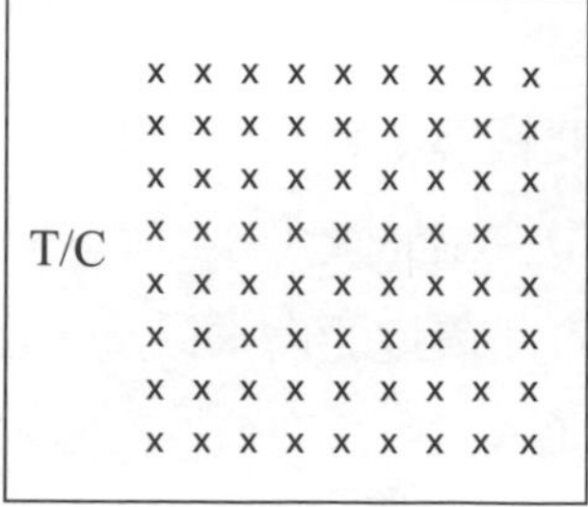

圖 7-1　橫列式

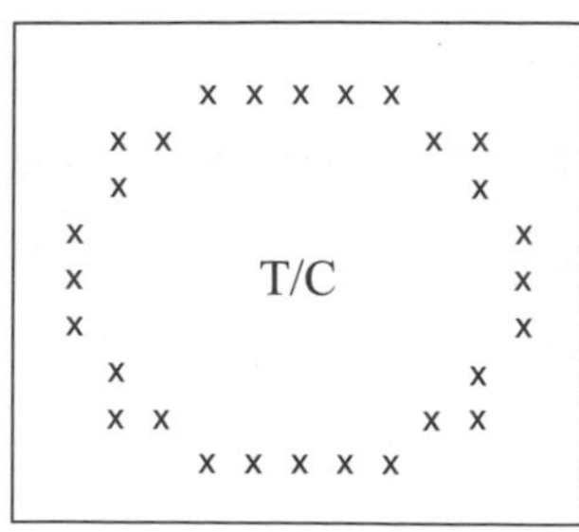

圖 7-2　圓形

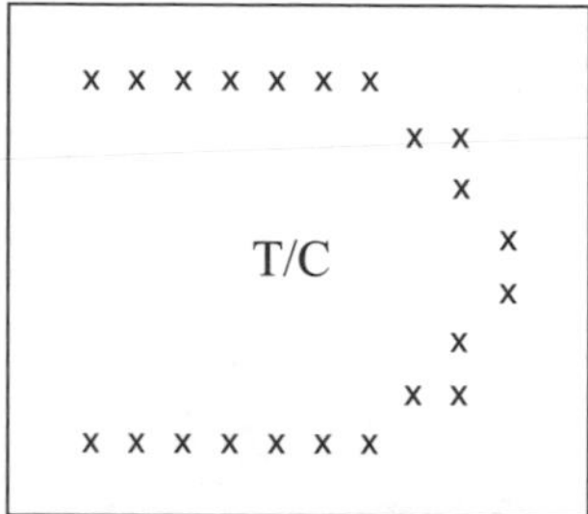

圖 7-3　半圓形

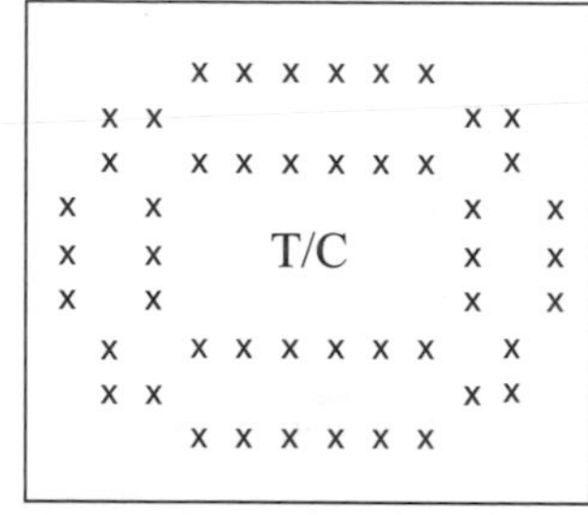

圖 7-4　雙圈式

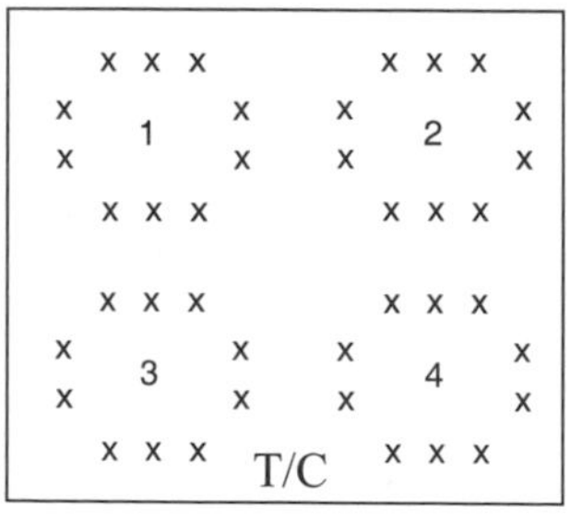

圖 7-5　小組討論式

圖中的T表示老師（Teacher），C表示諮商師或輔導老師（Counselor），x則代表學生。在五種不同的安排方式中：第一種普通的橫列式較無法讓兒童彼此方便的溝通；第二種圓形的方式，學生彼此眼神稍有接觸，但如果人數過多，成員會感受不到彼此是一個團體；第三種半圓形的方式，能增加成員彼此互動；第四種雙圈式的方式，內圈兒童較能投入，而外圈兒童較容易受到忽視；最後一種小組討論的座位排列方式，可能是最適合輔導活動的進行，有利於社會心理學中所強調的組內合作及組間競爭學習，但若是過於強調，也可能出現組內互動頻繁而各組間缺乏互動機會的缺點，要避免如此的缺點，輔導教師可以讓兒童在一段時間之後重新分組。

（二）具體的實施方式

由於進行班級輔導活動時，人數多寡不一，如果人數在 10 人以下，輔導老師可以決定這個團體的動力要走得多深；如果人數超過 10 人甚至到 40 餘人，則方法可以變通，但通常還是以每組 6 至 8 人的分組進行方式為宜。具體的實施方式如下：

1. 說故事：以故事吸引兒童的注意力，並以催化方式啟發兒童對某一主題的看法，同時也引導兒童接納自己，發展健全的特質。

2. 小組演講比賽：讓兒童針對所抽到的主題，先在小組內討論，請求同組組員的支援，並上台做短篇演說，演說的主題須以心理健康為主。

3. 繪畫：透過繪畫讓兒童針對不同的主題分享其內心的想法，這些主題可以是幼時生活的環境，讓兒童彼此認識各自的生活背景；可以是自己喜歡的動物，並探索這些動物與自己個性間的關係；可以是自己的家庭；也可以是自己未來的理想。兒童應有機會透過這些活動認識自己也認識同學。

4. 參觀訪問：透過參觀訪問，兒童可擴展其生活經驗。

5. 遊戲：透過各種不同的遊戲活動讓兒童了解自己，也了解他人。

6. 角色扮演（role-playing）：讓兒童在班級或小組中針對某一主題扮演自己或扮演他人，並由扮演後的討論，體會自己的想法以及他人的感受。

7. 聯想（association）：透過成語或故事的接力比賽，讓每位兒童輪流說一句話，由兒童所表達的內容可觀察出兒童的想法。

8. 家庭雕塑（family shaping）：讓兒童在小組內或是在班級中找出同學扮演他的家人，並雕塑出自己的家庭關係，藉由此一活動讓兒童體會自己在家中的人際關係，同時也認識同學的家庭。

9. 歌曲或音樂：藉由歌曲或音樂，讓兒童由旋律或歌詞中抒發其內心感受。

除了以上所描述的方式外，小組討論亦包括很多不同的方式，例如：小組討論、配對討論、腦力激盪，以及辯論等，這些方式均為班級輔導活動可以運用的方式。

（三）與其他課程或輔導活動的配合

事實上，輔導活動並不一定只能在輔導活動課實施，一個星期只有一節輔導活動課也絕對不夠，因而與學校的相關活動及其他課程相配合是相當重要的。以下為輔導活動在實施時可以配合的各種情境。

1. 各科教學活動

各科教學活動與輔導活動的聯絡教學是很容易配合的。目前所使用的教科書中，有不少的材料是與個人的自我探索、家庭關係的探索，以及人際關係的探索等主題有關的，例如：性別角色的學習、工作世界的分類、對情緒的形容詞，以及與他人的溝通、關係等，這些在各科教學中的素材也可以是輔導活動很好的教材，端看教師如何配合，以激發兒童對自己的認識，並增進與他人的關係。在其他藝能科目方面，也可以利用藝術與人文課程中的美勞課，讓學生製作綜合活動課可能會使用的教具材料。有心的老師加上靈活的運用，便能將綜合活動課中的輔導活動實施得更為活潑。

2. 利用社團活動時間

有些學校將社團活動課安排在週五下午時間，讓兒童能按照自己的興趣做分組活動。社團活動課有其本身的目的與功能，但或許能配合此一時段進行主題式的班級輔導活動，打散原有班級，讓學生選擇自己有興趣的輔導主題，進行班級輔導形式的班級輔導活動，或針對少部分兒童進行小團體輔導。

3. 利用班會時間

班會亦有班會的功能，然而視班級情況在偶爾的機會裡，亦可利用此一時段配合班會所討論的主題，以活動方式激發兒童對某一主題的看法，或利用此一時段增進兒童在班上的人際關係。

4. 利用寒暑假作業安排或返校日時間

兒童寒暑假的返校日有其目的，在完成學校所安排的行政事務之後，級任老師不妨利用此一機會，讓兒童分享假期生活以及假期時間安排的情形。

（四）帶領班級輔導活動時應注意事項

班級輔導活動的帶領不同於小團體的進行，成員所表達出的情緒或想法可能無法做充分的討論，老師也無法完全顧及，因而小組討論是較為常用的方式。此外，活動進行中兒童所使用的筆記心得或想法紀錄等，教師可於事後收回閱讀，並給予回饋。

在活動進行中，教師必須盡可能敏感到不同兒童的反應及需求，並予以適當的處理，但也不能花過多的時間在處理某一兒童的需求，而忽略整個班級的進展。有些活動並不一定能滿足所有的兒童，有些活動可能讓部分兒童跟不上，因此適當地調整活動內容或進行方式是有其必要的，老師必須能容忍班級中的個別差異情形。此外，在活動過程中，老師應盡量避免權威的態度，而是以催化的方式讓兒童能表達其內心的情緒或想法，並盡量多以鼓勵方式增強兒童好的行為。

四、輔導教師應具備的條件

（一）班級輔導教師所扮演的角色

就專業角度來看，一位班級輔導教師所扮演的角色較接近於一位輔導專業人員，他所發揮的功能亦在於增進學生的自我覺察、發展適當的人際關係，並發揮潛能。如果帶領班級輔導活動的輔導教師同時也是這個班級的導師，則這個班級輔導教師所扮演的角色就不單純了，既要管理一個班級，傳達學校的行政命令，同時也要顧及學生心理，了解學生的問題所在，還要如家長一般地讓學生滿足其對班級的歸屬感。吳武典（1996）曾經將這些角色比喻為橋樑、家長、經理、園丁及醫師。面對如此多重的角色，教師本身要體會扮演不同角色時與學生的關係如何，並適時扮演這些角色，以發揮適當的功能。

（二）輔導教師應有的專業訓練及人格特質

班級輔導教師應具備的條件，可以從專業知識、專業技巧，以及人格特質等三方面來說明。在專業知識方面，與一般小學老師一樣，應具備必有的兒童心理、教學原理、輔導原理等知識；在專業技巧方面，本身必須有參與輔導活動的經驗，如果曾經參加過小團體，由小團體活動中體會團體動力則更好；在人格特質方面，溫暖、接納、敏感、擅於傾聽、能歸納兒童所言、給兒童適當的回饋，這些都是輔導教師可以培養的一些特質。有時輔導教師身兼該班級任老師，在管理班級及進行輔導活動方面，難免有角色衝突之處，因而針對不同情境及活動內容，輔導教師本身的調適也相當重要。

第三節 班級經營與常規訓練

就輔導學的觀點而言，一個班級的經營方式可以由人文主義及行為或認知行為主義幾個取向來看。若採前者觀點，則經營方式較偏向人性化，終極目標較強調學生的自我實現及潛能的發揮；若採後者觀點，則重視團體紀律的維持，較強調在有秩序的環境中學習。熟悉並融合不同取向的原理原則，並將之運用在班級經營之中，可提高學生的學習成果，而又不致忽略其人格的成長。以下對班級經營的定義、目的、內容、理論基礎及經營策略做系統介紹。

一、班級經營的定義及目的

班級經營（classroom management）在校園裡是個頗受重視的概念。由於社會進步，兒童平日在校外所接受的刺激增多，校園問題也逐漸增加，一般老師都體會到管理學生要有一套技術，而這套技術就是班級經營所討論的內容。事實上，班級經營的定義相當廣泛，不同學者對班級經營這個名詞所下的定義，有其不同重點，有的較重視師生之間的關係，認為班級經營者除了老師之外，也包括學生（方炳林，1979）；有些定義較強調內容，認為班級經營包括所有的教師行為及活動（Emmer, 1987）；有些定義則較強調歷程，認為在班級經營的歷程中，老師可以發揮其專業功能，而學生也有機會發揮其潛能（Fontana, 1985）。這些定義各有不同重點，但都是朝同一個目標方向，也就是讓師生都能喜歡自己的班級，老師能快樂的設計並完成教學活動，學生能快樂的學習，以達成教學目標，並增進人格上的成熟。

二、班級經營的內容

如前所述班級經營的定義，其中 Emmer（1987）強調班級經營包括所有的教師行為及活動，而綜合各學者對班級經營內容的描述，這些行為及活動大致可區分為行政管理、教學管理、常規管理，以及情境管理等幾個部分（朱文雄，1990；吳武典，1988；吳清山、李錫津、劉緬懷、盧美貴、莊貞銀，1991；Froyen, 1988）。

（一）行政管理

行政管理主要是一些級務處理方面的工作，包括：早修、午休、班會、學生生活照顧，以及學校各處室所委託辦理的各種事項或行政命令的傳達等。這些事情看來瑣碎，但對班級氣氛的營造影響頗大，實施起來也不得輕忽，例如：在班會活動中，如何引導學生之間的討論、如何培養其民主法治的精神、如何營造學生之間的凝聚力，讓學生懂得互相約束及自我約束，細心的運用此一時間，可以省去很多常規管理及生活照顧方面的麻煩。而在學校與班級之間的溝通，如何帶領學生遵循學校的規定，例如：放學路隊的編排、獎學金的申請、校外活動的參與（如中、小學運動會），以及如何讓學校了解學生的反應，甚至在家長與學校的溝通方面，一位級任老師的溝通技巧是相當重要的。

（二）教學管理

教學管理的內容，包括：課程的設計、補充教材的選擇、教學方法的使用，以及學生作業指導和學習成果的評量等。這些活動必須配合學生的認知程度，在教學前做充分的準備，熟悉教材內容及進行方式；在教學中除了進行教學之外，也應隨時掌握學生的學習情緒；在教學後，也能根據學生的學習評量結果檢討自己的教學方式。這樣的管理方式是以學生為中心，而熱心教學的老師通常也會根據統一教材來設計課程內容，並配合學生的發展，選擇適合學生吸收的教學方式來實施教學。充分的準備及適當的評量檢討，對教學改進有很大的幫助，這也就是為什麼一般老師在經驗豐富之後能愈教愈好的原因。值得提醒的是，充分及良好的課前準備，可以掌握學生的學習情形，進而減少課堂中的秩序問題。

（三）常規管理

一般學者對常規管理的內容有不同的看法，有些強調上課秩序的維持，有些除秩序外，將整潔、禮儀也包括在常規管理之內，有些學者則將問題行為的輔導也視為常規管理的內容。如此看來，常規管理的內容相當豐富，其成效對教學品質也有相當程度的影響，這方面的理論基礎及實施方式也是班級經營的重點。由輔導學或諮商心理學的觀點來看，人文主義及行為主義是一般教師在處理學生問題時較常採用的兩個取向，前者尊重學生的潛能，後者著重外顯行為的改變，本文將在以下的經營策略部分探討。

（四）情境管理

情境管理的部分包括物理情境及心理情境，前者為教室環境的布置、美化、綠化及淨化（朱文雄，1990）；後者則著重師生關係的建立及班級氣氛的營造（Froyen, 1988）。物理環境對學生的影響是無形但又非常重要，一般而言，兒童每天待在教室的時間，長達 8、9 個小時，舉凡遊戲、學習、休息、吃飯及午睡等活動都在教室內進行，好的環境可以讓學生喜歡待在教室裡。雖然在一般學校裡，校方對教室布置有統一的規定，然而教師在教室環境的布置方面仍然可以在統一規定中，與學生一起找出發揮創意的空間，例如：作品欣賞、談心園地、成語介紹、古蹟之旅等專欄，一方面配合學習內容，另一方面也提供心理成長的園地。當然物理環境的布置也包括：清潔用品、私人物品及部分教具圖書或運動器材的放置位置等，這些情境的安排多多少少都會影響兒童的學習情形。

至於心理環境部分，與老師本身的教育信念有關。老師對學生真誠及尊重的態度，較容易贏得學生的信賴及合作，班級氣氛也比較傾向於溫暖和諧；而老師清新的外貌及適當的衣著，也都會影響兒童的學習氣氛。此外，老師的說話語氣及態度更是重要，因為教室氣氛的營造，是無數溝通及交流的結果，兒童很在乎老師對他的評價，也容易於無形中學習到老師說話的方式。

三、班級經營的理論基礎

（一）班級經營與輔導的關係

輔導學理論應用在班級經營方面，可以由人文主義及行為主義兩個取向來加以說明。人文主義取向強調師生之間真誠、尊重及信任的態度，相信每個學生都有他的故事，都有能力追求成長；而行為主義取向較傾向於以學習的原理原則來控制學生的外顯行為，常用的技巧以行為改變技術為主。

1. 人文主義取向輔導理論在班級經營方面的應用

以人文主義取向為主的班級經營方式，在行政管理方面，老師會顧及學校和學生或家長各方面的看法，以進行有效的溝通；在教學活動方面，重視學生之間的個別差異情形，也願意多花額外時間做個別指導；在常規建立方面，重視學生的意見，與學生的互動頻繁，了解家庭訪問的重要性，能真誠對待學生，不自我防衛，願意同理學生；在教室環境的管理方面，讓兒童參與教室的布置，如果空間夠大，能區別出學習區、活動區、閱讀區等不同角落，以適應兒童之個別需求，安排座位也能考慮學生較偏好與哪些同學坐在一起，分配整潔工作時，也願意考慮兒童的工作興趣。

2. 行為主義取向輔導理論在班級經營方面的應用

行為主義取向的輔導理論偏重學習原理原則的使用，較強調目的的達成，亦即外顯行為的改變，而較不重視輔導關係及輔導過程。在行政管理方面，所關心的是行政命令傳達任務是否完成，學生行為表現是否遵照校方的規定，對學生或家長的反應並不會積極處理；在教學活動方面，著重以有效的教學方法提升學習成果，期間可能經常使用增強或懲罰等方式提高學生的學習動機，教學評量方式也經常使用；在常規管理方面，契約的使用，增強、消弱、代幣制度、行為塑造等原理，更是經常用來維持教室常規及班級秩序；老師較具威嚴，教室氣氛較為嚴整，環境布置也較有紀律，整個班級的學習氣氛較濃，互動較少，比較看不出人際關係以及心理成長方面的氣息。

事實上，人文主義及行為主義兩個取向可以兼容並蓄，截長補短。一方面尊重學生，另一方面也注重學習紀律，以促進兒童的學習進步及人格成長。

（二）團體要素在班級經營中的運用

Johns、MacNaughton 和 Karabinus（1989）由團體發展的觀點來看班級經營，並提出班級經營過程中的六個要素：吸引力、領導型態、常規建立、班級期望、溝通方式，以及凝聚力，以下分別說明之。

1. 吸引力

吸引力是指同班同學之間的友誼，以及彼此之間的支持態度。和諧的情誼可以吸引兒童，讓兒童喜歡上學，同時也互相幫忙，這樣的吸引力會影響兒童的個人成長及學業成就。教師在經營一個班級的方式上，應當以增進兒童彼此之間的吸引力為原則。在班上受到排斥的兒童，就如同一個代罪羔羊般，是一個犧牲者，同時也常常是班上問題的來源，老師應當盡可能安排適當的活動，以增進班級的凝聚力。

2. 領導型態

這裡所謂的領導型態，並不完全是指教師的領導風格，也包括整個班級朝某一個目標邁進的領導力量。當然，老師的領導風格會影響學生的行為，例如：民主型的老師，其學生擁有較多的自主空間；權威型的老師，學生較需依賴老師的決定。通常一般學者較偏向於以民主方式帶領一個班級，然而民主並不代表放縱，老師應當注意一個班級領導力量的分散情形，避免流於少數學生操縱一個班級的情形發生。

3. 常規建立

所謂的常規是指由學生共同建立以及必須共同遵守的規定，即使是不贊同這些規定的學生也必須遵守這些規定。常規的建立，使得兒童在教室內的行為能有所依據，同時也是兒童培養法治觀念及守法精神的機會之一。

4. 班級期望

這裡的期望很強調的是老師與學生共同的期望，它是指在某些特定情境裡，兒童及教師對自己、對對方，或對整個班級行為的預期，例如：學生上課做一份口頭報告，會期望由老師那裡得到回饋；學校舉行一項競賽，老師與學生也能互相溝通對這項競賽的期望。一個好的班級，大家都清楚班級期望，也都能透過溝通而認同他們的班級期望。

5. 溝通方式

有效的溝通包括口語的以及非口語的溝通，一個班級裡的成員應當有機會交換彼此的想法及情感；此外，無形的氣氛也是兒童彼此間能感受出來的。因此，由非口語行為也可以觀察出彼此所要表達的訊息。除了表達之外，老師應當讓兒童了解「聽」的重要性，沒有誠心的傾聽及反映，溝通不會有效果。

6. 凝聚力

凝聚力是指兒童對整個班級的感受。事實上若前面五個因素都能做得好，班級的凝聚力自然而然就會比較高，一個凝聚力高的班級可吸引兒童上學；但有時凝聚力高不見得一定能朝正確方向走，若沒有正確的引導，兒童可能共同決定一項與校規不符的行動。因此凝聚力的形成，老師也必須能與學生一體。

（三）班級經營的理論模式

班級經營的理論基礎，有些來自於心理學或心理治療理論中一些原理原則的應用，有些則為學校教育人員根據多年經驗而累積出來的原理原則，以下僅就常用的模式分別介紹。

1. 肯定訓練模式（Assertive Discipline）

此一模式主要係針對教師的行為而言，Canter 和 Canter（1992）認為教師應當以肯定的態度面對學生，明確地讓學生知道老師對他們的要求。肯定的態度與敵意的態度不同，在使用此一模式時，有幾個步驟可以依循：第一個步驟為班規的建立，且班規的建立是以教師的需求為基礎，透過這些規定，學生知道老師對他們的期望，也知道何種行為是不被允許的，如果在規定中有例外的情形，也應當在訂定班規時就讓兒童清楚，以免事情發生時有爭議出現；第二個步驟是對兒童的不良行為做記錄，有時老師會使用黑板做記錄，如果不良行為出現一次，可能是接受警告，第二次出現，可能得接受剝奪下課時間的處罰，如果出現三次或三次以上，會有更嚴重的處罰等；第三個步驟是根據紀錄結果實施懲罰，以告誡學生班規的重要性；第四個步驟是在懲罰的同時，也對良好的行為進行鼓勵，通常老師們都視學生的好行為為理所當然，然而適當的鼓勵是可以減少不良行為發生的。

2. 邏輯推論模式（Logical Consequences）

此一模式重視學生的行為動機，Dreikurs（1968）認為兒童不良行為的產生必定有其原因，這些原因就是兒童的行為動機，包括：想吸引老師的注意、對同學報復、想展現自己的權力，另外也可能是想表現自己好的一面卻反而弄巧成拙。要減少教室中的不良行為，重要的一點就是要了解學生行為背後的動機，盡可能由正確方向讓學生的需求得到滿足，同時也應利用班級討論時間引導兒童適當地表達及發揮自己。

3. Ginott 的和諧溝通模式

此一模式強調師生間和諧的溝通及學生獨立性的培養。在與學生溝通方面，當學生問題行為發生時，聰明的說話方式是針對學生的行為，而避免以標籤、批評或諷刺的方式傷及兒童的人格尊嚴。教師在表達本身的生氣、挫折或憤怒時，更應當避免攻擊無辜的兒童，適當的原則是以第一人稱的方式表達自己的情緒，言及對方時，也以行為的描述為主，例如：「我覺得很生氣，因為你今天又沒有交作業。」而在獨立性的培養方面，Ginott（1972）認為教師應避免給學生過多的命令，教他們表達自己的情緒，讓他們思考自己的行為表現，是培養他們自動自發及獨立性的好方法。

4. Kounin 的眼觀四面模式

Kounin（1977）以「漣漪效應」來比喻他對教室管理的技巧，一旦教室中某一位兒童有問題行為出現，他所採取的方式是停下來，此時除了該名兒童注意到自己不對之外，其他周圍的兒童也會有所警覺。他同時也讓每個兒童有機會管理前座或隔壁座位的同學，因管理別人的同時，會對自己行為有所約束。在與學生的溝通方面，他強調清晰、明確及嚴正幾個重點，學生應當清楚老師的要求，老師應當非常確切地要學生做到，必要時可疾聲厲氣地嚴正表達自己的要求。

5. Jones 模式

Jones（1987）強調，教室中的結構問題對學生座位的安排也有一套他的看法。在常規的訂定方面，Jones 認為讓學生為自己的行為做一限度的設定是很重要的，如果學生行為超出所設定限度，教師可採取以下方式約束其行為：第一個是中止教學；第二個是轉向該學生，甚至叫出該學生的名字；第三個是走向該學生的座位旁；第四個是將手掌放在他的桌子上。此外，有時也可以從學生的座位後進入他的空間範圍，提醒並糾正他的行為。要做到什麼地步，完全看不同學生、不同情況而定。

6. 行為改變模式

行為改變模式主要係應用行為學派的一些原理原則於班級經營中，這些主要的原則，包括：增強、消弱、懲罰、隔離、代幣制度等。這些原理在國小的使用情形非常普遍，正確的使用的確可以約束兒童的行為表現，然而也常受到爭議，尤其是增強物的使用，有些教師發現，頻繁地使用增強物，會形成兒童現實的心態，有時也難免有賄賂之嫌。但事實上賄賂與增強是不同的，賄賂只能用來形容一種非法或不合理的動機或行為，而增強是合理的，就如同成人工作可以領取薪水一般。雖然行為改變模式對兒童行為的約束，不見得會有長久的效果，但它的立即效果還是普遍受到教師們的歡迎，教師要能慢慢讓兒童從渴望外在的、物質的增強，轉而為社會性的增強（如眼神、微笑鼓勵），再到內在自我的增強。

7. 溝通分析模式（Transactional Analysis）

溝通分析此一模式來自心理治療理論中的溝通分析理論，原為 Burne（1961, 1966）所發展。在班級經營的運用中，此一模式強調讓兒童了解自己的父母、成人及兒童狀態，而教師本身更應當注意自己在教室中的行為，是否有時因失控而像父母一般的批評兒童，是否有時因一時疏忽而過於幼稚。當然，完全的成人表現也會讓兒童及自己無法承受，但成人狀態還是一般較為鼓勵的教師行為，一位成熟的兒童，其成人的自我狀態亦較多。除此之外，老師對教室中經常發生的心理遊戲也應有所警覺，以避免學生類似的不良行為重複發生。

8. 現實治療／控制理論模式（Reality Therapy/Control Theory）

現實治療強調責任感的重要性，在糾正兒童的不良行為時，先讓兒童承認自己的錯誤行為，再讓其找出不良行為的後果。同時也讓兒童對自己的行為做判斷，之後讓兒童為自己的行為做一修正計畫。這些步驟都強調兒童的主動地位，而事實上兒童通常也都知道自己的哪些行為是不對的，由他們自己來糾正改過，遠比由教師指出來要來得有效；真有必要時，適當的隔離是可以使用的。Glasser（1984）由現實治療逐漸發展出另一套治療理論，也就是控制理論，此套理論中，他提出六項兒童的基本需求：生存、權力、愛、歸屬、自由、樂趣。適當地滿足兒童這些方面的需求，他們自然能夠管理自己的行為。

四、班級經營的原則與策略

（一）班級經營的原則

在班級的經營方面，常規的建立以及秩序的管理，是為學生製造一個良好學習環境的必備條件。常規建立的一個重要原則，就是要讓學生懂得動靜分明，玩的時候盡情的玩，上課時能專心學習。除此之外，以下的一些重點也是在訂定教室常規時可以參考的原則。

第一是民主的態度：民主的精神，事實上也是國民小學道德教育的一部分，班規的建立及遵從，即為培養兒童民主精神的最佳機會。而按照心理學家所提出有關道德發展的理論來看，對兒童的確有需要以班級常規來引導其正確行為的建立。

班級常規訂定的第二個原則是公開討論：班級常規的訂定，應當由老師來引導，讓所有同學共同來討論。或許有人會懷疑兒童的討論及決定能力，然而，事實上由老師從旁的引導，是很容易影響學生的決定過程。公開討論的另一個目的是讓老師了解學生的看法，同時，訂出的班規也比較具說服力，大家應當較會遵守大家共同訂出的規則。

班級常規訂定的第三個原則是要符合「人性化」原則：在訂定或討論班級常規時，學生會提出他們的看法，而這些看法中，有很多是跟他們的基本需求有關的。不論是生理方面或心理方面，老師可藉由此一機會了解學生的需求，班規的訂定若能符合大部分人的需求，則違規的情形會減少，不必要的爭端或懲罰也會減少。

除此之外，第四個原則是內容不必多，但必須徹底執行：在適當的地點或時機提醒學生遵守班規，久了之後學生自然能養成習慣。當然也有少數例外的學生，遇有這些學生違規的情形，則應當嚴格地根據規定處理，方能達成訂定班規的用意。

常規訂定的第五個原則是真誠及公平的態度：老師必須能真誠公平地對待每一位同學，在嚴格執行班規的同時，讓小朋友感受到老師所付出的關懷，他們也較能敬重老師、喜愛老師，並遵守班上共同訂定的規則。

在人際溝通方面，不論是對學生、對家長、對同事，或對主任、校長，不變的大原則，是大家都熟悉的「同理心」。而所謂的同理心，大家都知道是指將心比心，或是站在對方立場為對方著想的意思。然而同理心更重要的部分，是應當要表達出來，讓對方知道你能設身處地的了解他。關係的建立是溝通順暢的基礎，而正確的使用同理心則是建立關係的最佳妙方。有時我們了解對方的心情，但並沒有表達出來，如此關係並沒有建立起來。和諧的關係與同理心的態度，這之間是有正向關係存在的。

一般老師常詢問如何與家長做有效的溝通，也常有老師抱怨家長將教育子女的責任推到學校老師身上，這些問題的產生與適當的溝通也有關係。老師與家長之間的聯繫，很多時候是因為學生有問題發生才有聯繫，可想而知，在討論學生問題的同時，大家都很難有愉快的心情。老師與家長的溝通，應重在平時的聯絡，聯絡簿的使用是一個很好的機會，老師可以使用聯絡簿與家長溝通。平時關係建立好，問題發生時，討論起來也比較不會有火藥味，比較能就事論事的討論；而事實上，聯絡家長次數較頻繁的學生，其發生問題的機率也較低。老師與家長之間的聯繫，也是讓家長了解教育子女責任分擔問題的最佳機會。

至於在與兒童溝通方面，要注意的是尊重與公平原則。兒童的心是非常敏感而直接的，老師喜歡誰，老師討厭誰，孩子都分得非常清楚。要做到讓孩子體會出老師雖然較偏愛某些同學，但又真誠地尊重每位同學，則不是一件容易的事，但這是個非常重要的原則。一位受歡迎的老師也一定是個尊重學生的老師。然而要提醒大家的是，尊重並不等於完全接受，尊重是接納這個人，接納他的潛能以及他善良的一面，而不是接受他的錯誤行為，這點是可以讓學生了解的地方。

至於具體的秩序管理方式，並不是每一種方式都適合每個老師，也並不是每一種方式都能對不同的學生達成同樣的效果。重要的是「思考」問題，想想自己的個性，想想學生的心態，找出適合自己的方法，用起來比較得心應手，事實上也比較能達成效果。

以上所談的班級管理及溝通方式，都還只是個大原則，在具體的技巧方面，還有待班級經營者自行拿捏。常聽人說教學本就是一門藝術，教育這份工作，不能立竿見影，然而對兒童日後的影響是不可忽視的。

（二）班級經營策略

在班級常規的訂定方面，讓兒童知道班規的訂定目的在提高學習效率，滿足大家的心理需求，培養民主的精神，並增進快樂的學習氣氛。老師尊重學生、幫助學生，同時也讓他們知道互相尊重，例如：別人在說話時一定要保持安靜。此外，讓兒童共同參與班級常規的訂定，他們有權力訂定班規，當然也有義務、有責任遵守自己所訂出的班規。在指導兒童訂定班規時，老師的引導相當重要。通常老師可以將大原則解釋清楚，然後再讓兒童列舉出具體的規定。

在教學情境的管理方面，動靜分明也是一個相當重要的原則，兒童應當清楚何時可以走動，何時必須坐在座位上。動是兒童的天性，合理的動可以讓兒童滿足他們的生理與心理需求；適當的靜可以讓他們有效完成學習。合乎人性的管理，合乎學習原理的教學方式，可同時滿足兒童想玩也想學習的需求。

在教室情境管理方面，可以將教室區分為幾個不同的學習角落，但應避免擁擠。在教室布置方面，提供兒童一個發表的園地，分享學習心得或內心感受，諸如「感謝專欄」及「快樂心聲」等。

在行政管理方面，除轉達學校的一些注意事項之外，對一個新接的班級，剛開始時讓兒童互相認識的活動是相當重要的，結構式的活動可營造出兒童彼此間正面的溝通，進而增進班級的凝聚力。除此之外，能夠抓住兒童的心也是相當重要的，教師可利用週記、日記、交換日記及家庭聯絡簿多了解兒童，與家長溝通。平時多看兒童一眼，多說一些關心的話，與兒童個別談話，偶爾陪孩子一同回家，了解他們的優缺點，這些都是班級經營方面的可行策略。

關鍵詞

結構性團體	非結構性團體	輔導團體
諮商團體	治療團體	班級輔導活動
班級經營	行政管理	教學管理
常規管理	情境管理	班級經營理論模式

問題討論

1.團體諮商、班級輔導及班級經營三者之間的關係為何？有何相類似的地方？又有何重要的差別？
2.針對兒童設計團體諮商活動時應注意哪些事項？
3.一般而言，國小輔導教師應具備哪些特質？
4.班級經營包括哪些重要內容？
5.在眾多班級經營模式中，你最欣賞哪一個模式？你最適合使用哪一種模式來經營你的班級？

▶中文部分

方炳林（1979）。**教學原理**。台北市：教育文物出版社。

田秀蘭（2003）。兒童團體輔導能力的內涵與評量研究。**中華輔導學報，14**，89-116。

朱文雄（1990）。**新班級經營**。高雄市：復文。

吳武典（1988）。教室管理的理論與實際。**高市文教，33**，17-21。

吳武典（1996）。班級團體的性質。載於吳武典、金樹人等著，**班級輔導活動設計指引**。台北市：張老師文化。

吳清山、李錫津、劉緬懷、盧美貴、莊貞銀（1991）。**班級經營**。台北市：心理。

國民教育社群網（無日期）。**九年一貫課程綱要**。2009 年 6 月 1 日，取自 http://teach.eje.edu.tw/9CC/index_new.php

國家教育研究院（2014）。**十二年國民基本教育課程綱要總綱（草案）**。2014 年 4 月 15 日，取自 http://www.naer.edu.tw/ezfiles/0/1000/attach/15/pta_2279_8619537_09968.pdf

▶英文部分

Association for Specialists in Group Work [ASGW] (1983). *ASGW professional standards for group counseling*. Alexandria VA: The Author.

Association for Specialists in Group Work [ASGW] (2000). *ASGW professional standards for the training of group workers.* Alexandria VA: The Author.

Burne, E. (1961). *Transactional analysis in psychotherapy*. New York: Grove.

Burne, E. (1966). *Principles of group treatment.* New York: Grove.

Canter, L., & Canter, M. (1992). *Assertive discipline: A take charge approach for today's classroom.* Santa Monica, CA: Lee Canter & Associates.

Dinkmeyer, D., & Dinkmeyer, D. Jr. (1982). *Developing understanding self and others, D-2* (Rev. ed.). Circle Pines, MN: American Guidance Service.

Dreikurs, R. (1968). *Psychology in the classroom.* New York: Harper and Row.

Emmer, E. T. (1987). Classroom management. In M. J. Dunkin (Ed.), *The international encyclopedia of teaching and teacher education*. Oxford: Pegramon Press.

Fontana, D. (1985). *Classroom control*. New York: Methuen.

Froyen, L. A. (1988). *Classroom management*. OH: Merrill.

Gibson, R. L., Mitchell, M. H., & Basile, S. K. (1993). *Counseling in elementary school*. Needham Hights, MA: Allyn & Bacon.

Ginott, H. (1972). *Teacher and child*. New York: Macmillan.

Glasser, W. (1984). *Choice theory: A new psychology of personal freedom*. New York: Harper and Row.

Golden, L. B. (1987). Prosocial learning groups with young children. *Elementary School Guidance & Counseling, 22*(1), 31-36.

Havighurst, R. J. (1952). *Developmental tasks and education* (Rev. ed.). New York: Longmans, Green & Co.

Johns, F. A., MacNaughton, R. H., & Karabinus, N. G. (1989). *School discipline guidebook: Theory into practice*. Boston, MA: Allyn & Bacon.

Jones, F. H. (1987). *Positive classroom discipline*. New York: McGraw-Hill.

Kitchner, K. S. (1984). Ethics and counseling psychology: Distinctions and directions. *The Counseling Psychologist, 12*, 15-18.

Kounin, J. (1977). *Discipline and group management in classroom*. New York: Holt, Rinebart and Winston.

Muro, J. J., & Kottman, T. (1995). *Guidance and counseling in the elementary and middle schools*. Madison, WI: Brown and Benchmark.

Myrick, R. D. (1987). *Developmental guidance and counseling: A practical approach*. MN: Educational Media Corporation.

Myrick, R. D. (1993). *Developmental guidance and counseling: A practical approach* (2nd ed.). MN: Educational Media Corporation.

Stockton, R., & Morran, K. (1985). Perceptions on group research programs. *The Journal for Specialists in Group Work, 13*(1), 24-29.

Thompson, C. L., & Henderson, D. A. (2007). *Counseling children* (7th ed.). Belmon, CA: Thomson Brooks/Cole.

Tyra, R. P. (1979). Group guidance and the SIPA model. *Elementary School Guidance and Counseling, 13*, 269-271.

Yalom, I. D. (1985). *The theory and practice of group psychotherapy* (3rd ed.). New York: Basic Books.

第八章

親子關係與兒童輔導

廖鳳池

家庭是人類生活中最基本、最重要的一種制度。理想的家庭具有親密、和諧、溫馨、幸福的特徵，每個成員對家庭都有所付出，也從家庭中獲得衣食的溫飽、親情的溫暖、堅定且永久的接納和支持。離家在外時，對家庭與親人有無盡的思念，年節時則設法一定要回到家中和家人團聚。功能良好的家庭，是個體健全成長發展的溫床，也是個人終生企盼追求的目標。

在家庭中，兒童是被撫養教導的一代，他們是如此的稚嫩且不具謀生能力，衣食仰賴父母供給，行為遵循父母的指導，對家庭的依賴既多且深。如果兒童所處的家庭有良好的氣氛、父母婚姻美滿、情緒穩定愉悅，對兒童的教養方式合於其成長發展的需求，兒童在家庭中得到可靠的親情支持及應有的地位，在外自然也就能夠表現出自信親善的人際態度，在學校能夠勤勉學習、敬重師長、與同儕和諧相處。

除了家庭之外，學校是兒童第二個學習成長的重要場所。就學的兒童每日進出於家庭和學校之間，同時接受父母和老師的照顧和指導；教師是兒童在校的監護者，而父母則是兒童的第一個老師。父母和老師同時擔任兒童的主要養護與教育者，親師間如何做好協調和溝通，則是一個極為迫切的重要課題。

父母和老師對兒童的影響均如此深遠，要成為教師必須受過專業訓練，取得合格證書，但為人父母者卻幾乎是天賦的權力，要成為父母只需要有正常的生理狀態即可以達成目的。問題在於能生未必能養，有能力養活孩子，未必能夠將孩子教育好。父母對兒童的成長發展具有如此絕對的重要性，因此有人主張當父母也應該要受過訓練，取得執照才行，讓身心健全受過充分訓練的人去當父母，才能生養出健康優良的下一代。這樣的論點在理念和執行上都將遭遇到許多的反駁和困難，但主張普遍推展親職教育的觀點，卻是沒有人會加以反對的。對於從事親職工作的父母們，他們經常遭遇到各種困難問題，家庭功能失常也直接導致兒童產生適應困難的情形，這些都是從事兒童輔導專業工作者經常面臨且必須深入加以探討的課題。

本章擬從家庭對兒童的影響、親師溝通、親職教育，以及家族治療等層面，逐一加以探討，期能幫助讀者建立從事兒童輔導工作所必須具備的家庭發展與諮商的概念。

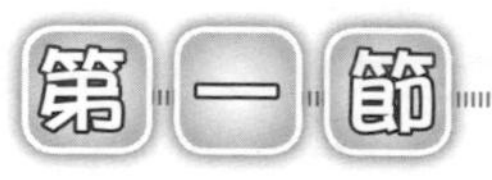

第一節 家庭對兒童的影響

家庭對人的影響極為深遠，透過父母的遺傳及教養，不同的家庭氣氛及管教方式，塑造出各種不同能力水準及行為方式的兒童。直到學齡階段，這些兒童被送進學校接受正式的教育。張春興教授曾將初被送至學校的兒童，簡單的加以區分為三種類型：順教育類型、無教育類型及反教育類型。順教育類型的兒童成長於功能正常的家庭，有良好的家庭教養，到校後尊重師長、友愛同學、積極學習，受到老師們的歡迎，最能夠在大規模的正規教育體制中獲得受教育的好處。無教育類型的兒童成長於缺乏功能的家庭，沒有機會學習適應的行為方式，不懂得人際相處的方法；此類兒童本性並非頑劣，但行為比較沒有規範，若教師不察，極易成為受罰的對象，逐漸演變為反教育類型的兒童；相反的，若教師能夠發揮教育愛，用心加以包容指導，則可能逐漸轉變成順教育類型，從學校教育中受益。至於反教育類型的兒童，成長於家庭功能失常或有不良行為習慣的家庭，經由不良行為的示範或不當的管教方式，學會一些不為他人所接納的行為，他們雖然來到學校，卻抗拒學習，經常違犯行為規範，甚至攻擊他人，侮蔑師長，常為教師感到頭疼的人物。兒童入學之前，家庭已經將他們塑造成各種模樣，教師從事教學與輔導工作時，當然不能輕忽家庭對兒童這種根本且深遠的影響。

一、家庭的定義、種類與功能

在傳統社會中，家庭的基本定義是「兩個或兩個以上有血緣或婚姻關係住在一起的人所組成的團體」。而基本的家庭類型可區分為「大家庭」、「折衷家庭」及「核心家庭」三類。大家庭是指三代或三代以上的人同住在一起，其中第二代和第三代中有兩對以上已婚的配偶同住在一起；折衷家庭是指三代同堂，但第一代只和第二代數位已婚子女中的一位同住，讓其他幾位得以自行組成小家庭的家庭型態而言；核心家庭則指一個家庭中只包含一對結婚的夫妻及其子女而言，是家庭型態中人數最少、關係最單純的一種，因此又稱之為小家庭。

核心家庭的組成係由婚姻關係開始的。由男女兩人相識相愛，進而步入禮堂結成連理，一個新的家庭於焉誕生。新婚燕爾，共同承擔家計及建構理想，是家庭的第二個階段。新生嬰兒懷胎出生，家庭開始扮演生物繁衍和文化傳承的功能。等到子女日漸成長，成年結婚自組新家，原有家庭開始進入空巢期。到了夫妻年老，因為配偶死亡或健康狀況不佳而前往依附子女，是家庭衰退解離的階段。經由這些階段，家庭充分發揮了個體生物繁衍、滿足身心需求、提供經濟支持、建立人倫關係、傳承文化價值等多方面的功能。

上述傳統的家庭定義在現代社會中，已明顯出現無法統括所有家庭狀況的窘境。由於工商社會變遷快速，個人的選擇與自由度相對增高，家庭制度飽受衝擊。首先是工商社會，教育程度提高，就業機會也相形之下變得更為多元化，「父業子承」不再是多數人最適合的選擇，離鄉背井去就學或就業，造成家庭自然的分割細小化。工作調動，家庭隨之搬遷，造成家庭的流動性。婦女教育程度提高，就業情形普遍，造成雙生涯家庭出現。兩性的性別角色也都有了明顯的調整，男女兩性在家庭中所扮演的角色不再必然是「男主外、女主內」的安排。父母就業繁忙而將子女托附給褓姆照料的情形日漸普遍，夫妻因為工作關係而經常不能住在一起的情形也時有所聞。離婚或配偶死亡所造成的單親家庭愈來愈多，因為無法生育、不想生育等因素而無子女、收養子女，或再婚而與非現在配偶所生子女共住一起的情況也出現了。此外，同性戀者共組家庭、娶外籍新娘、老兵和台商在大陸、台灣各有一個家庭等新時代的特殊家庭結構也都出現了。家庭的基本定義和功能都面臨了空前的挑戰。

二、家庭氣氛與兒童的生活型態

家庭是兒童出生、成長、獲得物質供給與心理依附的所在，對兒童有極為深遠的影響。依據個體心理學者 Adler 的觀點：兒童從出生到 4、5 歲的幼兒階段，多數時間生活在家庭中，和父母及同胞手足密切的互動，會對這些環境刺激發展出加以組織、了解、預測及控制的信念，因而形成基本的生活型態。生活型態一旦形成，兒童的行為目的將鎖定固定的目標，終其一生甚難改變。生活型態的形成受遺傳與環境兩大因素的影響，兒童秉持父母的遺傳，為其一生的發展提供了最根本的基礎；然而除了少數先天異常者外，大多數人的遺傳秉賦只提供其後個人發展的基礎，而非決定發展的結果。真正影響更為深遠的因素是家庭氣氛、兒童在家庭中的地位，以及父母對兒童的教養和訓練方式。

家庭氣氛是建立兒童價值觀念及養成行為習慣與規範的基本環境，而兒童在家庭中的地位及和家人的互動方式，也會對兒童的個性有深刻的影響。其中出生序的影響最為明顯，在家庭中是獨子的人，容易成為自我中心的獨行俠；排行老大的兒童在老二尚未出生前是天之驕子，但老二出生後父母的注意力焦點轉移，他便陷入苦戰中；老二出生後雖然受到父母的照顧，但其認知、行為能力一開始都不如老大，因此會有自卑感，想要超越，因而容易養成外向、有創造力及自由思想的精靈性格；老么如果過度被寵愛照顧，則容易變成永遠長不大的王子或公主個性（Dinkmeyer, Dinkmeyer, & Sperry, 1987）。

父母對子女的教養和訓練，對兒童的行為方式有深遠的影響。幼小的兒童原本都有一顆好奇及善意的心，對於周遭環境想要探索參與，對於所屬團體的活動想要貢獻一己之力，以獲得歸屬感，並且很想要爭取自主權，自己做決定及負責任。他們很在意公平公正的觀念，有時甚至為了維護公平性而願意犧牲自己的權益，採取退讓的行為。雖然他們是這麼的善良積極，但因為年齡幼小，認知及行為能力稚嫩，較難有妥適的表現，有時甚至愈幫愈忙。父母如果了解兒童行為目的的善意與正向，能夠加以肯定並提供適當的機會和協助，讓其參與工作或練習自己做決定，兒童正向的行為目的受到鼓勵，他的善意和積極的態度會蓬勃發展，成為一個有自尊、能自愛愛人的可愛小孩。相反的，如果父母不關心兒童行為的積極正向目的，只從其行為的負面結果加以評斷，因而加以責備，不讓其參與，使其積極善意的行為目的受到挫折，兒童便會開始採取各種可能的手段，以爭取父母的注意和其所渴望的權力和地位，這種以爭吵、哭鬧等近乎神經質式的索求方式，通常會引來父母的厭煩和氣憤，進而施予責罰或威嚇。兒童追求注意和爭取權力的目的無法達成，可能進一步採取報復洩憤的方式，以破壞物品、傷害他人的方式來傷父母的心，此時如果父母也以傷害其自尊或更嚴厲的責罰加以回報，兒童可能會進一步表現出自我傷害、自暴自棄的行為，傷透父母的心。親子間長期以這種負向交互回報、互相決定的方式互動，兒童的行為當然會變得極為頑劣難以管教（Dreikurs & Soltz, 1964）。

第二節 家庭與學校的親師溝通

如前所述，家庭是兒童出生、成長、獲得物質供給與心理依附的所在，對兒童有極為深遠的影響。但是兒童到達學齡入學之後，學校便成為兒童學習成長的第二個最重要場所。兒童除了晚上睡眠時間之外，每天在校和在家的時間相當。因此學校中的老師和家庭中的父母一樣，成了兒童成長經驗中的兩個重要他人。如果兩者間態度一致、合作無間，對兒童的照顧和教育效果會相乘加倍放大；若是二者缺乏聯繫，甚至採取相反的方式或相互抵制，則將造成兒童極大的混淆，對其成長發展極為不利。

一、親師溝通的益處

教師和輔導人員若是了解且承認父母對兒童的影響是如此重要且根本，便會想要做好親師溝通的工作。Gestwicki（1992）認為良好的親師溝通將可創造兒童、父母及教師三贏的美好局面。

對兒童而言：(1)親師間相處愉快、溝通良好，可以增加兒童進入陌生學校情境的安全感；(2)看見父母受到老師的歡迎和敬重，可以提升兒童的自我價值感；(3)父母和教師之間有充分的資訊交流，使得兒童可以獲得妥善完整的照料和必要的協助。

對父母而言，良好的親師溝通可以：(1)在其艱難的親職工作中，得到夥伴，獲得情感上的支持；(2)從教師的專業知能中學習有效教育子女的方法，提升其親職知能；(3)從教師正面肯定回饋中獲得自尊的提升，並感覺兒童雖已入學，自己仍可參與其生活，繼續激發關懷照顧子女的興趣。

對教師而言，良好的親師溝通可以：(1)增加其對每一個孩子的認識，使其能更適切有效的與他們相處；(2)透過幫助孩子和父母，獲得正向的回饋，增加他們對工作的成就感和興趣；(3)獲得父母的資源補充，使其工作更加有力，而能擴展自己的生活領域。

二、父母和教師的角色定位

在進行正式的親師溝通之前，教師及輔導人員應對父母及自己的角色加以定位，才不致產生溝通的障礙，或在溝通的過程中出現負面的影響。

中國傳統思想中的孝道觀念，子女視父母如天地，必須絕對的孝順，而父母則有權力對子女做必要的管教，甚至主宰其生涯決定和終身大事。即使父母在管教子女和為子女抉擇重大事情的過程中有所疏失或偏誤，子女也不能加以批判或刻意違抗，此常言所謂「天下無不是父母」之意也。

相對於父母的絕對權威地位，傳統文化對於教師此一知識的唯一來源也備極推崇，所謂「天地君親師」並列，「一日為師，終生為父」，教師的地位猶如天地父母一般，有絕對權威的地位。三字經中有云：「子不教，父之過；教不嚴，師之墮。」父母和教師正是管教子女最重要的人，均應以「勤教嚴管」的態度，全力投入教養子女的工作中，才算負責盡職。

隨著時代的變遷，父母和老師的角色都有了極大的改變。現代父母在民主化的風潮衝擊下，過去的威權地位不再，尤其試管嬰兒、人工孕母、離婚與再婚及托嬰等情形日益普遍，親子間血緣及哺育關係有日漸鬆動疏離的情形。雖然子女對父母的親情依附是無法替代的，但工商社會繁忙的工作及社交活動，加上小家庭制缺少親人同住互相照料，使得許多父母即使全力以赴想肩負起包辦子女照料和養育的職責，但其體力上的耗竭和身心上孤立無援的無助感，實值他人同情。此外，有些父母成長於經濟困窘、政治戒嚴的威權時代，多數沒有機會在其正規教育中接受合乎民主環境的教養子女方法之訓練，在面對物質條件豐厚，政治開放民主環境中成長的子女時，態度上寬嚴難定，觀念上管束與尊重時相扞格，頗難拿捏。

然則現代父母的教育程度大幅提高，加以社會上資訊繁複，知識來源甚多，教師在家長心目中的權威地位亦已不復當年。社會上教育改革呼聲甚高，學校社區化及家長參與學校活動漸成風氣。現代教師一方面要對家長的困窘處境抱持了解與同情的態度，另一方面又要面對高學歷與高要求家長的評價挑剔，同時要扮演尊重家長監護權及對家長補充親職知能等多重角色，教師若未能建立基本立場且用心經營，對此日趨多元複雜的親師關係，實難勝任愉快。

Gestwicki（1992）即指出現代父母扮演了子女的養育者、教育者、社會的成員、成人、獨立的個體、工作者及學校教育的消費者等多重的角色，而親職工作是不可或缺卻又令人受到限制、孤立、疲憊的。父母對子女的愛並非全然出自於本能，但當其表現出不符自我期許或社會期待時，又會帶給父母極大的罪惡感。子女的表現通常帶給父母和自尊有關的滿足或羞辱感，對於沒有一定原則的親職工作，常令其感到困惑與不確定，但只要其能力許可，沒有父母不是真正關心自己子女的。因此，教師對於學生家長應抱持了解、關懷、支持、肯定他們所做的努力，願意和他們一起照料及教導其子女，互相溝通、彼此協調，以達到對兒童最大助益的態度，避免批判、否定、羞辱、對抗、教訓等不尊重其權力地位且無助於兒童成長發展的作法。

「美國學校諮商師學會」（ASCA, 1981）在其角色聲明書中曾提出學校諮商師對家長應有如下的三點承諾：

> 1.諮商師知道家長是孩子的第一位教師，對於兒童有很根本的影響；2.家長有給予孩子基本人權及催化，能支持他們學習的權力；3.為運用父母在教育歷程中所具有的影響力，諮商師將在其輔導學生的策略中或事件發生時，邀請父母加入協助的行列，以使學生對學校所提供的教育有最佳的反應。

此一聲明包含了輔導人員對家長影響力的重視、尊重與提醒，並指出在協助兒童時，諮商師和父母建立合作的夥伴關係之作用與重要性，可說是對輔導人員和家長建立建設性關係的一項最佳說明。

三、親師溝通的途徑與技術

教師和父母的接觸可能開始於學生入學或編到自己所任教的班級之前，直到學生離開自己所任教的班級或畢業之後。親師溝通的途徑甚多，諸如：(1)開學前的非正式接觸；(2)開學當天初次正式見面；(3)家庭聯絡簿；(4)電話聯絡；(5)家庭訪視；(6)教學參觀日；(7)親師會議；(8)學校發行的刊物；(9)諮詢服務專線；(10)學校慶典活動或地方上的民俗、婚喪喜慶活動等。

教師對於親師溝通應抱持謙和的態度，對於家長關心孩子的教育狀況表示肯定與歡迎，能夠同情家長的處境，並以了解關懷的態度，表現出對家長的尊重與接納。在與家長探討兒童的學習或行為適應狀況時，應具備專業的態度和素養，能夠傾聽家長的意見，了解孩子的狀況，整合家長所提供的訊息和自己觀察到的現象，對兒童的學習和行為狀態整理出一套正確而深入的概念。如果家長提出和教師不同的見解，或是對教師的教學輔導措施有所評論時，教師應先覆述家長的意見，幫助家長順暢的表達其見解，並確認自己能夠正確的了解家長的看法，然後虛心認真的加以思考探討，以減少彼此誤解的機會。教師如果能夠展現開放坦然的態度，並且讓家長感受到他能夠了解自己的優缺點，對家長的意見能夠加以重視，而非過度防衛或立即加以排斥，對孩子的福祉極為關心，能夠和家長共同站在為孩子設想的立場，即使教師和家長的意見不同，通常仍能維持和善理性的溝通過程，終將獲得一致或統整的態度和方式，以幫助兒童獲得更好的適應。

教師平常即應保持和家長聯繫，並且經常注意觀察各個兒童的優良表現和值得肯定的特質，在和家長互動過程中，應篤定、具體明確且不厭其煩地詳細報告孩子在校的正面表現，使家長感到安慰與受到關懷支持。必要時須得和家長通報兒童較重大的行為或適應問題時，應抱持關心的態度，中肯地敘述兒童不適應行為的事實，避免評論或批判，並表現出尊重家長意見，願意和其合作，共同協助兒童改善適應狀況的態度，邀請家長共同協商發展出統整全面的輔導計畫，給予孩子更完善的協助。

第三節 親子關係與親職教育

父母對兒童的成長發展具有如此決定性的影響，但許多現代父母雖然教育程度不低，卻對親職工作沒有足夠的概念。生兒育女雖是多數人的共同經驗，但親職工作卻非人類的本能，需要經過教育訓練才能夠學會。由於過去學校正規教育的疏忽，及社會政經情勢的巨幅變遷，許多現代父母沒有機會學習到適用的親職技能，所以女士們常在懷孕後才開始關心如何為人母，而男士們則常在已經當了爸爸之後，才開始學習怎樣做父親。父母的親職知識和能力，隨著孩子一起成長，孩子身體的成長需要足夠的營養，父母的親職知能成長，也亟需充分的教育訓練補充，才能應付兒童看似簡單，其實極為複雜的行為及適應問題。尤其我國學制小學階段的教育訓練長達6年，而且採學區制，一位有兩個小孩的家長，有子女在該小學就讀的時間通常長達8至10年，學校若能在如此漫長的親師溝通過程中，提供豐富、系統的親職教育訓練，其長期影響、潛移默化的功能，當可發揮極大的效果。

一、系統性的親職教育模式

親職教育係學校輔導工作常態性專業服務的一部分，在進行推廣時應有一套完整的理念及專業系統化的理論模式為依據，長期實施，才不致掛一漏萬，自相矛盾，無法累積成效。坊間有些親職教育書刊，內容隨意拼湊，沒有系統性的理念和作法，實不宜成為專業工作者引為推廣服務的主要材料。目前比較專業性、有理論依據且內容統整完備的親職教育模式甚多，其中較重要的幾個模式如下。

（一）個人中心取向的親職教育模式

此一模式的理論，源自諮商大師 Carl Rogers 的個人中心學派，強調對子女積極無條件的尊重接納，鼓勵孩子當他自己，自己做決定，並自行負起責任。其主要的訓練內容在強調父母對兒童的傾聽與同理的反映上，以 Ginott（1965）所著《父母怎樣和孩子說話》（*Between Parent and Child*）一書為最具代表性的著作，國內歷年來有多種中譯版本。

（二）行為改變取向的親職教育模式

此一取向以教導父母應用行為改變技術，來塑造孩子的良好行為或修正其不當的行為為主。其內容包括對兒童的行為進行客觀的觀察記錄及分析、改變的方法，例如：標的行為的選定、基準線的建立、客觀量化的目標設定、發展行為改變步驟、選擇增強物、編擬增強的配發方式，以及行為契約的訂定等技術的介紹和練習，有明確的方法與步驟。

（三）溝通分析取向的親職教育模式

以溝通分析的理論為藍本，以親子溝通內容與形式分析為方法，協助父母覺察自己的自我狀態，改變和子女溝通的方式，達到透過溝通滿足親子間需求的目的。理論通俗實際，易被一般家長所接受。

（四）現實治療取向的親職教育模式

以 William Glasser 的現實治療理論為架構，透過探討父母不切實際的控制觀點，分析父母管教子女的目的與手段的紛歧，協助父母停止無效的管教行為，發展具體可行的管教計畫，並以不斷執行正向的行動獲得實際正面的效果，來提升父母和子女改善彼此關係的動機，是對於兒童有明顯行為問題的父母相當有用的一個模式。相關方案中譯資料參見曾端真（1994）的著作。

（五）Adler 取向的親職教育模式

此模式係美國親職教育專家 Rudolf Dreikurs 依據個體心理學者 Alfred Adler 的諮商理論發展而成的，其強調對兒童行為目的的分析，主張以鼓勵代替獎勵，以自然合理的後果代替懲罰，希望在民主尊重的氣氛下，教養出合群負責任的孩子，為一合乎民主時代潮流的親職教育模式。此一模式以 Dreikurs 和 Soltz（1964）所著《孩子的挑戰——父母訓練手冊》（*Children: The Challenge*）為代表，係美國最受歡迎及重視的親職教育教材，國內也有中譯本可供參閱（如蔡英媛、林麗倩譯，1984）。

（六）父母效能訓練的親職教育模式

此模式係 Thomas Gordon 積多年親職教育經驗，所發展出來的綜合性親職教育模式。Gordon 將親子間互動的內容區分成「孩子的問題」、「無問題」及「父母的問題」等三種類型，教導父母區辨的方法及應對的策略，包括：以傾聽及協助孩子自己解決問題的方式處理「孩子的問題」、以發送「我……」的訊息向孩子吐露父母自己的困擾及對孩子的期望，及以雙贏的方式解決親子間共同的問題。這是一套簡明易學的模式，主要教材為 Gordon（1970）所著的《父母效能訓練》（*P. E. T.: Parent Effective Training*）一書，國內歷年來也有多種中譯版本可供參閱。

（七）系統取向的親職教育模式

為 Dinkmeyer 和 McKey（1976）綜合 Dreikurs、Gordon 及個人中心取向的親職教育方法，折衷形成的一個系統化模式，可以在短時間內協助父母統整理念，發展技術，獲得完整的親職知能。該模式以 Dinkmeyer 和 McKey 所著的《父母親自我訓練手冊》（*The Parent's Handbook*）一書為主要教材，國內也有中譯本（如紀李美瑛、紀文祥譯，1995）。

以上所舉均為較有統整的理念及有著名專業技術的親職教育模式，相關教材國內亦多有中譯版本。輔導工作者必須推展親職教育工作，應就上述教材加以蒐集研討，擇其中較合乎國情及個人能夠熟習應用者為架構，參酌校內或學區家長面臨的親職課題，補充常見的親子互動問題實例，加以推廣應用。

二、親職教育的實施方式

儘管親職教育工作如此的重要，許多小學對於此一工作仍然頗不上軌道。有些兒童輔導工作者無法了解親職教育工作的意義和價值，對於此一工作未能加以正視；有的學校偶爾應景式的舉辦一場親職教育講座，但主辦者未能將該校學生和家長所面臨主要的親職課題列為主題，邀請演講者時常迷信學者專家的魅力，未考慮其對家長實際處境的了解，來聽講的多為關心子女教育及公眾事務的優異家長，真正缺乏親職教育知能者卻經常缺席不來。如此熱熱鬧鬧的一場演講會，雖具表面效度，但對家長的實質助益如何？實令人懷疑。

事實上，無論透過書刊編印發行、舉辦演講座談活動、透過系列的訓練課程，或是採用小團體互動探索的方式，都可以達到推廣及落實親職教育工作的目的。但是若想提升親職教育的實質成效，小學輔導工作者可以朝下列幾個方向努力（廖鳳池，1993）。

（一）親職教育需求要評估

輔導室（處）可以透過對家長、教師、兒童三方面進行訪談或問卷調查的方式，對於學區家長親職教育的實際狀況和需求進行廣泛深入的了解，將家長的需求項目列出並排出優先順序，以做為規劃親職教育活動的依據。

（二）親職教育團隊要建立

輔導室（處）為求長期推廣親職教育工作，可先以輔導室（處）的工作同仁和對親職教育工作有興趣的教師和家長為對象，號召組成親職教育團隊。該團隊剛開始時以蒐集及研讀親職教育教材為主，並同時進行學區家長親職教育的需求評估工作，以研究發展適用的親職訓練教材和推廣方法。此一團隊亦可結合鄰近學校教師或地區性親職教育機構（如各縣市的家庭教育服務中心），彼此支援或共同邀請專家學者指導，以進行專業研習及發展方案、教材，或進行親職團體領導者訓練。如此實施一年半載，所需經費不多，便可培育出一群可以獻身親職教育工作的第一線尖兵，成為推展親職教育工作強而有力的後盾。

（三）親職教育理念要統整

要推廣親職教育工作，必須先探討建立一套完備的理念和技術，並發展實用可行的教材。這套教材當然必須以處理實際問題為目標，以符合家長的需要，但也一定要有一套統整的理念，有專業的理論為依據。推廣人員必須對這一套教材的人性觀、價值系統、理論依據、相關技術及應用實例極為精熟，才能長期有效的推展。

（四）親職教育作法要實際

親職教育不應是即興式、作秀式、錦上添花式的表面工作，演講座談的主題應是諸如：「如何培養兒童的學習興趣」、「如何進入兒童的內心世界」、「怎樣教養獨立負責任的孩子」、「手足間的爭執該如何處理」等具體實際的題目，不應漫無目的空談教育或輔導的理念。雙向溝通遠比單向灌輸有益，以活動帶動家長和教師與輔導人員建立長期合作的夥伴關係，比企圖以一次活動改變家長的觀念和作法重要；對於不克前來參與或對子女漠不關心者能夠改變型態，甚至主動以電話聯繫、家庭訪視等方式建立關係，提供實質協助，以改變其態度和行為，遠比永遠只對主動參與者提供幫助的作法合理。能夠講究實際，才能做出成果，親職教育工作才不會被譏為只是自欺欺人，浪費納稅人血汗錢的表面工作。

（五）親職教育成效要展現

一個輔導工作者若能全心投入親職教育工作，其具體成果如完整深入探討過的專業書刊、調查分析需求的結果報告書、合作編擬出來的訓練教材或推廣用的講義、編印發行的專刊或專書，以及和家長間經常性合作互動的深厚情誼等，成果將歷歷在目，成效必令人感動和尊重。因為推動此一工作而獲得專業上的成長、人際的真情，及成果展現後所實至名歸的行政獎勵等，都將使此一極富意義的工作獲得自己和他人的認同，吸引更多人員和資源的投入。

近年來，政府機構對親職教育工作日趨重視，除了立法院已通過家庭教育相關法令之外，教育部社教司在各縣市設置家庭教育服務中心，邀請學者及義工投入普遍長期性的家庭教育工作，教育部訓育委員會邀請學者專家和實務工作者編寫《親職教育活動設計實務手冊》（吳嫦娥，1995），並辦理多項推廣人員訓練研習活動等，都對此一工作有頗大的助益，其作法及成效值得肯定。

第四節 系統取向的兒童輔導策略——家族治療

家庭氣氛及父母管教子女的方式，是兒童幼年時期成長發展的主要環境，傳統的諮商理論或方法（如心理分析、阿德勒諮商等）通常較強調童年時期對個體一生發展的決定性影響，因此，家庭對個體的影響是往前追溯過去式的關係。新近發展的家族治療法則強調個體活於現在的家庭系統中，當系統失衡有太大的內在衝突時，自我強度較差的個體便會出現適應不良的現象。因此，要協助個體改善其適應狀況，必須從調整家庭系統著手。

一、家庭是一個系統

系統的意義是指將家庭視為由所有家庭成員共同組成的一個整體，其中每一個成員均相互影響，其行為無法從整體抽離分割出來，單獨加以分析解讀。家庭系統具有如下的幾個特質（Goldenberg & Goldenberg, 1991）：(1)家庭規則：成員持久互動後所逐漸發展建立起來的行為模式；(2)衡定狀態：成員經衝突折衝後所形成的一種平衡穩定的狀態；(3)訊息回饋：成員不斷交換訊息以維持或修正原有的系統；(4)次系統與界域：成員間由於訊息交換的頻率不同，有機會經常交換訊息的成員間（如夫妻、手足等），就可能形成較親密的關係，形成次系統和界域，影響整個系統的互動。

以系統的觀點看待兒童的困擾問題，認為兒童問題行為的產生，是因為家庭結構中的互動型態或家庭功能失常所致。家庭系統是形成兒童問題行為的主要環境，也支持著問題行為的持續。因此兒童輔導人員應正視家庭系統對兒童問題行為出現和持續的影響，不能只針對兒童個人的因素加以分析處理，應該把家庭系統當對象來做診斷及發展輔導介入的策略，才能窺見全貌，不致處置失效。

二、家族治療的諮商策略

Murry Bowen 是系統取向家族治療法的創始人，他是以精神分析法為理論基礎，對於家族三代人間的關係加以分析，因此又稱為多世代家族治療法。Bowen（1978）的理論對於個體處於家庭環境中，其自我分化（differentiation of the self）的情形極為重視，他認為要成為一個健康的人，一方面要對家庭有歸屬感，同時要能夠脫離家庭，有獨立的個體感。他用未分化的家庭群體我（undifferentiated family ego mass）的概念來說明家人連結在一起的情形，有些家庭家人間的情緒連結很強烈，使得家人間彼此對對方的情緒感受非常敏感，這種過度親密的感覺若無調節，將會造成磨擦與衝突，最後演變成彼此的拒絕。

「三角關係」（triangulation）是用來隱藏強烈焦慮的一種普遍性技倆，當過度親密的兩人間有一人的內外在壓力已經超過其負荷時，他會拉進一個第三者，以求穩定彼此的關係。常見的三角關係是當夫妻有了問題時，會藉著把孩子拉進來阻隔或緩衝彼此的關係，因而造成孩子的適應問題。因此，當一個兒童輔導工作者接觸到一個適應困難的兒童時，從系統的觀點來看，應該去分析其家人間是否形成此種三角關係，及此種關係對於兒童的分離／個體化過程是否造成了困境。在家庭互動投射的過程中，至少有一個小孩會比其它兄弟姊妹容易被拉進此種情緒的糾葛中，而發展出對父母情緒的高度敏感性，其成長後自我分化程度會比父母更差。這個分化較差、受損傷的小孩，將來成家後可能再和其子女形成三角關係，其子女一再重複父母的經驗，如此世代傳遞，約八至十代之後，即可能產生精神分裂症的後代。

諮商師為協助家人消除焦慮與減輕症狀，必須協助家庭成員提高其自我分化的程度，化解緊密連結的三角關係。在治療過程中，諮商師的介入經常會提供當事人家人一個形成新三角關係的誘因，當諮商師涉入此一情緒糾葛中時，如果自己和自己家人的情緒未分化完全，極易陷入此一家庭的糾葛中而無法發揮功能。若諮商師是一個分化程度夠高的人，他便能保持理智，提出一系列問題來協助當事人理解自己在家庭情緒歷程中所扮演的角色，他會將焦點鎖定在當事人與其家族、配偶及小孩間的情感歷程，採用繪製世代圖的方式（至少繪出三代），協助當事人了解家族成員情感傳遞的關鍵，然後以循環問法，協助當事人覺察及做成改變自我，加強其獨立性的抉擇及行動。

和 Bowen 同樣強調家庭系統概念的另一位治療師是 Salvador Minuchin，他所發展的結構式家族治療理論，認為家庭結構（family structure）是一套隱藏的要求或規則，掌控著成員間彼此互動的方式。家人間由於情感親疏不同，會在系統中形成子系統（如夫妻、父子等），而保護與提升個體的子系統和家庭之整體性間的情感障礙則稱之為邊界（boundaries）。成員之間或子系統間若形成僵固的邊界而不互相溝通，稱之為脫離狀態（disengagement）；彼此間若無明顯邊界可以隨意入侵，則稱為陷網狀態（enmeshment），這兩種狀態都是不健康的，而介於兩者間中庸的邊界狀態，有個人獨立的空間，又不會互相脫離，是最為適應的狀態，此稱為健康的邊界。結構式家族治療的治療目標在使家庭成員從刻板的角色與功能解放出來，治療者採用行動導向的治療法，會針對家庭的特定問題，勾勒出具體的背景情節，分派角色與任務，讓家人體驗互動的過程，並以情境扮演的過程，協助家人嘗試較良性的互動方式，而建立新的架構（Minuchin, 1974）。

Bowen 和 Minuchin 的治療方式都較強調理性的分析與指導，而 Virginia Satir 所發展的「聯合家族治療法」（Conjoint Family Therapy），則較強調家庭成員間的溝通與情緒體驗，她認為良好的關係比技術的使用更為重要。在家庭系統中，成員間常會發展出生活和互動的一些規則，要成員應該如何做或不該如何做，兒童在成長過程中避不開這些規則，但他們會二分式地認為這些規則「絕對」必須做到或「不可能」做得到，而治療的目標便是要協助家庭成員真誠的表達所聽、所看、所感與所想，使家庭成員均能參與決定、自由抉擇、存在必要的差異，促進家庭及個人的成長。Satir 擅長應用完形與心理劇的技術，採用家庭雕塑的方式加強成員對互動及情緒的覺察，而其家庭重塑（family reconstruction）的過程，幫助個體探索自己的家族歷史，獲得自由與統整的自我，頗受國人的歡迎（請參閱王行，1996）。

關鍵詞

大家庭　折衷家庭　核心家庭
家庭氣氛　生活型態　出生序
親師溝通　親職教育　親職教育模式
親職教育團隊　個人中心取向　家族治療
行為改變取向　家庭規則　溝通分析取向
衡定狀態　現實治療取向　次系統
Adler 取向　邊界　父母效能訓練
多世代家族治療　系統取向　自我分化
三角關係　結構式家族治療　脫離狀態
陷網狀態　聯合家族治療　家庭雕塑
家庭重塑

問題討論

1. 試述現代社會變遷的結果，對於家庭對兒童的教養發生了哪些有利和不利的影響？
2. 家庭氣氛和兒童在家庭中的地位對於兒童形成的基本生活型態有何影響？
3. 試列出小學推展親師溝通的主要障礙及克服這些障礙的方法。
4. 請就我國國情說明較適合台灣地區使用的親職教育理論模式，並說明為何你覺得該模式較為適用。
5. 試就家族治療的觀點說明在從事兒童輔導工作時，必須要重視家庭因素的原因，及應該注意哪些影響。

參考文獻

▶中文部分

王　行（1996）。**家族歷史與心理治療——家庭重塑實務篇**。台北市：心理。

吳嫦娥（編著）（1995）。**親職教育活動設計實務手冊**。台北市：張老師文化。

紀李美瑛、紀文祥（譯）（1995）。**父母親自我訓練手冊**（The parent's handbook）。台北市：遠流。

曾端真（1994）。**親職教育理論與實施**。台北市：天馬。

廖鳳池（1993）。小學如何加強親職教育工作。**諮商與輔導，90**，34-37。

蔡英媛、林麗倩（譯）（1984）。**孩子的挑戰——父母手冊**（Children: The challenge）。台北市：大洋。

▶英文部分

American School Counselor Association [ASCA] (1981). *ASCA role statement*. Alexandria, VA: The Author.

Bowen, M. (1978). *Family therapy in clinical practice*. New York: Aronson.

Dinkmeyer, D. C., Dinkmeyer, D. C. Jr., & Sperry, L. (1987). *Adlerian counseling and psychotherapy* (2nd ed.). CO: Merrill.

Dinkmeyer, D., & McKey, G. D. (1976). *The parent's handbook.* Circle Pines, MN: American Guidance Service.

Dreikurs, R., & Soltz, V. (1964). *Children: The challenge*. New York: Hawthorn.

Gestwicki, C. (1992). *Home, school and community relations*. New York: Delmar.

Ginott, H. G. (1965). *Between parent and child.* New York: Macmillan.

Goldenberg, I., & Goldenberg, H. (1991). *Family therapy: An overview* (3rd ed.). CA: Brooks/Cole.

Gordon, T. (1970). *P. E. T. : Parent effective training*. New York: Wyden Books.

Minuchin, S. (1974). *Families and family therapy*. Cambridge, MA: Harvard University Press.

第九章

兒童學習輔導

王文秀

古人說「學海無涯」，人，終其一生均在學習，只是學習的內容、速度、動機和態度各有所不同。我國自古即強調學習的重要性，但是由於文憑主義以及士大夫觀念使然，往往把學習定義為狹隘的知識上或課本上的學習，致使許多學生一旦完成某階段的學業，便把書本束之高閣，以為畢業即不用再與書本打交道，這樣的觀念對於自詡為「文化大國」的我們，不啻是一大諷刺，亦是一大隱憂。

由於少子化的影響，加上高科技時代的競爭已經跨越國界，讓許多父母因為擔心自己的子女「輸在起跑點」，因而在子女年幼時，即拚命幫孩子報名各種才藝班，但孩子如果缺乏學習動機，或是學習方法不對，學習效果往往不佳，並且容易造成親子間的衝突，以及造成孩子對於「學習」逐漸喪失興趣，這樣的學習，很容易變成事倍功半。

何謂「有效的教」與「有效的學」？常有許多國小教師在面對一整班不同背景或資質的學生時，覺得心力交瘁，不知要如何設計教材教法，以因應學生的學習特性和需求。本章除了說明學習輔導的有關理論與認知策略，亦說明學習診斷與教學評量的意義，最後介紹針對一般學生及有特殊需求學生的輔導原則與策略，期望「終身學習」的理念，能在國小扎根，讓學生樂在學習，能夠主動學習，並且知道「如何」學習。

第一節 學習之心理學基礎

一、學習輔導之意義、重要性與目標

Marton、Dall'Alba 和 Beaty（1993）整理出學習的層次，由低到高，分別是：學習更多的知識、記憶與再製、運用學得的事實或程序、理解、從不同的觀點看事情，以及改頭換面，變成另一個人。一般所謂的「學習輔導」是指教師或諮商師協助學生發展潛能、增進學習效果，以達到自我實現的歷程；對於低成就的學生，能夠運用各種適當的方式協助其解決學習上的困擾因素，以提高其學習效能；對於高成就或資賦優異或是某方面有特殊能力的學生，則是設法協助其充分發揮其潛力，以獲致更高的成就。

學生自從踏入校門後，整個活動內容及範圍，無論是靜態或動態的、看得到的或是看不到的，均涉及學習。兒童的學習心態或學習效果是否良好，所牽涉的因素相當多，首先包括：兒童本身的資質、動機、先前的學習經驗，以及生理、心理的成熟度；其次則是外在環境的配合，例如：父母的管教態度、家庭或學校的學習氣氛、求學的環境、教材的設計與教師的教法，或是學校及社會的風氣。有效的學習輔導不僅有助於提升學校教育的品質，更可協助兒童充分發揮其潛力，以樂在學習的態度面對一切，進而提升國家競爭力。

身處現代知識爆炸、資訊充斥的時代，學習輔導之範圍更加廣泛，強調的是如何妥善利用資源，如何消化吸收與統整各種資訊，並養成獨立判斷思考以及批判性思考的能力。以國小的師生而言，學習輔導的目標是由教師或輔導人員協助學生了解校內外的學習資源，例如：圖書館、電腦網路、認識不同層級的課程、了解不同學科學習方法的差異、利用標準化或自編之測驗評量工具等設備，評量學生的學習效果，並運用各種不同的學習策略，以增進所有學生的學習效果等。

Caine、Caine、McClintic 和 Klimek（2009: 4）統整許多學者之理論，歸納出如下腦／心智學習的 12 項原則，這 12 項原則又與 3 個要素形成交互作用，這 3 個要素分別是：放鬆的警覺（relaxed alertness）、如交響樂般融入複雜的體驗中（orchestrated immersion in complex experience），以及主動的運作與處理（active processing）。亦即要促成有效學習，必須營造正向情緒的學習環境、製造最大量的學習機會，並尋求能夠鞏固學習的最佳方式。這 12 項原則分別是：

1.所有的學習是生理性的。

2.腦／心智是社會性的。

3.尋求意義是天性。

4.尋求意義要透過組織（特有的組型）才得以發生。

5.情緒對組織（特有的組型）極為重要。

6.腦／心智同時處理部分與整體。

7.學習包含集中注意力與對周邊的知覺。

8.學習永遠包含意識與潛意識的歷程。

9.至少有兩種記憶的方式，將各自獨立的事實性資料或技巧加以存檔歸納，或是將所有的體驗賦予意義。

10.學習是發展性的。

11.複雜的學習透過挑戰得以精進；若是受到學得的無助感所威脅，則會受到抑制。

12.每一個腦均是獨一無二的各自組織著。

具體言之，學習輔導的範圍及目標如下（王連生，1991；馮觀富編著，1992；簡茂發，1992）：

1.幫助學生建立正確的學習觀念與態度。

2.促進學生培養良好的學習習慣與方法。

3.激發學生產生濃厚的學習興趣。

4.使學生實現學習的適切期望。

5.輔導學生規劃學習時間。

6.協助學生適應或調整學習環境，有效運用資源。

7.診斷學生潛在的學習困擾。

8.協助學生建立並發展有效的學習能力。

9.介紹學生運用學習所需的工具和書籍。

10.培養學生主動針對需要，蒐集並統整資訊的能力。

11.培養學生獨立思考、判斷與做決定的能力。

整體而言，要使學習輔導進行順利，除了了解兒童在該發展階段的普遍特徵外，一定要注意到兒童的個別差異性而因材施教；透過各種正式教材、輔助教材與學習資源，以及生動活潑、富啟發性的教法，引起兒童的學習興趣與動機，培養其良好的自發性學習習慣與「樂在學習」的態度；再運用形成性與總結性的評量方式，檢視兒童的學習情形與學習成效，適時予以調整，俾使兒童的學習潛力得以發揮，願意為學習而學習，願意為滿足自己的求知慾及樂趣而學習，也知道如何學習，而不是為了得到優秀成績或是大人的認可而學習，如此的學習，才是一輩子都帶得走的學習成效。

二、學習模式

Watkins、Carnell 和 Lodge（2007: 15, 34-36）統整各家學習模式，歸納成三大主流，分別說明如下。

（一）傳遞與接收型

此模式關注的是學習的量、學習到的事實與技巧，其假設學習是透過外在（如教師）傳遞知識，較不注重情緒與社會層面，可轉換的公式是：學習＝被教導。在此過程中，教師扮演主導的角色，有清楚的教學計畫與學習目標，設法引起學生的學習動機，並且有效運用時間。學生透過這樣的知識傳遞，學習到相關的知識與技巧並能夠參與學習。教師再透過評量了解學生學習的情形，針對學習不佳之科目或內容謀求補救之道。這是較為傳統的學習模式。

（二）建構型

此模式關注的是學習者透過討論、探索、發現、開放學習，以及連結等過程，建構出學習的意義，可轉換的公式是：學習＝個體的賦予（建構）意義。既然學習的意義在於學習者由本身賦予意義，學生的角色會變得相當積極主動，會主動探索、提出疑問並進行實驗，透過實作與反思，不斷建構與再建構自己所學、所知、所想與所感，因此其學習不再只是被動的知識接收，而是積極性地尋求概念性的了解，並且較能溫故知新，將所學的內容與概念轉換或運用到陌生的情境；也因此學習是自發性的，永無止盡的過程。要達到這樣的學習目標，教師設計的課程會頗具挑戰性，教學方式也較為多元，藉以提供學生更有效的學習機會與刺激。在整個過程中，教師不斷刺激或挑戰學生去思考其所學的一切、探究其問題解決的過程、學習過程中遇到的困難，以及謀求突破之道。在此過程中，教師是催化者，學生是主動探索與建構者。

（三）共同建構型

此模式關注的是學習者透過和他人的互動與合作，尤其是透過各種形式的對話來建構意義，可轉換的公式是：學習＝和他人一起建立知識。此模式的精神是學生之間透過對話、討論或辯論而相互合作，從過程中建構起學習目標，並且相互合作達成自己與他人的學習目標。整個教室的學習氛圍與社會結構均有助於平等互惠相互激盪的學習，每個參與者也對彼此的學習目標是否達成負一部分的責任。在此過程中，教師仍是催化者，學生之間透過合作、辯論與相互激盪等方式，共同建構自己與他人的學習經驗。

上述三種學習模式，可以適用於不同學科、不同學習場域、不同學習程度、不同資質或不同學習需求之學生，甚至在同一個學科內，亦可依據學生之學習情形，交互運用，以達到學生最大化的學習。

三、各學派之學習理論

(一)行為學派

有關學習與教學的理論,最早的起源是行為學派,當時的學者認為,個體的心智像個容器或是「黑盒子」,是承載學習的各種內容的地方,不可觀察、不可測量,唯有展現於外的行為才可稱之為學習,強調外在環境與刺激的重要性。行為學派之學習理論主要是以古典制約論(Classical Conditioning)與操作制約論(Operant Conditioning)來解釋學習現象的產生及持續,是以連結行為與其同時發生事件的角度,來解釋學習的歷程。

古典制約論認為,環境中的中性刺激,原本其出現時不會影響個體行為,但由於不斷反覆出現,而且和學習者的某些行為同時出現,導致這些原本是中性的刺激而造成學習者行為的改變。以學生在校的情形而言,當上課鐘響(原本是中性刺激),學生連結並學習到要停止進行的活動,進入教室(制約反應)準備上課。

當段考過後,學生見到老師拿著考卷進入教室(這個畫面原本應是中性刺激),臉上的表情沉重與緊繃,學生手心開始冒汗、腸胃緊縮(制約反應),這即是學生將教師的臉部表情和考卷與過去考試經驗或是被老師責備的經驗相連結而產生的反應。另一教學實例是用單字卡讓學生看圖片(例如:車「ㄔㄜ」及車子的造型),學生透過連結即學會這個字的寫法和它的注音符號。

古典制約論的另一層意義是類化反應,即學生會以一個事件的經驗類推到其他類似的情境而有類似的反應,例如:一位在校有許多愉快學習經驗的學生,每天均是快快樂樂的到校上課與學習;反之,一位經常逃學或拒絕上學的學生,則可能是曾經有過不愉快的上學經驗,再類推到其他的上學時間,因為累積太多不愉快的負向經驗而愈來愈不願意上學。

操作制約論所強調的是增強(reinforcement)概念,亦即個體之所以會重複出現一個行為,是因為該行為初次出現後獲得良好愉快的效果所致,例如:當小明第一次考試考100分時,得到眾親友及老師的口頭或實質的獎勵,小明往後為了繼續得到這些增強物，將會不斷全力以赴，並且會逐漸類化而期望得到別的增強物，如考上好學校、加薪或是他人的讚賞，因此愈發強化其努力的行為。教師若要讓學生養成一系列良好的學習習慣，可以採用行為塑造（behavior shaping）的方式，由簡而繁，循序漸進，逐步運用工作分析、診斷教學、提示與增強原理加以塑造。

學習理論的另一個大重點是 Thorndike 的學習三大定律：準備率（law of readiness）、練習率（law of exercise）與效果率（law of effect）。亦即教師要能考慮學習者身心各方面的準備妥適程度，引發其學習動機、藉助各種方式加強練習，以及讓學生依其努力及表現程度予以增強，透過這些過程以穩固其學習效果。

整體言之，行為學派服膺的原則包括（Feldman & McPhee, 2008; Taylor & MacKenney, 2008）：(1)刺激以及其造成反應之間的連結是可以預期且相當可靠的；(2)藉由研究與操弄影響行為的環境條件，可以預期與形塑某人在某個特定情境下，會產生某種行為；(3)藉由不同形式的增強，可以加強或減低習得的行為。

行為理論的概念類似 Watkins 等人（2007）所整理的傳遞型與接收型模式，在教學上的運用非常廣泛，舉凡教學方式、電腦輔助學習、網路學習、教師的班級經營、學生的破壞教室行為、考試焦慮、教導學生自我增強、自我管理、運用代幣制度，以及採用精熟學習（mastery learning）的觀點進行教學等均是。教師若能精熟此理論之原理原則，善用增強原則，協助學生由外在的增強逐漸轉為內在的自我增強；由外在有形的獎賞物，轉而為內在或社會性的增強，以及循序養成學生良好與有效的學習行為，將有助於學生的學習精進。

（二）認知學派

基於行為學派對學習觀點不足以解釋個體各方面的學習，認為學習的歷程絕對不僅是「刺激與反應」之間的連結而已，因此認知學派逐漸興起。此學習理論將個體的心智視為電腦的訊息處理概念，強調人腦對於來自環境的訊息，經由感官紀錄器收存，做短暫的儲存，再經由型態辨認與選擇性的注意而過濾及轉換訊息，需要進一步學習及解決問題時則是提取訊息。像這樣從事儲存訊息、轉換訊息、提取訊息，進一步學習及解決問題等心智活動，即是所謂的「認知過程」；簡單的說就是知識的獲得和使用的過程。訊息處理模式所探討的是人們如何組織新的訊息、如何儲存新的訊息，以及如何提取及記憶這些訊息。近年來亦轉向神經科學（neuroscience）或機器人學（robotics）的領域。

認知心理學的學習觀（李咏吟主編，1995）包括：學習是目標取向的；學習是使新知識與舊知識產生最適當或最有意義的連結；學習是將知識有系統的組織起來；學習是具有策略性的；學習是具有階段性與反芻性的；學習是受個體發展影響的；學習是一種主動建構知識的歷程，而非僅是被動地吸收知識；學習的產生不在於記錄訊息而在於解釋訊息；學習是情境依賴的；學習必須在知識脈絡、特定文化及環境中進行；有效的學習須依賴學習者的意向以及自我監控進行有意義的學習，才能充分理解所獲得的知識。這些概念類似 Watkins 等人（2007）所整理的建構型模式，所有的學習歷程與內容，只有當學習者自己本身有目的的存取、組織、提取與轉換，才可說是學習者有所學習。

在認知理論當中，有幾個理論相當重要（Feldman & McPhee, 2008: 47-48），例如：基模理論（Schema Theory），基模是指有動力，從認知表徵逐漸進化與開展，透過心智的活動，發揮「心理地圖」或知識網絡的功能，藉此集中注意力、組織記憶、闡釋所經驗的一切，以及掌管行為，如新手與老手的網球選手在這些方面的差別；階段論（Stage Theory），強調個體在組織與處理訊息或經驗時必經的三個步驟，分別是：感官知覺的輸入、在短期記憶階段處理這些資料、如果這些訊息重要，則轉換與儲存到長期記憶庫，以鞏固這些訊息；認知負載論（Cognitive Load Theory），強調個體能夠處理與學習到的訊息量，受到與記憶有關的一些因素所影響，若能將訊息切割或重新加以組織，將有利於學習。

以小學生而言，在其求學歷程中不斷要學習新的概念，學生要能學會在同時間的千萬個內外在刺激中，選擇該注意的訊息，並將其編碼與組織、儲存於短期或長期的記憶庫內，需要用到這些訊息時，能用適當的線索，以協助提取。這其中的每一個環節都是極為精細與重要的過程，若能從小即加以培養專注、選取適當的訊息並加以統整組織，以及適當的提取與轉換，將可令其學習過程充實愉快。也就是說，教師在協助學生有效學習時，首先要能讓學生集中注意力於所學習的內容，並能建構其知識；當學生確定已習得，在加強記憶時，可以給學生一些提示或關鍵字，將舊的材料與新的材料做有意義的連結，讓學生對新的學習內容有完整的概念，再進行細部的內容教導，並能教導其遷移與類化，能夠舉一反三，如此主動的學習態度，有助於培養更高層次的學習能力，例如：問題解決及判斷、思考與欣賞的能力。

認知學派的另一個有關概念是認知風格（cognitive style），這是指個體頭腦所傾向於處理訊息的模式，大致分為衝動型、沉思型、場地獨立型與場地依賴型。衝動型的兒童常是不經大腦深思熟慮即衝動的回答問題或做決定；沉思型的可想而知即是凡事思之再三。在小學環境中，沉思型的小朋友雖然能很仔細的對問題進行思考與判斷，但是因為其或許較害羞退怯，害怕犯錯，較不易被老師注意，不過其學業成就表現較佳；至於衝動型的小孩常被認為粗心大意、不求甚解，也較無法集中注意力。

場地獨立型與場地依賴型則是指兒童不同知覺事物的能力。場地獨立型的人對於其所見的事物會做較仔細的區辨，可將重要的成分從周圍環境中獨立出來；場地依賴型的人較傾向於被環境或場地所控制，無法區隔出重要的成分，使其對所處環境的檢視混淆不清。某些研究（如 Vaidya & Chansky, 1980）發現，場地獨立型的兒童有較好的學習表現、較個人主義、好競爭；場地依賴型的兒童對外在訊息或刺激較敏感，亦較易順從。教師若能針對班上同學的認知風格加以了解，並提供不同的學習環境及刺激，將有助於大多數學生的學習。

（三）社會學習論

所謂「蓬生麻中，不扶而直」、「見賢思齊，見不賢而內自省」，以及「孟母三遷」的故事，均是指環境與觀察學習的重要。由 Bandura（1977）所發展出來的社會學習論強調，人類的許多行為是透過觀察與模仿，再進一步的加以認同而形成。最明顯的是影響一個人至深至廣的性別角色（sex role）形成的過程，絕大多數是經由上述的歷程而來。

Bandura（1977）所謂的「觀察學習」（observational learning），提出學習者仿傚到表現出同一行為模式的五個步驟：(1)學習者要能注意到此一行為；(2)學習者要把所觀察到的行為記起來；(3)學習者要發展出能夠複製此一行為的能力；(4)學習者要受到激勵去複製出所觀察到的行為；(5)學習者表現出仿傚的行為。觀察學習對小朋友而言更是學習的最佳來源，教師要能妥善運用此學習模式，例如：教師能清楚的讓小朋友知道要他們學習的行為為何（如看到紙屑要撿起來丟到垃圾桶），接下來即可依照上面的五個步驟加以運用。

觀察學習、模仿及認同的歷程無所不在，這些均強調學習者的主動性，並且要有被觀察或模仿、認同的對象。近年來，另一相關領域是「自我調節」（self-regulation），是指個體先仔細觀察自己的行為，並和榜樣的行為做比較（自我觀察）；其次，再將自己的表現和自己所設定的行為標準相比較（自我評斷）；接著，個體根據自己的評斷自行產生酬賞或處罰（自我酬賞）；最後，再表現出欲仿傚的行為，並調整自己的行為，以獲致所期望的結果。常有人批評行為學派只注意表面的行為，教師若能訓練學生「自我調節」的能力，則學生所學得的行為是更內在的學習歷程，也更易穩定保留。

（四）建構論

建構論（Constructivism）將個體的學習，從全然操之於外在，轉而到個體能處理所接收到的訊息，進而轉變到個體主動創造知識或賦予所學意義的建構者，亦即心智是意義的製造者。知識是由個體自己所建立，如果沒有個體心智的運作，任何學習或是知識均不可能存在。在此前提下，個體不是被動的接收知識、儲存知識，而是對自己所接收到的所有訊息賦予意義、加以闡釋，並與自己的生命經驗相連結。

建構論主要分成兩個理論：認知建構論（Cognitive Constructivism）與社會建構論（Social Constructivism）。認知建構論強調個體個別性的學習，例如：最早 Piaget 的同化、順應，以及晚近 Bruner 的知識建構論，均主張學習是學習者主動溫故知新的歷程。至於社會建構論則是強調學習的社會—文化影響層面，又包括：社會認知論、情境學習論（Situated Learning，即個體如何透過某個情境的觀察而學習），及Vygotsky（1978）提出的人際調節與社會互動觀點和近側發展區（Zone of Proximal Development，意思是指介於兒童本身的實力所能達到的程度，與經過別人給予協助後所可能達到的程度，這兩種程度之間的差距。在這種情形下，別人給予兒童的協助，稱為鷹架作用）。鷹架理論（Schunk, 2000）指的是在教學上，教師可以發揮的五個功能：提供支持、成為工具、拓展學習者的學習範圍、允許學習者達到原本不可能達到的成果，以及只有當必要的時候才運用這些協助。

在這樣的學習派典之下，學習者會更主動擷取與組織其所學，著重與整個環境的互動，致力於探索而非被動的吸收，師生關係不是高低的權威關係，而是共同合作的關係，教師更是擔任適時的鷹架提供者，而非知識的灌輸者；學習者所建構的知識體系，整體大於部分的總和，學習者循序漸進學習到概念、批判性思考與問題解決等更高層次的統整學習。

在此理論架構之下，另外亦有目前方興未艾的「以腦為基礎學習」（brain-based learning）派典。Caine 和 Caine（1997）進行許多有關「以腦為基礎學習」的研究，認為人腦的記憶系統可以無限大，可用來撰寫各種程式以及記憶許多無意義的資訊，個體有將記憶與經驗整合化的需求，因此整體的記憶與統整歷程即構成學習。與此有關的學習原則包括下列各項：

1.大腦是個複雜的適應性系統，功能可以相互依存也可以各自獨立，均是自我組織的。

2.大腦是個社會性的腦，個體早期與他人的人際與社會關係會有效助長或嚴重妨礙學習。

3.個體尋求意義是天性，亦即大腦會嘗試賦予個人經驗意義。發展性（developmental）的經驗對於生存以及發展關係均為必須。

4.尋求意義是透過組型化（patterning）而產生。各種組型可以是與生俱來、透過環境或是與他人相處發展而來。大腦對這些組型賦予意義並尋求理解。

5.情緒對組型化極為重要。情緒會強烈影響學習，也會影響社會的互動，情緒與學習不可分割。

6.每個大腦都同時知覺並創造部分與整體。大腦是相互依存，左右腦會主動連結互動且減少部分或整體接收到的訊息。

7.學習蘊含專注的注意與專注於周遭的知覺。不管個體是否全神貫注在某件事物，個體均在吸收訊息。即使是周邊的訊號亦會被記錄下來，對學習亦有影響力。

8.學習同時包含意識與無意識的歷程，大腦在這兩個層次均有作用，因此一些學習不會馬上展現，因為那些經驗還未被內化。由於許多學習是在無意識的狀態下進行，教師除了體認到學習者有大量的接收能力，且隨時提供多元而豐富的視覺、聽覺、觸覺或不同形式的學習材料與環境外，也要注意到會阻礙學習者學習的知覺、偏誤或任何阻礙（Jensen, 2008）。

9.組織記憶的方式有兩種：一種是組織有意義的訊息；另一種是組織無意義的訊息，各自儲存在不同的區域。無意義的訊息要靠獎賞才能加以促動或提取；有意義的訊息則不需要提示或練習，即會立即回憶起來。大腦同時運作並統整這兩方面的學習。

10.學習具有發展性，從嬰幼兒時期開始，個體即不斷拓展自己對周遭世界的理解、儲存環境中有關各種感官知覺的刺激，以及與他人連結的經驗。藉由這些經驗，大腦形成數以百萬計的連結，約至 2 歲開始，大腦開始組織與形成（prime）許多的連結，如此才能更有效處理龐大的訊息。多半的發展是透過環境的影響力而形塑或形成。兒童應該暴露在大量多元的刺激情境下，藉以拓展其學習。

11.複雜的學習經由挑戰而增進，因為受到威脅而被抑制。因此教師要營造溫暖、安全但是富挑戰性的環境，以刺激學習、學習嘗試、思考、思辨、犯錯與統整。

12.每個大腦均是獨一無二在組織與運作，先天的遺傳與後天的環境均有極大的影響，藉此也決定個體的不同學習風格、天賦與資質。

（五）人本理論

人本理論強調個體的獨特性、自主性、尊嚴、學習的潛能，以及自我實現的趨力，運用在學習領域，即是強調學習者在溫暖安全的環境中，感受到被接納、被理解與被尊重，處在這樣的關係與氣氛下，學習者愈發能自主學習，並且能為自己的學習與未來人生的方向負責任，也因此，此學派將心智視為「存在與逐漸形成」的歷程。

真正有意義的學習，來自於學習者的主動探索與省思、統整自己所學，並能根據自己的生活經驗加以轉換，學習的歷程是朝向自我實現，學習是終其一生的歷程，透過學習，個體賦予並創造出自己的存在價值與尊嚴。

四、與學習有關之議題

為何「學習」對某些人而言，是愉快的過程，但對有些人而言，卻是痛苦折磨的過程？不同人對於自己學習成功或失敗，是如何詮釋？而這些詮釋，對其後續的學習成效與影響為何？以下簡要說明與學習有關的相關議題。

（一）習得的無助感

習得的無助感（learned helplessness）是由 Seligman 和 Maier（1967）一系列研究狗的學習行為時，所發展出來的概念。此概念主要的觀念是「當個體學習到嫌惡刺激（如電擊）是無法控制時，會產生無助感，因而放棄後續的努力；若個體知覺到失敗是無法控制的，就會產生『努力和結果是無必然關係』的觀念，進而影響以後的行為」（Abramson, Seligman, & Peasdale, 1978）。

通常個體習得的無助感會影響其後續的身心健康，對自己的一切狀況均抱持悲觀的看法，認為無力改變自己，因而承受的壓力愈來愈大；惡性循環的結果，對自己各方面均有不利的發展。就兒童的學習而言，會讓兒童放棄學習（Stipek, 1988）、缺乏內在動機、對自己的成功不抱任何希望、也放棄學習，甚至會以此當成藉口「反正我就是笨，我就是學不會」，如此的自我應驗，會對其學習情形非常不利（Ramirez, Maldonado, & Martos, 1992）。

Abramson 等人（1978）指出要協助習得的無助者，可自四方面著手：

1.改變個體的環境，降低其不期望結果發生的可能性。

2.增加個體獲得所期望結果之知覺，或降低其對無法達成結果之挫折程度，以改變個體對成功結果重要性的知覺。

3.當成功確實可達成時，要將個體對事件的預期，由不可控制改為可控制。假如個體沒有能力做適切反應，則應教導其技能；若因錯誤的預期，而不做適當的反應，則可設法改變其預期。

4.將個體對於不切實的歸因，改變成較切合實際的歸因，例如：將失敗歸因於外在、不穩定、特殊之因素；將成功歸因於內在、穩定、全面的因素。

（二）成就動機

成就動機（achievement motivation）是指個體在求學或人生其他活動中為達到成功，促使自己堅持不懈以達到目標的一種內在狀態。成就動機若是出於內在，通常是基於內在的滿足，而非靠外在的獎勵或酬賞，和Bandura的自我效能也有關聯。學習者如果把自己的學習成就歸因於內在可以控制的（例如：個人努力的程度），或是操之於他們自己而非基於外在的原因（例如：運氣好），或是發自內心想要駕馭某個學科或領域，而非只是為了應付考試而拿到獎狀、獎金，則比較容易變成內在的成就動機。

至於外在歸因的成就動機，例如：金錢酬賞、獎盃、獎狀、旁人鼓勵，或是因為害怕受到懲罰等，亦可能促使個體有成就的動機，但是如果純然基於外在的動機，此行為會較不易持久。

McClelland的成就動機理論提及個體有三項需求要被滿足：成就的需求、權力的需求，以及歸屬的需求，這三項需求的程度或許有所不同，也因此影響其後續行為。

綜合許多學者的看法（Atkinson, 1966, 1978; Haywood, 1988; McClelland, 1965; McClelland, Atkinson, Clark, & Lowell, 1972），教師可用下列方式幫助學生提高其成就動機：

1.對學生如何達到目標給予具體的意見，只是告訴學生「要乖一點」、「用功一點」，不如讓他們知道要乖及用功到什麼程度。

2.示範給學生看，讓他們清楚的知道並模仿高成就動機者的言談、舉止及思考模式，亦即教師應以身作則，表現出強烈的學習動機與成就動機。

3.讓學生清楚的知道其努力會有怎麼樣的收穫。

4.教師要能確定班級中的酬賞制度符合學生的期望與成就水準，工作到一半時給予的回饋效果最好。

5.教導學生明瞭在達到目標後，會增加其自重的感覺，也會增加別人對其的敬重。

6.若學生過去有許多失敗的經驗，必須以較小的目標做為起點，慢慢建立其自信心與自重感。

7.協助學生將成功歸因於自己的能力，失敗歸因於自己的努力以及使用的策略，努力可以靠意志力控制，而策略更是可以重新調整及學習的。

（三）控制向度（locus of control）與歸因理論（attribution theory）

Weiner（1986, 2000）透過因素分析進行一系列的研究，將個體的成功或失敗，歸諸於三個向度的因素：

1.控制向度（locus of control）：對個人的成功或失敗所提出的解釋歸因於個人的內在或外在因素，其中內控者（internal locus of control）認為，其成功或失敗是因為個人的能力或努力所致，是操之在己；外控者（external locus of control）則認為，其成功或失敗是因為外在不可控制的因素，例如：運氣、機會或是作業難度所致，是操之在人。

2.穩定向度（stability）：這是指造成成功或失敗的因素是永遠恆定的或是會改變的。

3.可控制性（controllability）：這是指個體是否可以控制成功或失敗的原因。

因此，若個體將成功或失敗歸因於「運氣」，是指「外在、不穩定與不可控制」的因素；若是歸因於「努力」，則是「內在、穩定，以及可控制」的因素。研究發現，學業成功的學生較為內控，學業失敗的學生則是較為外控。不過外在歸因的增加並不是長期學業失敗的原因，而是結果。換言之，教師平日要教小朋友對於自己的學業成就做內在歸因，對於長期學業處於劣勢的學生則要及早找出癥結，予以補救，否則最後學生極可能會不斷做外在歸因而至全然放棄，此即是習得的無助感。

以教師而言，在實際的教學情境中，教材的選擇應難易適中，把學習的材料依難易水準循序漸進的排列；在選擇同儕比較時，應將程度相近者分為一組加以競爭；謹慎安排教室的學習情境，以及善用努力的歸因回饋等，均有助於提升學生的學習動機。

五、學習輔導之現況與趨勢

近年來，由於心理學領域的蓬勃發展，許多理論均不斷推陳出新，逐漸建構出新的理論重點與思維觀點。與學習輔導有關的教學心理學、教育心理學及學習心理學領域，總括而言有下列的看法和趨勢（Feldman & McPhee, 2008; Taylor & MacKenney, 2008）：

1.學習者的先前知識對學習新的知識有極大的關聯，溫故可以知新；若先前的知識或理解有所扭曲，亦會影響之後的學習。

2.社會互動有助於學習，因此如討論、合作學習或是口頭報告均有助於學習。

3.學習是受情境影響，因此即使有可能舉一反三，但是在不同的情境下，仍須重新學習，例如：學會騎腳踏車之後，要學會騎機車或開車，均需有不同的學習重點。

4.運用多重學習策略，例如：教師運用講授、討論、放影片、實作與報告等方式，有助於學習的深度與廣度。

5.大腦的成長與發展是受到個體經驗的影響，因此教師宜提供豐富的刺激，以增進大腦的發展。

6.智商不是先天固定，會隨著環境的刺激而改變，因此早期介入有助於提升智能。

7.某些技巧或能力，在某關鍵時刻學習會事半功倍，大腦的各項功能均是用進廢退，幼年時若缺乏足夠刺激，會影響腦細胞的發育與連結。

8.學習強烈受情緒影響，大腦若捕捉到負向、具有威脅性的氣氛，學習會停滯；反之，則會催化其學習。

9.學習的最佳利器是專注，教師要透過學生良好的飲食習慣、睡眠、教室的學習環境，以及一些提高專注力的策略，助長學生的學習。

10.語意的學習和文字、語言的學習都有關，教師可透過一些學習策略，例如：分解學習單元、圖像法、心像法、小老師、提問、角色扮演、歸納、辯論、劃重點、畫出時間軸線、小考、覆誦與其他提升記憶的方式，協助學生擴增並鞏固其語意的記憶量。

11.整個學習的過程，基本上就是個人認知運思的歷程。教師或輔導人員應注意學習者的內在學習歷程與學習成就之間的關聯，而非僅考慮智力一項因素。

12.日常生活、讀書或考試均需思考，但思考的個別差異會影響學習效果。思考方式可經由輔導與訓練加以精進，其方法甚多，近年來以反省思考、創造思考與批判思考最受重視。

13.在學習輔導之探究領域上，學習動機是重點之一，因其直接關係著學習的效果。激發學習動機有兩個途徑：一是由教師採取有效的教學策略、營造良好的學習環境，以及建立有利於學習的氣氛；二是直接引起學生的注意力、激勵學生努力學習，並且善用獎賞策略等。

14.後設認知（Meta-Cognition）是個體對本身認知歷程的認知覺察能力（Brown, 1987; Flavell, 1976, 1987），目前多與學習策略訓練結合運用，使學生對整個自我認知歷程充分了解〔即「覺知」（awareness）〕，知道自己所面臨的工作需求、可用的資源、會遇到的困難〔（即「監控」（monitoring）〕，以及可採取的補救措施等（Carrell, 1988），進而應用有效的策略進行學習。

15.學習策略是學習者運用內外在資源促進學習效果的活動，亦可說是學習者針對某一特定學習目標，主動操弄訊息以促進學習效能的活動（Mayer, 1985）。當學習成效欠佳時，學習策略的訓練與教導就更顯重要。

16.認知風格是個人認知方式、類型及習慣的主要特徵；學習風格是個人在學習上能顯示個人學習特性或特徵的格調或型態（例如：衝動型、場地獨立型）。二者不強調高下，而是針對學習效果的型態。學習者若要充分學習，不宜侷限自己僅在某一種學習風格，而是要學習針對不同的學習材料，擴充自己的學習風格（Watkins et al., 2007）。

17.教師運用 Ausubel 前導組體（advance organizer）的概念，可協助學生對所要學習的材料先有一整體的觀念，使學習材料更有意義。

18.電腦在學校中扮演的角色愈來愈重要，學校用的電腦可發揮的功用，包括：電腦輔助教學、電腦模擬及電腦遊戲，以寓教於樂；針對特殊兒童或有特殊學習困擾的兒童，提供個別化教學以及多重感官教材；另外，如遠距教學及網際網路的普遍，亦可讓學生充分掌握全球的資訊，能在最短的時間內做最大量的學習。

學習問題之診斷

一、診斷之意義與方式

學習問題之診斷主要目的在確認形成學習困難的真正原因，進而採取補救教學，亦即「早期發現，早期治療」的概念。學習診斷一般分為三個階段（王克先，1995）：首先是用標準化測驗評估學生的學習潛能和學習成就；其次是將第一階段篩選出來有某種學習困難而待補救教學者，利用特殊的診斷工具（如閱讀、算術或語言診斷測驗等），找尋學習困難之所在；最後是教師對學習者進行類似個案研究的個別性診斷，例如：了解其學習態度或習慣。

一般教師或輔導老師可運用家庭訪視、個案研討會或電話聯絡等方式，了解學生在家中的情形，提供教師與家長聯繫的機會。教師亦可藉由平日的觀察、分析學生作業成績及學習情形，或是透過測驗、面談等方式來了解學生之學習情形。若是牽涉到特殊兒童的鑑定與診斷，通常是由一群專家所組成的工作小組，成員包括：一般教師、學校心理學家、語言病理學家、醫師、學習障礙或情緒障礙的特殊教育專家，以及其他相關的診斷人員。

在進行診斷時，教師應先區分學習者的學習困難是出於非智力因素或是智力因素。非智力因素包括：注意、疲勞、興趣、動機、情緒、自我概念、生理因素、過去學習基礎、家長的期望，或是年齡等；智力因素則往往對其知覺辨別能力、統整能力與表達能力會有所影響。

二、診斷工具

近年來，許多教育心理學者致力於發展有關學習策略的診斷工具，Norris（1986）由回顧文獻分析出四大類的診斷工具：

1.以行為分析為主的工具：著重外在環境以及可觀察的行為與有效學習的關係，通常探討的是學習者的學習態度、學習習慣、學習方法、學習計畫的擬定，以及考試技巧等。

2.以認知分析為主的工具：主要是在評估學習者學習教材所用的認知策略，例如：受試者是否使用圖像思考，或是如何將資料分類等。

3.以動機分析為主的工具：通常又分為以診斷「焦慮」層面以及診斷「歸因」層面為主的工具，其側重在學習者人格特質的探討。

4.以認知—動機為主的工具：此種工具綜合探討與學習有關的變項，例如：態度、動機、時間管理、焦慮、專心、訊息處理、找重點、學習輔助術、自我測驗，以及考試技巧等。

為了了解學生的學習困難原因，可供運用的診斷工具相當多，例如：心理出版社與中國行為科學社出版的有關智力測驗、學科能力測驗、成就測驗、性向測驗、人格測驗、學習障礙、生活適應量表、發展篩檢量表等諸多測驗，均可參考。

三、教學效果評量

教學效果評量的主要目的是在分析教學的得失、診斷學習困擾之所在、做為實施補救教學與個別輔導的依據，以及評估學生的學業成就水準。換言之，評量是針對教與學二方面，對象包括：個別學生、全體學生，以及教師本身。評量的方式可依目的及情境之所需分成「形成性的評量」（formative evaluation）與「總結性的評量」（summative evaluation）。

傳統式的教學效果評量通常是藉由考試成績來評量，近年來已採用較多元化及動態性的評量方式，強調知識與能力是不斷透過學習與累積的結果，亦重視臨床晤談的評量，因此所做的評估應參照兩項基準點：一是學習者過去的成就水準，亦即自己跟自己比較；二是同一階段同儕的成就水準，亦即跟同儕比較，如此方能兼顧個別差異性與常模的參考性。通常評量可以採用的方式，例如：紙筆測驗、作業、填表、實作、實驗表現、成果發表、觀察、訪問及發表報告，以及學藝競賽等。

認知心理學的評量觀（李咏吟主編，1995）包括：重視歷程或認知成分為導向的評量、重視知識結構與類型辨識能力的評量、重視學習策略與認知層次的評量、重視錯誤類型分析以進行補救教學、重視認知與情意、動機、情緒，以及社會文化因素間互動關係的評量。

Jensen（2008）指出正式的評量往往忽略如下一些有關大腦在學習與記憶方面的原則，這些均值得教學者在進行評量時，加以注意與改善的地方：

1.有許多種學習的形式未能透過評量展現，例如：空間、暫時性、事件性或程序性的學習。

2.記憶是非常依據狀態與情境的不同而有所不同，測驗（評量、考試）地點有時候不是學習地點或是學生必須展現學習地點，而這也會影響評量。

3.個體許多外在的語意學習需要大量的記憶以及賦予意義，藉此才能長期保留。進而言之，多數的外在學習（explicit learning）常有過時的風險。

4.營養和壓力會明顯影響評量分數的高低。

5.大腦是靠著犯錯（嘗試錯誤）而學習，而不是靠著記憶正確答案而學習。

此外，Jensen（2008）亦提醒一般評量時常常犯的錯誤，包括：

1.訂定太高的期待標準，但缺乏提供足夠的資源：如此只會造成學生的學習壓力與挫折，長久以往，即會變成習得的無助感。

2.齊頭式的評量，忽視個體大腦發展的個別差異性：目前一般認定的，例如：小學一年級的國文程度應該到哪裡，若未達到這標準，即斷定為學習障礙。但是個體的大腦發展有快有慢，加上其他個體內在或外在因素的影響，因此僅憑一些測驗來斷定學生的學習，會有偏頗，對學生亦有失公允。

3.短期式的評量忽視大腦的發展：真正的學習通常都要日積月累，因此如一學期考一次試，將無法有效看出學習者的學習情形；且僅透過短時間有限的評量，難以看出一些重要的概念是否真的學習到。常見一些學業成績名列前茅的學生，畢業踏入社會後的成就，不見得優於在校成績平平，但是有別的才能或特質的學生。

4.許多測驗忽視奠定基礎的一些學習情形：如某些研究顯示，早期浸淫在有關音樂的環境，有助於發展日後數學與科學的成就，但是我們無法去檢視學習者早期音樂方面的學習情形。

5.多數的測驗忽視現實生活的運用情形：以現今資訊爆炸的時代而言，學習者若有一台連上網路的電腦，或是電視、圖書館的借書證，要獲取一些知識的內容一點都不困難；且學校教育若只是要求學生背誦一些瑣碎、零碎、片段的事實性知識，學生往往會在很短的時間就全盤拋諸腦後，如此的學習完全無助於獨立性的批判思考或是踏入社會成為有用的公民，因此學校教育在教導學生基本的知能之餘，要致力於教導學生學習如何學、如何搜尋與統整資訊、如何進行批判性思考、如何與人合作，以及學習問題解決，這樣的「學習如何學」（learn how to learn），就像教學生如何釣魚，而非幫他捕到一籮筐的魚一樣，才能助其有效學習與往後的發展。

也因此，所謂真正的評量（authentic assessment），強調的是從學生學習量的多寡，轉變為質的內涵。Jensen（2008）提及的五個測量領域，包括：內容（學習者知道什麼）、情緒（學習者對這些覺得如何）、情境脈絡（學習者如何將所學與周遭連結）、運作（學習者如何處理與運用這些資訊），以及具體化（embodiment）（學習可以如何深化，學習者如何運用所學）。

第三節 學習輔導之實施

學習涉及個體生理成熟、心理狀態與環境等的相互影響，從初級預防的觀點來看，是要讓學習者都樂於學習與具備有效學習的一些條件，至於對於一些學習情形不佳的學習者，則須透過不同的學習策略協助之。分別說明如下。

一、一般性的學習輔導

一般性的學習輔導，其精神是「預防勝於治療」，主要是在引導學生對學習有正確的認識。教師或輔導人員可以介紹學生各種學習要訣、激發學習動機、培養良好的學習習慣與態度，養成樂於學習、知道如何學習的心態。落實學習輔導最好的方式是運用上課時間，透過教師精心設計的活動，引導學生正確愉快的學習，以及在平常時間，即營造愉快積極的學習氣氛，讓學生耳濡目染，浸淫在正向的學習氣氛內。

造成一般性學習困擾的原因，通常不是單一因素（Riding, 2002），以學生本身而言，例如：性別、記憶量、認知風格、情緒穩定度、先前知識背景、學習策略等，均會影響其學習；因此，如身心的準備度不夠、缺乏學習動機、注意力不集中、情緒不夠成熟、學習方法不良、不懂得如何規劃時間、沉迷於一些娛樂（如電視、電腦或電動玩具等）、過多的失敗經驗而造成的挫折感，或是因為生理症狀，均可能造成學習困擾。除了學習者的個別因素，另如同儕因素，如同儕的支持與協助、同儕壓力或是同儕的價值觀等，亦會有所影響。

再其次是家庭因素，包含：家境不好，無法提供良好的學習環境、父母期望過高、父母過度強調手足或家族成員、左鄰右舍間的比較，或是家庭氣氛不佳等。接下來是社經文化背景以及語言的差異，例如：以往強調學生放學後到老師家補習，甲生因家庭經濟的困窘無法參與，若老師對甲生有歧視的態度，甲生就可能會自暴自棄；或是方言的差異，使有些學生無法理解教師之授課內容（或稱文化不利兒童），因而干擾其學習。

最後則是學校因素，最常影響學生學習情緒及效果的，例如：學校的教學或實驗設備不足、班級氣氛不佳、師生關係不良、教師太放任或太獨裁、班級人數過多、課程教材不適當（太深、太淺或太僵化），以及教師的教學態度和方法不適當等。

輔導人員在面對一般兒童時，所應抱持的學習輔導原則為：

1.適應學生的個別差異，訂定合理的期望水準，並因材施教。

2.提供多方面的學習機會，使學生有充分發展的空間。

3.隨時隨地、適時適切配合各科教學活動實施。

4.加強學校、家庭及社會機構之聯繫。

5.塑造民主、自由、尊重與接納的學習氣氛。

6.依據學生身心發展歷程，擬定輔導計畫。

7.依科學方法蒐集學生資料，實施鑑定與測驗。

8.多鼓勵，少責罵，以關心來建立兒童的信心。

9.教師確實批改作業，並勤於與家長聯繫。

10.利用家庭訪視或聯絡簿的方式，讓家長了解學生的學習狀況，避免家長過度忽視或過度關愛，而造成對學生或教師的干擾。

Feldman 和 McPhee（2008: 105）建議，教師針對學習動機低落的學生提供的協助包括：體認到學生經常採取的一些無效策略，例如：不用功、作弊或是拖延等，很可能是學生想要維護自己自尊的方式；嘗試重新訓練學生的歸因方式，例如：將注意力的焦點放在學習的任務上，而不是只注意到「害怕失敗」而一直被此信念干擾，若有挫折感，應重新回頭檢視錯誤的地方或是找出未來可以調整的方向，而非全然放棄，以及將失敗歸因於努力不夠、缺乏足夠的資訊，或是太倚賴無效的策略等，而非歸因於自己能力的不足。

二、特殊性的學習輔導

特殊性的學習輔導是以個別學生為對象，除了一般所稱的特殊學生，例如：聽障、視障、閱讀障礙等伴隨生理上的限制外，在學習領域上尚有一些類別，以下分三種類型的兒童加以說明。

（一）低成就學生

最早對於「低成就」的定義，是指智力及認知理解力均與同年齡者相似，但是學習成就顯著低於一般的學生，通常男生多於女生，且自低年級起即出現徵兆；另外的觀點是從兒童家庭的社經階層來看，由於這些父母通常忙於生計，無心或無暇關照子女的教育，加上無法提供足夠或大量的學習資源，因而這些兒童的學習成就無法和中上階層家庭的子女相抗衡（Frederickson, Miller, & Cline, 2008）。其特徵是對自己缺乏信心、表現退縮、學習習慣欠佳、未花足夠時間讀書、粗心、健忘，甚至衍生出許多行為上的問題。

低成就學生又分二類：一類是所謂的「情境性的低成就」，係屬偶發性，平日表現與一般學生差不多，但是因為生活中發生一些變故，例如：轉學、嚴重師生衝突、家中有親人死亡等而有此現象；另一類則是「長期的低成就者」，其原因往往錯綜複雜，長期累積的挫折學習經驗，使這些學生在生活或人際適應上，衍生許多問題，久而久之更形成惡性循環。

以「長期的低成就者」而言，其形成的因素如下（Pohlman, 2008）：

1.個人因素：內在的原因如過度追求完美或是社交技巧不足、有情緒困擾、學習態度差、基礎不佳、學習習慣、態度或方法不良、生理缺陷，以及智能因素等；外在的因素則如周遭的人對其賦予過高的期望，另一層可能的原因是有太多方面的興趣，樣樣通，樣樣鬆，由於未能專心做好一件事，故有此現象產生。

2.家庭因素：這牽涉到父母的管教態度，最常見的是孩子或許在幼年時候的確努力以赴，期望不負大人所託，藉此得到他們的認可與愛，但若父母的要

求超過孩子能力所及，或是長久以來只有批評而沒有肯定與鼓勵，有的孩子會逐漸對自己產生放棄之心。其次是父母投注在兒童學習的時間不足，或是家庭氣氛、夫妻關係、親子關係等不佳，影響孩子的學習。

3.學校因素：班級教學過度呆板，無法吸引學生的好奇與注意；教師不尊重學生的個別差異，要求學生達到同一或過高的標準，對於未達到者，只以「懶惰，不用功」責備及處罰，未能找出癥結；過度強調競爭；重視分數而非努力的過程；教材過於艱深難以理解。另有一些學生為了其他原因（如為獲得友誼或被人威脅恐嚇）而降低自己的成就水準等，均會成為長期的低成就者。

針對低成就者的輔導策略，首先應實施診斷測驗，以確定其低成就的傾向，以及從神經發展的角度，檢視其注意力、記憶、語言、空間秩序、暫時一系列秩序、神經動作功能、高層次認知，以及社會認知等方面的發展情形（Pohlman, 2008）；其次是讓學生對所處的班級有向心力，而不是惡性競爭的戰場（支持性策略）；鼓勵學生自發性，而非為迎合外在期待而產生的成就動機（內在策略），以及讓學生充分表現自己的長才，使其有成就感，再進而改善其較不足的領域（矯治策略）。

除了上述的輔導策略，若有需要則實施補救教學，由教師先針對教材做工作分析，使學生依據學習階層的起點行為，循序漸進，設計學習方案，逐步達成學習目標。

若須運用個別化教學，則是針對班上的低成就者，依據其學習能力予以分組，分別實施教學，其教材內容程度依學生需要而彈性調整，使學生有成功的機會，提高其學習動機，若輔導室（處）有充分資源可運用，可以訓練有熱心、有能力又有時間的大哥哥、大姊姊擔任小老師。

另外，在教學上可以採用的策略是精熟學習的練習與運用，指的是將教材分為許多連續性的小單元，在實施測驗後，若其成績達到 80 %或 90 %的熟練標準，才進入下一單元。

（二）學習資優兒童

學習資優是指在某一項或多項學習領域有極高的學習能力與性向，因此需要特殊教育的介入，以充分發揮其潛能。這類兒童的特色包括：在語言、字彙或閱讀技巧顯著優於他人、對世界的認知有更廣博的知識、比同儕更能輕鬆學、獨立學，以及學得更快速、認知訊息處理與學習策略都更有效、想法更有創意、問題解決的方式更多元有彈性、高成就動機與標準（有時變成完美主義）、有強烈的動機要挑戰高難度的任務，對於輕鬆容易達成的任務會覺得無聊或無趣、正向的（學業）自我概念，以及較高的社會發展能力與情緒適應，雖然少數學生會因為與同儕格格不入而不受歡迎。

資賦優異包括一般學業的資優與特殊才藝的資優，其輔導過程包括鑑定、安置與輔導。其輔導原則除了一般兒童的輔導原則之外，更須注意因材施教、提供個別化的教材與作業、將相似資質的學生組成小組，在教材上可以加快學習；亦可指定專題，促其合作與資質的發展；在某些特殊的學習領域（例如：語文方面），教導較複雜、高層次的認知策略與學習技巧；提供獨立研究的機會；鼓勵學生為自己設定高目標；尋求外界的資源；教材加深加廣；延聘專門人才加以訓練；加強校內各單位及校外各機構橫向與縱向的聯繫，以及延續性的培育計畫等（Ormrod, 2008）。

（三）學習障礙

學習障礙（learning disorder, LD）是屬於我國《特殊教育法》中所列身心障礙類別中的一種（中華民國學習障礙學會，2009），學習障礙是一群學習異常現象的統稱，包括各種不同的類型。學習障礙的孩子一般說來，智力在中等或中等以上，並不是由於智能障礙、感官缺陷、情緒或行為困擾、環境文化等障礙因素所造成，但由於腦神經中某種（些）學習功能的異常，使他們在聽、說、讀、寫、推理或運算上出現一項或多項的顯著困難，這些困難會導致他們在學校的學習產生問題，進而影響其各方面的適應與發展。學習障礙者雖然智力正常，但可能會出現學習成就和潛在能力之間有很大的差距，或是個體本身不同能力之間差異很大（亦即一項或數項能力特別低落，但是其他能力又表現良好），而產生令人難解的矛盾現象。

學習障礙大致分為訊息處理的障礙（難以輸入、統整、儲存與輸出適當的訊息），以及特殊功能的障礙（例如：閱讀障礙、書寫障礙、數學障礙、非口語學習障礙、動作障礙、口語障礙等）。DSM-5（APA, 2013）將此類障礙分成閱讀障礙、寫作表達障礙，以及數學障礙等三個診斷。一般常見的判斷準則包括（Eggen & Kauchak, 2007; Ormrod, 2008）：學生在一項或多項認知處理方面有顯著的困難，其認知困難足以妨礙其學業方面的學習，因而需要特殊教育的介入。常見的特徵包括：不易集中注意力、閱讀與寫作技巧較差（例如：易漏字、書寫時左右順序顛倒、字跡潦草、很難端整寫在格子內、難以正確抄下老師在黑板上所寫的內容）、數學學習較差（例如：不太會進位、計算或是應用題）、學習與記憶策略均較差、比較無法進行（達成）抽象推理的任務、自我概念與學業動機均較差（尤其無適當輔助與介入的情況下）、動作技能較差、社交技巧較差、難以有始有終完成作業、各項技能發展不均衡（有的領域很好，有的很差）、缺乏動作協調與平衡。

因為學習障礙的孩子外表和一般的孩子完全一樣，家長和老師大多會將孩子的困難歸因於懶惰、粗心、不用心或不聽話。雖然學習障礙是終生伴隨的障礙，但是只要經過適當、有效的教育，學習障礙者還是可以發揮其蘊藏在障礙下的潛力。學習障礙者的比例約占同年齡人口的 3%至 5%，學校老師或家長對學習障礙者的誤解，常使得這些學生受到不當的對待或責罰，對這些學生的人格成長、心理健康造成很大的影響。此外，學習障礙者雖然智力正常，但是其學習困難的特質需要特殊的教學策略，如果長期缺乏特殊教育輔導，學習障礙者在課業上受到的挫折，易使他們很容易中途輟學。因此在不當的教育下，學習障礙者成為犯罪人口和中輟生的比例很高，整個社會都要付出極大且難以彌補的代價。

造成學習障礙的因素相當複雜，例如：感官知覺異常、神經系統障礙、大腦左右偏用、腦傷、感覺統合失常、語言缺陷、知覺動作發展不正常，以及遺傳因素等。學習障礙的處遇，包含：醫學、心理學、個別化教學、電腦化教學與補救教學策略（Ormrod, 2008）。針對學習障礙兒童的教學環境要儘量單純化，減低外在足以干擾或令其分心之刺激、增加其自信、運用多重管道與模式的教學策略，包括：行為改變技術以及提供適當的補救教學，分析學生犯錯的型態，藉以了解其訊息處理的過程與錯誤之處，再對症下藥，或是進行適當的教育安置；在生理方面，可接受感覺統合訓練以及輔以藥物治療。

一般而言，學習障礙學生無法單靠藥品或任何速成的療法來治療他們，唯有提供適當的教育、運用有效的教學策略，才能彌補他們的缺陷。主要的輔導原則包括（The National Dissemination Center for Children with Disabilities, 2004）：

1.早期發現、早期療育能提供最有效的幫助。

2.具備正確的知識與態度：了解學習障礙學生障礙和能力並存的特質，接納他們的缺陷，發掘他們的能力。

3.建立學生的自信：協助學習障礙學生，讓他們看到自己隱藏在障礙下的能力，以建立學生的自信心。

4.了解學生的內在能力：先評量學生的優缺點，針對他們的能力提供適當的教材。

5.安排適當的學習環境：座位的安排要特殊考量，教室氣氛儘量安靜，讓學生能專注，減少令其分心的刺激物；必要時在班上尋找小幫手，協助其做筆記、輔讀，以及作業送出前的校對等。

6.輔以適當的輔助教材：如電子辭典、電腦軟體等。

7.利用多感官的教學：學習障礙學生因有知覺障礙，在教學時利用各種感官的教學，可協助學生容易接受訊息。

8.採取精熟模式（mastery model）：學習者是自己跟自己比，透過不斷練習，確實掌握基本知能之後，再進展到下一階段的學習。

9.提供結構化的學習情境：學習情境如果是結構化、規律、無刺激物，即可幫助學習障礙學生減低分心的問題，提高學習效果。

10.實施補救教學：針對學習障礙學生的學科提供補救教學，將學習情形類似者安排在同一組，並教導學生有關組織、自我指導、解決問題的技巧。利用工作分析法將學生所要學習的技能細分成小步驟，有錯誤馬上糾正，讓學生容易學習；經常進行學習評量，以了解其進展情形。

11.採取多元評量的觀念與彈性的作法：要測出學生所學或是尚未學得的方式有很多，不是只能透過傳統的齊一式紙筆測驗；要保持彈性，以「使兒童能力得以發揮」為最大原則，例如：寫字慢，可延長時間；寫字組織不好，可協助劃線；若閱讀有困難，則可用唸題方式，甚至允許兒童用口語回答，或是減少試題等來測驗學生真正的能力。

12.彈性調整學習障礙學生作業的數量或方式：可透過學生的優勢能力完成作業，再慢慢加強其較為不足的部分，例如：若是學生擅長透過畫圖，而非文字表達，則可鼓勵其用此方式完成作業。

13.給予適當的期待：尊重學生的差異性，給予適當的鼓勵與期待，同理其挫折，減少他們自暴自棄的機會。

14.語氣溫和，指示明確：說話的語氣堅定、溫和，一次只給一項明確指示，避免一連串的指令，並且在給指令時，教師的身體儘量維持平穩狀態，避免一邊移動身體、一邊說話，以強化兒童的專注性。

三、學習輔導計畫

教室中有關學習的情境相當複雜，例如：物理環境、教室布置、桌椅排列、整個教室內的社會環境，以及學生之間的心理氣氛，均會影響教與學；至於教室裡面的教育情境，包含：教學目標、教學任務、社會結構、教學進度、教學資源，以及教師的角色等（Watkins et al., 2007）。依照「國民小學輔導活動實施要領」，一套有效的學習輔導計畫應包括：

1.培養兒童良好的求學興趣與態度。

2.協助兒童發展學習的能力。

3.培養兒童良好的學習習慣和方法。

4.培養兒童適應及改善學習環境的能力。

5.針對學習困擾及特殊兒童的學習輔導。

6.輔導兒童升學。

國內目前的學習輔導較偏向補救教學模式，較不注重預防性的輔導概念，頂多是導師或一般任課老師偶爾提醒學生應該如何學習，或是提供自己的經驗之談，未能有較專業的輔導工作者以有系統的方式，依年級、學科或依學生的個別差異提出完整的輔導計畫，亦缺乏校內、校外資源的統整。

學習輔導計畫可依學校行政措施、教師及學生等加以考慮，說明如下。

（一）學校行政措施

1.教務處、學務處與輔導室（處）共同根據課程標準或相關法令規定，擬訂完整的學習輔導計畫，涵蓋國小一至六年級之工作項目，確定各項工作之職責劃分，並且設計出評估實施效果之評量工具與流程。

2.提供完善的教學設備與教學環境，包括：教學設備（如圖書、視聽用品、實驗室及電腦教室等）的整理、管理與充實，以及環境的布置與美化。

3.設置資源教室，針對兒童學習上的困難，予以補救教學。

（二）教師

教師在每學期接新的班級時，著手進行的教學準備如：

1.規劃班級經營，包括：認識學生、了解學生的起點行為、興趣與性向、確立學生的成就水準、自治編組、訂定獎勵制度、學習環境的布置，以及營造良好的學習氣氛。

2.教材的準備分析及確定單元教學目標。

3.擬訂教學進度。

4.加強對學生的注意與認可，正如教育心理學有名的「比馬龍效應」（Pygmalion Effect），當學生感受到自己被重視，其學習動機即會增強。

5.與家長保持密切的聯繫，包括：學期初透過信函、教師個人建置的部落格、網站或是班親會，告知教師的教學特色、對學生之要求，以及需要家長配合之處；針對學習落後之學生，提早發現並提出適當的介入策略，以及評估成效。

（三）學生

學生要能在身心方面均達到準備好的狀態，能夠自我學習、願意學習。學生的學習動機是要出於自己的需要，是為了滿足自己的求知慾或成就感而學，而非為了博得父母師長的讚許而學。

學習輔導計畫通常包括測驗的實施與運用，以供教學、分組及輔導的參考。常用的測驗，例如：學科成就測驗、學科診斷測驗、團體及個別智力測驗、學習態度測驗、學業成就動機測驗、學業成就歸因測驗，以及父母管教態度測驗等。

輔導室（處）的學習輔導計畫若融入各科教學活動中實施，可以編訂進度並確定各科各單元輔導目標，擬訂單元教學活動計畫，融入輔導措施，確定各單元的輔導重點，並能夠運用不同的方法評量學習輔導的成效。輔導室（處）的學習輔導計畫亦應包含針對學習適應困難者實施追蹤輔導，定期約談或進行轉介。

四、學習輔導策略

（一）學習與記憶的策略

基本上，學習策略可包括三種策略：基本的學習策略、支援的學習策略，以及統合認知或針對特殊學習領域的學習策略（李咏吟主編，1995）。

與記憶有關的「基本的學習策略」（鄭昭明，1993）包括：集中注意力、避免干擾、複誦或複習、把資料聚集成串、尋求邏輯的關係、尋求有效的轉錄、歸類與組織、使用心像，以及尋求過去知識的連結等；「支援的學習策略」是指消除過度的緊張與焦慮、建立良好的讀書習慣，以及建立讀書計畫表；另外亦有「統合認知或針對特殊學習領域的學習策略」。任何策略均可透過教導及訓練學習而來，尤其對國小學童而言，若能自小即教導他們成為主動的學習者，對其終生學習而言，將有莫大的助益。

（二）輔導學生做好時間規劃

讓學生學習妥善的規劃時間，充分做到課前預習、課後複習、注重休閒娛樂與充實課外才藝知能。

（三）養成正確有效的學習方法

針對有效的學習方法，可由教師提供自身經驗或學理依據，供學生參考，讓學生依自己的能力、需要及特殊狀況選擇適合自己的方式，也可以邀請班上各科表現較傑出的學生說明其準備的方式。另外，亦可鼓勵學生養成自己劃重點、做筆記及蒐集、分析、歸納資料的習慣。

（四）創造良好的班級氣氛及師生關係

良好的班級氣氛及師生關係有助於學生的學習，不論是教材教法的安排、教師的態度，以及班級經營的能力，均會影響學生的學習。教師可以針對各科的性質安排不同的上課方式，例如：以小組討論、分組做專題報告、角色扮演，或是體創作等方式，一方面激發學生的學習動機，另一方面培養學生合作學習的能力。

（五）教學操弄

1. 教師方面

教師在整個教學環境中扮演極為重要的角色，教師的威信建立在教師的一致性、穩定性與專業性（Jensen, 2008）。教師在處理學生問題時，若處理不當，要能夠心平氣和的向學生道歉，讓學生了解老師非聖人，亦有犯錯的時候，但是老師知過能改，也願意對自己的疏忽負責任，這種身教的力量比所有的知識傳授力量都大。其次，教師平日與學生的相處，即要讓學生感受到其「人性」的一面，能夠與學生心對心，而非上對下、權威式的態度；教師本身要有五育均衡發展的認知及實踐能力，不致於專重某些科目而偏廢其他學科。最後，教師要能不斷在職進修，加強自己的專業知能，將實務與最新的知識體系融會貫通並傳授給學生。

2. 教學環境方面

「境教」和身教、言教一樣，都是讓學習者在無形中受到潛移默化的利器，而達到學習的效果。所謂的教學環境，包括：

(1)物理環境（Sprenger, 2008; Wilson, 2006）：教師要能針對學生學習的環境，善用空間、媒材與設備，讓學生無形之中即加深與加廣學習。教學環境包括：牆壁的運用、學生課桌椅的安排、採光、通風，空調，以及音樂的安排，都能讓學習事半功倍。

(2)情緒環境（Feldman & McPhee, 2008; Jensen, 2009）：教師營造的情緒環境，包括：讓學生對整個環境有參與感及歸屬感、覺得安全、有學習的熱誠、願意投注心力於其中、學習氣氛輕鬆與專注、學生表達意見、回答問題或發問，不會被嘲笑或責備、和同儕或教師有所連結而非各自為政、教師對學生採取鼓勵、激勵的態度、注意自己的言語與肢體動作和本身的情緒管理、建立學生自信心、和同儕合作的習慣與能力、激發學生的好奇心及求知慾等。

(3)社會環境（Jensen, 2009）：學生一踏進校園，即透過課程、社團與下課時間，和同儕與教師互動，這些互動帶給學生生理、心理、認知及人格成長等的影響，亦不容忽視，讓學生有機會參與各式各樣的課堂內與課堂外的團體，透過對話以及一起完成某項任務（例如：打掃、社團公演、比賽等），學生可以學習到表達自己的想法以及傾聽與尊重他人的想法；對於習慣獨處或是場地獨立型的學生而言，適度地提供與同儕交流的機會，對其社會參與亦有助益；此外，教師也要特別注意杜絕校園內或是教室內的（師生）口語暴力、情緒暴力或是肢體暴力等校園霸凌的現象，讓學生能免於恐懼地享受學習。

(4)學習環境（Jensen, 2009）：統整而言，學校的正式與潛在課程、同儕、教職員、校園與教室內環境的整體，即是學生所處的學習環境，也是教育工作者念茲在茲所耕耘的環境。學生在此環境感受到的是愉悅且充滿朝氣的學習氣氛、師生均樂於學習，感受到這裡的學習和其未來一生均有關聯、教師能善用學校的一些優良傳統或儀式，讓學生無形之中感受並珍惜各方面的學習，亦能隨著教學內容與學生的學習型態，調整教學方式，讓教學更多元化。讓學生原本的各項優勢與潛能，在此環境均能充分開展。

(5)文化環境（Jensen, 2009）：如何讓優良的傳統與文化特質代代相傳下去，在日新月異的社會變遷下，能加以調整，但是又可以發揮教育的傳承與深耕功能，例如：有關成功的文化、重視責任、誠實與公平正義的文化，以及尊重與接納多元的文化等，是教育工作者要思考與努力的。

3. 教材方面

教材的內容要能反映當代的思潮及知識架構，不能脫離現實，深淺難度要能適中，教材的呈現要能由淺到深，能激發兒童的好奇心與求知慾，滿足兒童的需求和興趣，能夠引起學生動機，且要有一定的進度讓師生雙方有所依循。

教材要能激發學生的學習興趣和動機，主要是培養學生主動求知的精神，避免強制或高壓，教師的角色僅是從旁引導、鼓勵學生一切自己來，自己去做、去看、去想、去蒐集資料、去組織材料、去批判與解決問題。

4. 教法方面

最主要的是能夠提高學生的學習意願，整個學習過程的主角是學生，而非老師或家長。要能夠提高學生的學習動機與意願，學生是整個教室情境中的主動者，他們能夠了解學習的結構，清楚各種學習方法的適用時機及優缺點，能夠有不斷成功的經驗，能夠學習自我超越，而不一定是處處和別人比較，對自己的失敗挫折經驗亦能就事論事加以檢討，而非自暴自棄，怨天尤人。

5. 教師的發問技巧方面

可以提高學生對課程的注意，使學習活動更加生動活潑，有雙向的互動，因而增進學習效果。在發問技巧方面，要能鼓勵學生多發問，對其所問的問題，不做價值判斷或人身攻擊，也不要怕被學生問倒。教師在發問時，問題要明確，不致於語焉不詳，所問的問題最好能具啟發性，不是只針對課本要學生回答「是」或「否」而已，而是能夠讓學生表達自己的看法或意見，讓學生能夠完整敘述事件的前因後果或理由，甚至讓學生能針對事件加以思考與批判。

（六）針對各學科的學習策略

除了一般性的學習輔導策略，由於不同學科教材的性質會影響學習者所應把握的學習策略，一般來說，數學科以解題能力的訓練為主，語文科以閱讀理解和記憶術的訓練為主，自然科學則以概念原則的學習法為主（李咏吟主編，1995）。教師除了要能熟悉一般性的學習策略之外，更要依據各學科的性質與特色，以及學習者的背景和需求而設計課程。

（七）學習原理的運用

1. 分散練習與集中練習

分散練習與集中練習的區別是在於時間的分散或集中，每天背一課課文的一段，連續背五天（分散練習），其記憶效果比最後一天一口氣背一整課的課文（集中練習）佳。究其原因有四：(1)由於注意力會有波動的情形，短時間的記憶效果較佳；(2)就記憶效果而言，溫習較早所學的功課與立刻再學方才所學的功課，以前者更能促進連結的強度；(3)分散練習有時間讓不適當的連結消失；(4)長時間連續的練習易使學習興趣降低。

每次學習時間的長短視個人的情況及學習材料的性質而定。以小學生而言，技能科（如寫字、音樂等科目）或是學生覺得無趣的科目，適合以分散法練習。教師針對上課所學，宜隔一段時間即複習小考一次，以免臨時抱佛腳。

2. 過度學習

所謂過度學習是指在學習一項技巧、動作、一段文字或一類數學公式已告完成後，再加強練習，以加強記憶的保持，例如：個人家裡或好友的電話號碼、幼年時背的詩詞、九九乘法及小時候學的游泳或騎腳踏車的技能等，均是過度學習的效果所致。一般所說的熟能生巧，即是此理；亦即是學習完成之後，再加上 50 %至 200 %的練習次數，以達到此學習效果。

目前國小的教學科目若要達到過度學習的效果，不能單以呆板的方式要學生不斷重複記憶背誦，教師一方面要鼓勵學生做過度的學習，另一方面要使學習內容或練習方式富於變化，除了單純的練習及背誦之外，再加上將材料呈現在新的情境、從應用中練習、舉行討論，或是利用所學加以創新發明等，均有助於學習效果的提升。

3. 全體法與部分法

相對於前述二法，全體法與部分法指的是依學習材料的學習情形而言。全體法是同時記憶完整的一份材料，例如：把一課社會課的課文讀了又讀，直到全部記得為止；部分法則是分解動作，將所要學的內容拆成較小的單位，一部分學會了再學另一部分。對小學生而言，可以先以全體法了解所要學習內容的大致概念，再接著以部分法的方式反覆記憶或加強較不熟悉的部分。通常二種方法的適用原則是：有意義的材料宜用全體法，無意義的材料用部分法；資質較佳的兒童可用全體法，較差的兒童可用部分法；學習材料短宜用全體法，材料過長宜用部分法。

關鍵詞

古典制約論	操作制約論	認知風格
社會學習論	建構論	人本理論
習得的無助感	成就動機	控制向度
歸因理論	低成就者	學習障礙

問題討論

1. 行為學派與認知學派之學習理論在理論重點上有何異同？
2. 請用國小任何一學科說明如何培養兒童問題解決的能力。
3. 請就場地獨立型與場地依賴型的兒童，各自說明其學習輔導的重點。
4. 低成就學生與學習障礙的學生，要如何加以區別？其學習輔導的策略各有何特色？

▶中文部分

中華民國學習障礙學會（2009）。**認識學習障礙**。2009 年 4 月 13 日。取自 http://ald.daleweb.org/about_ld/should_be_know.html

王克先（1995）。**學習心理學**。台北市：桂冠。

王連生（1991）。**教育輔導原理與技術**。台北市：五南。

李咏吟（主編）（1995）。**學習輔導——學習心理學的應用**。台北市：心理。

馮觀富（編著）（1992）。**國中小學輔導與諮商——理論與實務**。台北市：心理。

鄭昭明（1993）。**認知心理學——理論與實踐**。台北市：桂冠。

簡茂發（1992）。學業輔導。載於盧欽銘、賴保禎等著，**輔導原理與實務**。台北市：中國行為科學社。

▶英文部分

Abramson, L. Y., Seligman, M. E. P., & Peasdale, J. D. (1978). Learned helplessness in humans: Critique and reformulation. *Journal of Abnormal Psychology, 87*, 49-74.

American Psychiatric Association [APA] (2000). *Diagnostic and statistical manual of mental disorders* (4th ed., Text revision) (DSM-IV-TR). Washington, DC: The Author.

American Psychiatric Association [APA] (2013). *Diagnostic and statistical manual of mental disorders* (5th ed.). Arlington, VA: American Psychiatric Publishing.

Atkinson, J. (1966). Motivational determinants of risk taking. In J. Atkinson (Ed.), *A theory of achievement motivation* (pp. 11-13). New York: John Wiley & Sons.

Atkinson, J. (1978). *An introduction to motivation*. New York: Van Nostrand.

Bandura, A. (1977). *Social learning theory*. Englewood Cliffs, NJ: Prentice-Hall.

Brown, A. L. (1987). Metacognition, executive control, self-regulation, and other more mysterious mechanisms. In F. E. Weinert & R. H. Kluwe (Eds.), *Metacognition, motivation, and understanding*. Hillsdale, NJ: Lawrence Erlbaum Associates.

Caine, R. N., & Caine, G. (1997). *Education on the edge of possibility*. Alexandria, VA: Association for Supervision and Curriculum Development.

Caine, R. N., Caine, G., McClintic, C., & Klimek, K. J. (2009). *12 brain/mind learning principles in action: Developing executive functions of the human brain* (2nd ed.). Thousand Oaks, CA: Corwin.

Carrell, P. L. (1988). *Second language reading: Reading, language, and metacognition*. Paper presented at the annual meeting of the Teachers of English to Speakers of Other Languages, Chicago, IL.

Eggen, P., & Kauchak, D. (2007). *Educational psychology: Windows on classrooms* (7th ed.). Upper Saddle River, NJ: Prentice-Hall.

Feldman, J., & McPhee, D. (2008). *The science of learning and the art of teaching*. Belmont, CA: Brooks/Cole.

Flavell, J. H. (1976). Metacognitive aspects of problem solving. In L. B. Resnick (Ed.), *The nature of intelligence* (pp. 231-235). Hillsdale, NJ: Lawrence Erlbaum Associates.

Flavell, J. H. (1987). Speculations about the nature and development of metacognition. In F. E. Weinert & R. H. Kluwe (Eds.), *Metacognition, motivation, and understanding*. Hillsdale, NJ: Lawrence Erlbaum Associates.

Frederickson, N., Miller, A., & Cline, T. (2008). *Educational psychology: Topics in applied psychology*. UK: Hodder Education.

Haywood, H. C. (1988). The role of intrinsic motivation in learning, behavior effectiveness, and cognitive development. In W. T. Wu & T. H. Lu (Eds.), *Proceedings of the 1988 international symposium on special education* (pp.155-171). Taipei, Taiwan, Republic of China: Special Education Association of the Republic of China.

Jensen, E. (2008). *Brain-based learning: The new paradigm of teaching* (2nd ed.). Thousand Oaks, CA: Corwin.

Jensen, E. (2009). *Fierce teaching: Purpose, passion, and what matters most*. Thousand Oaks, CA: Corwin.

Marton, F., Dall'Alba, G., & Beaty, E. (1993). Conceptions of learning. *International Journal of Educational Research, 19*(3), 277-300.

Mayer, R. E. (1985). Learning in complex domains: A cognitive analysis of computer programming. *Psychology of Learning and Motivation, 19*, 80-130.

McClelland, D. (1965). Toward a theory of motive acquisition. *American Psychologist, 20*, 321-333.

McClelland, D., Atkinson, J., Clark, R., & Lowell, E. (1972). What is the effect of achievement motivation in the schools? *Teachers College Record, 74*, 129-145.

Ormrod, J. E. (2008). *Educational psychology: Developing learners* (6th ed.). Upper Saddle River, NJ: Prentice-Hall.

Pohlman, C. (2008). *Revealing minds: Assessing to understand and support struggling learners*. San Francisco, CA: Jossey-Bass.

Ramirez, E., Maldonado, A., & Martos, R. (1992). Attribution modulate immunization against learned helplessness in humans. *Journal of Personality and Social Psychology, 62*, 139-146.

Riding, R. (2002). *School learning and cognitive style*. London: David Fulton.

Schunk, D. H. (2000). *Learning theories: An educational perspective* (3rd ed.). Upper Saddle River, NJ: Merrill.

Seligman, M. E. P., & Maier, S. F. (1967). Failure to escape traumatic shock. *Journal of Experimental Psychology, 74*, 1-9.

Sprenger, M. (2008). *Differentiation through learning styles and memory* (2nd ed.). Thousand Oaks, CA: Corwin.

Stipek, D. E. P. (1988). *Motivation to learning*. Boston, MA: Allyn & Bacon.

Taylor, G., R., & MacKenney, L. (2008). *Improving human learning in the classroom: Theories and teaching practices*. New York: Rowman & Littlefield Education.

The National Dissemination Center for Children with Disabilities (2004). *Reading and learning disabilities*. Retrieved April 14, 2009, from http://www.nichcy.org/Information-Resources/Documents/NICHCY%20PUBS/fs17.pdf

Vaidya, S., & Chansky, N. (1980). Cognitive development and cognitive style as factors in mathematics achievement. *Journal of Educational Psychology, 72*, 326-330.

Vygotsky, L. (1978). *Mind in society: The development of higher psychological processes*. Cambridge, MA: Harvard University Press.

Watkins, C., Carnell, E., & Lodge, C. (2007). *Effective learning in classrooms*. London: Paul Chapman.

Weiner, B. (1986). *An attributional theory of motivation and emotion*. New York: Springer.

Weiner, B. (2000). Intrapersonal and interpersonal theories of motivation from an attributional perspective. *Educational Psychology Review, 12*, 1-14.

Wilson, L. H. (2006). *How students really learn: Instructional strategies that work*. New York: Rowman & Littlefield Education.

第十章

兒童生涯輔導

田秀蘭

生涯發展的歷程是連續且具有階段性的。就時間上而言，生涯是指個人由出生到死亡所經歷的人生歷程；就空間而言，生涯是指個人在生活環境中所扮演的各種角色；就心理方面而言，生涯則是指個人在心智與人格特質方面的成熟與變化情形。如此定義生涯發展，是不容許我們忽略兒童階段的生涯輔導（career guidance）工作。本章擬就兒童的生涯發展特性及相關的理論基礎，討論兒童生涯輔導工作的重要內涵，並提出兒童生涯輔導工作的技術以及具體可行的輔導策略，最後並舉一個兒童生涯輔導活動的實例。

第一節 兒童生涯發展的特性及其理論基礎

在諸多兒童發展理論中，心理學大師Freud對兒童階段的發展是相當重視的，他強調個人早期經驗對日後成人行為的影響，認為幼兒在3歲左右的排便訓練，會影響個人日後在自信、自賴及獨立等人格特質方面的發展。心理學家Erikson的發展理論，亦強調早期成功的發展經驗，認為成功經驗有助於個人日後各階段發展任務的達成。他認為兒童在入學之前就發展出對他人的信任感與對自己的自主性，這些幼兒時期所發展出的特質均為個人日後人格特質形成的基礎，而人格特質的形成與兒童的興趣發展，對其日後的生涯選擇行為均有重要的影響。除了自主、自信、獨立以及對他人的信任感外，兒童的自尊心、社會關係、思考判斷、成就動機，以及各個層面的自我概念也都在形成之中，這些發展均與其日後的生涯選擇行為有關。以下說明兒童階段生涯發展的特性，以及相關的生涯發展理論基礎。

一、兒童生涯發展的特性

Super（1957）將生涯發展（career development）視為一終生發展的歷程，事實上也的確是如此。兒童在進入小學之前，由父母親及鄰居處得知有各種不同的行業，外出逛街時也能接觸到林林總總的行業，大部分小孩在此時已經能夠發展出「自己將來也會從事某一個職業」的觀念。進入小學之後，這方面的接觸更為廣泛，而且也逐漸能體會對不同職業的選擇性。然而，兒童的生涯發展不同於個人在其他階段的生涯發展情形，以下說明兒童生涯發展的特性。

（一）兒童的生涯發展狀況主要是屬於幻想階段

Super（1957）將個人生涯發展的最早階段稱為幻想階段，大約是介於 4、5 歲到 11 歲間。這時期的兒童對未來職業的幻想，主要是源自於他們對父母親職業的認識。之後，他們心目中所認同的英雄逐漸對他們產生較大的影響力，他們會期望自己與其所認同的英雄一樣，常見的例子有影視明星、老師、醫生或明星球員等。幻想階段的兒童只能想像自己未來要和誰一樣，而對於要從事某種行業所需具備的能力及未來可能遭遇的阻礙，可能都還不曾想過。至於所幻想內容的來源，多半是根據其生活經驗以及日常生活中所接觸的人、事、物，例如：幻想跟卡通人物一樣，要當偵探、小飛俠，或是小仙女。

兒童對職業的幻想內容，除了職業種類及職業的大概內容外，也包含了職業性別角色的刻板印象。從扮家家酒開始，女生是新娘、是媽媽、是老師、是護士，多半就是傳統以女性為主的角色；而扮演司機、工人及醫師的多半以男孩為主。由這些遊戲及學校的課程活動內容，我們不難看出兒童在早期對工作世界的認識及他們對未來職業的想像，的確是以「幻想」的成分居多。

（二）兒童階段之生涯發展著重職業自我概念的發展

對兒童而言，積極的自我觀念是相當重要的。對自己的肯定及信心，可以讓兒童學得更多、更好。而生涯輔導工作的內涵，第一個步驟就是要認識自己，讓兒童清楚自己，知道自己的特性，有哪些優點，可以完成學校所交代的哪些任務，進而在對工作世界有更多認識之後，有助於其未來能將自我概念與工作世界之間做一適當連結，並持續探索自己各方面的興趣、能力、特質與工作世界之間的關係。由此可知，自我概念的發展對兒童而言是相當重要的。

（三）兒童階段的生涯發展著重覺察能力的培養

Isaacson（1985）指出在學校體系內進行生涯輔導工作時，應指出不同階段學生生涯發展的特性。對小學階段的兒童而言，生涯覺察（career awareness）的發展為主要重點；對國中階段的學生而言，發展的重點在於生涯探索；對高中及大專以上的學生而言，生涯準備則為其主要的發展重點。此一觀點與個人在生理、心理及社會各方面的發展情形是可以互相配合的，同時也指出，覺察能力的培養對國小及幼兒園兒童的重要性。整體而言，生涯覺察在各個階段都很重要，但對於幼兒園及國小階段的兒童而言，覺察能力的培養又特別重要。兒童階段覺察能力的學習，有助於其接下來人生各個階段的生涯覺察及探索。

二、生涯發展的理論基礎

生涯發展是一個終生的歷程，個人從出生到退休、死亡所經歷的經驗，所扮演的角色，均包括在生涯發展的歷程中。而在諸多生涯發展理論中，論及生涯發展此一連續性歷程者，對兒童階段的生涯發展情形亦不曾忽略，大致上可從特質、發展、社會學習及社會認知等幾個取向來談，以下分別介紹之。

（一）特質取向的生涯理論

適用於兒童階段的特質取向生涯理論，包括：Parsons（1909）的特質因素論、Holland（1973, 1985）的類型論，以及 Roe（1957）的早期需求理論。特質因素論所強調的是對自我以及對工作世界的認識，而這正是兒童所必須擁有的；Holland 的類型論所強調的是針對個人職業興趣或特質的探索，而協助兒童了解其所偏好之職業興趣，也是有其必要的。

1. 特質因素論（trait-factor career theory）

特質因素論的代表人物 Parsons（1909）提出生涯輔導過程中的三個重要步驟：其一為對個人興趣、能力及態度各方面的了解；其次為對工作世界的認識，包括完成某些工作任務應具備的條件或能力，以及工作世界的分類等；最後則是針對個人對自我以及對工作世界的認識後，能在這兩者之間做出合理的推估（true reasoning）。簡單而言，特質因素論的重點就是協助學生認識自我、認識工作世界，並針對工作世界以及個人對自我的認識兩方面做適當的結合。在這過程當中，尤其是第三個步驟，較重視個人對自我之決策風格的探索與了解，若進一步深入，也可以包括決策之後的計畫擬定或執行。

就兒童或幼兒而言，認識自我以及認識工作世界是生涯輔導工作中最基本的兩項內涵。如此的內涵在表面上看來，我們似乎會認為生涯輔導工作在幼兒及兒童階段並不重要，但就其潛在層次所蘊含的內容，亦即認識自我以及對外在環境的認識，我們有需要協助兒童進行覺察。當然，兒童的自我概念也還在發展當中，因此也應當容許兒童有足夠的變化與探索空間。輔導老師可以透過輔導活動增進兒童的自我認識，並藉由參觀等活動而對工作世界有所認識。

2. 類型論（typology）

類型論的代表人物是 Holland，基本上他認為個人的興趣偏好與其個人的人格特質有密切關係，甚至興趣就等同於個人的人格特質。我們常問孩子喜歡玩什麼遊戲、喜歡看什麼課外讀物、心目中有沒有喜歡或愛戴的英雄，或是將來想跟誰一樣從事同樣的工作，這些偏好行為與其人格特質確實可能有所關聯。Holland將人們的興趣偏好分為六大類：實用、研究、藝術、社會、企業、文書等。在這六個類型中，實用及研究型的工作較傾向於跟事物（thing）的接觸，例如：機械器具或研究室的實驗器材等；社會及企業型較傾向於跟人（people）的接觸，幫助他人或領導他人；文書類型的工作較傾向於對資料（data）的處理分析，例如：近年來十分熱門的精算師及保險理財規劃人員；藝術型的工作則偏好對創意（idea）的重視。

兒童雖不清楚也無須熟悉如此分類的世界，但輔導人員若能清楚此一分類架構及其背後的理念，將更能有系統的協助兒童認識自己的興趣，對於其興趣是如何形成的，以及未來還可以培養哪些不同類型的興趣，也將能更有幫助。事實上，現代社會的孩子多半都十分聰明，對知識的接觸機會也多，父母親的教育程度及對子女的管教態度也較過去開明進步。因而孩子在個人偏好的探索方面，若老師能給予適當的引導，兒童對個人的興趣偏好將能有適當的覺察，且在針對工作世界的探索方面，也能對林林總總的各行各業有粗略認識。

3. 早期需求理論

早期需求理論的代表人物是Roe（1957），她認為個人在兒童時期心理需求的滿足情形，會影響其人際傾向或非人際傾向特質的形成，而這樣的特質又進一步影響個人對人際傾向或非人際傾向職業的決定行為。父母管教態度為溫暖取向者，子女需求較容易得到滿足，其發展出的人格特質較偏向於人際傾向的特質，而其所偏好的職業亦以人際傾向的職業為主，例如：服務業；相反的，若父母的管教態度偏向冷漠或拒絕，則容易形成個人非人際傾向的特質，而其所選擇的職業亦會以非人際傾向的職業為主，例如：科學類。總之，此一理論強調個人早期經驗，尤其是個人所知覺到的父母教養態度對其日後職業選擇行為的影響。兒童還在幼兒園或小學階段，不易覺察此一重要性，雖然此一理論的實徵研究並不夠豐富，但輔導人員及家長若能清楚此一理論，則會更注意自己的教養或輔導態度。

除此之外，Roe的早期需求理論將工作世界分為八大類：服務業、商業交易、商業組織、技術、戶外、科學、文化、演藝等。而區分這八大類職業的兩個向度分別為「與人的接觸」相對於「與自然現象的接觸」，以及「資源或資料的運用」相對於「有目的的溝通」。雖然兒童，尤其是低年級兒童及幼兒園幼兒，並不需要在此時理解這些分類，也可能並不能理解這些分類的架構，但學校的級任老師或輔導老師透過這些有系統的分類架構，將能協助兒童依循一定之類別，而逐漸認識不同的工作世界內涵。

（二）發展取向的生涯理論

發展取向的生涯輔導工作十分適於理解兒童的生涯發展狀態。早期的生涯發展理論也都以個人從兒童到青少年階段的生涯發展為主，例如：Ginzberg 等人的生涯發展理論；Gottfredson 的生涯理論也是以兒童到青少年階段的發展為主；Super 的生涯發展理論所論及的層面較廣，不但從發展階段的觀點來討論個人的生涯發展，也從不同階段的生活內容來討論個人所扮演的生涯角色（career role）。

1. Ginzberg 等人的生涯發展理論

Ginzberg、Ginsberg、Axelrad 和 Herma（1951）首先由發展的觀點來看個人的職業選擇行為，他們認為職業選擇是一個發展的歷程，大約以 6 至 10 年為一個階段。他們將個人由出生一直到成年選定一項職業之前的生涯發展狀況，區分為幻想期（約 11 歲以前）、試驗期（11～17 歲之間），以及實現期（17 歲至成年期之間）等三個階段。就小學及幼兒園兒童而言，他們所處的階段是幻想期及試驗期的前兩年。

在幻想期，兒童逐漸表現出對某些職業的偏好，並藉由與同伴的遊戲中，模仿成人的工作角色與職業行為，這時兒童的興趣發展是伴隨著好奇心而逐漸發展出來的。此外，在對工作世界的認識方面，他們還不清楚各行各業所應具備的條件，只是直覺上認為自己可以做任何自己喜歡做的事，至少在遊戲活動中的確是如此。在試驗期，兒童的興趣、能力及價值觀會逐漸發展出來，然而在小學五、六年級階段，仍舊是以興趣的發展為主，在能力的發展以及對未來工作的期望方面，還只是一種嘗試，與現實狀況仍有一段距離。綜合而言，

Ginzberg等人（1951）以兒童在遊戲中所扮演的角色來說明兒童的生涯發展情形，兒童在遊戲中所扮演的角色常與一些職業有關，低年級兒童對這些職業的價值判斷通常是與現實世界無關的；然而到了中、高年級階段，兒童對成人世界的觀察，已逐漸能發展出一套自己的看法。

2. Gottfredson 的職業期望理論（Career Expectation Theory）

Gottfredson（1981）將兒童的生涯發展劃分為三個階段，分別為大小及權力取向、性別角色取向以及社會評價取向。第一個階段，大小及權力取向階段的兒童介於 3～5 歲之間，他們知道自己是小孩，也覺得大人和他們似乎有很大的不同，而權力即為這很大不同的原因之一，然而他們的思考也逐漸地具體化，能夠逐漸認識成人的職業角色，並學習或扮演成人的角色。第二個階段，性別角色階段的兒童介於 6～8 歲之間，這時兒童自我概念的發展受性別因素的影響很大，父母親及學校教育常常區分男、女學生應當表現不同的行為，對男、女兒童的行為表現也常有一些不同的標準。這時兒童對職業世界的偏好，常與他們的性別有關。第三個階段，社會評價階段的兒童介於 9～13 歲之間，這個時期的兒童逐漸發展出對社會階層的看法，他們開始發現到有些職業比較受歡迎，有些職業則不需要那麼多的能力。他們開始了解能力和工作之間的關係，也能夠觀察到一般人對不同職業的看法，這時他們對自己未來職業的期望是與社會評價有關的。

3. Super 的生涯發展理論

Super（1957）強調生涯發展的歷程即為個人自我觀念發展的歷程，而自我觀念的發展原本就是學校輔導工作中的重要一環，因而Super的生涯發展理論對國小以下兒童生涯輔導工作而言有相當大的影響。基本上，Super 將個人的生涯發展歷程由出生到死亡區分為：成長（growth）（出生～14 歲）、探索（exploration）（15～24 歲）、建立（establishment）（25～44 歲）、維持（maintenance）（45～65 歲），以及衰退（decline）（65 歲以後）等五個階段。就兒童而言，主要是處於第一個階段，亦即成長階段。

在成長階段，兒童經由對父母及對師長的觀察或認同而逐漸發展出一套自我觀念，並隨著與社會互動及實際生活經驗的增加，而逐漸認識周圍的環境，同時也開始對工作世界的各種職業角色產生好奇。在這個階段裡，兒童的主要特徵是發展與自我觀念有關的概念，像興趣、態度、能力及需求的滿足等。

Super 將成長階段又區分為三個次階段，分別為幻想期、興趣期及能力期。幻想期的兒童介於 4～10 歲之間，也正是孩子處於幼兒園到小學中年級階段，此階段兒童的生涯發展以其個人需求的滿足為主，在這段時間裡，幼兒和兒童的幻想以及角色扮演是生涯發展的主要特徵；興趣期的兒童介於 11～12 歲之間，這個時期兒童的興趣已逐漸發展出來，在決定是否參與某些課外活動時，興趣常常是重要的決定因素，兒童對自己的期望或是對未來的期許，也常常以興趣為主要的決定因素；能力期的兒童介於 12～14 歲之間，主要以能力的覺察及發展為特徵，這時兒童已逐漸了解到工作對個人的要求及職業訓練的必要性，通常這個階段的兒童已進入國中，而生涯探索，包括：興趣、能力及價值觀等，對他們而言都是相當重要的。

除了發展階段的概念之外，Super 提出了一個人在生涯發展歷程中所扮演的九個生涯角色，以及扮演這些角色所處的四個生涯劇場。這九個角色分別為：小孩、學生、休閒者、公民、工作者、配偶、父母、家長及退休者。就國小兒童而言，他們所扮演的角色包括前四者，只是個人對不同角色投入不同的時間或心力，所產生的情緒也不盡相同；事實上有些兒童利用課餘或寒暑假時間打工，也是種工作者的角色。至於四個人生劇場，是指家庭、學校、社會及工作場所。就小學兒童而言，前三者，甚至第四個工作場所也都是他們平常所接觸的環境。兒童平常就接觸這些人生劇場，已習以為常，沒有深入覺察，生活也還是一樣過。然而，在生涯輔導相關課程中，例如：幼兒園的活動設計以及國小的綜合活動輔導課程，或是童軍教育等活動設計，若能加入這些素材，兒童將能對自己的生涯角色及自己所接觸的生活劇場有較豐富的覺察。

除了上述三個階段外，第四個階段為內在獨特自我取向，是屬於兒童 14 歲以後的發展階段，這時個人能依據自己對自己的認識而形成對自己未來職業的期望，同時也能根據自己的興趣、能力及價值觀來選擇自己想從事的職業。

(三)社會學習與社會認知取向的生涯理論

1. 社會學習取向(Social Learning approach)的生涯理論

社會學習取向的生涯理論，主要是將行為學派的一些原理原則應用於生涯輔導當中。社會學習理論原為 Bandura(1977)所發展，其理論重點在強調學習經驗對個人人格與行為發展的影響。Krumboltz 將此一理論當中的重要原理原則應用在生涯輔導領域裡，進而討論影響個人做決定的一些因素，並設計出一些輔導方案，用以提升個人對其決策風格的認識。或許有些老師會認為，國小兒童並未發展到做生涯決定的時候，不需要生涯決定方面的學習。然而，在現在社會當中，多數家長對孩子的教育態度較為開放，很多家長也都會賦予兒童許多的決定機會。此一理論應用於兒童，可以協助兒童了解自己是如何做決定的。對高年級兒童而言，此一理論更能適用。包括在面臨一項選擇或決定之時，對相關資訊的了解如何，對自己所持有的價值觀、興趣、能力等方面的了解情形又如何等。很多高年級兒童不論是在「我的志願」的作文或是其他平日的交談中，都會提及自己未來的夢想或是想要從事的職業。這些可能的職業選擇及決定行為，均值得進一步協助兒童有所覺察。

Krumboltz、Mitchell 和 Jones(1976)認為個人的生涯發展歷程相當複雜，但相較於之前所提的其他理論，社會學習理論概念的應用是較為簡易的。此一理論強調的，就是影響我們做決定的相關因素。簡單而言，影響我們決定進入某一個職業領域的因素可以區分為四大類，分別為遺傳及特殊能力、環境情境及重要事件、學習經驗，以及任務取向的技能 (Mitchell & Krumboltz, 1990),以下分別說明之。

(1)遺傳及特殊能力：包括種族、外貌、性別、智力、肌肉協調及特殊才能等，這些因素對職業的選擇除了有正面影響之外，也可能限制個人的職業選擇範圍，例如：性別、身高的限制或某一方面先天缺陷等。有些兒童在很小的時候就展現其某些方面的天賦，例如：音樂、美術或體能方面的性向，這些能力或性向繼續的發掘及培養發展，很可能就讓兒童很早就走進某一項專業。

(2)環境情境及重要事件：通常是指個人無法掌握的一些特殊情境，例如：政府政策、天然災害造成的影響、就學機會與訓練機會、家庭及社區背景，以及社會經濟的變化情形等，這些因素均有可能對個人的學習及決定造成重大影響，如政府增加某項特殊領域表現優異學生的保送就學方案（如體育中的籃球），則具有這方面興趣及能力的兒童，可經過甄選而進入設有籃球校隊或體育特殊班的中學，並繼續這方面的探索，甚至未來就走向體壇的專業方向。

(3)學習經驗：包括工具性的學習經驗及連結性的學習經驗，前者是指經由自己對某些事件的反應、他人的反應，以及一些可以直接觀察而得的學習經驗，像個人生涯計畫的能力及做決定的技巧，均能透過此種學習經驗而獲得；連結性的學習經驗則是指，原先為中性不具任何意義的事物，經由與其他刺激連結而賦予該中性刺激一新的意義，例如：護士原本是個中性的刺激，小朋友因為害怕打針而將護士與害怕的情緒連結在一起；個人的職業偏好、態度及情緒多半是經由這種學習經驗而習得。兒童或幼兒經常羨慕或引以為楷模的卡通人物，就跟這種連結性的學習經驗有關；故事書裡的一些重要人物，孩子們對其背後之特質的學習，也是學習經驗的結果。兒童經過適當的引導，透過對這些人物的偏好，也能投射出自己的人格特質或是興趣偏好。

(4)任務取向的技能（task approach skill）：任務取向的技能是上述各種因素交互作用的結果，包括：問題解決技術、工作習慣、價值觀、個人對工作表現標準的設定、認知過程、心理特質，以及情緒上的反應等。這些技能仍然不斷地變化，不斷地修正，並進而影響個人的職業決定。也可以是個人所學的認知及表現能力，這些能力與個人的生涯決定歷程有關，包括：工作習慣、情緒反應、思考歷程，以及問題解決能力等。Krumboltz 認為這些技能能協助個人適應環境，解釋自我觀察推論與世界觀推論之間的關係，並協助個人有效地預測自己的未來。對兒童而言，這些技能並不一定在國小階段就發展出來，很多時候這些技能的培養或覺察，是在高年級之後，甚至青少年或成人階段才陸續發展出來。但其實並不然，這些技能看似很晚才發展出來，但實際上兒童階段的一些任務技能之學習，是日後各種技能的發展基礎。能將書桌維持整潔的孩子，以後的工作環境也能清爽而有秩序；能聽父母意見，而父母也讓子女有自

行決定空間的兒童，未來也可能多聽他人意見或多方蒐集資訊，而最後再讓自己擁有做決定的權利或機會，如此就不致於依賴他人。兒童做決定的機會其實是蠻多的，包括：上學要穿什麼衣服、過年所領的紅包要如何處理、書包破了換新，要買何種樣式或何種顏色等；所面臨的問題解決情境也不少，例如：碰到人際上的難題要如何解決、考試考不好如何面對不好的心情或父母可能會有的反應，或是要如何完成老師所給的一項領導任務等。

與這些問題解決或是決定情境相關的因素十分廣泛，可說是上述各類影響因素之間交互作用的結果。而這些因素彼此之間的交互作用是相當複雜的，我們很難判斷哪些交互作用會形成個人的哪些信念，但是可以肯定的是，個人經由這些信念而建構出一套自己的現實觀。Krumboltz 認為這些信念會影響個人對自己及對工作世界的看法，進而影響一個人的學習經驗、期望及行動。

對自我的看法，Krumboltz 將之命名為「自我觀察推論」，主要是指個人對自己的看法及評估。個人經由對自己的觀察及他人的態度而了解自己的表現情形，這些了解也是學習經驗的結果，像個人對自己興趣、偏好及價值觀的了解，均屬於自我觀察推論。相對於自我觀察推論，Krumboltz 將個人對外在世界的認識命名為「世界觀推論」，主要是指個人對所處環境之觀察以及對未來可能進入之職業世界的預測，世界觀推論也是學習經驗的結果。世界觀推論與自我觀察推論同樣是相當主觀的，至於這些推論是否正確，則與個人經驗的多寡以及這些經驗的代表性有關。對小學或幼兒園兒童而言，對自我的認識以及對工作世界的認識，確實是生涯輔導工作的重點，這觀點與之前所提及的其他理論觀點是不謀而合的。

2. 社會認知取向（Social Cognitive approach）的生涯理論

社會認知生涯理論是從 1993 年開始透過一系列的研究而逐漸建立起來，其中較重要的幾個變項包括自我效能與結果預期。這些研究所集中的焦點，比較是放在大學生或成人，這可由該模式所關注的變項看出端倪。在經過 Lent、Hackett 和 Brown 等人一系列的研究與整合之後，社會認知生涯理論逐漸成形（Lent & Brown, 1996; Lent & Hackett, 1994; Lent, Brown, & Hackett, 1994）。

其理論內涵由三個分段模式所組成：其一為興趣發展模式；其二為職業選擇模式；其三則為表現及成果模式。三個分段模式並不適用於解釋兒童的生涯發展情形，但其中的某些概念，頗適合讓輔導教師用以協助兒童進行個人的生涯探索或是對工作世界的認識，例如：自我效能、結果預期、職業興趣，以及職業選擇等，至於其間的複雜關係，可能要等孩子進入青少年階段，人生經驗較豐富之後方能體會。

如前所述，此模式應用於兒童可能有其限制，因為兒童的自我效能都還在培養與發展當中。不過，實務經驗豐富的教師，看得出來哪些兒童對自己的能力或表現是信心滿滿的，可能也看得出來哪些孩子在面對一項任務時是有些焦慮或猶豫的。老師在觀察且注意到兒童在這方面的發展時，若能再加上與家長的配合，則兒童在自我效能方面的覺察，就不必等到長大成人之後才開始，兒童從小就能知道如何適當的肯定自己、維護自己權益且又不傷害他人權益。最重要的是，能夠培養自己、肯定自己在完成某些任務的信心程度。這些學習都有可能帶到長大之後更進一步的生涯發展經驗，而這些所謂可攜帶的能力或特質，也都是從小就可以培養的。

至於在這三個分段模式裡，應用於兒童，則需將概念做淺顯化的理解。而若真能從較淺顯的觀點來看，例如：其中的第一個模式，興趣發展模式，仍舊以興趣的探索為主；第二個模式，亦即職業選擇模式，高年級兒童可以從自己所期盼的職業或是聽聞父母對自己的期盼，來看看影響自己選擇職業的相關因素；第三個模式，是選擇之後的表現及成果模式，此一模式應用於大學生也不見得完全貼切，多數相關研究是以個人對成果表現的知覺為主，而並不一定是實際上的表現。對兒童而言，雖然能理解自己的學業成果或是表現，但多數兒童並不一定能夠有適當的覺察。

對高年級兒童而言，如何解釋興趣模式中的重要概念呢？興趣固然是指一個人的偏好，而在興趣的形成方面，Lent 等人（1994）認為自我效能及結果預期是兩個重要因素；興趣則直接影響一個人的職業目標，進而與其所參與的活動及成就表現有關，興趣是個人選擇職業的重要決定因素。Holland（1973, 1985）、Gati（1981），以及 Rounds 和 Tracy（1992, 1996）對職業興趣的研

究，偏重靜態的興趣結構，而社會認知生涯理論中有關興趣的探討，則偏重其形成過程中的認知及經驗因素。這些個人的經驗及認知結構為個人自我效能及結果預期的主要來源，當然也與個人的過去成就表現有關。

在興趣發展模式中，自我效能除了影響個人的興趣之外，也直接影響個人的結果預期、職業目標選擇範圍、活動行為，以及表現成就；而成就表現又繼而形成其自我效能的來源之一。這自我效能與職業選擇範圍之間的關係，以高年級兒童為例，是可以理解的，例如：對數學感興趣而且對自己的數學能力有自信的兒童，也許會提早選擇以數學為基本能力的職業，如數學系教授或精算方面的行業等。這方面多半以數學資優生的情形為典型實例。

此外，這個模式也經常應用於性別或不同專業領域的狀況，例如：前述數學領域裡，女性對數理能力的自我效能就相對較低，而長久以來，女性在生涯發展及事業追求的過程中，也一直被認為沒有完全發揮其天賦潛能，尤其是在傳統以男性為主的領域裡。Betz 和 Hackett（1981）認為低自我效能預期（low self-efficacy expectations）是造成此一現象的部分原因，他們認為低落的自我效能預期，限制了女性對生涯發展領域的選擇範圍；此一現象在國小高年級兒童就可以看出一些端倪。因為對數理方面的能力不是很有信心，自我效能偏低，所以職業的選擇也在無形中縮小了原本可以考慮的範圍。

綜合以上重要之生涯理論，我們可以發現，針對兒童的生涯輔導工作是不可或缺的。這些概念，不論是就特質取向、發展取向、社會學習，以及社會認知等不同取向來看，兒童的生涯發展特性不同於成人或青少年，但確實有必要讓兒童思索其未來可能的發展方向。即使是幻想，也不無可能；即使是沒有能力達成，但也並不代表未來沒有培養這方面能力的可能；即使看似沒有機會認識某些特定職業，但也並不代表沒有偶發事件的機會，讓他碰上個貴人，且把握這機緣而走上某個職業領域的發展。兒童的生涯發展有太多的可能，我們應當提供適當而豐富的機會，讓兒童探索各種的可能性。而這些不同取向的生涯理論正提供了這些輔導活動的設計基礎。

第二節 兒童生涯輔導工作的指標與內涵

以往不論是教育界或是其他相關之助人工作領域裡，多半會認為國小以下的兒童還不需要生涯輔導方面的服務，他們認為這階段的兒童不太適合太早決定自己的職業方向。的確，國小以下的兒童不應當過早確定自己的生涯發展方向，但這並不代表他們就不需要生涯輔導的服務。相反的，我們應當提供兒童豐富的探索機會，讓他們有機會擴展自己的潛能，以免過早做出不夠成熟的決定。就廣義的生涯輔導工作觀點而言，兒童的生涯輔導工作是相當重要的。以下分別說明以兒童為對象的生涯輔導工作指標及其工作內涵。

一、兒童生涯輔導工作的指標

從教育改革的角度來看，兒童的生涯能力都相當受到重視。從過去教育部所推出的「輔導工作六年計畫」以及「青少年輔導工作計畫」當中，生涯輔導工作都是相當重要的一環。而在新課程標準以及九年一貫課程中也是重點之一。其中九年一貫課程中的生涯規劃與終生學習，甚至被列為十大基本能力中的一項。在小學階段的生涯發展方面，兒童應當達成的能力指標節錄以下幾項（國民教育社群網，無日期）：

1-3-3　在日常生活中，持續發展自己的興趣與專長

2-3-3　規劃改善自己的生活所需要的策略與行動

涯 1-1-1　發現自己的長處及優點

涯 1-2-1　認識有關自我的觀念

涯 1-3-1　了解工作對個人的重要性

涯 2-1-1　激發對工作世界的好奇心

涯 2-2-1　認識不同類型的工作角色

涯 2-3-1　了解工作世界的分類及工作類型

涯 3-1-1　覺察自我應負的責任

涯 3-1-2 發展尊敬他人工作的意識

涯 3-2-1 覺察如何解決問題及作決定

涯 3-2-2 培養互助合作的工作態度

涯 3-3-1 培養規劃及運用時間的能力

涯 3-3-2 培養工作時人際互動的能力

由上述政府教育政策改革過程，不論是「輔導工作六年計畫」、「青少年輔導工作計畫」、九年一貫課程的實施，直到近年來提倡十二年國民義務教育的理念，生涯輔導工作一直是教育工作中的重點。這部分將配合三級輔導工作的實施，同時也將更重視適性輔導的概念。

在美國方面，「美國國家生涯發展指引」（National Career Development Guidelines）列舉出一般國小、國中、高中及成人在生涯發展方面應具備的能力指標。對國小學生而言，這些能力包括：自我概念的發展、與他人溝通技巧的學習、了解成長及改變的重要性、了解學業成就的重要性、了解工作與學習之間的關係、知道如何使用生涯方面的資料、了解責任感與良好工作習慣的重要性，以及知道工作如何滿足社會需求及達成社會的功能（Tennyson, Hansen, Klaurens, & Antholz, 1980）。這些能力的確與兒童未來的生涯發展有關，在八個項目中，後面四個項目特別點出生涯輔導對小學階段兒童的重要性。

此外，Smith（1968）在多年前就強調國小教育人員有義務提供兒童生涯輔導，以增加兒童的生活經驗，進而使兒童能夠擴展對工作世界的認識、體會工作的多重意義、減少對某些職業的錯誤認識、了解工作及工作人員產生變化的原因、了解並能夠解釋興趣、能力及價值觀在生涯發展過程中的重要意義、了解目前所接受的教育與將來工作之間的關係，並培養一些做決定的技術。而Miller（1997）也曾經針對全美國小三、四年級的兒童進行一項有關生涯發展的調查研究，Zunker（1994）針對此一研究，提出該項研究結果對小學階段生涯輔導工作的啟示，這些啟示也可以提供兒童生涯輔導工作的參考指標。

1.自我觀念在兒童階段即已逐漸形成。由於自我觀念對個人的生涯發展有重要的影響，因而小學階段的生涯輔導工作應重視兒童正確自我觀念的培養。

2.了解個人的優點及限制是生涯輔導工作中的重要一環；協助兒童表達自己的優點並明白自己的缺點是協助兒童認識自己的重要工作。

3.兒童的角色模仿能力經常在學校及家庭中展現出來，家長及老師經常就是他們模仿的對象，因此提供正確的示範作用是相當重要的。

4.兒童很早就會將他們所發展出的性別角色刻板印象與一些工作角色相連結，在提供兒童相關的職業資料時，應儘量避免性別角色刻板印象的訊息，可增加日後兒童興趣發展的範圍及其可從事職業的選擇領域。

5.社區資源可提供生涯輔導方面相當多的資料，這對來自低社經地位家庭的兒童來說幫助更大。

6.自我覺察的培養也是生涯輔導工作中重要的一環，這方面包括對自己的認識，同時也能了解並接受人與人之間的個別差異。

7.責任感的培養。責任通常與個人所做的選擇或決定有關，教兒童一些分析情境以及做決定的方法，或是提供他們可以尋求的支援，讓他們知道需要時有人可以幫助他們。

8.協助兒童了解教育與工作之間的關係。在學校所習得的技巧將來均有可能運用於工作上。

9.讓兒童了解工作的重要性，同時所有的工作都是重要的，並沒有貴賤之分，只是各項工作之間有不同的功能。

綜合以上所述，對國小或幼兒園的兒童而言，生涯輔導工作的確有其必要。生涯輔導的定義，已不是狹隘的職業輔導或就業安置，而是廣義的認識自我、認識工作世界，並了解個人與工作世界之間的關係。如此的探索內容，已不是讓兒童決定一個未來的發展方向，而是多方面地了解自己，並認識外在的環境，體認自己各方面特質與外在世界之間的關係。因而為使兒童不致在發展過程中過早分化、過早定向，正確的生涯輔導工作對兒童而言是有其必要的。

二、兒童生涯輔導工作的目標

由各方管道充實兒童在生涯方面的知識，是有其必要的；然而，生涯輔導工作的進行，應當針對個人在不同的發展階段而有不同的目標。但不論個人處在哪一個發展階段，認識自己及認識工作世界一直都是重要的兩個方向。以下根據此兩個方向，列舉兒童階段生涯輔導工作的主要目標。

（一）增進兒童的自我覺察（self-awareness）

所謂的自我覺察是指個人對自己的清楚及認識，而且較強調個人感受的部分。對兒童而言，教導其認識自己的情緒並了解自己的個性，能促進其個人的成長。而自我覺察能力高的兒童，通常也比較能夠觀察別人，比較能學著去體諒別人。此外，兒童對自己的認識也包括了解自己的興趣及能力、優點及缺點，以及這些特質與工作之間的關係。

（二）培養兒童正確的職業觀念（vocational concept）

正確的職業觀念包括所謂的「職業無貴賤」或「行行出狀元」等觀念。除此之外，兒童在平日學習活動中，也逐漸對職業形成所謂的「刻板印象」，認為有些職業比較適合男生做，例如：司機、老闆、送披薩的服務生等；有些職業則比較適合女生從事，例如：護士、店員等。刻板印象的形成似乎是正常的，但老師應提醒兒童，尤其是女童，儘量避免因為刻板印象而侷限了對未來職業期望的範圍。

（三）培養兒童正確的工作態度（work attitude）

在工作態度方面，平常生活就可以利用適當機會，讓兒童了解一個工作者所具有的權力及其所應負的責任，例如：在學校擔任某一幹部，此幹部應當盡到哪些責任；老師交代一件事情，如何以負責任的態度完成該任務；同樣的，在家裡有哪些事情應當是自己完成的，也應以負責任的態度完成這些事情。除此之外，認識社會中的工作角色及其所擔負的責任，也是可以教給兒童的。

（四）讓兒童了解教育與未來職業之間的關係

在學校所學科目與未來的職業之間到底有何關係？一般國小兒童或許還沒想得那麼遠，只知道將功課寫好、考試考好。但兒童階段一些基本能力的訓練，與未來職業能力的培養是有關係的，因而生涯輔導也應該有機會讓兒童了解學校的學習與未來工作世界之間的關係。

（五）了解社會經濟狀況

社會的進步與國民就業之間有密切的關係，國小兒童有必要了解個人工作與社會經濟之間的關係，例如：產銷服務的流程及分配情形、社會上供需之間的關係，以及經濟景氣與失業率之間的關係，均可讓兒童有所體會。

（六）增進個人對工作世界（world of work）的認識

兒童對工作世界的認識，多半是透過平常所接觸的人、事、物，例如：買麵包、買糖果、看醫生、打預防針、上學等，社會上的各行各業，琳瑯滿目，如萬花筒般的多樣。協助兒童，讓兒童對職業世界做一簡單的分類，讓他們觀察哪些工作是和接觸人有關，哪些工作是和接觸事物有關，又有哪些工作是需要動腦筋的，這些都可以讓兒童有機會學著做組織分類。此外，工作對一個人的生命有何影響，工作有何意義，也都可以適當地讓兒童了解。

（七）學習做決定的基本技巧

兒童可以有機會想想自己未來要做些什麼，也可以試著為自己訂定短期的生活目標。而訂定目標與做決定的技巧有關，對兒童而言，雖然還沒到要對未來職業做決定的時候，但平常生活中的一些小事，例如：要不要訂牛奶、要不要訂營養午餐、選擇上學要穿的便服、放學後或暑假期間想學些什麼才藝等，也都可以試著讓兒童有學習做決定的機會。

三、兒童生涯輔導工作的主要內容

Marland（1974）曾提出兒童階段生涯輔導工作的八項重點，這八項重點包括：(1)對整個生涯發展的概況有個初步的認識；(2)自我覺察的程度，能了解自我的各個層面；(3)探索個人對自我及對他人的態度；(4)學習做決定的技巧；(5)了解經濟方面的一些現象，例如：生產、分配及消費的流程等；(6)了解技巧的重要性，並開始培養各方面的能力；(7)培養社交及溝通方面的能力；(8)了解教育與各種生活角色之間的關係。依據前述兒童生涯輔導的主要目標及重點內容，以下說明兒童生涯輔導工作的主要內容。

（一）在認識環境方面

兒童可以藉由對周遭環境的認識來了解工作世界，例如：在課堂上讓兒童畫個學校地圖，並看看地圖中包括哪些地點、人物及職業；讓兒童畫出在社區裡他們最喜歡的一些地方；讓他們討論鄉下和都市相同及不同的地方；討論社區裡的公家或市政機構；讓學生扮演社區中他們所發現的職業角色，例如：警察、護士等。此外，日常生活經常接觸的職業，例如：買東西到哪兒去買，生病要到哪兒去找醫生，學舞蹈、畫畫要到哪兒去學等，都是生涯輔導可以探索的內容。

（二）在了解工作世界方面

在認識工作世界方面，可以由兒童平常所接觸的職業開始做探索，例如：每天早上吃的麵包，是由多少不同行業的人製造出來的；父母親所從事的職業是什麼，也可以請小朋友先對父母親做訪問，再回到學校與大家分享；可以讓兒童由報章雜誌中找出從事非傳統性職業的男生及女生；由大眾傳播媒體發掘各行各業，例如：歌星、法官、政治人物等。此外，也可以請兒童列出十項自己未來想從事的職業，並分組討論，找出大家最喜歡的五項；也可以給學生一張職業清單，並請他們討論什麼樣的人適合從事什麼樣的職業。

兒童應當盡可能有機會增進其對職業世界的認識，而對職業世界的認識，具體的作法是由其周圍親人的職業開始，先了解自己父母親及其他家人或親戚的職業。了解的程度除了職業名稱之外，應包括工作的內容、應該完成的任務，以及其他相關的性質等。

（三）在了解人與人之間的個別差異方面

在兒童的人格發展逐漸脫離以自我為中心的同時，應當有機會讓他們學著去體會並接受人與人之間的個別差異，讓他們去看看他們所熟悉的人所從事的職業。如果將這些職業來個大風吹，是不是每個人都適合從事同樣的一份工作？此外，也可藉機會讓兒童討論從事各種不同職業的人之間的差異。可以讓兒童分組討論各種不同的人，以及他們所喜歡從事的職業，讓兒童撰寫「我的志願」的作文，並與其他兒童分享。讓兒童討論要完成一項工作，大家可以如何分工合作，以發揮各自的優點而完成一項任務。

（四）在增進學生自我覺察的能力方面

對兒童而言，認識自己是相當重要的工作重點，輔導活動可以藉由各種不同的方法來增進兒童對自我的認識，語句完成測驗即是其中的方式之一，例如：「我最快樂的時候是________」，「我最難過的時候是________」。除此之外，也可以讓兒童分享一個星期以來他們談話的對象、談話的內容，以及自己與他們之間的關係；讓兒童扮演「我是誰」，並讓其他兒童來猜他所扮演的角色；讓兒童由報章雜誌中找出吸引他們的人物、事情及地方；讓兒童找出形容人物的形容詞，並用適當的形容詞來形容自己；也可以讓兒童思考以下幾個問題：我喜歡什麼？我能做什麼？我有哪些優缺點？自己跟別人不一樣的地方在哪裡？我有什麼生活目標？

（五）在了解教育與工作之間的關係方面

一般而言，兒童並不會去思考所學科目與未來工作之間的關係，然而未來工作與學校所學的確是有關聯的，尤其是小學階段所學的基本能力。學校的輔導活動應當有機會讓兒童體會這之間的關係，例如：讓兒童列出父母親平常做的一些事情，並看看這些事情與數學、閱讀、寫作能力有沒有關係；讓兒童列舉出一些職業以及學校所學習的科目，看看這些科目與職業之間的關係；讓兒童找出哪些職業與學校的數學及語言等科目是密切相關的；讓兒童列出完成一項工作所應具備的技巧，並討論如何學得這些技巧。

除此之外，讓兒童看看自己目前所居住的房子類型，讓他們探討蓋一棟房子或買一間房子的過程包括哪些職業，而這些職業需具備哪些技巧；老師也可以邀請一些水管工人或其他職業的人，讓他們說明在工作中所需具備的技巧，以及在學校時如何習得這些技巧；讓兒童找出他們在學校裡最喜歡的學習科目，並列舉出哪些職業需要這些科目的相關技巧。

第三節 兒童生涯輔導策略

適用於兒童的生涯輔導策略，可以從課程教學、團體輔導以及配合社區活動等三方面來做說明。在課程教學方面，生涯發展的觀念可以融入平常的各科教學內容。九年一貫課程實施之後，也可以使用綜合活動課的時間實施一系列生涯輔導方面的班級輔導活動。在團體輔導方面，可以由輔導室（處）針對有需要的兒童舉辦為期 8 週左右的生涯輔導小團體，通常小團體是以 8～12 人為主，如此在活動內容的討論上可以較為深入。在配合社區活動方面，諸如機構的參觀以及邀請相關人士提供座談，均為可行的策略。

一、在課程教學方面

由於國小兒童的生涯輔導活動重點在認識自我及探索工作世界，而事實上，學校教育的目標除了培養兒童聽、說、讀、寫等基本能力之外，認識自我及認識社會環境均為基礎教育之重要內容，因而有關生涯輔導方面的活動是可以與平常課程相融合的。以下列舉一些可以採用的進行方式：

1.在提供學生的課外參考書籍中，可以包括著名的偉人傳記，並由學生討論這些偉人的特質與其所從事職業之間的關係。

2.配合相關課程選擇適當的影片欣賞，並帶領兒童討論，討論過程應注意兒童價值觀的問題。

3.在作文課裡，「我的志願」或「我的希望」均為可以參考的題目，讓兒童由寫作過程中表達對未來的期望。

4.在適當的課程中，讓兒童閱讀兒童讀物，由故事選讀機會中，與兒童分析某些主角或故事人物的特質，這些特質包括興趣、能力及價值觀等。

5.進一步說明社會科教科書中所提及的職業分類方法，並介紹各行各業所需具備的各種特質，此一方式可配合兒童父母親或家人的職業，讓兒童在課堂上分組討論自己所認識的職業。

6.可以藉團體活動或學藝活動等課程，讓兒童進行角色扮演的活動，指導兒童就其所了解的情形，扮演各類職業角色。

在以上幾個活動裡，「我的志願」是一般老師常常會給學生的作文題目，學生可藉由此一機會思索自己的興趣以及對自己的期望。然而，學生平常所接觸的範圍常常會影響他們的興趣以及對自己的期望。由認識自己家人的職業，到認識社區人士的職業，再逐漸將範圍擴增到整個工作世界，這對兒童而言會是個比較恰當的方式。除了讓學生以寫作方式探索興趣之外，也可以讓學生分組討論家庭成員所扮演的角色，藉由同學彼此間的討論，增加兒童對工作世界的認識。

二、在團體輔導活動方面

團體輔導活動的進行方式，又分為班級輔導活動及小團體輔導活動兩大類，前者係以班級為單位，人數通常在 30～50 人不等，視學校地區而異；後者則視團體的目標、性質不同而有所差異，通常人數是在 8～12 人之間，而且團體的成員並不一定是來自同一個班級。在生涯輔導活動方面，適用於班級團體及小團體的輔導活動包括以下各項技巧：

1.請兒童畫出自己的生命線，對於未來，則可以儘量幻想可能從事的職業，這職業可能不只一個，兒童可以發揮其想像力，畫出其生涯發展的變化情形。

2.讓兒童以自己所偏好的顏色加以分組，再討論不同顏色所代表的特質，並探討這些特質與生活環境中的職業有何關係。

3.藉由報紙的分類廣告了解職業世界的分類情形，並進一步由應徵條件中找出從事某一行業所需具備的條件。

4.讓兒童分組製作一項徵求某類人才的廣告，藉此讓他們討論從事某一職業所需具備的條件。

以上這些活動可以視團體的大小而做適當的調整，人數少，談得較為深入，成員之間的互動也比較頻繁；人數過多，甚至為班級團體，則輔導老師除

了要敏感於自己所說的話之外，也應當有機會讓兒童在活動結束離開之前，將相關的心得留下。老師可利用團體結束之後，閱讀兒童的心得，如此對兒童能有進一步的認識，並進而與兒童維持良好的關係。

三、在社區活動的結合方面

學校與社區並不是互相獨立的，社區居民或相關的福利機構均為學校舉辦活動時很好的支持來源，而學校的運作對社區進步也必定有其正面影響。以下為學校在生涯輔導方面，可以結合社區資源而進行輔導活動的可行作法：

1.進行參觀訪問。學校附近的工商企業機構及政府單位均為可以參觀的對象，例如：電腦公司、食品工廠、警察局、消防隊、縣市政府等。

2.學校可以邀請社區中的從業人員到學校進行座談，讓兒童了解這些人的特質與他們工作之間的關係。

3.學校可以邀請社區範圍內的大專校院的老師，或一些社區學苑的課程設計者，讓他們跟學生解釋為什麼大人還需要接受一些訓練，以及這些訓練與他們的工作或生活有什麼關係。

4.讓兒童分組去訪問社區內他們可以觀察到的從業人員，例如：消防隊員、24 小時超商的販賣人員、醫生、護士或大樓的管理人員等，事後並與同學分享，以增進兒童對工作世界的認識。

5.老師可以規劃讓兒童發揮創意的活動，不論是國小或幼兒園兒童，均可以根據學校所屬社區，介紹過去社區的樣貌，而過去的樣貌又是如何發展到今天。昨日及今日之社區在環境上包括哪些不同的職業，有哪些工作或職業是近年來才發展出來的。之後可以讓兒童繼續發揮創意，想像自己生活的社區在未來會有何發展，會有哪些不同的職業生態變化。

這些與社區活動相結合的方式，是讓兒童認識工作世界的最佳管道。學校老師應當盡可能配合兒童的學習能力，讓他們能藉由其周遭的生活內容而增進對生涯世界的探索。

四、其他應注意事項

在學校進行生涯輔導的同時，應注意家長的態度。家長對職業的看法很容易影響兒童對職業的看法，尤其是在職業性別刻板印象方面（Isaacson & Brown, 1993）。所謂刻板印象所形成的影響，是指家長對男孩而言，總希望他能保持優良成績，將來成為醫生或科學家；對女孩而言，則認為她只要能找到一份安穩的工作就不錯了。然而，近年來在少子化的趨勢下，家長對子女的期待在性別上較不會有明顯的差別。

此外，家長可以配合的活動也包括前述職業訪談的部分，而家長與兒童在日常生活的對話，也多多少少會影響兒童對工作的概念，例如：父母親忙些什麼事情，爸爸媽媽高興些什麼事情，他們和朋友都在談些什麼事情等。學校輔導人員及一般教師在進行生涯輔導活動時，應當注意家長能夠提供的資源，同時也提醒家長他們本身對兒童發展的影響，如此也是讓家長能參與學校活動，並藉此增進親子關係，提升今日社會應當加強的家庭教育功能。

第四節 兒童生涯輔導活動範例

兒童階段的生涯輔導工作是相當重要的，且針對兒童的生涯輔導必須十分的活潑化。此一階段的輔導重點不在於生涯規劃或是生涯定向，而是對自我以及對工作世界的廣泛探索及了解。由於兒童的學習態度、價值觀及刻板印象均在形成之中，針對兒童的生涯輔導可以將重點放在藉由適當的輔導活動，引導其各方面的發展，並增進其對自我的認識，了解個人與工作之間的關係。在此僅舉一班級輔導活動的實例，說明在國小可以如何利用綜合活動課程或班級輔導活動，進行生涯輔導工作。

一、活動名稱：「千人漢堡」

二、活動目標

1.讓兒童了解工作的意義。

2.培養正確的職業觀念及工作態度。

3.了解工作世界中的個別差異，並尊重各行各業。

三、活動材料：紙、筆、講義、相關活動紀錄表。

四、實施程序

1.首先說明活動目的、內容及進行方式。老師向兒童說明「千人漢堡」的故事：彭小文和彭小華最喜歡媽媽利用星期天帶他們到速食店去吃早餐。有一天在漢堡店裡，媽媽對他們說：「今天我們要吃的漢堡是非常特殊的漢堡，它的名字叫做『千人漢堡』，是花了一千多個人的力量才完成的一塊漢堡。」兩位小朋友很訝異地說：「一千個人，怎麼算得完，到底是哪些人呢？」於是兩個小朋友很好奇地想，做漢堡的不是只有麥當勞叔叔或是肯德基爺爺嗎？經過媽媽的提醒，才知道用來做漢堡的麵包及肉品，都是從麵包師傅及賣豬肉的商人那兒買來的。仔細的再算一算，一塊漢堡的完成，的確還包括了好多的行業，例如：賣漢堡的阿姨、做漢堡的叔叔、速食店的總經理、賣麵包的老闆、賣麵粉的商人、載運的卡車司機、種麥的農夫、養豬的畜牧人員、殺豬的屠夫、清潔工人等，真的是好多好多，數不完。

2.在說故事的同時，可以讓小朋友一起想想這「千人漢堡」還包括哪些職業，也可以讓小朋友分組討論，並列出所有相關的行業。

3.老師可進一步讓小朋友分組討論這些不同的職業有何相似或相異之處、需要具備哪些能力或資格才能從事這些職業、這些職業有沒有是自己也想從事的，以及其它他們所想到的感想或心得等。

4.老師可以改變主題，讓兒童分組，自行想出相關的故事，例如：「千人派」、「千人車」、「千人屋」等，讓兒童腦力激盪、集思廣益，想出與任何職業相關的問題。

5.讓每組選一代表，將小組所討論的結果與全班同學分享，老師從旁指導，給兒童適當的回饋。

五、其他注意事項

1.所需時間可以兩節課為原則：第一節課說明故事，並讓兒童分組討論；第二節課則將討論結果在班級與全班同學分享。

2.遇有兒童價值觀不正確的地方，老師需適時引導。

3.多給兒童正向的回饋，可激發其透過討論，對職業世界有更多認識。

4.此活動適用國小及幼兒園，高年級可涵蓋更複雜而多樣職業項目。

除以上實例外，近年來隨著教育體制與課程標準的改變，輔導教師有不少的在職訓練，因而也出現不少的生涯輔導活動設計。有些是以班級輔導方式呈現，有些則是以團體輔導的方式呈現。這些設計有些是隨著綜合活動課程的實施必要，而由坊間各出版社所編纂，有些則由學校教師團隊所共同編擬。事實上，有不少學校因為教師團隊有足夠的專業能力，在綜合活動課程設計方面，是配合學校所處社區文化及兒童之家庭背景，相較於教科書的使用，由教師自編教材反而是較為恰當的。舉例而言，簡秀雯（1996）曾以小學六年級兒童為對象，設計一套包括 12 單元的生涯輔導課程，其內容涵蓋：生涯的意義、對個人自我的探索（包括生涯角色、生涯興趣、價值觀、工作態度）、對工作世界的體認（包括工作角色、生涯資訊）、生涯決定與規劃，以及整體的生涯課程學習統整等，這 12 單元的活動設計可作為其他相關幼兒或兒童生涯輔導活動設計的藍圖。不同地區的學校，可以配合在地文化做適當之修正。不同人數的班級，團體動力的運作也會有所不同，教師必須做適當拿捏，方能達到生涯輔導活動課程的實施目的。除此之外，蘇鍛佩（2001）所編擬的兒童生涯團體方案，則是以提升兒童的生涯自我概念為主要目的；林秀琴（2001）也編有兒童生涯發展課程，探討此一課程對兒童生涯成熟之影響。

其他相關活動教案的設計，由於近年來師資培育的改革，且幼兒及兒童教育的師資培養均有提升，在教案設計及活動的實施方面均有足夠之理論及實務訓練。教師之間，以團隊合作方式進行教材的編寫也十分普遍，甚至有些相關之競賽或獎勵活動，在網路上不難找到相關之活動設計或參考教案，例如：教育部相關部會、各縣市教育局（處），或是各個學校相關網頁。

關鍵詞

生涯發展階段　　生涯角色　　生涯劇場

特質因素論　　生涯早期需求論　　職業期望理論

大小及權力取向　　性別角色取向　　社會評價取向

生涯發展能力指標

問題討論

1.兒童階段的生涯發展有哪些特性？

2.為何兒童會需要生涯輔導的服務，請試述己見。

3.試由不同的生涯輔導理論討論兒童的生涯發展情形。

4.試說明兒童階段生涯輔導工作的目標及其主要內容。

5.針對兒童實施生涯輔導，有哪些主要策略？

6.試以兒童為對象，設計一個班級生涯輔導活動或一套小團體活動。

▶中文部分

林秀琴（2001）。**生涯發展課程對國小兒童生涯成熟影響效果之研究**。台北市立師範學院國民教育研究所碩士論文，未出版，台北市。

簡秀雯（1996）。**生涯班級輔導活動對國小兒童生涯成熟態度與職業自我概念輔導效果之研究**。國立屏東師範學院國民教育研究所碩士論文，未出版，屏東市。

國民教育社群網（無日期）。**九年一貫課程綱要**。2009 年 6 月 4 日，取自 http://teach.eje.edu.tw/9CC/3-2.php

蘇鍛佩（2001）。**生涯團體輔導方案對國小兒童生涯成熟、性別角色刻板印象、生涯覺察與職業自我概念輔導效果之研究**。國立台南師範學院國民教育研究所碩士論文，未出版，台南市。

▶英文部分

Bandura, A. (1977). *Social learning theory*. Englewood Cliffs, NJ: Prentice-Hall.

Betz, N. E., & Hackett, G. (1981). The relationship of career-related self-efficacy expectation to perceived career options in college women and men. *Journal of Counseling Psychology, 28*, 399-410.

Gati, I. (1981). Interest changes and structure of interests. *Measurement and Evaluation in Guidance, 14*, 96-103.

Ginzberg, E., Ginsberg, S. W., Axelrad, S., & Herma, J. (1951). *Occupational choice: An approach to a general theory*. New York: Columbia University Press.

Gottfredson, L. S. (1981). Circumscription and compromise: A developmental theory of occupational aspirations. *Journal of Counseling Psychology, 28*(6), 545-579.

Holland, J. (1973). *Making vocational choices: A theory of career*. Englewood Cliffs, NJ: Prentice-Hall.

Holland, J. L. (1985). *Making vocational choices: A theory of vocational personalities and work environments* (2nd ed.). Englewood Cliffs, NJ: Prentice-Hall.

Isaacson, L. E. (1985). *Basics of career counseling*. Boston, MA: Allyn & Bacon.

Isaacson, L. E., & Brown, D. (1993). *Career information, career counseling, and career development*. Boston, MA: Allyn & Bacon.

Krumboltz, J. D., Mitchell, A. M., & Jones, G. B. (1976). A social learning theory of career selection. *The Counseling Psychologist, 6*, 71-81.

Lent, R. W., & Brown, S. D. (1996). Social cognitive approach to career development: An overview. *Career Development Quarterly, 44*, 310-321.

Lent, R. W., & Hackett, G. (1994). Social cognitive mechanical of personal agency in career development: Pantheoretical prospects. In M. L. Savickas & R. W. Lent (Eds.), *Convergence in career development theories*. Palo Alto, CA: Consulting Psychologists.

Lent, R. W., Brown, S. D., & Hackett, G. (1994). Toward a unifying social cognitive theory of career and academic interest, choice, and performance. *Journal of Vocational Behavior, 45*, 79-122.

Marland, S. P. (1974). *Career education: A proposal for reform*. New York: McGraw-Hill.

Miller, T. K. (1997). *The books of professional standards for higher education*. Washington, DC: Council for the Advancement of Standards in Higher Education.

Mitchell, L. K., & Krumboltz, J. D. (1990). Social learning approach to career decision making: Krumboltz's theory. In D. Brown & L. Brooks (Eds.), *Career choice and development: Applying contemporary theories to practice* (2nd ed.) (pp. 145-196). San Francisco, CA: Jossey-Bass.

Parsons, F. (1909). *Choosing a vocation*. Broken, OK: National Career Development Association.

Roe, A. (1957). Early determinants of vocational choice. *Journal of Counseling Psychology, 4*, 212-217.

Rounds, J. B., & Tracy, J. (1992). *Evaluating Holland's and Gati's vocational interest models: A structural meta-analysis*. Paper presented at the Centennial Convention of the American Psychological Association, Washington, DC.

Rounds, J. B., & Tracy, J. (1996). Cross-cultural structural equivalence of RIASEC models and measures. *Journal of Counseling Psychology, 43*, 310-329.

Smith, E. D. (1968). Innovative ideas in vocational guidance. *American Vocational Journal, 43*, 19-21.

Super, D. E. (1957). *The psychology of careers*. New York: Harper & Row.

Tennyson, W. W., Hansen, L. S., Klaurens, M. K., & Antholz, M. B. (1980). *Career development education: A program approach for teachers and counselors*. Alexandria, VA: National Career Development Association, America's Career Resource Network.

Zunker, V. G. (1994). *Career counseling: Applied concepts of life planning* (4th ed.). Pacific Grove, CA: Brooks/Cole.

第十一章 心理測驗在兒童輔導工作中的應用

田秀蘭

心理測驗是輔導工作中的重要工具之一，需要有測驗方面專業訓練背景的輔導人員，方能有效運用此一工具。對幼兒及國小兒童而言，恰當的使用測驗，可提供正確資料，促進兒童身心發展；然而，若使用不當，則可能會因為不正確的測驗結果解釋而做成錯誤的決定，造成兒童發展上的限制。除了心理測驗之外，其他非正式的評量技術也可以配合測驗的結果，提供輔導人員參考。本章介紹心理測驗的基本概念，說明標準化心理測驗對幼兒及國小兒童的應用，並針對適用於國小兒童之心理測驗做一探討，同時也對其他非正式的評量技術做簡單介紹。此外，對於兒童及幼兒心理方面的衡鑑議題，也做深入之探究，包括：教師具備心理衡鑑知識之必要性、常用的衡鑑工具，以及經常使用的衡鑑技術等。

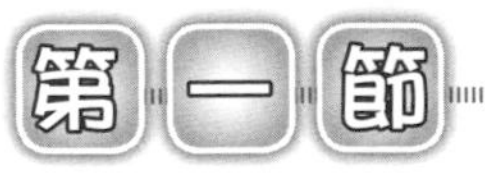

第一節 心理測驗的基本概念

心理測驗的目的在測量一個人的特質，實施的方式可以是團體施測，也可以是個別施測，有賴其目的及需求而定。而所測量的特質內容，包括：能力、成就、興趣、性向、人格特質、價值觀念，以及態度等。在測驗結果的運用方面，可提供教學之參考，協助教師了解兒童的發展情形，或是了解個別差異的狀況等，本章則較強調此一工具在諮商輔導工作中的運用。

一、心理測驗的定義

心理測驗是一種測量工具（Mehrens & Lehmann, 1987），通常是以數字量尺分類系統來觀察或描述個人在某方面特質的一種方法（Cronbach, 1970）。郭生玉（1994：4）綜合這些不同看法，將心理測驗定義為：「採用一套標準的刺激，對個人特質做客觀測量的有系統程序。」有些人過於相信測驗，認為測驗可以告訴一個人在某些方面的特質，甚至就像算命一樣，可以由所測量出的能力或興趣，告知一個人未來可以發展的方向。事實上，心理測驗只是一種提供訊息的客觀工具，也只是輔導工作中所使用的策略之一。但心理測驗的使用，需要經過專業訓練，以免造成誤用而無益於當事人的問題解決。

二、心理測驗的目的

使用心理測驗的目的有以下四點（Mehrens & Lehmann, 1987）：

1.在教學方面，可用以評量學生的學習成果、評量老師的教學效果、做為學習診斷的參考、增進兒童的學習動機等。

2.在諮商與輔導方面，可協助個人了解自己、探索未來發展的方向、協助輔導人員了解學生的問題、提供輔導策略等。

3.在學校行政措施方面，可協助學校選擇學生、做為分組教學的參考依據、做為課程設計的參考等。

4.在研究方面，協助相關單位的研究工作，或評量輔導實務方面的效果。

三、兒童輔導工作中使用心理測驗的目的

具體而言，在輔導工作中，針對兒童使用心理測驗有以下幾個目的：第一，是對兒童的學習能力進行診斷，以早期發現兒童是否具有學習遲緩的情形，並施予補救教學，或給予特殊教育及輔導。相對的，也能夠及早發現資優

傾向之兒童，並給予適當的訓練及培養。在美國，常用的測驗包括：「斯比智力量表」（Stanford-Binet Intelligence Scale）、「魏氏兒童智力量表」（The Wechsler Intelligence Scale for Children, WISC）、「班達完形測驗」（Bender Gestalt Test），以及「畢保德圖畫詞彙測驗」（Peabody Picture Vocabulary Test, PPVT）等。在台灣，類似的工具為「中華兒童智力量表」，近年來也有「魏氏兒童智力量表」的修訂。

對幼兒園或國小兒童而言，使用心理測驗的另一個主要目的是評量幼兒或兒童的學習成果，以做為學習輔導的參考。標準化的成就測驗可提供這方面的資料，例如：「柏恩基本觀念測驗」（Boehm Test of Basic Concepts）以及「愛荷華基本能力測驗」（Iowa Test of Basic Skills）。測驗的結果可以讓教師知道兒童的學習成果，同時也讓教師知道自己的教學效果。在台灣，除了標準化的成就測驗之外，多半仍以教師自編的成就測驗較常使用。

輔導工作中使用心理測驗的第三個目的，是為了讓老師了解兒童的人格特質或生活困擾等各方面的問題，例如：「芭特雷發展量表」（Battelle Developmental Inventory）可以測量兒童自我概念的發展及其與同儕互動的情形。在台灣，「兒童自我態度問卷」、「行為困擾量表」，以及「性格及行為量表」等，可以協助教師了解學生的人格特質，發現兒童平日生活所感覺到的困擾，以做為生活輔導方面的參考工具，協助兒童增進自我概念、學習社交技巧，及問題解決技術。

除了上述的標準化心理測驗之外，非標準化的繪畫評估及人格投射測驗也是應用於幼兒及兒童的極佳工具。

四、心理測驗的種類

（一）依所測量領域的不同而區分

依測量領域的不同，心理測驗可區分為：智力測驗、性向測驗、成就測驗、興趣測驗，以及人格測驗等不同種類。在國小階段，多半測驗的實施以團體施測為主，在上述的各種測驗中，以成就測驗使用的最為普遍，性向測驗及智力測驗次之；興趣測驗主要以高年級兒童使用為主；人格測驗則僅限於少數兒童有需要時使用。此外，智力測驗的使用必須非常謹慎，在美國是以學校心理學家對兒童做診斷時才使用。台灣的「中華兒童智力測驗」有類似的功能，非經過專業訓練者，或是不熟悉該份測驗者不宜使用，以免造成錯誤的解釋。

（二）依是否經標準化過程而區分

依此一標準劃分，心理測驗有標準化測驗（standardized test）及非標準化測驗兩種。所謂的標準化，是指測驗在編製過程中，有嚴密的試題分析、信度及效度的考驗、常模的建立，以及施測時的指導語、計分方式、解釋運用等說明，通常這些資料都會包括在指導手冊之中。而非標準化的心理測驗，無需經過上述的每個步驟，一般國小教師所自編的成就測驗即為最常見的例子，同樣可以達成學習輔導的目的，但不一定要標準化。

（三）依解釋測驗結果時所參照的標準而區分

解釋測驗結果時，可以有兩種不同的參照標準，分別為常模參照測驗與標準參照測驗。前者強調個人表現與其他人表現相比較的情形；後者則強調個人在某一學習目標上的表現情形。在標準化心理測驗的編製之初，即需顧及此一測驗的目的，而決定是以常模參照的方式或是以標準參照的方式來解釋測驗的結果。多半標準化的心理測驗均有常模的建立，而很多標準參照的測驗是非標準化的測驗，例如：教師自編的成就測驗，其目的是評量學生在某些學習目標的學習情形，是拿學生的學習表現與學習目標相比較，而不強調此一學生在某一團體中所在的位置。

不論是標準參照測驗或常模參照測驗，其編製步驟相當類似。如果要以測驗做為安置或診斷兒童之用，兩種類型的結果解釋都相當重要。事實上，常模參照和標準參照就如同一條連續線的兩端（Gronlund, 1990），即使是標準參照，也多多少少可以做不同學生程度上的比較，甚至是強調與其他學生相比較，也可以看出這個學生在學習目標上的達成情形。

除此之外，依心理測驗的實施方式作區分，又可區分為團體測驗及個別測驗。在國小實施心理測驗，多半以團體實施為主，因而有所謂學校測驗計畫的制訂，但是，針對個別需要而對個人或部分學生作測驗的情況仍舊十分頻繁。

五、選用心理測驗的標準

一般而言，在選用心理測驗時，必須針對問題情境及施測目的，而詳讀測驗的指導手冊，則為選用前的重要步驟。通常手冊中所包含的資料可以協助我們判斷該測驗是否適用，這些資料包括以下幾個重要概念。

（一）效度（validity）

效度是指一份測驗達成其所欲測量目的之程度，也就是說，能正確測量所欲測量的內容。通常效度可分為三種（郭生玉，1985），分別為內容效度、效標關聯效度，以及建構效度。

第一種效度為內容效度，是指若一份測驗測量出所欲測量內容的程度很高，則其有相當程度的內容效度。而內容效度的考驗方式，通常是邀請該領域的專家學者，以邏輯分析的方式來判斷該份測驗是否能達成所欲測量的目的。

第二種效度為效標關聯效度，又可分為同時效度與預測效度。同時效度是指在考驗效度的過程中，讓受試者同時接受兩份類似的測驗，一份為新編測驗，另一份為既有的類似測驗，以之作為效標，考驗其間的相關，如果相關達統計上的顯著水準，則可稱新編測驗有適當的同時效標效度。預測效度則是指測驗分數與實施測驗後一段時間所取得的效標之間的關聯，目的在使用測驗分數來預測個人在效標方面的未來表現；如果測驗的目的在預測個人未來在某一領域中的表現，就必須以未來的成就表現作為效標，以該份測驗作為預測工具；如果該份測驗的預測率高，則我們稱其有適當的預測效標效度。

第三種效度為建構效度，主要是由該測驗所據以建立的理論基礎來考驗其效度，常用的統計方法為因素分析法，由因素分析的結果來檢驗此一測驗所包含的內容是否為該理論所包含的內容。除此之外，也可以採用團體差異分析或多項特質多項方法等分析方式，來進行建構效度的考驗。

（二）信度（reliability）

信度是指一份測驗的穩定或一致性程度，常用的指標包括內部一致性係數及重測信度等。內部一致性係數除了 *Cronbach's α* 之外，亦包含折半信度。重測信度強調兩次測驗情境的一致，且不宜間隔太久，以免學習、成熟及遺忘等因素會形成誤差；而兩次的測量時間也不能過於接近，以免看不出一份測驗在間隔一段時間之後的穩定性。通常不同測驗強調不同性質的信度指標，例如：成就測驗較強調內部一致性，而性向測驗或態度量表就比較強調重測信度。

（三）常模（norm）

大部分標準化心理測驗均有常模的建立，此一目的主要是讓個人的測驗結果能與其他類似團體的表現情形相比較。由於是將個人分數與其他人的分數相比較，因而使用者必須非常清楚該份測驗在建立常模時所使用的團體性質、抽樣方式，以及建立的年代，以免做出不適當的比較。常用的常模分數，包括：百分等級、T分數、標準九，以及Z分數等。詳細的介紹及統計觀念，讀者可參考心理測驗及教育統計等相關書籍。

（四）實用性

實用性也是一般輔導教師在選用心理測驗時應當考慮的因素。所謂的實用性，包括：購買測驗所需經費、施測所需時間、是否有足夠的施測人員、需要辦理何種施測說明會、在計分及結果的解釋方面會有什麼困難，以及測驗結果是否真能提供有效的資料，供輔導學生做參考等。針對這些因素做衡量，也是學校在選擇測驗時應考慮的因素。

六、標準化心理測驗的編製步驟

由於校園中的學習仍以學業或認知學習為主，心理方面的成長雖然也很重要，但多半時候並不容易看到學生的改變；也因此心理測驗的編製對於輔導實務工作的推展會是很有幫助的。以下說明標準化心理測驗的編製步驟。

（一）確定測驗的目的

編製測驗之初，必須明白指出編製的目的，包括：重要性、源起為何、所測量出的內容包含哪些重要的特性、在哪些情況下可使用這份測驗、誰來用、用在誰身上等，這些問題都必須在測驗編製之前就思考清楚。

（二）決定測驗的形式

在決定測驗的形式時，編製者應思考測驗項目的呈現方式，以及受測者可能有的反應，這當然與編製的目的有關。常見的形式，包括：寫作式的或是以口語表達的方式；對低年級或特殊兒童而言，編製者可能會考量受試者的特性而採用口語表達的方式來編製測驗。一般較常見的形式仍以紙筆方式居多，而隨著年齡增加，題型的變化也可能愈多，例如：是非題、選擇題、配合題、問答題，或強迫式的選擇題等。

（三）發展預試量表

預試量表是測驗發展過程中必經的一個步驟，在建立量表題庫時，必須顧及測驗的建構內容以及受測者可以接受的程度，一個好的項目，可能需要經過一再的修正。通常在題庫建立之後，研究者必須選擇與未來施測對象性質相同的一群學生來做看看，以過濾不當的項目，或是對題意不清的項目做修正。修正之後的預試量表再對另一群對象進行施測，以進行所謂的項目分析。項目分析的內容包括每個題項的難度分析及鑑別度的考驗等，有時也會加上其他的統計分析方法，例如：相關係數及因素分析等，其主要目的是在保留適當的項目，以發展出一份正式的量表。

（四）發展正式量表

項目分析的結果，所有的題項經一再的修正及過濾之後，正式量表即逐漸形成。需注意的是，如果量表有兩種以上不同的版本（亦即複本），則需要確定兩個版本在性質上是相同的（equivalent）。此外，雖然正式量表尚未進行標準化步驟，但施測的相關注意事項仍須說明清楚，包括：施測的情境、指導語、施測前的準備工作等。

（五）信度、效度的考驗

信度是指一份測驗的穩定或一致的程度。一般常用的信度係數，包括：內部一致性信度、複本信度、折半信度，以及重測信度等，不同種類的測驗需選擇不同性質的信度資料。效度則是指一份測驗是否能測量出這份測驗真正要測量的內容，常用的指標包括：內容效度、效標關聯效度，以及建構效度等三種，同樣地，不同種類的測驗需要以不同的指標來說明其效度，以確定所編製的測驗確實能達成其所編製的目的。

（六）進行標準化工作

一份測驗的標準化工作主要是常模的建立。在標準化的步驟裡，需要一再的以不同對象進行施測，而且所需樣本人數也較多。編製者除了需要考慮未來受試者的背景，以選擇適當的參照樣本之外，也要做地區性常模或全國性常模方面的考量。如果是全國性常模的建立，在樣本的選擇方面需顧及抽樣的方式，以標準化的兒童成就測驗為例，抽樣時應顧及性別、年齡、鄉村或城市、社經背景，以及種族文化上的差異等因素。而常模的種類又有很多種，編製者可使用不同的標準分數建立不同常模，讓受試者得以比較，或是選擇一個較適當的常模分數，較常用者為百分等級與 T 分數等。

（七）發展測驗指導手冊（test manual）

指導手冊的目的在協助測驗使用者了解測驗的各種資料，以判斷該份測驗是否適用於所施測的對象，也就是受試者。一般而言，指導手冊中所包含的重要內容，包括：測驗目的、發展或編製過程、進行標準化時所採用的樣本資料、信度資料、效度資料、常模種類、計分方式，以及實施時應注意事項等。其中所使用的樣本資料應詳述其背景資料，該份測驗適用的對象亦應加以說明，以協助輔導教師或相關人員做適當的判斷，正確的使用測驗。

除了標準化測驗之外，在心理輔導過程或是研究過程中，也必須經常使用量表。Heppner、Wampold和Kivlighan（2008）曾經針對量表編製，提出七個主要步驟：(1)對所關切的建構進行概念性與操作性定義；(2)進行文獻回顧；(3)發展題項、指標及題型；(4)進行內容分析及題項之預試、修改與施測；(5)抽樣與資料蒐集；(6)必要時進行量表的翻譯及回譯；(7)進行因素分析、確定題項，並考驗心理計量品質（引自劉淑慧、田秀蘭校閱，2009）。這七個步驟並不完全與心理測驗的編製步驟完全相同。心理測驗的重點在於智力、性向、成就或態度的評估，除題項的發展之外，很重視標準化的過程，尤其是常模的建立，以進行個人與類似團體中其他人之間的比較。而量表的發展，雖然也重視標準化的過程，但不見得有常模的建立，重點比較是在於對個人態度或價值信念的認識，目的較傾向於對個人的輔導或諮商之應用，因此，在編製過程中，不及心理測驗來得嚴謹，但仍舊十分重視信度及效度的可靠性。

適用於幼兒及兒童的各類心理測驗

針對幼兒及兒童輔導過程中常用的測驗，除教師自編的成就測驗之外，以下介紹數種常用的標準化心理測驗，包括：智力測驗、性向測驗、成就測驗，以及人格測驗。至於國內其他相關測驗資訊，則列出國內目前可使用的測驗工具，讀者亦可上網查詢相關出版社所出版之測驗資訊。

一、兒童輔導工作中常用的心理測驗

（一）智力測驗（intelligence test）

智力測驗不僅測量一個人的智力，同時也能預測一個人的潛能，也因此有智力與性向間的爭議。對國小兒童而言，智力仍在發展之中，潛能的發揮有賴適當的刺激與學習機會。「斯比智力量表」和「魏氏兒童智力量表」為主要的兩項個別智力測驗，多半為臨床心理醫師在對兒童學習問題做診斷時使用；學

校的輔導老師較常用的則是團體式的心理測驗，如「歐迪斯智力測驗」（Otis Quick-Scoring Mental Ability Tests）等。

1.「比西智力量表」（Binet-Simon Intelligence Scale）

該測驗早在本世紀之初即已編製完成，當時稱為「斯比智力量表」，一直到現在這份測驗都還頗受歡迎。國內所修訂的「比西智力量表」，是以 1986 年的版本為主，國內最近的常模是在 1991 年修訂的（蔡崇建，1991），其適用於 5 至 15 歲之兒童及青少年。內容分 4 大領域，共 15 個分測驗。4 個領域及各自所包含的分測驗分別為：(1)語文推理，包括：詞彙、理解、謬誤及語文關係等 4 個分測驗；(2)數量推理，包括：數量、數列及等式等 3 個分測驗；(3)抽象／視覺的推理，包括：圖形分析、仿造仿繪、填圖及摺紙剪紙等 4 個分測驗；(4)短期記憶，包括：珠子記憶、語句記憶、數字記憶及物品記憶等 4 個分測驗。由於本量表中文版並無正式出版，因此在使用上會有些倫理問題。多半時候應用於相關研究，但也須經修訂者同意後方能使用。

2.「魏氏幼兒智力量表」修訂版（WPPSI-R）中文版

該測驗是由陳榮華、陳心怡（2000）根據 David Wechsler 博士的原版本所修訂，適用對象為 3 至 7 歲 3 個月的幼兒或是兒童。其內容包括：作業智商、語文智商和全量表智商，目的在提供特殊兒童之鑑定、安置以及研擬早期介入方案之參考。其詳細內容包括 12 個分測驗，分為 2 大類：作業量表及語文量表。作業量表包含：物型配置、幾何圖形、圖形設計、矩陣推理、圖畫補充等 5 項正式測驗和 1 項替代測驗（動物椿測驗）。語文量表則包含：常識、理解、算術、詞彙、類同等 5 項正式測驗和 1 項替代測驗（句子測驗）。

3.「魏氏兒童智力量表」第四版（WISC-IV）中文版

該測驗同樣由陳榮華、陳心怡（2007）根據 David Wechsler 博士的原版本所修訂，但使用之年齡層不同，適用於 6 至 16 歲 11 個月兒童的個別智力。其內容包括：全量表智商（FSIQ）及 4 種組合分數，目的在提供特殊兒童衡鑑及安置之參考。詳細之內容共有 10 項分測驗，包含：圖形設計、類同、記憶廣度、圖畫概念、符號替代、詞彙、數字序列、矩陣推理、理解和符號尋找等，以及 4 項交替分測驗，包含：圖畫補充、刪除動物、常識和算術等。

4.「中華兒童智力量表」

該測驗由吳武典、林幸台、王振德、王華沛、何榮桂、邱紹春等人（1994）所發展，其目的在針對特殊兒童之心理能力進行評量。適用年齡層為 5 至 15 歲之兒童。本測驗的整體架構主要是依據「魏氏兒童智力量表」，將內容分為語文及非語文兩大部分，各包含 6 項分測驗，其中最後一項分測驗為交替測驗。語文部分內容包括：詞彙、常識、算術、類同、理解、聽覺記憶等測驗；非語文部分則包括：圖形補充、連環圖系、方塊設計、拼圖、視覺記憶、迷津測驗等測驗。詳細資料可參閱該量表指導手冊。

5.「簡易個別智力量表」

該測驗係由王振德（1999）所編製，適用於 4 至 7 歲半之幼兒或兒童。目的在評估幼兒或兒童的心智能力狀況，以鑑定其智能障礙、學習障礙，或是發展遲緩等情況。內容包括 6 個分測驗，其中詞彙、算術、語詞記憶等 3 個分測驗屬於語文測驗；仿繪、拼圖、圖形推理等 3 個分測驗屬於作業測驗。6 個分測驗分別為：(1)詞彙測驗：評量詞彙理解及語文發展，分為圖畫詞彙與口語詞彙兩部分；(2)仿繪測驗：評量視知覺及精細動作的能力；(3)算術測驗：評量數量的概念、計算及推理應用的能力；(4)拼圖測驗：評量空間知覺及視動協調的能力；(5)語詞記憶測驗：評量短暫記憶及注意力；(6)圖形推理測驗：評量非文字的推理能力。

6.「智能結構學習能力測驗」（The Structure of Intellect, SOI）

該測驗係由陳龍安（1996）參考 Meeker 和 Meeker（1993）根據 Guilford 之智力理論所發展的 SOI-LA 之 Form L 所修訂，適用於幼稚園大班至三年級之兒童。其目的在評估學生基本學習能力的優勢，以作為診斷與輔導之參考。此外，也可用以篩選資優學生、診斷學習障礙、診斷低成就的可能原因，或是教學方法成效的評估依據。其內容包括與學習有關的 10 項能力，包含：視覺完形、視覺概念化、字彙與語文概念、視覺分辨力、心理動作、語文關係的理解、複雜語文概念理解、聽覺記憶、數學數列理解，以及細節視覺記憶。使用時，可以將分測驗分數依「運作」、「內容」和「結果」等三個向度加以組合，得到認知、記憶、聚斂思考、評鑑、圖形、符號、語意、單位、類別、關係、系統等 11 種能力的分數。

7.「托尼非語文智力測驗」（再版）（Test of Nonverbal Intelligence, 3rd ed., TONI-3）

該測驗的主要目的，在以抽象圖形來測量幼兒或兒童的問題解決能力。修訂者為吳武典、胡心慈、蔡崇建、王振德、林幸台、郭靜姿（2006），其主要功能有四：(1)預估智力水準、認知功能與學業傾向；(2)確認智能缺陷；(3)作為一般智力評量的工具，測驗資料可作為是否轉介以進一步評量或介入輔導的參考依據，或是作為 (4)研究之用。詳細之內容分為普及版（共 62 題，適合 4 至 16 歲 5 個月）與幼兒版（為普及版前 45 題，適合 4 至 7 歲 5 個月），並有甲乙兩種複本。試題內容偏重圖形推理和問題解決，所測得的能力偏重一般能力而非特殊能力。

8. 多向度團體智力測驗（兒童版）（Multi-dimension Group Intelligence Test for Children, MGIT-C）

該測驗是由吳武典、金瑜、張靖卿（2010）所編製，是一套標準化的智能篩選工具，可用於國小階段特殊學生篩檢、一般學生心智評量、配合其他測驗，可作為教育安置與輔導之參考。本測驗有 180 題，包含 10 個分測驗，可分別測量流體推理、知識、數量推理、視覺空間處理、工作記憶等五種能力，並可得到語文量表、非語文量表與全量表智商。語文分測驗的內容有：類同、理解、常識、詞彙、數學；非語文分冊驗的內容有：辨異、排列、空間、拼配、譯碼。

除了上述幾項智力測驗外，尚有其他幾類智力測驗，例如：「圖形式智力測驗」以及團體式的「歐迪斯智力測驗」。「圖型式智力測驗」的主要目的在測量兒童的具體和抽象思考能力，其內容分為歸納、類推及填充等 3 個分量表，約 30 分鐘可以完成。本測驗通常運用在不識字、語文有困難，或是聽障及智障等特殊兒童身上，可以輔助語文式智力測驗之不足。而「歐迪斯智力測驗」的內容分為語文及非語文兩大部分，前者又包括詞彙分類、語句完成、數學推理及字彙類比等 5 個分量表；後者又分為圖形分類、圖形類比及數字關係等 3 個分量表。詳細之使用資格及方式，須參考各測驗之指導手冊。

（二）性向測驗（aptitude test）

性向測驗的主要目的在測量一個人的特殊能力，或是預測一個人在未來訓練環境中的學習能力；前者為一般學者所稱的特殊性向，後者則為普通性向。在職業輔導方面，還有職業輔導性向測驗，但並不適用於國小兒童。針對兒童常用的性向測驗，包括：「威廉斯創造力測驗」、「科技創造力測驗」、「G567 學術性向測驗」，以及「多向度注意力測驗」等四種。

1.「威廉斯創造力測驗」（Creativity Assessment Packet, CAP）

該測驗為林幸台、王木榮（1994）所修訂，其目的在了解兒童認知及情意方面的創造力，以供教學及輔導之用。其內容包括：流暢力、開放性、變通力、獨創力、精密力、標題、冒險性、好奇性、想像力、挑戰性等方面的表現。通常是針對四年級以上之兒童使用。

2.「科技創造力測驗」

該測驗係由葉玉珠（2005）所編製，其內容兼顧思考過程及結果，強調產品導向的概念，並參考國內外科技創意競賽的評分方向。具體內容分成「字詞聯想」與「書包設計」2 個分測驗，評量指標分為 5 個向度：(1)流暢力；(2)變通力；(3)獨創力；(4)精進力；(5)視覺造型。同時並以加權總分代表整體科技創造力。適用於三至六年級之兒童。

3.「G567 學術性向測驗」

該測驗係由吳訓生、許天威、蕭金土（2003）針對五、六、七年級學生在語文及數學理解方面的評估而發展，其內容涵蓋語文理解與數學理解兩種，語文理解包括：(1)語詞歸納；(2)語詞理解；(3)語文推理；數學理解包括：(1)數字序列；(2)數學推理。在計分方面，依照年級及性別的不同，可分別換算成百分等級、T 分數（M=50/SD=10）和離差智商（M=100/SD=15），其離差智商可作為受試者之智力表現的指標。

4.「多向度注意力測驗」

該測驗係由周台傑、邱上真、宋淑慧（1993）所編製，其目的在了解兒童的注意力情形，通常可用以診斷注意力異常的兒童。內容包括：選擇性注意力、分離性注意力，及持續性注意力等方面。由於是特殊兒童的診斷工具之一，宜注意參考其他的鑑定工具，以免誤下標籤或做成錯誤決定。

（三）成就測驗（achievement test）

成就測驗之主要目的在測量學習成果。標準化成就測驗在編製上需要花費很多的時間及金錢，在美國較著名的為愛荷華大學所編製的「愛荷華基本能力測驗」（Iowa Tests of Basic Skills, ITBS），測量學生在語言、數學能力，以及社會和自然方面的基本常識。在台灣，主要仍以教師自編的成就測驗為主，用以評量學生的學習情形，並發現其是否有需要做補救教學的地方。

1.「國民小學語文成就測驗」

該測驗之目的在鑑定資賦優異或學習障礙之特殊兒童，並提供教學設計方案之參考，共分六個年級及 5 個分測驗：注音、詞彙、字形辨別、語法，以及閱讀。本測驗係由高雄市教育局於 1993 年所發展出版。

2.「國民小學數學能力發展測驗」

該測驗之目的在測量兒童數學科的學習成就，以做為學習輔導之用。分初、中、高三級，分別適用於低、中、高年級之兒童。內容分為：數學概念、計算問題，以及應用問題等 3 個部分。為周台傑、范金玉（1993）所編製。

以上二份測驗之使用並不頻繁，一般學校仍以教師自編之成就測驗為主。

（四）人格測驗（personality test）

人格測驗的使用較其他測驗的使用爭議為多，尤其是當使用目的是用來診斷一個人的心理疾病時，更需要注意。通常在使用時必須注意，多與個案針對結果來討論平常所遭遇的問題，多讓個案參與結果的解釋，而非只是將測驗結果報告給當事人。

1.「國小兒童自我概念量表」

該測驗為吳裕益、侯雅齡（2000）所編製，其目的在了解國小中、高年級兒童自我概念的發展狀況，並藉由提升兒童自我概念，以增強其生活方面的適應。內容共 61 題，包括 5 個分量表：(1)家庭自我概念：對自己的了解與父母、家人與兄弟姊妹間的相處狀況和互動情形；(2)學校自我概念：自己對學校與老師、朋友、同學的關係；(3)外貌自我概念：自己對體態、長相的看法；(4)身體自我概念：自己對運動、身體狀況的看法；(5)情緒自我概念：自己對日常情緒狀態的看法。在計分結果方面，提供 T 分數（M=50/SD=10）與百分等級常模對照，亦提供 T 分數側面圖，幫助教師了解學生的內在差異。在效度研究上也提供不同性別、年級及父母婚姻狀況在兒童自我概念上的差異。

2.「性格及行為量表」

該測驗之編製者為林幸台、吳武典、吳鐵雄、楊坤堂（1993），目的在鑑定兒童是否有性格及行為異常的情形，內容包括：人際關係、行為規範、憂鬱情緒、焦慮情緒，以及偏畸習癖等方面的狀況。由於這類測驗為特殊兒童的診斷工具之一，因而需進一步與其他工具做篩選，需要時應配合精神科醫師做臨床診斷。

3.「行為困擾量表」（第四版）

該測驗之編製者為李坤崇、歐慧敏（2008），其目的在了解兒童所知覺到的行為困擾問題，以提供老師輔導學生及補救工作之參考。其內容包括 5 個分量表與誠實指標，包含：自我關懷、身心發展、學校生活、人際關係，以及家庭生活等 5 個方面的困擾。

4. 投射技術（projective techniques）

投射技術主要是用來了解一個人的人格特質，雖然投射技術很難符合心理測驗標準化的要求，但通常藉由兒童對一些刺激的直接反應，諮商師或輔導老師能對兒童個案蒐集更多寶貴資料，以了解個案的問題成因。常用的投射技術包括：「羅夏克墨漬測驗」（Rorschach Inkblot Test）、「兒童統覺測驗」（Children's Apperception Test）、「畫人測驗」（Draw-A-Person, DAP），以及「語句完成測驗」（Sentence Completion Tests）等，這些技術可以協助輔導人員了解兒童的特質，並用來探討這些特質與其適應問題之間的關係，針對兒童問題行為形成問題成因的假設，以選擇適當的輔導策略。

除上述適用於幼兒及兒童的測驗之外，態度量表也是輔導學生過程中適合使用的工具，對了解兒童的情意態度也有相當之幫助，在輔導學生方面可以提供參考。重要者包括：「兒童自我態度問卷」（郭為藩，1978）、「學習適應量表」（增訂版）（李坤崇，1996）、「台灣版兒童青少年憂鬱量表」（Children's Depression Inventory_Taiwan Version, CDI_TW）（陳淑惠，2008），以及「幼稚園兒童活動量評量表」（陳政見、劉英森，2001）。

二、國內目前可用之測驗

過去，教育部訓育委員會曾參酌相關學者及輔導實務人員之意見，於 1994 年出版《各級學校可用測驗使用手冊》一書，明白列出《著作權法》頒布之後國內在各級學校可以使用的測驗種類。這些測驗的使用並不會有《著作權法》上的爭議，但在選用時，仍應注意使用的目的及信度、效度等相關資料。除了該手冊所列舉的 63 種測驗之外，近年來有不少可用測驗仍持續發展。在國小較常用者如表 11-1 所示，有關各測驗的詳細資料，請參考各測驗之指導手冊。值得注意的是，2014 年政府進行組織再造後，原教育部訓育委員會併入學生事務及特殊教育司，輔導工作也日益重視資源的整合，包括：校園安全、特殊教育與弱勢兒童的輔導資源等，也都頗受重視。而心理測驗的發展及使用手冊，確實有必要做進一步修訂，以符合教育實務現場的需求。

▶表 11-1　目前國小較常用的測驗一覽表

智力測驗	
• 瑞文氏彩色圖形推理測驗 • 瑞文氏標準圖形推理測驗 • 國小系列學業性向測驗 • 綜合性非語文智力測驗 • 綜合心理能力測驗 • 綜合心理能力測驗（四至九歲適用版）	• 托尼非語文智力測驗（再版） • 多向度團體智力測驗兒童版 • 簡易個別智力量表 • 智能結構學習能力測驗 此外，亦包括魏氏及瑞文氏等系列之智力測驗或推理測驗。
性向測驗	
• 威廉斯創造力測驗 • 科技創造力測驗 • 領導才能性向測驗 • G567 學術性向測驗 • 領導技能問卷 • 生活問題解決測驗 • 新編問題解決測驗	• 行動和動作創造思考測驗 • 陶倫斯創造思考測驗（語文版） • 陶倫斯創造思考測驗（圖形版） • 多元智能量表（乙式） • 批判思考測驗—第一級 • 情境式創造力測驗
成就測驗	
• 國民小學國語文成就測驗 • 語言障礙評量表 • 國民小學數學能力發展測驗	• 國民小學高年級數學科成就測驗 • 國民小學高年級國語科成就測驗 • 柯氏國民小學數學科成就測驗
人格、適應方面的測驗	
• 行為困擾量表（第四版） • 學習適應量表（增訂版） • 國小兒童自我概念量表 • 幼稚園兒童活動量評量表 • 主題情境測驗 • 情緒障礙量表 • 社會適應表現檢核表 • 學前兒童提早入學能力檢核表 • 文蘭適應行為量表（中文編譯版） • 國小學生活動量評量表	• 台灣版兒童青少年憂鬱量表 • 台灣版多向度兒童青少年焦慮量表 • 阿肯巴克實證衡鑑系統 • 涂老師社交測量系統 4.0 版 • 情緒智能量表青少年版 • 幼兒日常職能活動量表 • 兒童生活功能量表（中文版） • 國小學童生活適應量表 • 幼兒情緒能力評量表 • 貝克兒童及青少年量表第二版（中文版）

▶表 11-1 目前國小較常用的測驗一覽表（續）

發展／篩檢測驗	
• 多向度注意力測驗 • 零歲至六歲兒童發展篩檢量表 • 兒童感覺發展檢核表 • 兒童感覺統合功能評量表 • 中華畫人測驗 • 幼兒感覺發展檢核表 • 兒童寫字表現評量表 • 注意力缺陷／過動障礙測驗 • 拜瑞－布坦尼卡視覺－動作統整發展測驗 • 修訂中文口吃嚴重度評估工具（兒童版） • 修訂畢保德圖畫詞彙測驗	• 動作協調問卷（中文版） • 動作問題簡易量表 • 國小低年級數學科篩選測驗 • 華語兒童理解與表達詞彙測驗（第二版） • 華語學齡兒童溝通及語言能力測驗 • 華語嬰幼兒溝通發展量表（台灣版） • 零歲至三歲華語嬰幼兒溝通及語言篩檢測驗 • 台灣版自閉症行為檢核表 • 學前兒童粗大動作品質量表 • 簡明失語症測驗 • 簡明知覺—動作測驗
診斷測驗	
• 中文年級認字量表 • 國小兒童書寫語文能力診斷測驗（第二版） • 基本讀寫字綜合測驗 • 國民中小學學習行為特徵檢核表 • 國小注音符號能力診斷測驗 • 國語正音檢核表（第二版） • 英文認字測驗	• 國民中小學時間管理行為特徵檢核表 • 國民中小學記憶策略行為特徵檢核表 • 國民中小學考試技巧行為特徵檢核表 • 國民中小學社交技巧行為特徵檢核表 • 國小語文及非語文學習障礙檢核表 • 國民小學低年級數學診斷測驗

資料來源：心理出版社（無日期 a，無日期 b）、中國行為科學社（無日期 a，無日期 b，無日期 c）

上述這些測驗有的有出版，有的沒有出版，僅供教育相關單位診斷學生學習問題及生活輔導之用，不論如何，對國小實施測驗計畫仍有相當之助益。相關資料仍可隨時上網查詢測驗出版公司或是教育部的相關網頁，以獲得最新資訊。

第三節 學校心理測驗計畫

在個別施測方面，學校輔導人員以心理測驗診斷兒童的學習問題時，有幾個步驟可以依循（Wise, 1989）。首先是發現學生的問題，兒童的問題可能由一般教師發現而知會輔導室（處）；其次是澄清兒童所面臨的問題；第三個步驟是對問題的成因做成假設，這個部分比較困難，需要有豐富的經驗較能做正確假設；第四個步驟是資料蒐集，包括：家庭訪談、學校紀錄的整理、與任課教師的會談、教室行為的觀察，以及選擇適當的測驗並施測等；第五個步驟是對所蒐集的資料做綜合性的分析解釋，並對原有的假設提出修正；第六個步驟是向學生、家長、老師，以及相關人員做測驗結果的解釋；第七個步驟是對學生的發展方向提出建議；最後做一追蹤評量。

而以團體施測方式進行時，學校通常是配合兒童在校的六年學習期間，做有計畫的安排，此乃所謂的學校心理測驗計畫。在訂定學校心理測驗計畫時，有幾個步驟可以依循。

一、確定測驗目的

在擬定學校測驗計畫時，首先必須了解測驗的目的。一般而言，學校測驗的使用有幾個目的：(1)診斷學生的學習問題，並施予補救教學；(2)供教師做改進教學之參考；(3)供教師評定成績之參考；(4)鑑定特殊兒童；(5)供教師做心理輔導之參考。除了以上幾個目的外，近年來也有不少的心理測驗實施是為了學者的研究，以供教育制度改進之參考。在確定使用目的之後，方能做適當的選擇，以達成實施測驗的目的。

二、選擇適當的心理測驗

選擇適當的心理測驗時，應依據不同的目的做選擇，此外，應注意幾個重點：(1)要清楚測量哪些東西；(2)測驗的結果做何使用；(3)要確定有合格的使用者來解釋或運用測驗結果；(4)要顧及所有使用時可能產生的限制（Brown, 1983）。除了這幾個重點外，由於兒童的閱讀能力、語言表達，以及寫作表達能力都還在發展中，因而需特別注意題型是否能讓兒童接受。此外，兒童的注意力可能無法長久持續，在團體施測時可能也有些團體競爭所帶來的壓力，這些因素均需注意，在施測過程中仔細觀察，以做為解釋測驗結果時的參考。

在為兒童選擇適當的測驗時，除了對兒童問題有清楚的認識之外，應仔細閱讀測驗指導手冊，以免讓學生做了之後才發現計分困難、解釋困難，或者根本無法配合學生需求、無法提供學生或老師任何協助等問題。施測的輔導教師在施測之前，可以由指導手冊中所描述的幾個重點來判斷該份測驗是否適合學生使用，這些重點包括：

1.測驗的目的：該份測驗在測量什麼、結果可如何應用、測驗編製的理論基礎為何等。

2.測驗的編製過程：該份測驗的題庫來源、預試量表的項目分析情形、有哪些刪題的標準等。

3.信度、效度資料以及常模的建立：該資料如何形成、使用哪些樣本、常模如何建立、如何使用等。

4.施測及計分方式之說明：如何施測、施測時應注意哪些事情、如何計分、計分結果如何解釋等。

學校輔導老師可以跟據指導手冊中所列出的這些資料來判斷是否適合學生使用，如果適用，是以個別使用為宜，或以團體施測為宜，不同的使用方式又有何優缺點等。這些問題都是學校在訂定測驗計畫或是整個年度工作計畫時應顧慮到的問題。

三、實施心理測驗

選定適當的測驗之後，接下來就是要安排適當的時間予以施測。這方面也必須依據實施心理測驗的目的，如果是為教學評量，當然可以在學期之初做一前測，以了解學生的起點行為；於學期中，做形成性評量，以做為改進教學之參考；於學期末，進行總結性評量，以觀察教學效果，並評定學生成績。如果測驗的目的是診斷特殊兒童，則應於發現兒童有疑似特殊問題時，配合專家或相關的社會資源在最近的適當時間內實施，必要時並配合全國特殊兒童的鑑定時間，予以進一步診斷。如果測驗的目的是提供諮商與輔導之參考，若無其他特殊考量因素，應可於學期中任何時間進行。

至於確切的施測時間，最好是一週中的週二至週五的某天上午，而且應避免使用週日、假日或學校的考試期間，以免影響學生的心態、情緒，進而造成嚴重的測驗結果誤差（郭生玉，1985）。此外，需注意測驗的時間長短，對國小兒童而言，以不超過 1 小時為原則，時間太長會造成兒童的疲勞，進而影響測驗結果；如果的確需要較長時間，不妨參考指導手冊中的說明，衡量一下是否可以將施測時間分 2 至 3 次進行。

通常在施測時間敲定後，施測之前最好能對教師及相關行政人員作一場說明會，如果全校同時實施，施測者又並無接受過心理測驗專業訓練時，更應有一場說明會，讓施測者能熟悉測驗的目的及施測的詳細程序。施測程序的標準化為舉辦此一說明會的重要原因之一，由於各班的施測者不同，如果施測者所給的指導語不同，或是除指導語之外對學生所提疑問也給予不同的答案，測驗結果也會有重要影響。因而施測前的說明會是相當重要的，施測者必須能夠清楚地唸出指導語，而且要相當客觀。一般說明會應包含幾個重點：

1.說明學校實施該份心理測驗的目的。

2.說明這份測驗能測量些什麼東西，又不能測量出什麼東西。

3.簡單說明該份測驗的用途，對教師輔導學生能提供哪些幫助。

4.說明在實施這份測驗時應注意的任何事項，並強調讀完指導語的重要性。

施測結束之後，接著是計分的工作，如果是電腦計分，可委託相關出版單位協助施測；如果是人工計分，則應盡量避免錯誤。計分結果應做適當的登錄，目前一般學校的作法是將結果登錄於學生的綜合資料卡上，其內容應當包含：測驗名稱、施測日期、測驗結果（含原始分數及常模分數）。如果有對學生做個別解釋，應進一步記錄解釋的過程，以及與學生談話的內容。

四、測驗結果的解釋及應用

施測結果的解釋及應用是達成施測目的最重要的步驟，在結果解釋的部分，可以對學生做口頭報告，也可以寫成書面報告，但應對學生本人及相關人員強調該結果僅供參考。此外，針對不同的對象，需要以不同的方式呈現結果，以配合各相關人員的背景，讓他們能了解測驗結果，並運用測驗結果。

（一）提供教師參考的測驗結果報告

提供教師的報告可以將全班的分數列在一起，其中除了測驗名稱、測驗目的、測驗日期、施測時間、全班人數，以及缺席人數之外，每個學生在各個分量表上的原始分數及常模分數均應列出；如果是標準參照測驗，指導手冊中所提供各分量表上的切截分數（cut-off score）也可以列出，供教師參考。其他的注意事項，尤其是可能誤用的情形，均應提醒教師，例如：結果供教師對學生的了解、不要以此單一結果對學生斷下標籤、不要讓同學任意比較全班同學的測驗資料（保密原則），必要時以個別方式進一步向兒童解釋測驗結果。

（二）向學校或教育行政單位所做的結果報告

有些測驗是接受教育行政單位委託而實施的，在測驗結果報告的撰寫方面，除了學生的個別結果之外，還必須將所有結果做一彙整。如果是教育或學習診斷方面的測驗，則需進一步提出學生在該階段的發展情形，以及學校教學的情形。如果是有關人格或是以輔導諮商為目的之測驗，則除了對測驗的結果做客觀描述之外，亦需進一步分析結果，並由社會及家庭層面討論結果，且進一步提出可行的輔導計畫。

（三）提供家長參考的測驗結果報告

依據輔導的倫理原則而言，家長有權利知道子女在學校接受測驗的結果，而學校也有責任向家長提出測驗結果的說明。但一般來說，家長比學校教師更難理解測驗結果，學校應當站在家長的立場，將測驗結果以淺顯的方式讓家長明白，方能讓家長了解兒童，並配合學校，促進兒童的發展。

通常家長並不能完全明白測驗結果中的數字資料，尤其是百分等級，與一般成績單中所列的名次意義相反，如果沒有說明，反而會造成誤會。報告中應說明學校實施此一測驗的目的，強調測驗結果所代表的意義，並提供家長可以協助子女的地方，而非僅列出數字資料。

五、學校使用心理測驗的相關倫理議題

（一）輔導人員使用心理測驗可能產生的誤用情形

本章前面曾提及心理測驗為輔導工具之一，使用者必須經過測驗方面的專業訓練，但心理測驗被誤用的情形仍舊經常出現，以下為經常出現的誤用情形：

1.未經專業訓練即使用心理測驗，因為對測驗觀念不清楚或不正確而做出不正確的解釋。

2.與學生做個別晤談時，未經正確判斷即使用測驗，純粹以測驗做為和個案建立關係的工具。

3.對個案的問題需求沒有做正確的判斷，而使用不適當的測驗，徒然花了時間做測驗，但測驗結果卻無益於兒童問題的解決。

4.只因應行政單位或研究單位的要求，未向兒童解釋做測驗的目的即行施測，而對測驗結果及運用情形又全然不知。

5.單憑一次測驗的結果而對兒童做安置的決定。

6.測驗出版公司未妥善管制測驗購買者的資格，因而造成非專業人員誤用測驗的結果。

事實上，有些學者認為一般的成就測驗，即使是標準化的，也並非能測量一個學生真正的學習情形。因為一般的測驗忽略了兒童對知識的建構，也沒有顧及兒童的內在思考（Kamii & Kammi, 1990; Perrone, 1990）。而一般兒童在智力、情緒、態度、價值觀念等各方面都還在發展中，在良好的學習環境之

下，很多潛能都還未能發揮，因而變化很大。經過一段時間再做同樣測驗，也有可能出現非常不同的結果。因而除了對標準化心理測驗的認識之外，輔導教師對非標準化的評量技術也應當有所認識，以多方了解兒童的學習及發展，提供適當的輔導服務。

（二）使用心理測驗時應遵循的倫理原則

在諮商倫理方面，當事人的自主權（autonomy）、受益權（beneficence）、不受傷害的權利（non-maleficence）、公平（justice），以及忠誠（loyalty）等，為五個重要的倫理原則（Kitchner, 1984）。這五個原則在心理測驗的實施方面也同樣適用。

1.在當事人的自主權方面：兒童雖然未達法定年齡，但仍應被告知做測驗的目的，同時也應該有權利決定是否願意接受測驗。此外，兒童也應該被告知測驗結果，並且是以他們能夠理解的方式接受測驗結果的解釋，而非只是他們的父母或監護人了解即可。通常學校做測驗時，也應知會家長，讓家長知道測驗目的、測驗結果及結果的運用情形。

2.在當事人的受益權方面：當事人的受益權也是使用測驗時最重要、最需注意的一個原則。在運用測驗結果時，應以兒童的福祉為最重要的考量，並參考其他評量技術，對兒童做進一步的認識、診斷，以決定適合於兒童的輔導策略。

3.在當事人不受傷害的權利方面：在不受傷害的前提下，應提醒輔導人員切勿因單一的測驗結果而對兒童下標籤。有些兒童只因為該次測驗分數過低而被標籤為學習障礙，進而影響其日後的學習；有些兒童可能因為被標籤為資優兒童，而產生自豪或壓力過高的情形，對其心理發展也有所影響。

4.在公平原則方面：這方面主要是必須提醒輔導人員，不能因為兒童平時在秩序或學業方面的表現不好，而對測驗結果做不客觀的解釋。而且在解釋測驗的過程中，不應受兒童性別、家庭背景或種族等因素的影響，而失去客觀的態度。

5.在忠誠原則方面：這方面應顧及測驗資料的保存，除了讓相關人員知道，而且是為當事人利益而讓相關人員知道之外，應妥為保存測驗結果。在向兒童做團體的測驗結果解釋時，也應提醒他們不能擅自觀看其他同學的測驗結果。將測驗結果發給兒童或家長觀看時，只能單獨列出該兒童的分數，不應將全班兒童分數列於同一份報告中，以免影響兒童的個人隱私。

（三）針對幼兒或兒童使用標準化心理測驗時應注意事項

在幼兒園或國小階段的幼兒或兒童，是否適於使用標準化心理測驗？不當的使用會產生哪些後果？正確的使用又能為兒童、家長及老師提供哪些協助？這些問題並沒有一定答案，必須經過審慎評估。有些人認為心理測驗的使用在國小階段有其必要性，有些人則認為國小兒童不宜使用標準化的心理測驗。不論如何，我們強調如果使用，一定要有充分的準備，包括：使用者的資格以及學校其他人員的配合等。

針對兒童做個別心理測驗時，需事先與兒童做適當溝通，在兒童有意願的情況下使用心理測驗，方能收到效果。測驗的結果必須以兒童或家長及相關人員能接受的淺顯語言，讓他們了解兒童的狀況。此外，針對國小兒童使用標準化的心理測驗，可能會遭遇到幾個問題，這些問題值得輔導教師等相關人員加以注意：

1.測驗結果的解釋必須客觀：國小兒童的特性本就不十分穩定，在信度考驗方面所得資料也就有其限制。對發展迅速的兒童而言，更不能以單一的測驗結果，對其某方面的發展做一定論，需配合不同的評量方式，對兒童的情形做客觀解釋。

2.測驗結果的解釋需使用新近的常模：也因為兒童的一切特性都還在發展之中，即使一份測驗有常模的建立，但常模建立所參照的樣本性質可能與受試者的特性有一段差距。如果很沒有彈性地讓受試者或家長將分數與常模對照，很可能會發生嚴重的誤用，因而損及學生的自尊或過於高估學生的能力。

3.測驗結果的解釋需注意施測時的情境：對兒童實施心理測驗時，在施測過程方面也有其限制。一些影響測驗結果的因素，包括：施測情境中的氣氛、團體大小，以及施測所需的時間等。這些因素可能會對兒童造成壓力，或是讓兒童無法長時間集中注意力，因而讓測驗結果產生較大的誤差。

4.測驗結果的解釋須避免對兒童斷下標籤：一般而言，心理測驗較嚴重的誤用情形，是因為經過測驗的診斷結果而對兒童下一標籤。因為此一標籤，某些兒童就被安排在特殊環境中，接受特殊教育。如果是正確的診斷，對兒童而言是一個福音，如果診斷錯誤，則兒童的權利也在無形之中被剝奪了。

5.測驗結果的解釋僅提供參考：有關心理測驗觀念上的問題，也應當讓家長以及學校的相關人員注意，以免產生負面結果或是造成誤用的情形。輔導教師應當強調測驗的結果僅供參考，不能單憑一份測驗的結果而斷下決定。不論是對資優生或學習障礙兒童的診斷及安置，均不能單憑一份測驗而斷下定論，應多參考其他非正式的評量技術。

6.測驗結果須妥善保存：心理測驗的施測結果應由學校妥為保存，不應讓兒童自行保管，以免流失，對兒童造成不必要的傷害。即使是讓兒童攜回供家長參考，也應當有一份讓家長能了解的簡單說明，並於事後由兒童帶回，讓學校保存。

不論如何，如果心理測驗的使用能秉持著為兒童的福祉著想，則誤用的情形會減少很多。

第四節 非標準化評量技術的使用

心理測驗是協助輔導人員了解兒童的客觀方式，然而除了客觀的測驗之外，一些非標準化的評量技術也有助於教師或輔導人員蒐集兒童資料，以多方面了解兒童，提供有效的輔導。常用的方法包括：觀察法、檢核表，以及教師自編的評量技術等。

一、觀察法

（一）觀察目的

對兒童進行觀察有兩個主要目的：一個是了解兒童的行為；另一個是評量兒童的發展情形。由於兒童各方面的能力都還在發展之中，正式的評量工具不見得能完全了解兒童，口頭上的問話或晤談也不見得能讓兒童完全的表達自己，因而非正式的觀察有其必要。

（二）觀察方法

1.軼事記錄：將觀察到的所有行為做完整記錄，包括：時間、地點、事件，以及兒童的情緒反應等。紀錄應保持客觀的態度，如果是觀察者個人對該行為的解釋或評論，應在紀錄表中加以區隔，並註明之。

2.勾選表的製作：所謂的勾選表，是指觀察者在進行觀察之前，將所要觀察的行為列在觀察紀錄表中，例如：上課時擅自說話、拿別人東西、離開座位等行為。只要兒童有該行為出現，即打勾（∨），或是做「正」字記錄。此一觀察方式比軼事記錄方式要來得方便。

3.點量表的評量方式：此一觀察方式除列出所要觀察的行為之外，在紀錄表中該行為之下列出 1 至 5 或 1 至 7 之數字，讓觀察者對該行為的表現良好程度做一評定。

以上的不同觀察方式，在使用時各有利弊，觀察者應依據不同的目的來決定較適合的觀察方式。

（三）進行觀察時應注意事項

1.進行觀察之前應有清楚的目的，並決定確切的觀察行為、觀察時間、地點等，如果有需要在其他場所做觀察，需經相關人員的同意及配合，例如：在校外的特定場所或家中等。

2.觀察兒童行為時，應注意相關的倫理問題，對觀察結果紀錄的運用，更應顧及兒童的隱私權。輔導人員不應在非專業性的場合中討論被觀察兒童的問題。

3.進行觀察時，如果是非參與性的觀察，應避免干擾兒童的正常運作，以免影響兒童的學習及互動情形。

二、檢核表

檢核表（checklist）有點類似前述的勾選表，但較為複雜，重點不只是觀察行為的有無出現，而是根據對兒童的了解做一評定，有時這些了解不見得是經由直接的觀察而得到的。通常檢核表中可針對不同年齡及學習領域，列出各種不同的學習目標，用以評量兒童的學習情形。

（一）檢核表的製作

檢核表的製作有以下四個步驟：

1.確定所要評定的目標及內容。

2.另外分別列出兒童所要達成的學習目標或目標行為。

3.按照每個項目的難易或複雜程度，有順序的排列出所有的檢核項目。

4.使用檢核表，並保持紀錄。

（二）何時使用檢核表

1.配合觀察情境使用檢核表，如前觀察法所述。

2.評定學習成果時，可使用檢核表，例如：家庭作業有無完成等。

3.評定兒童在某些特定任務的完成方面，可使用檢核表。

（三）使用檢核表的優缺點

檢核表的使用相當容易、有彈性，方便老師隨時記錄兒童的行為及學習情形，但也有其缺點，例如：只知道是或否，而不清楚兒童在該行為表現上的程度，需要有恆心持續記錄；花費時間多，也可能因為花太多時間記錄，而無形中減少了對紀錄結果的整理及應用。

三、教師自編評量方式

教師自編評量方式通常是以紙筆測驗的方式進行，但有些兒童可能讀寫能力不夠，或不善於以寫作方式表達。面對這種情形時，口頭問話也是用以了解兒童學習情形的方式之一，而此一方式常被忽略。

教師自編的評量方式，最常用者仍以成就測驗為主，兒童平時的小考、學期中的段考、期末考等，均屬此類自編的成就測驗。Wortham（1995）指出，教師在自編評量方式時，應考慮以下幾個重點：

1.決定教學目標：除主要教學目標之外，亦應列出具體的行為目標。

2.列出雙向細目表：在雙向細目表中，橫向為要達成的目標層次，常用者為Bloom（1956）對教育目標的分類系統，在認知方面分為：知識、理解、應用、分析、綜合、評鑑等6個層次；而縱向方面，則為教材的內容。此一雙向細目表的製作，可避免評量內容過於集中某一單元內容或某一認知層次。

3.同時考慮形成性評量及總結性評量的重要性：形成性評量是在學習過程中進行評量；總結性評量則是在學習活動結束時所做的評量。將雙向細目表中所列舉的評量內容依其性質分配在兩個不同時間做評量，是教師在做學習輔導時應考慮的。此一考慮會影響各次評量的試題長短、形式，以及試題內容。

4.根據雙向細目表設計教學活動：一般教師認為雙向細目表的功能在於命題之用，但事實上，教師也應該根據雙向細目表來設計教學活動，讓兒童能學到我們要兒童學到的目標、教學活動，以及評量之間的架構一致，方能輔導兒童有效的學習。

5.同時考慮評量結果的使用及進一步安排學習活動：教師自編評量工具之目的在增進兒童的學習，因而評量的結果應當讓兒童受益，而非只是教師做成績評定之用。如何讓兒童透過學習評量而學得更多，是教師在自編評量工具時也應顧及的重點。

除上述幾種非正式的評量方式之外，表現測驗（performance-based test）

也是重要的一種評量方法，這種非標準化的評量，通常是以會談方式進行，有時也包括遊戲、引導式作業，或學生與教師間的契約等。最近頗受重視的學生檔案管理（portfolios），也是屬於表現測驗的一種評量方式，這些方式都可以配合標準化心理測驗的使用，增進對兒童的了解，以做為對兒童學習及生活各方面輔導時的參考。

第五節 兒童個案的心理衡鑑

一、心理衡鑑知識在兒童輔導工作中的必要性

一般教師在輔導過程中，在遇到特別需要關心的兒童時，須具備相關的心理衡鑑（psychological assessment）知識，以判斷兒童所處情境或所面對的問題是否需要更進一步的專業協助。根據《心理師法》的規定，臨床心理師的業務範圍包括一般心理狀態及精神病或腦部心智功能的心理衡鑑；諮商心理師雖然不能進行精神病或腦部心智功能的衡鑑，但也應具備一般心理狀態與功能之心理衡鑑資格。即使教師或一般學校輔導人員並非心理師，不具備心理衡鑑資格，但相關的衡鑑知識仍有助於兒童及其家長對於問題的了解及處理，同時也能知道如何與心理師或相關助人工作者進行輔導或診斷工作上的配合。

所謂的心理衡鑑意思是指根據臨床的晤談、觀察，以及相關之測驗工具來蒐集有關個案的資料，以做出正確的診斷。心理衡鑑的範圍大於心理測驗，包括前述以晤談、觀察、標準化，或非標準化的投射技術來評估兒童的人格特質、認知思考模式、情緒感受等。

二、學校輔導工作人員應具備的衡鑑知識或能力

之所以要訂定學校諮商人員應具備哪些衡鑑知識，是因為足夠的衡鑑知識方能判斷學生的問題，並配合相關診斷結果，提供有效的諮商與輔導策略，因此學校諮商人員具備這些能力知識是十分重要的。所有的學校輔導工作人員在

接受訓練過程中，都包括這些衡鑑能力的訓練。我國的諮商心理師培養機構，也都提供這方面的能力訓練，而諮商及臨床心理師的執照考試，也都涵蓋這些能力。

（一）美國相關專業學會所訂定之衡鑑能力內涵

根據「美國學校諮商師學會」（American School Counselor Association, ASCA）以及「美國諮商與教育衡鑑學會」（Association for Assessment in Counseling and Education, AACE）的準則規定，學校輔導工作人員應具備的衡鑑能力包括以下九項（ASCA, 1998; AACE, 1998）：

1.選擇衡鑑策略的能力。

2.能清楚經常使用的衡鑑工具。

3.清楚一般的衡鑑工具使用流程，並知道如何計分。

4.能正確提供衡鑑結果，並撰寫衡鑑報告。

5.能根據測驗結果做成適當決定。

6.對測驗結果所涵蓋的統計數字資料做正確解釋。

7.針對學校諮商方案或處遇的評估能提供適當的結果解釋。

8.能針對地方上的需要而正確使用問卷調查等資料。

9.能在衡鑑與評量實務工作上盡到專業責任。

（二）台灣諮商專業團體對心理衡鑑能力的規定

在台灣，「台灣輔導與諮商學會」也有訂定測驗相關方面的準則，包括：實施人員須具備心理衡鑑專業知能、尊重個案的知後同意權、重視個案的福祉、能正確選擇適當的衡鑑工具、做正確的解釋等。「台灣心理學會」對測驗、衡鑑與診斷等業務內容也做出相關的規定，包括以下 11 點（台灣心理學會，無日期）：

1.心理學專業人員應尊重測驗及衡鑑工具編製者的智慧財產權，未經其授權，不得予以占有、翻印、改編或修改。

2.在編製心理測驗和其他衡鑑工具時，心理學專業人員應遵循既定的科學程序，並遵照「台灣心理學會」的標準，使其所編製的測驗達到標準化。

3.在使用測驗及衡鑑技術時，心理學專業人員應具備適當的專業知識和經驗，並以科學的態度解釋測驗，以提升當事人的福祉。

4.在選擇測驗時，心理學專業人員應注意當事人的個別差異，慎重審查測驗的效度、信度及常模，選用自己熟悉而且對了解當事人當時心理狀態具有實用價值之衡鑑或診斷工具。

5.在實施心理衡鑑或判斷工作前，當事人（或其監護人）有權利要求心理學專業人員以其能懂的語言，告知心理衡鑑的性質和目的、衡鑑結果的參考價值與限制，及其何以需要接受心理衡鑑。唯有在當事人對心理衡鑑或判斷工作所提疑問全獲得釐清，並同意接受此項工作後，始得進行心理衡鑑工作。

6.在實施心理測驗或衡鑑時，應注意維持測驗的標準化程序，以保障測驗結果的可靠性和真實性。

7.在解釋測驗結果時，心理學專業人員應力求客觀正確，並審慎配合非測驗資料，提出有效的適當證據，做嚴謹而適度的邏輯推論，撰寫衡鑑或判斷報告，提出有助於當事人的建議，並避免對當事人及其關係人產生誤導，或造成不良後果。

8.為避免產生誤導與不良效果，心理學專業人員在其報告中，應註明該次衡鑑或判斷結果之可靠度。

9.心理學專業人員對當事人之測驗原始資料、衡鑑或判斷報告，以及建議內容，應視為專業機密，善盡保密之責任；未徵得當事人之同意，不得公開。若為諮商、研究與教育訓練之目的，而做適當使用時，不得透露當事人的身分。

10.心理學專業人員應在合法的範圍內，盡力保持測驗和其他衡鑑工具的機密性，以免因為一般大眾熟悉其特殊內容及相關之應試技巧，而損害其原有功能。

11.心理衡鑑使用之正式測驗材料，不得在大眾媒體展示，或用以從事任何娛樂性節目。在非專業性演講、撰文或討論時，只可使用模擬項目為例，絕不可使用正式的測驗項目，以免影響其應用價值。

綜合而言，心理師在心理衡鑑方面的業務，必須注意以下幾個重點：第一，在使用衡鑑工具之前，需尊重個案的知後同意權，個案有了解測驗性質與目的之權利；除非個案放棄該項權利，否則不論是兒童或家長，心理師均應以淺顯的語言，對兒童及家長或是監護人做適當解說；其次，心理師在施測及說明心理衡鑑的結果時，必須顧及測驗情境因素，並注意這些情境對衡鑑結果之信度與效度所可能產生的影響，以避免衡鑑結果被他人誤用；第三，心理師在進行測驗結果的解釋服務時，需注意是否正確使用常模，有時常模所依據的樣本並不一定適合個案，心理師需注意當初之所以訂定此一計畫的目的，並正確使用常模及衡鑑結果；第四，在合法範圍內，應盡力保持各種衡鑑結果的機密性，維持個案的福祉；最後，應當鼓勵其他助人者對評量工具有正確的認識，沒有經過適當訓練或不具資格者，不能使用特定的衡鑑技術。

三、常用的兒童個案心理衡鑑工具

在幼兒及兒童階段，常見而需要使用衡鑑評估的問題，包括在學習發展及行為表現兩方面。除本章第二節所介紹之心理測驗工具外，以下分別就學習障礙的篩選及違犯行為兩方面，介紹兒童常用的心理衡鑑工具。

（一）疑似學習障礙篩選測驗

通常有特殊需求的學生，在經過轉介時，會針對兒童的學習行為填寫學習行為特徵檢核表。其學習行為特徵可能是發展性學習障礙，也可能是學業方面的學習障礙。

多數學校的測驗計畫，會針對疑似學障兒童進行衡鑑，以新竹市為例（新竹市特教資訊網，2009），若為發展性學習障礙，則會進一步評估兒童在以下六個方面的障礙表現情形：(1)注意力障礙；(2)知動能力障礙；(3)記憶力障礙；(4)口語表達障礙；(5)思考力障礙；(6)社交技巧障礙。針對這些可能出現的發展性學習障礙，相關的衡鑑工具，包括：「多向度注意力測驗」、「聽覺記憶測驗」、「國小學生活動量評量表」、「簡明知覺—動作測驗」、「拜瑞—布坦尼卡　視覺—動作統整發展測驗」、「國民中小學記憶策略行為特徵檢核表」、「工作記憶測驗」、「學前兒童語言障礙評量表」、「學齡兒童語言障礙評量表」、「兒童口語表達能力測驗」、「國民中小學時間管理行為特徵檢核表」、「國民中小學考試技巧行為特徵檢核表」，以及「國民中小學社交技巧行為特徵檢核表」等。

若兒童的學習主要為學習方面的學習障礙，則也包括六個方面的進一步評估：聽覺理解、拼音、識字、閱讀、寫作與數學障礙等。會使用的測驗則包括：「修訂畢保德圖畫詞彙測驗」、「兒童口語理解測驗」、「聲韻覺識的測量」、「國小注音符號能力診斷測驗」、「中文年級認字量表」、「漢字視知覺測驗」、「閱讀理解困難篩選測驗」、「基本讀寫字綜合測驗」、「國小學童中文閱讀理解測驗」、「國小兒童書寫語文能力診斷測驗」、「國小學童書寫語言測驗」、「基礎數學概念量表」、「國民小學低年級數學診斷測驗」，以及「英文認字測驗」等。

（二）兒童違犯行為的衡鑑工具

違犯行為兒童的篩檢，在校園裡也是教師頗為關心的議題。這方面常用的工具並不一定有出版，但在研究方面較常使用，這些研究對實務工作者也提供應用上的參考，多半常用的違犯行為衡鑑工具以人格衡鑑為主，例如：「兒童衝動性格量表」，其內容包括：求樂衝動、追求刺激、計畫能力、情緒表達衝動，以及恆毅性等五個架構；「兒童違犯行為量表」（莊耀嘉，1996）是另一項常用的工具，其內容包括30項不良行為，採用類似於三點量尺的方式作答，回答「從未做」、「偶而做」及「經常做」三個反應，分別給予0、1、2分。該量表分為：攻擊行為、財物侵犯行為、一般違規，以及不良娛樂等四大類，各分量表總分代表個人在該方面的違犯行為，分數愈高表示違犯行為愈多。該量表的實際應用，可分為三個版本，分別由兒童自陳、教師勾選，以及家長評量，以增加兒童違犯行為評定的客觀性。

除量表形式的衡鑑工具之外，透過與兒童身邊重要他人的晤談，也可以進行適當的行為衡鑑。「父母晤談表格」是用以評量孩子在家庭及公共場所的行為問題之極佳工具（趙家琛、黃惠玲譯，2002：65），其目的在針對有反抗、對立或破壞行為的兒童進行衡鑑；內容包括：問卷總指導語、家庭資料表、發展史與醫療史、干擾行為疾患量表（家長版、教師版）、家庭情境問卷、學校情境問卷，以及如何為孩子的評估做好準備等。

而針對家長所進行之臨床晤談的報告表格內容，則涵蓋：(1)與家長所溝通的法律須知；(2)家庭結構；(3)接受評估之理由（家長的擔心）；(4)依據DSM-5 手冊當中所診斷出的兒童期疾患類型，包括：對立性反抗疾患、品行疾患、焦慮與情感性疾患、特定對象恐懼症、社交恐懼症、分離焦慮疾患、廣泛性焦慮疾患、低落性情感疾患，或重鬱症等；(5)父母管教方法；(6)孩子的評估史及治療史；(7)學校史；(8)家族史；(9)孩子的心理及社交優點（趙家琛、黃惠玲譯，2002：229-256）。

除此之外，梁培勇（2009）所發展的「偏差行為的衡鑑與診斷系統」，其衡鑑內容包括：主訴問題、曾接受的處置及專業建議、發展和醫療史、家族史、生活養育史、就學史、對案主的行為觀察、家庭配合程度。衡鑑方法包括：晤談與觀察、心智狀態檢查（包括：外觀、行為動性和協調、認知功能、感覺和知覺、自我概念、情緒和心情、人際關係、因應策略和防衛等），必要時使用適當的心理測驗。

其他常見的兒童行為問題，透過觀察我們可以看到的，包括：肢體方面的喜歡動手打人、好動；語言方面的經常罵髒話或是說謊；學習方面的上課分心、成績低落、不寫作業、忘東忘西；與同學互動時的習慣性干擾他人、頂撞、人緣不佳、偷竊；喜歡與人打架鬥毆；賭博財物；私藏禁品；紋身；猥褻；意圖脫逃、自殺；擾亂秩序；不服管教等。

綜合而言，這些兒童偏差甚至是違犯行為，一方面可透過量表的施測進行篩檢，另一方面也可以透過教師及行政人員的觀察，以及早發現這些兒童的需求。此外，也可以透過與家長的晤談，了解這類兒童令父母感到困擾的行為，以及早處理，並給予關心，讓這些兒童不致於有更為偏離常軌的偏差行為。

（三）注意力缺陷兒童的診斷

就發展觀點而言，注意力缺陷也是常見的兒童問題。除了之前所提及的相關標準化工具之外，以觀察及會談進行衡鑑為最常用的診斷方式。以下為這類兒童常見的症狀，可提供教師對這類兒童的注意，並協助轉介輔導。

1.對於學校作業、功課或其他活動經常無法留意細節或粗心犯錯。

2.不太能維持在作業或遊戲活動中的注意力。

3.跟他說話時，他常常似乎沒有在聽。

4.對於指定的事經常無法堅持到底，對於學校作業、家事或工作中的責任事項也常無法完成（並非因為反抗行為或不了解命令的內容）。

5.常有困難安排工作或參與活動。

6.對於需要持續專心從事的工作（如學校或家庭作業），常會逃避、厭惡或做得不甘願。

7.常弄丟工作或活動所需物品（如玩具、作業本、鉛筆或書等）。

8.經常很容易就受到外來刺激的吸引而轉移注意力。

9.在日常活動中經常健忘、疏忽。

（四）衡鑑會談及報告撰寫

衡鑑會談在心理衡鑑的過程中也是必要的工作。所謂衡鑑會談是指透過個人化的程序，面對面與兒童或其重要他人接觸，讓助人者得以蒐集兒童個人及其重要他人所觀察到的主觀及客觀資料。其目的在獲得對兒童心理的認識、了解問題如何形成，並進一步發展治療計畫。期初會談的主要目的在評估兒童及其家長對解決問題的取向如何？對解決問題的準備度如何？對問題解決的態度如何？以及對接受諮商或心理治療的想法或計畫如何？其次，很重要的是要了解兒童所面臨問題的性質及嚴重性，對其目前生活的影響情形如何等。這個階段的會談內容包括以下幾個重點：

1.基本資料：姓名、性別、年齡、就讀學校科系、問題狀況、之前接受治療之經驗、問題急迫性、個案的外表與行為。

2.問題類別：學習困擾、人際關係、性別認同、家庭關係、身體健康困擾。

3.問題的演進情形、個案目前的功能、人際關係、所從事的休閒活動、藥物的使用情形、家族病史、是否有身體或情緒上的受虐情形、其他相關危險因子、之前的諮商或治療經驗、此次對諮商的態度等。

4.有些機構會加入特定的問題檢核表或是標準化的心理量表，例如：憂鬱、焦慮、學業困擾、人際問題、體力健康問題、藥物使用問題等。

5.會談的原則，以開放及邀請的方式讓個案多說，例如：不問「你能不能告訴我……」，而是問「請你說說看……」，儘量少問「為什麼」的問題。

6.除詢問外，也做觀察，可以分認知、情意、行為，以及生理狀況等方面來看。

會談之後要進行衡鑑報告的撰寫，其目的在與個案及其相關人員溝通衡鑑的結果，一方面是增進個案對自我的認識，另一方面也可能是針對個案或相關人員就某項決定而提供相關資料。在撰寫原則方面，盡可能使用行動取向的語言，以個案為主詞；治療建議必須和個案所處環境有關；要能強調出個案個人的獨特性；要能涵蓋個案所處問題或困難的各相關層面。至於在風格取向方面，也要根據報告目的，多半為臨床取向的、科學的、專業的。這部分也提醒我們有關心理衡鑑結果的使用原則，是要給個案回饋？為何要給回饋？給個案回饋時，又有哪些主要原則？綜合而言，最佳的衡鑑報告撰寫格式，必須先呈現個案的問題狀況，其次描述各測驗或工具所得的衡鑑結果，說明測驗結果與個案問題之間的關係。必要時，應用相關之理論概念來理解測驗結果與個案問題之間的關係。

關鍵詞

性向測驗　興趣測驗　人格測驗
智力測驗　信度　效度
常模　實用性　標準化
測驗指導手冊　測驗計畫　檢核表
教師自編評量

問題討論

1.在國民小學階段為何要使用心理測驗？
2.試說明心理測驗的種類。
3.如何判斷一份心理測驗的品質？
4.如何編製一份好的心理測驗？
5.較常用於兒童的心理測驗包括哪幾種？請說明各種不同測驗的使用時機。
6.如果你是個國小輔導室（處）的主任，如何為學校訂定一個測驗計畫？
7.使用心理測驗應當注意哪些倫理守則？
8.非標準化的評量技術包括哪些？請說明使用時機及使用方法。
9.心理衡鑑會談包括哪些重要內容？
10.衡鑑報告撰寫的結構與原則為何？

參考文獻

▶中文部分

心理出版社（無日期a）。**測驗館：測驗總覽（國小）**。2014 年 4 月 16 日，取自http://www.psy.com.tw/query_rs.php? qry_class=E&qry_pdt=&qry_sel=2

心理出版社（無日期 b）。**測驗館：測驗總覽（學齡前）**。2014 年 4 月 16 日，取自http://www.psy.com.tw/query_rs.php? qry_class=E&qry_pdt=&qry_sel=1

中國行為科學社（無日期 a）。**測驗總覽（國小）**。2014 年 4 月 18 日，取自 http://www.mytest.com.tw/School_listI.aspx

中國行為科學社（無日期b）。**測驗總覽（兒童／青少年）**。2014 年 4 月 18 日，取自http://www.mytest.com.tw/Children_listI.aspx

中國行為科學社（無日期 c）。**測驗總覽（幼兒）**。2014 年 4 月 18 日，取自 http://www.mytest.com.tw/Infant_listli.aspx

王振德（1999）。**簡易個別智力量表**。台北市：心理。

台灣心理學會（無日期）。**心理學專業人員倫理準則**。2009 年 6 月 8 日，取自 http://wiki.kmu.edu.tw/index.php/

吳武典、金　瑜、張靖卿（2010）。**多向度團體智力測驗**（兒童版）。台北市：心理。

吳武典、胡心慈、蔡崇建、王振德、林幸台、郭靜姿（修訂）（2006）。L. Brown 等編製。**托尼非語文智力測驗**（再版）（Test of Nonverbal Intelligence, 3rd ed., TONI-3）。台北市：心理。

吳武典、林幸台、王振德、王華沛、何榮桂、邱紹春等（1994）。**中華兒童智力量表**。台北市：國立台灣師範大學特殊教育學系。

吳訓生、許天威、蕭金土（2003）。**G567 學術性向測驗**。台北市：心理。

吳裕益、侯雅齡（2000）。**國小兒童自我概念量表**。台北市：心理。

李坤崇（1996）。**學習適應量表**（增訂版）。台北市：心理。

李坤崇、歐慧敏（2008）。**行為困擾量表**（第四版）。台北市：心理。

周台傑、邱上真、宋淑慧（1993）。**多向度注意力測驗**。台北市：心理。

周台傑、范金玉（1993）。**國民小學數學能力發展測驗**。台北市：精華。

林幸台、王木榮（修訂）（1994）。F. E. Williams編製。**威廉斯創造力測驗**（Creativity Assessment Packet, CAP）。台北市：心理。

林幸台、吳武典、吳鐵雄、楊坤堂（1993）。**性格及行為量表**。台北市：教育部。

梁培勇（2009）。衡鑑與診斷。載於梁培勇等著，**兒童偏差行為**。台北市：心理。

莊耀嘉（1996）。兒童品行異常的原因——低自制力與不良休閒活動。**犯罪學期刊，12**，125-150。

郭生玉（1985）。**心理與教育測驗**。台北市：精華。

郭生玉（1994）。**心理與教育測驗**（第二版）。台北市：精華。

郭為藩（1978）。**兒童自我態度問卷**。台北市：中國行為科學社。

陳政見、劉英森（2001）。**幼稚園兒童活動量評量表**。台北市：心理。

陳淑惠（修訂）（2008）。M. Kovacs & MHS Staff 編製。**台灣版兒童青少年憂鬱量表**（Children's Depression Inventory, Taiwan Version, CDI_TW）。台北市：心理。

陳榮華、陳心怡（修訂）（2000）。D. Wechsler 編製。**魏氏幼兒智力量表**（修訂版中文版）（The Wechsler Preschool and Primary Scale of Intelligence, Rev. ed., WPPSI-R）。台北市：中國行為科學社。

陳榮華、陳心怡（修訂）（2007）。D. Wechsler 編製。**魏氏兒童智力量表**（中文第四版）（The Wechsler Intelligence Scale for Children, 4th ed.）。台北市：中國行為科學社。

陳龍安（修訂）（1996）。R. Meeker 等編製。**智能結構學習能力測驗**（The Structure of Intellect, SOI）。台北市：心理。

新竹市特教資訊網（2009）。**疑似學習障礙篩選測驗一覽**。2009 年 4 月 8 日，取自 http://www.hceb.edu.tw/special/Uploadfile/2006-09/2006092812130 45875.doc

葉玉珠（2005）。**科技創造力測驗**。台北市：心理。

趙家琛、黃惠玲（譯）（2002）。R. A. Barkley 著。**不聽話的孩子——臨床衡鑑與親職訓練手冊**（Defiant children: A clinician's manual for assessment and parent training）。台北市：心理。

劉淑慧、田秀蘭（校閱）（2009）。P. P. Heppner, B. E. Wampold & D. M. Kivlighan 著。**諮商研究法**（Research design in counseling）。台北市：學富。

蔡崇建（1991）。**智力的評量與分析——魏氏兒童智力量表／比西智力量表**。台北市：心理。

▶英文部分

American School Counselor Association [ASCA] (1998). *Competencies in assessment and evaluation for school counselors*. Alexandria, VA: The Author.

Association for Assessment in Counseling and Education [AACE] (1998). *Competencies in assessment and evaluation for school counselors*. Alexandria, VA: The Author.

Bloom, B. S. (1956). *Taxonomy of educational objectives: The classification of educational goals. Handbook I: Cognitive domain*. NY: McKay.

Brown, E. G. (1983). *Principles of educational and psychological testing* (3rd ed.). New York: CBS College Publishing.

Cronbach, L. J. (1970). *Essentials of psychological testing* (3rd ed.). New York: Harper & Row.

Groulumd, N. E. (1990). *Measurement and evaluation in teaching* (6th ed.). New York: Macmillan.

Heppner, P. P., Wampold, B. E., & Kivlighan, D. M. (2008). *Research design in counseling* (3rd ed.). Belmont, CA: Thompson.

Kamii, C., & Kamii, M. (1990). Why achievement test should stop. In C. Kamii (Ed.), *Achievement testing on early grades: The games grown-ups play* (pp. 15-38). Washington, DC: National Association for the Education of Young Children.

Kitchner, K. S. (1984). Intuition, critical evaluation, and ethical principles: The foundation for ethical decision in counseling psychology. *The Counseling Psychologist, 12*(3), 43-55.

Meeker, R., & Meeker, M. (1993). *The Structure of Intellect Learning Abilities (SOI-LA)*. East Aurora, NY: Slosson Educational Publications.

Mehrens, W. A., & Lehmann, I. J. (1987). *Using standardized tests in education* (4th ed.). New York: Longman.

Perrone, V. (1990). How did we get here? In C. Kamii (Ed.), *Achievement testing on early grades: The games grown-ups play* (pp. 1-13). Washington, DC: National Association for the Education of Young Children.

Wise, P. S. (1989). *The use of assessment techniques by applied psychologists*. Belmont, CA: Wadsworth.

Wortham, S. C. (1995). *Measurement and evaluation in early childhood education*. Englewood, NJ: Merrill.

第十二章

兒童個案研究

田秀蘭

在國民小學、公私立幼稚園或托兒所裡，一般教師對兒童負有輔導工作的責任。然而，對於行為問題較為嚴重的兒童，或是所處身心狀況較為特殊的兒童而言，單靠一般老師或只靠輔導室（處）輔導教師的能力，是不足以立刻解決兒童問題的。近年來，校園中的助人工作者，除了輔導室（處）或學務處的主任、組長之外，在部分縣市也逐漸有短期駐校的兼任諮商心理師或相關社會工作人員，協助教師或行政人員共同進行兒童的輔導或諮商工作。身為教師或輔導人員，我們有必要針對這些特別需要協助的孩子組成個案研究小組，善用對兒童有益的資源，以進行長期的個別輔導。本章說明兒童個案研究（case study）的基本概念、兒童個案問題的診斷策略，以及常用的輔導技巧，最後並舉一個案研究實例，以說明兒童個案研究之過程及技術。

第一節 個案研究的基本概念

一、個案研究的意義

顧名思義，在教育體系中，個案研究的意義是指針對一位當事人進行深入的研究。此一研究過程需透過各種方式及管道，蒐集足夠的資料，並對各方面資料做一彙整、分析，以便解決個案所呈現的問題，促進個人的發展。個案研究可以應用在各種不同的領域，例如：教育、心理、輔導、社會學、人類學、醫學、特殊兒童，以及工商企業界等。在國民小學、幼稚園、托兒所等教育或社會福利機構中，針對某一兒童組成個案研究小組，可協助兒童適應學校的學習生活，並增進其個人發展。學校、社區、醫院，或其他相關助人機構經常舉辦的個案研討會，即偏重此一取向的個案研究意義。

除了以上實務取向的定義外，個案研究也有較偏重研究取向的定義。也就是說，實務工作人員除了從實務取向定義所謂的個案研究外，也有可能需要配合有系統的研究方式，以學校或機構中的某位兒童為案例，進行較偏重以研究為取向的個案研究。如此的個案研究，能協助實務人員釐清個案問題，以有效解決個案問題，所得之研究結果對未來的個案輔導實務工作能有所幫助。事實上，個案研究結果自然是偏重研究結果對實務上的應用與貢獻之意義。

在某些狀況下，我們也會對個案研究提出更為廣義的定義，例如：所研究的可能並非是單一的個案，而是 2 個或 3 個以上的類似案例；也有可能我們是以某一個機構或類似的多個機構為對象，進行個案研究，但這些情況比較是偏重更大且更重要的問題範圍。本章所偏重者，係以單一兒童為個案。具體而言，係以兒童為中心，並擴及其周遭的重要他人，包括：家人之外的學校老師、同學，或社區資源的使用及相關輔導人員等。當教育或輔導相關人員遇到特殊個案或需要特別協助的個案時，除了學校相關教師、行政人員，以及家長等，確實會需要校外相關專業資源的配合。類似於此的個案研究，適用於心理學家、社會工作者、輔導教師、一般教師，或學校行政人員。因此，有些情況將個案研究視為一種質性的研究方法，探究針對某位個案的成長歷程或適當的輔導方法，於是個案研究便成為學校教育中的一種基本研究方法。然而，本章對個案研究的定義，還是回歸到之前所提的，以單一的兒童為主，遍及其周圍的重要他人及資訊蒐集。主要個案來自於國民小學、幼稚園、托兒所，或社區醫療等機構中的個案，而個案研究也是以問題的解決與改善為主。

二、個案研究的目的及適用時機

個別輔導是一對一的，由老師定期與個案會談，以協助兒童解決問題；團體輔導是一對多，由 1～2 位老師帶領 10 人左右的小團體，透過小團體的互動，增進兒童的成長；班級輔導活動則是由班級導師或輔導老師利用輔導活動課，進行大團體的輔導活動；個案研究可以由一位老師單獨進行，但通常是以一位老師為主，邀集相關老師或社會資源，並請家長配合，共同協助兒童解決問題。然而除了解決問題之外，個案研究的第二個目的是促進了解，讓與個案相關的人能透過討論，從各方面了解個案的問題；第三個目的則是藉由研究小組的討論，讓老師彼此間能互相分享輔導經驗，並增進輔導知能。

當老師或輔導教師發現兒童出現特別需要關心的問題，或是出現異常行為時，就可以進行個案研究，從多方面蒐集相關資料，並了解個案的問題，以便協助兒童或相關人員解決問題。除此之外，平時定期舉辦個案研討也是十分適當的，此一情境對上述的第三個目的特別適用，藉由平日的個案研討進修機會，相關輔導教師或一般任課教師，甚至行政人員，一方面能注意諮商與輔導的倫理議題，另一方面也能增進諮商與輔導的專業知識，了解何種專業技巧是適用於何種情境的。

此外，兒童個案研究也十分適用於特殊兒童，例如：侯禎塘（2003）曾經以自閉症兒童為對象，進行個案研究。在進行個案研究時，需注意所處理的問題行為必須十分具體而明確，例如：處理自閉症兒童的攻擊行為時，對攻擊行為的定義可以是脫鞋子時亂踢鞋子、玩水時隨意潑水，或吃飯時將飯菜亂灑等行為。而以科學研究方式進行幼兒或兒童問題行為的個案研究時，若能有詳盡的文獻探究，也能有助於實質上的個案研究及輔導進行，例如：文獻中發現問題行為有其固有功能（施顯烇，1995；洪儷瑜，1998），因而兒童會持續採取該項不良行為。這些功能，像是能夠獲取他人的注意、能獲得感官刺激、能得到自己想要得到的東西等。此外，問題行為還能夠逃避令人不舒服的事情、也能避開他人的注意等。有這些相關文獻的探究，在進行個案研究時，加上相關會議的人員討論，比較能針對個案的問題行為對症下藥，舉出具體可行的策略，讓個案的問題得以改善。

三、個案研究的基本步驟

由於個案研究應用於許多不同的領域，各領域的個案性質不同，在處理個案問題時，所著重的重點也不見得相同。但一般而言，個案研究的流程，通常包括以下幾個重要步驟：接獲個案、蒐集個案相關之背景資料（個案史）、了解個案目前之功能狀況（function analysis）、訂定個案處理計畫、進行個案問題行為之處理、對個案問題改善狀況進行評估、結案與追蹤評量（Meyer & Evans, 1989; Walker, Hedberg, Clement, & Wright, 1991）。此一流程應用於學校，必須讓兒童的問題行為更為明確，因為很多時候我們在校園中所處理的個案，個案本身並不一定有接受輔導或諮商處理的意願。如果他們也不清楚自己的問題狀況，則也無從有具體的改善。以下幾點是處理兒童個案時的重要基本步驟。

（一）確定問題、蒐集資料

個案研究的第一個步驟就是要確定所要處理的問題內容，並了解個案的問題性質，如此方能訂定輔導目標，並選擇適當的輔導策略。在這個階段裡，輔導人員必須花較多的時間蒐集資料，並將所得到的資料做有意義的分析及彙整。在多方面蒐集資料的結果，我們會發現通常個案的問題並不一定只有一個，而且各個問題之間是密切相關的，究竟這些問題的嚴重程度如何？處理時應當從何處著手？都與輔導人員對個案問題的界定有關。因而對問題的界定，在個案研究中是相當重要的一個步驟，此一步驟與個別諮商中的「個案概念化技巧」有關，本章第二節將詳細說明個案問題概念化的相關模式。

除了由一些現有模式來蒐集並界定個案的問題外，針對兒童的個案研究，在最初幾次會談裡，可以根據以下幾個方面來蒐集相關資料：

1.先詢問兒童一些基本資料，例如：家庭背景、生活狀況、個人的身體健康情形，以及成長背景等。

2.了解個案平常的人際關係，與他人的溝通情形如何，在家庭中的人際關係又如何等。

3.讓兒童提出他所關心的問題，並針對此一問題做進一步的描述，例如：問題的狀況如何、發生多久了、對這些問題的想法及反應如何、這些問題對平常生活的影響如何等。

4.除了兒童本身所關心的問題之外，有些兒童可能認為自己並沒有如別人所說的問題，例如：別人都說他喜歡欺凌弱小，但他並不認為自己喜歡欺負別人。對於這一點，輔導老師需要在會談中多聽聽兒童的看法，先從兒童身上多方蒐集資料，了解狀況之後，方能判斷問題出在哪兒，並決定較適合的輔導策略。

除此之外，有需要時，亦可配合適當的心理測驗為蒐集資料的工具之一。

（二）問題成因的診斷及分析

資料蒐集完成之後，需要對所蒐集到的資料做一彙整，並分析問題形成的原因。常用的問題成因分類架構為學校方面、家庭方面、社區環境方面，及個人因素等四方面。事實上，對問題成因的診斷，只能說是根據所蒐集到的資料提出假設，當然資料愈多、愈正確，所提出的假設也愈能符合事實，根據假設而決定的輔導策略也愈能有其效果。

問題成因的分析架構，除了分由家庭、學校、社區，以及個人因素方面來分析之外，也可以配合問題診斷的分類架構或診斷模式（詳如本章第二節之介紹）找出問題的形成原因，例如：美國精神醫學會（American Psychiatric Association）所編訂《精神疾病的診斷與統計》（*Diagnostic and Statistical Manual of Mental Disorder*, 5th ed., DSM-5）一書，中所訂出的分類架構，由這些分類架構來分析個案問題的形成原因。

（三）訂定輔導目標

在確定問題、蒐集資料，並了解問題的形成原因之後，接下來就是要訂定輔導目標。目標的訂定必須由輔導老師及兒童共同負責，必要時需要簽訂契約，在雙方同意之下，共同完成目標。此外，目標的訂定必須合乎實際，必須是能夠達成的，而且個案需具備完成目標的動機。

通常在訂定目標時，需要將所有問題列出，並根據問題的嚴重性或容易解決的程度排列出先後順序，讓兒童選擇較容易完成的目標。在兒童有意願，家庭及學校也能配合的情況下，問題較容易得到解決，而由於各問題之間是密切相關的，因而一個問題結束之後，其它問題也較容易跟著解決。

（四）進行輔導

輔導的進行方式除了個別諮商之外，亦可配合團體輔導或班級輔導活動等方式進行。至於輔導策略的選擇，需視個案的問題性質及個案本身的特質而定。本章第三節將介紹個案輔導常用的輔導策略。

個案輔導的進行，在每次輔導活動結束後，需要做個案記錄，記載輔導內容及問題處理的情形。其目的在協助個案資料的彙整，並對輔導策略做一檢討，必要時需召開個案研討會議，延請相關人員及專家學者提供意見，以便使個案研究小組共同討論未來的輔導計畫。此處需注意個案輔導會議的目的，在討論輔導工作的進行，會議結束後，需注意倫理的問題，不應與其他學生或老師公開討論個案的問題，一切應以個案的福祉做考量。

（五）評量輔導結果

輔導結果成效如何，應當做有系統的評量，評量的方式，可以從兒童的反應、相關老師的意見、家長的觀察，以及自我評鑑等幾個方面來進行。如果是使用類似於行為改變技術此一策略，則由量化的資料可以很明顯地評估輔導效果；如果使用難以量化的輔導策略，則必須藉由觀察及兒童本身的主觀感受來評量輔導效果。

在學校，相關的老師均可由平日的行為觀察及談話中，發現個案的變化，對輔導效果進行評估；在家庭中，老師可以製作適當的觀察表，指導家長如何觀察兒童的行為，並進行適當輔導，觀察輔導成效；在自我評鑑方面，除了在每次與個案的接觸後做紀錄及檢討之外，可以參考學者專家及相關實務工作者的意見，讓他們閱讀輔導紀錄，並針對輔導策略的選擇及輔導效果提出意見。

（六）撰寫研究報告

個案研究報告（case report）的撰寫有不同的目的，有的是在輔導過程中，為召開個案研討會議而寫；有的是在結案時做結案報告；有的則是為轉介而做個案報告。一般而言，個案研究報告所包含的內容大致有以下幾個部分：

1.題目：個案報告的撰寫，首先就是要有題目，這點經常會被忽略。這個題目的訂定也會跟上述的該次個案研究目的有關。不論個案研究的目的為何，個案研究報告一定是以報告的題目開始。除了題目之外，若是一份陸續接觸了幾次的報告或是結案報告，有時也會在第 1 頁放入簡短的摘要，大約 300 至 500 字，讓讀者能清楚整份研究報告的大致內容。

2.基本資料：包括姓名（視不同目的而決定使用真實姓名或使用匿名方式）、地址、電話、出生年月日、就讀學校年級、家庭背景、身體健康狀況、平日生活習慣，以及撰寫日期等基本資料。其中家庭背景部分，最好能將個案的家庭圖也畫出來。家庭圖通常包括至少三代的家庭成員，圖中註明各個成員的年齡及職業；此外，最好也能將各個成員彼此之間的關係勾勒出來。因此，完整的家庭圖能提供個案研究小組相當豐富的資料，從當中可以看出個案的家庭結構，以及個案在家中的人際關係。而這些資料也有助於我們接下來對個案問題的診斷與分析。

3.個案來源：說明個案的緣起，是如何接觸此一個案，與個案的關係是師生關係，抑或是由別處轉介過來。整個接觸個案之前的相關背景資料都需要放入個案研究報告中。此外，可以簡單說明撰寫此一研究報告的目的。

4.主要問題：說明個案所呈現出的主要問題，可以針對問題概念化技巧中常用的診斷模式來說明個案所面臨的各種問題，亦可根據各問題之間的關係或嚴重性，陳述一個或兩個主要問題。有些問題是外顯的，這通常也是之所以需要成立個案研究小組的原因。但很多時候問題是內隱的，在主要問題之下，除明顯的問題之外，也可以點出可能的內隱問題，以協助之後的問題診斷。

5.問題源起：在簡單說明主要問題之後，應敘述問題發生的狀況，並藉由對問題發生過程的描述，找出問題產生的原因。在陳述問題源起時，需仔細說明問題的內容。此外，個案對問題的描述方式也相當重要，尤其是兒童個案，老師、家長及兒童本身對問題可能有不同的觀點，這些觀點都可能對問題的解決有很大的影響。

6.診斷及分析：對問題的診斷方式，除了前面所提及的問題概念化技巧之外，也可以使用適當的心理測驗工具，例如：成就測驗或人格量表等。適當的診斷模式與客觀的測驗工具可協助輔導人員對個案問題做正確的分析，並根據分析結果選擇適合的輔導策略。診斷與分析部分，通常也需要參酌相關的文獻資料，例如：哪些諮商或心理治療的理論概念是適用於個案的，或是家族治療中的哪些概念正適用於解釋個案及其所處的環境狀況等。這些理論文獻的參考，有助於我們對個案問題的診斷及分析。

7.輔導策略及輔導經過：對於輔導過程中所使用的輔導策略，在研究報告中需加以說明，如果是準備結案，對日後追蹤輔導可能使用的輔導方式亦可加以說明。此一部分可以說是整份研究報告中最重要的部分，也可能需要花費較大的篇幅。至於撰寫的結構，有些報告是以時間為架構，按照時序，撰寫每次的接觸過程中做了些什麼處理。也有可能是按照與不同單位或人物接觸為結構，例如：與個案父母的接觸、與個案同學的接觸、與其他相關教師的接觸、與相關警政單位的接觸情形如何等。也有可能就是以個案的問題性質類別為結構，陳述個案在家庭、學校或社區等方面的問題情形，或是在學校中的行為、課業、人際關係，以及道德或認知方面的發展問題及處理狀況等。

8.輔導結果評量：輔導人員對輔導過程中所使用的技巧以及輔導結果看法如何，問題解決的情形如何，如果繼續又可以如何做等，均可在此部分做說明。簡單而言，個人對問題處理的看法，包括：客觀的問題解決情形、自己對自己所使用技巧的覺察、有哪些優點、有哪些缺點、限制，以及未來的輔導計畫等。輔導結果評量也可以成為個案研究報告的結論，除上述對未來進一步輔導的實務建議之外，也可以包括對相關協助人員的感謝。

最後，若研究報告中有使用到相關的參考資料，尤其是在概念化個案問題時所使用的理論模式，最好能將相關的參考文獻也能列出。

第二節 個案問題之診斷策略

在個案研究過程中，對兒童問題做正確的診斷是相當重要的。一般人所看到的只是兒童表面上的問題行為，對問題背後的成因往往忽略不談，個案輔導過程中的問題診斷部分，除了要了解個案的問題行為之外，對問題行為的形成原因也應做分析。通常兒童有了情緒或行為的困擾，他／她可能會以特殊的行為方式，例如：學業突然落後、神情憂鬱、脾氣暴躁，甚至拒絕上學等表現其困擾，關心的家長或細心的老師很快就會發現兒童困擾的現象，對於這類問題，學校的輔導老師或專業助人者，例如：駐校心理師或是社工人員等，首先應該對其困擾的行為概況加以了解，針對其困擾的特定行為內容，例如：兒童做了些什麼（What）、發生的地點（Where）、時間（When）、過程（How），及相關人員（Whom）等弄清楚；接著，盡可能正確詳盡地探問該項困擾行為出現的次數、頻率、持續時間的長度，以及已經發生多久等資料，以做為初步判斷困擾程度，並決定是否為輔導老師或相關之專業助人者可以處理，或是應該轉介到其它更專業的輔導或醫療機構，以接受更適切完整的協助。如該兒童的困擾程度還沒有到異常或病態的程度，諮商師便可以自行接案處理。

有關兒童困擾行為的成因及診斷模式甚多，不同的諮商或心理治療理論便有不同的解釋和蒐集資料的重點，其介入處理模式亦各有不同。以下僅說明一些較常用的診斷模式。

一、Swensen 的診斷模式

Swensen（1968）認為問題行為與個人所承受的壓力及個人的支持強度有關，其間的關係如圖 12-1 所示。對兒童而言，問題行為的產生往往是由於不良的適應行為或習慣，多於適應性的行為及習慣。

$$\text{異常行為} = \frac{\text{壓力、不良適應性行為、習慣、防衛}}{\text{支持、強度、適應性行為、習慣、防衛}}$$

圖 12-1　Swensen 的問題解決模式

圖 12-1 中所謂的異常行為，就是指不正常的行為，而不正常行為的形成，來自於過大的壓力以及不足的支持強度。壓力對個案而言，可以說是相當主觀的，可以是任何讓個案覺得不舒服的生活事件，例如：受到家人的責罵或是無法成功的完成一件任務等。但是如果一個人受到責罵而毫無反應，則對他而言並沒有產生壓力。

支持及強度是一種個人適應壓力及自我支持的基本能力，如果一個人在承受壓力的同時，可以找到適當的支持來源，再加上本身的適應力強，則異常行為發生的機率較低。事實上，適應性習慣及正確的防衛方式是建設性的，是可以學得的。如果就行為學派的觀點而言，不良適應性行為其實也是學習而來的，因而學習環境對兒童而言是相當重要的。

舉例來說：「逃學」此一問題行為，分析其形成原因，可能有來自於上學的壓力，而此壓力可能來自於老師，也可能來自於其他同學，如果兒童沒有足夠的支持系統，也沒有學習到正確的適應方式，就會產生「逃學」此一問題行為。即使兒童知道逃學不對，但沒有適當的支持系統來紓解其所面臨的壓力，兒童也可能被迫選擇逃學。

根據 Swensen 的模式，輔導老師判斷個案的問題，並根據對問題的判斷而決定處理的策略，在應用此一模式時，輔導人員可以比較公式中分子及分母兩個部分的力量大小或因素多寡，分析個案所面臨的壓力事件，以及可以增加的支持來源，並教個案一些增加心理強度的策略。

二、行為取向的診斷模式

傳統行為學派的諮商師認為，個體的行為係受環境制約所連結形成，兒童的困擾行為之所以會形成，係肇因於環境中和問題行為同時或之前、之後所存在的刺激產生連結所致。新近的認知行為取向諮商師則認為，兒童在問題行為出現的過程中，其行為—認知—情緒等方面的反應，有交互影響的作用存在。行為取向的診斷模式便是要將兒童問題行為出現之前、之時和之後的環境刺激，以及兒童行為—認知—情緒等層面的行為序列之間的關係弄清楚，以找出問題行為的成因，並發展出有效的輔導策略。

行為取向的診斷模式，又稱為 ABC 模式，共包含三個面向，說明如下。

（一）A：先行事件（Antecedents）

是指環境中在問題行為出現之前或同時出現的刺激。當先行事件和問題行為產生連結（古典制約）後，一旦先行事件出現，問題行為便會隨之出現，例如：害怕老鼠或蟑螂的人，一旦看見室內有小動物流竄而過，即尖叫、顫慄；怕考試的學生，一聽到老師說要考試就焦慮拉肚子等。小動物出現或老師說要考試，分別是其後所出現尖叫、顫慄和焦慮拉肚子等問題行為的先行事件。

（二）B：行為序列（Behavior Sequence）

是指兒童在面對困擾情境時，其認知、情緒及行為三個層面的行為，會依序出現互相影響的過程。個體面對壓力情境時，其負向認知、負面情緒和不適當或無效的行為，通常是一體三面、互為因果、互相影響的，例如：害怕上台的學生，一旦突然被指定上台演說，心情會極為緊張（情緒），內心會不斷地告訴自己：「完了！我一定不行的！一定會很糗！」「真沒用！別人一定會更瞧不起我！」因而他顫抖的上台，不知所措（行為），當台下的同學咧開嘴巴笑著等他開始時，他告訴自己：「你看，果然被嘲笑了吧，我真是笨蛋！」（認知）結果站在台上，臉一下青一下白的（情緒），支吾結巴半天，說不出話來（行為）。

（三）C：後果事件（Consequences）

是指兒童出現問題行為之後，環境或他人所給予他所可欲或厭惡的刺激而言。如果兒童表現出問題行為後得到的是他所喜愛的刺激，他繼續表現該問題行為的機率便會升高；若得到他所厭惡的刺激，他的問題行為再出現的機率便會降低（操作制約），例如：一個討厭上體育課的兒童，在上課前誆稱肚子痛，結果老師關心的送他回家，媽媽憐惜的要他在家休息，給他看最愛看的卡通、玩他最愛玩的玩具。如此美好的後果，下一次要上體育課時，他會再以同一種理由逃避上課的機會便會大增。如果媽媽識破他的技倆，帶他去看醫生，打針吃藥後要他乖乖躺在床上休息，不准看卡通，也不准玩玩具，甚至連原本準備好他愛吃的點心都以他腸胃不舒服的理由，不讓他吃。如此處境，他下次大概不會再用同一種方式逃避體育課了。

行為取向的諮商師基於上述行為診斷的模式，在接案後會針對當事人或關鍵的重要他人進行晤談，甚至直接到兒童出現問題行為的情境，實地觀察兒童問題行為的過程，以了解兒童困擾行為出現之前、之時及之後的環境狀態及困擾行為出現的情形，仔細辨認該問題行為出現過程關鍵的先行事件、行為序列或後果事件，診斷確認後，便能針對問題行為成因發展出有效的輔導策略，直接改善其行為。

三、Lazarus 模式

Lazarus（1981）模式在心理治療中應用得相當廣泛，在國小個案輔導中，也可以用來協助輔導人員了解或判斷個案的問題，基本上此一模式係由BASIC ID 的幾個英文字母所組成：B 是指行為（Behavior）；A（Affect）是指一個人任何的心理感受或情緒；S（Sensation）是指視、聽、嗅、觸、味等五官感覺；I（Imagery）是指心像 （心理的一些想像），這些想像能影響個案的行為；C（Cognition）是指認知的方式或內容，通常一些錯誤的認知方式會影響我們的外顯行為，例如：「應該」、「完美」，以及「外歸因」的方式等，有些個案認為很多事是無法控制的，因而要去改變問題行為的動機也不強。

此外，BASIC ID 中的 I（Interpersonal Relationships）是指人己關係、社會興趣；D（Drugs）則是指個案非心理的其他狀態，尤其是指體力及精神狀態，這個部分可從三個角度來觀察：一個是個案的外表打扮及精神狀態，再者是個案對身體方面的抱怨，第三個就是個案的運動、營養及休閒活動等。

由這幾個方面來觀察兒童個案的問題行為，並不一定完全適當，但也提供了一個相當值得參考的架構，讓學校輔導人員能由不同的角度來了解個案問題。以前述逃學行為為例，顯而易見的外顯行為（B）是逃學，但也包括平時在學校生活所表現出的行為；在情緒或心理感受方面（A），對於逃學行為，可能有害怕，也可能有快樂，對校內的學習生活感受如何，則可能是無聊、沒有成就感，但還是有其他較為正面的感受；在五官感覺方面（S），逃學兒童在校內校外所看到的、所聽到的，哪些感覺較吸引他；其心裡所想像的（I）、腦海所呈現的，是學校教室（該快快回到學校）還是電動遊樂場所（應該盡情享受歡樂）；在認知方面（C），逃學兒童本身知道逃學行為是不對的，但他們的想法也許還沒有成熟到能夠控制自己、教導自己，他們的想法可能是：「反正我是個壞孩子，大家都不喜歡我，所以我乾脆逃學」；而人際互動方面（I），輔導老師不妨看看兒童在校內與同學的關係、與師長的關係，在校外與其他朋友的關係，以及兒童本身在家庭中的人際關係；在非心理的其他狀態方面（D），兒童所表現出的精神狀態如何？最近的睡眠及飲食情形如何？有哪些抱怨？還是都快快樂樂的，這些也都是值得觀察，值得做個案研究時供參考的。

四、CAB 模式

此一模式由 Seay（1978）所提出，係將個案問題分為幾大類，分別為認知（Cognitive）、情緒（Affect），以及行為（Behavior）等三方面。除了這三方面之外，此一模式也強調環境因素（Environment），提醒輔導人員在分析個案問題時，除了認知、情緒和行為等三方面因素之外，也應重視個案所處的環境。這點對國小兒童而言相當重要，我們不難發現兒童問題的成因，有大部分因素是來自於家庭或社區環境因素所形成，因而在判斷個案問題時，認知、情緒、行為，以及環境均為不可忽略的因素。

舉例來說：一個討厭數學、害怕數學的兒童，從 CAB 此一模式來分析：在認知方面（C），覺得數學計算過程太浪費時間，而且算完又不一定對，如果請教別人，是浪費別人的時間，別人會拒絕。這些都是個案本身的想法，而這些想法會進而影響一個人的情緒（A），就此一個案而言，就是討厭數學，同時也害怕被拒絕的感受。因為討厭數學，他也可能因此而討厭數學老師，因為老師總是說他把班上的成績拉下來；如此的惡性循環，此一個案對數學的興趣，便很難看到有任何起色。

個案的行為當然也可能受到認知及情緒的影響，例如：此一個案認為請教別人是浪費別人的時間，別人會拒絕（C），因為擔心被拒絕（A），因而沒有去請教別人（B），於是便喪失了一個增進學習的機會。加上個案所處的學習環境（E），老師要求較高，而家人並不覺得應該勉強兒童在數學上有好的表現，真的沒興趣，低分也無所謂，與學校老師對兒童的要求是截然不同，因而無法配合輔導兒童減低對數學的恐懼及厭惡。

五、統整取向的診斷模式

Knoff（1983, 1986）曾指出對於適應困難兒童進行人格衡鑑和診斷的四個層面有：(1)生態取向／家庭系統的衡鑑；(2)團體歷程和動力取向／社會心理互動的衡鑑；(3)心理教育取向／發展的衡鑑；(4)心理學取向／心理學理論的衡鑑。Knoff和Batsche（1991）根據此一架構，發展出「轉介個案諮詢歷程模式」（The Referral Question Consultation Process，簡稱RQC模式），用以蒐集轉介過來進行診斷個案的一個理論架構和處理流程。這是一個相當簡明實用的兒童人格衡鑑的模式，如果一個兒童的困擾情形較為複雜，這個模式便具有相當好的實用性。

（一）RQC模式對兒童的衡鑑架構之四個成分

1. 兒童的家庭、鄰居和社區的概況

兒童的困擾情形通常和其家庭、社區等主要生活環境脫離不了關係，因此諮商師應對兒童的家庭狀況、鄰里概況，以及其所居住的社區環境有所了解。其中尤以兒童的家庭狀況對兒童適應的影響特別深遠，包括：家庭結構是否完整？子女人數多寡？父母的婚姻是否有衝突危機存在？家人之間是否有衝突危機存在？家人是否有身體健康、財務困窘、經商失敗等問題？家事由誰料理？

近期家人有無死亡、失落、悲傷的事故？是否有搬家或家人分合重組情形？是否有面臨法律問題？這些方面的問題並非完全為外顯的問題，教師及輔導或行政人員均須了解，方能對兒童所面臨之問題有正確的診斷及處遇。

2.兒童的就學和學習環境概況

第二個影響兒童的主要生態環境是兒童所就讀的學校和班級，諮商師應對兒童所就讀的學校／學區、班級、導師及任課教師、課程內容加以了解。其中尤以教師的教學態度、慣用的教學方式、輔導管教學生的技巧，以及班級內氣氛和班級內的社交關係，影響特別大，應特別加以重視。

3.兒童個人的特殊狀況

兒童本身是出現困擾行為的主體，諮商師應對其個人狀況盡可能深入了解，包括：兒童的身心發展概況、醫藥疾病歷史、個性（氣質）、能力、態度、價值觀念、期望、社交技巧、人際關係、語言表達、自我調適、自我管理能力、學習方法、學習態度、學業成就等各方面的資料，均宜盡可能正確的蒐集備用。

4.兒童的社會—情緒結果狀況

對於兒童不適應的情形應該有明確的界定，包括：行為、情緒、人際關係之現況、適應環境的方式、認知與後設認知的內容等，均應以行為取向的方式清楚的加以界定。

（二）RQC 模式諮詢過程的十個步驟

1.檢視有關案主所有存在可用的資料，並適切地蒐集增補必要的背景資料。

2.和轉介者（教師或父母）當面晤談，協助他們對所關切兒童的適應狀況做行為取向明確的界定，辨認並探詢所需增補的背景資料，以便對兒童的適應問題形成操作性可驗證的假設，及進行初步的假設考驗、參考轉介者的目的、規劃診斷的程序，並取得轉介者的認可。

3.發展適切、具有預測性、可驗證的操作性假設：如「小明拒絕上學可能是因為新班級導師未肯定其能力所致」、「小英功課退步、人際關係變壞且反抗老師，可能是因為父母不和，她所依附的母親又生病長期住院，無法在她身邊照顧她所致」、「大華上課不安於座位，行為令父母、老師疲於應付，有可能是患有注意力缺陷／過動症所致」、「大德課業學習嚴重落後，行為耿直不知自我防衛，有可能是智能不足者」等。

4.根據假設發展對案主行為的預測性陳述：如「若小明是因為未能獲得新班級導師肯定而拒絕上學，如導師能夠在公開及私下的場合，給予小明適當的鼓勵和肯定，小明將會願意返校上學」、「小英的家人若能每天帶她去醫院探視母親，她的功課和情緒會有明顯的改善」。

5.將預測性陳述轉化為可以直接考驗的問題：如「小明在新班級是否未能獲得導師的肯定」、「導師在公開及私下場合給予小明鼓勵後，小明是否願意恢復上學」、「小英過去和母親的關係是否為強烈的依附」、「小英到醫院探視母親後，情緒是否較為穩定」。

6.發展多重方法—多重特質的預測檢驗方法，以驗證假設並連結假設考驗和介入輔導的過程。預測檢驗的方法有四類：(1)重新檢視手頭的所有資料；(2)和兒童及轉介者進一步晤談；(3)對兒童的行為和環境進行直接的觀察和訪視；(4)實施必要的心理測驗。

7.將前述這四種方法的結果加以整合，看是否能對預測的問題可以得到一致的答案。如果有兩種以上的方法答案一致，且沒有其它方法有相反的答案出現，則假設可暫時被接受；若是不同方法的答案有不一致的情形，則應重新發展假設，重新進行驗證工作。

8.根據已經驗證過暫時接受的假設發展輔導介入策略，實際進行輔導介入。

9.觀察案主的行為改變情形，對假設做最後驗證。

10.將接受轉介到發展假設、驗證假設、進行輔導介入、確認假設的過程，撰寫成書面的個案診斷與輔導總結報告。

從以上幾個診斷模式可看出，對適應困難兒童提供專業性有效的協助，應該要有豐富的專業理論知識及實施觀察和測驗的經驗，經過科學的假設考驗過程，才能確認適應困難的原因，提供適切的輔導介入協助，以有效改善兒童的適應情形。

第三節 兒童個案研究中的輔導策略

兒童問題行為的成因，可能與其所處的各種不同環境有關，有些老師感嘆家長對兒童的管教不負責任；有些家長認為孩子在學校交了不好的朋友，不學好；社會大眾對青少年的問題行為，則多半歸因於我們的學校教育出了問題。事實上，兒童問題的形成，與家庭、學校及其所處的社區環境都有關係。我們經常發現有問題的兒童，其問題行為不只一項，偷竊、打架、說謊、成績低落等各類問題，常同時出現在一位兒童身上，當然這些問題的成因，也不單純只因為家庭社經地位較低、父母親較不關心、在學校人際互動不好，或是個人特質的問題，也可能是因為兒童所處的社區環境較為混亂。因而在做個案輔導時，個別晤談、家庭訪問，以及社區相關資源的配合都相當重要。以下分幾個部分來說明個案研究常用的輔導策略。

一、個案研究中進行個別諮商時常用的晤談策略

與兒童個別晤談時，不論所使用的理論取向為何種學派，雖然他們年紀還小，但是對他們仍應有基本的尊重。此外，對兒童而言，家庭及社區環境對他們的發展有重要影響，因而在個別晤談時，也應當注意他們對家庭及社區環境的看法。即使個案研究是以小組方式進行，小組成員也應當有所共識，個別晤談時，應當把注意焦點集中在解決問題，而非責怪兒童，同時也試著想想兒童的發展情形，以他們的年齡所能反映出的行為，當然是與大人或更大年齡兒童所表現出的行為會有一段距離。因而我們應當檢視兒童的周遭環境，他們所屬的家庭或生活環境也許是問題的重要成因。而檢視兒童所處的環境，目的不在

歸咎問題的責任，而是要讓大家對兒童問題能看得更清楚。

（一）與兒童個案初期晤談蒐集資料時的注意事項

與兒童進行個別諮商時，有一些重點需要特別注意。第一個是所使用的語言：輔導老師與兒童交談時，其所使用的語言及表達方式必須讓兒童能夠接受，並注意所交談的內容是否能讓兒童真正了解。有時兒童表面上點頭說懂，但事實上卻不同意老師所說的道理，或是並沒有真正了解老師的用意，也無法體會大人眼中的生活道理。

而需要注意的第二件事是眼神的接觸，而且是個別晤談時兒童的眼神位置所在。如果兒童一直是低著頭的，看起來是弱勢，順從老師，其談話不見得有效果；如果要兒童眼睛正視輔導老師，可以幫助兒童有較為肯定的態度，他所表達出來的，也比較會是他心中真正的想法。自然的眼神接觸可以協助兒童適當的表達自己，同時也是輔導老師用以了解兒童對晤談態度的指標之一。

除此之外，輔導老師也會經常面對一些抗拒心較重的兒童，在最初幾次個別晤談裡，他們不見得願意將內心真正的想法告訴輔導老師；如何進入他們的內心世界，除了上述的語言及眼神要注意之外，談話的方式也相當重要。兒童不見得能像大人一般的坐著與輔導老師交談，而即使是沒有抗拒心，乖乖坐著與輔導老師交談，兒童也不見得可以很自在地談出內心的想法，因而兒童遊戲室的使用，便相當具有價值，兒童可以邊玩邊談，或玩了一陣子之後，很自在地向輔導老師自然的表達出內心想法，或是透過遊戲的過程，表達內心的感受與想法。這一點相當重要，唯有與兒童建立好關係之後，才能了解兒童真正的想法、情緒，爾後所使用的策略也才能達到應有的效果，兒童問題也才得以解決，兒童也才能享受他們應有的快樂。

（二）常用的個別諮商輔導策略

至於針對兒童個別諮商所常用的理論基礎，歸納各重要學派，大致有幾個主要取向：其一為人文主義取向；其二為行為主義取向；其三則為認知行為主義取向。人文主義取向的輔導策略強調對個案的尊重態度，雖然個案有嚴重的心理或行為問題，但仍強調個案與輔導老師之間的關係是人與人之間的關係，而且也相信個案有發揮其功能的能力。人文主義取向所強調的態度，有助於輔導老師與兒童建立關係，一旦輔導關係建立起來，對兒童而言，行為主義取向中的一些策略是相當適用於兒童問題行為的改變。對於高年級兒童或是思考能力夠的兒童，也許增強物對他們而言並不一定有效，此時則可以嘗試認知行為取向中的一些輔導策略。以下分別介紹這些個別諮商中常用的具體輔導策略：

1.無條件的積極尊重（Unconditional Positive Regard）：對於一個有問題行為的兒童，例如：偷竊、說謊或上課搗蛋等，要能夠無條件的尊重他，是非常不容易的。但所謂無條件的積極尊重，主要是指尊重兒童這個人，而非尊重他的不良行為。這麼想，老師就比較能發揮耐心、尊重孩子，同時也讓孩子體會老師對他個人尊重，而非對其行為尊重。人文主義取向所強調的，就是提醒我們對這類兒童維持尊重，要尊重他們，因為他們也是人，只要我們提供他們適當的機會，他們還是能發揮潛能的。

2.真誠（genuineness）的態度：即使兒童年紀與老師相去甚遠，老師仍應以真誠的態度面對兒童，對兒童的詢問，能回答的部分就回答，不便告知的部分，也可以委婉的說明。真有對個案的怒氣，也不妨適當的表達出來，不需因為所扮演的輔導角色而侷限了「真我」的呈現。

3.同理心（empathy）技巧的使用：同理心技巧用在與個案建立關係方面是相當恰當的，正確的同理心，讓個案感覺到輔導老師是了解他的，是與他同一國的，於是能進一步將心中的想法及感覺表達出來，在做個案輔導時，同理心技巧的使用是有其必要性的。

4.覺察能力的培養：人文主義取向重視個案本身的自我覺察能力，所謂的覺察能力，是指個人對自己行為、情緒及認知各方面的體察情形。個案是否清楚自己在做什麼、是否清楚自己在想什麼、想法、情緒及行為之間的關係又如何等。對多半兒童而言，自我覺察的能力並沒有適當的機會加以訓練，很多兒童並不知道如何用一些形容詞來表達自己的感受，更遑論了解自己的行為、控制自己的行為。人文主義取向的輔導策略是相當重視個案的自我覺察，兒童對自己的認識愈多，愈能掌控自己的行為。

5.行為改變技術（behavioral change techniques）：此種技術對兒童而言有其相當的成效，此一輔導策略應用增強、消弱、懲罰、隔離等原理，讓兒童行為受到一些刺激物的控制而能朝所訂定的目標邁進。此一策略的使用，多半是以單一個案為對象，在輔導方案的設計方面，又區分為倒返設計、多基準線設計，以及逐變標準設計等不同方式，可以視個案的個別情況來決定。

6.合作學習：合作學習也是行為主義取向中的一個輔導方式，要兒童分組，在組內共同完成一項任務。在做個案輔導時，如果時機恰當，可以配合此一方式，了解個案在團體中的互動情形，或是讓兒童依據老師的指導語，學習與他人共同合作。

7.自我肯定訓練（self-assertiveness training）：自我肯定的意思是指個案能說出自己的想法、感受或信念，而且是以一種恰當的方式說出。能以直截了當但又不具威脅性的方式表達出來，不傷害他人受尊重的基本權利，同時也不拒絕自己的基本權利。對國小兒童而言，他們有能力也應該有權利學習自我肯定，如此是訓練兒童有自己的思考，同時也能恰當的表達自己，而不是一味的只能順從他人（包括老師）的意見。然而，在教導兒童自我肯定的同時，也必須讓他們區分自我肯定與攻擊行為的不同，同樣是表達自己的想法，但攻擊行為會讓對方的權利受傷害，應當讓兒童學習適當的表達自己，而避免攻擊行為的出現。

8.示範作用（modeling）：示範作用是要提供個案一個學習模仿的對象，聽起來似乎並不難，但事實上要學習模仿一個行為，有其必經的幾個歷程：第一個是個案「注意」到某一項行為，其次是個案必須對此一行為「留有印象」，第三才是根據印象「表現出」他所學到的行為，最後是所謂的「動機歷程」，如果表現成功，心理上也得到增強，則個案會一再重複該項學習行為；如果沒有得到增強，反而出現不好的後果，則個案不會重複該項行為，例如：一位作業總是寫不好的兒童，老師拿寫得很好的兒童之作業本給他看，同時也從旁解釋好在哪裡，如果兒童留有印象，也學著寫得整齊，得到老師的讚美，則該行為會繼續重複。

9.認知重建策略（cognitive reconstructive techniques）：在認知行為主義取

向的理論中，較常用者為兒童認知重建（cognitive restructuring）此一方式，例如：面對兒童攻擊行為的處理，輔導老師讓兒童回想生氣而有攻擊行為時心裡的想法，讓兒童想想到底是什麼想法讓他們有攻擊行為的發生，那樣的想法有必要讓他去攻擊別人嗎？是不是一定得那麼想呢？如何想，才可以讓自己心裡比較舒服而不去攻擊別人？自己所要的，是攻擊別人嗎？還是其實自己也不願去攻擊別人？認知重建是要花一段時間的，一些大人的想法或思考方式，並不是兒童可以接受的，輔導老師應將正確的想法直接告訴兒童，要兒童接受，順著他們的邏輯思考、引導他們思考，他們會朝著大人所要的思考內容去思考。

10.理情治療技術（rational emotive therapy techniques）：理情治療認為，影響一個人情緒及行為的原因，並不是個案所面對的事件，而是個案對該事件的看法或信念。不合理的信念往往困擾著個案，讓個案心裡沒有辦法愉快起來。對於部分內向性行為的兒童個案，可以協助他們分別出外因事件、內心情緒，以及外顯行為，讓他們看看自己的想法是如何影響自己的情緒及行為，並體驗出自己想法不合理的地方，進而往合理的或是正面的方向來思考，個性上也會變得比較開朗。然而，理情治療技術並不一定適用於外向性的或是沒有情緒困擾的兒童，如果逃學讓兒童覺得快樂，偷錢之後也不覺得困擾，反而覺得滿足了自己的需求，類似這樣的外向性行為，只能從其它認知取向或行為取向的輔導策略來糾正個案行為。

以上所介紹的個別諮商策略，都是適用於個案研究的策略，包含了本書之前所介紹的諮商取向及技術或是態度。至於各個不同策略的適用性，則依個案的問題狀況不同而有所不同，例如：行為改變技術適用於兒童不良習慣的去除或是良好習慣的培養；同理心、真誠、一致性等態度，適用於各種問題的晤談過程，這些態度有助於與兒童建立良好的關係，同時也能蒐集到正確的資料，以協助問題的診斷與處理。

二、進行家庭訪問時的注意事項

針對兒童所進行的個案輔導，除了以上的個別諮商策略外，有需要進一步與個案的家庭聯繫，讓家庭成員一起配合個案的成長。家庭訪問的目的，除了與家長溝通兒童的問題之外，對親子互動的觀察，以及對父母雙方或家人彼此之間的互動情形，都應當有所了解。必要時，需提供家長相關的效能訓練或其它親職教育活動的訊息，甚至在家族治療中的一些觀念及輔導策略，個案研究小組成員都應當有所認識，並適當的在與家庭的聯繫過程中使用出來。

在家族治療中，有幾個觀念是我們在進行兒童個案研究時可以注意的。第一，是所謂的「家庭系統」（family system）觀念：家庭是由家中所有成員所組成的一個系統，兒童在此一系統中的互動行為，會被帶到家庭之外，也就是學校或社區之中。因此，兒童個案在家庭系統中的互動行為，與其在學校或社區中的互動行為是有關係且有意義的。藉由觀察或了解兒童在家庭系統中的互動行為，我們多少也能了解兒童在其他相關團體中的互動行為。

第二，是所謂的「行為取向」觀念：兒童在家中所看到的行為或是被對待的行為，就是他所學到的行為。如果他經常遭受責罵，也就學會怎麼罵人，並用那些被罵的話來罵別人；如果經常受到照顧，也就能學會怎麼照顧別人。

第三，是「認知取向」（cognitive approach）觀點：如果有機會讓家庭成員互相溝通，我們不難發現家人對兒童問題會做不同的歸因，他們對問題所持的看法及態度不同，對彼此也有各自的期望。學校老師在與家庭做連絡時，若真有心要解決兒童問題，則不應僅將此家庭連絡過程視為單純的溝通兒童在校問題，而是應當從更廣的層面來看兒童所處的家庭系統，了解這些家庭成員是如何理解或詮釋兒童的困擾問題，如此方能了解兒童問題的深層原因，並對症下藥，提出可行的輔導計畫。

除了個別諮商與家庭訪問之外，有些個案問題適合以團體輔導的方式進行，在團體中，兒童互相支持、互相學習，對某些問題行為的改進，可能遠比個別諮商效果要來得好。如果個案情況也適合以團體輔導方式進行輔導，讓個案能由小團體中獲得被尊重的感覺，能在團體中得到歸屬感，也學會如何去關懷別人、照顧別人，則團體輔導也可以配合個案研究的進行。

除此之外，社區輔導或醫療機構的配合，也是我們在進行個案研究時可以參考的資源。必要時，社區資源可提供諮詢服務，學校在召開個案研究會議時，也可以請專家列席指導。有關社區資源的使用技巧及注意事項，將在第十五章一併討論。近年來，個案管理的概念也逐漸受到重視，而個案管理的經營，除了輔導老師與學生的直接接觸外，對於個案周遭相關資源的運用，包括校內的及校外的，確實可以由生態心理學的觀點進行個案研究。

三、使用個案研究時需注意之事項

進行個案研究時，首先要注意資料來源的正確性及可靠性。由於兒童尚未成年，對於很多事務的判斷或陳述不見得成熟或是正確，輔導老師一方面要確定資料來源的正確性，另一方面也不能忽略兒童對於所遭遇事件的主觀感受。此外，個案研究的資料蒐集來源最好能夠是多方面的，例如：文件、檔案紀錄、晤談、同學訪問、家長連絡及訪問、相關社政單位所提供的資料等，都是不錯的資料來源。此外，資料的蒐集也可以是重複性的，例如：多觀察幾次，以便能看到重複出現或是一致的行為；而透過重複持續的晤談，也可以聽到個案真正的想法。

進行兒童個案研究時，也可以參考所謂的 SWOT 架構：S 是指優勢力量（Strengths）；W 是指弱勢（Weaknesses）；O 是指機會（Opportunities）；T則是指個案所面臨的威脅情境（Threats）。就接受輔導的個案本身及其所處的情境而言，其優勢、弱勢、機會，以及可能面臨的威脅情境如何，經過具體的、多向的分析及思考，對其問題解決當有具體的方向。

由於個案研究在蒐集資料過程中，涉及多方面的人、事或單位，因此對於資料內容的保密也必須十分小心，特別需要注意倫理議題。個案本身及其周遭親人或朋友、同學所呈現的個人資料，必須維持其隱私權；隱私權的維護，有助於提升個案的自尊，並且能讓個案感受到一定程度的舒適自在，有助於對問題解決的意願。此外，也絕對要注意避免輔導人員或個案研究小組中任何成員對個案或所蒐集資料的偏見。之所以需要進行個案研究，就是因為兒童的問題並非一位輔導老師就能協助其解決問題，因而需要組成小組，共同討論可行的輔導策略並進行輔導，也因此，整個工作團隊的群策群力是非常重要的。

而近年來的生態心理學觀點也是值得參考的觀念（Bronfenbrenner,

1979），我們在進行個案研究時，可以由生態心理學的觀點來觀察個案問題。學校輔導老師在進行個案輔導時，勢必會需要用到相關資源。而相關資源的使用，並不是蒐集相關資訊，覺得可行就直接使用。教師若具備生態心理學的觀點，則更能善用相關資源，以進行適當的個案研究。所謂的生態心理學，主要是指個人所處情境的周圍系統，小至個案直接接觸的小系統，大則大到整個國家的輔導制度及相關資源。小系統，包括兒童個人所處的班級或家庭，或是所接觸的輔導老師；大系統，則包括國家的輔導或諮商心理制度，以及這些制度之下所提供的社區資源。大小系統之間，又有相當豐富而多樣的中介系統。進行個案研究時，若能注意生態心理學的觀點，則將能增進個案研究的效果。

第四節 兒童個案研究實例

本節僅就以上所述兒童個案研究的進行過程，包括：資料蒐集、問題診斷、輔導策略的選擇、進行輔導，以及結果的評量等要項舉一實例說明，所舉實例係改寫自某一國小六年級的個案，其中輔導策略部分，以行為改變技術為主要策略。

一、個案基本資料

姓　　名：王賀文（化名）

年　　齡：12 歲

性　　別：男

就讀學校：某國民小學六年級

家庭狀況：如圖 12-2 所示，賀文接受個案研究時的家庭圖（虛線內表示同住一起之家庭成員）。

賀文目前就讀六年級，在學校時常有毆打同學的行為出現。經家庭訪問後，得知賀文來自單親家庭，母親在他 5 歲時就過世，父親又忙於擺地攤的工作，晚上都很晚才回家，對賀文的情形知道的不多。同住一起的祖母對他的行

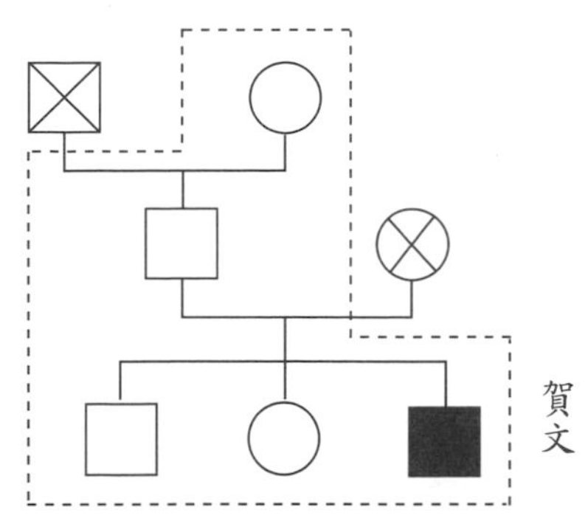

圖 12-2　王賀文接受個案研究時的家庭圖

為也無法管教，哥哥和姊姊對其行為更是無法管理。

二、個案來源

賀文平常在學校的表現成績平平，但非常喜歡欺負同學，無緣無故就會毆打同學，或是藉機會搗蛋，影響教室上課的秩序，因而與老師或同學之間的關係都不是很好。在與輔導室老師討論後，決定成立個案研究小組，共同輔導賀文，期望能改掉其喜歡毆打同學的行為。

三、確定問題

主要問題：平常喜歡毆打同學，而且是無緣無故欺負同學；個性上極愛表現，喜歡引人注意；上課經常藉機搗蛋，影響上課秩序極為嚴重。此次輔導重點放在對個案毆打行為的輔導。

四、蒐集資料

經由與個案本身的談話、與家人的溝通，以及與賀文相關師長的討論之後，將所蒐集到的個案資料彙整如下，分為家庭、學校、社區等幾個部分來做說明。

在家庭方面，如基本資料所描述，由於母親過世，父親又忙於工作，祖母不知如何管教。在這種情況之下，親子幾乎沒有在一起的時間，更遑論和樂的溝通。另外，哥哥和姊姊的年齡與他相去較遠，也都有各自的問題、各自的天地。雖然家庭經濟狀況不是很好，但也還過得去。

在學校方面，成績平平，但行為表現總讓任課老師覺得煩惱。賀文很愛表現，卻又都是以負面的行為吸引別人的注意。甚至在毆打行為方面，也常常引來其他同學家長的抱怨，經常讓老師覺得頭痛。事實上，賀文在四、五年級時就經常欺負其他同學，只是到了六年級之後，毆打他人的情形更為嚴重，實在有需要加以改善，否則進入國中之後，可能毆打他人的行為將更難改掉。

在社區環境方面，賀文的家庭位於老舊的社區之中，社經地位屬中下階層。賀文在社區中的交友情況尚屬單純，並沒有與任何不良幫派有接觸。

五、問題診斷及分析

1.賀文在家中缺乏照顧，沒有人關心他，在這種情況下，賀文可能會藉由一些欺負他人的行為來得到大家的注意。

2.由他在學校及家中的行為表現來看，賀文缺乏適當的人際溝通技巧，他並沒有很要好的朋友，但事實上他是很需要朋友的。

3.賀文喜歡表現自己，但似乎並沒有適當的機會能讓他表現自己，他也不知道如何能適當的引人注意，因而所使用的方式就是欺負他人、毆打他人。

4.賀文本身個性較為衝動，對於不順心、不如意的事，一生氣就是出手打人；這似乎與他是老么的個性有點關係，因為家中兄姊年齡都較大，比較不會跟他計較。

六、輔導過程

輔導過程中所使用的策略是選擇行為改變技術，企圖以增強及消弱等原理來改變個案的毆打行為，並以人文主義取向的真誠、尊重、同理等態度接納個案，讓個案具有改變毆打行為的意願，以下是詳細的行為改變技術使用情形：

（一）界定目標行為

目標行為為毆打行為，而所謂的毆打是指隨意的抓、拉、推、打同學，或採取其他使同學肉體上感到疼痛的舉動。

（二）訂定終點行為

終點行為是要個案將毆打行為由每天 4 至 5 次減少到每天 1 次以下（接近 0）。

（三）實驗設計類別

行為改變技術所採取的實驗設計類別，是採用倒返設計中的多重處理設計模式（A-B-C-D-A-D），如圖 12-3 所示。

第一階段是測量基準線（A），以了解個案的毆打行為現況，共觀察 6 天。

第二階段給予第一種實驗處理（B）：懲罰及訓誡，實施 6 天。

第三階段給予第二種實驗處理（C），以榮譽卡為增強物，實施 6 天。

第四階段給予第三種實驗處理（D），以口頭讚賞為增強物，並賦予幫老

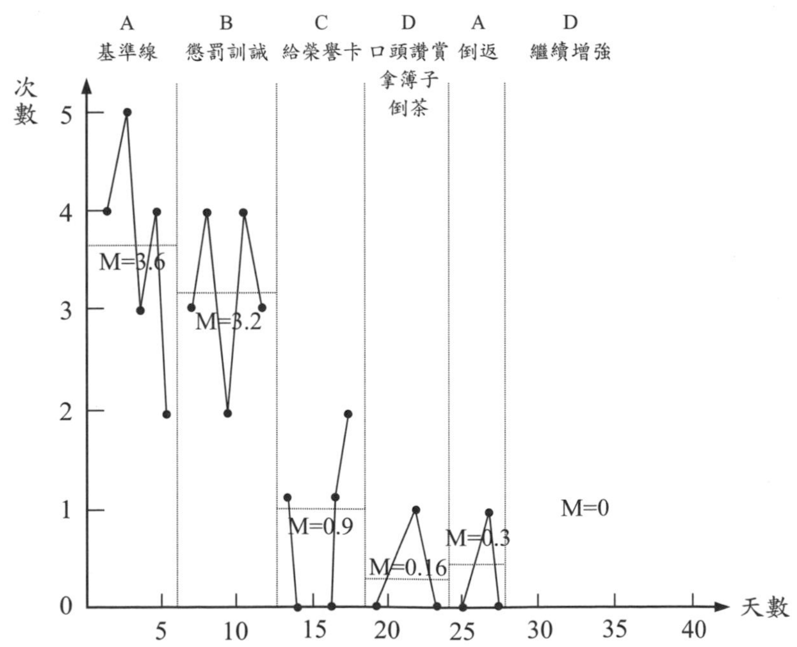

圖 12-3　倒返設計的多重處理設計模式

師拿簿子及倒茶等服務專職，共實施 6 天。

第五階段倒返回第一階段（A），不給予任何實驗處理。

第六階段再作實驗處理（D），與第四階段所使用的增強物相同。

（四）實驗結果

1.在基準線階段，賀文每天毆打同學的次數平均為 3.6 次。

2.實驗處理階段B的結果，輔導老師告訴賀文如果打同學 1 次，就要自己打自己的手心 3 下；打同學 2 次，就自打手心 6 下，依此類推。實施前 3 天有效，但以後就失去效果，或許是因為賀文早已對懲罰習以為常，以致於毆打次數 1 天又增加到 4 次，平均此階段的毆打他人次數是 3.2 次。

3.給榮譽卡的處理階段（C），配合該班級榮譽卡制度的實施。凡是功課進步、作業整齊、有良好行為表現時，均可獲得 1 張粉紅色的獎勵卡；集 3 張粉紅色獎勵卡，可以獲得 1 張綠色的獎勵卡；擁有 3 張綠色獎勵卡，可以獲得學校頒發獎狀，並與校長合影留念。實驗者告訴賀文，只要一天不打同學，就給 1 張粉紅色獎勵卡，剛開始賀文似乎不太相信，經老師一再保證會給之後，賀文連續 3 天都沒有打人；但第 4 天之後，對獎勵卡不感興趣，毆打行為又再度出現。此階段平均毆打次數為 0.9 次。

4.給予口頭讚賞及賦予服務專職的實驗階段（D），也是配合該班老師（亦即實驗者）原有的規定。老師每天都會請一位最聽話而且功課有進步的小朋友幫老師拿作業簿，並且倒茶。賀文對這項榮譽職原本就非常的想要得到，但總沒有機會得到，曾經向老師要求要做，也因為表現不好而被老師拒絕。於是老師便以此為增強物，告訴賀文，若沒有打人，則讓他擔任拿簿子及倒茶的工作。果然，6 天當中有 5 天沒有打人；其中有一天是因為晚上和同學出去玩得太晚，被父親發現，挨父親打，回學校後找同學報復，打了同學 1 次。此一階段平均毆打他人的次數是 0.16 次。

5.倒返階段：此階段不做任何增強，實施 3 天的結果，賀文於第二天打人一次，平均毆打他人的次數是 0.3 次。

6.再處理階段：再度以口頭讚美及拿簿子、倒茶的榮譽職為增強物，要賀

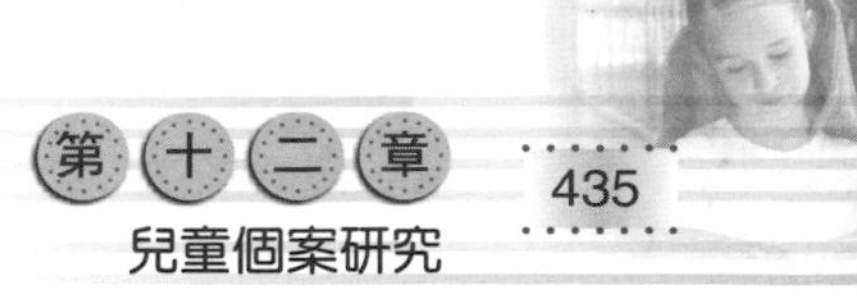

文不再有毆打他人的行為，結果試了 5 天，賀文完全沒有毆打他人的行為。

七、輔導結果的評量

由前述輔導過程，可以明顯看出輔導成效，而且實驗者並沒有花任何金錢來購買增強物。實驗者主要是配合班級中原有的措施，讓賀文有機會得到獎勵、得到尊重。事實上，實驗者原本很擔心輔導效果不彰，因為賀文一直是這個班級的頭號問題人物，對老師所說的話老愛唱反調，處處表現不合作的態度，對老師找來個別談話，也表現出一副蠻不在乎的樣子。但經過此次實驗之後，我們發現兒童跟成人一樣，需要他人給予尊重和關愛，當兒童感受到自己真的被尊重與關愛，加上一些輔導策略的介入，一些原本的困擾行為會逐漸獲得改善。別以為他們是孩子，就一切只能聽從老師的。

懲罰的方式對某些兒童而言或許可以暫時嚇阻他們的不良行為，但多半有嚴重問題行為的兒童對懲罰早已習以為常，家長也許打他們打得比老師打的還厲害。對這類兒童而言，懲罰反而會收到更壞的效果，讓原本充滿怨恨的心更加的不信任他人。採用獎賞及鼓勵的方式，情況改變較多，對老師、對兒童都好，教室氣氛也因而改進。

除了此一實例之外，相關研究及書籍均有相當多之個案研究實例（侯禎塘，2003；陳李綢，1991）。除了一般適應欠佳或是有不良行為的兒童之外，針對特殊教育或輔導領域中的特殊兒童，也相當適用個案研究，例如：自閉症、亞斯柏格症的個案等，甚至對於受虐兒童、家暴性侵害的兒童等，也是十分適用的。關於受虐、性侵害，或目睹家庭暴力兒童的相關議題，在本書亦有討論（請參閱第十四章），除了個案研究的流程及輔導策略之外，這方面的背景知識對個案研究當然是相當重要的。至於在特殊兒童方面，必須參考相關之專書，例如：亞斯柏格症兒童喜歡獨處、人際溝通上較有困難（雖然語言字彙沒有問題）、較缺乏想像力及思考上的彈性、動作協調也較有困難（因此體育課與同學的互動也會較有困難）。因為這些困難，就會比較容易併發情緒上的相關問題，像是焦慮、強迫或憂鬱等。具備這些針對個案所屬問題類型之背景專業知識，在進行個案研究時是十分重要的。

應用個案於這些兒童時，因為相關的輔導或研究人員不只輔導人員本身，也涉及兒童周圍的重要他人或是觀察的同學、一般教師，或相關社區資源助人工作者，因此相關的倫理議題更是需要特別注意的。最後，我們所要強調的是個案研究的價值，個案研究能透過研究小組成員，從多方面深入了解個案的問題，讓個案及其周圍相關之家人能了解問題行為背後的意義，以解決兒童問題。不論是問題嚴重的個案，或是平日接受輔導的發展性問題個案，個案研究能解決兒童問題，也能提升輔導教師專業的諮商及晤談技巧，是值得鼓勵的輔導方式。

關鍵詞

- 個案研究
- 個案研究報告
- Swensen 診斷模式
- ABC 模式
- Lazarus 模式
- CAB 模式
- RQC 模式
- 無條件的積極尊重
- 同理心
- 真誠
- 行為改變技術
- 自我肯定訓練
- 示範作用
- 認知重建策略
- 家庭系統
- 生態心理學

問題討論

1. 個案研究包括哪些基本步驟？
2. 在幾個個案問題的診斷模式裡，哪幾個模式是你較欣賞的？請說明理由。
3. 試由人文主義取向、行為主義取向，以及認知行為主義取向等三方面，說明個案研究中常用的輔導策略。
4. 對兒童個案而言，有哪些方法可以針對問題蒐集資料，以便對問題成因有進一步的了解？
5. 如何評量個案研究的成果？
6. 請嘗試以周遭的幼兒園或國小兒童為例，訂定一個個案研究計畫，並說明詳細之輔導流程。

參考文獻

▶中文部分

侯禎塘（2003）。特殊兒童行為問題處理之個案研究——以自閉症兒童的攻擊行為為例。**屏東師院學報，18**，155-192。

施顯烇（1995）。**嚴重行為問題的處理**。台北市：五南。

洪儷瑜（1998）。**ADHD 學生的教育與輔導**。台北市：心理。

陳李綢（1991）。**個案研究**。台北市：心理。

▶英文部分

Bronfenbrenner, U. (1979). *The ecology of human development*. Cambridge, MA: Harvard University Press.

Knoff, H. M. (1983). Personality assessment in the schools: Issues and procedures for school psychologists. *School Psychology Review, 12*, 391-398.

Knoff, H. M. (1986). *The assessment of child and adolescent personality*. New York: The Guilford Press.

Knoff, H. M., & Batsche, G. M. (1991). *The referral question consultation process: Addressing system, school, and classroom academic and behavioral problems: The RQC skills workbook*. Tampa, FL: The Authors.

Lazarus, A. A. (1981). *The practice of multimodal therapy*. New York: McGraw-Hill.

Meyer, L. H., & Evans, I. M. (1989). *Nonaversive intervention for behavior problems: A manual for home and community*. Baltimore, MD: Paul H Brookes.

Seay, T. A. (1978). *Systematic electic therapy*. Jonesboro, TN: Pilgrimage Press.

Swensen, C. H. Jr. (1968). *An approach to case conceptualization*. Boston, MA: Houghton Mifflin.

Walker, C. E., Hedberg, A., Clement, P. W., & Wright, L. (1991). *Clinical procedures for behavior therapy*. Englewood Cliffs, NJ: Prentice-Hall.

第十三章

兒童適應問題的診斷與處理

廖鳳池

在一個為小學教師開辦的暑期進修班課程中，教授正在講解輔導工作的基本精神，一位學員不耐煩的舉手打斷教授的話，滿臉困惑的質疑說：

「教授，您所說的輔導精神很動聽，什麼愛心、信心、同理心，但是當您真正碰上學生的問題時，我懷疑這些講法會有什麼用！我就碰到一個慘痛的例子，現在正好來請教請教您這位專家，看看您碰到這種情形時要怎麼用您的愛心、信心和同理心呢？就在剛結束的這個學期，大約4月份的時候，我所任教的學校轉來一位學生，據說是在原來就讀的學校鬧得很嚴重，沒有人有辦法處理，才被迫轉到我們學校來的。我因為平常和教務處沒什麼交情，所以這個學生別的老師不收，教務處就故意把他編到我的班上來。起先我也想說既然來了就不能不接受，就試試看吧，反正他已經被迫轉學過了，也許行為會改一改。誰知道第一節上課他就不安於位，站起來跑來跑去，弄得我根本沒辦法上課。我勸他，他根本不聽，後來忍不住大聲罵他，要他坐好，他勉強坐一下，但不到3分鐘就又起來騷擾別人。沒辦法，我只好用體罰的方式，效果還是很小。他就是會起來走動，擾亂上課的秩序，於是我就想到一個方法，找了班上四個體形最壯的男同學，坐在他的前後左右，上課時隨時注意他的舉動，一旦他要離座就4個人合力把他按回座位上，結果還是常常搞得烏煙瘴氣，上課的情緒大受影響。請問教授，像這麼頑劣不堪的學生，您的愛心、信心和同理心有什麼用？」

這位教授聽了這段抱怨的話，經過簡單的詢問，非常感慨的說：

「我為這位學生感到非常難過，看起來這個小孩很可能是一個患有注意力不全、過度活動症的孩子，這種小孩注意力集中的時間較為短暫，行為不假思索，較為衝動，活動量很大，很難長時間安坐聽課。較嚴重的孩子應轉介到醫院看精神科，可以透過藥物控制、食物控制及行為取向的教導方式，改善其學習和人際行為。遺憾的是他的父母、原就讀學校及轉學後的老師，包括導師及輔導老師都不具備相關的專業知識，不曉得向精神科醫師或專業的心理師求助，因此在管教他的時候非常辛苦，也使用了極不人道的方式，包括嚴厲的打罵，甚至逼迫轉學的手段，不但對這個小孩的適應毫無幫助，而且很可能造成其自尊嚴重受損，將來長大後過動的情形就算減輕了，其行為問題及報復的心態，很可能又要讓社會付出更大的代價！」

時至21世紀的高科技年代，台灣的學校教育系統裡，竟然還有許多學校老師對所任教對象可能有的適應問題如此缺乏常識，而輔導室（處）的主任或組長竟然不需專業背景，對此一問題如此無知而未能及時提供必要的協助！事實上兒童和成人一樣，也存在著許多適應的問題，尤其過動、分離焦慮、拒絕上學等較嚴重的適應問題，或多或少都潛藏在學校中，有的被視為品性不良，有的怪罪父母寵愛過度，有的則被老師隱藏不報。如果我們對專業知識加以重視，誠實認真的面對小學校園中日益嚴重的兒童適應問題，將會發現美國在學校中聘用高專業的學校心理學家協助篩選、診斷及提供部分治療服務的作法，有其實際的需要。身為小學輔導人員，即使不具備如學校心理學家或臨床心理師的診斷與治療專業能力，但對於兒童偏差行為以專業的觀點加以界定、辨識，必要時能夠做出適當的轉介並配合進行輔導協助，應是義不容辭的基本職責。本章擬介紹兒童適應問題的類別、診斷與處理模式，並對小學校園中常見的一些兒童適應問題的界定及輔導策略加以介紹。

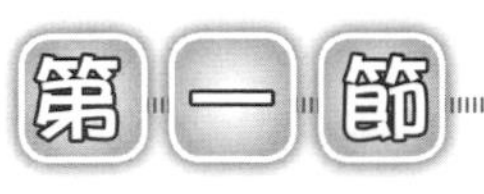

第一節 兒童適應問題的界定

隨著時代變遷，不僅兒童的成長發展問題受到重視，兒童適應問題也日趨受到注意，對於適應困難的情形也有更明確的鑑定標準及科學化和人性化的診治方式。兒童出現不適應的狀況，除了遺傳因素外，周遭環境及成人疏於保護，常是使其淪為受害者的主要原因，因此兒童適應困難與否的判定，不宜以道德規範被違背與否當成標準，對其適應不良的行為，亦不宜用「頑劣不堪」等泛道德化的觀點論斷。即使經過醫學的鑑定，兒童臨床工作者仍然傾向於用「發展障礙」的觀點，以避免對兒童貼上「異常」、「病態」的標籤。兒童的再生復原能力很強，一旦排除發展的障礙，給予愛與關懷健康的環境，其恢復情形常常出乎意料的快速。因此，對於適應困難兒童給予真心關注與實質協助，遠比責備、批判、歸類及輕易放棄來得有效，合乎事實且合乎人道。

兒童適應問題的界定，就像對成年人的正常與異常要加以分辨一樣的困難。正常與異常之間，常常只是程度上的差別，而不是性質上的不同。一般而言，適應良好的個體，其行為應符合心理健康的六項標準：(1)能維持良好的人際關係；(2)有較明確的自我概念；(3)有滿意的心理效能；(4)有健康的身體；(5)智能成熟、情緒成熟、道德成熟、社會行為成熟；(6)能夠接受現實（吳武典，1985）。而適應不良的個體，其行為和性格則偏離上述適應良好的特徵，行為上有敵意、攻擊、欺騙，或性格上屬於焦慮、退縮、憂鬱、自責等。

吳武典（1985）認為兒童如果出現「顯著異於常態且妨礙個人正常生活適應的行為」，可以視之為適應困難的個體，應該獲得特別的協助。所謂顯著異於常態，係指和同年齡多數兒童的一般發展程度或行為方式有明顯的差異而言，這個標準需要對照正常兒童的發展常模及行為方式才能判斷，例如：智能發展明顯低於或高過一般人兩個標準差的人（「魏氏智力量表」離差智商在 70 以下或 130 以上），即為智障或資優兒童，都算是異常兒童；又如兒童在「活動量表」上的得分高過一般兒童兩個標準差（百分等級 98 以上）的人，很可能被醫院列為過動兒童，需要進一步診斷以確定是否應該接受治療。

大家不難發現這樣的說法存在著兩大問題：首先，「異常」並不一定會有「適應困難」的情形，例如：資優兒童有時不需要特殊協助也可以有比一般兒童適應更好的情形（當然也有適應困難的），因此，「異常」並不等於「適應困難」；其次，醫學上不被認定為異常病態的兒童，在家庭或學校管教或輔導上卻有可能被視為頗為棘手，例如：活動量高過 86%的兒童，可能不會被臨床工作者視為過動兒童，但對父母就生活規範的要求及在校課業學習和人際關係方面，都有可能產生困難。因此，狹義醫學上對兒童異常或病態的診斷應慎重明確，而廣義上，一般家庭、學校及社會對適應困難兒童的界定，顯然比醫學上的定義寬鬆而且不明確許多。

問題是一般人一方面不明白醫學上對異常行為界定的嚴謹性，常把一般性適應困難兒童輕易貼上病態病名的標籤，例如：輕易把較內向的兒童稱之為自閉症兒童，學習略為遲緩的兒童稱之為智能不足兒童，此容易對兒童的自我概念及人際互動產生嚴重的傷害；另一方面又對兒童期常見的各種異常行為沒有明確的認識，例如：將過動兒童視為品性頑劣，將資優特別有創造力的兒童視為調皮搗蛋者，未能即時給予必要的診治或特殊教育，更甚者以屈辱打罵方式對待，最後兒童果真出現反抗敵對行為，其適應困難究竟孰令致之？

有鑑於上述界定所造成的問題，筆者認為有關兒童適應困難問題的界定，應該將「人」和「行為」分開，而且應該以兒童需要特殊協助的專業觀點，代替兒童需要施予特殊管教矯正的泛道德化觀點。一方面對狹義的醫學病態行為的界定加以探討，以協助學校篩選出異常兒童，給予醫療或特殊教育的協助；另一方面廣泛的介紹各類兒童適應困難的行為類別，探討其成因及輔導策略，以協助兒童輔導工作者了解及知道如何給予必要的協助。

第二節 兒童適應問題的分類

如前所述，兒童適應問題的界定言人人殊，本節將介紹醫學、特殊教育，及一般兒童適應問題的分類和界定內容，以協助讀者建立更清晰的概念。

一、醫學上對於兒童異常行為的分類

當兒童出現明顯異常的行為，若該行為嚴重影響到兒童的生活適應和課業學習或人際交往時，家長及學校教師即應想到此一兒童的行為有沒有可能是病態行為？是否需要轉介到醫院精神科青少年兒童門診去做進一步的鑑定或治療？

精神醫療對於病態行為通常會參考美國精神醫學協會（American Psychiatric Association）所編定的《精神疾病的診斷與統計》（*Diagnostic and Statistical Manual of Mental Disorders*, DSM）一書進行診斷和治療工作。該手冊於1952 年出版，歷經 1968、1980、1987、1994 及 2013 年五度改版修正，有相當可靠的信效度，目前 DSM 為全世界精神醫學界所通用。國內孔繁鐘（2007）將其中的《DSM-IV-TR 精神疾病診斷準則手冊》翻譯出版，可供參閱，DSM-5 中文版目前仍由台灣精神醫學會翻譯審訂中。

按照 DSM-IV-TR 的分類，通常初診斷於嬰兒期、兒童期或青春期常見的精神疾病區分為十類：

1.智能不足：智商 70 或 70 以下，並且在生活適應功能有部分缺陷或障礙者，依其嚴重程度又可區分為輕度、中度、重度、極重度，以及無法判斷等幾種類型。

2.學習疾患：包括閱讀障礙、數學障礙、文字表達障礙，以及其他未註明的學習障礙。

3.運動技能疾患：係指在沒有生理的傷殘情況下，其需要運動協調的日常活動，動作發展遲緩或有嚴重障礙，顯著妨害其學業成就或日常生活活動。

4.溝通疾患：包括語言表達障礙、接受性—表達性混合語言表達障礙、原發性發音障礙、口吃，以及其它未註明的溝通障礙。

5.廣泛性發展疾患：包括自閉症、瑞特（Rett）氏症、兒童期崩解性疾患、亞斯伯格（Asperger）症，以及其它未註明的廣泛性發展疾患。

6.注意力缺陷及決裂性行為疾患：包括注意力缺陷／過動症、品性疾患、對立性反抗疾患，以及其它未註明的決裂性行為疾患。

7.餵食及飲食性疾患：包括亂食症、反芻疾患、嬰兒期或兒童早期之餵食性疾患。

8.抽動性疾患：是一種會出現突發的、快速的、重複的、非韻律性的、刻板的運動性動作或聲音的疾病，如 Tourette 氏症。

9.排泄性疾患：三個月以上經常在沒有生理異常的情況下遺糞或遺尿的現象。

10.其他疾患：包括分離焦慮症、選擇性緘默症、嬰兒期或兒童期早期反應性依附疾患、刻板性動作疾患，以及其它未註明之嬰兒期、兒童期或青春期疾患。

DSM-5 較重要的修訂有兩個地方：(1)將自閉症以光譜方式呈現其嚴重程度，取消原本將較輕微的自閉症被另行稱為亞斯伯格症的分類，如此一來會減少近半數在人際溝通有障礙的兒童被診斷為自閉症，避免過度服用相關藥物；(2)將注意力缺陷／過動症（ADHD）原本區分為注意力缺陷、過度活動，及衝動三群症狀，重新歸類為注意力缺陷／過動、衝動兩群症狀。

上述好發於兒童青少年期的精神疾病症狀，在《DSM-5 精神疾病診斷準則手冊》中均有明確之描述，各小學輔導室（處）應購置該手冊，做必要之研習，遇有異常可能之兒童案例時，能夠先行參閱該手冊，如可能為精神症狀，即應請教醫師後做適當的轉介，以使兒童及早接受適當的醫療。

二、特殊教育中對特殊兒童的界定

前述精神疾病診斷標準的發展和應用，已經有相當多年的歷史，但在應用時仍有一些缺失，例如：該套診斷系統對異常行為完全採取醫藥模式，缺乏診斷在校行為的功能，並不適用於決定教育安置上的應用。和 DSM 系統不同，另外有一套由美國國會所通過著名的「94-142 法案」所衍生出來有關特殊兒童的鑑定標準，就是專門用來決定一個兒童是否有權力可以享用更多教育資源的依據。這套系統中有關資優及智能不足兒童的鑑定，國人已耳熟能詳，通常包括先以團體智力測驗篩選出智商偏高或偏低的一群兒童，再以個別智力測驗進一步更精確的鑑定其智力水準，輔以生活及心理適應良好或不良適應情形的資料，再決定其是否應該留在原班級接受資源教室的輔助、進入特殊班級，或是跳級就學、進入特殊學校或由療養機構收留。

除了資優和智障兩類之外，較具爭議的一類特殊兒童是所謂的情緒障礙（Seriously Emotional Disturbed, SED）或行為疾患（Behavior Disorder, BD）特殊兒童。依據「94-142 法案」對情緒障礙兒童的定義，兒童如果長期出現下列一項或一項以上的行為特徵，影響其教育表現，就可以獲得特別的安置（即小班式的特殊教育情境）以幫助其學習：

1.其障礙並非由智能、感官缺陷，或其它健康因素所引起的。

2.無法和同儕及老師建立及維持良好的關係。

3.在正常的環境下，會出現不適當的行為或情緒感受。

4.經常性出現不快樂或憂鬱的情緒。

5.有跡象顯示其將伴隨著個人或學校的困擾問題，發展出生理上的症狀或恐懼的現象。

這些標準包括具有精神分裂症狀的兒童，但兒童若只是社會適應困難，除非伴隨著長期嚴重的情緒障礙，否則並不能被列入此類特殊兒童而接受特殊教育。由於這樣的界定並不明確，因此導致美國各州對於情緒／行為障礙兒童有不同的界定和選擇方式，甚至在有些州只要和老師無法相處，達到老師容忍的極限，就可能進入這種班級接受特殊教育。

Cullinan、Epstein 和 McLinden（1986）曾整理出各州將兒童列為情緒／行為障礙兒童的 11 個成分，但他們也舉出其中：(1)學習／成就問題；(2)長期性；(3)嚴重性，以及(4)排他性等四個因素是比較被強調的。換言之，對於情緒／行為障礙兒童的界定，並不一致，而各類因素所需要不同的介入處理方式也尚未能明確探討確認。不過，把長期有特殊適應問題的兒童列為特殊兒童，提供更多的資源給予特別協助的作法，實值我國效法。

三、一般性兒童適應問題的分類和界定

精神疾病和特殊教育兒童適應問題的界定方式，固然有其權威性和實質的教育措施加以協助，有其必要性，但是對於一般的家長和教師而言，這些都是兒童適應非常困難的狀況下才會被歸入某一類別，一般兒童平常也經常有一些適應困難但情況較不嚴重的情形，對其情緒學習多少都有一些妨害，仍然值得我們加以關心協助。因此就有一些人嘗試以更廣泛的方式對兒童的不適應行為加以分類，例如：Achenbach 和 Edelbrock（1978）就將 6 至 11 歲兒童的不適應行為，概分為「內向性行為問題」及「外向性行為問題」兩大類。後者包括：在教室內的行為問題、和品性有關的問題、破壞物品或傷害他人的行為、過度活動及衝動性的行為等，這類行為通常是外顯的，因此常被界定為對外導向或失去控制的行為，在學校中則通常被視為「行為問題」；前者則相反，包括：焦慮不安、難以面對壓力情境、憂鬱、恐懼、低自尊、具有自我認證困難、選擇性緘默，以及其它較不易為他人所察覺的困擾問題等，這類問題大多是對內導向、較內隱，常被視為過度控制的「情緒問題」。

吳武典（1985）以及徐澄清（1969）採取相近的分類方法，將學校中適應困難的行為區分為六類，並分別舉例說明之：

1.外向性行為問題：即通稱的違規犯過行為或反社會行為，包括：逃學、逃家、不合作、反抗、不守規律、撒謊、偷竊、打架、破壞、搗亂、傷害等。

2.內向性行為問題：即通稱的情緒困擾或非社會行為，包括：畏縮、消極、不合作、過分依賴、做白日夢、焦慮反應、自虐、自殺行為等。

3.學業適應問題：成績不如理想，但並非由智力因素所造成的，往往兼具有情緒困擾或行為問題，包括：考試作弊、不做作業、粗心大意、偷懶、不專心、注意力不集中、低成就等。

4.偏畸習癖：或謂之不良習慣，多與性格發展上的不健全有關，包括：吸吮拇指、咬指甲、肌肉抽搐、口吃、偏食、尿床、菸癮、酒癮、藥癮、性不良適應等。

5.焦慮疾患：由過度焦慮引發而來，有明顯的身體不適應症狀或強迫行為，通常稱為精神官能症或神經質行為，包括：緊張、發抖、嘔吐、噁心、心胸不適、全身無力、由過度焦慮所引發的強迫思考、強迫動作、歇斯底里等。

6.精神疾患：其行為明顯脫離現實，屬於嚴重的心理病態，包括：精神分裂、躁鬱症等。

第三節 兒童外向性行為問題的輔導

兒童的外向性行為問題種類繁多，成因複雜，輔導策略更應依兒童的狀況、行為方式及環境影響等多種因素謹慎診斷後，加以設計規劃。本節僅就其中最為常見的欺騙、偷竊及攻擊等三項行為的成因與輔導策略加以探討。

一、欺騙行為的成因與輔導策略

兒童的不誠實行為是一個普遍存在的現象，從不經意的撒謊、刻意隱瞞事實，到考試作弊、說謊成性，輕重程度有別，但規避面對不負責任行為的後果之目的則為其一。Murphy（1987）歸納相關文獻指出：有欺騙行為的兒童具有較神經質、外向、高度緊張、容易發怒和激動等特徵。而對未來具有較高的不確定感，害怕失敗，及缺乏早期學校成功經驗等因素，也會使兒童更可能冒險採取欺騙的手段。感受到學校或家庭對課業要求的壓力、結交愛欺騙的損友、學校課程空洞、教師教學內容枯燥乏味、採用過度威權式的教學方式令學生生畏，以及學習任務被學生視為過度容易或困難，都為兒童的欺騙行為營造了有利的氣氛。現實治療師 Glasser（1965）則指出成人經常對兒童答應卻沒有做到的事情威脅處罰，並追究原因，在成人不斷嚴厲追問「為什麼」的情況下，說謊成了兒童逃避立即懲罰的唯一途徑，如果僥倖所編造的理由被成人所採信因而逃過一劫，則此一不負責任行為將受到立即而且強烈的負增強，將來因襲成性的機會大增。

減少或處理兒童欺騙行為的輔導策略可以用 Shaw（1973）的三級預防概念（參見本書第一章）加以區分。

（一）初級預防策略

實施誠實教育，發展說真話、面對問題、真誠負責的美德。策略包括：

1.將誠實的行為模式視為學校教育工作重要的一環，在正式課程及學校日常的活動中，強調其重要性。

2.對於學生非故意的失敗或錯誤行為，以關懷接納的態度加以指導協助，避免嚴詞責備、威脅處罰，更不宜對其行為原因窮追不捨、高壓強制，導致提高其採取欺騙手段的機會。

3.示範誠實的行為與態度，例如：行政人員袒誠面對批評並誠懇檢討改進學校缺失，教師遇學生所問問題無法回答時，坦承「不知道」並願意一起探尋答案，使學生感受到誠實不僅不會丟臉，反而是一個受人尊敬的美德。

4.教育學生欺騙行為對自己和他人可能造成的不良後果，除了「狼來了」的故事外，可經常以學生生活周遭的人、事、物，讓學生清楚的了解「誠實是上策」的真義。

5.採用道德兩難故事、價值澄清及問題解決訓練的方法，提升兒童的道德發展層次及解決衝突困境的能力。

（二）次級預防策略

目的在防微杜漸，避免學生養成說謊欺騙的行為習慣。其策略包括：

1.平日教師對於學生敷衍或可能規避責任的言行應加以注意，必要時婉轉加以查證，使學生難以輕易詐騙成功。

2.遇有考試及家庭作業規定，應考慮學生的程度，題型及作業形式採用必須自行完成難以抄襲的形式，考試座位的安排、作業的繳交時間等均應妥為規劃，並對學生做必要的提醒，使學生無法，也不想作弊或抄襲。

3.對於欺騙或作弊行為的後果應明確宣示且立即執行，使學生了解欺騙非但不易成功，且被發現後將立即面對得不償失的後果。

（三）矯正治療策略

如果某一學生已經養成欺騙的行為習慣，應該列為個案加以了解，蒐集其家庭成長經驗、人際行為風格、學業表現概況等資料，以分析其心理需求及不良習慣形成的原因，進行矯正。如果個案的欺騙行為導因於環境的高壓不合理的要求，則應先協助其設法減輕其所不能承受的壓力，再教導其較適切有效的行為模式；如果其欺騙行為導因於對社會行為規範的不了解，則應進行行為規範的說明、示範與訓練，以塑造其合於社會規範的行為模式；如果欺騙行為是其反社會行為的一部分，且兒童對自己的欺騙行為缺乏敏感性，難以自我控制，則可以採取行為治療法中的嫌惡治療，以使其對欺騙行為增加敏感性，但是在實施嫌惡治療過程中仍應維持對兒童的尊重及關懷，以高壓羞辱的方式進行矯正雖可一時見效，但因其自尊受損，長期而言，終將造成新的問題，並不妥當。除了消極的矯正禁止兒童的欺騙行為外，教師積極的關懷、同儕關係的建立、學習方法指導、人際問題解決技巧訓練等協助，均有助於兒童心理需求的滿足及能力與自尊的提升，是完整矯治欺騙行為不可疏忽的策略。

二、偷竊行為的成因與輔導策略

偷竊行為一向是父母及教師最感頭疼的一項兒童不良適應行為，也是少年犯罪人數比例最高的一個項目，其比例常年高占少年犯罪的50%～60%之間，情況極為嚴重。偷竊行為頗難根治，原因是此一行為難以偵察發現，因此家長、師長或法律的懲處未必發生，而偷竊所得的物品或錢財常可為偷竊者立即享用或私下向同儕炫耀，獲得增強。

偷竊行為出現的原因很多，有因缺乏物權觀念、不清楚行為後果、被物慾所惑而偷的「滿足慾望型」；有因對父母、社會或他人不滿，以偷竊來發洩其情緒的「反抗型」；有為獲得他人肯定或自我肯定的「冒險刺激型」；也有因性格異常而有強迫性偷竊行為的「神經型」等（林世英，1991；板橋地方法院，1989）。就個人因素而言，偷竊者可能缺乏物品所有權的觀念，渴望獲得他人的注意或關愛，得不到關愛或尊重時就以偷竊加以報復，或做為證明自己有能力的一種表徵；就環境因素而言，偷竊者常出現於貪財不道德的家庭，或父母過於嚴苛、零用錢欠缺，及父母失和的家庭；而社會「笑貧不笑娼」的偏差觀念影響，學校的「功課第一」不重視行為規範，導致學生的挫折不滿和缺乏歸屬感，也是助長偷竊行為的可能原因。

偷竊行為一旦發生，通常頗難處理，一方面要找出竊盜者並不容易，另一方面即使找出竊盜者，若其沒有改過的動機，大多數的諮商策略均難奏效。防治竊盜一方面應加強兒童的物品所有權之觀念，訓練兒童妥善保管財物及抗拒誘惑的能力，同時在偷竊事件發生後，明察暗訪，輔以團體後效處理（group contingency），宣布若偷竊物被送回來則全班可以有和平常一樣的自由活動時間，若未送回則剝奪部分自由活動時間，以抵消偷竊者的增強作用。若一個班級經常發生竊盜事件，亦可宣布若一段時間內未再發生竊案，則增加全班自由活動時間以為增強。

兒童若有竊盜行為被發現，可採用下列策略加以輔導：

1.過度矯正法：除歸還所偷竊的財物外，令其多賠一樣他所心愛的物品以為懲罰。

2.反應代價法：取消其某種權力或從其零用金中扣除相當之金額。

3.內隱敏感法：讓其想像偷竊行為發生的情景，當偷竊動作出現之時，將心像轉為令其嫌惡之情景（如被羞辱、嘔吐等），以懲罰偷竊行為，接著想像逃離偷竊行為（如把東西放回原位）及放鬆愉快的情景，以為增強。經多次連結後產生內隱的制約效果，可使兒童具備抗拒偷竊衝動的能力。

4.分化性增強法：對於兒童講求榮譽誠實的表現加以增強，以提升其自尊，不再需要靠偷竊獲得注意或自我能力感。

當然，上述輔導策略必須先與兒童有良好的輔導關係，並且協助兒童的家長和老師採行適切的管教措施之情況下才會有效；純粹靠懲罰是很難杜絕兒童的偷竊行為。

三、攻擊行為的成因與輔導策略

攻擊是一種以惡意的口語或行為，對他人或物品加以傷害或毀損的行為。

過去許多心理學家曾對此一行為加以探討，從生物本能論、心理分析的能量發洩論、到挫折—攻擊假說，論者雖然企圖提出一套解釋人類攻擊行為的說詞，但是對於實際攻擊行為的衡鑑與約制，仍然欠缺有效的方法。直到1960年代，Rotter（1966）發現外控傾向的人容易出現攻擊行為；Bandura（1973）認為，攻擊行為係經由觀察學習及替代增強而學得；Spivack 和 Shure（1974）則指出，高攻擊性兒童缺乏人際問題解決能力；Novaco（1975）提出生氣喚起的認知模式；Dodge（1985）進一步說明兒童的攻擊行為出現和其社會訊息處理的過程產生偏差有關；Kendall（1991）則指出攻擊等外向性行為問題同時存在認知扭曲與認知欠缺的問題。

Lochman、White 和 Wayland（1991）歸納前述研究，提出兒童攻擊行為的社會認知模式，認為兒童的攻擊行為是其社會認知的產物，高攻擊傾向兒童對社會訊息的操作方式（認知歷程）具有：(1)無法長時間維持記憶；(2)在短期記憶中容易出現訊息漏失或添加的錯誤；(3)從長期記憶中提取解決問題途徑時，偏向選擇顯著表面的答案等特徵；而其基模性命題（認知結構）則具有以下四項特徵：(1)對於人際支配、報復等行為的評價，明顯高於利他、結盟、交往等行為的評價；(2)對於受害者身心的痛苦、可能的報復，以及同儕的排斥拒絕等後果欠缺考慮，或明顯低估；(3)對於攻擊行為所能增加的實質酬賞或削減嫌惡反應抱著過高的期待；(4)過低的自我價值感或負面的自我知覺。

由於高攻擊傾向的兒童具有上述認知歷程與認知結構上的偏失，導致他們對刺激事件及生理喚起的衡鑑也隨之產生偏差。對於刺激事件，他們會：(1)對於他人的敵意線索過度敏感，經不起一點點鄙視或貶抑的眼神挑釁，甚至對於他人沒有敵意的行為也賦予敵意的解釋；(2)對於他人敵意的意圖做錯誤的歸因，容易將他人自我防衛的行為視為惡意的攻擊；(3)低估自己的行為對他人的敵對性，甚至已經對對方做了攻擊行為仍然不自知，因而將對方隨之而來的防衛行為視為無理的侵犯。對於和他人對立時所引起的生理喚起作用，他們很容易：(1)將被喚起的生理反應自動貼上「生氣」的標籤；(2)難以平心靜氣以同理感受他人的行為及情緒。

上述偏失的衡鑑結果，導致高攻擊傾向兒童在進行人際問題解決歷程中，出現三項明顯的特徵：(1)對於他人的攻擊行為只能想出有限的解決問題途徑；(2)過度應用直接行動的方式加以回應，較少能夠以篤定的口語反應與對方周旋；(3)太快出現攻擊對方的舉動，使得問題獲得妥善解決的可能性受到阻礙。針對上述認知扭曲與偏失現象，應對於高攻擊傾向兒童進行認知行為取向的衡鑑，以訂出輔導策略（廖鳳池，1996）。

針對高攻擊傾向兒童可用的輔導策略包括下列各項。

（一）認知和情感的自我反映／自我監控策略

協助兒童正確的辨識引發其生氣的生理和情緒線索，透過示範、練習、圖片、影片及討論，協助兒童覺察在什麼情境下會產生什麼生理反應（如肌肉緊繃、心跳血流加速、情緒浮躁）、當時的情緒性質為何（如不舒服、厭惡、氣憤、熱血沸騰）、情緒強度如何（教導兒童嘗試以1～10的數字自我評量）、內在語言為何（如「受不了了！非給他一點顏色不可！」）。這些資料一方面能幫助兒童透過覺察來增進自我控制的可能性，另一方面也可以做為諮商心理師進一步設計輔導策略的依據。

（二）角色取替訓練

針對兒童與人發生衝突的典型情境，進行角色扮演，讓兒童有機會站在不同的立場角度，去體會各個角色在衝突情境中的可能感受、想法及意圖，進而增進其對他人情感和認知正確洞察的能力。

（三）人際問題解決訓練策略

透過有系統地呈現處理人際問題的步驟，包括：問題的界定、形成多重可用的解決途徑、預測及評量行動的後果等，協助兒童不斷的角色扮演，面對各種人際衝突情境，練習嘗試各種解決方法，體驗其後果，再構思繁衍出新的方法，不斷演練體驗，直到問題獲得妥善解決為止。這種方法也用到腦力激盪和做決定的技術，但其不斷角色扮演的方式，可使兒童獲得更深刻的體驗，同時也學到實際可行的人際技巧。

（四）生氣控制訓練

實際找出導致兒童產生生氣情緒的負向內在語言，透過討論及重新設計，建構新的正向內在語言，並以行為預演方式使兒童熟練，以達到情緒控制，實際減少人際衝突情形發生（詳細方法參見廖鳳池，1990，1996）。

（五）行為管理策略

應用行為契約及代幣制度，隨時增強其合作行為，並讓非期待行為付出反應代價，以確保協助關係及協助過程順利進展。

攻擊行為是現今社會上出現率頗高的不當行為，也是兒童適應困難的主要項目之一。兒童時期早期發現高攻擊傾向的個體，及早對其認知行為加以矯正，成效通常頗為顯著。若任其繼續滋長，將來成為個人人際的困擾或犯罪行為，對個人及社會都將造成不可彌補的損失。

第四節 兒童內向性行為問題的輔導

兒童的內向性行為問題，包括：害羞、焦慮、被孤立、退縮、自閉等多類行為。由於此類困擾問題並非行動化（acting-out）的外向性行為問題，在班級學生人數過多，強調團體規律重於個人表現的集體化教育體系中常不會被發現，甚至有部分此類兒童將其人際退縮轉向追求學業成績，在升學主義偏頗的思想下，不但未被視為有困擾兒童，反而成了教師心目中的模範生。直至有一天，其所累積的偏差行為導致太大的心理壓力，終至出現拒學或自殺行為時，教師及家長仍然搞不清楚兒童的內心狀況，終讓遺憾的情形「突然」發生。

內向性行為問題的成因，包括個人氣質與環境影響多重因素，其輔導策略以早期發現、及時提供適當介入為重點。本節僅就孤立、焦慮及拒學等三項行為的成因與輔導策略加以探討。

一、孤立行為的成因與輔導策略

孤立行為常在課間休息時間或課堂上分組學習活動時顯現。有些兒童的孤立狀態是被動形成的，例如：想和他人一起玩卻不被接納，分組時沒有人想和他在同一組，他被同儕所孤立；有些兒童的孤立狀態卻是主動形成的，同儕邀他一起玩或分在同組時，他或是因為焦慮害怕，或是恃才傲物，主動拒絕他人的邀約，終至失去所有朋友，自我孤立，經常孤鳥單飛。

教師除了應經常觀察兒童的課間活動，或在課堂上多採用體驗式教學活動，細心觀察兒童人際合作行為，以發現被孤立或自我孤立的兒童外，也可以透過社交計量的方法發現班上被孤立或忽略的兒童。蔡麗芳（1992）曾編製「分組遊戲意見表」甲乙兩種版本，甲卷提供全班同學名單，並詢問：「如果有一節課老師要在校園裡分組玩遊戲，每一組四個人，你會希望和哪三個小朋友一組呢？希望不要和哪三個人一組呢？」若某一位小朋友在班上既沒有人要和他分在同一組，也沒有人不要和他分在同一組，即在正負向提名的名單中都沒有人選他，他就可能是被忽略者；若在正向提名時沒有人選他，而在負向提名時有多人選他，他就可能是被拒絕（被孤立）者。這兩類孤立者中，後一類兒童教師通常不必調查，輕易就可以發現，前一類沒有人提名的孤立者卻常被教師所忽略，需要採用此種社交計量法才易找出來。

兒童孤立行為的形成原因很多，其中較重要的因素如下：

1.相貌殊異：如有肢體或顏面殘障、頭髮脫落、皮膚長癬、衣著髒臭、身體有異味，或外表長得像異性等，因而受到同儕的排斥或畏懼不敢接近。

2.社交焦慮：因成長過程被過度保護，人際接觸經驗不足，或有不好的人際經驗（如被虐待）導致害怕與人接近。

3.偏畸習僻：說話有咬音不正、口吃等毛病，緊張時會在人前吸吮拇指或咬指甲等，導致他人的嘲笑或歧視。

4.缺乏社交技巧：如霸道、容易激怒，不守遊戲規則、遊戲技巧（運動技能）欠佳，或不知如何加入他人的遊玩活動等。

5.受到不當的懲罰：部分小學教師採用不准班上小朋友和「壞孩子」交往

的方式懲罰兒童，導致兒童被孤立後心理和人際關係受到嚴重的傷害。

兒童孤立行為雖然未必會對團體秩序立即造成嚴重影響，但它對兒童的個人適應及人際發展，卻有極為嚴重且深遠的不利影響。因此若發現兒童長期受到同儕孤立或自我孤立的情形，需視為重要緊急的狀況，應積極的介入協助其脫困。

孤立行為可用的輔導策略包括以下幾項。

（一）仔細觀察、審慎診斷，找出其被孤立或自我孤立的原因

原因可能不只一種，如外貌殊異又有偏畸習僻，受到恥笑時易被激怒，而其發怒的樣子（如吸吮拇指情形更嚴重）引發他人更多的嘲諷，形成惡性循環。或是孤傲不屑與人交往，以好成績討好老師並貶低他人，愈孤立愈追求好成績，成績愈好愈孤立，如又受到不明就裡的老師加以表揚讚賞，其高不可攀的孤立行為模式則更難被打破。

（二）採取必要措施，修正其被孤立的原始因

例如請其父母積極設法醫治其皮膚癬疥，注意其衣著整潔及個人衛生，接受語言矯正或行為矯正，以減少偏畸習僻。應留意先從造成問題的地方著手改善，才能解除其孤立狀況，若只強迫他人接納而未能促使當事人行為有實質的改變，其孤立情形非但不可能快速消除，反而可能成為常態長期存在，此時即更難改善。

（三）練習社交技巧或個人因應技術，以重建人際關係

讓兒童學會加入他人遊戲活動的技巧、增進人際覺察能力、學會表達善意及和人分享個人的感受、練習克服人際焦慮及人際問題解決方法等，都可以讓孤立兒童自己嘗試跨出人際交往的第一步。輔導者應避免鼓勵成人介入裁決（如由導師或訓導處懲罰嘲笑他的人），或強迫其他小朋友主動和其交往，因為友誼必須是兩廂情願才可能長存的。

（四）採取合作學習制度，協助兒童建立適切的人際關係

教師過度重視學業成績，強調競爭優劣，對不當的行為採取過度嚴懲貶斥的作法，都可能在無形中塑造錯誤的人際觀念，造成學生間對同儕弱者的貶抑疏離，形成非人性化的待人態度。教師若相信教育是百年樹人、形塑未來文化的重大基礎工程，應勇於打破升學主義的迷思，重視情意教育，採取分組合作學習的教學方式，將學習能力不同、特質各異的學生分在一組，讓能力好的學生協助能力弱的學生學習，能力弱者也能在團體中提供合乎其能力水準的貢獻，並且獲得接納和肯定。所有學生均學習和不同特徵及能力水準的同儕相處，為多元社會建構彼此包容、人際和諧理想的人際行為模式。

二、焦慮行為的成因與輔導策略

所謂「焦慮」是指個體因緊張、不安、焦急、憂慮、擔心、恐懼等感受交織而成的複雜情緒（張春興，1992）。適度的焦慮有助於個體生理上的喚起作用，增加腎上腺素的分泌，使個體蘊積足夠的能量，以應付即將來臨的壓力事件；過高或過低的焦慮則會降低個體的表現水準，阻礙個體潛能的充分發揮。而嚴重的焦慮現象，則將導致個體產生習得的無助感（learned helplessness），對於外在情境的壓力，容易完全失去因應能力。

兒童在發展過程中的不同階段有各種令其害怕焦慮的事物，多數兒童都可隨著年齡的增長，而逐漸發展出對自我因應能力及周遭環境威脅程度的適切判斷，建立適切的自信與應有的警惕。但有些兒童或因個人特質（過度敏感膽小）、成長經驗（曾受到驚嚇或有失敗挫折的不愉快經驗），或因情境因素（教師太過嚴苛或確實長期處於非其能力所能應付的壓力情境），造成其經常性感到焦慮不安，無法適應，就成了學校教師及輔導人員應加以協助的對象。

陳貞夙（1997）歸納相關文獻指出兒童在學校中常出現的焦慮可分為：

1.課堂表現焦慮：是指學生在課堂中與學業相關的表現焦慮而言，例如：在課堂上面臨教師要求兒童朗讀課文、回答問題、演算習題、演講或示範動作時，學生在公眾面前因焦慮過度而表現失常。

2.學業成就焦慮：是指兒童在課堂中面臨測驗、考試的情境所出現的焦慮情形而言，例如：兒童在聽到要考試的訊息、考試前一日、進入考場，及考完試見到考試成績單時，會感到特別焦慮，因而有肚子痛或害怕上學等不適應情形出現。

3.社交焦慮：是指兒童在學校情境中，面臨必須和同儕或師長進行人際互動時，感到焦慮不安的情形而言，例如：兒童不敢和同學或老師個別談話，談話時不敢和對方有眼神的接觸，不敢向他人問問題或請求加入他人的遊戲活動，不會拒絕他人不當的請求，面對責備時手足無措，不知如何面對。

具有明顯焦慮特質的兒童在面臨壓力情境時，會出現如下的行為特徵：(1)生理現象（因焦慮引發，非真實疾病）：頭痛、呼吸急促、胸口發緊、肌肉緊張、胃口不佳、喘不過氣、心跳加速、想上廁所、頭暈、肚子痛、手腳發抖、冒冷汗等；(2)心理現象：缺乏自信、注意力不集中、判斷力弱、易自責、煩躁等；(3)動作表現：說話速度過快或過慢、手忙腳亂、退縮、少參與活動、無節制的吃東西、自傷等（陳貞夙，1997：125）。教師可針對這些特徵篩選出需要特別關注的高焦慮兒童。此外，林碧峰、楊國樞、繆瑜、楊有維（1973）所編製的「中國學童焦慮量表」、黃德祥（1989）所編製的「社會焦慮評量表」，以及陳貞夙（1997）所編製的「學校生活經驗量表」等工具，都是評量兒童焦慮程度的客觀性自陳量表。

兒童經常陷入焦慮情形的原因甚多，主要的因素包括：(1)缺乏相關經驗或曾有過不好的經驗；(2)生理上易於激動；(3)對於結果有過度嚴重的評價；(4)對於自我能力有過低的評價；對自我有過高的要求。針對這些原因，其輔導策略包括下列幾項。

（一）放鬆訓練

此為透過逐步繃緊再放鬆兒童每一塊肌肉的練習，使兒童能夠在感到焦慮時放鬆自己，解除肌肉緊張的情形，以達到減輕焦慮的目的（指導語參見陳貞夙，1997；廖鳳池，1987）。

（二）自我教導訓練

找出焦慮時兒童告訴自己的負向自我評價、逃避式、自責、造成分心的負向內在語言，加以修正後，設計出正面因應、正確自我評價、專注於行動的正向內在語言，不斷練習正向內在語言，直到能夠運用這些正向內在語言，以應付壓力情境為止（訓練方法參見廖鳳池，1990）。

（三）系統減敏感法

將焦慮情境依其主觀焦慮程度，由輕微焦慮到嚴重焦慮排列，透過逐一經驗練習克服的過程，有系統的降低其焦慮的情形（方法參見黃正鵠，1991）。

（四）社交技巧訓練與練習

依兒童社交能力的缺陷設計社交技巧訓練方案，讓其在團體中練習，較熟練後再到真實的情境中練習，使其具備相關能力，能夠表現出需要的社交行為，進而提高自我效能，減輕壓力與焦慮（方法參見蔡麗芳，1992）。

三、拒學行為的成因與輔導策略

拒學（school refusal）、懼學（school phobia）和逃學是不盡相同的行為問題。拒學係指，學生因為心理或環境因素，拒絕或無法再到學校上課，其過程雖可能有情緒困難的現象，卻未必有焦慮或恐懼的情緒。懼學則指，因為恐懼的現象而不敢上學，它和拒學一樣是心理適應困難的現象，而逃學則是一種怠惰的學習狀態或個人品性問題。

兒童不願上學的原因很多，Atkinson、Quarrington、Cyr 和 Atkinson（1987）曾就 100 位有拒學情形的臨床患者以叢聚分析法加以分類，共得三種類別：第一類患者主要是有分離焦慮困擾的兒童，共 15 位，他們受到母親過度保護，形成過度依賴，且通常較慢才和母親分床睡，拒學是其難以和母親分開的現象之一部分；第二類患者是有完美主義傾向的兒童，共 28 位，他們在出現拒學行為之前通常有極佳的表現，但情緒有些抑鬱，有過度自我澎脹的自我觀念，無法忍受失敗挫折，一旦他在校的學業或其他表現出現挫敗時，常因不能接受現實而拒學；第三類患者屬於多重困擾類型，共29位，其年齡較大，有多種困擾，對外在世界感到消極害怕，拒學是因為他們的困擾問題已經嚴重到無法再承擔學校的課業或人際問題。

兒童的拒學行為通常出現在假日結束、恢復上課的第一個早晨、學校舉行考試當天或前夕，或是學校當天有特定課程或活動時。出現的癥候包括：前一晚心神不寧，當天早上賴床，吃早餐時拖拖拉拉，不願離家出門去上學，或到達校門口或教室門口不願進入，抗拒家長的拉勸並哭鬧，上學前或上學後宣稱肚子痛或頭暈、頭疼，要求不去上學或已經到校卻要求早退等，細心的家長和老師若能仔細觀察，不難及早發現。

拒學行為的形成原因可從下列數點加以探討。

（一）不當的親子依附關係所種因

兒童在幼年時期會有緊黏母親或主要照顧者的階段，若被依附者不能提供足夠安全的依附關係，將使兒童在離開母親或主要照顧者時感到極為焦慮不安。另外，有些母親或主要照顧者本身就對與兒童分離極為焦慮，因而示範和增強了兒童和母親過度的緊密依附及極度的分離焦慮行為。幼兒園和小學低年級入學階段，常見兒童必須母親陪伴在教室才能留在教室上課，其中有些可能是此種情況。

（二）觀察學習所學得

在兒童出現拒學行為之前的一段時間，其家人可能有人因生病或其它困擾問題而停止上班或上學，使兒童學得在學校碰到困難時，以拒絕上學方式企圖逃避困難。

（三）同時事件連結形成

兒童可能因在校受到嚴苛的老師責罰、同學欺負、學業或人際問題，使其害怕到校面對其不敢或不願意面對的人、事、物，因而形成拒絕去上學或藉故要求早退的行為。

（四）不當後果所強化

兒童不論因何種原因不去上學或早退，若其結果反而獲得家人更多的關心照顧，獲得在家吃零食、看卡通影片、玩電動玩具等特權或機會，此種對待較諸上學面對壓力或困擾情境，簡直就是一大增強。不上學既可躲避面對困難情境（躲避懲罰），後果又如此甜美（獲得增強），則此種行為再度持續出現的可能性將大增。

（五）情境因素所促成

兒童的家庭若經常出現父母爭執、代間衝突、家人間缺乏關懷，將使兒童經常處於高度壓力的困擾狀態；學校的環境過於髒亂危險、教學太過刻板乏味、教師過度嚴苛經常責罰學生、同儕經常出現排擠或欺凌行為等，都將使兒童和學校疏離，視上學為畏途。

在兒童出現拒學行為時，教師或輔導人員應就下列重點加以了解，以找出其拒學的原因，俾能採取適切的輔導策略。

（一）缺課情形

兒童已經缺席或早退幾次？通常在哪些時候缺課？其前後是否有共同特徵存在？

（二）拒絕上學的先行事件與後果

兒童在拒絕上學當天早上做了些什麼？家長如何處理？為何同意讓兒童可以不必去上學？兒童留在家中做什麼？在兒童要求早退之前，他在學校出現哪些行為？教師或家長如何處理？為何同意其可以提早回去？小孩離校後做些什麼？

（三）拒學行為的過程

在出現拒學行為前一天晚上、當天早上或提早離校前，其行為、情緒反應的詳細過程為何？

（四）對家庭情境的了解

在小孩必須上學的日子裡，這個家庭的基本生活流程為何？父母是否均在工作？上學前、放學後由誰照料兒童？這些例行流程已經實施多久時間？兒童過去對這些例行性的生活流程適應情形如何？最近是否有變動？兒童有何反應？

（五）對學校情境的了解

兒童平時對學校生活的適應是否良好？在出現拒學行為前，他對學校、老師、同學的感覺如何？學業成績如何？最近是否有學業方面的挫折？他曾否對某些特定人、事、物感到焦慮害怕或特別排斥？他和同儕交往的情形如何？他有多少好朋友？他最近的人際關係是否有明顯的改變？

（六）對過去經驗的探討

兒童過去上學的出席情形如何？有無抗拒上學的情形？若有，是出現在剛入學時、新學期開學時或假期後？兒童除了害怕上學外，有無其它較明顯的恐懼反應？家人或同學近來是否亦有人有退縮或特殊恐懼的行為？

（七）對可能相關事件的探查

兒童家裡或學校（班上）最近有什麼改變？家中是否有人生病？學校是否更換老師？同學好友間是否發生了什麼事？家中是否面臨重要壓力或危機？有無口角爭執事件發生？

拒學行為的輔導策略依三級預防的層次，區分如下列幾項。

（一）初級預防

嬰幼兒的主要照顧者應給予兒童安全的依附環境，增加兒童接觸陌生人、事、物的機會，並鼓勵訓練兒童獨立自主及處理人際問題的能力，使其能夠在離開父母去上學時感到安全，期待接觸新的環境，並且有經驗和能力去處理上學後必然要獨立面對的人際問題。學校應營造整潔、舒適、溫暖、安全的學習環境，活潑教學，發展良好的師生關係，建立溫馨互助的班級氣氛，使兒童樂於上學，對學校師生有歸屬感，如此則兒童的拒學行為不易出現。

（二）次級預防

學校應對學生對校園的觀感、師生關係、學生間的同儕行為，以及學生的家庭狀況等經常加以關懷了解，若有教師採用不當的教學或管教學生的方式，學生間有欺凌行為，應及時積極加以妥適處理。發現學生家庭有特殊狀況時，應對兒童積極關懷協助，並提醒家長小心處理家庭內的壓力衝突事件，以減輕對兒童的不利影響。導師應對兒童每日的出席狀況確實加以掌握，遇有兒童請假、缺課或要求早退情形，應詳細了解原因，並與家長聯繫，以避免不當的處置，造成或增強兒童的拒學行為。

（三）矯正治療

兒童出現拒學行為時應立即積極處理，了解拒學行為的詳細狀況，找出原因並加以介入處理。當拒學兒童並非多重困擾類型時，應以儘快協助其面對及排除困擾，要求其恢復上學為目標。若立即恢復上學有實質困難，亦應採取系統減敏感的程序，協助其逐日接近學校、教室，並從壓力較小的課程開始逐步恢復上課。若兒童為多重困擾類型拒學，或同時出現嚴重的情緒或精神症狀，則應轉請專業機構或精神醫療單位給予輔導，待其情緒行為較為穩定後再恢復上學。兒童拒學在家期間，其原就讀班級的老師和同學及輔導人員應到其家庭進行訪視，保持聯繫，以鼓勵該生恢復上學；導師或資源班教師應提供必要的課業協助，使其在離校一段時日後，仍有可能返校繼續學習。拒學一段時日的兒童恢復上學之初，到校上課仍將感到困難，剛返校時可能會有抗拒、哭鬧等情形，教師及同學應耐心加以接納，數日或一、二週後，此種抗拒哭鬧情形會逐漸減少，危機終將過去。

關鍵詞

適應困難　自閉症　注意力缺陷／過動症
分離焦慮症　選擇性緘默症　情緒／行為障礙
外向性行為問題　內向性行為問題　焦慮症侯群
精神病症侯　誠實教育　團體後效處理
過度矯正法　反應代償法　內隱敏感法
分化性增強法　攻擊行為　認知扭曲
認知欠缺　社會訊息處理　自我反映／自我監控
角色取替訓練　生氣控制訓練　被忽略／被拒絕
個人因應技術　社交焦慮　課堂表現焦慮
學業成就焦慮　放鬆訓練　自我教導訓練
系統減敏感法　拒學／懼學行為

問題討論

1. 試指出五項曾親眼目睹的兒童適應困難行為，說明其不適應行為的具體表現方式及可能的形成原因。
2. 試參閱 DSM-IV，說明兒童自閉症、過動症、分離焦慮症，以及選擇性緘默症的診斷標準。
3. 試以個人經驗回顧自己或所就讀班上同學曾經出現欺騙及偷竊行為的情形，探討其成因並評估各種輔導策略的可行性。
4. 試以個人曾有過的生氣／攻擊行為的經驗，評述當時的情境、個人的生理反應、心理上的內在語言、實際採行的行動及最後的後果。
5. 試以一位有內向退縮行為傾向的兒童為案例，評述其行為症狀，並提出可用的輔導策略。

▶中文部分

孔繁鐘（譯）（2007）。American Psychiatric Association 著。**DSM-IV-TR 精神疾病診斷準則手冊**（Quick reference to the diagnostic criteria from DSM-IV-TR）。台北市：合記。

吳武典（1985）。**青少年問題與對策**。台北市：張老師文化。

林世英（1991）。女性少年的偷竊行為及其指導對策。**觀護選粹，4**，320-323。

林碧峰、楊國樞、繆　瑜、楊有維（1973）。中國學童焦慮量表之修訂。載於楊國樞、張春興合著，**中國兒童行為的發展**（頁 465-518）。台北市：寰宇出版社。

板橋地方法院（1989）。少年問題行為之探討與輔導。載於**少年輔導工作手冊**（頁 88-91）。台北縣：作者。

徐澄清（1969）。**心理衛生工作從學校做起**。台北市：幼獅。

張春興（1992）。**張氏心理學辭典**。台北市：東華。

陳貞夙（1997）。**認知行為取向因應技術訓練對減輕國小高焦慮兒童學校焦慮輔導效果之研究**。國立高雄師範大學輔導研究所碩士論文，未出版，高雄市。

黃正鵠（1991）。**行為治療的基本理論與對策**。台北市：天馬。

廖鳳池（1987）。**認知性自我管理團體諮商對師專生情緒適應效果影響之研究**。國立台灣師範大學輔導研究所碩士論文，未出版，台北市。

廖鳳池（1990）。**認知治療理論與技術**。台北市：天馬。

廖鳳池（1996）。攻擊行為的衡鑑方法與輔導策略。**測驗與輔導，136**，2808-2812。

蔡麗芳（1992）。**社交技巧訓練策略對國小兒童社交技巧、問題行為及同儕接納之影響效果實驗研究**。國立台灣師範大學輔導研究所碩士論文，未出版，台北市。

▶英文部分

Achenbach, T., & Edelbrock, C. (1978). The classification of childhood psychotherapy: A review and analysis of empirical efforts. *Psychological Bulletin, 85*, 1275-1301.

Atkinson, L., Quarrington, B., Cyr, J., & Atkinson, F. (1987). *Subclassification of school pho-*

bic disturbances. Paper presented at 95th Annual Convention of the American Psychological Association, New York, NY (Sep. 1987).

Bandura, A. (1973). *Social learning theory*. Englewood Cliffs, NJ: Prentice-Hall.

Cullinan, D., Epstein, M., & McLinden, D. (1986). Status and change in state administrative definitions of behavior disorder. *School Psychology Review, 15*, 383-392.

Dodge, K. A. (1985). Attributional bias in aggressive children. In P. C. Kendall (Ed.), *Advances in cognitive-behavioral research and therapy* (Vol. 4). New York: Academic Press.

Glasser, W. (1965). *Reality therapy: A new approach to psychiatry*. New York: Harper & Row.

Kendall, P. C. (1991). Guiding theory for therapy with children and adolescents. In P. C. Kendall (Ed.), *Child and adolescent therapy: Cognitive-behavioral procedures* (pp. 3-22). New York: The Guilford Press.

Lochman, J. E., White, K. J., & Wayland, K. K. (1991). Cognitive-behavioral assessment and treatment with aggression children. In P. C. Kendall (Ed.), *Child and adolescent therapy: Cognitive-behavioral procedures* (pp. 25-65). New York: The Guilford Press.

Murphy, J. P. (1987). Children and cheating. In A. Thomas & J. Grimes (Eds.), *Children's needs: Psychological perspectives* (pp. 83-87). Washinton, DC: National Association of School Psychologists.

Novaco, R. W. (1975). *Anger control: The development and evaluation of an experimental treatment*. Lexington MA: D.C. Health and Co.

Rotter, J. B. (1966). Generalized expectancies for internal versus external control of reinforcement. *Psychological Monographs, 80*, 1.

Shaw, M. C. (1973). *School guidance systems*. Boston, MA: Houghton Mifflin.

Spivack, G., & Shure, M. B. (1974). *Social adjustment of young children: A cognitive approach to solving real life problems*. San Francisco, CA: Jossey-Bass.

第十四章

特殊處境兒童的發現與輔導

田秀蘭、廖鳳池、王文秀

本章主要目的在討論處於特殊處境的兒童問題，包括：目睹家庭暴力兒童、受虐兒童，以及遭受性侵害兒童的輔導工作。這些問題都是近幾年來在台灣較為受到重視的問題，但事實上也並非逐漸興起，而是過去在保守的華人文化當中，這些問題不容易浮上抬面。自從政府針對這些問題擬定了相關法令之後，這些問題已逐漸受到重視，而不論是學校或是社區、警政、醫療等單位，也都有配合之實施細則及作法。以下分三節討論目睹家庭暴力兒童、受虐兒童，以及遭受性侵害兒童的處境和相關之輔導策略。

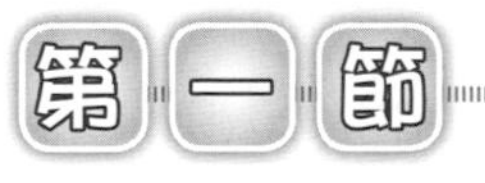

第一節 目睹家庭暴力兒童的發現與輔導

田秀蘭

家庭暴力，在傳統的中國社會是個禁忌的議題。但家庭暴力對兒童所造成的影響，就心理學中所謂的早期經驗觀點而言，是相當重要而深遠的。近年來，隨著輔導與諮商觀點的介入，對於兒童應有的照顧及輔導，其生長環境的安全也逐漸受到重視。以下就家庭暴力相關法令、目睹家庭暴力（witness family violence）兒童的定義分類，以及診斷與處遇策略分別說明。

一、目睹家庭暴力兒童輔導的實施背景及相關法令

我國《家庭暴力防治法》於 1998 年 6 月 24 日公布，於 1999 年 4 月 29 日修正，並且在 1999 年 6 月 24 日起正式施行「保護令」措施，此後，公權力得以正式介入家庭暴力行為。家庭暴力行為並非僅是「家務事」，而是整個社會所關心的議題，對於家庭成員間的身體及精神虐待、暴力等行為，皆有法可管。然而，此法令所約束的，比較是以成人的家庭暴力行為為主，對處於家庭暴力之下的兒童心理問題，相形之下較容易受到忽視。但無論如何，對於兒童應有的成長環境，不論是心理或生理上的安全保障均應受到重視，畢竟從精神分析的觀點而言，早期經驗對兒童日後的成長，其影響力是相當大的。而《家庭暴力防治法》的公布與實施，就成為處於家庭暴力之下兒童的輔導依據，對於目睹家庭暴力兒童的心理狀況、諮商輔導、社會福利、醫療機構，以及警政等單位，也得以有適當的管道對他們進行關心。

二、目睹家庭暴力兒童的定義與分類

（一）目睹家庭暴力兒童的定義

所謂的家庭暴力，依據《家庭暴力防治法》第 2 條：「家庭成員間實施身體或精神上不法侵害之行為。」也有些文獻所強調的是從廣義的角度來看家庭暴力，除直接涉入家庭暴力的事件外，也包括以看到或聽到的形式目睹家庭暴力。因此，家庭暴力的意義幾乎就涵蓋了目睹家庭暴力兒童的定義。Jaffe、Wolfe 和 Wilson（1990）對目睹婚姻暴力兒童所做之定義是指：常常目睹雙親之一方對另一方施予虐待之兒童，包括：(1)直接看到威脅、毆打；(2)沒有直接看到，但聽到毆打或威脅行為；(3)沒看到、沒聽到，但看到毆打之後的結果，像是第二天看到毆打之後的傷痕等。而所謂的兒童，雖然世界上並無統一的標準，但國際上保護人權的「兒童權利公約」以及我國的《兒童及少年福利法》中規定，所謂的兒童是指 18 歲以下之人。

過去的相關文獻指出，目睹家庭暴力兒童長大後也有較多的心理健康問

題，例如：焦慮或壓力等。這些影響是長期的，若在兒童階段不進行適當的處遇，長大成人之後，也都極有可能成為家庭暴力或社會暴力的加害者。Straus（1991）就指出目睹家庭暴力兒童長大之後酗酒的比例較高，在組成家庭之後，婚姻關係中也會有較多的口頭及肢體暴力；他們在家庭之外的暴力犯罪行為也比其他一般男性高出 2 至 3 倍；此外，女性亦有類似情形，經常目睹母親受毆打的女孩，長大之後也有較高比例的暴力犯罪行為。從這些現象，我們不難看出目睹家庭暴力兒童處遇的重要性，針對這些兒童做適當的處遇，可以減少他們未來成為加害者的機率。

（二）目睹家庭暴力兒童的分類

依照 Rosenberg 和 Giberson（1991）的分類，目睹家庭暴力兒童大致分為兩類：(1)目睹且直接受傷的兒童：這類兒童通常也捲入父母或家人之間的爭執或毆打等暴力行為，通常會是大人出氣或洩憤的對象，也就是所謂家庭中的代罪羔羊；(2)目睹但並未直接受傷的兒童：這類兒童雖然並未直接受到身體上的傷害，但在行為或心理上可能會有明顯的改變，如攻擊行為不知不覺的增加等；此外，也可能會有退縮的行為，或是做惡夢、害怕接觸陌生的環境等。

除了上述大致上的兩類之外，童伊迪、沈瓊桃（2005）採用更細緻的十大分類（Holden, 2003）：(1)目睹胎兒，是指懷孕的母親受到婚姻暴力而影響了腹中的胎兒；(2)在父母爭執中，試圖以言語或肢體介入阻止暴力進行的兒童；(3)在父母的衝突中受到傷害而成為受害者的兒童；(4)在父母爭執中被迫介入或願意主動參與戰局的兒童；(5)親眼見到暴力攻擊行為的目睹兒童；(6)沒有見到，但親耳聽到吼叫、哭喊、威脅，或物品摔破的聲音；(7)看到暴力行為之後的瘀傷、警車、救護車、毀壞的家具或緊張的氣氛等；(8)不見得目睹，但經驗到暴力的後果，例如：母親的憂鬱、教養方式的改變、分居、搬遷等；(9)聽父母一方或親友訴說家庭暴力事件；(10)暴力發生時兒童不在家或已經熟睡，因而並不知情。

三、目睹家庭暴力兒童的發現及其臨床診斷

學校教師或輔導老師該如何發現目睹家庭暴力兒童呢？除了平時對兒童的家庭背景有所認識外，也應了解目睹兒童處於家庭暴力情境可能受到的影響、清楚他們可能會出現的臨床症狀，以及可能的反應類型。發現兒童有生理或行為上的改變時，應予以關心，再會同輔導室（處）或相關單位進行輔導工作。

（一）目睹家庭暴力兒童所受到的影響

曾慶玲（1998）曾經整理 Fantuzzo 和 Lindquist（1989）所討論的目睹家庭暴力兒童問題，他們認為這些兒童所受到的影響大致可分為五個方面：第一是外在行為方面的問題，他們會出現較多的攻擊行為；第二是情緒問題，最普遍的是焦慮，此外也包括害怕、失眠、沮喪，或這些情緒所引起的尿床，甚至是自殺等行為；第三是社會功能的降低，通常是指在一些角色能力的表現方面，會比一般兒童要低一些；第四是在學業問題方面，容易有上課不專心的情形出現，因而會有課業退步的情形；最後是身心障礙方面，這些孩子在語言發展或認知學習方面都比一般兒童要低。沈瓊桃（2005）則認為婚姻暴力對兒童的發展是有著立即性及長期性的影響；立即性的影響包括：生理傷害與生命安全、外顯性的攻擊行為、內隱性的情緒行為問題，以及學校的學習及社會能力問題等；長遠性的影響則包括：長大之後的潛在不安、低自尊、人際技巧較差，甚至是暴力行為的代間傳遞或犯罪行為等。

以上所描述的影響是普遍見到的狀況，對來自不同背景因素的兒童會有不同的影響程度，例如：目睹家庭暴力事件的男孩，其攻擊行為可能較女孩明顯，而女孩通常在懷疑及不信任的表現方面會較男孩明顯。此外，也會因為孩子在家中的出生序不同而有所不同。沈慶鴻（1997）的研究發現，家中的老大比較會被迫捲入父母或是其他重要成人之間的暴力行為，而成為目睹家庭暴力的受害者。其他相關因素，諸如：兒童本身的認知及情緒調節能力、對衝突的知覺與評估能力、目睹家庭暴力事件的次數及嚴重程度，以及親子關係等，都與目睹兒童可能會受到的影響程度有關。

除了較為明顯的生理或情緒反應之外，兒童也可能會有被忽略的感覺，認為自己是不受到重視的。他們也可能認為自己是糟糕的，因為是自己的表現有問題而讓父母親之間有嚴重爭吵。而面對父母的嚴重爭執，兒童也可能出現矛盾的情緒，甚至感到絕望，想結束生命。

（二）目睹家庭暴力兒童會出現的臨床症狀

目睹家庭暴力對兒童來說是壓力相當大的事件，這些家庭暴力事件對兒童所產生的影響，包括直接的影響與間接的影響。直接的影響包括：兒童人身安全、心理上的威脅感受、情緒問題、行為問題、對暴力行為的錯誤認知，以及對攻擊行為模式的錯誤學習（Wolak & Finkelhor, 1998）。間接的影響則是更為長久且根深蒂固的影響，包括：兒童對親職功能的懷疑、兒童對於自我認同的懷疑等。

處於目睹家庭暴力的兒童，有時會出現類似於創傷後壓力疾患（posttraumatic stress disorder, PTSD）的症狀。也就是說，當兒童在面對威脅其生存的事件經驗時，心情上可能會出現像是緊張、害怕、無助、恐懼等感受。這些強烈的感受，可能讓兒童出現混亂或激動的行為（孔繁鐘編譯，1997）。若平時在家庭之外的學校或社區生活中，遇到類似於家庭暴力的壓力事件時，兒童也可能會有強烈的心理壓力或生理反應。詳細的臨床診斷指標，有興趣的讀者可參考美國精神醫學會（American Psychiatric Association）所編訂的《精神疾病的診斷與統計》（*Diagnostic and Statistical Manual of Mental Disorder*, 4th ed., Text Revision, DSM-IV-TR）（APA, 2000a），或其精簡版《精神疾病診斷準則手冊》（*Quick reference to the diagnostic criteria from DSM-IV-TR*）（孔繁鐘編譯，2007；APA, 2000b）。該手冊目前已出版第五版（詳 APA, 2013）。

對於創傷後壓力疾患的具體內容，一般老師或輔導老師究竟能如何藉由兒童所呈現出的症狀，來發現其可能遭遇家庭暴力問題？林英欽、古稚偉、王慈蜂、林正清、謝瀛華（2006）曾經整理 Hornor（2005）所歸納的資料，如表 14-1 所示。表中呈現目睹家庭暴力兒童經常會出現的臨床症狀及異常行為，其有助於學校老師及相關人員發現可能的目睹家庭暴力兒童。

表 14-1 目睹家庭暴力兒童經常出現的臨床異常行為及心理症狀

異常行為	心理症狀
1. 睡眠問題	1. 自卑
2. 飲食問題	2. 社會技巧低落
3. 頭痛、胃痛、氣喘、關節炎、消化性潰瘍	3. 攻擊性
4. 尿床或退化到早期發展階段	4. 退縮
5. 過度擔心危險、擔心被傷害或被殺害、過度警戒	5. 憂鬱
6. 常有打架行為、傷害別的兒童或動物	6. 被動
7. 退縮、無精打采、沮喪、沒有活力、注意力不集中	7. 經常性焦慮
8. 感到孤單、孤立與自卑	8. 害怕、恐懼、壓力疾患
9. 濫用藥物（學習抽菸、喝酒等）	9. 罪惡感
10. 偷竊行為	
11. 企圖自殺或從事危險的活動	
12. 害怕上學、害怕與母親分離、逃學	

（三）目睹家庭暴力兒童的反應類型

童伊迪、沈瓊桃（2005）曾經將目睹家庭暴力兒童對目睹家庭暴力後的情緒或行為反應，區分為幾個類別：(1)害怕躲避型：面對父母之間的暴力，感到不知所措，只覺得害怕，想要躲起來；(2)不知所措型：目睹兒童就算沒有逃離現場，但置身於暴力之中，不知能做什麼，只覺得恐懼而不知所措；(3)挺身介入型：目睹兒童不但沒有逃離現場，而且會用所有可能的方式阻止暴力的進行，孩子在當下的勇氣超越了心中的恐懼或憂慮；(4)尋求援助型：這類型的孩子無法直接介入父母或成人之間的暴力行為，但會求助於可能的親友或社政單位；(5)無動於衷型：多半是第一次見到家庭暴力的場面，可能會出現驚恐害怕的感覺，但不知自己能做些什麼，久了之後也就不以為意，甚至能預知可能的後果。

四、目睹家庭暴力兒童的處理策略

面對目睹家庭暴力兒童所呈現的症狀，不論長期或立即性的處理策略，輔導人員若能注意可能的保護／危險因子，將有助於問題症狀的改善。這些保護／危險因子，包括：與家庭相關的因素，諸如父母婚姻暴力的嚴重程度與持續性、是否有酒精或藥物濫用情形，或是家境貧窮等；有些保護／危險因子與兒童本身的背景有關，例如：目睹家庭暴力情境之時的年齡大小、目睹的次數、目睹情境的嚴重性、最近一次的目睹時間點，或者是否平日就經常目睹暴力事件或暴力影片等。

（一）處遇機構及求助管道

如前所述，在《家庭暴力防治法》的實施過程中，比較容易看到的是受到暴力對待的成人，而非目睹家庭暴力的兒童，除非兒童也是家庭暴力的受害者；因此，對於目睹家庭暴力兒童的心理治療或輔導策略，需要更有系統的處遇。目前國內針對目睹家庭暴力兒童的處遇方式，包括：家庭暴力暨性侵害防治中心、婦女保護中心、婦幼庇護中心、兒童保護服務、婦女福利服務、家庭服務中心、兒童福利服務、地區社會福利中心、兒童心理諮商中心、家庭心理諮商中心，以及醫院的精神科或是心智科等，其他也包括相關的保護熱線或是基金會等。陳怡如（2001）曾經對目睹婚姻暴力兒童的處遇狀況進行調查，發現在處遇機構方面，以婦幼庇護中心居多，其次為家庭暴力暨性侵害防治中心與家庭服務中心，再其次方為婦女保護中心及地區社會福利中心。雖然相關機構看似頗多，但實際上是分散且無法以兒童的輔導或諮商服務為焦點的。

至於在求助管道方面，主動由家長帶來求助的情形並不多見，多數為機構進行轉介。這主要是因為目睹家庭暴力兒童的心理創傷隱而不易為外人道，就連自己的家人也不易覺察到兒童的心理創傷；即使知道，也不見得清楚能夠使用的資源。在上述所提及的家庭暴力暨性侵害防治中心、家庭服務中心、婦女保護中心，以及各地的社會福利中心之外，也還是有諮商心理機構對目睹家庭暴力兒童提供特定且持續性的處理。

（二）處遇項目及可應用之人力

在目睹家庭暴力兒童的處遇方面，就心理輔導工作模式中的直接服務及間接服務而言，心理諮商與治療係屬直接服務，而且是必要的。而比這直接服務更為迫切的，應當是家庭暴力事件發生後的通報及必要的安置作業。若進一步分類，對於目睹家庭暴力兒童的處遇，陳怡如（2001）將之分為四個取向：(1)個案管理取向：包括安置寄養、生活服務、協助轉學、兒保通報、轉介服務等；(2)直接處遇取向：包括個別諮商、支持團體或兒童教育等；(3)心理治療：包括遊戲治療、藝術治療、家族治療等；(4)父母親職教育。

針對目睹家庭暴力兒童的處遇人力，陳怡如（2001）的研究發現，多數機構，例如：兒童保護、婦幼保護，以及心理諮商等，多半是以機構內的人力為主。而一些社會福利機構則由於專業上的需要，也會應用機構外的人力，尤其是諮商或心理治療等。

（三）具體的處遇策略及其內涵

1. 危機介入策略

在家庭暴力事件發生的當下，目睹兒童所需要的可能會是安置問題。相較於安置在其他親屬家中，將兒童安置於機構中會是個較中立而恰當的方式。通常會是跟著家庭暴力受害的一方暫時進入庇護中心生活；進入庇護中心之後，兒童需要接受個別諮商，以減緩其類似於創傷後壓力疾患的症狀，尤其是對他人的害怕及不信任，並讓他感受到周圍環境的安全。

配合對兒童的危機介入，輔導人員通常需要採取適合於兒童的處遇方式。因為兒童不同於成人，口語表達能力常常不夠完整，且心中尚有相當的疑慮，或是不知如何表達心中的恐懼，甚至是長期以來所積壓的害怕。因此，輔導人員可參考遊戲治療、藝術治療或讀書治療等輔導策略，讓兒童能透過遊戲過程中的不同角色來表達內在，以繪圖方式表達心中感受，或是閱讀適當的書籍，以表達出對於目睹家庭暴力的恐懼與害怕或憤恨，並學習如何因應。這些情緒上的問題處理，較著重於對事件發生之後的立即性處理，著重讓兒童的情緒及壓力能安頓下來。

2. 個別介入策略

前述曾經提及目睹家庭暴力兒童在家庭暴力事件發生之後，會出現創傷後壓力疾患的症狀。定時且長期的個別諮商可協助兒童處理導致這些症狀的潛在因子，讓兒童能覺察自己在情緒上的狀況，以免影響兒童在學校課業學習上的專心度。由於目睹家庭暴力兒童在情緒上相當不穩定，且表達能力受限於不穩定的情緒，因而需要藉由其他媒介做為心理治療之工具，常用的個別介入處遇策略，包括：遊戲治療（play therapy）、藝術治療以及讀書治療等。

遊戲治療是指有系統的引用某種理論模式，與兒童建立適當的人際歷程，並運用遊戲所具有的治療力量，以協助兒童解決或預防心理方面的困難（梁培勇譯，2001）。遊戲室的環境通常是安全、受信任的，能讓兒童卸除防衛而進入遊戲世界中，並藉由中立的玩具或器材，兒童得以表達或宣洩其個人情緒。常用的遊戲材料與活動，包括：玩偶、戲劇、角色扮演、娃娃屋，或是棋盤遊戲等。對於需要到法院出庭的孩子，也可以使用法院場景的組合遊戲。

除了遊戲之外，藝術、繪畫等美勞器材，也是協助目睹家庭暴力兒童跨越心理障礙的治療策略；藉由繪畫或藝術媒材，兒童得以表達出內心的不安或擔心，進一步透過心理治療人員的催化而覺察自己的內心世界。當兒童清楚自己的情緒及其緣由，也自然較能釋放而進一步學習適當的因應方式，以完成其成長階段應當完成的發展任務。藉由繪畫及藝術等媒材，兒童更能精確地表達與發洩其內在情緒。

3. 團體介入策略

針對目睹家庭暴力兒童，團體介入方式也是相當普遍使用的策略。通常團體進行的目標在於：(1)提供兒童在危機階段的支持；(2)協助兒童覺察並表達情緒；(3)協助兒童學習問題解決技巧；(4)讓兒童能學習適當的壓力因應行為。此外，在團體處遇的其他主題方面，還可以包括：對憤怒情緒的處理、對家庭期望的適當表達、對異性交往及男女互動的正確態度、對社交能力及自我概念的提升等。

團體介入策略之所以有用，也因為目睹家庭暴力兒童在團體中得到足夠支持的氣氛之下，能分享類似的經驗。而這些害怕或恐懼焦慮的經驗，在團體中分享的結果，得以有機會讓這樣的負向情緒正常化，讓兒童覺得自己並不孤單（Morrel, Dubowitz, & Kerr, 2003）。此外，在團體的腦力激盪之下，孩子們也能構思出因應家庭暴力的有效對策。行為取向的團體輔導策略，能增進其正向的行為反應；而認知行為取向的團體輔導策略，將有助於目睹家庭暴力兒童重新建構正向的認知思維模式。

4. 家族治療策略（family therapy strategy）

家族治療策略在庇護中心內也是用得很普遍的策略之一，但通常不會全員到齊，因此此一策略的適用性也受到質疑。某些家族治療學派就不認為這是真正的家族治療，例如：結構取向學派。只要是一位家庭成員缺席，整個結構將無法完整地進行探討，則家庭暴力問題就無法解決。然而，若我們以兒童的適應問題為主要目標，則以家族成員受害者為主的家族治療，也不失為可以採用的一項輔導策略。

除了上述處理策略之外，也有研究顯示兒童與父母親之間的連結、依附關係，或認同學習的經驗不同，對其目睹家庭暴力所受的影響也會有所不同（吳秋月、吳麗娟，1999；沈慶鴻，2000）。因此，在應用輔導策略的同時，也需要顧及這些因素在不同兒童身上所形成的影響。若能協助兒童重新詮釋目睹的成人家庭暴力經驗，較能協助兒童重新檢視個人與父母或成人之間的關係。

（四）教師如何觀察並協助處理目睹家庭暴力兒童所面對的問題

面對目睹家庭暴力兒童，適當的諮商技巧是有必要的；此外，與兒童接觸過程中的敏感度更是重要。學校教師並不一定具備足夠的專業知識或諮商技巧，但較為一般的晤談技巧，例如：簡述語意及情感反應等同理心技巧則是適用的。老師切忌隨意猜測兒童的反應心態，因為兒童某些行為背後的原因，有時是連兒童本身也沒有覺察到的，需要適當的催化技巧，以去除兒童的擔心及防衛，之後方能有正確的診斷。

教師在面對目睹家庭暴力兒童的處理時，也需要具備與父母或其他家人的溝通能力。基本上，針對目睹兒童的深度個別諮商或心理治療，由諮商專業或輔導老師進行；一般教師無需針對目睹家庭暴力兒童的擔心或害怕經驗進行處遇，但基本的同理心是有必要的。此外，華人文化中的傳統概念，諸如父權至上、嚴父慈母、孩子要孝順父母等，這些概念也可能讓目睹家庭暴力兒童感到矛盾。面對父母之間的暴力相向，是否應該介入？介入過多或是偏袒某一方，就是不孝順？父親一向就是會比較嚴厲？這些傳統文化在面對家庭暴力事件時，剝奪了兒童的成長權益，此時的傳統文化是不應該受到尊重的。孩子受教過程中所面對的孝順或嚴父慈母等傳統概念，與這些目睹經驗相違背，因此，不論是教師或是輔導諮商人員，都應當小心體會兒童細膩的心思並適時釐清。

此外，重要的法律觀念也十分重要。如本節一開始提及，對於目睹家庭暴力兒童的處遇，是有相關法律規定的，教師必須清楚類似於此的事件是需要配合學校或社區等相關單位進行通報。學校在處理此類兒童所召開的會議，一方面要進行適當的記錄，另一方面也必須注意兒童個人的隱私保護。由於年紀愈小的兒童受到目睹家庭暴力的影響會愈大，且愈為深遠；因此，不論是幼兒園或是國小的低年級兒童，不要以為孩子年紀還小不懂事，沒什麼關係。兒童所受到的影響是潛在而深遠的，切不可因為年紀小而忽略他們所受到的影響。

第二節 受虐兒童的發現與輔導

廖鳳池

一、兒童受虐的現象與類型

兒童身心尚未成熟，未具備完善之行為能力，需要成年人的照顧與教養。聯合國於 1989 年發表「兒童人權公約」，宣示兒童具有被保護、平等對待之權利，不應受到任何形式的漠視、剝削，與殘暴對待。我國於 1973 年即制訂了《兒童福利法》，倡導兒童保護之概念。該法經多次修訂，2003 年合併《少年福利法》修正為《兒童及少年福利法》，至 2011 年擴充條文並更名為《兒童及少年福利與權益保障法》。明文規定：「父母或監護人對兒童及少年應負保護、教養之責任」（第3條）。此一保護及教養之責任，積極性作法為提供兒童食、衣、住、行等基本需求的滿足，並給予適當的教育與娛樂。消極性之規範為：「兒童及少年不得為下列行為：(1)吸菸、飲酒、嚼檳榔；(2)施用毒品、非法施用管制藥品或其他有害身心健康之物質；(3)觀看、閱覽、收聽或使用足以妨害其身心健康之暴力、色情、猥褻、賭博之出版品、圖畫、錄影帶、錄音帶、影片、光碟、磁片、電子訊號、遊戲軟體、網際網路或其他物品；(4)在道路上競駛、競技或以蛇行等危險方式駕車或參與其行為」（第43條）；「兒童及少年不得出入酒家、特種咖啡茶室、成人用品零售業、限制級電子遊戲場及其他涉及賭博、色情、暴力等經主管機關認定足以危害其身心健康之場所」（第47條）；「任何人對於兒童及少年不得有下列行為：(1)遺棄；(2)身心虐待；(3)利用兒童及少年從事有害健康等危害性活動或欺騙之行為；(4)利用身心障礙或特殊形體兒童及少年供人參觀；(5)利用兒童及少年行乞；(6)剝奪或妨礙兒童及少年接受國民教育之機會；(7)強迫兒童及少年婚嫁；(8)拐騙、綁架、買賣、質押兒童及少年，或以兒童及少年為擔保之行為；(9)強迫、引誘、容留或媒介兒童及少年為猥褻行為或性交；(10)供應兒童及少年刀械、槍砲、彈藥或其他危險物品；(11)利用兒童及少年拍攝或錄製暴力、猥褻、色情或其他有害兒童及少年身心發展之出版品、圖畫、錄影帶、錄音帶、影片、光碟、磁片、電子訊號、遊戲軟體、網際網路或其他物品；(12)違反媒體分級辦法，對兒童及少年提供或播送有害其身心發展之出版品、圖畫、錄影帶、影片、光碟、電子訊號、網際網路或其他物品；(13)應列為限制級物品，違反依第四十四條第二項所定辦法中有關陳列方式之規定而使兒童及少年得以觀看或取得；(14)於網際網路散布或播送有害兒童及少年身心健康之內容，未採取明確可行之防護措施，或未配合網際網路平臺提供者之防護機制，使兒童或少年得以接取或瀏覽；(15)帶領或誘使兒童及少年進入有礙其身心健康之場所；(16)強迫、引誘、容留或媒介兒童及少年為自殺行為；(17)其他對兒童及少年或利用兒童及少年犯罪或為不正當之行為」（第49條）。

依《兒童及少年福利與權益保障法》之規定，父母或監護人有給予兒童及少年適當教養之義務外，社會各界亦不得販賣或提供違禁品給予兒童及少年、不得容留兒童及少年在不當場所、不得聘用兒童及少年從事不適合其年齡之工作；專業人員若發現兒童有被不當對待之情形，應打兒童保護專線（113）向社政單位舉發。

所謂兒童虐待（child abuse），是指「出於故意或疏忽的行為造成兒童的身心傷害」（蔡漢賢主編，2000）。兒童虐待通常可概分為四類：身體虐待（physical abuse）、性虐待（sexual abuse）、情緒虐待（emotional abuse），以及疏忽（neglect）。前三項是施虐者做了不該做的行為，第四項則是指有照顧責任者未做其應做的行為，例如：未提供兒童基本維生所需（如食、衣、住、行），或正常身心發展所需（如醫療、教育）。分別進一步說明如下（余漢儀，2000；Ackerman, 1999）。

（一）身體虐待

身體虐待係指任何經由處罰、打、踢、咬、燒燙，或其他方式傷害兒童，因而導致身體暫時或永久的傷害，甚至死亡。這種傷害並不是意外，而是父母或主要照顧者故意要傷害兒童，這種傷害可能是以不適合兒童年齡的過度管教或體罰所造成的。

（二）性虐待

性虐待係指對兒童進行和性有關的不當刺激或接觸的行為，包括非接觸及接觸的性侵害兩類。非接觸的性侵害，雖然未直接對兒童加以性侵，但若提供兒童不宜的性資訊刺激，造成對兒童心理上的戕害，例如：成人暴露性器官、出示色情刊物、要求兒童觀賞色情影片、強迫閱聽性交過程等。接觸的性侵害係指直接對兒童的身體進行不當的接觸，例如：不當的接觸兒童身體的私密部位、要求兒童觸摸其身體私密部位、以身體部份（如手指頭）或物品插入兒童的性器官、強制性交、進行凌虐式性行為等。

（三）情緒虐待

情緒虐待又稱為精神虐待或心理虐待。施虐者對兒童長期進行密集、不當的言語或情緒上的威脅或傷害，導致其情緒上的痛苦，甚而對其心理創造能力及發展潛力產生長遠不利的影響，其包括六種類型：(1)輕蔑：包括貶抑、羞辱，在眾人面前使其丟臉；(2)威脅恐嚇：揚言要傷害、殺害、遺棄，或將兒童置於危險之境；(3)孤立：不合理的對兒童的行動自由加以限制；(4)剝削／賄賂：包括以示範、默許的方式鼓勵兒童從事反社會或違反其發展階段的不當行為；(5)拒絕給予情緒的回應：故意忽視、拒絕提供兒童對溫暖關懷的需求；(6)心理健康、醫療、教育上的忽視：忽視或拒絕提供兒童在其嚴重的情緒行為問題、身體健康問題，以及教育問題上的協助。

（四）疏忽

疏忽是指對兒童有照顧責任者未提供兒童基本需求的滿足，包括在身體的、教育的或情感上的疏忽。身體的疏忽包括拒絕給予身體上的健康照顧、遺棄、不准兒童在離家之後返家，以及不適當的管教。教育的疏忽即漠視且長期未讓兒童受教育、未讓兒童在適當的年齡入學。疏忽在我國《兒童及少年福利法》的定義包括：第 30 條第 1 項之「遺棄」、第 6 項「剝奪或妨礙兒童及少年接受國民教育之機會」、第 32 條「父母、監護人或其他實際照顧兒童之人不得使兒童獨處於易發生危險或傷害之環境；對於六歲以下兒童或需要特別看護之兒童及少年，不得使其獨處或由不適當之人代為照顧」，以及第 36 條：「兒童及少年有下列各款情形之一，非立即給予保護、安置或為其他處置，其生命、身體或自由有立即之危險或有危險之虞者，直轄市、縣（市）主管機關應予緊急保護、安置或為其他必要之處置：(1)兒童及少年未受適當之養育或照顧；(2)兒童及少年有立即接受診治之必要，而未就醫者；(3)兒童及少年遭遺棄、身心虐待、買賣、質押，被強迫或引誘從事不正當之行為或工作者；(4)兒童及少年遭受其他迫害，非立即安置難以有效保護者」。

二、受虐兒童的發現與舉報

兒童若長期處於受虐的環境中，對其身心發展將有嚴重不利的影響，所有和兒童有接觸的人，包括鄰居、親友、學校教師及其它兒童工作者，均有義務適時給予協助，必要時應向相關單位舉發，以使施虐者停止虐待行為，並給予兒童適時的救援與療癒。

長期受虐的兒童身心會有明顯異常的特質，相關人員若能留意觀察，不難發現。茲依發現的容易到困難程度，分述如下：

1.被忽視或受情緒虐待兒童的身體和行為線索：(1)身體骯髒發臭、長時間沒洗澡或衣著不當；(2)經常未正常用餐，饑餓；(3)有生理疾病卻長期未接受治療；(4)有發展遲緩或行為退化的情形；(5)經常無精打采或嗜睡；(6)情緒焦慮不穩定；(7)對人際互動或課業表現漠視或無助感。

2.受身體虐待兒童的生理與行為線索包括：(1)身上有瘀青、燒燙傷或挫傷；(2)經常哭泣；(3)有退縮或攻擊行為；(4)有自我傷害行為；(5)過度機警恐懼；(6)經常尿床或做惡夢；(7)對家中特定成員出現恐懼逃避行為；(8)出現反社會或引人注意之行為；(8)對父母的觀感突然改變；(9)出現學習障礙或情緒障礙；(10)逃學或逃家等。

3.被性侵害兒童的身體和行為線索包括：(1)內衣褲被撕裂或沾污；(2)兩腿內側瘀傷、紅腫，導致走路或坐下有困難；(3)生殖器或肛門受傷、癢，或有異物流出；(4)長期腹痛、胃痛或喉嚨沙啞；(5)感染性病、懷孕；(6)過多的性舉動，如手淫、經常做出插洞的動作、自我撫摸性器官或胸部；(7)飲食、行為、課業有突然明顯改變；(8)出現自我傷害行為；(9)有強烈的罪惡感或感到嚴重自卑；(10)從人際關係中退縮；(11)對自己身體的某些部位產生極負面的身體意像，不斷加以清洗、刮除等。

除了上述兒童可能出現的行為線索之外，有兒童虐待情形的家庭亦有一些特徵，例如：忽視兒童的家庭可能有環境污穢、不安全、兒童幾乎沒玩具或欠缺文具用品、父母對自己和兒童長期缺乏關注、家庭中有人有慢性病或精神疾病、家庭貧困且缺乏改善家庭狀況意願等特徵。對兒童身體虐待之父母其童年可能有受虐經驗，通常個性有過度嚴厲、固執、過度期待、自大、愛批判、殘酷等特質，有些人則可能有酗酒、吸毒、賭博，或從事特種行業或不正當的謀生行業。發生家庭內性侵害的家庭則可能有：家長經常將性相關的事情掛在嘴邊、父母一方對全體家人有過度支配之情形、母親或父親有一方失功能、父親或母親與他人性關係混亂、家人間有秘密深怕他人探問、家人不與鄰居親友交往、自我封閉孤立等特徵。

教師或兒童工作者了解了上述受虐兒童及家庭特徵後，可以透過行為觀察、閱讀兒童的作文、日記、作業或繪畫作品等發現疑點，進而透過溫和的探詢、身體檢查、聯絡父母或家庭訪視等過程，發現兒童可能受虐的事實。

《兒童及少年福利與權益保障法》第 53 條規定：醫事人員、社會工作人員、教育人員、保育人員、警察、司法人員及其他執行兒童及少年福利業務人員，知悉兒童及少年有施用毒品、充當不當場所之侍應、受到虐待或遭受其他傷害之情形，應立即向直轄市、縣（市）主管機關（社會局，婦幼保護專線 113）通報，至遲不得超過 24 小時。直轄市、縣（市）主管機關於知悉或接獲通報案件時，應立即處理。如兒童有立即性之危險，社工人員可以立即對兒童逕行帶離安置到安全的處所，並經由法律程序達到短期或長期安置，以保護兒童免於繼續受到傷害，並提供必要之醫療與心理輔導，協助其從創傷中復原。對於施虐者亦得依情節輕重，給予心理輔導、強制親職教育，或依法追訴、剝奪其監護權，以進行矯正，或避免其繼續為害兒童。

雖然法律對相關人員賦與通報之義務，但教師或兒童工作者在懷疑兒童可能受虐時，經常對是否通報感到猶豫。他們心中可能有：「這不可能是真的吧！」、「如果我弄錯了怎麼辦？」、「父母有管教孩子的權力，這是否是合法的行為？」、「我曾答應孩子要守密。」、「舉發有用嗎？」、「這將會毀了相關的人！」，以及「萬一對方知道是我報的案是否會對我不利？」等疑惑與擔心。其實，在教師或兒童工作者懷疑兒童可能受虐而舉發後，社政單位會對報案者的身分加以保密，並立即派遣社工人員前往了解及救援。舉報的行為除了可以立即解除兒童的緊急危難外，如僅為懷疑有兒虐情形，社工人員也會謹慎深入調查事實經過，做出適當的處置。

兒虐案件須舉報是法律的規定，是專業助人工作者保密的例外情形，教師和兒童工作者應事先和兒童及其父母溝通，以免須舉報時有破壞保密約定的顧慮。兒童因為不具備完全的行為能力，當他們受到親人或照顧者的凌虐時，自己少有能力脫離困境。周遭的人士又礙於不便干涉他人家內事，或沒有適切管道或立場可以干涉介入。如若施虐情節嚴重，一般人也沒有適當的兒童安置場所，對施虐者也很難加以約束或進行必要的制裁或專業性的矯正。因此，向主管機關舉報常為必要且唯一可以提供兒童有效幫助的途徑。知悉兒童受虐而不舉報，除了違反法律規範之外，更將使兒童繼續陷在對其成長發展極為不利的環境中，間接造成兒童長期受到殘害。

三、受虐兒童的輔導

兒童受到虐待，常會出現身心的創傷；身體的傷害可以透過生理上的醫療給予照顧，但心理的創傷則需要耐心的進行心理諮商或治療。兒童的復原力極佳，透過社政單位、安置機構或寄養家庭相關人員的哺育及照顧，以及學校教師的關懷與教育，許多兒童在短短數個月間就能獲得顯著的復原，例如：有些被疏忽遺棄的兒童，在被發現安置於安全正常的環境後，體重明顯增加，外表及衣著很快就變得清潔而得體，人際技巧及禮貌也很有進步，課業成績亦逐漸提升。由受虐兒童安置後迅速復原的情況，正可印證原先不良環境對其成長發展的嚴重戕害。

兒童受虐若出現情緒不穩定或行為偏差等情形，應轉介心理專業人員提供諮商或心理治療服務。進行受虐兒童諮商與心理治療時，可能面臨的議題及應用相關的諮商策略如下。

（一）關係建立與人際行為的修復

受虐兒童遭受施虐者（通常是親人或主要照顧者）的傷害，經歷極端不安全的人際互動經驗，容易產生人際退縮或敵對的行為。這種不安全依附的人際行為組型，常會在諮商關係中出現，造成諮商關係建立上的困難。兒童工作者如了解受虐兒童曾經經歷過的人際傷害經驗，應以溫暖的、和緩的、了解的、尊重的態度，反應兒童與人互動時的焦慮情緒，表達願意陪伴及給予協助的意願，以取得兒童的信任。如果兒童顯現退縮、難以主動溝通的情形，兒童工作者應允許其自然表現退縮的狀況，並以平穩的口氣反應其焦慮，耐心而溫暖的陪伴，以等待其感到安全願意表達或對試探有所回應時刻到來。受到身體虐待兒童容易出現敵對攻擊行為，可能會破壞遊戲室設備，甚至以玩具攻擊輔導者。兒童工作者應不畏試煉，適度包容，勿急於設限。在自我安全無虞且不擺放貴重或易碎玩具的環境中，適當容許兒童充分表現及宣洩情緒，並以堅定永不放棄的態度陪伴，逐漸找到和兒童溝通的管道，建立信任的關係。曾被遺棄的兒童，對於諮商關係的結束特別敏感；為避免兒童有再度被遺棄的傷痛感，兒童工作者應在諮商將告一段落前預告諮商關係將於何時結束，安撫兒童對分離不安的情緒，並給予後續再連繫的保證。安全溫暖的諮商關係是療癒受虐兒童人際創傷必要且最佳的環境，也是從事兒虐個案輔導者最需要用心經營的課題。

（二）情緒宣洩紓解

受虐兒童經歷凌虐過程，心中積壓了許多痛苦的回憶，使其容易表現出焦慮、恐懼、悲傷、憂鬱、敵意、憤怒、無助等負面情緒。兒童工作者應以無條件接納的態度，表達同理了解。透過故事繪本、藝術媒材（如繪畫）及遊玩的動作，可以讓兒童宣洩情緒，充分表現，以使其積壓的情緒獲得明朗化及澄清紓解。

（三）生活技能訓練

受虐兒童因為缺乏適當的教養與指導，其基本生活技能及社交技能通常較為欠缺。生活技能及社交技巧欠缺，容易造成其人際關係不佳，相對的，其自尊也就難以提升。因此，他們對於環境安全的判斷、必要時的求助行為、生理衛生、學校生活與課業學習等生活技能，及結交朋友、情緒控制、化解衝突等社交技巧，應特別加以評估，並進行適度的教導訓練。有了較佳的自我照顧及人際能力，將使其獲得更多的友誼，能有效提升其自尊。

（四）充權賦能（empowerment）

受虐兒童因其權能長期被剝奪，通常權能感偏低，較缺乏自信與效能感。兒童工作者應採正向心理學的觀點，專注於發現案主的優勢能力，不斷的給予肯定、讚賞與期許，協助其重建自信，有效提升其自我效能。

（五）灌注希望

受虐兒童由於環境限制，常存有無能、無助、無望的感覺，對於自己的未來不抱希望。其實受虐兒童若能獲得適當處遇，排除不良環境對其發展的阻礙，他們也可以和其它兒童一樣，對未來充滿自我期許與夢想。兒童工作者應該和他們討論未來的志向，想想十年後、二十年後、三十年自己可能的狀況，鼓勵他們勇敢自我期許，並進行具體的規劃，鼓勵他們逐夢踏實，走出痛苦的回憶，迎向美好的人生。

遭受性侵害兒童的發現與輔導

王文秀

一、性侵害兒童之定義、相關統計與法令

「性侵害受虐兒童」（childhood sexually abused, CSA）指的是：「處於依賴與發展尚未成熟之兒童與青少年參與某些他們不完全了解，或是非其所自願，無法表達同意與否，或是違反家庭中應扮演角色的社會禁忌之行為。通常這些兒童由於缺乏選擇權，因而表現無助、無力而成為受虐者」（Federation, 1986: 21）。Cohen、Mannarino和Deblinger（2006）的定義則是：「一種存在於兒童及其他人之間肢體接觸的性剝削或性壟斷，這其中所指的剝削（壟斷）是指兒童和施虐者之間權力不對等的關係；肢體接觸則包括肛門、口腔與胸部

的接觸。」迄今對性侵害或性虐待的定義很難有完全一致的看法，但是這些定義的共通點都是施虐者對於未成年兒童或青少年，在非基於其自由意願的情形下，對其所做的性舉動。

這其中，性虐待之形式包括兩種：接觸的性侵害，如愛撫、意圖性或真實的性交、口交、肛交、生殖器官接觸、強姦，以及將毒打當成性行為的一部分等；非接觸的性虐待，如暴露狂、戀童症、出示色情刊物給兒童、故意讓兒童看見或聽見性交的行為，或利用兒童從事猥褻之行為以牟利等。

「性」在社會文化中，一向是個禁忌的話題，再加上許多人持著「家醜不可外揚」的心態，因此許多兒童遭受性猥褻或性侵害之後，不是求助無門，就是受到來自家庭的壓力，而不得不隱忍他們所遭受的重大創傷，或許意識層面可以硬壓抑下來，但是身體的記憶或是潛意識的經驗卻是無可逃避，因此往往會轉化成其他的身心症狀，或是造成行為、學業、人際等方面的困擾問題。

近年來，國內性侵害案件的數量一直有增無減，而且形式、施虐者與受虐者的關係，或是場域也有愈來愈多樣化之趨勢，形成的原因或許是相關政策宣導有效，大家對於性侵害案件不再隱忍不通報，或是近幾年的社會經濟局勢變化太大，許多成人承受不了生活或經濟的壓力，而拿兒童當成發洩情緒的工具。以美國而言，Green（2008）指出兒童性侵害案件的加害者除了家人、親友鄰居或是陌生人外，亦包括教師、教堂的神職人員，以及透過網際網路的方式誘使兒童從事性活動。

依國內的統計資料顯示，近幾年來，18 歲以下的性侵害受害者比例往往超過全部人數的 55%以上（內政部，2010），例如：性侵害案件的被害人人數從 2003 年的 3,195 人增加到 2009 年的 8,008 人（如表 14-2 所示），其中低於 18 歲以下的受害者，2003 年為 2,060 人（占當年總人數的 64%），2009 年增加為 4,780 人（占當年總人數的 60%），比例雖有降低，但是人數仍頗為可觀，且這些數據均未包括未報案者。

兒童與青少年的發展階段，理應是被妥善照顧、學習信任他人與照顧自己的時期，這些受害者因為被性侵害的事件，對其身心與各方面適應造成的短期與長期影響，均不容忽視。

表 14-2 性侵害被害人性別統計（單位：人數）

年齡＼性別	2003 年		2004 年		2005 年		2006 年		2007 年		2008 年		2009 年	
	男	女	男	女	男	女	男	女	男	女	男	女	男	女
0～5	5	85	3	64	15	169	11	171	11	209	19	213	16	244
6～11	32	239	32	259	42	319	57	447	81	464	90	510	114	528
12～17	47	1,652	38	1,460	70	2,094	128	2,393	167	2,719	228	2,958	329	3,349
18 歲以下	84	1,976	73	1,783	127	2,582	196	3,011	259	3,392	337	3,681	659	4,121
被害人總數	3,195		2,903		4,900		5,638		6,530		7,285		8,008	
18 歲以下人數 (%)	2,060(64%)		1,856(64%)		2,709(55%)		3,207(57%)		3,651(60%)		4,018(55%)		4,780(60%)	

資料來源：內政部（2010）

我國的兒童保護工作較歐美國家起步較晚，目前所訂定的《兒童及少年福利法》、《性侵害犯罪防治法》、《犯罪被害人保護法》、《兒童及少年性交易防制條例》，以及《家庭暴力防治法》等，均強調公權力的介入，以保護（性侵害）受害者，但是在公權力介入之前，有關此議題的初級預防及次級預防工作應更為重要。

為了保障兒童的福祉，亦響應聯合國的「兒童權力公約」（例如：第 19 條：防止遭受虐待及遺棄的保護措施所言：「簽約國應採取一切立法、行政、社會與教育措施，防止兒童在其父母、法定監護人或其他照顧兒童之人照顧時，遭受身心脅迫、傷害或虐待、遺棄或疏忽之對待，以及包括性強暴的不當待遇或剝削。」）我國近年來亦致力於立法保障與保護兒童免於遭受性侵害，或其他形式的迫害或不當對待。目前有關之立法如下所述。

（一）《刑法》「妨害性自主罪」之規定（2010 年 1 月 27 日修正）

第 221 條：對於男女以強暴、脅迫、恐嚇、催眠術或其他違反其意願之方法而為性交者，處 3 年以上 10 年以下有期徒刑。……

第 222 條：犯前條之罪而有下列情形之一者，處 7 年以上有期徒刑：……二、對未滿 14 歲以下之男女犯之者。

第 224 條：對於男女以強暴、脅迫、恐嚇、催眠術或其他違反其意願之方法，而為猥褻之行為者，處 6 月以上 5 年以下有期徒刑。

第 224 之 1 條：犯前條之罪而有第 222 條第 1 項各款情形之一者，處 3 年以上 10 年以下有期徒刑。

第 227 條：對於未滿 14 歲之男女為性交者，處 3 年以上 10 年以下有期徒刑。對於未滿 14 歲之男女為猥褻之行為者，處 6 月以上 5 年以下有期徒刑。對於 14 歲以上未滿 16 歲之男女為性交者，處 7 年以下有期徒刑。對於 14 歲以上未滿 16 歲之男女為猥褻之行為者，處 3 年以下有期徒刑。……

第 228 條：對於因親屬、監護、教養、教育、訓練、救濟、醫療、公務、業務或其他相類關係受自己監督、扶助、照護之人，利用權勢或機會為性交者，處 6 個月以上 5 年以下有期徒刑。……

（二）《兒童及少年福利法》（2010 年 5 月 12 日修正）

第 30 條：任何人對於兒童及少年不得有下列行為：……二、身心虐待。三、利用兒童及少年從事有害健康等危害性活動或欺騙之行為。……九、強迫、引誘、容留或媒介兒童及少年為猥褻行為或性交。……十一、利用兒童及少年拍攝或錄製暴力、猥褻、色情或其他有害兒童及少年身心發展之出版品、圖畫、錄影帶、錄音帶、影片、光碟、磁片、電子訊號、遊戲軟體、網際網路或其他物品。……

第 34 條：醫事人員、社會工作人員、教育人員、保育人員、警察、司法人員及其他執行兒童及少年福利業務人員，知悉兒童及少年有下列情形之一者，應立即向直轄市、縣（市）主管機關通報，至遲不得超過 24 小時：……三、遭受第三十條各款之行為。……

（三）《性侵害犯罪防治法》（2010 年 1 月 13 日修正）

第 7 條：各級中小學每學年應至少有 4 小時以上之性侵害防治教育課程。……

第 8 條：醫事人員、社工人員、教育人員、保育人員、警察人員、勞政人員，於執行職務知有疑似性侵害犯罪情事者，應立即向當地直轄市、縣（市）主管機關通報，至遲不得超過 24 小時。……

上述各項法令之訂定，均在運用公權力介入，讓未成年之兒童及青少年享有安全無虞之成長與就學環境，對於有責任照顧或保護兒童之家庭、學校與社會大眾，亦規範其消極與積極之作為。

二、兒童遭受性侵害之症狀與對身心及社會適應之影響

（一）兒童遭受性侵害之症狀

雖然迄今沒有一套獨特的症狀或診斷是完全適用於性侵害兒童，但許多的研究都發現，幼年受創的經驗會形成兒童生理、心理、情緒、認知、人際與行為等各層面的壓力源，若未能及時妥善介入與處理，將對這些受害的倖存者，造成短期或長期的負面影響（Green, 2008）。

性虐待通常分為「家庭內」與「家庭外」兩方面。「家庭內」即是指亂倫，是指包括兒童的父（母）親或親友在內，對孩子所從事的一種性行為（包含：性交或口交等活動）。由於孩子和施虐者之間常存有一種不可抗拒的權威關係和需要，且施虐者常常假藉「愛你」之名義進行此活動；再者，家中其他人或是知道但不揭發，或是均被矇在鼓裡，未能適時適當地保護受虐者，因此此類受虐兒常遭遇最衝突、曖昧之情緒（何長珠，1995），他們一方面有憂鬱、焦慮和不良的自我概念，另一方面亦有極大的憤怒及罪惡感。

目前對於性侵害之原因，有從精神病理模式、社會情境模式、社會學習論、生態觀點、依附論、交換論等觀點（黃玲喬，2002；Stubenbort, Greeno, Mannarino, & Cohen, 2002），以及客體關係論（Hajal, 1999）等理論模式加以探討。

Gil（1991）指出受虐兒童常見的問題行為，包括：內隱性問題與外顯性問題，前者如退縮、缺乏自發性與玩樂能力、過度順從、對突來的闖入者有恐懼、警覺與焦慮之反應，有睡眠困擾、退化、身心症狀、飲食異常、藥物濫用、解離現象與自傷行為；至於外顯行為則涵蓋攻擊、敵意、毀滅、挑撥、暴力、虐待或殺死動物、破壞，或是對性有極大興趣等。

一般受到性侵害兒童之徵兆，包括：行為兩極化（過度好動或過度退縮）、低自尊、同儕關係不佳、自責感與羞恥、身體形象扭曲、假冒成熟的行為、對成人有恐懼感、課業退步、飲食習慣改變、有挑逗性的性行為、不由自主的手淫、性虐待手足或比其年幼的孩童、濫交、懷孕、逃家或自殺等。

Kendall-Tackett、Williams 和 Finkelhor（1993）回顧 45 篇有關性侵害受虐兒童症狀的實徵性研究，發現和非性侵害受虐兒童相較，前者呈現較多的恐懼、創傷後壓力症候群、行為困擾問題、性化（sexualized behaviors）問題及低度的自我概念，但是沒有任何一項單一行為足以代表性侵害受虐兒童之行為特徵。有一些行為與特定年齡層有關，幾近三分之一受虐者並無呈現任何症狀；症狀的嚴重程度受到侵害程度、持續時間、頻率、外力強度，以及與加害者的關係等因素所影響。約有三分之一受虐者在事件發生後 12 至 18 個月復原。

正如成人在遭遇重大創傷事件之後，生理或心理會有一段時間的不適應期，兒童亦會在生理或心理方面呈現如 Fredrick（1985）所整理出來的五個非口語指標：(1)持續幾天的睡眠障礙、做惡夢；(2)有分離焦慮；(3)對某些事物有強烈恐懼（如電視畫面、某些人物或學校建築）；(4)在家庭中或學校有行為困擾；(5)對自己身體形象、價值感等之自我懷疑而有退縮之情形。

DSM-5（APA, 2013）亦納入 6 歲以下兒童被診斷為創傷後壓力疾患（post-traumatic stress disorder, PTSD）時，所呈現的一些特定症狀。一般而言，被診斷為 PTSD，一個人必須暴露在一個創傷性的情境中，亦即：(1)個體經歷到，或是目擊，或是不得不面臨一件事或一連串事件，在此過程中牽涉到真實或具威脅性的死亡或嚴重的傷害，或是破壞自己或他人的身體完整性；(2)此人的反應包含強烈的恐懼、無助或驚駭。一些兒童可能會將這些反應轉換成非常失序或是狂暴的行為表現。

除了上述的症狀，個體還需要持續 1 個月符合其他指標，且因此造成臨床上顯著的痛苦或失功能：

1.幼兒透過不斷重複的遊戲行為持續經驗這個創傷性事件，在此過程中，有關創傷的主題或其他相關議題都會表達出來，會做惡夢，與創傷特別有關的事件會重演發生，以及當象徵創傷事件或是類似創傷事件的情境產生，會有強烈的心理痛苦和／或生理反應。

2.兒童持續逃避某些與創傷有關的事物，並且對一些反應漠然。

3.兒童持續有下列反應，例如：難以入眠或難以熟睡、易怒不安、注意力難以集中、過度驚覺，或是很誇大的驚嚇反應。

綜觀這些徵兆，有些不見得只出現在性侵害受虐兒童身上，但是有些行為徵兆，如與性有關的表現或是身體界線的模糊，以及解離或自傷行為等，較常出現在性侵害受虐兒童身上，這些受虐兒童周遭的成人若能對其展現的行為徵兆更加敏感，當可及早介入與處遇，讓悲劇與後遺症不致於擴大。

綜合學者之整理（Briere, 1992, 1996; Estes & Tidwell, 2002; Gil, 1991），影響性侵害受虐兒童身心程度之中介變項，包括：兒童受虐年齡（愈年幼，造成的傷害愈大）、受虐的持續時間（持續愈久，對兒童的傷害愈大）、受虐的嚴重程度（愈嚴重，如生殖器官的插入，影響愈大）、與加害者間的關係（愈親密，傷害愈大）、對兒童的威脅程度（愈帶有威脅、強迫或暴力之虐待行為，愈會惡化）、家庭情緒氣氛（愈失功能，愈易產生問題）、罪惡感之有無（在性接觸過程中，若受虐兒童有經驗到愉悅感受，更可能因罪惡感而陷入困境），以及父母親對孩子受虐之反應（愈支持、同理與關懷，愈有助於受虐兒童復原），但是在下這些結論之前，務必要將兒童的個別差異放在心上（Reyes, Kokotovic, & Cosden, 1996）。

（二）兒童遭受性侵害對身心及社會適應之影響

雖然性侵害一向是社會的禁忌話題，但是近年來愈來愈多學者針對這個主題從不同角度加以探討。在性侵害受害者方面，例如：探討其遭受性侵害的年齡、性別、頻率與加害者的關係等，對於其各方面適應的短期或長期影響；或是探討性侵害受害者的記憶真偽性的程度；或是探討幼年或是成年遭受性侵害，對於其各方面適應的差異；亦有研究探討加害者之人格特質或早期之成長經驗；或是探討不同的介入處遇策略對於受害者或加害者的治療歷程與療效。

整體而言，性虐待事件對兒童之影響可分成生理與心理層面，如圖 14-1

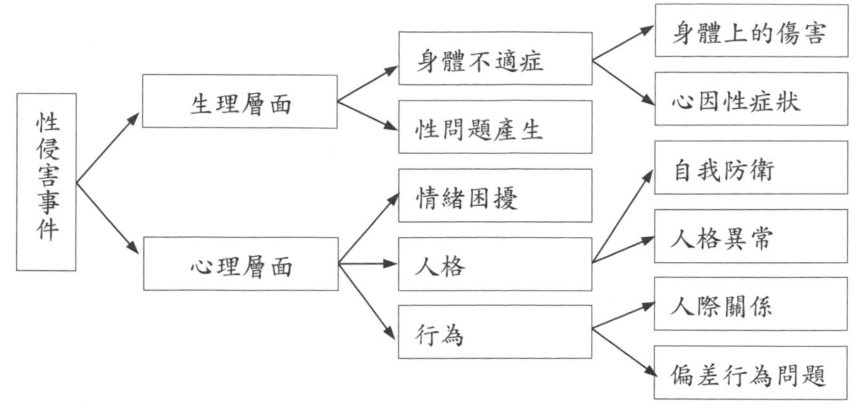

圖 14-1　性侵害受害事件對兒童之影響關係圖

資料來源：謝淑貞（2001）

所示（謝淑貞，2001），雖然其中因為受虐情形及其他中介變項的差異而有所不同，但是無可否認的，對兒童之傷害可能既深且廣，亟需以一套有效的教育、諮商、醫療、社會福利與法律系統介入，以達到預防推廣，加強兒童之保護因子與加強復原力，並降低其後續之傷害。

有關性侵害的後遺症，有的是從倖存者的因應機制來探討，有的是從其後續反應來探討，例如：Finkelhor 和 Browne（1985）以四個引發創傷經驗的因素，來分析創傷造成的後遺症，他們將此模式稱為創傷基因動力論（traumagenic dynamics）；雖然他們對此的討論是針對性受虐的後遺症，但也同時類推到其他形式創傷的動力反應。這四項創傷基因動力論包括：創傷性的性化（traumatic sexualization）、污名化（stigmatization）、背叛（betrayal），以及無能感（powerlessness），每項均有其深遠的影響。這些動力過程一旦出現，將會干擾並改變兒童對周遭世界的認知與情緒感受，以及因為扭曲了兒童的自我概念、世界觀以及情緒感受的能力，因而造成創傷經驗，長此以往，對兒童各方面的影響均極其深遠。

也有學者將兒童遭受性侵害與災難後壓力創傷症候群加以連結，認為兒童遭受性侵害後，會有諸如過度警覺、逃避、失音（numbing）與解離等反應（Kilpatrick, Resnick, Saunders, & Best, 1998）；亦有從依附關係理論來探討，由於兒童早期遭受性侵害，將影響其與人接觸或是信任感的建立，亦難與人建立親密關係（Banyard, Williams, & Siegel, 2001）。

以幼年遭受性侵害者對其成年後之身心適應影響而言，例如：Modestin、Furrer 和 Malti（2005）調查 223 位大四的醫學院學生以及一個社區醫院的醫護人員，透過自陳量表，了解其遭受創傷經驗（包括：破碎家庭、家庭功能不佳、家庭暴力、兒童性虐待、兒童嚴重性虐待，以及成人性虐待）的情形，與六種心理病理症狀（包括：無法表達情感、憂鬱症、身心症、邊緣性人格、整體的生理健康情形，以及整體的心理健康情形）之間的關聯。結果顯示，其研究假設證實二者間是有關聯的，尤其性虐待可以預測邊緣性人格異常；兒童嚴重性虐待可以預測身心症。

又如Banyard等人（2001）針對 87 位幼年受到性侵害者，以及 87 位配對對照組的第三階段縱貫研究進行訪談，結果發現幼年性侵害受害者在成長過程一直到成年期均有較多的創傷經驗，心理健康的症狀亦相對較多。

另外，幼年受到性侵害的受創經驗對日後親密關係的影響，例如：Feiring、Simon 和 Cleland（2009）透過縱貫性研究，針對 160 位不同種族但是確定幼年有受到性侵害經驗者，在其初期被發現有性侵害事件時、在他們 8～15 歲時，以及在 1～6 年之後，分別接受訪談。結果發現，污名化（與性侵害有關的羞恥與自責感）以及內化的症狀（PTSD 與憂鬱症狀），比受虐的嚴重性，更能解釋這些倖存者的性困擾以及約會的攻擊行為。

性侵害案件可以視為是權力的展現，一般的社會文化視男性為擁有較多權力者，因此若是男性是遭受性侵害的受害者，其所承受之壓力或傷害，或許與女性的受害者不同。Valente（2005）整理相關文獻，發現男童受到性侵害之後的心理反應，包括：焦慮、否認、自我催眠、解離與自我傷害等；其因應策略，包括：變成憤怒的復仇者、被動的受害者、豁出去，無惡不作、鋌而走險或純然順從。其性受虐的經驗可能導致其逃學、逃家、不斷請假、學業成績或工作表現差，常常必須出入醫療、急診或心理衛生單位，最糟糕的是自覺不值得活在世上，因而尋死。這些後遺症有許多是與女性受害者相似。

從另一個觀點來看，由Salter等人（2003）對 224 位幼年是性侵害受害者的男性，進行 7～19 年的追蹤調查，發現其中有 26 位（約 10 %）長大之後成為加害者，且加害對象均是兒童；促成其適應惡化，終至成為加害者的因素，包括：幼年時母親的疏忽、缺乏人的照顧與監督、曾經目睹家中嚴重亂倫事件，以及幼年時是受女性性侵害者。這也是教育與心理衛生工作者極力透過教育與心理衛生、醫療及司法體系，試圖遏阻此惡性循環的主要原因。

身為學校的一般老師或是輔導老師，要能對學生較為異常的各方面表現多加注意。以 2005 至 2009 年性侵害事件通報案件統計來看（如表 14-3 所示），由教育單位通報之案件數雖然有逐年增加之趨勢（2005 年為 809 件，占當年總通報數之 11%；2009 年為 2,381 件，占當年總通報數之 20%），但是這些通報比例均低於醫療單位之通報率。若學校的教育人員能及早發現並適時通報以及適當的介入，對於受害兒童而言，或許將是跨出治療的第一步。

表 14-3　2005 至 2009 年性侵害事件通報案件統計（單位：件次；件數）

區域／年度	通報件次（複選）												
	通報單位別												
	合計	113	防治中心	教育	社政	勞政	警政	司(軍)法	衛生	診所	醫院	憲兵隊	其他
2005	7,188	419	49	809	219	12	2,805	41	10	13	2,768	—	43
2006	8,075	660	53	1,112	291	8	2,746	172	2	10	2,967	—	54
2007	9,375	1,019	58	1,462	398	12	2,927	50	15	18	3,316	3	97
2008	10,260	1,681	73	1,789	455	12	2,807	43	11	16	3,266	—	107
2009	11,619	1,736	75	2,381	532	18	2,997	50	15	26	3,611	1	177

資料來源：內政部（2010）

學校教育人員可以注意的面向，包括：兒童的生理反應（Finkelhor, Ormrod, Turner, & Hamby, 2005），如行走或坐下的姿勢異於平常、身上有不尋常的傷口、下體的衣物有血跡、生殖器官周圍有（紅）腫脹、撕裂、癢或疼痛、尿道感染、傳染性病或是有懷孕的跡象等。

行為方面的徵兆，例如：兒童過度性化的表現、言談舉止之間超乎其生理年齡該有的內容、有引誘他人的舉動、學業成績突然退步許多、情緒暴躁易怒、過度退縮或是很容易和師生起衝突、對手足有異於常態的過度關心或擔心、同儕關係不佳、自我孤立、拒絕與他人有肢體接觸、對於某類型或有某特徵的人有異常的恐懼與焦慮、體重突然遽增或遽降。常見的學校行為，包括：上課無法集中注意力、經常魂不守舍；有些兒童為了怕別人發現他有異樣，在學業上反而表現特別傑出，作業從不缺交或遲交，永遠不必讓師長擔心；或是有的兒童在學校的情緒反應起伏頗大，容易自責、無自信；性侵害的受害者或許因為太強烈的負向自我概念，因而也容易成為家裡或校園事件的出氣筒受害者（如校園霸凌）。教師若能對這些行為或外在徵兆多所注意，或許可以減少後續的悲劇與創傷。

三、性侵害兒童的介入與處理策略

對許多性侵害受害者而言，那些與事件有關的回憶是痛苦的，尤其有的兒童被加害者威脅恐嚇不得聲張，否則兒童或是家人會有不幸的下場，或是兒童會被帶離家庭，永遠無法和家人見面。這些威脅對兒童而言，由於其認知與判斷能力未臻成熟，難以評估真實性與可能性，故均是不可承受之重；因此在兒童周遭的成人（如家長或教師），若能於平日即和兒童建立友善、接納與溫暖的關係，以及平日傳遞相關的自我保護訊息，讓兒童一旦碰到其無法承擔的重大事件，願意鼓起勇氣向大人訴說，對於兒童的介入將能更即時與切要；除此之外，教師或家長若能敏感於兒童的外在各方面表現或是生理反應與平日不同，透過適當的方式，亦能提早介入，以協助兒童免於恐懼與繼續受創。

一般而言，介入的策略分為個別、家族與團體的治療。許多研究均致力於探究哪些介入策略對兒童性侵害受害者而言是有效的。Hetzel-Riggin、Brausch和Montgomery（2007）針對28篇有關兒童與青少年性侵害受害療效的後設分析結果發現，整體而言，在性侵害事件之後有接受心理處遇的效果均比沒有接受任何處遇的好。遊戲治療對於改善兒童的社會性功能最具療效；認知行為治療、特別針對性虐待以及支持性的治療處遇，不管是個別或是團體的方式，對於降低外化行為或減低困擾行為，均是最為有效。

在團體治療方面，Ovaert、Cashell和Sewell（2003）的研究發現，團體治療對於降低兒童的PTSD症狀極為有效，因為透過團體經驗，團體成員得以分享他們類似或不同的受創經驗，而且在分享的過程中感受到自己是被了解的，因為大家都有類似的創傷經驗。

另外，Anderson 和 Hiersteiner（2008）針對 27 位幼年遭遇性侵害的成人倖存者，以團體敘事治療的方式，協助其走出陰影；研究結果發現，透過敘事的方式，這些倖存者的治療契機在於得以將過去受虐的事件揭露出來、對自己的創傷經驗重新賦予意義，以及和整個團體與治療師建立起支持性的關係。這樣的研究雖然是針對成年的倖存者，但是對於喜歡聽故事或是說故事的兒童而言，或許亦是可行的途徑之一。

另外，介入理論取向，例如：改變兒童謬誤歸因與認知的認知行為學派（Ovaert et al., 2003: 294），透過訪談讓兒童透過說故事，述說其所遭遇的主觀經驗，再重新建構所經驗的事件（Pynoos & Eth, 1986）；或是透過 Jung 學派的沙遊分析，讓兒童身處在沒有批判性的治療關係中，逐漸透過較為象徵性的方式，體驗與統整自己與受創經驗有關的各種情緒衝突，逐漸達到自我療癒（Green, 2008）；或是透過各種媒材、畫圖、遊戲、隱喻與戲劇演出，讓兒童能以間接較不具威脅性的方式重新經歷那些創傷事件，並從過程中發洩情緒、撫慰失落的一切，以及重新掌有對自己的控制感（Feiring et al., 2009）。

由於遊戲治療具有的幾項特徵（Ater, 2001），例如：可用象徵性意義代表呈現、可以投射兒童對真實人與事的不滿，以及可以用替代（displacement）的方式表達內心的諸多情緒，因此對於性侵害受虐兒童頗具有療效。Ater 指出在遊戲治療情境中，性侵害受虐兒童的遊戲行為大致包括：重複性遊戲（abreactive play）、攻擊性遊戲、解離性遊戲、撫育性遊戲、僵化的重複性遊戲（perseveration play）、退化性遊戲，以及性化遊戲（sexualized play），並非具有上述單一行為特徵或展現某類型遊戲者即是性侵害受虐者，但是這些性質的遊戲在性侵害受虐兒童身上更具意義，尤其因為諮商員或醫療人員在法律上還有舉發與通報的義務，因此更需有警覺心，並知道後續的處理流程。

Karp 和 Bulter（1996）提出針對兒童所進行的以虐待為焦點的心理治療，主要目的是協助兒童有勇氣，重新回到當時令其害怕的有關創傷經驗的想法與畫面，在一個較為安全且讓自己較有控制感的環境中去探索。孩子繼而學習到一些技巧，讓他們足以面對並因應曾經覺得非常害怕的世界，再從這裡長大成為比較健康的成人。治療師的任務則是創造出一個環境，孩子在這安全、溫暖與受到保護的環境中得以完成這樣的任務。除非孩子真正感受到安全與被保護，否則幾乎是無法走過這樣的療癒歷程；也因此在此療癒歷程的當務之急，即是發展出健康的治療同盟階段。

根據 Gil（1991）的觀點，經由矯正性的經驗，可提供一個溫暖安全與充滿信任的環境，讓孩子獲得安全感、信任感以及正向的自我概念。至於修復性的治療取向，則是用來協助其經歷那些創傷事件，允許孩子以比較健康的方式去理解及涵融那些不堪的經驗。

以復原的階段觀點而言，Herman（1997）亦提出針對遭遇單一或系列連續的創傷事件；在復原的三個階段當中，首先要和個案建立安全溫暖的關係，且要教導個案（正向）因應技巧；其次是要讓個案有機會透過重複敘說或是其他媒材，逐步回憶起有關創傷事件的經驗，對這些事件賦予意義，且針對因為創傷而造成的各種失落有哀悼的機會；一直到和外界他人重新建立關係並且逐步開展自己的未來。

Karp 和 Bulter（1996）所發展的復原階段分為四個階段：在第一階段，治療師透過提供安全與滋養性的環境，和孩子建立起正向的治療關係，藉此增進孩子的信任感。通常受到創傷的兒童很難信任他人，而且常常是很難與人建立適當的界限，因此這階段對治療師而言通常充滿挑戰；第二個階段是探索受創的不同面向，亦即結合 Gil 的治療目標：兒童的矯正性以及修復性經驗，包含讓孩子指出（確認）令其覺得不安全的特定人物與場所，以及找出與受創經驗有關的「祕密」、記憶、惡夢與「怪物」。這在兒童的治療過程中將是非常困難且耗時的過程。

當孩子開始回憶有關創傷的種種，有時兒童會退回到治療的第一個階段。第三個階段即是修復自我概念，這包含去經歷源自於創傷經驗而造成和罪惡感及羞恥感等有關的不同面向，必須處理卡住的感覺，以及培養適當的技巧以因應接著產生的各種感覺；最後一個階段，是協助孩子能帶著新的希望與更多的自信及因應技巧，展望未來。

不論何種策略，這些介入策略均在讓遭受性侵害的兒童慢慢有機會與勇氣揭開創傷經驗，重新理解其所遭遇的事件，重新賦予意義或慢慢學習到如何因應這些創傷經驗，帶著結痂的疤痕繼續往自己未來的人生旅途邁進。治療師要做到的，即是對兒童的「充權賦能」（empowerment）（Putman, 2009）、重建其自尊、改變其錯誤的認知歸因，以及學習正向因應。

此外，若有需要，亦可透過藥物治療協助兒童克服一些生理或心理的症狀，例如：睡眠品質不佳或是過度焦慮、憂鬱等。

目睹家庭暴力	創傷後壓力疾患	美國精神醫學會
精神疾病的診斷與統計	精神疾病診斷準則手冊	遊戲治療
家庭治療策略	兒童人權公約	兒童及少年福利與權益保障法
兒童保護專線	兒童虐待	身體虐待
性虐待	情緒虐待	疏忽
不安全依附	人際行為組型	生活技能訓練
社交技巧	充權賦能	灌注希望
性侵害受虐兒童	性侵害犯罪防治法	犯罪被害人保護法
兒童及少年性交易防制條例	家庭暴力防治法	創傷基因動力論
創傷性的性化	污名化	背叛

1. 在華人傳統文化裡，家庭教養一向受到重視，但過重的教訓，常在無意之間形成現代觀念中所謂的家庭暴力。請說明如何判定目睹家庭暴力兒童，目睹家庭暴力兒童大致可分為幾個類別？
2. 針對目睹家庭暴力兒童所能夠進行的具體輔導策略有哪幾種？教師在使用這些策略時，可以做如何的調整或修改？
3. 發現班上有學生可能有長期受虐之情形，教師進行通報與不通報的主要考慮因素為何？通報與不通報的可能影響為何？
4. 重建安全依附關係對於受虐兒童有何重要性？教師如何協助受虐兒童在班級中重建安全依附關係？
5. 請說明性虐待或性侵害事件對兒童之生理、心理影響有哪些？
6. 請簡要說明針對遭受性侵害兒童的介入策略有哪些？

▶中文部分

內政部（2010）。**內政統計年報**。2010 年 12 月 1 日，取自 http://sowf.moi.gov.tw/stat/year/list.htm

孔繁鐘（編譯）（1997）。American Psychiatric Association 著。**DSM-IV 精神疾病的診斷與統計**（Diagnostic and statistical manual of mental disorders, 4th ed.）。台北市：合記。

孔繁鐘（編譯）（2007）。American Psychiatric Association 著。**DSM-IV-TR 精神疾病診斷準則手冊**（Quick reference to the diagnostic criteria from DSM-IV-TR）。台北市：合記。

何長珠（1995）。應用遊戲治療於受虐兒的三個實例研究。**國立彰化師範大學輔導學報，18**，1-37。

吳秋月、吳麗娟（1999）。子女知覺父母婚姻暴力經驗、社會支持和共依附之關係。**教育心理學報，31**（1），63-88。

余漢儀（2000）。**兒童虐待——現象檢視與問題反思**。台北市：巨流。

沈慶鴻（1997）。**婚姻暴力代間傳遞之分析研究**。國立彰化師範大學輔導研究所博士論文，未出版，彰化市。

沈慶鴻（2000）。婚姻暴力案主習得無助感之分析研究。**實踐學報，31**，53-92。

沈瓊桃（2005）。兒童知覺的雙重家庭暴力經驗與其適應行為之相關研究。**中華心理衛生學刊，18**（1），25-64。

林英欽、古稚偉、王慈蜂、林正清、謝瀛華（2006）。目睹家庭暴力兒童的健康問題。**台灣醫學，10**（6），764-767。

陳怡如（2001）。婚姻暴力目睹兒童處遇現況之探討。**社區發展季刊，49**，252-267。

曾慶玲（1998）。**父母爭吵時的三角關係運作與兒童行為問題之相關研究**。國立台灣師範大學家政教育研究所碩士論文，未出版，台北市。

童伊迪、沈瓊桃（2005）。婚姻暴力目睹兒童之因應探討。**臺大社工學刊，11**，129-164。

黃玲喬（2002）。從依附觀點看家庭性侵害及其輔導方式。**諮商與輔導**，**203**，2-7。
蔡漢賢（主編）（2000）。**社會工作辭典**。台北市：內政部社區發展雜誌社。
謝淑貞（2001）。**性侵害受害女童在遊戲治療中遊戲行為與情緒經驗歷程之分析研究**。國立屏東師範學院教育心理與輔導研究所碩士論文，未出版，屏東市。

▶英文部分

Ackerman, M. J. (1999). *Essentials of forensic psychological assessment*. NY: John Wiley & Sons.

American Psychiatric Association [APA] (2000a). *Diagnostic and statistical manual of mental disorder* (4th ed., Text Revision) (DSM-IV-TR). Washington, DC: The Author.

American Psychiatric Association [APA] (2000b). *Quick reference to the diagnostic criteria from DSM-IV-TR*. Washington, DC: The Author.

American Psychiatric Association [APA] (2013). *Diagnostic and statistical manual of mental disorders* (5th ed.). Arlington, VA: American Psychiatric Publishing.

Anderson, K. M., & Hiersteiner, C. (2008). Recovering from childhood sexual abuse: Is a "storybook ending" possible? *The American Journal of Family Therapy, 36*, 413-424.

Ater, M. K. (2001). Play therapy behaviors of sexually abused children. In G. L. Landreth (Ed.), *Innovations in play therapy: Issues, process, and special populations*. NY: Brunner-Routledge.

Banyard, V. L., Williams, L. M., & Siegel, J. A. (2001). The long-term mental health consequences of child sexual abuse: An exploratory study of the impact of multiple traumas in a sample of women. *Journal of Traumatic Stress, 14*(4), 697-715.

Briere, J. (1992). Methodological issues in the study of sexual abuse effects. *Journal of Consulting and Clinical Psychology, 60*, 196-203.

Briere, J. (1996). Treatment outcome research with abused children: Methodological considerations in three studies. *Child Maltreatment, 1*(4), 348-352.

Cohen, J. A., Mannarino, A. P., & Deblinger, E. (2006). *Treating trauma and traumatic grief in children and adolescents*. New York: The Guilford Press.

Estes, L., & Tidwell, R. (2002). Sexually abused children's behaviours: Impact of gender and mother's experience of intra- and extra-familial sexual abuse. *Family Practice, 19*(1), 36-44.

Fantuzzo, J. W., & Lindquist, C. U. (1989). The effects of observing conjugal violence on children: A review and analysis of research methodology. *Journal of Family Violence, 4*, 77-94.

Federation, S. (1986). Sexual abuse: Treatment modalities for the younger child. *Journal of Psychosocial Nursing and Mental Health Services, 24*(7), 21-24.

Feiring, C., Simon, V. A., & Cleland, C, M. (2009). Childhood sexual abuse, stigmatization, internalizing symptoms, and the development of sexual difficulties and dating aggression. *Journal of Consulting and Clinical Psychology, 77*(1), 127-137.

Finkelhor, D., & Browne, A. (1985). The traumatic impact of child sexual abuse: A conceptualization. *American Journal of Orthopsychiatry, 55*, 530-541.

Finkelhor, D., Ormrod, R., Turner, H., & Hamby, S. L. (2005). The victimization of children and youth: A comprehensive, national survey. *Child Maltreatment, 10*(1), 5-25.

Fredrick, C. J. (1985). Children traumatized by catastrophic situations. In S. Eth & R. S. Pynoos (Eds.), *Post-traumatic stress disorder in children*. Washington DC: American Psychiatric Press.

Gil, E. (1991). *The healing power of play: Working with abused children*. New York: The Guilford Press.

Green, E. J. (2008). Reenvisioning Jungian analytical play therapy with child sexual assault survivors. *International Journal of Play Therapy, 17*(2), 102-121.

Hajal, F. (1999). Object relations in severe trauma: Therapy of the sexually abused child. *American Journal of Psychotherapy, 53*(3), 422-424.

Herman, J. L. (1997). *Trauma and recovery*. New York: Basic Books.

Hetzel-Riggin, M. D., Brausch, A. M., & Montgomery, B. S. (2007). A meta-analytic investigation of therapy modality outcomes for sexually abused children and adolescents: An exploratory study. *Child Abuse & Neglect, 31*, 125-141.

Holden, G. W. (2003). Children exposed to domestic violence and child abuse: Terminology and taxonomy. *Clinical Child and Family Psychology Review, 6*(3), 151-160.

Hornor, G. (2005). Domestic violence and children. *Journal of Pediatric Health Care, 19*, 206-212.

Jaffe, P. G., Wolfe, D. A., & Wilson, S. K. (1990). *Children of battered women.* Thousand Oaks, CA: Sage.

Karp, C. L., & Bulter, T. L. (1996). *Treatment strategies for abuse children: From victim to survivor*. CA: Sage.

Kendall-Tackett, K. A., Williams, L. M., & Finkelhor, D. (1993). Impact of sexual abuse on children: A review and synthesis of recent empirical studies. *Psychological Bulletin, 113* (1), 164-180.

Kilpatrick, D. G., Resnick, H. S., Saunders, B. E., & Best, C. L. (1998). Rape, other violence against women, and posttraumatic stress disorder: Critical issues in assessing the adversity-stress-psychopathology relationship. In B. P. Dohrenwend (Ed.), *Adversity, stress, & psychopathology*. Washington, DC: American Psychiatric Press.

Modestin, J., Furrer, R., & Malti, T. (2005). Different traumatic experiences are associated with different pathologies. *Psychiatric Quarterly, 76*(1), 19-32.

Morrel, T. M., Dubowitz, H., & Kerr, M. A. (2003). The effect of maternal victimization on child: A cross-informant study. *Journal of Family Violence, 18*, 29-41.

Ovaert, L. B., Cashell, L. C., & Sewell, K. W. (2003). Structured group therapy for post traumatic stress disorder in incarcerated male juveniles. *American Journal of Orthopsychiatry, 73*, 294-301.

Putman, S. C. (2009). The monsters in my head: Posttraumatic stress disorder and the child survivor of sexual abuse. *Journal of Counseling & Development, 87*, 80-89.

Pynoos, R., & Eth, S. (1986). Witness to violence: The child interview. *Journal of the American Academy of Child Psychiatry, 25*, 306-319.

Reyes, C. J., Kokotovic, A. M., & Cosden, M. A. (1996). Sexually abused children's perceptions: How they may change treatment focus. *Professional Psychology: Research and Practice, 27*(6), 588-591.

Rosenberg, M. S., & Giberson, R. S. (1991). The child witness of family violence. In. R. T. Ammerman & M. Hersen (Eds.), *Case studies in family violence*. New York: Plenum Press.

Salter, D., McMillian, D., Richards, M., Talbot, T., Hodges, J., Bentovim, A., Hastings, R., Stevenson, J., & Skuse, D. (2003). Development of sexually abusive behaviour in sexually victimized males: A longitudinal study. *The Lancet, 361*(9356), 471-476.

Straus, M. A. (1991). Children as witness to marital violence: A risk factor for life long problems among a national representative sample of American men and women. In D. F. Schwarz (Ed.), *Children and violence: Report of the 23rd Ross round table on critical approaches to common pediatric problems* (pp. 98-104). Columbus, OH: Ross Laboratories.

Stubenbort, K., Greeno, C., Mannarino, A. P., & Cohen, J. A. (2002). Attachment quality and post-treatment functioning following sexual trauma in young adolescents: A case series presentation. *Clinical Social Work Journal, 30*(1), 23-39.

Valente, S. M. (2005). Sexual abuse of boys. *Journal of Child and Adolescent Psychiatric Nursing, 18*(1), 10-16.

Wolak, J., & Finkelhor, D. (1998). Children exposed to partner violence. In J. L. Jasinski & L. M. Williams (Eds.), *Partner violence: A comprehensive review of 20 years of research* (pp. 73-112). Thousand Oaks, CA: Sage.

第十五章

兒童諮詢服務及社會資源

田秀蘭

諮詢（consultation）服務在助人工作中是相當重要的服務項目之一。以學校為主的諮詢工作，其使用對象主要係針對老師、行政人員及家長，不論對象為何，最終受益者仍以學生為主，因而諮詢技術的使用在學校輔導工作中有其必要性。任何一個人在其專業領域中有其專長，但遇到各種不同的學生問題時，難免有需要向其他相關領域助人工作者求助的情形，這時相關領域工作者所能提供的服務，就稱之為諮詢服務。本章除說明諮詢工作的基本概念、相關模式，以及不同服務對象的諮詢工作外，也提供一個諮詢工作的實際案例。最後則討論兒童及幼兒諮詢工作中經常使用的社會資源。

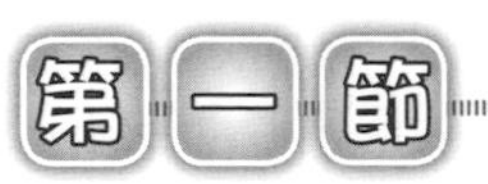

第一節 諮詢技術的基本概念

一、諮詢的定義、目的及特徵

（一）諮詢的定義

諮詢此一名詞在各行各業均已被普遍使用，而在助人工作專業領域裡，諮詢是指提供專業知識，以協助助人者有效解決當事人問題的一個過程。依照

Baker 和 Shaw（1987）所提出的學校輔導工作模式裡，諮詢技術是屬於次級預防，而且是間接對個案提供輔導的工作。它所包含的內容通常是以學校老師為主，當老師對某些學生的行為或問題無法直接提供輔導時，向輔導室（處）或相關輔導機構尋求協助，輔導室（處）即可提供諮詢服務，協助老師輔導學生，或對學生直接提供諮商服務。而就一般學校兒童所面臨的問題而言，廣義的學校諮詢工作，應當包括：初級預防、早期診斷、早期治療，以及危機處理等工作，其所使用的社會資源內容，包括一切自然資源及人為的社會文化制度，例如：社會、政治、經濟、法律、教育、宗教、醫療，以及福利資源等，用以滿足學習或生活上之需求者。值得注意的是，諮詢服務通常包含三方面的關係，亦即提供諮詢者、尋求諮詢者，以及接受服務者，而且這種關係是暫時性的，並不一定如心理治療或心理諮商工作持續得較為長久。

（二）諮詢的目的

諮詢的主要目的是藉由相關專業者提供的專業知識或技術，以利接受諮詢者能更有效的解決當事人的問題，或協助當事人改善自己的問題。Turner（1982）提出階層性的諮詢目的，層次愈高，其出現的頻率愈低，包括八個目的，由低到高分別為：提供資料、提供解決問題的方法、對個案問題做診斷、提供建議、協助接受諮詢者共同解決問題、與接受諮詢者建立共識並促進其對個案問題的投入、促進個案的學習能力、增進接受諮詢單位的整體工作效率等。在國小輔導工作裡，不論是對學生個人、家長、級任老師、輔導老師、行政人員，甚至是對學校整體，不同目的的諮詢工作在校園裡均有其必要。

（三）諮詢的特徵

由諮詢的特徵可以讓我們更清楚諮詢的意義，以下為諮詢的幾個重要特徵：(1)諮詢不一定是上對下的關係，而是輔導人員在輔導過程中與另一專業者的共同合作關係；(2)提供諮詢雖然提供其解決個案問題的相關知識，但對個案並不負完全責任，提供諮詢者主要是對接受諮詢者負責，而真正為當事人福祉負責的人還是輔導人員，亦即接受諮詢者；(3)接受諮詢者並沒有義務需要接受提供諮詢者所提出的意見；(4)諮詢的內容是與工作相關的困難，而非接受諮詢者的個人困擾。由以上所述的特徵可知，學校的諮詢工作是一種合作關係，但多半是與學校外或機構外的其他機構之間的合作關係。提供諮詢服務的助人工作者，在提供諮詢服務的過程中，雖然並沒有直接接觸當事人，但仍必須從接受諮詢者一方蒐集必要之資料，並分析當事人之問題，以協助接受諮詢者解決當事人的問題。而且，雖然提供諮詢服務的過程，焦點並非接受諮詢者的個人困擾，但是，一旦當事人的問題解決之後，接受諮詢者在這方面的困擾也會跟著消失。

（四）諮詢與諮商的不同

諮詢與諮商的過程，同樣需要有適當關係的建立，同樣可以藉由簽約而訂定並完成計畫，也同樣可以有評估的過程。但諮詢包含三方面的關係，通常是個案、輔導人員，以及提供諮詢者；同時諮詢可以是短期的或暫時性的關係；而諮詢的內容主要是針對助人者在助人過程中所遭遇的問題，而非助人者本身的個人問題。通常提供諮詢服務的專業助人者，也會是訓練有素的心理師、諮商師，或治療師，但一般學者均主張即使如此，在提供諮詢服務時也不應當將諮詢關係轉變為諮商關係或治療關係。

二、諮詢者的角色與工作內容

（一）諮詢者的角色

諮詢人員所扮演的角色是多重的，包括：催化者、中介者，以及共同的合作者，需視問題情況不同及所採用之模式不同而有所差異，Gibson和Mitchell（1995）則認為諮詢人員其實也是輔導活動很好的提倡者。Kurpuis（1985）在討論諮詢人員所發揮的功能時，提及諮詢人員是很好的人力資源開發者，也是某些組織單位中的文化營造者，更是提供策略的計畫人員及研究人員。

（二）諮詢工作的主要內容

既然諮詢與諮商不同，那麼諮詢到底做些什麼？要做到什麼程度？當然是依問題情境及接受諮詢者的目的而有不同。有些諮詢只根據接受諮詢者的要求而提供專業知識，在這種情況下，接受諮詢者必須非常清楚問題的情境，而且要有正確的判斷，根據其判斷及需求而向提供諮詢者「購買其專業知識」（purchase of expertise），例如：某位教師班上出現一位受虐而不慎懷孕的學生，他們想知道有關墮胎方面的法律常識，而向法律諮詢專線請教法律規定及必要之解釋，之後的決定仍由學生及相關的重要親人來決定，整個尋求諮詢的過程只是向專家詢問關於他的專業知識。

有些諮詢在提供相關專業知識之前，需要對接受諮詢者所提的個案問題情境做診斷，也就是說，接受諮詢者知道有問題，但不清楚問題在哪兒，就如同「病人找醫生看診」一樣（doctor-patient consultation），例如：一位教師懷疑班上某位兒童為過動兒，請專業醫師做診斷，並提供相關的輔導策略，在整個諮詢過程中，提供諮詢者可能會直接接觸個案，並於對問題做診斷之後，提供處理之相關技術，讓教師或家長知道如何輔導兒童。

除以上兩種諮詢活動內容之外，諮詢也可能不僅止於針對個案問題，同時也包括針對某一團體（如學校）的輔導行政運作，所強調的是一種參與及合作的關係，例如：目前各地中、小學的輔導團均聘有諮詢顧問，社區相關輔導單位亦聘有諮詢委員，這類諮詢活動的主要內容則包括整個組織中輔導活動的運作，同時也可能影響組織內人際間的互動，進而提升整個組織的效率。

三、諮詢的過程與技巧

（一）諮詢的過程

在國小輔導工作裡，有時會遭遇一些問題行為較為嚴重的個案，例如：過動症、自閉症或性格異常等。對這些問題，多半老師可能並不了解，即使了解也不見得能提出有效的解決辦法。此時，諮詢工作便顯得相當重要，通常諮詢的過程包括開始進入、診斷、處理、綜合評估，以及結束等五個階段（Dougherty, 1995, 2000; Dustin & Ehly, 1984），說明如下。

1. 開始進入階段

在進入正式諮詢工作前，提供諮詢者必須先就接受諮詢者所提出的問題，衡量自己是否能提供諮詢服務。如果覺得沒有問題，才正式進入諮詢過程，如果覺得他們找錯對象了，則可以提供適當的轉介服務。開始進入諮詢階段後，雙方應先討論個案所面臨的問題，以便了解問題的性質，必要時雙方可訂定契約，讓雙方都清楚彼此的目標、需求、期望，以及問題解決過程中的一些規則。在這個階段裡，關係的建立是相當重要的，好的合作關係不僅可以讓諮詢過程進行得順利，同時也能真正以個案的福祉為前提，完成諮詢目標。

2. 診斷階段

關係建立好之後，很快就可以進入診斷階段。在此一階段裡，雙方必須就個案的問題蒐集更多資料，並找出問題癥結、成因，看問題到底出在哪裡，誰是造成問題的關鍵人物，誰才是解決問題的關鍵人物。問誰的目的，並不是要指責誰，而是要突顯這個人物的重要性，以便能解決問題。確定問題之後，可以設定一個要達到的目標，並根據診斷結果提出一些可行的解決方案。

3. 處理階段

在處理階段裡，除了選擇適當的問題解決方案外，可訂定一套詳細的實施計畫，實際執行，並評量執行的效果。至於計畫內容、實施方案，以及評量方式，需視不同問題及不同的諮詢類型而有不同，有些費時較短，有些則需要直接對個案做處理，並將處理情形告知輔導人員。總之，處理階段是諮詢過程中的重要階段，但處理方式因問題性質及所需的諮詢類型而有不同。

4. 追蹤評估階段

整體性評估及形成性評估同樣重要，前者是指在諮詢工作進入結束階段之前，對諮詢工作進行整體的彙整評估，後者則是指在諮詢過程中適時進行諮詢工作的評估。在決定使用哪一種評估方式時，須清楚評估的目的，再選擇適當的評估方式。

5. 結束階段

順著第三階段的處理效果評量，如果達成目標，則諮詢的關係可以結束，但結束的決定，仍是在雙方同意之下才告結束。Dougherty（1995, 2000）曾以兩句話分別形容諮詢的開始及結束。開始時，詢問對方：「有什麼事情可以幫您的嗎？」結束前，則需問對方：「在我們結束之前，還有什麼事情是需要處理的？」事實上，結束階段並非說結束就結束，除了需對整個諮詢過程做一評量外，還需要向輔導人員說明結束後的追蹤計畫（如果有需要做追蹤的話）。

（二）諮詢的態度及技巧

提供諮詢者除了在自己的專業領域裡有足夠的知識外，態度及技巧也相當重要。而諮詢的態度及技巧與諮商的態度及技巧是大同小異的，在態度方面，包括：同理心的使用、真誠一致及尊重，此外也包括倫理態度，例如：是否顧及當事人及接受諮詢者的福祉、是否尊重接受諮詢者的自主權，以及是否顧及相關單位的倫理守則等。

諮詢的技巧則強調溝通及人際關係方面的技巧，例如：傾聽、發問及回饋等，此外，對系統理論、問題解決技術及評量的程序，也應有足夠的認識。

學校輔導工作中的諮詢模式

本節介紹各種不同類型的諮詢模式，並據以歸納較適用於國小的諮詢模式。

一、不同類型的諮詢工作

（一）心理健康取向的諮詢工作

心理健康取向的諮詢工作，就對象而言，可能以當事人為中心、可能以尋求諮詢者為中心，也可能以某一項輔導方案為中心；就工作內容的重點而言，可能以當事人問題為主，也可能以行政諮詢為主。Caplan（1970, 1993）根據此架構，提出四種不同類型的諮詢模式，說明如下：

1.以當事人為中心的個案問題諮詢：在此模式中，提供諮詢者在聽取諮商師對個案問題描述之後，直接對個案問題做診斷，並提供諮商師或教師可以處理當事人問題的方向。在學校中，當輔導人員遇到學習遲緩或疑似過動的兒童問題時，可以請相關的特殊教育專家或專業醫師對兒童做診斷，並聽取其所提供之意見，以協助兒童學習。

2.以接受諮詢者為中心的個案問題諮詢：在此模式裡，提供諮詢者並不直接處理個案的問題，但提供諮商師一些與個案問題相關的專業知識，讓接受諮詢的諮商師能更有效地處理當事人的問題。

3.以活動方案為中心的行政諮詢：此諮詢模式並無牽扯個案問題，而是針對某一組織或機構所設計的活動方案，希望提供諮詢者能提供專業知識，讓該單位所設計的方案能更符合專業要求，以提供其對個案的專業服務。

4.以接受諮詢者為中心的行政諮詢：此模式是以接受諮詢者為中心，目的在增進其設計輔導方案及促成組織發展等方面的問題解決能力，重點在針對接受諮詢者的需要，而並不是以某一項輔導方案為中心。

以上四個諮詢模式運用在國小或幼兒園，可以歸納出四種運用情形：第一種是直接接觸個案的諮詢服務，例如：在教師尋求協助後，由諮商人員或相關專業者提供診斷或長期晤談，目的在直接協助個案解決問題；第二種模式是間接地為個案提供服務的模式，由專家提供輔導人員所需要的專業知識，而間接的協助當事人解決問題；第三種模式是以學校輔導室（處）所設計的某一項輔導計畫為主，請專家提供與該計畫有關的專業知識；第四個模式則以輔導教師的在職訓練或一般教師的輔導知能及班級經營訓練為例，目的是以教師為主，增進其行政及班級經營的能力。

（二）行為取向的諮詢工作

由於諮詢工作並不是非常強調溫暖氣氛的營造，而是以問題解決取向為主，因而行為主義中的一些原理原則也經常在諮詢工作中應用出來。行為主義取向的諮詢工作依不同的服務對象，可分為：技巧訓練取向、行為系統取向，以及當事人取向三種（Dougherty, 1995, 2000），說明如下：

1.技巧訓練取向的模式：此模式主要是以尋求諮詢的輔導老師為對象，老師在管理班級或輔導學生遭遇問題時，以諮詢專線或面談方式向專家請教，諮詢專家則教導老師一些針對問題解決所需的技巧及原理原則，例如：代幣制度、行為塑造等。此模式在針對國小兒童及幼兒園的幼兒進行輔導工作而言，有其價值，但諮詢機構並不是非常普遍，因而相關社會資源的使用，有其必要。

2.行為系統取向的諮詢模式：此模式主要目的在協助一個輔導單位完成該單位所訂定的目標。在國小裡，整個輔導室（處）所規劃的輔導活動、實施方式，以及最後的評量，均可遵循此一模式取得專家的諮詢服務。

3.當事人取向的諮詢模式：此模式以個案為重心，必要時可直接對當事人做診斷及治療。在國小及幼兒園裡，較特殊的個案，例如：自閉或過動的兒童，老師懷疑兒童有此症狀時，在訓練不足的情況下，需要徵求專家協助。此時諮詢專家可能有必要直接對個案做診斷，或是轉介至更適當的機構做進一步的治療。

（三）組織發展取向的諮詢工作

此類型諮詢工作通常用在企業組織中，當組織要提供員工相關的在職訓練、有意為員工的生涯發展提供輔導服務，或是當不同部門出現摩擦或意見不合時，均可利用諮詢服務。學校環境雖然感覺上較為單純，但學校體系也好比一個組織，組織中的一些諮詢概念，也可以適當地應用於學校之中，這類型的諮詢模式包括以下四種：

1.教育訓練取向的諮詢模式：主要是在提供組織員工或學校中教師的一般在職訓練，在職訓練通常應該包含哪些內容、如何實施、成效又該如何評量，校內承辦在職訓練的相關單位應當有機會就較專家，將訓練主題做一統整。

2.輔導方案取向的諮詢模式：在一般企業機構中，有所謂的員工輔助方案（Employee Assistance Programs, EAP）；在學校中亦有所謂的互助會，但性質似乎相去甚遠。在大專校院裡，輔導中心亦標榜針對教師提供諮詢服務，然而在國小裡，老師平日教學或生活遭遇困難，卻很難有個正式的單位提供服務。目前教師會在各學校紛紛成立，有關教師福利及教師成長方面，事實上也是這些校內團體不可忽視的部分。

3.醫療關係取向的諮詢模式：在此模式裡，提供諮詢者及接受諮詢者雙方的關係就如同醫生與病人之間的關係。領導者或相關幹部覺得組織出了問題，但不知道問題出在哪裡，所以請教專家，讓專家做「診斷」，並提出一些解決問題的策略。此模式在國小裡較少用到。

4.過程取向的諮詢模式：此模式強調整個組織的運作情形，包括領導者的領導型態及決策風格。諮詢專家的工作重點放在讓領導者了解自己的領導型態及決策風格，並覺察其對整個組織運作過程所產生的影響。事實上在國小裡，不僅校長需要這方面的諮詢服務，主任，甚至各班的級任老師在領導一個班級時，對自己的領導型態及決策風格在班級所造成的影響，都應當有所認識。

二、學校常用的諮詢模式

在國小裡，學生所面臨的問題相當多，一個老師不可能對各類問題都能精通，因而諮詢工作是相當重要的。需注意，諮詢並非上對下的關係，而是平等的助人關係。因為個人所精通的領域不同，能互相幫助，並以學生福祉為前提，這是相當重要的觀念。綜合前述的各類諮詢模式，在此將在國小可以適用的諮詢模式歸納如下：

1.技術諮詢模式：在此模式中，諮詢內容相當狹隘，僅限於提供諮詢者針對問題情境提供專業知識或技術，例如：學校輔導老師在面對一個疑似同性戀的個案時，請求專家為同性戀下定義；或是輔導老師懷疑個案有疑似憂鬱症的傾向時，請精神科醫師協助做診斷。

2.合作諮詢模式：此模式強調提供諮詢者與接受諮詢者雙方的平等關係，在諮詢過程中將雙方所提供或所蒐集的資料彙整，共同協助當事人解決問題，例如：輔導室（處）的輔導老師與當事人所在的班級導師共同討論，並協助當事人解決問題。

3.催化諮詢模式：在此模式中，提供諮詢者協助接受諮詢者能多接觸相關的社會資源，例如：智障或學習障礙兒童的家長，為協助子女學習而向學校老師尋求協助時，老師提供相關且易於利用的社會資源，讓家長能透過適當管道而增進子女的學習適應情形。

4.心理健康諮詢模式：接受諮詢者通常可透過此模式了解自己與當事人的互動情形，而提供諮詢者也能協助輔導人員回顧自己對當事人的處理情形以及輔導成效，在這個模式裡，提供諮詢者通常是扮演著支持者的角色。在學校輔導工作中，輔導人員在處理學生問題時，如果向附近大專校院輔導科系教授尋求諮詢，就教於自己的處理方式是否正確，此時大學教授可能採取此一諮詢模式，讓輔導老師更清楚自己所做的處理情形及其效果。

5.行為諮詢模式：通常是指提供諮詢者強調以行為改變技術的方式來解決個案的問題，而教導接受諮詢者相關的行為改變技術，讓接受諮詢者能夠以行為改變技術的方式來協助個案解決問題。

6.過程諮詢模式：此模式強調對一個團體提供諮詢，重點放在團體成員的互動情形，而目標是放在增進此團體的工作效率，以便讓團體能達成其共同目標。此模式在社區輔導機構較為常見，例如：家庭教育服務中心的輔導專線聘有顧問，而青年諮商中心義務張老師此一單位，也聘有諮詢委員。學校輔導單位也可以就某一輔導計畫聘請諮詢委員，以達成計畫目標。

第三節 學校中針對不同對象所提供的諮詢服務

諮詢工作在國小是經常出現的，且不論是行政人員、輔導老師、級任老師，或是家長，這些人在不同的諮詢關係中均扮演著不同的角色，有時是接受諮詢者，有時是提供諮詢者。以下僅針對不同對象說明一般國小或幼兒園中經常出現的諮詢服務。

一、針對一般教師的諮詢服務

教師，尤其是帶班的級任老師，是與兒童接觸的第一線，而學校的行政人員及輔導老師之所以存在，也是為了提高兒童的學習興趣及教師的教學效果。針對教師的諮詢服務，目的在增進教師的教學樂趣，進而吸引兒童的學習興趣。而可行的內容則包括：增進教師的團體技巧、學習對團體動力的覺察、提供教師增進兒童人際關係的技巧、提升兒童的學習及適應能力，並協助教師指導適應欠佳的兒童。

學校的輔導老師有較豐富的專業訓練，當教師發現學生有問題但又不確定是何種問題時，教師可將其對學生的觀察與學校輔導老師討論，一方面輔導老師可藉機會適時地與學生建立關係，另一方面也可以提供教師相關的知識及技能，以共同協助兒童解決問題。

九年一貫課程實施之後，任教「綜合活動」中輔導活動此科目的教師也可以向輔導室（處）尋求諮詢，輔導室（處）可針對不同之輔導專題建立單元輔導活動及教案資料庫，供任課老師在設計教學時參考。九年一貫課程中的綜合活動部分，在國小階段尤其重要。針對一般教師的諮詢服務，較偏重學業課程方面的諮詢服務。

二、針對行政人員的諮詢服務

輔導室（處）的輔導人員對學校其他單位提供的諮詢服務，主要是讓相關之行政單位更能清楚學生及教師的需求，以便行政單位在制訂政策時能考慮學生及教師的心理需求。輔導室（處）可以藉由專題研究調查學生及教師所希望提供的服務，也可以藉由參與活動者所給予的回饋，了解學生及相關教師的看法，將這些看法歸納後，供相關行政人員參考。

除此之外，輔導室（處）也可以整理相關的輔導專題，例如：升學輔導、學習輔導、常見兒童問題行為的輔導等，以便在行政人員有需要時，輔導人員能立即提供諮詢服務。而針對行政人員所設計的輔導知能訓練，例如：壓力調適及情緒管理等方案，也是類似的諮詢服務，可間接地讓兒童受益。

三、針對學生家長的諮詢服務

針對家長的諮詢服務可以是個別的，也可以是以團體的方式。通常個別的方式是出現在學生有明顯的問題行為發生時，學校主動提供家長相關的諮詢服務，目的在改進學生的問題行為，讓學生能有快樂的學習生活。此時老師與家長的溝通相當重要，雙方必須同意重點是為了兒童的良好適應，而非互相責備管教或教學的態度及方法，在家長提供兒童在家庭或是過去的一些相關資訊後，教師更能提供家長相關的管教方法，增進兒童的適應。

以團體方式提供的諮詢服務，最常見的例子是父母效能訓練團體，有時也可利用家長會或學校日的時間提供專題演講，以增進家長對親子溝通的知能。近年來，學校針對新移民家庭所提供的諮詢服務日漸增多，除針對學生之學習外，也針對其家長需求而提供親職教育。此外，針對家長本身的身心自我成長照護，或是夫妻相處的婚姻諮商及輔導，甚至家庭諮商，也都提供了不少諮詢或輔導服務。有些服務由政府直接提供，有些則採合作方式進行，類似公辦民營之方式，由政府提供經費而由民間社團組織提供專業，進行諮詢服務。

四、社區資源所提供之諮詢服務

社區資源可以提供學校相當多的諮詢服務，這些資源包括政府設立的單位，例如：社會局（處）、民間的財團法人、醫學中心所附設的心理諮詢門診、大專校院的相關科系及學生社團等。在學校及這些資源的聯繫之間，輔導老師可以是中間的媒介者，而學校在向這些單位尋求諮詢服務時，仍應當注意溝通及諮商倫理的問題，例如：保密的必要性及專業責任問題。

第四節 諮詢服務常用的社會資源

一、使用社會資源（social resources）的必要性

學校輔導工作的人力、物力、財力有限，不足以滿足所有學生的需求，結合社區資源，共同增進兒童的成長，乃是必然的趨勢。此外，當社區與學校共同合作，增進兒童福祉的同時，也可以促進社區與學校之間的良性互動。對整個國家的發展而言，學校與社區的結合，可避免雙方的摩擦，減少學校認為社會是個大染缸，而社會又覺得學校沒有負起教育責任的批評。社區與學校有良性的互動，家庭也較能配合，對個人發展而言，是絕對有益無害的。

二、社會資源的意義

由於助人工作經常須以團隊合作方式進行，因此在不同的助人專業領域之間，需互相合作，彼此也就成為可資諮詢的社會資源。廣義而言，社會資源是指能用以滿足人類需求的一切物質資源與非物質資源，包括：經濟、政治、法律、教育、宗教、醫療，以及社會福利等領域的資源；狹義的社會資源，則是指能夠滿足社會福利體系各類服務對象需求的資源，包括：金錢救助、食物供給、人力資源、專業諮商、心理治療、醫療照護等（林勝義，1996）。綜合而言，社會資源是指能夠用以支持或幫助求助者有效處理困難或問題，或是可用以因應困難情境的方法。通常是由接受諮詢者提供求助者，或是由提供諮詢者提供接受諮詢者相關資源，以間接方式協助前來求助的當事人。

三、社會資源的分類

社會資源可分為有形的及無形的資源，有形的資源包括：人力、物力、財力，以及空間等；無形的資源則可以是專業技術、社團組織，以及良好的社會關係。有形資源及無形資源可以是相輔相成的，例如：某社團組織提供空間，讓另一組織之專業人力能提供其專業服務。一些大專校院的諮商專業教授，在某些社團組織、政府機構或非營利機構提供專業諮詢，即為一例。

社會資源也可以從照顧方式來做分類，包括：物質方面的支持、情感方面的支持，以及服務性的支持。物質方面的支持以生理需求的滿足為主；情感方面的支持以心理需求為主；服務性的支持則可能兼顧求詢者或求助者在資訊、心理需求，以及生理需求的滿足。

若從提供諮詢的單位性質對社會資源做分類，則可將社會資源分為正式的政府服務單位、非正式的組織或社區社團，以及營利或非營利組織。營利組織以私人經營的企業為主；非營利組織則以志願性機構以及自助性的團體為主。以正式的政府單位為例，社會福利的內容，可以涵蓋：教育福利、兒童少年福利、婦女福利、老人福利、身心障礙福利、早期療育、醫療保健、就業輔導、勞工福利、原住民福利，以及家庭暴力暨性侵害防治方面的需求服務。這些政府相關部門所提供的福利服務與社區或其他相關警政單位，也都會有所聯繫而形成社會資源的網絡。所以提供諮詢服務的助人者對這些社會資源的分類，也都必須有足夠的了解。

四、如何使用社會資源

對國小輔導工作而言，社會資源的運用有其必要性。有些社會資源很明顯、很容易看到，有些機構會主動提供相關訊息，讓學校知道該機構的服務內容；但是多半的社會資源則有賴教師們在教學及輔導過程中去慢慢發掘。事實上，一些社會輔導機構也會尋求學校的配合或協助，尤其是大專校院裡的一些社會福利及心理輔導相關科系，這些學術單位也都是社會資源之一。

至於該如何使用這些社會資源呢？林勝義（1996）將使用社會資源的過程分為四個階段，分別為發掘資源、規劃資源、動用資源，以及使用成效的評量，說明如下：

1.發掘資源：發掘社區資源的方法，可以參考相關社會資源的介紹書籍或網站，例如：台北市、高雄市及台灣地區的社會福利資源手冊或網站，了解整個台灣地區的社會福利相關機構，並就自己的相關領域或是就近較容易取得的機構做進一步認識。對附近可使用的機構可以徵得對方同意後做訪問，若有適當時機，學校所辦理的一些活動也可以邀請相關的社區機構共同參與。

2.規劃資源：其目的是將所發掘的資源做一歸類，哪些是屬於人力資源，有需要時可以找到幫手；哪些是屬於物力或空間資源，可提供輔導活動辦理時的場地需求；哪些是屬於財力資源，舉辦活動或急難救助時可尋求支援。將相關的組織機構分類出來，做一清冊，並與這些機構建立適當的關係，在遇有需要時，較容易很快的找到適當的資源。

3.動用資源：運用資源時，要找對機構，才能發揮最大的效益。就如同前一節所討論的諮詢工作一般，找錯對象或是找到的機構並非真能提供你所要的服務，則不僅浪費時間，而且問題也沒有得到適當處理。針對此點而言，我們可以發現前述的認識資源及規劃資源是相當重要的。

4.使用成效的評量：可參考一般教育評量中所使用的形成性評量及總結性評量兩種方式。在尋求社會資源的協助時，問題解決的進展如何，是否有需要繼續此諮詢過程，或是需要尋求其他資源的協助，均可在過程中做一評估。而社會資源的使用，在最終的評量如果認為成效良好，也需要做結束；至於結束的過程，需視問題複雜及資源使用的情形而定，如果只是資料的提供，較快結束，但如果是診斷治療，則有關結束後的追蹤計畫也都需要在結束之前做一討論。

五、運用社會資源時應注意事項

（一）要熟悉所要使用的社會資源

對所要使用的社會資源應有清楚的認識，輔導室（處）平常就應當與社會資源建立良好關係，在與社會資源聯繫的過程中，要注意相關機構或單位的變化情形，以便掌握校區內相關資源的動態，遇有需要時可以很快進入合作的關係。此外，各個不同機構有其不同的服務規定，學校老師在尋求這些機構的協助時，應當清楚這些機構的規定，同時也能讓兒童家長清楚這些規則，方能在增進兒童利益的原則下進行諮詢。

（二）需注意相關的倫理問題

與諮商相同，在諮詢過程中應當注意倫理問題，例如：個案的自主權、福祉、不受傷害，以及忠誠等原則。在正常情況下，輔導老師要與諮詢機構聯繫之前，應當讓兒童及兒童的家人知道，並在雙方都同意的情況下，向校外相關機構尋求諮詢服務，而諮詢的內容，甚至有關個案問題的內容，也應當盡可能不讓其他同學知道，除非是有需要同學或其他老師及行政人員配合的地方。而面對特殊的案例時，例如：性侵害或家庭暴力的案例，則在通報時，是可以不經過家人同意而逕行通報的。但對於兒童的個人福祉及不受傷害等倫理議題方面，仍應注意應有的原則。

（三）諮詢的態度及責任問題

不論是提供諮詢或尋求諮詢，都應當注意自己的態度問題，事實上諮詢是一個平等的關係，在我們協助兒童解決問題的過程中，有些問題並非自己專攻的領域，此時就必須就教於專業人員。如果是諮詢單位需要直接接觸個案，也不能因此而忽略了自己的責任問題，即使是將個案轉介至其他單位，也應當追蹤輔導，了解個案的變化情形，除非是與個案有明確的結案處理。

六、兒童及幼兒諮詢工作常用的社會資源

兒童及幼兒常用的社會資源，包括：精神醫療機構、大專校院附設之心理衛生中心、社區心理衛生中心或社團法人之公辦民營協談中心、政府行政單位、學術研究單位，以及大專校院的相關教師資源及學生社團。以下分別說明這些常用社會資源所提供的服務。至於針對兒童或幼兒諮詢服務常用的相關社會資源及其網址，可於網路上相關搜尋系統輸入重要關鍵字詞後，找到經常更新之資源機構及其服務內容。若輸入「社會資源」幾個字，甚至也可以看到一些社會福利及輔導機構對社會資源系統的分類及內容介紹。這些資源內容在網路上經常更新，因此本書不一一列出各類資源的單位名稱及其電話或網址。

（一）精神醫療機構

精神醫療機構對學校輔導單位可提供相當多的諮詢服務，而其所發揮的功能，包括以下幾點：

1.對學校所發現覺得有異常行為的兒童，可以做進一步的診斷及治療。

2.經過精神醫療機構診斷及處理的兒童個案，可以轉回學校，或配合其他相關的社區輔導機構進行繼續輔導，而精神科醫師仍可隨時提供諮詢服務。

3.學校舉行個案研討會時，可以邀請精神科醫師列席，做實地討論及意見交流。

4.學校可敦聘精神科醫師在校內定期輪值，提供教師在輔導異常行為兒童時所需具備的專業知識；或由各縣市教育局（處）教師研習相關單位設立諮詢專線，提供教師在處理異常行為個案時所產生的疑惑。

在眾多精神醫療機構中，以兒童為主要輔導對象的單位包括台大醫院精神醫學部所附設的「兒童心理衛生中心」；其次在長庚兒童醫院，也有關於兒童心智成長及兒童心理疾病方面的診斷及治療服務。此外，在全國各地一般醫院中的精神醫學部門，也多半有針對兒童而設置的心智成長診斷服務。另外也有一些私人診所會提供諮商或臨床心理的服務，例如：心靈診所及華人心理治療

研究發展基金會等。

（二）學校附設之心理衛生中心

有些大專校院在有足夠經費來源的情況下，附設心理諮商中心，供社區民眾使用，例如：彰化師範大學附設的社區心理諮商及潛能發展中心，為社區民眾提供諮商及諮詢服務。

（三）社區相關的輔導機構

社區心理衛生中心對個人的心理健康及發展而言，是相當重要的諮詢機構，應當讓社區民眾容易接近而取得服務。政府所設置的社區機構中，與兒童福利服務關係較密切者為各地區的家庭教育中心，其中兒童個案或親子關係方面的服務較多。而家庭扶助中心也是相關的單位之一，除了對托嬰的保姆訓練之外，亦提供一些親職訓練方面的輔導活動。

而私人設置的社區輔導機構，在目前較為人所知的輔導團體，包括：救國團的「張老師」、各地「生命線」、「宇宙光」、「董氏基金會」，以及「觀音線」心理協談中心等。這些輔導諮詢機構除了對社區民眾提供直接的諮商或諮詢服務外，也是學校在訂定輔導方案時可以考慮的諮詢單位。

（四）政府行政單位

在政府相關單位中，包括：教育部、內政部社會司、青輔會、職訓局、勞委會、北高兩市的教育局與社會局，以及各縣市教育局（處）等相關單位，均為學校系統在輔導學生時可以參考的資源，而與兒童或親職教育關係較為密切者，包括前述各縣市家庭教育中心。一般學校還會用到的，是關於家庭暴力、性侵害防治，或是未婚懷孕方面的資源服務。學校在使用這類社會資源時，必須先在校內建立一套系統，例如：以輔導室（處）主任為主，底下除輔導組長外，其他處室組長、導師及相關任課老師均可進行分組，部分老師擔任保護扶助工作、部分老師擔任平日的預防宣導、部分老師則進行平日的關心輔導。

（五）學術研究單位

學術研究單位主要是指各大專校院中與兒童福利及輔導服務相關之科系或研究所，這些在大專校院任教的教師，可以是國小舉辦輔導活動時很好的諮詢顧問。大專校院在舉辦輔導方面的訓練活動時，也可以邀請有興趣的輔導教師共同參與。近年來，有不少大專校院的學系或社團利用寒暑假時間進行偏遠地區之兒童輔導，包括課業或心理上的輔導服務，相關學校也可以多加利用類似之機會。學術研究單位通常也會與相關的重要學術團體相結合，例如：台灣輔導與諮商學會、台灣諮商心理學會、台灣心理學會、中華心理衛生協會等單位，共同辦理重要實務議題之討論。

（六）大專校院相關教師資源及學生社團

在大專校院中，除了專門領域的教師之外，學生社團也是國小推行輔導活動可以運用的資源。某些大專校院的社團會利用寒暑假時間到偏遠的國小進行團體活動及輔導服務；而學生也透過社團服務活動，而增進其在教學輔導方面的實務經驗，例如：教育部透過大專校院所實施的「南天攜手計畫」等。

綜合而言，諮詢服務雖然不同於諮商，但對學校的整個心理環境仍舊有相當的影響，因為諮詢所強調的是一種互相支持的氣氛，遇有需要時，輔導室（處）的老師、相關的行政人員、學生家長，乃至社區的相關單位均能互相協助，提供學生更好的心理環境，並促進校園內的良性互動及和諧氣氛。

第五節 兒童諮詢服務實例

如前所述，諮詢工作屬於助人工作模式中的間接服務，目的在協助直接接觸當事人的助人工作者，能運用適當方式協助當事人解決問題。在眾多諮詢模式以及不同類型的提供或接受諮詢服務的助人工作者當中，最常見的諮詢情境，以學校教師的需求較為普遍，通常是在處理學生的教室常規行為時遇到困難。以下舉一個實際案例說明諮詢過程，案例中的所有姓名均為化名，問題情境係融合筆者過去所處理之諮詢情境綜合而成，以秉持合於倫理中的保密原則。

一、問題情境

王美雲（化名）是某校五年級的級任老師，近年來因少子化之趨勢，班上僅有 32 名學生。讓她苦惱的是，李家豪（化名）這位同學，在班上很不守規矩，人緣也很差，經常和同學有大大小小的口語爭執或肢體衝突。王老師在不知如何處理這問題的情況下，以電話求助於某機構所提供的諮詢服務。以下為幾次諮詢過程中的對話及相關分析（括號中的數字為各自的對話句數編號）。

二、諮詢過程及內容

諮詢師(1)：嗨，您好，我是○○○○專線服務老師，敝姓陳。

王老師(1)：您好，我是○○國小五年級的級任老師，敝姓王。

諮詢師(2)：有什麼事情能幫忙您的嗎？

王老師(2)：是這樣的，我的班上有一位令我覺得十分苦惱的學生，叫李家豪。他在班上十分不守規矩，常把班上秩序搞得亂七八糟。我試了很多方法就是沒有用。問了其他班級老師，也試不出什麼有效的方法，不得已，只好就教專家，同事說我可以打這支專線。

諮詢師(3)：嗯，聽起來挺令人苦惱的，這孩子干擾您的上課，一定也影響了班上其他孩子的學習情形。

（雖然是諮詢工作，應有的同理心技巧仍有必要，適當的使用同理心，能建立適當的關係，讓接下來的晤談更為順暢。）

王老師(3)：是啊！只要他沒來的那一天，班上情況就非常好。我為了他，就連下班後的時間也不得安心，一直在想該怎麼辦。

諮詢師(4)：好的，我們來看看可以怎麼辦。今天是我們第一次談話，接下來我們大概一個月可以談個兩、三次，不一定，看情況進展如何。我不會直接給您答案，告訴您可以怎麼做，因為每個班級的性質不同，每個老師帶班的作風也不一樣，各個家長的態度也會有所影響。所以，我們大概會需要花些時間來弄清楚問題成因，看看究竟是怎麼一回事。找到原因之後，才能對症下藥。當然也得看看何種目標才是可以達成的目標，要一步步慢慢來，也就是要訂定漸進的目標，而不是一下就達到完美的結果，因為這是不太可能的。之後我們再看看有些什麼可行的辦法，讓我們逐步慢慢前進。這樣聽起來了解嗎？可以接受嗎？

（這一段做的是結構，讓接受諮詢者清楚此一諮詢的關係是如何的，有些諮詢服務可以一次結束。但王老師此一案例，不見得能在一次談話後就結束，所以需進行結構工作，以免接受諮詢者會有錯誤的期盼，以為一次諮詢就能得到解藥，解決問題。此外，王老師提及自己下班後的個人生活也受到影響，這時提供諮詢者並不處理接受諮詢者的個人生活議題，所以提供諮詢者的回應還是要回到求詢的主題，否則容易失焦。就算是以接受諮詢者為主，頂多也只能做到初層次同理心，目的在建立關係，讓諮詢工作進行得順利。若過於重視接受諮詢者的心理情緒，就會變成是做諮商。因此，焦點還是要放在真正的當事人身上，也就是本實例中的李家豪。）

王老師(4)：應該是很清楚，我也是想看看還有什麼辦法，想多知道一些點子，您們是專家，可以提醒我們一些沒注意到的地方。

諮詢師(5)：OK，我們再回過頭來看看家豪的問題，您說他在班上不守秩序，要不要再多說一些他在學校的狀況？

（結構之後，必須蒐集足夠的資料，才能對問題做進一步分析。因此，接下來幾句對談大致會以開放式的問句為主，多方蒐集資料，以利於未來做正確的問題成因判斷。）

王老師(5)：好的，因為我們學校很重視創造力教學，班上很多課程都是以分組方式進行。不同學科會有不同的分組方式，小組成員也會不一樣。其實這個班真的不錯，除了他之外，真的沒什麼問題。

諮詢師(6)：聽起來家豪對您而言，還真的是個挑戰。他最近一次所惹的麻煩是怎麼樣的狀況？

（也是資料蒐集，而且要具體。此處提供諮詢者請接受諮詢者提供具體的案例，以了解問題的實際細節情形，之後所進行的問題診斷及策略的提供方能是正確的。）

王老師(6)：嗯，最近一次……，就像今天早上，上體育課，離下課只剩 10 分鐘左右，我就想說讓小朋友玩投籃比賽。大家排隊輪流，一人只能投 3 次，他投了 3 次都沒中，就硬是要投第 4 次。後頭同學說：「換我了！」他很生氣的揍了那位同學，並且兇他：「不要吵我投籃！」並且又踢了一下那位同學，有沒有踢到我不知道，但就是有踢的動作。以前他經常踢同學，同學閃得快，沒踢到，他就會說沒踢到，但其實他就是有那踢的動作。

諮詢師(7)：看來他十分的自我中心，期望得到的事情，就一定要得到，大家都得依他的。後來您怎麼處理呢？

（類似諮商過程中的簡述語意，先簡短摘述接受諮詢者的話，並繼續以開放式問句技巧讓問題能更具體。）

王老師(7)：我後來跟他說他違反了遊戲規則，一個人只能投 3 次，為何不守規矩！我也跟他說我對他感到十分失望，因為他又再次欺負同學。

諮詢師(8)：好，這是在教室外操場的情形，在教室裡上課的狀況如何呢？

王老師(8)：也是好不到哪裡去。

諮詢師(9)：能不能舉個例子給我聽聽？

（持續的讓問題得以具體化，以便做正確的診斷及策略的擬定。）

王老師(9)：像是上數學課，我請他們將桌上東西收乾淨，把數學課本拿出來，換到跟數學同組的同學坐在一起。這時他也會跟同學發生肢體上的碰撞跟衝突，有時碰來碰去出手就愈來愈重。我問他們，他們也都各自有各自的說辭。總之，就是不太能釐清究竟是誰先錯或是誰的錯比較嚴重。

諮詢師(10)：所以看來是戶外比較動態的課程，或是在教室裡有需要走動的時候，比較容易跟同學有衝突出現。靜態的活動時，情況如何呢？

（對之前的資訊做一歸納摘述，同時也讓接受諮詢者看出問題的脈絡，理解問題可能的成因。並繼續資訊的蒐集工作。）

王老師(10)：還好，在小組同學進行討論的時候，是還好，他會參與跟同學的討論。但有時是很安靜的，必須要自己獨自完成數學習題的時候，就不見得。當大家都安靜做數學的時候，他會站起來在座位附近四處遊走，看同學做數學。有的同學不喜歡他看，他就會跟那同學起爭執，但多半是口語上的。

諮詢師(11)：所以他那令人苦惱的行為，包括教室內的或是教室外的，發生的爭執，有口語上的也有身體上的攻擊。活動較頻繁的時候，容易有肢體上的衝突；靜態活動，還好，但也還是有口語上的爭執。聽起來有點過動的現象。

（諮詢師繼續對所做的問題分析做一摘要。）

王老師(11)：對！我也這麼想過。

諮詢師(12)：這部分您可能需要進一步與家長聯絡，請家長帶到臨床門診去做診斷。我知道這附近的○○醫院兒童門診或社區聯合醫院的○○院區都有相關的醫生能提供這方面的診斷及治療服務。

（遇到提供諮詢者無法提供專業診斷的情形，或是提供諮詢者並不具資格能提供診斷的情形時，需提供其他相關資源，並鼓勵接受諮詢者就近與學校相關人員做討論，必要時應提供具體資訊，包括地址、電話或網址等。）

王老師(12)：好的，謝謝您。我會再跟學校的輔導室問問看比較可靠的醫院或醫師，並告訴家長，再讓他們自己帶去醫院做診斷，但我需要跟去嗎？

諮詢師(13)：似乎沒有必要，但是若第一次一起過去或許有些幫助，可以了解一些狀況。當然，也可能學校的輔導老師也會有意參與。必要的時候，學校應該要根據他的狀況開個個案會議。

（很多時候，學校對於學生的需求無法立即提供服務而必須運用相關的社會資源，因此，平常就應建立一套使用社會資源的系統，讓各處室能有所聯繫，在對外聯絡以及對家長的聯絡方面能有適當的分工及聯繫。）

王老師(13)：喔。

諮詢師(14)：現在，我想我們還是回到家豪的問題狀況。您要不要說說看用過哪些方法，大致的效果如何？我知道效果不會很好，否則您今天也不會打電話過來。但，大概用了哪些方法呢？情形如何？

（詢問過去曾經使用過的處遇以及使用的狀況及效果。）

王老師(14)：我其實也問過學校的輔導老師，校長也知道他的狀況。輔導老師是鼓勵我先打電話問問專家。我們同事，也就是其他老師是提到說，這樣的孩子不好好輔導一下，以後上了國中，跟他人毆打的情形會更嚴重。

諮詢師(15)：是有可能的。但具體來看，我是指在處理他在班上不守秩序或是對同學有攻擊行為的部分，您做了些什麼樣的處理或是用過什麼樣的方式。

（聚焦，讓諮詢的過程能維持焦點。）

王老師(16)：我有好好跟他說他的行為不對，因為現在都不能用打的，也不能用罰的，要罰還得十分小心，實在是找不到什麼有效的方法。但我想，我有時也還是會不小心失去控制就對他很兇啦。他大概就是隨便聽聽，之後就我行我素吧，還是老樣子。

諮詢師(17)：所以，您會好好跟他講，也會兇他。但他不致於嗆您，因為他年紀還小，但他就是耍賴皮，聽歸聽，但就還是我行我素？

（重述，把客觀的情況簡單摘述一次，包括老師在面對當事人時也有可能的負向態度，導致情況惡化或惡性循環的可能態度。）

王老師(17)：對呀！

諮詢師(18)：其他同學跟他的互動情形如何呢？被他欺負的同學如何回應呢？

（繼續蒐集可能的資料，需要顧及當事人問題行為改變的相關情境脈絡，以供輔導計畫之參考，讓計畫能具體可行。）

王老師(18)：他也不致於沒有朋友，但幾乎大家都不喜歡他，都會自然的要跟他劃清界線。大概是因為看到太多受欺負同學的可憐樣吧。

諮詢師(19)：受欺負的同學呢？

（同第 18 句之分析。）

王老師(19)：大概還是很怕他吧，但說也奇怪，他們就還是會玩在一起，尤其是打籃球的時候。對了，他還有個不錯的地方，是會說笑話，或是會開玩笑，惹得同學哈哈大笑。這大概是他之所以還有些朋友的原因吧！

諮詢師(20)：所以，聽起來他還有些機智，體力也不錯；至少還有一些些朋友？

（從另一角度看當事人可能有的正向行為。）

王老師(20)：大致是這樣吧！但他欺負同學的行為還是不斷出現。問題出現時，也拿他沒辦法。指責他、兇他、好好跟他說，都沒用。

諮詢師(21)：他好像自然有他的一套生存辦法，而您這兒為他的行為頭痛，怎麼也改不了他的行為。他欺負同學，您指責他，甚至學務處的組長或主任也兇他。他聽聽之後，又恢復原樣，就這樣不斷的惡性循環。

（整合所蒐集的資料，做分析之後，進行摘述，讓接受諮詢者理解整個問題的狀況。另一方面，也是協助接受諮詢者跳開身處問題情境的立場，從外來者的角度看清問題的始末以及惡性循環的狀況。）

王老師(21)：對呀，怎麼辦才好？

諮詢師(22)：我可以理解這是個令您苦惱的孩子，更何況您還有其他班務及課程要處理。

（同理心，諮詢工作同樣必須使用的諮商技巧。）

王老師(22)：對呀！

諮詢師(23)：您會希望達到什麼樣的目標呢？

（對問題成因及狀況有所了解之後，開始進行目標設定。）

王老師(23)：我希望他不要欺負其他同學，至少不要用腳踢別人；不要吵別人寫數學練習題；能自己一個人做自己該做的事；下課打籃球能早點回教室，不要每次害同學也遲到；上課不要吵鬧同學，讓同學不能專心，打斷我的教學。

諮詢師(24)：哇！聽來有將近五個目標。（笑）

王老師(24)：是喔！（笑笑）大概是我太心急了！

諮詢師(25)：他現在大概一個禮拜給您惹多少次的麻煩呢？

（針對目標設定蒐集資料，以試著對目標做修訂，讓目標是能夠達成的。）

王老師(25)：幾乎每天都會有大大小小的問題，一個禮拜……少說也會有個五、六次，多一些的時候，大概會有個十一、二次吧！

諮詢師(26)：我們來試著做做行為改變技術，有沒有聽過這個方式？

（提供諮詢者評估之後，認為行為改變技術是可行的方法之一，接下來即針對此技術之原理及方法協助接受諮詢者了解此一技術之背景原理，詳細之執行方式，除諮詢專線中進行討論之外，接受諮詢者仍須參考相關書籍中所介紹之原理原則。）

王老師(26)：有聽說過，但我本身是語文教育系畢業的，對輔導真的不太有什麼概念。

諮詢師(27)：好，首先我們要訂定目標，剛剛的五個目標有點太多了。我們先選一個或兩個比較具體的目標，例如：「不打斷您的教學」或是「不會用腳踢同學」。您要選哪一個或兩個？

（行為改變技術中的目標設定。）

王老師(27)：我想，就選擇這兩個好了。

諮詢師(28)：通常做一個會比較單純，容易完成；但兩個也還好。接下來我們要設計一個紀錄表，記錄他每天踢同學以及打斷教學的行為次數。這些行為必須非常具體，而且也讓他知道所謂的踢以及打斷教學的定義是什麼，在什麼情況下就叫做有踢人或是有打斷老師的教學。此外，也很重要的，就是要找出所謂的增強物，在他的負向行為減少時能給予鼓勵，以便他能繼續朝正向的行為表現。

王老師(28)：我其實也是有給他鼓勵呀。

諮詢師(29)：那要不要想想為何沒有用？

（做過，但沒有用，很多時候是因為做的不夠有系統，或增強物所給的時機並不恰當。在此提供諮詢者不直接給答案，而是讓接受諮詢者自行思考可能的原因。若接受諮詢者實在無法理解或不願意談談之所以無效的原因，提供諮詢者再以溫和立場說明理由。）

王老師(29)：不清楚。

諮詢師(30)：我想是因為做的不夠有系統，他不清楚您所訂定的規範，或是其實您也沒有訂定規範，所以他就還是隨心所欲，不知道控制自己。或是偶爾我們也不小心而忘了要控制自己的脾氣。

（行為改變技術是一套有系統的計畫，需要花相當時間完成，少則兩、三個禮拜，長則半年以上的一套輔導方式。依循計畫，控制自己的脾氣、對學生給予鼓勵、多看其正向行為，是頗為重要的配合措施。）

王老師(30)：您很了解我們的狀況嘛！那，該怎麼辦比較好？聽起來這行為改變技術好像還沒那麼簡單。

諮詢師(31)：剛開始會比較辛苦，而且第一週只是記錄他目前的現況，還不做什麼增強，也就是所謂的記錄起點行為。過一陣子您就會很清楚，也可以做得很上手。

（行為改變技術中的起點行為測量，通常要做四、五天的記錄，亦即一個禮拜，以便之後陸續幾個階段的行為改變能有所對照。）

王老師(31)：希望真的是這樣。

諮詢師(32)：剛剛您說他喜歡打籃球，也喜歡說笑話。給他額外的打球時間，或是讓他有機會上台說個笑話，讓同學掌聲鼓勵一下，這都可以是不錯的增強物。他還有些什麼喜歡的事物呢？

（增強物的選擇與安排。）

王老師(29)：……（思考）很慚愧的，我不太清楚呢！

諮詢師(30)：一些好吃的點心如何？這是一般孩子還蠻喜歡的。

（增強物分原級、次級與社會性增強物三個層級，可以視不同增強階段選用不同性質或層級的增強物，以維持孩子對行為改變技術的新鮮度。）

王老師(30)：應該會有用吧！......對了，他也挺喜歡上電腦課的。有時正課上完之後，老師會讓他們玩些遊戲。

…………

接下來，提供諮詢者與王老師繼續針對家豪的行為改變計畫進行討論。與行為改變技術相關的知識，可參考相關專書。行為改變技術雖然應用行為學派的一些概念，但在實際進行時卻十分不同，陳榮華（2008）曾經對行為治療及行為改變技術做詳盡之比較，在此不做闡述，有興趣之讀者可以參閱該書。

三、諮詢過程之分析

以上實例是學校老師經常碰到的問題，也是接受諮詢者經常會接到的案例。此實例所提供的，是針對一般教師的諮詢服務。而所使用的諮詢模式則是行為諮詢模式，重點在協助教師透過行為改變技術的方式來協助當事人解決行為問題。值得注意的是，諮詢過程中所突顯的仍舊是以當事人為主，而以接受諮詢者為輔的間接服務。整個諮詢過程的分析，如逐字稿當中提供諮詢者對話後的括號內之部分。

由括號內的提供諮詢者對話分析，我們看得出來，諮詢技巧也包括一般諮商過程中會使用的諮商技巧，但諮詢並不同於諮商。諮商是直接服務，而諮詢工作畢竟還是屬於次級的間接服務輔導工作，應以當事人的需求為主，而非以接受諮詢者的心理狀況為主。諮商技巧的使用，目的在建立適當的諮詢關係，讓諮詢過程能達到應有的效果。

關鍵詞

諮詢　　心理健康取向的諮詢工作　　技術諮詢模式
組織發展取向的諮詢工作　　行為取向的諮詢工作　　合作諮詢模式
催化諮詢模式　　社會資源

問題討論

1.諮詢和諮商有何差別？試比較其異同。
2.試舉例說明不同類型諮詢模式的適用時機。
3.學校較常用的諮詢模式有哪些？
4.針對家長的需求，學校可藉由哪些諮詢模式提供其相關資料？
5.對國小輔導工作而言，有哪些常用的社會資源？
6.使用社會資源時，應注意哪些事項？

▶中文部分

林勝義（1996）。社輔資源在學校社會工作之運用。**學生輔導，43**，40-45。

陳榮華（2008）。**行為改變技術**。台北市：五南。

▶英文部分

Baker, S. B., & Shaw, M. C. (1987). *Improving counseling through primary prevention*. Columbus, OH: Merrill.

Caplan, G. (1970). *The theory and practice of mental health consultation*. New York: Basic Books.

Caplan, G. (1993). Mental health consultation, community mental health, and population-oriented psychiatry. In W. P. Erchul (Ed.), *Consultation in community school, and organizational practice: Gerald Caplan's contributions to professional psychology* (pp. 41-55). Washington, DC: Taylor & Francis.

Dougherty, A. M. (1995). *Consultation: Practice and perspectives in school and community settings*. Pacific Grove, CA: Brooks/Cole.

Dougherty, A. M. (2000). *Psychological consultation and collaboration in school and community settings* (3rd ed.). Belmont, CA: Brooks/Cole.

Dustin, D., & Ehly, S. (1984). Skills for effective consultation. *School Counselor, 32*(1), 23-29.

Gibson, R. L., & Mitchell, M. H. (1995). *Introduction to guidance*. New York: Macmillan.

Kurpuis, D. J. (1985). Consultation interventions: Successes, failures, and proposals. *Journal of Counseling Psychology, 13*(3), 368-389.

Turner, A. (1982). Consulting is more than advice giving. *Harvard Business Review, 60*, 120-129.

第十六章

兒童輔導工作的發展與評鑑

廖鳳池

夏日的午后，在一個輔導學者的研究室裡，一位小學輔導室主任帶著既熱誠又困惑的表情，勤勉的向教授請益：「教授，我是真的很想要認真推動輔導工作，可是要錢沒錢，要人沒人，校長不重視輔導工作，學校的老師們也不願配合，空有滿腹理想抱負，最後被校長指派去辦營養午餐，又要當福利社經理，家長會要我召集，畢業典禮也要我籌畫，忙了半天，就是沒有一件事是真正輔導學生的工作！每次手上拿著教育部頒布的國民小學課程標準，眼睛盯著輔導工作的百餘項工作內容，心中感到無限茫然……。」

上述場景是絕大多數輔導學者耳熟能詳的場景，抱怨茫然的語句，就像光碟機播放的音樂一樣，不斷的重述著同樣的旋律和歌詞，令人感到極度的心煩厭倦！

- 小學需不需要輔導工作？
- 輔導室（處）該做什麼事？
- 學校輔導工作要怎樣開始去推動？
- 輔導工作是否真的對學生和學校有幫助？
- 輔導工作要如何得到他人的肯定與支持？

這些問題是許多和小學輔導工作有關的人（包括教育行政當局、小學校長、輔導工作者、小學教師，及熱切關懷子女的家長們）共同關切的話題。

其實這些問題早就有了標準答案！君不見教育部所頒布的課程標準中，將小學輔導工作依「生活輔導」及「學習輔導」兩大類，共列出近20大項，5、60小項活動項目，並且明確的列出100多條實施辦法來，舉凡建立學生資料、做測驗、社交生活、學習困擾調查、個別諮商、團體輔導、特殊兒童輔導等，甚至輔導兒童自治，建立勤勉負責的態度，教導口腔衛生習慣等，均係小學輔導工作項目之一。條文洋洋灑灑，實施辦法蔚為大觀，規定如此明確，為何大家仍然感到困惑？

筆者認為，小學輔導工作之所以出現這種荒腔走板、迷失方向的現象，主要原因是小學輔導工作者不了解小學輔導工作的立足點，且不清楚學校行政工作的推展途徑所致（廖鳳池，1992）。本章擬對建構小學輔導方案的理念和架構、學校輔導需求的評估方法、輔導方案的設計與實施，以及輔導過程與成果的評鑑等主題加以探討。期能協助讀者從認知小學輔導工作的重要性，到肯定小學輔導工作的必要性，進而發揮小學輔導工作的實效性，重建學校輔導工作的信譽。

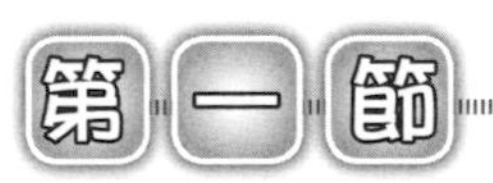

第一節 建構輔導方案的理念與架構

一、小學實施輔導方案的必要性

社會大眾對於中學需要提供心理輔導服務甚少質疑，因為青少年期的學生身心發展迅速，苦惱特別多，而且青少年犯罪問題向來是社會所共同關切頭疼的問題。相反的，很少有人體認到在小學提供輔導服務的必要性，甚至有不少人對於小學輔導工作到底要做什麼或能做什麼，感到懷疑！事實上，如果我們對人類成長發展的歷程及我國社會的快速變遷對小學教育的衝擊有所了解，便會發現一個事實：如果我們期待擁有健康、穩定、積極、功能健全的成年人，便必須對正處於幼年的小學學生提供更豐富的情感性和認知性發展的幫助。另外，從對異常行為矯治成效的研究發現來看，兒童輔導的早期發現與矯正是費力較少、成效更佳的最佳時機，此時不做，後來就需要面對更難、甚至不可能矯正的結果。

(一) 身心發展的觀點

從發展心理學的觀點來講，小學學童正處於發展最重要的階段（詳見本書第二章）。在小學階段，個體開始投入形成基本生活型態的歷程，他們正處於自我觀念成型、體驗及處理社交關係問題，以及面臨學業成就壓力的關鍵時刻。心理學家 Myrick（1977）的研究即指出處理學校與社會問題最有利的時機是在問題正要形成的初期，而兒童理智的發展有 50%決定於受孕到 4 歲，30%決定於 4 至 8 歲，另外 20%決定於 8 至 17 歲。另外也有研究指出，人一生的行為組型，形成於 6 至 10 歲這段期間——正好是進入小學的頭四年。此外，更有許多研究（參見 Purkey, 1970）顯示，兒童的自我觀念和學校成就間有密切的連帶關係。可見關心學童對自我的看法，協助其發展正向的自我意像，實為小學教育不可忽視的重要項目。因此小學輔導工作應立足於發展性輔導的理念，將大部分的時間精力及經費放在安排及建立一個可以協助所有兒童正常發展，在發展歷程中減少焦慮威脅及自我懷疑的良好教育情境上。

(二) 社會變遷的觀點

台灣地區近二、三十年來經濟發展突飛猛進，每個家庭的生活水準都獲得明顯的提升，整個家庭生活型態也都有了大幅度的轉變。工業社會中每個成人都外出工作，雙薪父母除了擁有較高的家庭收入外，也各自承擔著相當程度的工作壓力，教養小孩成了許多人「有心無力」的一個痛苦負擔，正如中央研究院李遠哲院長所言：「工業社會中的小家庭環境並不適合養小孩！」（1997 年 3 月於政治大學教育學系主辦之「教育改革與學校輔導工作研討會」所言）。此外，隨著戒嚴解除，政治快速民主化，社會價值趨向多元化，傳統威權式管教方式不再被接受，使得許多受威權管教長大的現代父母，不知該如何對待愈來愈自我中心、不負責任的小孩；勤教嚴管的打罵式教育不再受到歡迎，甚至換來家長的控告與法院有罪的判決，也使得許多教師在面對家庭背景複雜、行為偏差的孩子時，不知如何自處。社會快速變遷，多元價值衝突並存，民主化的生活態度及管教方式尚未確立。單親家庭、拒絕上學、自我中心、衝動、孤僻等有適應困難的學童愈來愈多，小學需要更專業的人來處理兒童身心發展與適應困難的情形日益迫切。

（三）輔導成效的觀點

近年來，台灣地區由於社會文化急速變遷，青少年犯罪人口率有明顯急速增多的趨勢，根據法務部「民國八十一年犯罪狀況及其分析」之統計資料，少年犯罪人口率已躍居各年齡層第一位，少年犯罪人口率的增幅亦高占首位。犯罪防治學者馬傳鎮（1996）即指出，少年犯如果處置不當，愈早進入司法體系，甚至進入少年犯罪矯治機構，其未來成為成年累犯的機率便愈高，犯罪行為愈多，停留在犯罪矯治機構的時間亦愈長。事實上，青少年偏差行為在其兒童時期通常已現端倪，若能早期發現，早些提供輔導協助，其成效通常較大。一旦進入青春期後，由於身心的巨大變化，加上個體認知行為能力大幅提升，負向自我觀念及反社會行為方式日趨定型，他人想要加以矯正將變得極其困難。因此，重視青少年犯罪問題的嚴重化，並非直接在中學階段增加輔導人力，就能遏止此一惡化的趨勢，若能在小學階段加強學習落後及適應困難學生的發現與輔導協助工作，費力較小且成效更佳，為識者所當為。

不論從發展心理學的理論、社會變遷的事實，及輔導成效的考量，加強小學輔導工作，增聘專業人力，對教師實施輔導知能研習，對家長實施親職教育訓練，對於學習及生活方面有適應困難情形或行為已出現初步偏差狀況的兒童，全面實施專業性輔導協助，使學童建立良好的自我觀念、友善合作的人際關係，及負責自信的處事態度，實為刻不容緩的要務。小學輔導工作至為重要，原因在此。

二、建構輔導方案的基本架構

許多學校輔導工作者對學校輔導行政沒有明確的概念，因此沿用一般行政工作的「行政三聯制」，即以計畫—執行—考核三個步驟來規劃學校輔導服務方案。這種行政三聯制基本上是在組織目標明確，或是依據上級的旨意，遂行上級命令的一種科層行政體系的辦事方式。在這種「依法行政」的架構下，所有工作均應有書面的工作辦法或計畫，而所有計畫的第一條通常是活動的宗旨，第二條必然是依據。活動的舉辦必有所依據，所依據的若非課程標準、上級函文，即為會議的決議，較少是由主其事者自行創造發明，或體察學生需求而主動倡行的空間。行政三聯制是國內一般行政工作的基本形式，它的好處是活動必有所本，且著重正式文書工作及上級意志的貫徹，其執行與考核亦為上級所易於掌握。但其缺失則是一切以上意為本，忘了學校輔導工作是以協助學生個人成長發展及特別重視個別差異的特性；尤其是太過強調正式文書資料的堆砌，導致學校輔導工作重虛工而輕實務，重活動而輕學生的偏頗狀態，成為學校師生所共同詬病之所在。事實上，有不少行政取向遠高於專業取向的學校輔導工作主管，技巧的將計畫—執行—考核三個步驟倒過來實施，先看看上級要考核的項目，再決定計畫的內容，迎合上意去執行，只要上級重視的就認真去執行，上級不重視的甚至不必計畫也不必執行，如此不顧校內師生需求，逢迎施行，竟然更加能夠獲取上級賞識，記功嘉獎不斷，個人前途看好。行政三聯制施行至此，正是毀棄輔導精神，篡奪輔導資源的元兇。學校輔導工作淪為做資料或找老師麻煩，大多是這種怪異的推動輔導行政工作之方式所致。如此蠻幹橫行，要全體教師衷心支持投入學校輔導工作行列，真是緣木求魚。

真正推展學校輔導工作的人，應了解輔導工作的基本精神在關心愛護學生，倡導尊重學生個別差異的教育理念，能夠關心學生的輔導需求，認真的對全校學生、老師及家長進行需求評估，找出大家最需要輔導人員介入的地方，再以專業性、有計畫、重實效的方式去推展，使所接觸到的學生、教師及家長均能獲得有效的協助，如此推展學校輔導工作才有可能在校內獲得歡迎與肯定。

學校建構輔導方案不適合採取由上而下的行政三聯制，相反的應採由下而上，先考慮服務對象的輔導需求，設計適當的方案加以滿足，而評鑑一個學校輔導工作的成效，亦應從它為全校師生做了些什麼，能否滿足輔導對象的需求為標準。這種以服務對象為主的建構輔導方案之基本架構，如圖 16-1 所示。

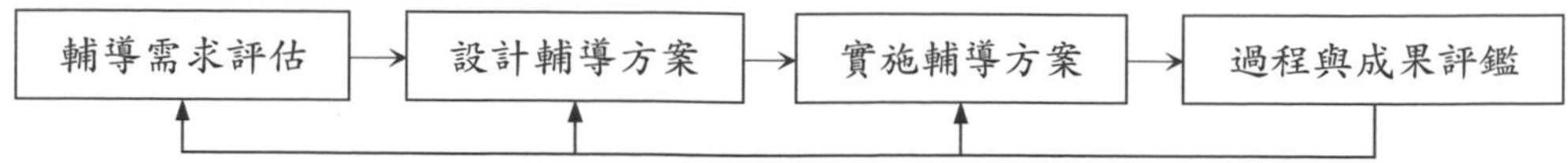

圖 16-1　學校建構輔導方案的基本架構

在此一基本架構中，學校輔導人員建構輔導服務方案的基本步驟，共分為以下四個步驟。

（一）必須先做好輔導需求評估的工作

輔導工作不應變成例行公事，或是只為了應付上級檢查而製作書面資料，而未考慮學校的特性與學生的實質需求為何。輔導人員應針對學校實況、社區特性、學童身心發展與適應情況等實際需求，找到最需要輔導專業提供服務的所在，列為輔導工作的目標，提供適時適切的服務，其存在價值才能被肯定。

（二）應針對需求發展輔導服務方案

發現需求，應即根據專業理念配合行政資源考量，設計發展出一套有效的服務方案，例如：為單親兒童提供提升其自尊的團體諮商活動，針對低成就學童安排補救教學，針對社區家長提供媽媽成長團體，針對校內老師辦理教師效能書報團體等。方案不在多，要力求合乎專業理念，又能符合接受服務者的需要，自然會發揮良好的影響效果。

（三）輔導方案應確實執行

設計好的輔導方案，除了應該完成活動及經費計畫的簽報文書工作外，更要全力以專業化的精神和技術，克服環境中主客觀的障礙，帶給學生、教師及家長實質的助益。為使方案能夠更專業化且能夠有效的施行，輔導工作者每學期應依需求程度找出一、二項較優先的項目列為重點，全心投入把它辦好。如此逐年累積所發展的方案及服務成果，數年之間便可形成豐富的輔導服務方案，滿足多數學生主要的輔導需求。

(四)執行過程和成果必須進行評鑑

輔導工作雖然是一種需要長期推動，不易立即看到成效的工作，但輔導人員心中應該具備績效責任(accountability)的概念，對於自己和他人的期望，所投入的經費、時間和精力，應該有可以交待的具體過程和結果的資料，對應需求評估所列出的輔導目標，評定目標達成及需求滿足的程度。輔導工作為何如此做？到底做了些什麼？對服務對象的實質幫助為何？應該是輔導工作者需要自我省察，進行自我評鑑的部分。評鑑結果除了做為改進服務方案計畫與執行方式的依據，也是向公眾及上級做工作報告及爭取支持的重要資料。任何工作的推展要獲得他人的支持都需要做出起碼的成果來，學校輔導工作之推展尤其如此，必須要有實際且令人信服的成效，才能逐漸獲得認同，持續獲得支持。

第二節 學校輔導需求的評估

學校輔導工作的目標應放在滿足服務對象(全校師生)的實際需求上，不應被設定成不合理的項目及根本不可能做到的實施辦法。因此探討輔導方案推展方法的專業書刊中，通常列有專章探討進行「需求評估」(need assessment)的方法，並且認為這是推展學校輔導工作的基礎。

所謂「需求」，是指現況和理想的差距，而「需求評估」則是指正式從事現況和理想差距資料的蒐集，以列出改進現況的優先順序，進而列出高優先性的活動計畫，做為縮短現況與理想差距的實際行動方針之過程。學校輔導工作者應該了解學校所屬社區的特性，探討學校的組織氣氛，分析服務對象的特質，然後才能依據現實的需要，決定實施輔導方案的方向。如此才能符合在校內設置輔導機構和人員的目的，造福全體師生。

一、社區及學校環境的評估

社區是一個人文地理或生態環境的單位，社區中的民眾通常存在特定的生活習性，社區環境也是學生生活的主要場所，及建立社交關係網絡的基本環境，「社區總體營造」及「學校社區化」更是近年來政府從事「心靈改革」及社會建設的核心概念。輔導人員應對學校所屬學區的環境及民眾生活概況有所了解，偶爾巡視一下社區的休閒場所，拜會地方父老或到學生家裡進行訪視，參與民俗活動，研究地方歷史，了解學生家庭及社區的過去、現在、未來，家長及附近民眾的生活方式與價值觀念，這些都對建立一個實際有用輔導方案的知識基礎具有極大的重要性。尤以近年來多元文化諮商觀念的發展，對於受輔導者原有文化背景的了解與尊重，已成為輔導工作者應該具備的基本知能之一，對社區特質做正確而深入的評估了解，正是輔導工作者應要做的基本功課。

學校本身就是一個長期存在的組織體，其成員組成及組織氣氛對輔導工作可能會產生有利或不利的影響。學校環境特質原本就會影響校內全體師生的日常生活運作方式，其中尤以班級氣氛對學生的影響最為直接而深遠。Gazada、Asbury、Balzer、Childers 和 Walters（1977）即指出：(1)教師的行為對班級的情緒品質有絕大的影響；(2)師生關係會對學生深層的心理層面（包括其認同、態度、個性等）產生深遠的影響；(3)教師對待學生的方式將影響學生看待他人（社會態度）及處理人際關係的方式。如果學校的組織氣氛使成員缺乏參與感，並且充斥著僵化不合理的措施，教師的教學活動與師生的互動型態未能獲得適度的關注與支持，輔導工作的推展必然倍加困難。

為了了解社區與學校環境對於推展學校輔導工作是否有利，Gibson、Mitchell 和 Higgins（1983）曾列出一個學校推展輔導工作準備度因素的計算表（參見表 16-1），這個表中共列出 20 個影響學校推展輔導工作的因素，每個因素的重要性不一（可由其加權倍數看出，倍數愈高的項目影響力愈大），評量者可依學校及所處社區狀況逐項以五點量尺進行評定，將評定分數乘以加權倍數即為項目分數，20 個因素的項目分數加總起來即為學校推展輔導工作的

表 16-1　學校推展輔導工作準備度因素計算表

因素	加權倍數 ×	評定分數＝	項目分數
1. 行政上的支持	5		
2. 教育主管當局的支持	5		
3. 經費預算	4		
4. 社區資源	2		
5. 社區民眾的生活水準	1		
6. 社區民眾對教育工作的支持	3		
7. 對輔導人員角色與功能的了解	3		
8. 學校和社區民眾的教育成就	2		
9. 相關設備	3		
10. 學生家長的支持	2		
11. 社區民眾對學校的觀感	3		
12. 學生的擁戴	1		
13. 輔導人員的員額編配	2		
14. 社區的休閒方式	1		
15. 輔導室（處）可用的職工人數	1		
16. 學校的向心力	1		
17. 學校的轉介資源	2		
18. 教職員同仁的支持	5		
19. 政治的干擾（可避免的程度）	2		
20. 學校和社區的溝通狀況	2		
合計	50	5	

說明：所有項目均以五點量尺評定，5 分表示條件極優異，4 分表示條件良好，3 分表示條件普通，2 分表示條件較差，1 分表示條件極差。

準備度分數。分數在 226 分以上者表示該校具備絕佳的環境可以推展學校輔導工作；分數介於 201～225 分者環境不錯；145～200 分者環境普通；分數介於 121～144 分者學校環境較差，推展輔導工作會有一些困難；分數介於 100～120 分者學校環境甚差，推展輔導工作會遭遇許多困難；至於分數在 100 分以下者，環境惡劣，幾乎不可能推展輔導工作。

二、服務對象輔導需求評估

學校推動輔導工作，必須切合服務對象的需要，才能獲得他人衷心的支持。小學輔導工作者的服務對象，主要是學童本身，而間接的服務對象則包含學生家長、校內教師及行政人員。對於這些服務對象的需求應經常性的加以評估，以做為研擬及改進輔導計畫的路標。

服務對象的評估可以分成以下三個部分。

（一）人口學基本資料的評估

學生入學後均需建立綜合資料表，蒐集並建立學生的基本資料是輔導工作者的基本任務，但所蒐集到的資料不應閉鎖在資料櫃中不加以應用。輔導人員應對學生的基本資料加以分析，對於性別、年齡、排行、父母教育程度、職業、家庭概況等資料，進行統計分析，一方面找出可能需要特殊關懷協助的對象（如單親家庭學童、家境清寒、父母不和者等），另一方面也可以了解學生的基本概況，做為規劃輔導活動之依據。

（二）能力、態度與價值資料的評估

對於學童的智力、學業成就、學習態度、人際關係、人格適應等方面的資料，應透過標準化的心理測驗或自編問卷加以調查，深入加以解析，例如：學生的平均智力水準如何？有多少人可能是資優或智能障礙者？學童的成就和其能力是否相當？主要的學習困擾為何？誰是班上的明星、孤獨者或被拒絕的人？哪些學生的個人適應或社會適應較差，需要特別加以關注？這些資料都可以提供教師教學及輔導室（處）規劃輔導方案之依據。

（三）特殊關注問題或困擾狀況的評估

透過對學生進行行為困擾調查、社交計量、性教育測驗、生命價值態度調查、親子關係調查等活動，增進對學童生活狀況及觀念態度的了解，蒐集歸納

結果，以做為擬定個別諮商、團體輔導、輔導知能訓練，以及親職教育活動等輔導方案之依據。

當服務對象以學童為核心，進一步擴及教師和家長時，對於學童的生活概況、身心發展課題、行為困擾等項目，可分別對學童本人、教師及家長，進行調查及結果交叉分析，這種方法常能快速的找到學童輔導需求的焦點，據以規劃相關的輔導方案。表 16-2 為筆者根據教育部所頒布的課程標準以及中小學輔導工作的 16 個主要工作項目所擬具的「小學輔導工作需求評估問卷」；劉焜輝（1986）在其所編著的《輔導工作實務手冊》一書中亦登載了「您心目中的輔導室」（頁 267）及「輔導工作調查問卷」（頁 268）兩項工具，均可供小學輔導工作者應用。這些工具對於了解學生的輔導需求，將有所助益。

第三節 輔導方案的設計與執行

健全的學校輔導工作計畫應依據需求評估的結果，設定具體的工作目標，再依輔導工作目標，擬定年度工作計畫、行事曆及各單項輔導方案。輔導室（處）應在年度開始時（每年 8 月份）擬具各項計畫及方案，於開學前夕送交輔導工作會議議決後實施。有了這些方案，輔導室（處）可以明確的和校長及其它處室的行政人員溝通輔導工作目標、協調經費應用方式，並進行工作分工以合作促使輔導目標實現，也可以增進校內教師對輔導工作的了解、支持與參與，進而向家長宣導，以尋求參與和支持。除了上述宣傳溝通的功能外，它更是輔導人員鎖定目標，安排人力及時間，逐步實踐輔導目標的藍圖。

當前各小學除了少數輔導工作較上軌道的學校外，普遍缺乏發展輔導方案的概念，其所列的輔導工作計畫常存在下述疏失：

1.沒有明確書面計畫，推動輔導工作全憑機運及心情，慣常以「機會教育」、「已融入各科教學或各項活動」等說詞搪塞。

2.隨意抄襲課程標準條文代替該校輔導工作項目，未訂定年度工作計畫，也沒有單項輔導方案實施辦法，內容完全不切實際。

表 16-2 小學輔導工作需求評估問卷

<table>
<tr><td colspan="3">這份問卷是為了改進本校輔導工作現況所設計，您的意見將成為我們重新規劃本校輔導室（處）業務內容的重要根據，敬請撥空仔細填答。謝謝您！
○○國民小學輔導室（處） 謹啟</td></tr>
<tr><td colspan="3">第一部分：輔導工作實施現況與需求評估
說明：下面列出小學輔導工作的主要項目，每個項目後面均列有兩串阿拉伯數字。請就本校輔導工作實施的現況及需求程度，圈選適當的數字以表達您的見解。
如果您圈選「1」，表示您認為本校輔導室（處）在此項工作的實施現況「非常不理想」，或需求程度「很低」。
如果您圈選「2」，表示您認為本校輔導室（處）在此項工作的實施現況「不理想」，或需求程度「偏低」。
如果您圈選「3」，表示您認為本校輔導室（處）在此項工作的實施現況「尚可」，或需求程度「中等」。
如果您圈選「4」，表示您認為本校輔導室（處）在此項工作的實施現況「理想」，或需求程度「偏高」。
如果您圈選「5」，表示您認為本校輔導室（處）在此項工作的實施現況「非常理想」，或需求程度「很高」。</td></tr>
<tr><td></td><td>實施現況</td><td>需求程度</td></tr>
<tr><td>1. 建立學生資料。</td><td>1 2 3 4 5</td><td>1 2 3 4 5</td></tr>
<tr><td>2. 協助兒童自我認識。</td><td>1 2 3 4 5</td><td>1 2 3 4 5</td></tr>
<tr><td>3. 輔導兒童適應家庭生活。</td><td>1 2 3 4 5</td><td>1 2 3 4 5</td></tr>
<tr><td>4. 輔導兒童適應學校生活。</td><td>1 2 3 4 5</td><td>1 2 3 4 5</td></tr>
<tr><td>5. 促進兒童的健康生活。</td><td>1 2 3 4 5</td><td>1 2 3 4 5</td></tr>
<tr><td>6. 輔導兒童的社交生活。</td><td>1 2 3 4 5</td><td>1 2 3 4 5</td></tr>
<tr><td>7. 使兒童了解怎樣過有效的國民生活。</td><td>1 2 3 4 5</td><td>1 2 3 4 5</td></tr>
<tr><td>8. 輔導兒童善用休閒生活。</td><td>1 2 3 4 5</td><td>1 2 3 4 5</td></tr>
<tr><td>9. 培養兒童正確的職業觀念及勤勞的生活習慣。</td><td>1 2 3 4 5</td><td>1 2 3 4 5</td></tr>
<tr><td>10. 實施特殊兒童的生活輔導。</td><td>1 2 3 4 5</td><td>1 2 3 4 5</td></tr>
<tr><td>11. 培養兒童良好的求學興趣與態度。</td><td>1 2 3 4 5</td><td>1 2 3 4 5</td></tr>
<tr><td>12. 協助兒童發展學習能力。</td><td>1 2 3 4 5</td><td>1 2 3 4 5</td></tr>
<tr><td>13. 培養兒童良好的學習習慣和方法。</td><td>1 2 3 4 5</td><td>1 2 3 4 5</td></tr>
<tr><td>14. 培養兒童適應及改善學習環境的能力。</td><td>1 2 3 4 5</td><td>1 2 3 4 5</td></tr>
<tr><td>15. 學習困擾及特殊兒童的學習輔導。</td><td>1 2 3 4 5</td><td>1 2 3 4 5</td></tr>
<tr><td>16. 輔導兒童升學。</td><td>1 2 3 4 5</td><td>1 2 3 4 5</td></tr>
</table>

表 16-2 小學輔導工作需求評估問卷（續）

第二部分：輔導工作需求順序 說明：請就上述所列的 16 項學校輔導工作項目中，找出 5 項您認為本校當前最需要的工作項目，並將需求項目依優先順序填在下表： 第一優先項目： 第二優先項目： 第三優先項目： 第四優先項目： 第五優先項目：
第三部分：其它意見 說明：如果您認為本校應加強的輔導工作不包括在上述 16 個項目中，或對於本校所實施的輔導工作有建議意見，歡迎您寫在下面： ____________________ ____________________
最後，請註明您的身分（在適當括號內打勾）： （　　）學生家長；（　　）級任導師；（　　）科任教師；（　　）行政人員 謝謝您費心填答此份問卷，我們將儘快整理這些意見以提出本校輔導工作改進計畫。 再見！

3.缺乏整體規劃，只有零星單項方案，只針對少數二、三項工作應景式點綴，未能參酌學校特性、服務對象的需求及全盤規劃的觀點列出優先性，逐年發展出所需要的各項方案。

4.缺乏專業性、不夠深入，視輔導工作為例行性的行政工作，例如：每年實施心理測驗，卻從未撰寫測驗結果報告；所謂單親兒童團體輔導便是為他們辦一個同樂會，吃喝玩樂之外並無其它專業性的助益。方案中只見實施流程，缺乏輔導理念，亦未見過程與成果的評量；沒有目標和方向，也未預期結果將會如何。

要改善上述缺失，應先建立發展輔導方案的基本觀念，明白方案發展的步驟，找出學校所需要的輔導方案，逐項發展出來，並落實施行。

一、發展輔導方案的概念

學校要發展健全適切的輔導方案，必須先具備一些發展輔導方案的概念：

1.輔導方案應以輔導需求評估結果為依據，列出優先順序，逐年逐步發展重要的方案，使校內輔導工作逐漸滿足服務對象的需求。因此，進行輔導需求評估是發展輔導方案必要的前導工作。

2.輔導方案應鎖定服務對象，明列輔導目標、工作項目及執行人員，使每項方案的目的及責任明確化，便於推動及進行績效考核。採取目標管理及績效責任制度，可使輔導工作更有方向及活力，有助於輔導人員及全體教師的投入。

3.輔導方案的設計應以專業知能為基礎，在編擬方案之初，除了要對學生的需求進行評估之外，更要設法了解相關的專業理論知識及研究文獻，執行人員亦應進行在職訓練，以確保方案的設計與執行合乎專業水準，輔導目標能夠實質達成。

4.輔導人員應列出未來 3 到 5 年發展輔導方案的計畫，每學期集中人力及經費發展 2 至 3 項方案，已發展的方案則持續執行並逐年檢討修正，使其日趨完善。

5.輔導方案的內容應配合學校的課程及人力狀況，以收協調統整之效，發揮更大的邊際效益。

二、發展輔導方案的步驟

學校發展輔導方案的步驟如下：

1.進行學校推展輔導工作準備度及輔導需求評估，確定學校推動輔導工作的資源及實施輔導工作項目的優先順序。

2.依據評估結果列出 2 至 3 年的中程輔導方案發展計畫，以每學期發展 2 至 3 項方案的速度，在 2 至 3 年間發展出所需主要的輔導方案。該學期所欲發展的輔導方案項目即列為學期優先辦理之重點工作，給予充分資源加以支持。

3.輔導人員應加以編組，組成方案發展及推動小組，定期開會報告方案發展及推動進度，以收協調互助、相互討論支持之功效。

4.蒐集與方案有關之資料，包括輔導對象的輔導需求應做更深入明確之界定，深入加以了解；蒐集國內外相關輔導理論、現成或類似的方案及相關研究報告，詳加研讀。方案相關人員可採分工蒐集資料，共同研讀的方式進行，必要時亦應就專業課題請教專家學者，甚至辦理在職訓練，以充實相關專業知能。

5.研擬具體的方案內容，包括：輔導對象、輔導目標、實施方式（含時間、地點、流程、器材等）、預期效果、評鑑方法、經費預算等。

6.修正輔導方案。所編擬的初步方案應經方案發展小組討論修正，送請專業人員審閱，提供專業上的修正意見，再提請輔導會議，提供行政上的修正意見。經過充分討論與溝通修正後的方案，才算定案。

正式定案的輔導方案因為經過發展小組人員的研討及在職訓練，輔導會議審議通過，因此專業人力及經費均不成問題，應可順利推行。執行過程與結果的評量，又可獲得再度修正的資訊，如此年年實施，逐年修正，應可日趨完善，成為一個在校生根且可以發揮功能的輔導方案。

三、小學需要哪些輔導方案

小學輔導工作中應該發展的輔導方案甚多，以下僅舉出一些共通性較重要者為例。

（一）建立學生基本資料方案

建立學生基本資料是學校輔導工作最基本的方案，輔導人員應先了解行政單位和教師對學生資料的需求為何？輔導學生時哪些資料比較實用？配合綜合資料表的格式，發展學生輔導資料系統，規劃學生資料建立及使用流程，明訂資料建立、新增、修正、填補及移轉之權責與具體辦法，以為依循。資料建立後應做必要的統計分析，以供相關人員參考，並做適當的宣導與使用率和助益性評估，使資料更具實用性。

（二）實施個別諮商方案

訂定明確的預約、轉介流程，輪值接案的人員和時間，建立專用的諮商室（內含遊戲室配備以供中、低年級兒童諮商用），發展個別諮商相關紀錄表格（含申請表、轉介單、基本資料表、個別諮商紀錄表、個案輔導摘要表、晤談效果回饋表及個案資料夾等），明定檔案資料建檔及管理、諮商過程督導、結果評估、個案討論會議、諮商師在職進修等相關辦法，以確保提供求助的兒童、教師或家長專業、隱密而完善的服務。方案設置完成後應積極建立多元的兒童求助管道，包括：信箱投書、主動求助、透過教師或家長轉介等途徑，均應廣為宣導，使學童、家長及教師均熟知且能多加應用。

（三）推動班級輔導活動教學方案

選用適切教材，進行教材教法研習及教學觀摩，建立教學紀錄表格及實施單元自我評鑑用之表格，購買必要的教具如教學影片、幻燈片、書刊、紙張、彩色筆等，規劃一學年一次的教學評鑑辦法，以確實推動生動活潑且符合學生成長發展需要的班級輔導活動。

（四）實施團體輔導方案

哪些學生適合以小團體方式進行輔導？例如：對內向退縮兒童、高焦慮或高攻擊傾向的兒童採用小團體諮商方式，可能遠較個別諮商的方式有效，如欲對校內此類兒童加以關注，則建立小團體輔導方案便成為必要之舉。小學可以實施的小團體包括：社交技巧訓練團體、同理心訓練團體、高攻擊傾向兒童矯正治療團體等，其實施方式應著重活動分享、角色扮演、行為演練等方式，以達成輔導效果。需要辦理哪些團體？由誰來帶領？利用什麼時間進行？團體的理念、設計為何？過程由誰觀察及協助督導？成果如何評估？團體計畫、過程記錄及結果報告的格式如何？均應詳加規劃。

（五）實施心理測驗及行為困擾調查方案

小學六年期間必須進行哪些心理測驗或困擾調查？擬分配在哪些年級進行？可用的工具為何？如何購買、保管及應用？施測人員如何訓練？施測的場所及時間如何安排？計分工作如何進行？測驗及調查結果報告如何撰寫？調查目的和結果如何傳達給學生、教師、家長或相關單位？調查或測驗結果要如何與其它輔導方案（如個別諮商、團體輔導、班級輔導活動教學、學習輔導等方案）相結合，以發揮實質的協助效果？

（六）教師輔導知能研習方案

教師對輔導知能的需求為何？是兒童身心發展知識、輔導理念、班級經營，或是個案輔導技術？何種型式的研習活動較具成效？是資料提供、專題演講、個案研討、參觀訪問、書報討論或教師成長團體？輔導室（處）應妥為規劃，使教師充實輔導知能，並增加對輔導室（處）的向心力。

（七）家長親職教育方案

家長需要的親職知能為何？是否需要諮詢服務？如何提供親職講座？是否要發行親職教育專刊？如何進行父母成長團體或親職教育訓練團體？其實施流程、經費預算及成效評估如何進行？

除上述七項外，如校內輔導專刊的發行、新生及轉學生的定向輔導、畢業生的前程發展輔導、學習落後學生的補救教學、青春期前的性教育工作等，可做的方案甚多，不勝枚舉。各個小學應就自己學校的實際需要，臚列需要發展的方案，排出優先順序，列入各學期的輔導工作重點中，逐年加以發展出來。

四、如何進行輔導方案的發展

輔導方案可說是小學推展輔導工作的「套裝軟體」，有輔導的建制及良好的輔導設施，如果沒有合用的輔導方案，小學輔導工作就不可能做出具體的成效。因此，小學的輔導室（處）主任和組長們，自就任之日起，便應著手整理學校的輔導工作計畫，找出需要優先發展的方案，從了解需要、組織方案發展小組、蒐集資料開始，直到一個好的方案發展出來，並實際施行獲得具體的成果，輔導工作才可能開始在學校生根發芽。

各縣市輔導團應評估該地區需求較殷切的輔導方案，列為年度工作重點，組織及動員各該地區小學輔導人員，合力開發適用的輔導方案，並辦理推展該項輔導方案所需的專業性在職訓練活動，以確保各校均有能力以專業有效的方式加以推動，如此逐年發展，數年之後應可使大部分輔導方案更專業化且具體可行。

教育部、教育局（處）亦可就小學所需輔導方案加以調查，排出發展各項共通性輔導方案的優先順序，採取上、中、下游同時進行的方式，規劃推動各項輔導方案，例如：以加強兒童人際關係能力的發展而言，在上游的部、局、處應委請專家學者專案發展統整兒童社交技巧訓練的學理、工具及訓練技術，在中游的縣市輔導活動輔導團則發展該縣市適用的輔導方案，並辦理輔導教師的在職訓練活動，下游的各小學則採購所需的調查工具，派員受訓後責成其返校實際推動該項方案。上游及中游除專業支援及經費補助外，亦應要求下游進行績效評鑑及提出成果報告，擇優敘獎。

輔導方案的設計與執行是學校推展輔導工作的主要著力點，若能校內外通力合作落實各項輔導方案的發展與執行，不出數年，小學輔導工作必可展現繁榮進步的美麗景象。

第四節 輔導過程與成果的評鑑

談到評鑑（evaluation），許多學校輔導人員就緊張起來，有不少輔導工作者將評鑑視為上級算帳的一個過程，另外有些關係良好的人則視評鑑為一個記功嘉獎、個人昇遷的大好時機，很少人真正了解評鑑的意義，重視自我評鑑以提升輔導工作的專業性和實質的成效。

一、評鑑的意義

究竟評鑑的意義為何？美國教育評鑑專家 Tyler（1950）認為，評鑑是一種確定教育目標實際達成程度的歷程。另外，也有人將評鑑視為蒐集資料以便做成決策的過程（Cronbach, 1963; Stufflebeam et al., 1971），或是將實際表現和預設的標準加以比較，以了解差距是否存在的一種活動（Provus, 1971）。「美國教育評鑑標準委員會」（Joint Committee on Standards for Educational Evaluation, 1981）則認定，評鑑是一種對於某些教育目標是否具有實際價值的系統性探究歷程。總之，評鑑的目的有二：一方面進行績效責任的查核，另一方面則可做為教育決策的主要依據。

二、輔導評鑑與績效責任

評鑑制度和績效責任的概念有密切的關係。講究績效責任是美國教育界1960 年代開始興起的一種制度，就是對學校的每一項活動和每一個人員，只要有支薪或開銷，就要考核績效，就應要求負起責任。在績效責任的理念下，每一項教育措施均應訂定明確適當的工作目標，規劃好具體的實施步驟，做出可測量的具體成果來。活動開銷和工作人員的薪水必須和其工作績效相提並論，只有具備良好本益比的措施和人員才能獲得議會或董事會的支持，才可以持續存在下去。這種制度要求工作者必須證明自己的存在確實有其必要，並使人確信他能夠提供品質良好的服務，讓支付薪資的一方值回票價。在績效責任制度下，工作人員較能誠實的提供服務，不致於以摻水式的成果及敷衍應付的心態，使教育措施不上軌道。

學校輔導服務是一種專業工作，因應學生的個別需要，其工作內涵和校內其它單位多有重疊，如學習輔導與教務工作、生活輔導與訓導工作均有重疊之處，在學校先有教務、訓導單位的情況下，輔導工作所標榜的「協助個體了解自我及周遭環境的過程」，究竟指的是什麼？究竟輔導人員的工作目標何在？主要工作內容為何？學校增設輔導室（處）所增加的人事及業務經費開銷，是否對教師及學生有實質的助益？這是很多人關心的問題，也是學校輔導工作者所難以逃避必須面對的課題。輔導人員要在學校立足，要想獲得他人的接納與尊重，便必須對學校的輔導需求有清楚的概念，並發展出一套套令人信服的服務方案，用具體明確的行動和績效，讓他人了解並承認輔導工作的必要性及效益。要達到這樣的目的，建立績效責任的概念及落實自我評鑑和接受外來評鑑是必要的途徑。

Pulvino 和 Sanborn（1972）曾以圖 16-2 說明學校輔導工作和績效責任的關係。在此一關係圖中，進行需求評估以事實資料和公眾溝通輔導工作的必要性是第一個步驟，第二步是依據需求評估的結果和服務對象，聯合發展出具體可測量的輔導工作目標，再接著發展各項可用的輔導方案，實際實施輔導過程，再針對輔導過程與結果進行評鑑，將評鑑結果和公眾做溝通，以證明輔導工作已經達成公眾所期望的目標，再繼續爭取公眾更多的支持，擴展輔導工作目標、方案數量及經費和人力資源，使他人更加肯定學校輔導工作的意義和價值。學校輔導工作者若能以此架構努力以赴，在學校中的地位才能日趨穩固。

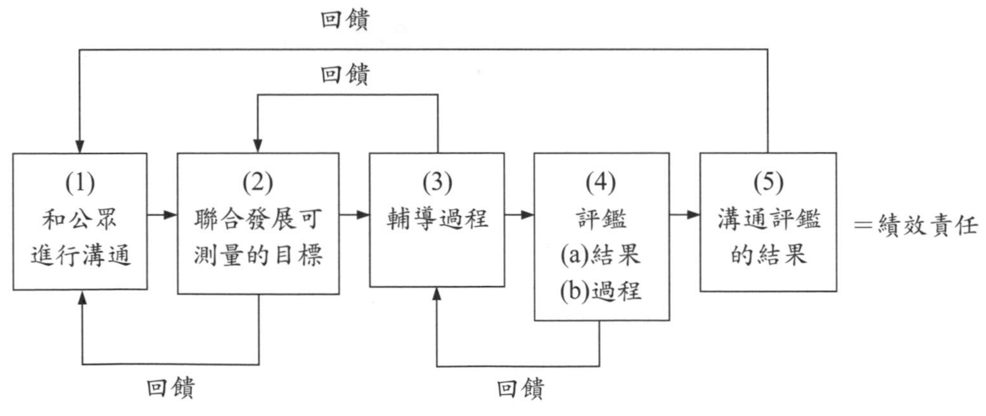

圖 16-2 輔導工作績效責任制度各層面關係圖

資料來源：Pulvino & Sanborn (1972: 17)

三、輔導方案評鑑的方法

廖鳳池（1993）認為目前我國小學輔導工作的評鑑方式存有多項缺失，包括：不了解評鑑的意義；未使評鑑達成了解、溝通及發現問題謀求改進之道的主要目的；只有上級對下級的評鑑，缺乏自我評鑑；評鑑過程注重行政上的督導，不重視專業上的意見；以全縣市統一的評鑑表格進行評鑑，條列式的評鑑項目及刻板式的書面資料檢查，評鑑過程等同業務檢查，難以引導因校制宜發展特色；偶爾進行評鑑，未建立制度，使回饋作用時斷時續，未能正常發揮功能。

Gibson 等人（1983）認為好而有效的評鑑應具備以下六個原則：(1)有明確的目標；(2)有具體可行有效的評量工具；(3)能有效運用評鑑標準，既能熟悉評鑑的技巧，又能了解輔導方案的內容；(4)能涵蓋所有人員，如學生、教師、家長、行政人員等；(5)是連續的過程，一定要提供回饋，使被評鑑者能改進並貫徹到底；(6)強調正面的意義，而不是用來挑錯或懲罰之用。

廖鳳池（1993）則認為，欲建立有效的評鑑制度，應注意下列幾項原則：(1)應先正確了解輔導方案的目標；(2)應強調持續性的自我評鑑工作；(3)要選取有效的測量指標，採行適切的評鑑方式；(4)評鑑結果應整理出來，做為改進輔導服務品質或調整服務方式的依據；(5)定期發表評鑑結果，以增進他人對輔導工作的了解與支持。

評鑑要選取有效的測量指標，採用適切的評鑑方式，才能獲得可靠的結果。評鑑的對象可包括所有和該方案有關的人員，例如：學生、輔導室（處）的輔導人員、導師或科任教師、其它處室的行政人員，以及學生家長等。評鑑的方法包括文件分析、現場觀察、服務對象訪談、問卷調查、量表施測、實驗設計等。不論是質或量的評鑑方法，均應注意到客觀性及對實際了解和改進方案有用的目的。

學校實施的輔導工作評鑑可概分為兩類：一類是針對個別的輔導方案進行評鑑；另一類則是針對整體性的輔導工作概況進行評鑑。前者應配合方案的推動，經常性進行，後者則宜每隔 2～3 年實施一次。

（一）個別輔導方案的評鑑

學校輔導工作的實質推展實賴個別輔導方案（如個別諮商、小團體輔導、行為困擾調查、測驗結果分析與應用、補救教學等）的推動，因此對於主要輔導方案的計畫內容、執行過程與實施成效進行自我評鑑，是最直接且實際的評鑑方式。

進行個別輔導方案評鑑可依下述步驟進行：

1.首先要確認方案的目標是否和服務對象的需求相吻合？

2.檢核執行方案的方式、人員、場地、時間等項目是否合乎專業要求？

3.使用測驗、回饋問卷、訪談等質或量的方法，了解方案對服務對象的實際影響為何？

4.討論評鑑結果，提出改進該項服務方案的具體建議意見。

（二）整體性輔導工作評鑑

經過一學期或數學期的努力，究竟學校輔導工作的現況如何？未來的發展方向要如何擬定？此時應該做整體性的評鑑才容易正確的掌握。這種整體性的自我評鑑可以包括由輔導室（處）自行進行或邀請相關人士參與兩種。

輔導室（處）自行進行的評鑑，包括：對輔導室（處）的專業人力配置（包括人數及專業層級）、軟硬體設備（包括辦公室、諮商室、團體室等設備，輔導書刊及相關專業資料的蒐集，測驗及教具的採購，各項輔導方案及諮商或活動的紀錄表格等）、輔導人員的工作狀況（如士氣、工作滿意度、成就感、專業進修情形及工作倦怠情形和原因等）、輔導工作目標（是否明確？是否符合服務對象的需求？）、實際實施的輔導工作內容（個別諮商人次，小團體輔導個數，心理測驗施測及解釋，班級輔導活動教學情形，個案會議召開情形，教師輔導知能研習的內容、方式與次數，親職諮詢及親職教育人次等）、相關人員（包括全體師生、行政人員、學生家長、社區人士等）對輔導工作的了解、評價及建議意見等方面的評鑑。

邀請相關人士進行評鑑方面，是指利用期末輔導會議或其他適當時機（如校慶日），輔導室（處）先將相關輔導工作計畫、成果與自我評鑑結果的資料準備妥當，並備妥適當的評鑑表，邀請校長召集其他處室主管、教師、家長代表、社區人士、教育局（處）輔導工作主管官員及學者專家等人士，組成評鑑

委員會，進行評鑑。評鑑過程可包括輔導室（處）工作簡報、資料評閱、實地參觀、綜合座談等活動。評鑑結果應整理出整體工作的優缺點及建議意見，做為修正輔導工作目標及改進輔導工作方式之參考。

學校輔導單位為了做好自我評鑑，強化評鑑報告的公信力，可以考慮邀請專家學者針對自我評鑑過程及結果進行「後設評鑑」（meta-evaluation）。教育行政主管單位為落實輔導工作，亦可責成所屬單位對校內輔導工作自行進行自我評鑑後，針對其評鑑報告邀請學者專家和實務工作者實施後設評鑑，而不需要勞師動眾逐校前去評鑑。「美國教育評鑑標準委員會」曾於 1981 年制訂「教育方案、計畫及資料評鑑的標準」，提出「實用性」（utility）、「可行性」（feasibility）、「正當性」（propriety），以及「精確性」（accuracy）等四類共 30 項對評鑑進行評鑑的標準，可說是目前用來進行後設評鑑最完備的準據。廖鳳池（1995）曾運用此一架構對台南師範學院兒童心理諮商中心的個別諮商服務方案進行自我評鑑與後設評鑑研究，讀者可自行參考。

關鍵詞

輔導方案　行政三聯制　需求評估
推展輔導工作準備度　評鑑　績效責任
後設評鑑

問題討論

1.試舉出小學應該推展輔導工作的 10 個理由。
2.試說明建構輔導方案的四個基本步驟為何？其中「需求評估」和「過程與成果評鑑」的關係為何？
3.試從 Gibson 等人（1983）所述學校推展輔導工作的 20 個準備度因素，評估找出國內小學推展輔導工作較有利與不利的因素，各舉三個，並請略加說明。
4.試說明小學輔導室（處）要如何建構與推展個別諮商服務方案，才能發揮功能達成目標？
5.試說明輔導工作實施自我評鑑的意義及其實際作法為何？

參考文獻

▶中文部分

馬傳鎮（1996）。非行少年行為輔導。載於「**教育改革與學校輔導工作**」**會議手冊**（頁8-55）。台北市：國立政治大學教育學系。

黃光雄（1989）。**教育評鑑的模式**。台北市：師大書苑。

廖鳳池（1992）。為小學輔導工作尋求方向。**諮商與輔導，83**，34-38。

廖鳳池（1993）。小學輔導工作評鑑制度的建立。**諮商與輔導，86**，26-31。

廖鳳池（1995）。兒童個別諮商服務方案自我評鑑與後設評鑑研究——以國立台南師院兒童心理諮商中心為例。載於「**兒童輔導學術研討會**」**論文集**（頁65-92）。台南市：國立台南師範學院。

劉焜輝（1986）。**輔導工作實務手冊**。台北市：天馬。

▶英文部分

Cronbach, L. J. (1963). Course improvement through evaluation. *Teachers College Record, 64*, 672-683.

Gazada, G., Asbury, F. R., Balzer, F. J., Childers, W. C., & Walters, R. P. (1977). *Human relations development: A manual for educators* (2nd ed.). Boston, MA: Allyn & Bacon.

Gibson, R. L., Mitchell, M. H., & Higgins, R. E. (1983). *Development and management of counseling programs and guidance services*. New York: Macmillan.

Joint Committee on Standards for Educational Evaluation (1981). *Standards for evaluations of educational programs, projects, and materials*. New York: McGraw-Hall.

Myrick, R. D. (1977). The practice of elementary school. In APGA (Ed.), *The status of guidance and counseling in the nation's school*. Washington, DC: APGA.

Provus, M. M. (1971). *Discrepancy evaluation*. Berkeley, CA: McCutchan.

Pulvino, C. J., & Sanborn, M. P. (1972). Feedback and accountability. *Personnel and Guidance Journal, 51*, 15-20.

Purkey, W. W. (1970). *Self concept and school achievement*. Englewood Cliffs, NJ: Prentice-

Hall.

Stufflebeam, D. L., Foley, W. J., Gephat, W. J., Guba, E. G., Hammond, R. L., Merriman, H. O., & Provus, M. M. (1971). *Educational evaluation and decision-making*. Itasca, IL: Peacock.

Tyler, R. W. (1950). *Basic principles of curriculum and instruction*. Chicago, IL: University of Chicago Press.

中文索引

英文索引

E

F

G

H

I

L

M

T

U

V

W

Z

筆記欄

國家圖書館出版品預行編目（CIP）資料

兒童輔導原理 / 王文秀、田秀蘭、廖鳳池著.
-- 三版. -- 臺北市：心理, 2011.02
面； 公分. --（輔導諮商系列；21097）
ISBN 978-986-191-411-4（平裝）

1. 學校輔導 2. 兒童心理學 3. 諮商

523.64 99026403

輔導諮商系列 21097

兒童輔導原理（第三版）

作 者：王文秀、田秀蘭、廖鳳池
責任編輯：郭佳玲
總 編 輯：林敬堯
發 行 人：洪有義
出 版 者：心理出版社股份有限公司
地 址：231026 新北市新店區光明街 288 號 7 樓
電 話：(02) 29150566
傳 真：(02) 29152928
郵撥帳號：19293172 心理出版社股份有限公司
網 址：https://www.psy.com.tw
電子信箱：psychoco@ms15.hinet.net
排 版 者：辰皓國際出版製作有限公司
印 刷 者：東縉彩色印刷有限公司
初版一刷：1997 年 9 月
二版一刷：1998 年 3 月
三版一刷：2011 年 2 月
三版九刷：2022 年 12 月
I S B N：978-986-191-411-4
定 價：新台幣 600 元